사이버 의사소통과 국어교육

저자 소개

권순희 이화여자대학교 국어교육과 교수
김민정 이화여자대학교 사회생활학과 졸업
김윤경 이화여자대학교 국어교육과 박사과정
김윤정 이화여자대학교 국어교육과 박사과정 수료
김주연 이화여자대학교 국어교육과 졸업
김지연 이화여자대학교 교육학과 졸업
김지희 이화여자대학교 박사과정 수료
박성희 이화여자대학교 특수교육과 석사과정
박지은 이화여자대학교 특수교육과 졸업
백목원 이화여자대학교 국어교육과 박사과정 수료
변은지 이화여자대학교 국어교육과 석사과정 수료
상상자 이화여자대학교 국어교육과 석사과정 수료
오은하 이화여자대학교 국어교육과 박사과정 수료
왕 디 이화여자대학교 국어교육과 석사 졸업
이샤샤 이화여자대학교 국어교육과 석사 졸업
장서정 이화여자대학교 국어교육과 석사과정
전영주 이화여자대학교 국어교육과 박사과정 수료
주혜영 이화여자대학교 통번역대학원 석사과정
차수빈 이화여자대학교 교육학과 졸업
최유정 이화여자대학교 국어교육과 석사 졸업

사이버 의사소통과 국어교육

초판 인쇄   2016년 10월 25일
초판 발행   2016년 10월 28일

저   자   권순희 외
펴 낸 이   박찬익
편 집 장   권이준
책임편집   조은혜

펴 낸 곳   ㈜ **박이정**
주   소   서울시 동대문구 천호대로 16가길 4
전   화   02) 922 - 1192~3
팩   스   02) 928 - 4683
홈페이지   www.pjbook.com
이 메 일   pijbook@naver.com
등   록   2014년 8월 22일 제305-2014-000028호

ISBN   979-11-5848-258-9 (93370)

* 책값은 뒤표지에 있습니다.

사이버 의사소통과 국어교육

권순희 외 지음

(주)박이정

서문

　내용은 형식을 규정하게 되고, 형식은 내용을 제한하게 된다. 사이버에서의 삶과 현실의 삶은 서로에게 영향을 주고받는 관계가 되었다. 텍스트를 이해하고 표현하는 양상 역시 마찬가지이다. 텍스트 분석으로 국어교육적 관점에서 사이버 의사소통을 논하고자 이 책을 구안하게 되었다.

　하루가 다르게 변화하는 사이버 의사소통 양상은 어느 때에 산출물을 냈느냐에 따라 그 양상에 대한 논의가 달라질 것이다. 본 논의는 2014년이라는 현시태 속에서 살펴보았다. 이화여대 국어교육과 수업을 통해 이루어진 논의를 정리하고, 수정 보완한 것이다. 1부는 사이버 의사소통에 드러난 자기 노출, 공손성, 언어폭력 등을 다루어 사이버 공간에 드러나는 인간관계에 초점을 두었다. 강의 중 이루어진 토론을 통해 주제를 정했는데 1장은 주혜영, 2장은 김윤경, 3장은 김주연, 4장은 김지연, 5장은 김지희가 집필하였다. 2부는 인터넷 게시판 토론, 면대면 토론, 카톡 토론을 비롯하여 모바일 인스턴트 메신저, 블로그 등의 표현 특성을 논하는 내용으로 구성하였다. 6장은 김윤정, 7장은 변은지, 8장은 최유정, 9장은 박성희, 10장은 장서정이 집필하였다. 3부는 사이버 상에서 이루어지는 사회적 소통의 양상을 매체 변환에 따라 살펴보았다. 반다문화 담론 양상, 뉴스 생산과 공유 양상을 비롯하여 댓글 및 대댓글의 양상은 새로운 소통 매카니즘을 나타내고 있다. 11장은 백목원, 12장은 김민정, 13장은 전영주, 14장은 박지은, 15장은 오은하, 16장은 차수빈이 집필하였다. 4부는 사이버 상에 드러난 한국과 중국의 소통 문화의 특징을 고찰하였다. 17장은 중국에서 유학 온 상상자와 이샤샤, 18장은 왕디가 집필하였다. 사이버 의사소통의 양상을 살펴보기 위해 매주 토론하고 글로 구체화하는 작업에 즐겁게 임한 제자들이 있었기에 이 책이 빛을 보게 되었다.

현재는 트위터나 페이스북를 떠나 이른바 '제3세대 SNS'로 옮겨가는 이용자가 늘고 있다고 한다. '제1세대 SNS'는 싸이월드나 블로그처럼 오프라인 관계를 온라인으로 옮겨 놓은 것이고, '제2세대 SNS'는 온라인 상에서 불특정 다수로 관계가 확대되는 트위터나 페이스북 등을 지칭하는 것이었다면, 제3세대 SNS는 큐레이션이 핵심이 되는 이용자 맞춤형 서비스이다. 관계 확장이 이용자의 관심사나 선호도에 따라 결정이 되는 시대가 된 것이다. 인스타그램, 핀터레스트, 링크트인, 텀블러 등이 대표적이다.

　먼 미래에 2014년부터 연구한 이 결과물이 사이버 의사소통 양상을 검토하는 데 역사적 자료가 되기를 기대한다. 사이버 의사소통 양상을 드러내는 담화를 분석하는 데 중점을 두었으며 국어교육 차원에서 교육적 대안을 제시하려 노력하였다.

2016년 10월
권순희

목차

1부

사이버
의사소통과
인간관계

Cyber
Communication
in Korean
Education

01 '매체'와 '공손성'의 상관관계에 대한 고찰

Ⅰ. 서론

1. 연구의 목적과 의의

우리나라는 전통적으로 '경어법'이 매우 발달되어 있다. '경어법'은 한국어의 대표적인 유형적 특징 다섯 가지 중 하나로 꼽힐 만큼 우리나라의 언어문화에 지대한 영향을 미치고 있다. 여기서 '경어법'이란, 어떤 인물을 얼마나 또는 어떻게 높여 대우하거나 낮추어 대우할지를 다양한 언어적 수단으로 표현하는 방법을 말한다. 즉, 관계의 맥락에서 '어떻게 하면 내가 상대를 존중하고 있다는 것을 더 잘 표현할 수 있을까' 고민하는 것이 바로 '경어법'의 핵심이며, 이는 곧 상대에 대한 '공손성'의 실현이기도 하다.

우리나라는 현재 지구촌에서 손에 꼽힐 정도로 '매체'가 발달되어 있다. 현대인들은 다양한 매체를 통해 보고, 듣고, 소통하면서 매시간을 매체와 함께 살아가고 있다. 이 때문에 이 시대의 언어문화는 매체와 떼려야 뗄 수 없는 관계가 되어버렸다. 그렇다면 과연 지금 이 시대를 살아가는 젊은이들은, 우리 국민에게 내면화되어 있는 언어적 '공손성'을 다양한 '매체' 속에서 어떻게 실현시키고 있을까?

본고에서는 우리 생활 곳곳의 깊숙이까지 매체가 파고든 현대 사회에서 우리나라의 20대 젊은이들이 전통적으로 중요한 가치인 언어적 '공손성'을 '매체'에 어떻게 반영시키고 있는지를 알아볼 것이다. 다양한 매체 간의 공손성 실현 '정도'를 비교하고, 그것을 바탕으로 '매체 간의 공손성 서열'을 매겨보고자 한다. 이후, 그 서열이 일부 젊은 세대의 개인적인 견해인지 아니면 이미 하나의 사회적 약속처럼 자리를 잡은 형태로 존재하는 것인지를 파악해볼 것이다. 만약 매체별로 체감되는 공손성의 정도가 다르다는 점이 공공연한 사회적 인식이라면, 이는 미래의 학습자가 올바른 의사소통을 하기 위해 지식으로 습득하여 알고 있어야 할 정보이며 이에 본 연구는 교육적 의의가 있다.

2. 선행 연구

현대인들은 인류역사상 가장 다양한 매체를 사용하고 있으며, 이를 적극적으로 활용하여 상황과 맥락에 부합하는 의사소통을 해나가고 있다. 그리고 이들은 그 안에서 타인에 대한 나름의 '공손성'을 실현시키고 있다.

'매체'와 '공손성'을 키워드로 잡은 선행 연구들이 다수 존재한다. 박현구(2003)는 디지털 정보통신 기술의 발달로 인해 현대의 미디어 환경에서 CMC (Computer Mediated Communication; 컴퓨터 매개 의사소통)가 차지하는 비중이 높아짐에 따라 전통적인 대인간 커뮤니케이션 양식의 많은 부분이 문자 중심의 CMC 환경으로 대체되고 있다고 했다. 이에 CMC 환경 참여자는 사회적 실재감(social presence)을 높이고 자신의 의사를 보다 효율적으로 전달하기 위해 다양한 커뮤니케이션 전략을 사용하는 경향이 있는데, 그 전략 중 하나가 공손 전략이라는 것이다. 유교적 생활양식을 견지한 동양 문화권에서는 체면의 문제가 사회적 활동의 구조를 결정짓는 중요한 요인으로 작용하는 경향이 강하기에 공손 전략이 발달한다고 보았다.

더 나아가, 김은정(2011)은 한국인의 경우 수직적인 관계를 중요하게 생각하기 때문에 상대방과의 관계에 따라 언어 사용에 차이가 나타난다고 했다. 특히 계층적이고 수직적인 커뮤니케이션을 주로 하는 한국의 조직 문화의 특성상, 대화 상대방의 상대적 지위에 따라 선호되는 커뮤니케이션 방식이 다르게 나타날 가능성이 크다고 보았다. 이것은 세대의 차이, 그리고 상대적인 지위의 차이가 커뮤니케이션 방식의 선택에 영향을 미칠 수 있다는 것을 보여주는 것이며, 또 각자의 입장에서 선호하거나 긍정적으로 평가될 수 있는 커뮤니케이션 방식이 존재한다는 것을 의미한다. 따라서 개인이 선택하는 커뮤니케이션 방식에 의해 그 사람의 공손성과 커뮤니케이션 능력까지도 함께 평가된다는 것이다.

우리나라는 유교적 생활양식이 깊이 배여있고 계층적/수직적인 조직 문화가 깊이 자리하고 있다. 이러한 사회에 살고 있는 20대 젊은이들이 상대적 지위의 차이가 존재하는 타인과의 매체 의사소통에서 어떤 방법으로 공손성을 실현시키고 있는지를 자세히 살펴보고자 한다.

본고와 기존 연구들 사이에는 유의미한 차이점이 존재한다. 언어 공손성을 실현하기 위해 매체 내(內)에서 어떤 메시지의 내용과 형식을 취하고 있는지에 치중하여 그동안의 연구가 이루어졌다. 반면, 본고는 각각의 매체 자체가 함축하고 있는 공손성의 정도를 측정하여 매체 간(間)의 비교를 하는 데 연구 방향과 초점이 있다. 따라서 매체의 장르를 뛰어넘어 다양한 형태의 매체를 서로 비교해보겠다. 김은정(2011)에 의하면 각자의 입장에서 선호되는 커뮤니케이션 방식이 다르다고 했는데, 상대의 심중(心中)을 파악하여 적절한 매체를 활용하여 공손성을 실현하는 것이야말로 이 시대에 가장 필요한 의사소통 능력이다.

3. 연구 방법 및 대상

본격적으로 매체 간의 공손성 체계, 즉 매체의 공손성 서열(Hierarchy of Politeness)을 규정해 보기에 앞서 본고에서 다룰 매체들의 특성과 '공손성'의 보편적인 정의와 전략에 대해 살펴보도록 하겠다. 매체는 의사소통의 매개가 '텍스트'인 것으로 그 대상을 한정하며, 그 중 특히 망 내 쪽지, 문자 메시지, 이메일, 인스턴트 메신저를 중심으로 연구를 진행할 것이다. 다음 네 가지 매체의 글쓰기 특성을 각각 정리해보고, '공손성'의 보편적 정의와 전략을 바탕으로 이들의 공손성 서열을 예측해보도록 하겠다.

예측한 '매체의 공손성 서열'을 검증하기 위해 양적 연구와 질적 연구를 활용하여 연구를 진행하겠다. 우선, 여러 가지 매체를 능수능란하게 사용하고 있는 이 시대의 20대를 대상으로 양적 연구에 해당하는 설문 조사를 진행할 것이다. 20대의 가장 대표적 직업 군(群)인 학생과 직장인들이 그 대상이며, 그들에게 자신보다 손윗사람에게 연락을 취해야 하는 상황을 제시하여 그 상황에서 자신이 선호하는 매체의 순위를 매겨보도록 할 것이다. 이를 통해 객관적이고 가치중립적인 각각의 매체에 '공손성'의 가치에 대한 주관이 어느 정도로 대입되어 있는지를 살펴볼 것이다. 즉, 그들이 어떤 매체를 사용하여 메시지를 전하는 것이 가장 공손하다고 여기는지를 파악하여 '매체의 공손성 서열'을 진단해보겠다.

이어, 설문 조사의 결과를 통해 도출된 '매체의 공손성 서열'을 바탕으로 최상위 순위를 차지한 매체와 최하위 매체를 비교·분석할 것이다. 전체를 대상으로 한 설문조사의 결과와 개인적 의견이 일치했던 응답자 중 몇 명에게 왜 그렇게 응답했는지를 물어 공통적인 이유를 모아 분류(categorizing)할 것이다. 이후, 2-3명 정도에게 최상위와 최하위를 차지한 각각의 매체를 활용하여 같은 내용의 메시지를 따로 작성하도록 하고, 본고 작성자는 그 메시지를 잠정적 수취인인 기성세대의 어른들에게 직접 찾아가 질적 연구인 면담을 진행할 것이다. 이를 통해 20대가 판단한 '매체의 공손성 서열'과 기성세대가 판단하는 '매체의 공손성 서열'이 일치하는지 확인할 것이다. 만약 결과가 일치한다면 20대는 '공손성'의 측면에서 올바른 방향으로 문자 매체를 활용하고 있다는 것을 의미하며, 이와 같은 연구 결과를 앞으로의 매체 교육에서 어떻게 활용할지 제언하며 마무리하도록 하겠다. 만약 그 결과가 일치하지 않는다면 각 세대 간의 생각이 어떤 이유에서 일치하지 않는 것인지, 그렇다면 어떤 방식을 통해 의사소통을 하는 것이 각 세대 간의 바람직한 매체 활용 방안인지 모색할 것이다.

II. 매체와 공손성의 상관관계

1. 매체별 글쓰기 특성

매체와 공손성의 상관관계를 살펴보기에 앞서, 본고에서 다룰 네 가지 텍스트 매체인 망 내 쪽지, 문자 메시지, 이메일, 그리고 인스턴트 메신저의 정의 및 특징을 알아보겠다.

1.1. 망 내 쪽지

우선 첫 번째로 살펴볼 매체는 '망 내 쪽지'이다. '망 내 쪽지'란, 동일한 네트워크 서버 혹은 플랫폼을 이용하고 있는 유저(user)들끼리 간편하게 연락을 주고받을 수 있도록 설계된 시스템이다. 같은 망(net)의 이용자들끼리 사용하는 것이기에 기본적으로 @(at) 아래 웹사이트 주소를 밝힐 필요 없이, 상대의 아이디(ID)나 경우에 따라서는 이름만 입력해도 쪽지를 보낼 수 있다. 1:1 개인 쪽지도 가능하며, 쉼표 혹은 세미콜론(semi-colon)으로 여러 명의 아이디를 동시에 입력하여 최대 10명까지 한꺼번에 단체 쪽지를 보내는 것 또한 가능하다. 사이트마다 다르기는 하지만 보통 500자에서 1000자 내외로 글자 수 제한을 두고 있기에 간단한 내용을 편하고 빠르게 주고받는 데 최적화 되어 있다.

'망 내 쪽지'는 유저의 쪽지 알림 설정 상태에 따라 '받은 쪽지함'에 쪽지가 보관되기도 하고, 컴퓨터 바탕화면에 바로 내용이 나타나기도 한다. 보통 일반 포털 사이트나 교내 포털의 경우는 유저가 늘 온라인(online) 상태가 아닌 것을 고려하여 '받은 쪽지함'에 보관되는 식으로 시스템이 설계되어 있으며, 기업에서는 업무 시간 중 도착하는 쪽지에 한해 언제든지 그 내용이 바탕화면에 바로 뜨도록 설정되어 있는 경우가 많다.

1.2. 문자 메시지

'문자 메시지'란, 이동 전화 시스템에서 음성 통신과는 별도로 짧은 메시지 내용을 글자를 통해 상대방의 단말기에 전송하는 서비스이다. 즉, 휴대전화를 이용하여 전화번호를 알고 있는 상대에게 단문으로 메시지를 전하는 시스템이다. 그러나 최근 들어 '문자 메시지'는 기존의 80자에서 200자로, 더 나아가 무제한의 글자 수를 허용하여 더 이상 '단문'이라고만은 볼 수 없는 형편이다. 그러나 휴대전화를 이용하는 시스템이기에, 전하려는 메시지 내용이 길어지면 대체제인 '음성 통화'를 사용하는 경향이 있어 '문자 메시지'는 보통 길어져야 200자 내외 정도이다. '망 내 쪽지'와 마찬가지로 '문자 메시지' 또한 1:1 개인 문자도 가능하며, 쉼표로 여러 명의 전화번호를 동시에 입력하여 최대 20명까지 한꺼번에 단체 문자를 보내는 것 또한 가능하다. 또한, 내용을 미리 입력해놓고 수신자를 설정하여 원하는 시간대에 메시지가 발송되도록 설정할 수도 있다.

'문자 메시지'는 처음 시스템이 도입되었을 때에 비해 현재 그 사용량이 많이 줄어든 편이지만, 아직까지는 여러 가지 통신 수단 중 하나로서 그 자리가 확고한 편이다.

1.3. 이메일

'이메일'은 본고에서 논의되는 네 가지 매체들 중 가장 고전적인 문자 매체라고 할 수 있다. '이메일'이 처음 등장했을 때는 '컴퓨터가 우체국을 대신하여 편지를 전하는 기능'이라고 인식했을 정도로, '이메일'은 그저 펜으로 글자를 쓰는 대신 자판(keyboard)으로 글자를 입력하는 '손 편지'였던 것이다. 이 때문인지, 다른 매체들과는 달리 '이메일'은 현재까지도 '○○에게, △△ 올림'과 같은 편지 양식이 녹아들어있는 모습을 다들 쉽게 떠올릴 수 있을 것이다.

'이메일'은 같은 네트워크 서버를 사용하고 있는 유저가 아니어도 @(at) 아래 타 사이트의 주소를 입력하여 원하는 상대에게 메시지를 전달할 수 있으며, 이 또한 1:1 개인 메일 혹은 쉼표로 이은 여러 명의 이메일 주소에 단체 전송이 가능하다. 기본적으로 글자 수 제한은 없으며, 보통 10MB의 용량 제한이 존재한다고는 하지만 오직 글자만으로 그 용량 초과하는 것은 거의 불가능에 가깝기에 '글자 수 무제한'이라는 특징을 갖는다.

'이메일'이 다른 매체들과 구분되는 또 한 가지의 차이점은 내용의 글자 폰트(font)와 크기, 색깔, 정렬 등을 작성자 마음대로 변경할 수 있다는 것인데, 이를 통해 더욱 효과적인 메시지 전달이 가능하다. 또, 사진이나 동영상, 혹은 문서 파일도 전달하는 내용과 함께 첨부하여 보낼 수 있어 타 매체들과는 달리 필요에 따라 두 번 작업하지 않아도 되는 편리함이 있다.

1.4. 인스턴트 메신저

'인스턴트 메신저'란, 같은 프로그램을 사용하고 있는 유저들끼리 실시간으로 즉각 텍스트 메시지를 전송/확인할 수 있는 시스템이다. 자신과 관계를 맺고 있는 지인은 '친구'로 분류되어 자동으로 '친구 목록'에 등록되고, '실시간으로 대화를 나눈다'는 점에서 텍스트를 기반으로 하고 있음에도 불구하고 '음성 통화'와 비슷한 성질을 가진다. 가장 대표적인 '인스턴트 메신저'의 예로 '카카오톡'이나 '라인', '마이피플' 등을 들 수 있다.

'인스턴트 메신저' 또한 1:1 개인 톡(talk) 혹은 여럿과 함께 동시에 하는 단체 톡 모두 가능하다. 하지만 단체 톡의 경우 다른 단체 쪽지/문자/메일과 그 양상이 조금 다르다. 앞서 살펴본 매체들은 동시다발적으로 메시지를 보냈다고 하더라도 결국 처음 발신자가 같은 메시지를 전송했다 뿐이지, 이후 각자 따로 답장을 보내 다시 개별 1:1 컨텍(contact)의 형태로 진행되곤 한다. 그에 반해 '인스턴트 메시지'의 경우는 모두가 모두의 내용을 공유하는 '다수 대 다수'의 커뮤니케이션 양상을 보인다.

'인스턴트 메신저' 또한 글자 수 제한이 따로 정해져 있지는 않지만, 내용이 지나치게 길어질 경우 시스템에서 자체적으로 메시지를 창에 곧바로 띄어주지 않고 링크로 연결하여 확인하도록 하여 그에 따른 불편함이 생긴다. 그러다보니 한 번에 지나치게 긴 메시지를 입력하는 것을 사용자들 간에 상호 선호하지 않으며, 내용이 길어지면 성의껏 읽지 않고 아래로 넘겨버리는 경우가 있다. 인터넷에 과다 노출된 현대인의 '두괄식 읽기'가 드러나는 부분이기도 하다.

지금까지 망 내 쪽지, 문자 메시지, 이메일, 그리고 인스턴트 메신저에 걸쳐 각 매체의 정의와 글쓰기 특성을 살펴보았다. 이어서 '공손성'의 보편적인 정의가 무엇인지, 또 이를 실현하기 위해 어떤 전략들이 존재하는지 살펴본 후에 각각의 매체 특성과 부합하여 이들 사이의 '공손성 서열'을 예측해 보도록 하겠다.

2. '공손성' 정의 및 전략

'매체의 공손성 서열'을 예측하기에 앞서 '공손성'이 무엇인지, 그리고 그에 따른 일반적인 전략에는 어떤 것들이 있는지 정확히 알아볼 필요가 있다.

정금미(2011)는 '공손'을, 인간의 상호작용 과정에 존재하는 갈등과 충돌의 가능성을 최소화함으로써 개인 간의 교류와 상호작용이 용이하도록 고안된 대인관계의 수단이라고 보았다. 이어 '공손'이라는 것은 화용적인 측면에서 이해해야 하는 것으로서, 상황과 문맥 그리고 문화에 따라 다르게 나타나고, 상대방의 체면 손상을 최소화하려는 화자의 역동적인 화용론적 대화 전략이라고 하였다. 그리고 곽면선(2014)은 '공손'을 대화에서 대화 참여자들이 원만한 대화와 인간관계를 위해 서로의 체면을 보호하고 상대를 배려하여 기분 좋게 하는 대화 기법이라고 보았으며, Fraser(1990)는 '공손'을 사회규범이 오랜 세월 동안 역동적으로 변화하여 각 사회의 고유한 사회적 규준에 부합하는 올바른 행동이라 하였다. 사회규범은 장소와 시대에 따라 변할 수 있는 것이며, 상호작용의 결과 비전문가의 입장에서도 주어진 사회 내의 공손을 바르게 이해할 수 있다고 보았다.

그리고 위와 같은 '공손'을 실현하는 전략에는 여러 가지가 존재한다. Brown & Levinson(1987)에 따르면 발화자와 청자 간의 친밀함이 낮거나, 청자에 대한 발화자의 상대적 권력 차이가 커지거나, 또한 발화 행위를 통해 청자에게 부과하는 부담의 절대량이 증가할수록 보다 공손한 전략을 사용하게 된다고 했다. 그들이 제시한 '공손성 전략'의 종류를 간단히 정리하면 다음과 같다.

<표 1> Brown & Levinson(1987)의 공손성 전략

⊙ 동반자 전략	상대방과의 공통점이나 동의하는 바를 강조하는 특성
ⓛ 칭송 전략	상대방의 자질 및 능력을 존중하는 특성
ⓒ 자율성 존중 전략	상대방의 자율성과 입장을 존중하는 특성
ⓔ 암시적 전략	직접 언급을 회피하고 암시적으로 의미를 전달하는 특성

이어 Leech(1983)의 '공손성 전략'은 다음과 같이 정리해 볼 수 있다.

<표 2> Leech(1983)의 공손성 전략

ⓐ 배려(Tact)	상대방의 부담 최소화 / 이익 최대화
ⓑ 관용(Generosity)	자신의 이익 최소화 / 부담 최대화
ⓒ 칭찬(Approbation)	상대방에 대한 칭찬 최대화 / 비난 최소화
ⓓ 겸손(Modest)	자신에 대한 칭찬 최소화 / 비난 최대화
ⓔ 동조(Sympathy)	자신과 상대방의 반감 최소화 / 동조 최대화

그리고 마지막으로 박선우(2012)는 이와 같은 '공손성 전략'이 나타나는 주요 요인으로 화자와 청자의 관계 간의 지위 차이를 꼽았다.

위의 여러 가지 논의를 종합하고 본고의 취지에 적합하게 '공손성'을 정의하면 다음과 같다.

> '공손성'이란, 개인 간의 원만한 대화와 상호작용을 위해 고안된 관계적 기법이며, 이것이 하나의 문화를 형성하여 한 사회의 고유한 사회적 규준으로 작용하기도 하는 것이다.

그리고 이러한 '공손성' 전략은 대화 참여자들 사이의 관계적 지위의 차이가 존재할 때 더욱 극대화되어 나타난다. 이어 Brown & Levinson(1987)과 Leech(1983)의 공손성 전략 중 본고에 맞게 항목화하면 다음과 같다.

<표 3> 새롭게 구안한 공손성 전략

① 배려	상대방의 이익을 최대화하는 전략
② 관용	자신의 부담을 최대화하는 전략
③ 칭송/칭찬	상대방의 자질과 능력에 대한 칭찬을 최대화하는 전략
④ 자율성 존중	상대방의 자율성과 입장에 대한 존중을 최대화하는 전략

위와 같은 '공손성'의 전략을 활용하여 실제 사례를 분석하겠다. 그리고 그러한 전략들을 바탕으로 실천하는 '공손성'이, 앞서 정의한 바와 같이 실제로 하나의 문화가 되어 사회적 규준으로 작용하고 있는지까지 검증하는 방향으로 연구를 진행할 것이다. 이에 앞서 20대가 생각하는 '매체의 공손성 서열'부터 알아보고, 진단된 결과를 바탕으로 최상위-최하위 순위를 기록한 매체의 실제 사례를 살펴보겠다.

3. 매체의 공손성 서열(Hierarchy of Politeness)

전통적인 '공손성'과 현대의 '매체'가 공존하는 이 시대를 살아가고 있는 20대가 '매체'를 활용한 의사소통에 있어 '공손성'을 어떻게 실현시키고 있으며, 그들이 파악하기에 각 매체 간의 '공손성' 정도에 차이가 있는지 그 여부를 알아보기 위해 설문 조사를 진행했다. 20대의 대표 직업 군(群)이라고 할 수 있는 학생과 직장 초년생들이 그 대상이었으며, 설문은 총 100명을 대상으로 이루어졌다[1].

설문 조사에는 총 두 가지 문항이 제시되어 있다. 1번 문항은 학생 그리고 2번 문항은 직장인들을 대상으로 설계한 것이며, 두 문항은 공통적으로 자신이 공손해야 할 상대에게 연락할 때 취할 매체에 대한 선호도를 매기는 방법으로 진행되었다. 설문 조사 응답자가 보다 현실적으로 대답할 수 있도록 각각의 직업군에 해당하는 대표적인 상황을 설정하여 제시했다. 다음은 〈부록-2〉에 실려 있는 결과표의 일부이다[2].

<표 4> 설문 조사 응답 결과

응답 자			망 내 쪽지	문자 메시지	이메일	인스턴트 메신저	비고
강*지	24	직장인	3	2	1	4	∨
권*철	27	직장인	2	3	1	4	∨
김*겸	23	학생	3	2	1	4	∨
김*경	25	학생	2	3	1	4	∨
김*광	24	학생	3	2	1	4	∨
김*구	22	학생	1	2	3	4	
김*기	23	학생	3	2	1	4	∨
김*미	24	학생	3	1	2	4	
…	…	…	…	…	…	…	…
총 100명 (학생 65명 / 직장인 35명)			247	240	138	363	합계
			2.47	2.40	1.38	3.63	평균
			③	②	①	④	순위

설문 조사 결과, 20대가 꼽은 매체 공손성에 따른 선호도 순위는 이메일이 제일 높다. 그 결과는 다음과 같다.

<표 5> 20대가 꼽은 매체 공손성에 따른 선호도 순위

이메일 〉 문자 메시지 〉 망 내 쪽지 〉 인스턴트 메신저

---

1) 설문 조사 문항 〈부록-1〉 참조.
2) 설문 조사 응답 〈부록-2〉 참조.

1위를 차지한 이메일은 네 가지 매체 중 평균 1.38, 2위인 문자메시지는 평균 2.4, 3위를 차지한 망 내 쪽지는 2.47, 그리고 4위인 인스턴트 메신저는 3.63인 것으로 나타났다. 결과에서 확인할 수 있듯, 문자 메시지와 망 내 쪽지에 대한 20대의 '공손성'과 관련된 인식은 큰 차이가 없었다. 그러나 최상위와 최하위 등수를 기록한 이메일과 인스턴트 메신저의 차이는 유의미하다.

이메일이 얻은 1.38이라는 평균과 인스턴트 메신저가 얻은 3.63이라는 평균은, 많은 사람들이 이 둘을 각각 1등과 4등으로 꼽았다는 것을 의미한다. 설문 결과의 가장 오른쪽에 덧붙여져 있는 비고란의 'V' 표시는 응답자들 중 이메일을 1등, 그리고 인스턴트 메신저를 4등으로 꼽은 사람을 체크한 것이다. 'V' 표시는 총 62개로, 전체 설문 조사 대상 100명 중 무려 62명이 공통적으로 이메일을 가장 공손한 매체로, 그리고 인스턴트 메신저를 가장 공손하지 않은 매체로 꼽았다는 것을 의미한다. 이를 통해 매체 활용이 우수한 20대 사이에서, 매체에 따라 서로 다른 공손성의 정도를 부여하고 있다는 것이 확인되었으며, 이에 따른 '매체 공손성 서열(Hierarchy of Politeness)'이 존재한다는 것이 밝혀졌다.

그렇다면 이들은 왜 매체에 따라 서로 다른 정도의 공손성이 반영된다고 믿는 것일까? '매체 공손성 서열'에서 최상위를 차지한 이메일과 최하위를 차지한 인스턴트 메신저를 중심으로 그 이유를 탐구하고자 한다.

III. 이메일과 인스턴트 메신저의 격식 체계

1. 격식 체계의 요인

설문 조사 대상자 100명 중 무려 62명이 공통적으로 공손성 실현의 최상위와 최하위 매체로 꼽은 이메일과 인스턴트 메신저, 이 두 가지 매체에는 어떤 차이가 존재하는 것일까. 매체별 특성만 고려해도 이메일과 인스턴트 메신저의 성격이 매우 다르다는 것을 알 수 있다. 그렇다면 이러한 매체 특성을 매우 잘 이해하고 활용하고 있을(매체 문식성이 뛰어난) 20대의 젊은 세대들은, 또 어떤 이유에서 이메일을 가장 공손한 매체로, 인스턴트 메신저를 가장 공손하지 않은 매체로 꼽은 것일까? 이메일과 인스턴트 메신저를 각각 최상위와 최하위 공손성 실현 매체로 꼽은 62명 중 학생 42명에게 그 이유를 물었다.

다음은 공손성을 요하는 대상(교수와 직장상사)에게 연락할 때 왜 이메일을 가장 선호하고 인스턴트 메신저를 가장 선호하지 않는지, 각각에 대한 이유를 가장 많이 대답(중복 응답 허용)한 순서대로 정리한 것이다.

<표 6> 20대가 이메일을 가장 선호하는 이유

┌─── (가) 이메일을 가장 선호하는 이유 ───────────────────────────┐
교수님들께서 가장 많이 사용하시는 연락 수단이라서   36   ∨

항목	수	표시
교수님들께서 가장 많이 사용하시는 연락 수단이라서	36	∨
가장 형식적으로 작성할 수 있는 매체라고 생각해서	30	∨
진지하고 정중하게 편지 양식으로 작성할 수 있어서	22	∨
나의 개인 정보를 노출하지 않아도 돼서	13	∨
교수님의 개인 생활(카카오톡의 프로필 사진 및 대화명 등)을 보호해 드리기 위해서	12	
강의 계획서에 이메일이 나와 있으니 따로 연락처를 아는 등의 수고가 필요하지 않아서	5	

<표 7> 20대가 인스턴트 메신저를 가장 선호하지 않는 이유

(나) 인스턴트 메신저를 가장 선호하지 않는 이유

항목	수	표시
개인적인 연락 수단인 것 같아 교수님께 실례가 되는 것 같아서	39	∨
별다른 로그인의 과정 없이 너무나도 쉽게 확인이 가능하기 때문에		
교수님께서 대충 읽어보시고 그냥 지나쳐 버릴 것 같아서	24	
가장 비형식적으로 작성하는 매체라고 생각해서	21	∨
성의 없는 연락 방식으로 생각되는 것 같아서	16	∨
나의 개인 정보를 노출하는 것이 싫어서	16	
그냥 어쩐지 부담스러워서	13	∨
교수님께서 응급한 때가 아니면 휴대폰으로 연락하지 말라고 직접 말씀하셔서	9	∨
장문의 내용인 경우 보내기도 알아보기도 힘들어서	6	
연락처를 알아내야 하는 번거로움이 있어서	5	

이와 같이 총 42명의 학생들이 중복 응답을 통해 대답한 이메일과 인스턴트 메신저의 선호도 차이에 대한 이유를 보면 이메일과 인스턴트 메신저 각각의 매체별 특성을 반영하고 있을 뿐만 아니라, 그와 더불어 다양한 요인이 존재하고 있음을 알 수 있다. 그리고 그 중 특히 직접적으로 '공손성'과 관련되어 있는 항목에는 '∨' 표시를 하였다.

대상 42명의 중복 응답 허용에 따라 이메일은 전체 118표, 그리고 인스턴트 메신저는

149표 중, 이메일과 인스턴트 메신저 각각 총 101표와 98표가 '공손성'을 그 이유로 삼고 있다는 것을 알 수 있었다. 이는 이메일을 선호하는 다양한 요인들 중 85.59%가 공손성과 관련 있다는 것, 또 인스턴트 메신저를 선호하지 않는 수많은 요인들 중 65.77%가 공손성과 관련이 있다는 것을 의미한다.

이는 20대 직장인들을 대상으로 수집한 매체 선호도 요인에서도 거의 흡사하게 나타난 바, 20대의 젊은 층 사이에서는 확실히 이메일과 인스턴트 메신저 간의 '매체 공손성 서열'이 존재하며, 그 원인에 대한 인식 또한 비슷하게 자리하고 있는 것을 발견할 수 있었다.

2. 실제 매체 활용 사례

설문 조사 결과를 통해 20대가 이메일과 인스턴트 메신저에 부여하는 '공손성'의 정도가 다르며 이를 분명히 인식하고 있다는 것을 알 수 있었다. 그렇다면 이 두 가지 매체를 실제로 사용하는 데 있어서, '공손성 전략'이 어떻게 실현되고 있는지 알아보도록 하겠다.

설문 조사와 요인 분석 대상을 20대 직업의 대표 군(群)인 학생과 직장인으로 설정한 만큼, 설문 조사에서 공손성 최상위 매체로 이메일을, 최하위 매체로 인스턴트 메신저를 꼽았던 응답자들 중 각각의 직업군에서 두 명씩을 선정하여 실제 두 가지 매체를 활용하여 메시지 내용을 작성해줄 것을 요구했다. 〈부록 - 2〉의 설문 조사 결과표에 음영으로 표시되어 있는 학생 두 명과 직장인 두 명이 그들이다.

<표 8> 20대 학생과 직장인 각 두 명의 실제 매체 활용 사례

응 답 자			망 내 쪽지	문자 메시지	이메일	인스턴트 메신저	비고
강*지	24	직장인	3	2	1	4	∨
김*형	27	학생	3	2	1	4	∨
유*아	26	직장인	3	2	1	4	∨
이*민	24	학생	2	3	1	4	∨

이들의 실제 매체 활용 사례에 드러난 '공손성 전략'을 분석할 작성자의 네 가지 '공손성 전략'을 소개하면 다음과 같다.

① 배려	상대방의 이익을 최대화하는 전략
② 관용	자신의 부담을 최대화하는 전략
③ 칭송/칭찬	상대방의 자질과 능력에 대한 칭찬을 최대화하는 전략
④ 자율성 존중	상대방의 자율성과 입장에 대한 존중을 최대화하는 전략

2.1. 학생이 교수에게

다음은 두 명의 학생이 (1)이메일과 (2)인스턴트 메신저를 활용하여 교수님께 수업 결석 사유에 대해 전달하는 메시지를 작성한 것이다.

가. 김*형

응 답 자			망 내 쪽지	문자 메시지	이메일	인스턴트 메신저	비고
김*형	27	학생	3	2	1	4	∨

(1) 이메일

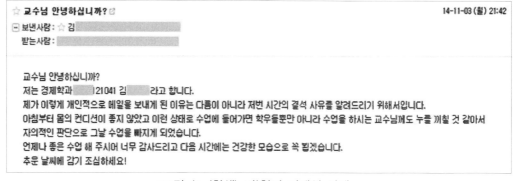

<그림 1> (학생) 김*형의 이메일 사례

위의 이메일에서 살펴보면, "아침부터 몸의 컨디션이 좋지 않았고 이런 상태로 수업에 들어가면 … 교수님께도 누를 끼칠 것 같아서"라는 대목에서 '공손성 전략' 중 ①배려가 나타나고 있음을 확인할 수 있다. 이어, "언제나 좋은 수업 해 주시어 너무 감사드리고"에서는 ③칭송/칭찬의 전략이 나타난다.

(2) 인스턴트 메신저

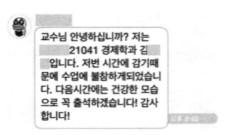

교수님 안녕하십니까? 저는
21041 경제학과 김
입니다. 저번 시간에 감기때
문에 수업에 불참하게되었습니
다. 다음시간에는 건강한 모습
으로 꼭 출석하겠습니다! 감사
합니다!

<그림 2> (학생) 김*형의 인스턴트 메신저 사례

반면 위 인스턴트 메신저로 작성한 메시지에서는 네 가지의 '공손성 전략' 중 두드러지게 나타나는 것은 찾아볼 수 없다.

나. 이*민

응 답 자			망 내 쪽지	문자 메시지	이메일	인스턴트 메신저	비고
이*민	24	학생	2	3	1	4	∨

(1) 이메일

☆ [강의명] 학번 이　결석 관련 문의 메일입니다. ✍　　　　　　　　　14-11-04 (화) 10:25
보낸사람: ☆ 아
받는사람:

○○○ 교수님께,

교수님 안녕하세요.
이번학기에 교수님의 [강의날짜 및 시간, 강의명]을 수강하는 [학번 학과] 이　라고 합니다.

제가 지난주 몸상태가 좋지 않아 강의를 들을 수 없었습니다.
병원에서 진단서를 받아왔습니다만.
교수님께 혹은 조교님께 다음 강의시간 때 진단서를 직접 드리면 될지 아니면 메일로 보내드리면 될지 여쭙고 싶습니다.
그리고 혹시 제가 받지 못한 자료나 중요한 공지사항이 있었는지도 여쭤봐도 될까요?

바쁘신 와중에 번거롭게 해드려 죄송합니다.
매번 좋은 강의를 통해 많은 것을 배우고 있습니다.
지난주에는 부득이하게 결석했지만 앞으로 더 열심히하는 모습 보여드리도록 노력하겠습니다.
항상 감사드립니다.

[학번 학과]
이　　올림

<그림 3> (학생) 이*민의 이메일 사례

위의 이메일에서는 "병원에서 진단서를 받아왔습니다만, 교수님께 혹은 조교님께 다음 강의시간 때 진단서를 직접 드리면 될지 아니면 메일로 보내드리면 될지 여쭙고 싶습니다." 와 "… 제가 받지 못한 자료나 공지 사항이 있었는지 여쭤봐도 될까요?"라는 대목에서 네 가지 '공손성 전략' 중 ④자율성 존중이 드러나고 있다. 또한, "바쁘신 와중에 번거롭게 해드려 죄송합니다"에서 ①배려의 전략이 나타나며, "매번 좋은 강의를 통해 많은 것을 배우고 있습니다."를 통해 ③칭송/칭찬의 전략을 실현하고 있음을 확인할 수 있다.

(2) 인스턴트 메신저

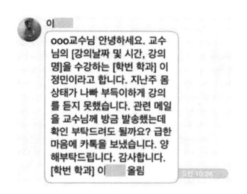

<그림 4> (학생) 이*민의 인스턴트 메신저 사례

동일한 학생이 작성한 인스턴트 메신저의 메시지에서는 "관련 메일을 교수님께 방금 발송했는데 확인 부탁드려도 될까요?"라는 대목에서 ④자율성 존중의 전략이 나타나고 있다. 그러나 이 메시지에서는 간과해서는 안 될 점이 있다. 바로 메시지 자체가 최종적으로 교수님께서 이메일을 확인해주시길 바라는 마음에서, 그저 인스턴트 메신저의 '신속한' 매체 특성을 빌리기 위한 목적으로 작성되었다는 것이다.

2.2. 신입 사원이 직장 상사에게

다음은 두 명의 사회 초년생이 (1)이메일과 (2)인스턴트 메신저를 활용하여 직장 상사에게 업무와 관련한 문의 사항에 대해 전달하는 메시지를 작성한 것이다.

가. 강*지

응 답 자			망 내 쪽지	문자 메시지	이메일	인스턴트 메신저	비고
강*지	24	직장인	3	2	1	4	∨

(1) 이메일

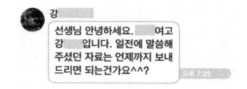

<그림 5> (직장인) 강*지의 이메일 사례

위의 이메일을 살펴보면, "번거롭게 해드려 죄송합니다"를 통해 '공손성 전략 중 ①배려가 나타나고 있음을 살펴볼 수 있다.

(2) 인스턴트 메신저

<그림 6> (직장인) 강*지의 인스턴트 메신저 사례

반면 위 인스턴트 메신저로 작성한 메시지에서는 네 가지의 '공손성 전략' 중 두드러지게 나타나는 것은 찾아볼 수 없다. 다만 "^^"와 같은 이모티콘의 사용을 통해, 문자 매체 의사소통에서의 소극적 의미의 형식적 공손성을 실현하고 있는 것을 살펴볼 수 있다.

나. 유*아

응 답 자			망 내 쪽지	문자 메시지	이메일	인스턴트 메신저	비고
유*아	26	직장인	3	2	1	4	∨

(1) 이메일

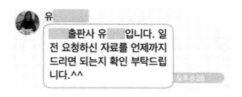

☆　　출판사 유　　입니다. ⬚　　　　　　14-11-03 (월) 20:28
보낸사람 : ☆ 유
받는사람 :

안녕하세요. **실장님.
　　출판사 유　　입니다.

지난 번에 요청하신 자료를 언제까지 드리면 되는지 일정 확인을 위해 연락드립니다.

확인 후 회신 부탁드립니다.

감사합니다.

<그림 7> (직장인) 유*아의 이메일 사례

위의 이메일에서는 네 가지 공손성 전략과 부합하는 특징이 나타나지 않는다.

(2) 인스턴트 메신저

유

출판사 유　　입니다. 일
전 요청하신 자료를 언제까지
드리면 되는지 확인 부탁드립
니다.^^

<그림 8> (직장인) 유*아의 인스턴트 메신저 사례

위의 인스턴트 메신저의 메시지에서도 네 가지 공손성 전략에 부합하는 특징은 나타나지 않는다. 하지만 이전 강*지의 인스턴트 메신저의 메시지에서와 같이 "^^"와 같은 이모티콘의 사용을 통해, 소극적 의미의 형식적 공손성을 실현하고 있는 모습을 확인할 수 있다.

학생이 교수에게, 그리고 직장인이 상사에게 보내는 실제 매체 활용의 네 가지 사례를 통해 (1)이메일과 (2)인스턴트 메신저에서 드러난 공손성 전략의 빈도수는 다음과 같다.

<표 9> 실제 매체 활용 사례에 드러난 공손성 전략의 빈도수

직 업	학생				직장인			
이 름	김*형		이*민		강*지		유*아	
매 체	이메일	인스턴트 메신저	이메일	인스턴트 메신저	이메일	인스턴트 메신저	이메일	인스턴트 메신저
① 배려	1		1		1			
② 관용								
③ 칭송/칭찬	1		1					
④ 자율성 존중			2	1				
⑤ 기타						1		1
(1)이메일은 총 7점, (2)인스턴트 메신저는 총 3점								

　　단순히 빈도수만을 비교해서도 이메일이 인스턴트 메신저에 비해 훨씬 공손성을 잘 실현하고 있음을 알 수 있다. 하지만 양적 비교만으로 두 매체 간에 존재하는 공손성의 차이를 평가하기 어렵다.

　　각각의 사례들을 질적으로 조금 더 자세히 살펴보면 공손성의 차이를 평가할 수 있을 것이다. 우선 이메일의 경우 ◇◇교수님, □□선생님, ☆☆실장님과 같은 상대방의 호칭이 빠지지 않고 등장함을 확인할 수 있다. 또한, 자신의 상황에 대한 더욱 구체적인 설명과 더불어 인사말이 빠지지 않는 것, 그리고 더 나아가 "감사합니다.", "안녕히 계십시오."와 같은 맺음말이 있다는 것이 특징적이다. 상대의 호칭을 우선 부르는 것과 더불어 앞뒤 인사말을 덧붙이는 것은 상대와의 사회적 관계를 더욱 원만하게 형성해 줄 수 있는 장치로, 넓은 의미의 공손성에서 아주 중요한 역할을 하는 부분이다.

　　이와 같은 여러 장치에 더해, 메시지 분량에서의 차이점을 발견할 수 있다. 같은 내용의 메시지를 전달함에도 불구하고 학생과 직장인 인스턴트 메신저에서보다 이메일에서 훨씬 길게 작성한 것을 확인해볼 수 있다. "밥 먹었니? → 식사 하셨어요? → 진지 드셨습니까?"의 예에서처럼, 우리나라의 경어법 체계상 더 높은 수준의 공손성을 실현할수록 그 내용과 형식이 길어진다는 특징이 있다. 이와 같은 특징을 고려했을 때, 이메일에서 더욱 길게 작성된 메시지의 내용은 공손성을 더욱 많이 내포하고 있다고 해석할 수 있다.

　　유*아의 이메일에는 상대의 호칭과 더불어 인사말이 등장하는 데 반해 인스턴트 메신저에서는 그것이 나타나지 않는다. 그리고 이메일에서는 "지난 번에"라고 한 것이 인스턴트 메신저에서는 "일전"으로, 이메일에서는 "확인을 위해 연락드립니다. 확인 후 회신 부탁드립니다."라고 한 것이 인스턴트 메신저에서는 "확인 부탁드립니다."로 축약되어 작성된 것을 살펴볼 수 있다. 그리고 이메일에서는 마지막에 "감사합니다."로 내용을 마무리 지었으나, 인스턴트 메신저에서는 맺음말을 찾아볼 수 없다. 비슷한 맥락으로, 강*지 의 이메일에서도 "언제까지 보내드리면 되는 것인지 궁금하여 메일드립니다."로 작성되었던 것이, 인스턴트 메신저에서는 "되는건가요?"로 축약되어 나타난다. 그리고 이메일에서 보다 공식적이고 격식적인 문투를 사용했다는 것 또한 눈에 띈다. 이어 김*형 의 이메일에서는 "제가 개인적으로 메일을 보내게 된 이유는 다름이 아니라"와 같이 전제를 추가한 모습도 엿볼 수 있으며, 인스턴트 메신저에서는 "저번 시간에 감기 때문에 수업에 불참하게 되었습니다."라고 했던 것을 이메일에서는 "아침부터 몸의 컨디션이 좋지 않았고 이런 상태로 수업에 들어가면 학우들뿐만 아니라 수업을 하시는 교수님께도 누를 끼칠 것 같아서 자의적인 판단으로 그날 수업을 빠지게 되었습니다."와 같이 자신의 사정을 아주 상세히 밝힌 것을 발견할 수 있다.

이렇게 다양한 방법으로 실현되고 있는 '공손성'의 방법을 질적인 측면까지 모두 고려하면, '전략'의 유무에 대한 양적 판단으로 (1)이메일 0점, (2)인스턴트 메신저 1점을 획득한 유*아 의 매체 활용 사례에 대한 섣부른 해석이 지양되어야 함을 느낄 것이다. 다양한 공손성 전략의 질적인 판단은, 인스턴트 메신저가 더 많은 점수를 얻었다고 하여 반드시 더 큰 공손성을 실현했다고 볼 수만은 없다는 점을 시사한다.

설문 조사의 결과를 통해서도, 그리고 이메일과 인스턴트 메신저의 실제 매체 활용 사례를 통해서도 두 가지 매체의 '공손성 서열'이 존재함을 확인했다. 그리고 20대 학생들과 직장인들은 수신자에 대한 '공손성'을 고려하여 매체를 선택하고 메시지를 작성하는 것을 알 수 있다.

그렇다면 이들이 '공손성'을 실현하고 있는 대상, 즉 메시지의 수신자가 되는 기성세대 또한 이와 같은 '매체 공손성 서열'을 동일하게 인식하고 있는지 면담을 통해 알아보겠다.

3. 연구 결과 검증

기성 세대 또한 그 차이를 인식하고 20대들의 생각과 동일한 관점을 공유한다면, 우리가 살고 있는 이 사회가 객관적인 매체에 대해 어떤 주관적인 가치를 대입하고 있는지 확인할 수 있을 것이다. 즉, 사회적 '매체 공손성 서열'이 존재하고 있음을 알 수 있게 된다. 그리고 만약 그러한 매체 사용에 대한 사회적 약속이 존재하는 것이라면, 이것은 자국민의 의사소통 능력을 책임지는 국어교육에서 마땅히 다루어져야 할 내용이다. 그러나 만약 기성세대와 20대의 '매체 공손성'에 대한 인식이 일치하지 않는다면, 그 불일치 양상은 왜 생긴 것인지, 또 그렇다면 어떤 방식으로 매체를 활용하는 것이 올바른 활용 방안인지에 대해 논의할 필요가 있다.

설문 조사 결과를 통해서도, 격식 체계(공손성에 따른 매체 선호도) 요인과 실제 매체 활용 사례 측면에서도, 20대 학생과 직장인 사이에서는 '매체 공손성'에 대한 인식이 큰 차이 없이 비슷하게 자리하고 있는 것을 확인하였다. 그러므로 각 직업군에서 자신의 공손성을 실현하는 상대, 즉 메시지를 받는 기성세대의 입장도 두 집단 간의 차이가 미미할 것이라고 판단하여, 해당 본문에서는 더욱 깊은 수준의 질적 연구를 위해 학생과 직장인 중 한 집단만을 택하여 연구를 진행하도록 하겠다. 그리하여 심층 면담의 대상자는 학생들의 메시지를 수신하는 교수 집단으로 한정하였다.

심층 면담을 진행한 교수는 총 여섯 명(A, B, C, D, E, F 교수)으로, 면담 시 사용된 면담지는 〈부록 - 3〉으로 첨부하였다. 다음은 여섯 명 교수의 응답 결과를 모아 (가)이메일을 더 선호하는 이유, 그리고 (나)인스턴트 메신저를 더 선호하는 이유로 나누어 정리한 것이다.

<표 10> 교수의 이메일 선호 이유

─── (가) 이메일을 더 선호하는 이유 ───	
내용이 복잡해지면 인스턴트 메신저로는 답하기 어려움	Ⓐ 교수
전혀/잘 모르는 관계가 통성명 없이(거두절미하고) 사정만 말하는 경우는 바람직하지 않다고 봄 - 인스턴트 메신저를 통해 작성된 메시지의 경향성	Ⓐ 교수
내용과 사유를 더욱 구체적으로 밝혀 적기 때문에 학생을 이해하는 데 도움 됨 (정보 전달의 차원을 넘어 관계지향적인 성격)	Ⓑ 교수
인스턴트 메신저는 개인적인 연락 수단이므로, 공적 소통 수단인 이메일로 하는 것이 당연	Ⓒ 교수
인스턴트 메신저를 사용하지 않고 학생들에게 전화번호를 알려주지도 않으므로 이메일을 선호	Ⓓ 교수
이메일이 형식적/내용적으로 더욱 정중하고 풍부하게 작성됨	Ⓔ 교수
답변을 오랫동안 생각할 수 있는 시간을 벌어줌	Ⓔ 교수
매체 자체의 문제가 아니고, 내용에서의 '공손성' 실현이 문제	Ⓕ 교수

<표 11> 교수의 인스턴트 메신저 선호 이유

┌─ (나) 인스턴트 메신저를 더 선호 ─────────────────────────────

압축적인 내용이 아니라면, 인스턴트 메신저의 신속성은 큰 장점　　　　　Ⓐ 교수

급한 사안일 경우에는 얼마든지 인스턴트 메신저를 통해 연락 가능하다고 생각하며,　Ⓑ 교수
그렇다고 공손하지 않다고 생각하지 않음

매체 자체의 문제가 아니고, 내용에서의 '공손성' 실현이 문제　　　　　Ⓕ 교수

└──

응답한 내용을 근거로 각 교수들의 매체 선호 양상을 정리하면 다음과 같다.

<표 12> 교수의 매체 선호 양상

교수	연령	(가) 이메일 선호	(나) 인스턴트 메신저 선호	비고 : (다) 매체 선호 동일
Ⓐ 교수	40대	∨	∨	∨
Ⓑ 교수	40대	∨	∨	∨
Ⓒ 교수	30대	∨		
Ⓓ 교수	60대	∨		
Ⓔ 교수	30대	∨		
Ⓕ 교수	50대	∨	∨	∨

면담에 참여한 여섯 명의 교수는 이메일을 선호하는 것으로 나타났다. 6명의 모든 교수가 이메일을 선호한다고 답변한 반면, 인스턴트 메신저는 세 명의 교수가 선호하는 것으로 나타났다. 그마저도 이메일보다 인스턴트 메신저를 더욱 선호한다고 한 것이 아니라, 이메일과 인스턴트 메신저에 대한 선호가 동일하거나 때에 따라 달라진다고 답변하였다. 3명의 모아 따로 비고란에 (다)매체 선호 동일로 처리하였다.

두 매체에 대한 선호가 동등하다고 응답한 Ⓐ, Ⓑ, Ⓕ 교수에게, 그럼에도 불구하고 학생들이 이메일을 더욱 선호하며 공손한 매체라고 여기는 이유(면담지 2번 질문 참고)가 무엇인지 질문하였다.

Ⓐ 교수는, 학생들이 손윗사람에게 연락할 때 자신이 선택할 수 있는 매체 중 비교적 그 예의와 격식적인 성격이 짙은 이메일을 선호하는 것 같다고 응답하였다. 학생들은 친구가 아닌 다른 세대와 연락/교류할 일이 많지 않다. 그리고 그런 그들 사이에서 연락 수단으로 사용되는 것이 인스턴트 메신저이며, 때문에 인스턴트 메신저를 비교적 격식이 떨어지는

매체로 여길 수 있다는 것이 그 이유이다. 또한, 인스턴트 메신저의 경우 제한된 창 안에 내용을 담으려다 보니 글자 외 이모티콘 등을 강요받게 되는 환경, 그리고 오탈자가 빈번하게 발생할 수 있다는 환경 등의 상대적 제약이 존재하기 때문에 학생들이 자신이 공손해야 할 대상에게는 더욱 이메일을 선호하는 것 같다고 응답하였다. 더불어, 매체의 성격에 대해 사회적으로 공통된 인식이 어느 정도는 자리하고 있으며, 그 예로 Ⓐ 교수는 자신의 지도 교수에게 아직까지 손 편지를 쓰신다고 답변하였다. 그러나 매체 간에 '공손성'과 관련된 성격의 차이가 현격하지 않으니, 학생들도 연락하는 수단을 선택하는 데 있어 큰 부담을 갖지 않아도 될 것 같다고 응답하였다.

Ⓑ 교수도, 매체의 성격에 대한 사회적 인식이 어느 정도 자리하고 있기에 학생들이 이메일을 선호하게 되는 것 같다고 하였다. 그러나 매체 자체가 아닌 그 내용 안에서의 문투가 '공손성'의 성격과 더욱 관련 있으며, 설령 그 표현이 공손하지 않더라도 잘 받아들일 수 있다고 하였다. 그보다 연장자와의 거리감, 그 벽을 깨고 얼마나 소통을 하려고 했는지 그 시도가 중요하다고 언급하였다. 그것이 우리 사회에서 더욱 필요한 덕목이라고 강조하였다.

마지막으로 Ⓕ 교수도 일반적으로 생각하는 매체의 성격에 대한 사회적 약속이 있다고 보았다. 그리고 그것은 매체의 등장 순서와 깊은 관련이 있으며, 각 세대별로 익숙한 매체가 조금씩 다르기 때문에 그것을 배려하는 차원에서 자리하고 있는 사회적 인식이 존재한다고 보았다. 그리고 혹시나 자신이 이메일이 아닌 다른 수단으로 연락했을 때, 그러한 사회적 인식을 강하게 가지고 있는 사람이라면, 자신을 버릇없게 생각하고 더 나아가 그것이 성적에 반영되지 않을까 하는 염려에 따라 안전한 선택을 하는 것이라고 보았다. 그러나 Ⓕ 교수도 중요한 것은 매체 자체보다는 정중하고 공손하게 작성된 내용이라고 하였다.

이메일과 인스턴트 메신저에 대한 선호가 동일하다고 응답한 Ⓐ, Ⓑ, Ⓕ 교수도, 본인들의 의견과는 상관없이 일반적으로는 두 매체 사이의 인식에 대한 차이가 존재한다고 응답하였다. 여기서 또 한 가지 주목할 점은 면담에 응답해준 교수의 연령대이다. 두 매체에 대한 사회적 인식이 다름을 인정하지만 두 매체의 선호도를 크게 개의치 않는다고 응답한 교수는 40-50대 연령층이었다. 그러나 인스턴트 메시지를 사용하지 않기 때문에 이메일을 더 선호한다고 응답한 60대의 Ⓓ 교수를 제외하면, 이메일을 선호하며 이메일을 더 공손한 매체라고 생각한다는 응답을 한 교수는 모두 30대였다.

설문 조사를 통해 20대 학생들에게는 '매체 공손성 서열'에 따른 선호도가 분명히 작용하고 있음을 알 수 있다. 그리고 면담 결과를 통해서 30대 교수는 이메일을 더 우선적으로 선호하며, 나아가 손윗사람을 배려하여 더욱 공식적이고 형식적인 이메일로 연락하는 것이 당연한 이치라고 생각하였다. 그러나 40-50대 교수들은 그러한 '매체 공손성 서열'이 공통적으로 사회에 퍼져있는 것을 인지하고는 있지만, 중요한 것은 매체 자체보다는 그 안에서의 내용에서 실현되는 '공손성'이라고 응답하였다.

여러 매체에 익숙한 연령층(20대-50대) 내에서는 매체의 성격에 따라 공손성이 다르게 부여되고 있음을 공통적으로 느끼고 있었다. 하지만 매체 인식 정도가 젊은 세대로 갈수록 높다는 것은 뜻밖의 결과였다. '공손성'이 손윗사람과 관련된 개념이기에 높은 연령대일수록 더욱 민감하게 반응할 것이라고 예상했지만, 결과는 그 반대로 도출되었다. 20대와 30대, 그리고 40대와 50대가 기준으로 생각하는 '공손성'이 달랐기 때문이다.

매체의 활용도와 숙련도가 뛰어난 20대와 30대의 경우, 매체 자체가 지닌 속성에 대한 이해도가 비교적 높기에 객관적인 매체에 부여하는 주관적인 가치관의 정도도 훨씬 민감한 것으로 파악되었다. 반면, 40대와 50대의 경우에는 매체가 널리 사용되기 이전부터 '공손성'을 실현하는 요소였던 언어적인 표현에 더욱 중점을 두어 그 '공손성'의 정도를 평가하는 것으로 나타났다.

IV. 결론

본고는 '매체의 공손성 서열'에 대한 사회적 인식을 바탕으로 '매체'와 '곤송성'의 상관관계에 대해 고찰해보고자 했다. 연구는 텍스트를 기반으로 한 네 가지 매체인 망 내 쪽지, 문자 메시지, 이메일, 그리고 인스턴트 메신저를 대상으로 하였다. 그리고 각각의 매체의 특성과 더불어 본고에서 정의하는 '공손성'의 정의와 전략을 정리해보았다. 이후, '매체'를 자유자재로 다루는 이 시대의 20대 젊은이들이 전통적으로 중요한 가치인 '공손성'을 어떻게 접목하여 인식하고 있는지 '매체의 공손성에 따른 선호도 조사'를 통해 알아보았다. 20대에게는 뚜렷한 '매체 공손성 서열'이 자리하고 있었으며, 이것이 기성세대에도 동일하게 적용되는지를 알아보기 위해 학생들이 작성한 실제 매체 활용 사례를 가지고 교수와 심층 면담을 진행하였다. 연령층을 막론하고 모두 매체의 각 성격에 따라 어떠한 사회적 인식과 약속의 형태가 존재하는 데에는 동의하였지만, 40-50대의 경우 매체 자체의 성격보다는 그 내용에 있어서의 언어적 '공손성' 실현이 더욱 중요하다고 보았다. 그에 반해 30대 교수는 20대와 비교적 일치하는 '매체 공손성 서열'을 가지고 있었으며, 그에 따라 이메일을 타 매체에 비해 훨씬 선호하는 것으로 드러났다. 따라서 젊은 연령층일수록 매체 자체에 대한 특성을 더욱 선명하게 인식하고, 해당 매체 사용에 따른 '공손성'의 정도를 더욱 민감하게 느끼고 반응한다는 결론에 도달하였다.

일반적으로 사회에 퍼져있는 '매체 공손성 서열'에 따른 매체 사용은, 발신자의 부담을 낮춰주고 위험을 감소시킨다. 상대방이 '매체 공손성 서열'을 따르지 않는 경우일지라도, 이메일로 메시지를 수신하는 것에 대해 불쾌하다고 여기는 경우는 거의 없기 때문이다. 하지만 그 반대의 경우라면, '매체 공손성 서열'을 무시하고 메시지를 전송하였을 때 적잖은 문제점이 발생할 수 있다. 그리고 아래 세대로 내려갈수록 '매체 공손성 서열'에 대한 인식이 점점 강해지고 있음을 발견했듯, 앞으로는 '매체 공손성 서열'이 더욱 공고한 사회적 약속의 형태로 자리 잡을 가능성이 크다. 이에 따라 미래의 학습자들은 사회적 분위기에 걸맞은 매체 활용법을 익혀, 매체 안팎으로 바람직한 '공손성'을 행할 수 있어야 할 것이다.

참고 문헌

곽면선(2014), 트위터와 페이스북에 나타난 영어와 한국어의 공손전략 비교 연구, 충남대학교 박사학위논문.

김은정(2011), 공손성과 커뮤니케이션 능력의 관점에서 본 애매한 언술(equivocation) 전략에 관한 연구 : 한국의 조직 내 커뮤니케이션을 중심으로, 성균관대학교 석사학위논문.

박선우(2012), 한국어 교육에서 요구 화행과 공손성 전략 연구, 건국대학교 석사학위논문.

박현구(2003), 문자 중심 컴퓨터매개환경에서 도상문자와 공손 표현의 관계 연구, 연세대학교 박사학위논문.

정금미(2011), 대화에서의 공손과 불손전략에 대한 화용론적 연구, 충남대학교 석사학위논문.

Brown, P. & Levinson, S. (1987), *Politeness : Some Universals in Language Usage*, Cambridge University Press.

Fraser, B (1990), Perspectives on Politeness, *Journal of Pragmatics* 14(2), pp.219-236.

Leech, G. (1983), *Principles of pragmatics*, London Longman.

〈부록 - 1〉 '매체 선호도'에 대한 설문 조사 문항

** 당신이 학생이면 1번 문항에, 직장인이면 2번 문항에 응답해주십시오.

Q1. 당신은 학생입니다. 교수님께 당신이 지난 시간에 결석한 사유에 대해 말씀드리려고 합니다.
다음 네 가지 중 교수님께 연락드리는 데 가장 선호하는 매체 순서대로 순위를 매겨주세요.
(예시: 1-2-3-4)

① 망(사이트) 내 쪽지 시스템
② 휴대폰 문자 메시지
③ 이메일
④ 인스턴트 메신저

Q2. 당신은 A회사의 신입사원입니다. 프로젝트를 함께 진행하고 있는 B회사의 (당신보다 직급이
높은) 업무 담당자에게 관련 문의를 하려고 합니다. 다음 네 가지 중 업무 담당자에게 연락드리
는 데 가장 선호하는 매체 순서대로 순위를 매겨주세요. (예시: 1-2-3-4)

① 망(사이트) 내 쪽지 시스템
② 휴대폰 문자 메시지
③ 이메일
④ 인스턴트 메신저

〈부록 – 2〉 '매체 선호도' 설문 조사의 응답 결과

응 답 자			망 내 쪽지	문자 메시지	이메일	인스턴트 메신저	비고
강*지	24	직장인	3	2	1	4	∨
권*철	27	직장인	2	3	1	4	∨
김*겸	23	학생	3	2	1	4	∨
김*경	25	학생	2	3	1	4	∨
김*광	24	학생	3	2	1	4	∨
김*구	22	학생	1	2	3	4	
김*기	23	학생	3	2	1	4	∨
김*미	24	학생	3	1	2	4	
김*민	24	학생	3	2	1	4	∨
김*성	27	직장인	2	3	4	1	
김*소	26	직장인	2	3	1	4	∨
김*수	25	학생	2	3	1	4	∨
김*연	25	학생	3	2	1	4	∨
김*영	22	학생	3	2	4	1	
김*웅	27	직장인	2	3	1	4	∨
김*일	27	직장인	4	2	1	3	
김*주	24	직장인	1	3	4	2	
김*형	27	학생	3	2	1	4	∨
김*호	24	학생	2	3	1	4	∨
김*흥	24	학생	3	2	1	4	∨
김*희	24	학생	2	3	1	4	∨
남*용	29	직장인	4	2	1	3	
노*민	23	학생	3	1	2	4	
문*순	24	학생	3	2	1	4	∨
박*나	26	학생	3	2	1	4	∨
박*민	24	학생	2	3	1	4	∨
박*빈	24	학생	4	2	3	1	
박*성	24	학생	2	3	1	4	∨
박*솔	23	학생	2	3	1	4	∨
박*수	23	학생	4	2	1	3	
박*웅	27	직장인	2	3	1	4	∨
박*원	24	학생	3	2	1	4	∨
박*윤	23	학생	2	3	1	4	∨

응 답 자			망 내 쪽지	문자 메시지	이메일	인스턴트 메신저	비고
박*은	23	학생	3	1	2	4	
박*지	24	학생	2	3	1	4	∨
박*진	24	직장인	2	3	1	4	∨
박*찬	24	학생	2	3	1	4	∨
박*후	28	직장인	4	2	1	3	
박*희	24	학생	3	2	1	4	∨
부*름	24	학생	2	3	1	4	∨
선*은	24	학생	2	1	3	4	
선*정	24	학생	2	3	1	4	∨
손*예	26	직장인	3	2	1	4	∨
손*진	24	학생	2	3	1	4	∨
손*훈	24	학생	2	3	1	4	∨
송*수	24	학생	2	3	1	4	∨
신*리	23	학생	2	1	3	4	
신*섭	27	직장인	2	3	1	4	∨
신*진	24	학생	4	3	1	2	
심*리	24	직장인	1	3	2	4	
안*령	24	직장인	3	1	2	4	
안*은	24	학생	2	3	1	4	∨
양*석	23	학생	4	2	1	3	
양*진	27	직장인	4	3	1	2	
오*람	24	학생	2	3	1	4	∨
우*리	23	학생	2	3	1	4	∨
유*선	29	직장인	2	4	1	3	
유*아	26	직장인	3	2	1	4	∨
유*연	27	직장인	3	2	1	4	∨
유*재	27	직장인	2	3	1	4	∨
윤*미	23	학생	2	3	1	4	∨
윤*우	28	학생	4	2	1	3	
윤*진	29	직장인	3	2	1	4	∨
은*선	26	학생	3	1	2	4	
이*리	24	직장인	1	2	4	3	
이*림	25	학생	4	1	2	3	
이*민	24	학생	2	3	1	4	∨
이*빈	23	학생	2	3	1	4	∨

응 답 자			망 내 쪽지	문자 메시지	이메일	인스턴트 메신저	비고
이*석	24	학생	1	2	1	3	
이*수	27	직장인	2	3	1	4	∨
이*아	25	학생	2	3	1	4	
이*우	24	학생	3	2	1	4	∨
이*원	21	학생	1	3	2	4	
이*의	24	학생	4	1	3	2	
이*하	29	직장인	3	1	4	2	
이*호	27	직장인	3	2	1	4	∨
이*화	27	직장인	4	2	1	3	
이*현	23	학생	1	2	1	3	
이*형	24	학생	2	3	1	4	∨
임*경	24	학생	2	3	1	4	∨
임*하	24	학생	1	2	1	3	
장*은	24	학생	2	3	1	4	
장*진	29	직장인	1	2	1	3	
정*도	28	직장인	2	3	1	4	∨
정*빈	24	직장인	2	3	1	4	∨
조*연	26	직장인	3	2	1	4	∨
차*나	24	학생	2	3	1	4	∨
최*정	24	학생	3	2	1	4	∨
최*훈	27	학생	3	1	2	4	
한*민	27	직장인	1	3	2	4	
한*윤	24	학생	2	4	1	3	
한*진	23	학생	3	2	1	4	∨
허*영	24	학생	2	3	1	4	∨
허*정	25	직장인	3	2	1	4	∨
홍*기	27	학생	4	1	3	2	
홍*정	24	직장인	2	3	1	4	∨
황*린	24	학생	1	3	2	4	
황*상	24	학생	4	2	1	3	
황*아	26	직장인	2	3	1	4	∨
황*현	26	직장인	2	3	1	4	∨
총 100명 (학생 65명 / 직장인 35명)			247	240	138	363	합계
			2.47	2.40	1.38	3.63	평균
			③	②	①	④	순위

〈부록 – 3〉 '매체 공손성 서열' 일치 여부 확인을 위한 심층 면담지

**교수님

다음 사례는 100명의 20대에게 '매체 공손성에 따른 선호도'를 설문 조사한 결과 가장 높은 순위를 차지한 이메일과 가장 낮은 순위를 차지한 인스턴트 메신저, 두 가지 매체를 사용하여 작성한 "교수님께 결석 사유 연락드리기" 사례입니다.

〈1번 사례〉

① 이메일

> ☆ **교수님 안녕하십니까?** ⌑   14-11-03 (월) 21:42
> ⊟ 보낸사람 : ☆ 김⬛⬛⬛
>   받는사람 : ⬛⬛⬛⬛⬛
>
> 교수님 안녕하십니까?
> 저는 경제학과 ⬛⬛⬛21041 김⬛⬛라고 합니다.
> 제가 이렇게 개인적으로 메일을 보내게 된 이유는 다름이 아니라 저번 시간의 결석 사유를 알려드리기 위해서입니다.
> 아침부터 몸의 컨디션이 좋지 않았고 이런 상태로 수업에 들어가면 학우들뿐만 아니라 수업을 하시는 교수님께도 누를 끼칠 것 같아서 자의적인 판단으로 그날 수업을 빠지게 되었습니다.
> 언제나 좋은 수업 해 주시어 너무 감사드리고 다음 시간에는 건강한 모습으로 꼭 뵙겠습니다.
> 추운 날씨에 감기 조심하세요!

② 인스턴트 메신저

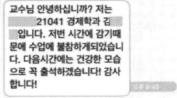

> 교수님 안녕하십니까? 저는 ⬛⬛⬛⬛⬛ 21041 경제학과 김⬛⬛입니다. 저번 시간에 감기때문에 수업에 불참하게되었습니다. 다음시간에는 건강한 모습으로 꼭 출석하겠습니다! 감사합니다!

〈2번 사례〉

① 이메일

> ☆ [강의명] 학번 이⬛⬛ 결석 관련 문의 메일입니다. ⌑   14-11-04 (화) 10:25
> ⊟ 보낸사람 : ☆ 이⬛⬛⬛⬛
>   받는사람 : ⬛⬛⬛⬛⬛
>
> ○○○ 교수님께.
>
> 교수님 안녕하세요.
> 이번학기에 교수님의 [강의날짜 및 시간, 강의명]을 수강하는 [학번 학과] 이⬛⬛이라고 합니다.
>
> 제가 지난주 몸상태가 좋지 않아 강의를 들을 수 없었습니다.
> 병원에서 진단서를 받아왔습니다만.
> 교수님께 혹은 조교님께 다음 강의시간 때 진단서를 직접 드리면 될지 아니면 메일로 보내드리면 될지 여쭙고 싶습니다.
> 그리고 혹시 제가 받지 못한 자료나 중요한 공지사항이 있었는지도 여쭤봐도 될까요?

바쁘신 와중에 번거롭게 해드려 죄송합니다.
매번 좋은 강의를 통해 많은 것을 배우고 있습니다.
지난주에는 부득이하게 결석했지만 앞으로 더 열심히하는 모습 보여드리도록 노력하겠습니다.
항상 감사드립니다.

[학번 학과]
이⬛⬛⬛ 올림

② 인스턴트 메신저

 이⬛⬛⬛

ooo교수님 안녕하세요. 교수님의 [강의날짜 및 시간, 강의명]을 수강하는 [학번 학과] 이정민이라고 합니다. 지난주 몸 상태가 나빠 부득이하게 강의를 듣지 못했습니다. 관련 메일을 교수님께 방금 발송했는데 확인 부탁드려도 될까요? 급한 마음에 카톡을 보냈습니다. 양해부탁드립니다. 감사합니다.
[학번 학과] 이⬛⬛⬛ 올림

Q1. 위 두 가지 사례를 참조한 결과, 교수님께서는 ①이메일과 ②인스턴트 메신저 중 어떤 매체 수단을 통해 연락 받는 것을 더 선호하십니까? (혹은 선호가 동일합니까?)

Q1-1. ①이메일과 ②인스턴트 메신저 중 어느 한 쪽을 더 선호한다고 했을 때 그 이유가 무엇입니까?

Q1-2. 만약 선호가 동일하다면 그 이유는 무엇입니까?

Q2. 20대는 교수님께 연락드리는 수단으로 ①이메일을 가장 선호, ②인스턴트 메신저를 가장 선호하지 않는 매체로 생각하고 있었습니다. 그리고 그 이유로

── (가) 이메일을 가장 선호하는 이유 ──		
교수님들께서 가장 많이 사용하시는 연락 수단이라서	36	∨
가장 형식적으로 작성할 수 있는 매체라고 생각해서	30	∨
진지하고 정중하게 편지 양식으로 작성할 수 있어서	22	∨
나의 개인 정보를 노출하지 않아도 돼서	13	∨
교수님의 개인 생활(카카오톡의 프로필 사진 및 대화명 등)을 보호해 드리기 위해서	12	
강의 계획서에 이메일이 나와 있으니 따로 연락처를 아는 등의 수고가 필요하지 않아서	5	

```
┌──── (나) 인스턴트 메신저를 가장 선호하지 않는 이유 ────────────────
│  개인적인 연락 수단인 것 같아 교수님께 실례가 되는 것 같아서        39    ∨
│  별다른 로그인의 과정 없이 너무나도 쉽게 확인이 가능하기 때문에
│  교수님께서 대충 읽어보시고 그냥 지나쳐 버릴 것 같아서              24
│  가장 비형식적으로 작성하는 매체라고 생각해서                      21    ∨
│  성의 없는 연락 방식으로 생각되는 것 같아서                        16    ∨
│  나의 개인 정보를 노출하는 것이 싫어서                            16
│  그냥 어쩐지 부담스러워서                                        13    ∨
│  교수님께서 응급한 때가 아니면 휴대폰으로 연락하지 말라고 직접 말씀하셔서   9    ∨
│  장문의 내용인 경우 보내기도 알아보기도 힘들어서                     6
│  연락처를 알아내야 하는 번거로움이 있어서                          5
└──────────────────────────────────────────────────────
```

등을 꼽았습니다. 그 중 체크(∨) 표시는 '공손성'과 직접적으로 관련이 있는 항목들입니다. 해당 매체를 선호/비선호하는 여러 가지 이유들 중에 많은 부분이 '공손성'과 관련이 있음을 살펴볼 수 있었습니다.

Q2-1. 교수님께서는 20대 학생들이 느끼는 매체별 공손성 정도의 차이에 대해 동의하십니까? (만약 그렇다면 학생들이 교수님께 공손성을 실현하기 위해 배려하는 행동들이 마땅하고 올바른 양상을 보이고 있다고 생각하시는 겁니다.) 동의하신다면, 그 이유에 대해 조금 구체적으로 말씀해주십시오. (학생들의 이유를 꼽아 대답해주셔도 됩니다.)

Q2-2. 혹은 교수님께서는 매체별 공손성 정도의 차이가 크지 않다고 생각하시며 어느 매체를 통해 연락을 받아도 상관없으신데, 학생들이 지나치게 민감하게 반응하고 있는 거라고 여기십니까? 만약 그렇게 생각하신다면, 학생들은 왜 교수님께서 크게 신경 쓰지도 않는데 오히려 자발적으로 '공손성'에 집착한다고 보십니까?

02 사이버 커뮤니케이터의 자기노출 양상 및 유형*

Ⅰ. 서론

1. 연구의 필요성 및 목적

사람과 사람이 처음 만났을 때 가장 먼저 하는 일은 무엇일까? 우선은 간단한 통성명을 하고 가벼운 날씨 이야기나 일상적인 이야기를 나눌 것이다. 때로는 좀 더 인상적인 느낌을 상대에게 남기고자 자신의 취미나 관심사를 이야기할 때도 있을 것이다. 그 모든 일은 대부분 상대에게 자기 자신에 대한 이미지를 좋게 남기고자 하는 목적으로 행해지게 된다. 다소 친밀감이 생긴 다음의 대화는 어떻게 이루어지게 될까? 대화의 상대가 마음에 든다면 서로를 조금 더 탐색하며 서로의 마음에 들만한 화제나 내용을 중점적으로 이야기하면서 공감대를 형성하게 될 것이다. 그러다보면 의도적이든 아니든 자신의 사적인 이야기도 어느 정도 노출하게 될 것이다. 이 역시도 상대방의 반응에 따라 달라지게 된다. 상대가 노출을 많이 하면 자신도 노출을 많이 하게 될 것이고, 상대가 노출을 꺼리면 자신도 노출을 꺼리게 될 것이다. 이렇듯 사적인 면대면 커뮤니케이션의 상황에서 자기노출은 주로 상대방과의 관계를 처음으로 형성하거나, 이미 맺어진 관계를 지속하기 위해 쓰이는 대화 전략 중의 하나이다.

대부분의 사람들은 자기노출 화법이나 전략을 체계적으로 배워서 활용하기보다는 살아가면서 많은 사람들과의 만남을 통해 체험적으로 터득해간다. 그런데 적절하지 못한 자기노출을 할 경우나 자기노출에 대한 상대의 부정적인 피드백을 받게 될 경우 인간관계에 문제가 생기게 되고, 이는 자기 자신에 대한 신뢰도나 자존감을 떨어뜨려 향후의 인간관계에 대한 자신감을 감소시키고 심할 경우 사람들에게서 소외되어 사회생활을 하는 데 지장을 끼치기

---

* 김윤경(2015), 사이버 커뮤니케이터의 자기노출화법 양상 및 유형 연구 - 세대별 FGI 및 CMC 표현 분석을 중심으로, 화법연구 27, 화법학회 투고한 논문을 수정 보완한 것임.

도 한다.

'자기노출'(self-disclosure: 자아노출, 자기표출, 자기개방)이 일상적인 대화의 상황에서 빈번하게 일어나는 현상임에도 불구하고 사적인 말하기라는 이유로 그동안 국어의 화법교육에서 소외되어 왔다. 현재 국어교육과정상 대개 초등학교 저학년이나 중학교 저학년의 '자기소개하기'라는 단원에서 잠시 다루어진다. 하지만 자기노출은 비단 일시적인 자기소개만이 아닌, 지속적인 관계 맺기에 매우 주요한 커뮤니케이션 방법이라고 할 수 있다.

자기노출에 대한 관심은 일찍이 심리학에서는 치료적인 방법으로, 교육학에서는 상담심리법의 일종으로 다루어져왔다. 하지만 자기노출이라는 것이 단순히 화자 개인의 일방향적인 화법이 아닌, 청자의 태도에 따라 그 양상이 결정되는 쌍방향적인 소통방식이라는 점에서 자기노출은 커뮤니케이션의 일종으로 보아야 한다. 국어의 화법교육이 효과적인 의사소통자를 양성한다는 목적을 가지고 있다면 당연히 자기노출도 화법의 영역에서 다루어야 할 것이다.

특히 최근에는 사이버 커뮤니케이션이 우리 삶의 많은 부분을 차지하면서 면대면 대화뿐만 아니라 사이버상의 대화에서도 자기노출이 빈번하게 일어나고 있다. 그런데 면대면에서와 달리 사이버상에서의 자기노출은 그 파급범위나 파급력에 있어서 상당한 영향을 끼치고있기 때문에 자칫하다가는 자기노출을 한 개인의 삶이 각종 비난과 부정적인 댓글로 인해인격적으로, 사회적으로 사장되기까지 한다. 그러므로 자기노출 화법은 비단 면대면 커뮤니케이션(Face-to-Face Communication, FFC)만의 문제가 아닌 사이버 커뮤니케이션에까지 중요한 요소로 자리잡아가고 있다고 할 수 있으며, 이에 국어교육적 측면에서 사이버커뮤니케이션에서의 자기노출 화법에 대한 고찰과 교육적 필요성이 있다고 할 수 있다. 본고의 연구목적은 세대별 FGI(Focus Group Interview)를 토대로 사이버 커뮤니케이터의 자기노출 양상을 조사하고, 각 커뮤니케이터가 주로 사용하는 사적 CMC(Computer Mediated Communication)의 내용과 표현을 분석하여 사이버 커뮤니케이터의 유형을 분류하며, 이를 토대로 사이버커뮤니케이션의 자기노출 화법의 원리를 도출하여 국어교육 연구의 기초자료로 삼고자 한다.

2. 선행연구

사이버 커뮤니케이션에서의 자기노출과 관련된 선행 연구는 크게 자기노출 양상 연구, 자기노출 변인 분석, 자기노출 효과 및 영향에 관한 연구로 나눌 수 있다.

'사이버 커뮤니케이션에서의 자기노출 양상'을 연구한 논문들은 대개 청소년이나 대학생을 대상으로 CMC에서의 자기노출이 어떻게 나타나는지를 분석하고 있다. 청소년들은 카카오톡을 대인관계와 친구유지에 적극적으로 사용하며 CMC 상황에서 개인의 자아노출 성향이 높아지는데, 이는 인터넷에서 자신의 정체성이 노출되지 않기 때문에 오히려 자신의 정확한 모습을 노출할 수 있기 때문이다. 이러한 인터넷상의 자기노출은 매우 은밀한 사항까지도 포함되며, 이런 경향은 실제 현실 상황에 대한 반발일 수 있다(류춘렬, 2007). 페이스북과 트위터라는 서로 다른 플랫폼을 대상으로 해당 미디어에 대한 대학생들의 인식과 실제 이용 실태를 비교, 분석한 연구에서는 플랫폼에 따른 자기노출 양상의 차이를 알 수 있었다. 페이스북은 높은 수준의 자기노출이 이루어지는 공간이며, 특정 사안에 대한 정보보다는 자기 자신에 대한 일상적인 메시지를 더 많이 공유할 수 있는 공간으로 인식하고 있는 반면, 트위터는 페이스북과는 달리 공간 내에서 자기노출이 잘 이루어지지 않으며 정보형 메시지가 더 많이 공유되는 공간으로 인식되고 있다(이상욱 외, 2013). 페이스북과 싸이월드에서 이뤄지는 대학생들의 자기노출 양상을 비교한 연구에서도 페이스북에 비해 싸이월드에서 참가자들은 더 깊은 자기노출을 하는 경향을 보였고, 이러한 정도는 부정적 자기노출보다 긍정적 자기노출에서 더 크게 나타나는 상호작용 효과가 발견되었다. 또한 개방성과 성실성이 높은 집단과 낮은 집단 간에 긍정적 자기노출과 부정적 자기노출의 깊이에서 차이가 발견되었다(이자형, 유수현, 2012).

이러한 연구들을 통해 1) FFC에서의 대인관계 성향이 CMC에서의 자기노출에 많은 영향을 미칠 것이며, 2) 플랫폼에 따라 자기노출 정도가 다르게 나타나는데(트위터 〈 페이스북 〈 싸이월드) 10대와 20대가 주로 사용하는 플랫폼이 다르므로 세대별 양상이 다르게 나타날 것이라는 가설을 도출할 수 있다.

'사이버 커뮤니케이션에서의 자기노출 변인'을 분석한 연구에서는 자기노출의 주된 변인으로 대인관계 성향 및 의도와 사회적 실재감을 들고 있다. '대인관계 성향 및 의도'를 주된 자기노출 변인으로 본 연구의 결과, 대인관계 성향이 사교적, 자기도취적일수록 미니홈피 운영기간이 길었고 일촌수가 많았으며, 사교적 성향이 높은 사람이 타인 미니홈피 방문도 활발한 것으로 나타났다. 이로써 실생활에서의 대인관계 성향과 자기노출욕구가 사이버공간의 사회관계에도 적용되며, 실생활에서의 자기노출 욕구를 미니홈피가 일부 보완해주는 기능이 있음을 확인하였다(손영란, 박은아, 2010). 그러나 자기노출을 하려는 의도는 자기노출의 깊이보다는 양에 큰 영향을 주는 것으로 나타났다(이재신, 연보영, 2008). '사회적 실재감'을 주된 자기노출 변인으로 본 연구의 결과, 매체의 객관적 속성에 따라 사회적 실재감이 결정되기보다는 이용자의 속성 중에서 대인 커뮤니케이션 능력이 사회적 실재감에 영향을 미칠 수 있음을 검증하였다. 그 결과 인스턴트 메신저 이용 자체로부터 사회적 실재감이 경험되기도 하지만, 인스턴트 메신저 이용자의 대인 커뮤니케이션 능력이 사회적 실재감 경험을 매개하고 있음을 실증적으로 확인할 수 있다(박노일, 2008). 공간에 따른 실재감의 정도를 보면, 사이버 공간에서의 커뮤니케이션은 현실보다 현실에 가깝게 재생산된 3D 공간에 비해 시공간적 실재감이 높다고 할 수 있었는데 이는 디지털 매개 환경에서의 새로운 생태학적 변화라 할 수 있다(정혜욱, 2010). 또한 사이버 공간에서 자기 자신과 타인의 실재(實在)에 대한 지각을 높이는 방편으로써 사회적 실재감이 사이버 공격행동을 감소시킬 수 있다는 연구 결과도 있다(김재휘, 2004. 이규동 외, 2013). 이를 통해 1) FFC에서의 대인관계 성향이 CMC에서의 대인관계 형성 및 유지에도 영향을 미칠 것이며, 2) 사회적 실재감을 느낄수록 CMC에서의 자기노출을 긍정적으로 조절할 수 있을 것이라는 가설을 세울 수 있다.

'사이버 커뮤니케이션에서의 자기노출 효과 및 영향에 대한 연구는 사이버 커뮤니케이션에서의 자기노출이 '인간관계 형성 및 유지'(김소정 외, 2013. 최보가, 배재현, 2004)와 '심리적 안정 및 친밀감'(우성범 외, 2014. 이규동 외, 2013)에 영향을 끼친다고 밝혀내고 있다. 특히 청소년들에게 있어 온라인 공간에서는 자기노출이 친밀감에 미치는 영향에서 반응성이 조절변수의 역할을 하는 것으로 나타났고, 오프라인에서는 자기노출이 반응성을 매개로 친밀감에 영향을 미치는 것으로 나타났다(우성범 외, 2014). 이를 토대로 CMC에서의 자기노출은 FFC의 인간관계에 많은 영향을 미치고, 특히 청소년에게 있어 대인관계는 매우 중요하므로 화법 교육적 측면에서 CMC 자기노출 화법에 대한 교육이 이루어져야 할 것이라는 문제를 제기할 수 있다. 이상의 선행연구 검토를 바탕으로 도출한 본고의 연구문제는 아래와 같다.

첫째, FFC와 CMC에서의 자기노출 양상은 세대별로 어떻게 나타나는가?
둘째, CMC에서의 자기노출은 주된 변인(대인관계 성향, 사회적 실재감 등)에 따라 세대별로 어떤 차이를 보이는가?

셋째, CMC 자기노출 화법 교육의 필요성이 있는가? 있다면 어떠한 내용과 방법이 필요한가?

넷째, 사이버 커뮤니케이터의 유형은 어떻게 분류되며, 그 실제는 어떠한가?

3. 연구방법 및 절차

앞의 연구 문제를 바탕으로 본 연구는 '사이버 커뮤니케이터의 자기노출 양상 및 유형 연구'라는 주제로 세대별(10대~30대) 4명씩 총 12명을 대상으로 표적집단면담(FGI)을 실시하였다. FGI는 연구자와 대상자의 심층적 대화를 통해 녹취자료를 분석하고 주요 진술을 체계적으로 분석하여 기초자료를 도출한다는 점에서 연구의 타당성을 충족시키는 질적연구 방법 중 하나이다(Creswell, 1998). 질적연구방법은 연구 주제에 대한 개인 혹은 집단, 단체, 사례 등의 심층적인 시각과 인식을 수집하면서 수량화가 불가능한 가치, 태도, 인식 등을 도출하는 데 적합한 연구방법이다. FGI는 연구 참여자들의 이야기를 통해 구체적인 사례와 평가, 제언 등을 심층적, 집약적으로 도출할 수 있어 연구문제와 관련한 타당한 질적 논거를 마련하는 데에 기여한다(강진숙, 2007). FGI는 연구의 목적에 따라 선정한 주제와 관련된 경험자들을 참여자로 선택하기 때문에 특정 주제 및 사례에 대한 인식과 경험을 상호 교류하면서 진행된다는 장점이 있다(Kleiber, 2003).

연구 절차는 〈표 1〉과 같이 크게 표적집단면담(FGI)와 CMC 표현 분석의 두 단계로 이루어진다. FGI 질문지는 선행연구를 바탕으로 〈표 2〉와 같이 자기노출 양상과 관련된 다양한 변인 및 세대별 양상을 알 수 있는 내용으로 구성되었다. 실제 FGI는 2014년 10월 서울 소재 A 대학교의 카페에서 20대와 30대의 그룹을 나누어 각 2시씩 총 4시간에 걸쳐 진행하였고, 10대는 부천 소재 한 중학교 인근의 카페에서 2시간 동안 실시하였다. FGI 이후 각 대상자의 동의를 얻어 대상자 본인의 사적 CMC에서 실제로 자기노출 관련 어휘들을 수집하였고, 대상자가 더 이상 이용하지 않고 있는 부득이한 경우 친구의 사적 CMC에서 해당 어휘 표현들을 수집하였다. 그리하여 면대면 상황에서의 자기노출 양상과 CMC 상황에서의 자기노출 양상을 분석하여, 자기노출에 따른 사이버 커뮤니케이터의 유형을 분류하였다.

<표 1> 연구 진행의 절차

표적집단면담(FGI)		CMC 표현 분석	
[1단계] 질문지 작성 질문지 제작	**[2단계]** 표적집단면담 담화 분석	**[3단계]** 사적 CMC에서의 실제 자기노출 관련 표현 수집 전사	**[4단계]** 세대별 CMC 주요표현 분석 어휘 분석

[연구문제 1] FFC와 CMC에서 자기노출 양상의 관계 • FFC/CMC에서의 자기노출 양상(적극적/소극적) • 사적 CMC에서의 자기노출 양상과 그 이유	4문항

⇩

[연구문제 2-1] FFC/CMC에서 자기노출과 대인관계 성향의 관계 • FFC에서의 자기노출 원인과 효과 • FFC와 CMC에서의 대인관계 성향과 영향	4문항

⇩

[연구문제 2-2] CMC에서 자기노출과 사회적 실재감과의 관계 • CMC에서 느끼는 사회적 실재감의 정도 • CMC의 사회적 실재감이 자기노출 양상에 미치는 영향	4문항

⇩

[연구문제 3] 자기노출 화법 교육의 필요성 • 자기노출 화법 교육의 학습유무와 교육적 필요성 • 자기노출 화법 교육의 내용과 방법 제안	4문항

연구대상자는 세대별로 각 한 집단씩 총 세 집단으로 구분하여 실시하였다. 선정기준으로는 카카오스토리나 페이스북과 같은 사적인 CMC의 사용경험이 있는 사람을 대상으로 하되 그 사용 양상에 있어서는 다양성을 지니도록 선정하였다. 또한 그들의 경험만이 아니라 그들이 알고 있는 주변사람들의 사용 양상에 대한 이야기도 함께 하도록 하여 각 세대별 사이버 커뮤니케이터의 CMC 사용 및 자기노출 양상이 어떠한지에 대한 추가정보를 수집하였다.

<표 2> FGI 참여자의 일반적 특성

이름	나이	처음 자기노출을 한 CMC 플랫폼(당시 나이)	하루평균 CMC 이용시간	카스/페북에 등록된 친구 수(명)
1P1	14	인터넷 한글공부(5)	2시간 이상	137(카), 16(페)
1P2	16	웹툰(12)	1~2시간	0(카), 0(페)
1P3	16	주니어네이버(10)	2~3시간	134(카), 15(페)
1P4	16	주니어네이버(6)	1~2시간	193(카), 페(0)
2P1	23	버디버디(11)	1-2시간	100 (페)
2P2	26	다음카페(12)	1시간 30분	50 (페)
2P3	27	버디버디(14)	2~3시간	50 (페)
2P4	28	이메일(13)	1~2시간	173 (페)
3P1	31	싸이월드(20)	30-45분	58 (카)
3P2	34	MSN(20)	1시간 내외	101 (카)
3P3	36	다음카페(23)	30-40분	0 (카)
3P4	38	네이트온(27)	1시간 이상	42 (카)

연구대상을 10대~30대로 잡은 이유는 디지털 문화가 발생한 시점의 사용자인 30대와, 다양한 디지털 매체가 양산되던 시기의 사용자인 20대와, 디지털 문화가 이미 확산된 시대에 태어난 10대의 CMC에 대한 인식이나 사용 양상에 차이가 있을 것으로 예상하였기 때문이다.

1970년대에 태어난 30대는 CMC 1세대로서 디지털 이주민(digital immigrant)[1]으로 불린다. 이들은 20대에 처음으로 CMC 경험하였으며, 한국에서는 사적 블로그인 싸이월드의 붐을 일으켰던 세대로, 현재에는 카카오톡이나 카카오스토리를 주로 사용하고 있는 집단이다.

1980년대에 태어난 20대는 CMC 2세대로 디지털 유목민(digital nomad)[2]의 전형이라고

---

1) '디지털 이주민'이란 디지털 원주민과 달리 아무리 노력해도 원주민의 억양을 따라잡을 수 없는 이주민들처럼 아날로그적 취향이 배어 있는 1980년대 이전 출생한 30대 이상의 기성세대를 뜻한다.

2) '디지털 노마드'란 정보기술의 발달로 등장한 21세기형 신인류를 뜻하는 용어로 프랑스의 사회학자 자크 아탈리가 그의 저서 〈21세기 사전〉에서 21세기형 신인류의 모습으로 '디지털 노마드'를 처음 소개하였다. 정보기술의 발달을 통해서 이제 인류는 한 곳에 정착할 필요가 없어졌다는 것. 즉 시간적, 공간적 제약으로부터 자유로울 수 있는 인터넷, 모바일 컴퓨터, 휴대용 통신기기 등 디지털 시스템 하에서의 인간의 삶은 '정착'을 거부하고 '유목'으로 변모해 간다는 것이다. 예전의 유목민은 먹고 살기 위해 떠돌아다니는 생활을 했지만 21세기의 유목민인 '디지털 유목민'은 자신의 삶의 질을 극대화시키기 위해 주체적으로 떠돌이 생활을 한다.

불린다. 10대에 처음으로 CMC 경험하였고, 버디버디나 다음카페, 네이버블로그 등을 사용하다가 현재 페이스북이나 트위터의 주된 사용자 집단이 되었으며, CMC를 통한 정치참여나 사회활동을 활발히 하고 있는 세대이기도 하다[3].

1990년대 출생한 10대는 CMC 3세대로서 디지털 원주민(digital native)[4]으로 부를 수 있다. 학령 전부터 CMC 경험하였으며 카카오톡, 카카오스토리, 페이스북, 트위터뿐만 아니라 다양한 종류의 CMC 플랫폼을 자유자재로 사용하고 있는 멀티유저이다. 이 용어는 원래 1980년대 출생자도 포함하고 있으나, 연구자적 시각에서 보면 개인용 컴퓨터가 등장한 1980년보다는 인터넷과 스마트폰이 등장한 1990년이 CMC가 비약적으로 발전하고 성장하게 된 시점으로 여겨진다. 그러므로 본고에서는 80년대와 90년대를 구분하고, 인터넷과 함께 자라온 1990년생을 디지털 원주민으로 한정짓고자 한다.

II. 이론적 배경

1. 사이버 커뮤니케이터(Cyber-Communicator)

1.1. 사이버 커뮤니케이션(Cyber-Communication)의 등장

사이버 커뮤니케이션(Cyber-Communication, Computer Mediated Communication, CMC)이란 사이버 공간, 즉 네트워크로 연결된 컴퓨터 시스템을 이용하여 물리적인 직접 접촉 없이 디지털화된 정보와 의견을 생산, 교환하는 것으로, 컴퓨터를 매개하여 전자적 공간에서 이루어지는 커뮤니케이션을 의미하는데, 이는 디지털 시대의 의사소통 양식이라고 할 수

---

3) 엄밀히 말하면 디지털 유목민이라는 용어는 반드시 20대에만 한정되는 용어는 아니다. 30대라 할지라도 디지털 미디어에 관심이 많거나 미디어 사업에 종사하고 있는 사람이라면 오히려 10대나 20대보다 훨씬 새로운 디지털 미디어에 관심을 가질 뿐만 아니라 오히려 디지털 문화를 선도하기도 할 것이다. 하지만 전반적으로 보았을 때 30대는 20대에 비해 기존의 디지털 미디어를 고수하려는 경향을 보이며, 새로운 미디어 기기나 새로운 미디어 문화가 출현했을 때 다소 비판적인 시각으로 보면서 이를 선뜻 받아들이려 하지 않는 경향이 있다. 반면 20대들은 전반적으로 끊임없이 플랫폼을 옮겨다니며 자신들만의 미디어 문화를 확장하는 경향이 있기에 대표적인 디지털 유목민 세대라고 명명하였다.

4) '디지털 원주민'이란 디지털 언어와 장비를 태어나면서부터 사용함으로써 디지털적인 습성과 사고를 지닌 세대로, 1980년대 개인용 컴퓨터, 1990년대 휴대전화·인터넷 확산에 따른 디지털혁명이 탄생시킨 신인류를 지칭한다. 미국의 교육전문가인 마크 프렌스키가 2001년 발표한 논문에서 처음 사용됐다. 과거와 전혀 다르게 생각하고 행동하는 젊은 세대를 뜻하며, 디지털 키즈(kids)·키보드세대·밀레니얼(millennial)이라고도 불린다.

있다. 이와 달리 별다른 매개체 없이 사람과 사람이 직접적으로 만나서 서로의 얼굴을 보며 이루어지는 의사소통을 면대면 커뮤니케이션(Face-to-Face Communication, FFC)이라고 하며, 이는 아날로그 시대의 의사소통 양식이라고 할 수 있다. 하버마스는 『의사소통행위이론』에서 "시대의 진화에 따라 이상적인 커뮤니케이션 시스템의 변화"를 언급하고 있는데, 이는 시대마다 다른 '의사소통'을 의미하고 있으며 의사소통 양식이 그 시대의 대표적인 문화양식이 된다고 말한다. 현대의 디지털 현상은 현대 사회의 이상적인 커뮤니케이션 시스템이고, 미래에는 미래의 시스템과 상상력이 바탕이 되는 새로운 이상적인 의사소통양식과 행위가 나타나게 될 것이다. 그러므로 오늘의 시대를 문화개념으로 보면 디지털 지형이 지배하는 디지털 문화시대이다. 그 문화를 구성하는 하부구조, 상부구조 가운데 핵심적인 요소는 의사소통이고, 의사소통 양식을 결정하는 것이 바로 디지털 미디어이다. 디지털 미디어는 우리의 의사소통 방식과 일상생활을 근본적으로 바꾸고 있다. 디지털은 또 다른 차원의 공간과 시간의 인식을 만들고, 동시적이거나 비동시적으로 상호작용하며, 현실과 가상, 그리고 사이버공간이 하나로 융합하면서 새로운 의사소통의 장(場)과 그에 따른 다양한 행위를 새롭게 만들어내고 있다(Habermas, 2006).

뿐만 아니라 디지털이라는 새로운 미디어는 새로운 인간형을 만들어내고 있다. 활자와 인쇄미디어는 동질성과 반복을 추구하는 인간형, 즉 구텐베르크적 인간형을 만들고, 사회 시스템과 문화에서도 선형적이면서 이성 중심의 문화를 형성했다. 반면 디지털은 상호작용적이며, 하이퍼미디어적 특성을 가짐으로써 사용자가 스스로 의미를 결정하고, 다양한 감성을 중심으로 하여 새로운 공감각을 사용하는 하이퍼텍스트적 인간형을 만들어내고 있다(권상희, 2008).

디지털 미디어의 발달은 현실과 가상의 공간을 통합하였고, 공간(space)과 공간(place)의 경계를 무너뜨렸다. 더불어 디지털 기술은 새로운 차원의 상호작용을 만들어 내고 '사이버 커뮤니케이션'이라는 새로운 의사소통 양식을 가져왔다. G. Simmel의 '상징적 상호작용론'에 따르면 "주체로서의 자아는 타인과의 상호작용 과정 속에서 형성되고 상호 영향을 주고받는다"고 할 수 있다. 그러므로 디지털 미디어의 발달은 새로운 문화 변화와 형성에 영향을 미치게 되고, 이렇게 변화된 문화는 거시적인 사회적 상호작용을 통해 기존의 대인관계는 물론 더 나아가 사회관계를 변화시키게 된다.

1.2. 사이버 커뮤니케이터(Cyber-Communicator)의 개념 및 특징

사이버 커뮤니케이터(Cyber-Communicator)란 사이버 커뮤니케이션을 하는 사람, 또는 사이버 커뮤니케이션에 함께 참여하는 사람을 뜻한다. 사이버 커뮤니케이터는 면대면 커뮤니케이터와 일치할 수도 있고 그렇지 않을 수도 있다. 왜냐하면 CMC는 커뮤니케이션 과정에서 본연의 자기에서 벗어나는 과정, 즉 탈육화(脫肉化)의 과정을 거치기 때문이다. 이는 면대면 커뮤니케이션에서와 달리 가시적으로 드러나지 않는 부분으로 인해 화자에 대한 정보결핍의 보충을 위해 이루어지는데, 주로 판타지를 사용하거나 심하게는 성왜곡이나 성바꿈 현상이 일어나기도 한다. 왜냐하면 그들의 언어가 육체로부터 분리되어서 그들이 사용하는 언어표현이 자신을 표현하는 데 맞을 수도 있거나 그렇지 않을 수도 있기 때문이다 (수잔 B. 반즈, 2007). 한편 사이버 상의 노출은 긍정적인 인상을 주기 위한 조심스러운 노력일 수 있다. CMC상에서는 언어적 묘사, 시각적인 아바타, 그리고 만들어진 스크린 명 등 타인에게 자신을 보여줄 때 다양한 방법을 사용하는데, 면대면 상호작용과 다른 정보의 결핍은 CMC에서 자아노출을 보다 강화하며, 특히 FFC에서 소극적인 사람들의 경우 컴퓨터로 상호작용할 때 자아노출은 매우 안정적일 수 있다(Sproull & Kiesler, 1991). 이로 인해 CMC는 FFC에 비해 자아노출을 증가시킬 수도 있는데, 많은 사람들이 비언어적이나 반언어적 표현 없이 단순히 텍스트만으로 내면의 감정을 드러낼 수가 있기 때문이다(Bennahum, 1994).

사이버 커뮤니케이터의 특징 및 유형은 사이버 공간을 사용하는 목적, 주된 CMC 사용 행위에 따라 나누어져왔다. 먼저 사이버 공간의 이용 목적에 따른 인간 유형은 '공동체주의자, 민주적 동원세력, 비슷한 의견이나 취향을 가진 사람, 기술적 엘리트, 대중조작과 지배를 꾀하는 세력'의 5가지 유형으로 나눌 수 있다. '공동체주의자(communitarian)'는 직접 민주주의의 이상과 상호주의 원칙을 강조하며, 메시지의 송수신과 정보접근의 동등한 기회보장을 주장하는 커뮤니케이터로 진보네트워크에서 주로 나타난다. '민주적 동원세력(democratic mobilization)'이란 사이버공간을 사회구성원의 조직과 동원의 장으로 이용하고 협상의 도구로 삼는 커뮤니케이터 유형이다. 주로 적대적 정치세력과의 투쟁에 소요되는 시간과 비용을 줄이려는 목적으로 사이버 공간을 이용하며 투쟁전략을 세우고 협상과 교섭을 통해 목적을 달성하고자 한다. '비슷한 의견이나 취향을 가진 사람(like-minded exchange)'은 동일한 가치관이나 생활양식을 가진 사람들로 구성된 커뮤니케이터로, 취미동호회와 같이 일정한 자격요건을 가진 사람들만 이용하는 폐쇄된 공간에서 나타난다. '기술적 엘리트(technological elitism)'는 주로 인터넷 관련 업종에 종사하거나 CMC의 첨단에 서 있는 고학력 부유층으로, 대학 구성원, 과학자 등의 커뮤니케이터이다. '대중조작과 지배를 꾀하는 세력(manipulation and domination)'은 신분을 위장한 채 사이버공간을 통해 여론을 조작하고 지배권을 행사함으로써 자신의 권력을 증대하려는 커뮤니케이터 유형으로, 정당 등으로 포장된 광고제공자나 스팸 메일러 등이 이에 속한다(Fisher, Bonnie, Margolis, & Resnick, 1996). 이러한 분류는 사이버 커뮤니케이터 유형을 사이버 공간에서 나타나는 인간 유형에 따라 분류해 보았다는 것에 의의가 있으나, 이들 집단의 본질과 추구하는 목적이 은폐되고 위장되어 있기 때문에 이를 인간 유형을 실증적으로 분류해내기 어렵다는 한계를 지니고 있다.

이와 달리 주된 CMC 이용 행위에 따라 사이버 커뮤니케이터 유형을 나누려는 시도도 있다. 지식을 상품처럼 생산하면서 지식정보산업의 근간을 이루는 '지식상품족', 사이버상에서 스스로 집단을 만들어 거대한 영향력을 행사하고 힘을 과시하는 '사이버 의병', 개개인이 1인 미디어를 만들어 직접 수행하는 '1인 미디어족', 어떠한 사회적 이슈가 생겼을 때 사이버상에서 패러디의 형식을 빌려 자신들의 의견을 표현하는 '패러디족', 자신의 1인 미디어를 통해 남이 생산한 콘텐츠를 아무런 대가 없이 가져가는 '펌족', 기사나 그 기사에 대한 의견에 대해 또 다른 의견 및 정보를 덧붙이는 '댓글족', 각 분야의 마니아들이 트랜드를 이끌어가는 '트랜드리더' 등이 있다(김용섭, 2005). 이는 다양한 사이버 커뮤니케이터의 유형을 세분화했다는 데 의의가 있으나, 어떠한 기준에 따르거나 공통적 양상을 분석하지 않고 표면적으로 드러나는 산발적인 양상들을 신조어로 대치시킴으로써 객관성이나 보편성이 결여되었다는 한계를 지닌다.

2. 자기노출(Self-disclosure)

자기노출이란 '자기 자신을 다른 사람에게 알도록 해주는 과정'(Jourard & Lasakow, 1958), '자신에 관한 사적인 정보를 타인에게 언어로 의사소통하는 행동'(김교헌, 1992a), '자신에 대한 개인적 정보를 스스로 노출하는 것 또는 자신의 "감추고 있는 영역(hidden area)"에 대한 노출'(김경희, 2008) 등으로 정의된다. 자기노출은 영어로 'Self-disclosure'라고 하는데, 한국에서는 그 개념을 다루는 영역에 따라 다양한 말로 번역되어 왔다. 또한 이와 유사한 개념으로 'Self-expression'이 있는데, 그 차이를 나타내면 〈표 3〉과 같다.

中文

<table>
<tr><td rowspan="2">용어</td><td>영어</td><td>Self-Disclosure</td><td>Self-Expression</td></tr>
<tr><td>번역어</td><td>자기노출, 자아노출, 자기개방, 자기공개</td><td>자기표현, 자기표출</td></tr>
<tr><td colspan="2">최초사용자/분야</td><td>Jourard(1957) / 심리학</td><td>Wolpe(1958) / 상담학</td></tr>
<tr><td colspan="2">의미</td><td>자신의 사적이거나 가려진 부분을 스스로 드러내는 것</td><td>어떤 문제에 대한 자신의 의견을 표명하는 것 또는 자신을 드러내는 것</td></tr>
<tr><td colspan="2">특징</td><td>대인관계 맺기 및 지속을 위함. 주로 사적인 생활과 관련</td><td>자신의 존재감이나 효능감을 확인하기 위함.</td></tr>
<tr><td colspan="2">관련개념</td><td>사회적 실재감, 자아개념, 자존감</td><td>자아 존중감, 자기개념, 자기표출 프로그램</td></tr>
<tr><td colspan="2">주된 사용분야</td><td>• 자기노출 : 심리학, 교육학, 언론학 등
• 자아노출 : 교육학
• 자기개방 : 심리학
• 자기공개 : 커뮤니케이션학</td><td>• 자기표현 : 교육학, 상담학
• 자기표출 :심리학, 심리치료학</td></tr>
</table>

\<표 3\> '자기노출'과 '자기표현'의 차이

위와 같은 검토를 토대로 본고에서는 'Self-disclosure'의 번역어 중 가장 광범위하게 쓰이고 '사적 정보의 노출'이라는 의미를 지닌 '자기노출'이라는 단어를 사용하고자 한다.

자기노출은 그 효과가 긍정적일 때 자신의 정서를 표출하고, 자기 개념을 명료화하며, 사회적으로 타당화함으로써 사회적 영향력을 행사하게 하는 순기능을 발휘한다. 반면 그 효과가 부정적일 때, 자기개념이 혼란스러워지고, 자기 정체감을 상실하며, 충동적으로 행동함으로써 세력관계의 불균형을 초래하는 역기능을 가지기도 한다(김교헌, 1992a).

자기노출에 영향을 끼치는 대표적인 변인으로 자존감, 대인관계 성향, 인상관리욕구, 상대방의 피드백 등이 있다. 자기노출이라는 개념을 처음으로 사용한 Jourard는 자기노출과 가장 관련 있는 변인으로 '자존감'을 언급하고 있다. Jourard에 따르면 사람들은 크게 '두 가지 나'로 구분된다고 보았다. 첫째는 '있는 그대로의 나'인데 이러한 나를 지닌 사람은 자존감이 높은 자로서, 자신을 자신 있게 표현하고, 자신의 단점과 결점을 부끄러워하지 않기 때문에 적극적으로 자기노출을 하게 된다고 하였다. 둘째는 '남에게 보이기 위한 가식적인 나'인데 이러한 나를 지닌 사람은 자존감이 낮은 자로서, 있는 그대로의 자신을 부적절하다고 생각하거나 부끄러워함으로써 숨기거나 방어하려고 하기 때문에 있는 그대로의 나를 용납하고 받아들이거나 남에게 개방하기보다는 거부하거나 은폐하려는 수단으로, 남을 대할 때 가면을 쓰고 나오거나 '~체'하려고 하게 된다고 하였다(Jourard, 1957).

또한 자기노출은 개인의 대인관계 성향과도 밀접한 관계가 있다. 원만한 대인관계를 통해 자신을 솔직히 표현하고 자신의 생각과 느낌을 자유롭게 표현하는 과정을 통해 자신을 더 잘 이해하게 되어 자기 성장에 도움을 줄 수 있게 된다. 자기노출은 인간관계 형성과 상호적인 관계에 있다. 상대방에게 자신을 드러냄으로써 서로에 대한 불확실성을 감소시키며 원만한 대인 관계를 형성한다. 적절한 자기 노출은 인간관계를 의미 있는 관계로 발전시키며 서로에 대한 신뢰를 높일 수 있는 계기가 된다. 자기노출 커뮤니케이션이 대인 커뮤니케이션의 한 형태로서 사람들이 서로 자신을 많이 공개할수록 메시지의 흐름은 쌍방향으로 흐르고 메시지가 더욱 풍부해진다. CMC에서의 자기노출은 지리적, 물리적인 제약이 완화된다. 지리적으로 멀리 떨어진 친구와의 관계를 유지하거나 자기노출을 통해 온라인상에서 만난 미지의 인물과의 인맥을 쌓아 면대면 커뮤니케이션과 마찬가지로 의미 있는 관계를 형성하게 된다(옥경희, 2000).

한편 O'Sullivan(2000)은 자기노출을 개인의 인상관리 욕구에서 비롯된다고 보고 인상관리 모델을 제안하였다. '인상관리'란 남을 의식해 자신의 인상, 이미지를 개발하고 관리하는 것으로, 자신의 이미지를 다른 사람에게 언제 어디서든 그 상황에 필요한 사람으로 만들어주고 그 능력을 배가시켜 주는 것이다. 더 나아가서 개인의 잠재하고 있는 내면의 잠재능력을 밖으로 표출시켜줌으로써 활동력 있고 자신감 있는 사람, 호감을 주는 상품, 조직으로 보여지게 하는 것을 말한다. 인상관리가 중요한 이유는 '나'라는 한 사람의 존재 또는 말과 행동이 그 사람에게 부여되는 가치의 척도가 될 뿐만 아니라, 더 나아가 우리 사회에 영향을 끼칠 수도 있는 요인이기 때문이다. 즉 인상관리는 더 이상 개인의 문제가 아니라 조직과 사회 전체의 문제이다. 블로그를 통해 자신을 내보이고 노출하는 행위를 통한 인상관리 자체는 전략적이다. 왜냐하면 수많은 시간과 열정을 쏟아 우리가 무대 위에서 바라보는 관객과 보이지 않는 관객들에게 우리의 인상을 우리가 원하는 방향으로 비쳐지게 하기 위해 노력하고 있기 때문이다. 즉 CMC를 통해 당황스럽고 매력적이지 않은 정보의 효과를 최소화하고자 한다는 것이다.

한편 Joseph Luft와 Harry Ingham은 자기노출은 상대방의 피드백에 따라 달라진다고 보고 이 두 개념을 합하여 대인관계 유형을 분류하여 '마음의 창'을 만들었는데, 이는 두 사람의 이름인 Joseph와 Harry를 합쳐 'Johari's Window'이라고 불리기도 한다[5]. '조하리의 창'을

---

5) 〈조하리의 창〉(Johari's Window)
   1. **A영역(Open area)** : 나에 대한 정보를 타인에게 적당하게 노출하고 타인이 나에 대한 이야기를 잘 들음으로 나의 정보에 대해 나도 알고 타인도 알고 있는 영역으로 참만남의 관계를 만든다. 주도적인 자기노출을 하고 노출한 만큼 상대로부터 피드백을 받아 건전한 인간관계를 형성한다. 이 유형에 속하는 자의

통해 이야기하려는 것은 자기노출과 상대방의 정보를 얻는 훈련이 필요하며, 자신의 행동과 정신세계에 대한 지속적인 관심과 관찰을 통하여 폐쇄적인 공간에서 벗어나야 한다는 것이다. 즉 좋은 인간관계를 위한 기술은 적절한 자기노출과 타인에 대한 이해가 필수적이고, 피드백에 대한 수용이 있어야 하며, 자신에 대한 지속적인 관심과 관찰이 필요하다. 그리고 조하리의 창에서 B, C, D 영역을 줄이는 노력이 자기성장을 이룬다는 것이다. '조하리의 창'은 얼핏 단순해 보이는 개념이면서도 자기노출의 유형이 4개의 영역으로 가시화되어 자기노출 정도를 스스로 평가하고 조절할 수 있게 만든다는 장점이 있다. 본고에서는 '조하리의 창'의 이러한 가시성과 유용성에 주목하여 이를 토대로 '사이버 커뮤니케이터의 유형'을 분류하여 제시하고자 한다.

특징은 솔직담백, 개방성, 감수성이다. 그러나 자기노출을 한만큼 피드백이 이루어진 다음 다시 자기노출을 하는 신중함과 균형이 필요하다. A영역이 넓을수록 좋다. 참만남의 관계는 함께 경험을 나누는 것으로 만든다.

2. B영역(Hidden area) : 타인이 나에 대한 이야기를 들음으로 나의 정보에 대해 나는 알지만 나에 대한 정보를 타인에게 노출하지 않으므로 타인은 모르는 영역이다. 나의 약점이나 비밀처럼 다른 사람에게 숨기는 나의 부분을 뜻한다. 인간관계 초기에는 자기노출을 하는 척하면서 자기노출은 거의 하지 않고 상대방의 정보를 얻으려고만 한다. 처음에는 상대방이 이를 모르고 자기노출을 많이 하지만 이를 눈치채면 경계를 한다. 서로 간에 알지 못하고 신뢰하지 못하기 때문에 자기를 알리려는 노력이 필요하다.

3. C영역(Blind area) : 나의 정보에 대해 나는 모르나 타인에게는 알려진 영역이다. 사람은 이상한 행동습관, 특이한 말버릇, 독특한 성격과 같이 '남들은 알고 있지만 자신은 모르는 자신의 모습'이 있는데, 이를 맹목의 영역이라 한다. 이런 사람은 자기자랑을 많이 하지만 남에게 큰 피해는 주지 않는다. 그러나 잘못된 나의 정보를 타인이 말해주기를 주저하기 때문에 의사소통이 원활하지 못하여 갈등이 발생할 가능성이 잠재해 있다. 피드백을 통해 자기이해를 위한 노력이 필요하다.

4. D영역(Unknown area) : 자기노출도 없고 상대로부터의 정보의 피드백이 없기 때문에 인간관계가 어렵다. 나의 정보에 대해 나도 타인도 모르는 영역이다. 심층적이고 무의식의 정신세계처럼 우리 자신에게 알려져 있지 않은 부분이 미지의 영역에 해당한다. 미지의 영역에 수많은 정보가 있지만 모른다. 그러나 심리치료나 우발적 상황에서 새로운 정보를 순간적으로 알게 되어 '생각이 번쩍 났다' 또는 '아하!'라고 말을 한다(직관의 영역). 이러한 영역에 속한 자는 모든 것을 자기중심적으로만 생각하고 판단하고 행동하기 때문에 본인은 전혀 죄의식을 느끼지 못하지만 상대방에게 엄청난 심리적 부담을 느끼게 하는 행동을 한다. 이러한 사람이 조직에 있으면 골칫덩어리가 된다.

	자신이 아는 부분	자신이 모르는 부분
타인이 아는 부분	open area(A) : 공개적 영역 - 참된 만남 관계, 개방형	blind area(C) : 맹목의 영역 - 스침 관계(돈키호테형), 자기선전형
타인이 모르는 부분	hidden area(B) : 숨겨진 영역 - 스침 관계(햄릿형), 신중형	unknown area(D) : 미지의 영역 - 스침 관계, 고립형

3. 사회적 실재감

　CMC를 포함한 새로운 커뮤니케이션 기술이 도입되면서 커뮤니케이션 학자들은 텔리커뮤니케이션 기술의 이용에 작용하는 심리학적 요인의 중요성을 주목하였고, 특히 사이버 공간 안에서 느껴지는 실제적 공간감이나 커뮤니케이션 참여자 간의 존재감에 대해 설명할 수 있는 개념을 창안하고자 하였다. 이를 표현하는 용어로 (사회적) 실재감, 현존감, 실존감, (넷, Net) 존재감 등이 있다.

　실재감(實在感, Presence)의 사전적 정의를 살펴보면 '어딘가 존재하는 상태 또는 조건'을 뜻한다(Webster's New World College Dictionary, 1996). 이를 텔리커뮤니케이션 학자들은 사이버 공간과 연결 지어 사이버 세계에서의 실재감에 대한 정의를 다양하게 내려왔다. '가상환경의 사용자가 가상 환경이 제공하는 자극 또는 효과를 경험하면서 물리적으로 자신이 있는 장소가 아닌 다른 환경에 있다고 확신하는 정도'(Slater & Usoh, 1993), '미디어에 의해 매개된 경험을 매개되지 않고 실제로 체험하는 것처럼 느끼는 현상'(Lombard & Ditton, 1997), '물리적으로 다른 곳에 있을 때에도 어떤 장소가 있다는 느낌'(Witmer & Singer, 1998) 등이다. 사이버 공간에 한정되었던 '실재감' 개념은 공간적 실재감, 인지적 실재감, 사회적 실재감, 자아실재감, 감성실재감, 교수실재감, 학습실재감 등으로 세분화되었다. 특히 '사회적 실재감'(Social presence)이라는 개념은 '커뮤니케이션 과정에서 화자 이외의 행위자들이 커뮤니케이션 상호작용에 함께 관여한다는 느낌' 즉, '어떤 미디어를 이용함에 있어서 커뮤니케이션 상대방과 서로 직접 만나서 대화하는 것과 흡사하게 느끼는 정도'(J. Short, E. Williams, & R. Chrisie, 1976)라고 정의하고 있다. 이는 실재감을 단지 공간에 한정되는 것이 아니라 인격적 현존을 아우르는 말로 확장시키고 있다.

　현존감(現存感, Presence)은 원격(tele)/가상(virtual)/매개된(mediated) 현존감 등으로 불리기도 하는데, 이는 '특정 매개체를 통해 제시되는 환경에서 그 매개체의 존재에 대한 인식을 하지 못하는 상태에서 사물의 존재 자체에 대해 개인이 주관적으로 느끼는 인지적 감각' 또는 '미디어에 의해 만들어진 환경 안에 자신이 거기에 있다고 느끼는 주관적 인식'을 뜻한다. 이는 주로 원격교육, 가상미디어콘텐츠, 또는 증강현실에 쓰이는 용어이다.

　(사회적) 실존감(實存感, Presence)이란 '온라인 환경에서 개인이 다른 사람들과 가까이 연결되어 있다고 생각하는 정도' 또는 '멀리 떨어져있는 사람들과 커뮤니케이션 할 때 다른 사람들의 존재감을 인지하는 정도'를 뜻한다. 사회적 실존감은 지각적 요소, 심리적 요소, 행동적 요소로 구성되어 있다. 지각적 요소란 다른 사람들과 함께 존재한다고 생각하고

서로가 서로를 지각하는 요소이고, 심리적 요소란 친밀감이나 심리적 거리감, 상호이해를 뜻하며, 행동적 요소란 여러 채널로 다른 사람들과의 사회적 관계를 구축해 나가는 행동을 말한다(수잔 B. 반즈, 2007). 그런데 이는 실존철학에서 말하는 '개별자로서 자기의 존재를 자각적으로 물으면서 존재하는 인간의 주체적인 상태'로서의 실존과는 엄연히 다르나, '실존'이라는 표현 때문에 자칫 철학적, 존재론적 의미로 받아들여질 소지가 있다.

넷 존재감(Net Presence)이란 '인터넷상의 공간에 자신이 존재함을 알리기 위해 메시지를 게재하고 기타 다른 활동을 하는 현상', 또는 '사이버 상에서 경험하게 되는 사물, 감정 등이 실제로 있다고 생각하는 느낌'을 뜻한다(Agre, 1994). 이는 사이버 상에서 타인의 존재보다는 자기 자신의 존재에 대한 느낌이나 인식을 주로 지칭한다.

이상 살펴본 실재감(Presence)과 관련된 여러 용어들 중에서 본고에서는 '사회적 실재감'을 사용하고자 한다. 왜냐하면 '실재감'이라는 용어가 CMC나 사이버와 관련된 국내 연구 분야에서 주로 통용되고 있을 뿐만 아니라, '현존감, 실존감, 존재감'이라는 용어가 주로 CMC 주체자의 presence에 대한 감각을 지칭할 때 사용되는 것에 비해, '실재감'이라는 용어는 CMC 주체자는 물론 함께 CMC에 참여하는 사람들에 대한 presence도 포함하고 있기 때문이다. 그리고 그 중에서도 '사회적 실재감'은 공간에 대한 실재감이 아닌, 참여자에 대한 인격적 실재감을 뜻하기 때문이다.

사회적 실재감은 다른 존재가 있다는 것을 감각적으로 지각하고 있을 뿐 아니라 그 존재와의 커뮤니케이션에 참여하고 있다는 사실을 상호인식하고 커뮤니케이션에 심리적으로 관여되어 있을 때 가장 높아질 수 있는 특징이 있다. 또한 매체의 기술적 속성에 크게 의존적이며, 매체가 타인에 대한 정보를 많이 제공할수록 사회적 실재감은 높아지며, 텍스트 기반의 전통적 미디어에서는 시청각적 단서를 풍부하게 제공할 수 없어서 사회적 실재감이 낮아질 수밖에 없다.

사회적 실재감과 CMC에서의 자기노출은 밀접한 관계를 지닌다고 연구되고 있다. 사람들은 인터넷의 사회적 실재감을 높게 지각할수록 개인적인 사실에 대한 노출을 더 많이 하였으나 노출의 내용은 부정적이다. 왜냐하면 CMC에서 사회적 실재감의 감소로 사람들이 자신에 대한 부정적이고 비밀스러운 사실을 노출하는 데 따른 위험이 감소되었기 때문이다. 즉 매체의 사회적 실재감에 따라 해당 매체에서 이루어지는 자기노출의 내용에도 차이가 나타날 수 있다는 것이다(Short, J. et al.1976). 따라서 CMC 매체의 사회적 실재감이 어떻게 지각되느냐에 따라 해당 매체에서 이루어지는 자기노출에 차이가 있다는 가설을 세울 수 있을 것이다.

Ⅲ. 사이버 커뮤니케이터의 화법 양상 및 유형

1. 사이버 커뮤니케이터의 화법 양상 FGI

FGI는 일정한 질문이 있는 구조적 면담법을 중심으로 이루어지되, 필요한 경우 질문지에 없는 내용도 질문하였다. 질문의 항목은 앞서 제시한 연구문제와 관련된 것으로 1) 가상세계와 실제세계에서의 자기노출 양상, 2) FFC/CMC에서 자기노출과 대인관계성향의 관계, 3) CMC에서의 사회적 실재감과 자기노출과의 관계에 대한 질문으로 구성되었다. 이를 토대로 시행된 FGI를 분석한 결과는 다음과 같다.

1.1. 가상세계와 실제세계에서의 자기노출 양상

(1) '상대'에 따른 자기노출

대부분의 면담 참여자들은 세대에 상관없이 가상세계에서건 실제세계에서건 자기노출에 끼치는 가장 중요한 변인으로 '대화상대'를 꼽았다. 실제세계에서의 자기노출이 더 편안하다는 사람의 경우, 실제세계에서는 자기노출을 하는 상대에 대한 정보를 충분히 알고 있을 뿐만 아니라, 그 사람과의 신뢰감이 어느 정도 형성된 경우이기 때문에 가능하다고 이야기하였다. 이와 같은 논리로, 가상세계에서 자기노출을 할 경우 상대에 대한 정보를 잘 모를 뿐만 아니라 신뢰감 자체가 형성되어 있지 않는 경우가 많기 때문에 자기노출을 꺼리게 된다고 하였다.

> 1P4: 저는 어렸을 때는 되게 3학년 때까지는 되게 적극적이었다가, 사춘기 비슷하게 오고 막 친구들하고 여자애들하고 싸움이 많이 있으면서 성격도 그렇고 되게 무뚝뚝하구 소극적으로 변했다가 <u>중학교에 와서 초등학교 친구들 안 만나면서 조금씩 적극적으로 변하고 있는 거 같아요.</u>

> 3P3: 거의 하지 않습니다. 사이버는 면대면보다 더더욱 불신합니다. <u>서로 잘 알지도 못하면서 보이는 걸로만 평가하는 경향이 크니까요.</u> 사이버는…

(2) '맥락'에 따른 자기노출

대부분의 면담 참여자들은 자기노출을 조절하는 또 하나의 중요한 변인으로 자기노출이

행해지는 '맥락'을 꼽았다. 여기서 맥락이라 함은 자기노출 커뮤니케이션이 이루어지는 전반적인 상황이나 분위기 또는 집단의 성향을 뜻한다. 가상이든 실제든 어느 곳에서 대화가 이루어지느냐에 따라 동일한 인물일지라도 다양한 커뮤니케이터의 양상을 띤다고 하였다.

> 1P1: 어, 저는...어... 제 사생활 계정이랑, 제 친구들하고 하는 계정이랑, 그다음에 나 혼자 노는 계정이랑 그다음에 모르는 사람이랑 하는 계정이랑 이렇게 만들어서... 카카오 스토리를... 그래서 계정을 많이 파서 막 분류를 해 놓는 거예요. 그래서 어떤 계정에서는 소극적이지만 어떤 계정에서는 막 하고싶은 말 다하구, 어떤 계정에서는 엄마아빠가 있어서 엄마아빠랑 막 같이 이야기하고...

> 2P4: 전 좀 적극적인 편이에요. 왜냐면 아이들을 보는 직업이기도 하고, 제가 열지 않으면 아이들도 안 여니까... 그리고 제가 교회를 다니는데 새신자반 리더거든요... 제가 먼저 다가가지 않으면 다가오지 않으니까...

> 3P1: 제가 생각하니까... 가상세계냐 실제세계냐가 중요한 게 아니라, 어떤 상황과 맥락에서 저를 어떻게 드러내는가를 선택하는가의 문제인거 같아요. 근데 다만 가상에서는 시공간을 초월해서 무언가 소통이 가능하기 때문에 오프라인에서 드러나지 않는 부분의 소통이 가능한거지, 소통의 본질 자체는 변하지 않는거 같아요. 어떤 매체냐 보다 어떤 상황이냐가 중요한 거 같아요.

실제세계에서는 물질적인 공간에서 자기 자신이 실재함을 충분히 인식하며 자기노출 정도를 조절하는 반면, 가상세계에서는 다소 비물질적인 공간에 놓이기 때문에 자기노출 정도를 더 조절할 필요가 있다고 보고 있다. 각 세대별로 4명 중 1명 정도는 아예 가상세계의 집단을 분리하여 운영하는 경우도 있다. 즉, 카카오스토리나 페이스북 계정을 집단별로 나누어 각 사이버공간마다 서로 다른 대화와 자기노출이 이루어지게 하고 있다.

(3) '매체'에 따른 자기노출

'디지털 이주민'이라고 할 수 있는 30대의 경우 '매체'에 따른 자기노출 정도는 큰 상관관계가 없다고 보았다. 왜냐하면 대부분 CMC를 도구적으로 생각하고 FFC를 더 본질적으로 여기기 때문에 자기노출은 대화상대와 상황적 맥락에 따라 달라지는데, 컴퓨터나 스마트폰이라는 매체의 특성이 다소 영향을 끼치는 것 같다고 대답하였다.

3P2: <u>전 사이버에서보다는 실제에서 훨씬 많이 해요. 전 인터넷 세계를 별로 좋아하지</u>
<u>않아요.</u> 왜냐하면 저는 기본적으로 면대면을 좋아하고, 진짜로 글을 쓰고 싶을
때가 아니면 글을 잘 쓰지 않아요. 차라리 말로 하지. 카카오톡도 차라리 전화를
하지 문자로 쓰지 않아요. 전 전화를 많이 해요.

3P4: 카스는 저한테 약간 글처럼 느껴져요. 충분히 생각하면서 쓰고 또 수정하고 그러
거든요. <u>그래서 실제 면대면에서의 노출보다는 훨씬 정제되어 있죠.</u>

이에 비해 '디지털 정착민'이라고 할 수 있는 20대의 경우 훨씬 더 매체를 가깝게 느끼고
있었다. FFC도 중요하지만 이를 유지하는 데 CMC도 중요한 역할을 하고 있다고 생각하는
것이다.

2P2: <u>저는 인터넷에서 사귄 친구들이 많아요.</u> 온라인에서 사귀어서 오프라인으로 친구
가 된 사람들이 많아요. 마음이 맞았으니까...사이버공간에서 대화하면서 저랑 맞
을 거 같은 사람...그리고 그 사람의 친구랑도 만나고 친해지고...서로 만나기 힘
든 사람들끼리 만나게 된 계기가 그런 CMC에서 비롯된 거죠.

2P3: 저는 취미생활이 많은데, 화장품, 옷, 패션, 책, 영화, 드라마 이런 거...한때는
클래식 음악도 좋아하구... 얇게 다양하게 파는 편이에요. 그래서 정보를 얻기
위해 다양한 블로그에 가구...그런 <u>정보성 커뮤니티를 많이 다니다 보니까 그런</u>
<u>데서 훨씬 더 적극적인 편이에요.</u> 제가 정보를 생산해내는 사람이기도 하구요,
제가 그 분야를 잘 알게 되면 제가 그거에 대해 막 알려주고 싶더라구요. 같이
그거를 공유하고 싶어요.

반면 디지털 원주민이라고 할 수 있는 10대의 경우 실제와 가상의 구분이 모호할 정도로
CMC를 가깝게 느끼고 있었다. 오히려 너무 가깝게 느끼고 몰입했기 때문에 철이 든 후
CMC를 멀리하는 경우가 있었다.

1P1: 그냥 저는...사이버랑 그냥 직접 만나는거랑 거의 비슷하다고 할 수 있어요. 차이
점이 있다면은 좀더 대담해지는 거 같아요. <u>사이버상에서는 얼굴 안보고 하니까</u>
<u>하고싶은 말하면은 그것만 대담해지는 거 같아요.</u>

1P4: <u>지금은 약간 소극적이 된 게</u> 초등학교 때 남자친구가 있었는데 개랑 싸이월드랑 거기서 대화를 많이 했었는데 그때 개랑 했던 말이 너무 오글거리는 거예요. 지금 보니까...그때부터 <u>제가 나중에 커도 옛날에 쓴게 막 오글거리구 못볼까봐</u> 그때부터... 소극적이에요, 소극적.

    또한 일종의 사이버공포증(cyberphobia)에 대해서도 확인할 수 있다. 사이버공포증이란 '컴퓨터에 대한 두려움'이라는 뜻으로, 컴퓨터나 스마트폰을 통해 사이버세계에 접속할 경우 감시당하고 있다고 느낀다거나, 인터넷에 글을 올릴 경우 소위 신상이 털릴 위험에 언제든지 노출되어 있으며 누군가 악용할 것이라는 두려움을 느끼는 성향을 일컫는 말이다.

    사이버공포증의 정도는 세대별로 차이를 보이고 있었다. 30대 면담자들의 경우 4명 중 1명 정도로 느끼고 있었고, 나머지는 거의 인식조차 하지 못하고 있었다. 20대 면담자들의 경우 4명 중 1명 정도가 극심하게 느끼고 있었고, 나머지도 주변의 경우를 보아 다소 느끼는 편이었다. 10대 면담자들의 경우 4명 중 1명 정도가 극심하게 느끼고 있었으며, 나머지도 매우 심각하게 느끼고 있었다.

1P4: 제가 어렸을 때부터 꿈이 외교관이었는데, 만약에 나중에 외교관 시험을 볼 때, 이런 결과 있죠? 이런 기록! 그런 기록이 남으면은 그런 오점이 남으면은 안 되잖아요. <u>누군가는 내걸 볼 수 있을 거 같구, 기록을 쫙 뽑을 수 있을 거 같구 다 나올 거 같은 거예요.</u>

2P3: 온라인이 더 무서운게, 오프라인은 망각이 되잖아요? 하지만 온라인은 기록에 남으니까...아이디를 구글링해보잖아요? <u>저는 제 아이디를 구글링해서 주기적으로 지워요. 누구나 신상이 털릴 수 있는 세상...</u> 그래서 그런 걸 자각을 하게 된 이후로 인터넷상에 잘 안 남기는 편이에요. <u>무서워요.</u>

3P3: 저는 인터넷뉴스를 보면서도 댓글라인에서 다른 화면으로 넘깁니다. '좋아요/싫어요'라는 버튼도 누르지 않습니다. <u>그것도 조회하면 아이디가 다 나오기 때문에 안 누릅니다.</u> 사이버상에서도 누군가의 판단과 입방아에 오르는 게 싫어요.

1.2. FFC과 CMC에서 자기노출과 대인관계

(1) 개인의 대인관계 성향이 자기노출에 미치는 영향

일반적으로 FFC에서 적극적인 대인관계 성향을 지닌 사람이 적극적인 자기노출을 하고, 소극적인 대인관계 성향을 지닌 사람이 소극적인 자기노출을 한다는 것은 여러 연구를 통해 증명되어 왔을 뿐만 아니라 경험적으로도 알 수 있는 사실이다. 그렇다면 CMC에서도 개인의 대인관계 성향이 자기노출에 영향을 미칠까라는 질문에 다소 상이한 대답이 나왔다. 30대 면담자의 대부분은 적극적인 대인관계 성향을 지닌 사람이 CMC에서도 적극적으로 자기노출을 하지만, 10대로 갈수록 오히려 줄어드는 성향을 보이고 있었다. 그 이유는 어린 시절(초등 이전) CMC에 자기노출을 했다가 피해를 본 경험이 많아 더 이상 CMC에 자기노출을 하는 것이 의미 없음을 경험적으로 깨닫게 되었기 때문이다. 30대나 20대 면담자들은 CMC에서의 자기노출을 대단히 선별적으로 하는 반면, 10대는 철없던 시절의 실수로 상처를 입은 적이 종종 있었다.

> 1P3: <u>아, 제가 한번 털린 적 있었어요.</u> 초등학교 4학년 때 방과후 영어활동이 있었는데 선생님께서 싸이트를 하나 만드셨어요. 그래서 저희에게 비밀번호랑 아이디를 돌려가면서 하나씩 주셨는데 어느 날 제가 숙제하고 자유게시판에 들어가 봤는데 제 이메일로 욕이 써져있는 글이 써져있는 거예요. 그래서 그날 이후로 좀...

> 2P4: 페이스북에 가장 노출이 많은 편이에요. 일상의 에피소드 중심으로 올려요. 근데 <u>고민을 올리거나 하지는 않아요.</u> 순간적인 감정으로 올린 건데 보는 사람은 제가 계속 그런 줄 아니까...

> 3P4: 전 다양한 주제로 자기노출을 하는 편이에요. 만나서 얘기하는 것처럼 자연스럽게... 고민도 올리기도 하고, <u>그러면 서로 위로할 수 있으니까</u>... 좋은 소식은 당연히 올리구요. 축하받으니까.

(2) FFC에서의 자기노출이 대인관계에 미치는 영향

FFC에서의 자기노출은 대부분 긍정적이나 그 내용과 양과 깊이를 잘 조절해야한다고 하였다. 주로 첫만남에서 상대방의 호감을 사거나 상대방과 친해지고 싶을 때 자기노출을 하는데, 상대와 많이 친해지기도 전에 너무 사적인 부분까지 노출할 경우 오히려 역효과가 나는 경우가 있었다. 또한 어떤 사람은 너무 자기자랑만 해서 불쾌감을 주기도 하는 반면, 어떤 이는 너무 자기비하만 해서 부담감을 주기도 한다.

> 2P2: 초등학교 때 어떤 애가 전학 와서 저랑 제 친구랑 그 아이랑 친구가 되어주려고 했는데, 걔가 저희랑 말한 지 얼마 안 돼서 자기 엄마가 친엄마가 아니다, 자기 아빠를 죽이고 싶다, 막 이런 말을 하는 거예요. 그래서 결국 걔랑 안 친해지게 되었어요. <u>첫 만남에 과잉노출을 하는 건 대인관계에 안 좋은 거 같아요.</u>

> 2P4: 저는 학원에서 강의를 할 때, <u>애들이 힘든 모습이 보일 때 거기에 맞게 제가 저를 오픈을 해요. 그러면 애들도 자기 얘기를 하죠.</u> 그런 식으로 얘기를 하다보면 저한테 집중을 해요. 그러면 그 다음 시간에 수업을 하면 수업이 훨씬 더 잘 진행이 돼요.

> 3P4: <u>저는 일단 관계형성. 특히 처음 대면한 사람들에게 자기노출이 매우 많아요.</u> 일종의 밑밥 같은 거랄까? 제가 마구 노출하면 그 중의 상당부분은 대부분의 사람과 많이 겹치거든요. 근데 사람마다 반응하는 내용이 달라요. 그래서 다양한 화제를 얘기하게 되는 거 같아요.

(3) CMC에서의 자기노출이 대인관계에 미치는 영향

CMC에서의 자기노출은 FFC에 비해 훨씬 파급력이 크다. 왜냐하면 FFC에서의 자기노출은 상대방의 반응을 보면서 상당부분 조절할 수 있지만 CMC에서의 자기노출은 어느 정도 일방적이기 때문에 상대방이 어떻게 반응할지를 예측하는 것이 상당히 어렵다고 하였다. 무엇보다 FFC에서 자기노출을 할 경우 주로 '말'로 표현되기 때문에 증거가 남지 않지만, CMC는 아주 사소한 자기노출이라도 '글'로 표현되어 일종의 '시한폭탄'이 될 수 있기 때문에 매우 신중해야 한다.

> 1P4: 면대면보다는 노출을 안 하는 게 이게 저장이 되는 거잖아요. 친구랑 얘기하면 걔가 잊어버리면 끝이고, 저도 잊어버리면 끝이고. 모른 체 하면 끝이고. 그런데 <u>이건(CMC) 여기 있잖아 하고 들이밀면 할말이 없기도 하고…</u>

2P3: 글을 쓸 때도, 그니까 한마디 할 때도 되게 조심을 해야되더라구요. 불특정다수인데요 함부로 쓰면 안 된다는 걸 많이 느껴요. <u>그리고 온라인이 더 무서운게, 오프라인은 망각이 되잖아요? 하지만 온라인은 기록에 남으니까...</u>

3P4: 사이버에서는 얼굴을 보면서 하는 게 아니기 때문에 오해도 잘 생기고, 할 수 있는 이야기가 한정되어 있는 것 같습니다. 상대에 대한 믿음도 적으니까요. <u>다른 사람들을 봤을 때 사이버상에서 갈등이 생기면 면대면에서도 힘들어 하는 것 같습니다.</u>

(4) FFC와 CMC에서의 대인관계

대부분 CMC에서의 대인관계는 매우 넓지만 얕고, FFC에서의 대인관계는 좁은 편이지만 깊다고 이야기하였다. 하지만 사람에 따라 반대의 경우도 있다고 하였다. 실제세계에서 매우 소극적인 대인관계 성향을 지니고 있어 대인관계가 좁을 경우, 오히려 가상세계에서 매우 적극적으로 활동하며 많은 친구를 거느리게 되기도 하였다. 하지만 이러한 경우 긍정적인 시각보다는 부정적인 시각이 많은데, 현실에서 주류를 차지하는 못하는 아이들이 가상세계에서 일종의 '영웅코스프레'를 하고 있기 때문이라고 하였다. 자칫하면 이런 부류의 아이들이 '관종'(관심종자, 관심을 받고 싶어 일부러 시비를 거는 네티즌을 일컫는 말)이 되거나 나아가 '일베충'이 되어 사회적으로 물의를 빚을 경우가 많다고 한다.

1P1: 제 친구 중에 S양이 있는데, 걔가 완전 오덕이에요. 실제로 만났을 때 걔는 조용하고 별말도 없고 그랬는데 사이버에서는 막 욕도 하고 그래서 놀랐는데...근데 얘는 <u>현실에서 만나면 좀 찌질해요. 막 말도 없구 그리구 좀 친구관계가 좀 뭐한 앤데 사이버상에서는 잘나가는 것처럼 막 그래놓구...</u>

3P2: <u>가상세계에서는 인간관계가 넓은데 엄청 얕고, 노출은 제한적이고, 실제세계에서는 가상세계보다는 인간관계가 좁지만 훨씬 깊죠.</u> 일상을 알 수 있지만 마음을 알 수 없죠. 저는 면대면을 더 좋아해요. 면대면이 더 자주, 더 깊게 이루어지는 편이에요.

1.3. CMC에서의 사회적 실재감과 자기노출과의 관계

(1) 비례하는 경우

사회적 실재감이 없을 때는 상대를 잘 모르기 때문에 불편하고 부담을 느껴서 자기노출을 적게 하거나 반대로 상대를 전혀 배려하지 않는 말을 하다가, 사회적 실재감이 생기면 상대를 신뢰하게 되어서 편안하게 자기노출을 많이 하거나 상대를 존중하는 말을 하게 된다. FFC에서 적극적으로 자기노출을 하는 경우는 사회적 실재감을 느낄 경우 더 친근하게 느껴져서 자기노출을 편안하게 하는 반면, FFC에서 소극적으로 자기노출을 하는 경우에는 CMC가 FFC보다 덜 긴장된 상황이어서 더 많은 노출을 한다고 하였다.

> 2P1: 친구들하고 있을 때는 실재감이 느껴지는데, <u>실재감이 있을 때 더 거리낌이 없죠</u>. 카톡으로 단체 회의할 때는 실재감이 안 느껴지는데 딱 그 얘기만 하죠.

> 3P3: <u>저는 실재한다고 느낄수록 자기노출을 아주 많이 하게 됩니다</u>. 실재한다고 느끼지 않으면 자기노출이라기보다는 상대방을 배려하지 않은 말을 많이 하게 되구요.

> 3P4: 저는 실재감을 느낄 때 '사이버상의 나'와 '면대면에서의 나'가 거의 일치하게 되는 거 같아요. 실재감을 느끼지 않으면 너무 딱딱해지죠. <u>실재감을 느끼면 훨씬 친밀해지는데</u>, 면대면에서처럼 상대를 더 배려해요.

(2) 반비례하는 경우

사회적 실재감이 없을 때는 자기노출을 많이 하다가, 사회적 실재감이 생기면 자기노출을 적게 하거나 조절하게 된다. 이러한 대답을 하는 면담자의 경우 보통 FFC에서는 소극적인 노출을 하는 경향이 있는데, CMC에서는 FFC보다 훨씬 자유롭게 노출을 하다가 사회적 실재감이 드는 순간 다시 FFC상황처럼 인식되어 자기노출을 절제하고 조절한다고 응답하였다.

> 1P1: 실재감을 느낄 때 전 더 조심해요. 어... 그냥.. 좀... 자기노출하는 거... <u>욕먹을까봐</u>... 상대의 반응이 면대면에서 나올까봐...

> 2P2: 저는 실재감을 느끼면 노출을 중단하는 편이에요. 사이버세계가 항상 제가 아는 사람을 여기서 볼 수 있을지도 모른다라는 이런 느낌을 줘요. 그러면 노출을 중단

하죠. 왜냐면 제가 현실에서 그러니까...저는 현실에서 소극적이니까 사이버에서도 현실처럼 느끼면 소극적이 되어요.

2P3: 가끔 저는 그럴 때가 있어요. 정보를 달다가도 어느 순간 나도 모르게 자기노출을 하게 되는 경우가 있어요. 근데 사이버인 걸 자각하는 순간 노출을 조절해요. 실재감을 느낄수록 자기노출에 아주 신경을 쓰게 돼요. 왜냐면 커뮤니티... 자칫하다가는 자기 신상이 노출될 수 있잖아요?

(3) 상관없는 경우

사회적 실재감과 상관없이 자기노출은 이루어진다고 응답하는 경우도 있었다. 즉 사회적 실재감이 자기노출에 큰 변인이 되지 못한다는 입장이었다. 왜냐하면 자기노출은 매체 사용 시 사회적 실재감을 느끼느냐 안 느끼느냐의 문제가 아니라 CMC에 참여하는 상대나 맥락, 또는 본인의 대인관계 성향이나 자존감에 따라 달라지기 때문이라고 하였다. 흥미롭게도 이러한 의견은 30대에서만 나왔는데, 이는 다른 세대에 비해 매체에 대한 거리조절능력이 생긴 후에 CMC를 접해서일 것이다.

3P1: 카카오스토리 같은 경우 독백에 가깝지만 실시간으로 댓글을 다는 경우는 실재감이 느껴져요. 왜냐하면 같이 다른 공간에 있으니까... 실재감이 있다고 해서 자기노출을 더 하지는 않는 거 같아요.

3P2: 그거는 별로 상관이 없는 거 같아요. 카스 같은 경우는 사회적 실재감이 잘 느껴지지 않고 동시성도 없이 거의 독백에 가까운데 노출은 더 많이 이루어지는 거 같아요.

1.4. 자기노출 화법 교육의 필요성

(1) 필요성 : 있다 vs 없다

FFC에서나 CMC에서나 자기노출 화법 교육의 필요성에 대해서는 세대에 상관없이 대부분 필요하다는 입장을 보였다. 왜냐하면 자기노출 화법은 사적인 대인관계와 관련된 기술인데 이를 제대로 배워야 사회에 나가서도 원만한 인간관계를 맺을 수 있고, CMC에서도 바람직한 자기노출을 할 수 있기 때문이라고 하였다.

1P1: 필요해요. 왜냐면 <u>사이버상에서 더 문제가 많이 일어날 수 있으니까</u>... 면대면에 비해서...왜냐면 아까 제가 말했듯 제가 좀 더 대담해져가지구 말도 막 험하게 할 수도 있구

3P2: 전 매우 필요하다고 봐요. 학교에서는 주로 공적인 말하기를 배우는데, 실제로 많이 하는 건 사적인 말하기니까... <u>사적인 말하기에서 인간관계의 문제가 많이 생기는데</u>, 사적말하기에서의 자기노출화법을 배울 필요는 있는 거 같아요.

3P3: 아주 필요합니다. <u>특히 중학생들은</u> 어느 정도 사회에 대한 비판의식도 생기고 판단할 수 있는 나이니까 그때부터 <u>자기노출하는 방법이나 상대에 대해 어떻게 대해야하는지를 배운다면 커서 사람을 만나거나 댓글을 달 때도 훨씬 조리있고 객관적으로 댓글을 달 거라고 봅니다.</u>

하지만 자기노출 화법교육은 필요 없다는 측면도 있었다. 왜냐하면 대부분 자기노출로 인해 문제가 생길 경우는 대화참여자끼리의 감정이 상했을 경우인데, 그럴 경우는 FFC든 CMC든 이미 감정이 격양되어 있으므로 자기노출 원리를 숙지했다 하더라도 갈등이 해결되지 못할 가능성이 많기 때문이다.

1P2: 필요없어요. <u>왜냐면 애들끼리 화나서 싸우는 경우는</u> 대화를 하든 사이버를 하든 내가 대화하는 사람이 그 사람인걸 알긴 알지만 싸우잖아요. <u>면대면에서도 싸우고 사이버에서도 싸우고</u>... 어쩔 수 없는 거예요.

(2) 내용 : FFC/CMC의 통합 vs 분리

자기노출 화법 교육 내용을 구성할 경우 FFC에서의 자기노출 화법 원리를 배우면 CMC에서도 자연스레 적용된다는 입장과, FFC와 CMC는 엄연히 다르므로 당연히 그 원리를 분리해서 가르쳐야한다는 입장이 있었다.

통합적 입장에서는 FFC를 배우면 CMC에 그대로 적용된다고 보고 있는데, 왜냐하면 자기노출은 기본적으로 상대방에 대한 신뢰가 있는 것을 전제하고, 누구나 CMC보다는 FFC를 먼저 하게 되며, 무엇보다 FFC가 CMC에 비해 훨씬 본질적이기 때문이라고 하였다.

1P2: 면대면에서나 CMC에서나 우선은 기본적으로 자기노출을 할 때 상대방에 대한 신뢰도가 있어야 얘기한다는 건데... 면대면에서의 자기노출을 배우면 CMC에서도 적용될 거예요.

1P3: 저도 면대면 자기노출화법을 배우면 CMC도 같을 거라고 생각해요. 제 경험으로는 그니까 저도 면대면을 먼저하고 전자통신을 그 후에 이제 얻게 되었거든요. 면대면을 배우면 그냥 자연스럽게 많은 사람들이 전자통신에서도 되게 똑같이 행동할 거 같아요.

2P2: 면대면이 훨씬 본질적이니까 그걸 잘 알면 CMC에서도 잘 할수 있을 거 같아요. CMC에서는 면대면보다 훨씬 다양한 양상이 있는데, 그건 가르친다고 되는 게 아니라 면대면을 바탕으로 직접 가서 경험해보면서 습득하는 수밖에 없는 거 같아요.

반면 분리적 입장에서는 FFC와 CMC에서의 자기노출은 다른 원리와 내용으로 배워야한다고 보고 있는데, 왜냐하면 CMC는 FFC와 상대를 직접적으로 만날 수 없어 상대에 대한 정보나 신뢰가 절대적으로 부족하므로, CMC에서는 FFC에서보다 훨씬 자기노출을 자제하고 조심해야하기 때문이라고 하였다.

1P1: 저는 애초부터 면대면 공간과 사이버 공간이 같다고 인식시키는 거 자체를 바꿔야한다고 생각해요. CMC 자기노출화법에서 더 강조해야할 부분이 있다면 사이버와 현실을 분리시킬 필요가 있어요. 사이버에서 하는 것이 현실에도 같아질 수 있다는 것도 주의를 줘야 되고... 사이버가 현실이라고 착각하는 게 문제예요.

1P4: 면대면과 CMC 자기노출화법은 달리 가르치는 게 좋다고 생각하는 게... 사람끼리 만나는 거랑 사이버에서 만나는 거랑은 정말 엄연히 다른 세계라고 생각해요. 현실세계와 사이버세계를 분리시켜서 얘기를 하는 게 좋을 거 같아요. 내가 진짜 현실세계에 사는 거지 사이버세계에 사는 게 아니잖아요.

한편, 교육내용을 구성하는 데 있어 자기노출을 배우기 전에 먼저 자존감을 높여주거나, 교육이나 성찰능력을 길러주어야 한다는 의견도 있었다. 학창 시절 말하기 교육을 받은 적이 없었다는 한 참여자는 사회에 나와서 스피치교육을 받은 적은 있다고 하였다. 그 스피치교육에서 자기노출을 많이 하게 했는데 그걸 통해서 자기 자신을 성찰하고 자존감이 많이 높아졌다고 한다. 스피치를 잘 하려면 자기노출이 어느 정도 적재적소에서 이루어져야 하는데 자존감이 높으면 자기노출을 잘 하게 되는 것 같다고 하였다. 따라서 화법교육상 자기노출을 잘 하려면 우선 자존감을 높이는 것부터 시작해야 한다고 하였다. 또한 CMC 화법에서는 배우는 순서가 중요하다는 참여자도 있었다. 사람들은 CMC에서 말을 하기 전에 글을 쓰기 때문에 우선은 글 쓰는 방법부터 배워서 메시지 전달력을 먼저 키워야 하고, 다음으로 그 사람의 글이 어떻게 들리는지(보이는지)에 대해서 생각하게 하며, 마지막으로 상대방이 어떻게 들을지를 먼저 판단을 하고 말하도록 하는 교육이 이루어져야 한다고 하였다. 즉 단순히 자기노출을 잘 하는 기법을 가르치기 전에 먼저 성찰적 능력을 길러야 하며, 글쓰기〉듣기〉말하기의 순서로 이루어지는 것이 좋겠다고 하였다. 이는 기존에 듣기〉말하기〉읽기〉쓰기의 순서로 이루어지는 국어교육에 있어 CMC 교육의 지점을 시사하는 부분이라 하겠다. 즉 기존의 국어교육에서 가장 고차원적인 능력으로 여겨지는 쓰기의 영역에서부터 다시 CMC 교육을 시작한다고 볼 수 있기 때문이다. 이를 통합적으로 제시한다면 '듣기〉말하기〉읽기〉쓰기〉듣기(CMC이해)〉말하기(CMC표현)'의 단계로 이루어질 수 있겠다.

(3) 방법 : 학교교육 vs 가정교육

CMC 자기노출 화법을 교육하는 방법으로는 학교교육과 같은 제도권 교육에서 해야 한다는 입장과 가정교육과 같은 비제도권 교육에서 해야 한다는 입장으로 양분되었다. 그런데 학교교육을 하자는 입장을 지닌 참여자 중 특히 10대들은 이를 정규교과로 편성하거나 교과서로 배우거나 시험을 치르는 것에 대해서는 난색을 표하였다. 그렇게 될 경우 시험만 치르고 잊어버릴 수 있다는 것이다. 그러면서도 시험을 치르지 않으면 학생들이 공부하지 않을 것이라고도 하였다.

> 1P1: 부모님한테 배우는 건, 모든 부모님들이 다 CMC교육에 관심있는 건 아니니까... 그니까 부모님보다는 학교에서 교육을 하는 게 더 필요하다고 생각해요. 근데 절대 시험은 안 돼요. 시험은 뭔가, 시험을 보면 일단 애들이 까먹어요. 교과서도 안 돼요. 그런 거 절대 안 돼요.

그렇다면 어떤 방법으로 CMC 자기노출 화법에 대한 학교교육이 이루어지는 것이 좋겠느냐는 물음에 10대들은 특강의 형식이나 가상인물과의 대화를 추천하였다. 아무리 교육적으로 의의가 있다고 할지라도 부담감을 준다면 교육적 효과가 줄어든다는 것이 10대들의 견해였다.

> 1P2: 가끔씩 학교에 교통안전이나 성교육을 할 때 강사분들 오셔서 하잖아요. 차라리 그런 것처럼 얘기를 <u>특강이라도 하는 게</u>, 그때 정말 잘 가르치시는 선생님이 오신다면 애들이 집중하고 들을 때가 있긴 있거든요.

> 1P3: '<u>심심이</u>'나 그런 거 같이 진짜 인물이 아니고 가상의 인물로 시험을 해 보는 거예요. 진짜 친구인 것처럼... 그렇게 해 보면... 이 사람을 대하는 것처럼 진짜 사람도 똑같이 대하지 않을까요.

반면, 학교교육보다는 가정교육을 해야 한다는 입장에서는 특강같이 단기적인 교육만으로는 제대로 된 교육이 이루어지기 힘들고 '자기노출'은 태도나 습관의 문제이기 때문에 부모에게 가정에서부터 지속적으로 배워야 효과가 있다고 하였다.

> 1P3: 저는 부모님한테 받는 게 제일 좋다고 생각해요. 왜냐면 그걸 타인한테서 듣는 거랑 부모님한테서 듣는 거랑 느낌이 다르잖아요. <u>부모님이 이렇게 가르치면, 부모님은 저랑 연관이 있는 사람이잖아요.</u> 계속 얼굴 볼 사람이구... 그런 사람이 말을 해 준다면 느낌이 더 확 다가오지 않을까?

> 2P4: 저는 <u>자기노출 화법교육이라는 게 학교의 문제가 아니라 가정의 문제</u>라고 생각해요. 학교에서도 가르쳤으면 하긴 하는데 어떤 커리큘럼이 아니었으면 좋겠어요. 뭔가 커리큘럼으로 하면 아이들은 뭔가 부담스럽고 배울 수가 없다고 생각해요.

(4) 시기 : 조기교육 찬성 vs 반대

CMC 자기노출 화법 교육의 시기에 대해서도 조기교육 찬성과 반대로 의견이 양분되었다. CMC 조기교육을 찬성하는 입장에서는 CMC에서의 자기노출이란 결국 습관의 문제이므로 예방교육차원에서 빠를수록 좋으며, CMC를 아직 접하지 않은 시기부터 지속적으로 교육이 행해져야한다고 이야기하였다.

1P1: 저는 CMC교육은 빠를수록 좋다고 생각해요. 왜냐면 이게 지금 당장 교육해도 지금은 너무 늦었잖아요. 좀더 일찍 해도... 이런 교육은 몇 번만 하는 게 아니라 지속적으로 해야 한다고 생각해요. 습관의 문제니까.

1P4: 어릴 때부터 하는 게 좋은 거 같아요. 약간 세뇌교육처럼... 저는 유치원, 5살부터... 왜냐면 애들이, 유치원 애들이 SNS를 하지는 않잖아요.

반면 조기교육을 반대하는 입장과 미디어교육이라는 이름하에 너무 일찍 미디어에 노출되면 오히려 미디어중독을 야기시킬 수 있으므로 CMC 조기교육은 적절치 않다고 하였다.

1P2: 전 CMC조기교육에 반대해요. 왜냐면 일찍부터 조기교육 한답시고 CMC를 가르치면요 애들한테는 인터넷의 존재가 있다는 걸 알려주고, CMC가 있다는 걸 알려주고, 이러면 괜히 몰라도 되는데도 불구하고 더 심하게 노출이 돼서 중독 만들고...

2. 사이버커뮤니케이터의 자기노출 표현 분석

FGI가 끝난 후 참여자의 동의를 얻어 사적 CMC의 열람 및 분석을 실시하였다. 카카오톡이나 트위터 같은 채팅적 성격의 CMC보다는 자신에 대한 정보를 좀더 길고 자세히 노출하는 개인블로그 성격의 카카오스토리나 페이스북을 주된 조사대상으로 삼았다. 각 세대별 사이버 커뮤니케이터의 자기노출 양상을 분석한 결과는 다음과 같다.

<표 4> CMC 자기노출 표현의 실제 : 10대

이름	주된 내용	평균 글자수	평균 댓글수	주로 사용하는 표현
1P1	음식, 패션, 미용, 동물	10~15	2-3	뭐먼저먹을까, 왕맛잇셔ㅠ!!!!,개꿀맛 꿀맛~진짜꿀맛나ㅡ.ㅡㅋㅋㅋ 먹기전에올렸어야되는데우엉어어어엉;;ㅠㅠ, 쫌먹고찍은걸ㅋㅋㅋㅋ 고양이가 나를너무좋아해, 나는사람보다 고양이와더친하나봐 고양이들은다나를좋아하나봄 이고양이가 나를너무좋아하네 막비벼대ㅋ큐 아는분한테 자운고밤 선물 바듬ㅋㅋ 나오늘생일인데 축하를많이받아서 기분죠앟깔깔깔

이름	주된 내용	평균 글자수	평균 댓글수	주로 사용하는 표현
1P3	음식, 공부, 생활	5~10	15	내가 죽일 놈이지, 어제 일찍 잘껄ㅎㅎㅎㅎ, 공부 진짜 못해, 으힝, 초코쿠키, 됴아 머리 아파ㅠ, ㅋㅋㅋㅋㅋ, 배고파, 저앙, 신경쓰지 말라곸ㅋㅋ, 당신이 뭔데 그러십니까?, 고등학교 어디가ㅠㅠ, ㅋㅋㅋㅋ 막래, 짱 잘했음!, 어제오늘… 개교기념일!!!예에 재미써따, 오늘 즐거웠다규!! 냠냠쩝쩝 다음은 나베를머게써, 이거 은근 중독된다 두고두고봐야지ㅋㅋ, 폰번좀 줘!
1P4	음식, 미용, 진로	10~15	15	설빙왔다~~~~!!!!!!!, 모델…..177/50 아…..머리 염색했는데 왜 뿌리만 노란거지???ㅜㅜㅠㅠㅠ그러면 안되잖슴..ㅋㅋㅋㅋ왜 ㅇㅇㅇ만 잘됨??다 ㅇㅇㅇ탓임..ㅋㅋㅋㅋㅋ, 시험끝나고 염색 다시함!!!! 이번엔 좀 잘 된듯??ㅎㅎ, 아…쌤 한테 머리염색 걸렷다…., 아..머리 탈색해서 다 상했는데..머리털 개털예약..ㅜㅜ, ㅇㅇ 외고 입시설명회 왔는데 사람이 왜이리 많음??, 아 할거 없 다….나좀 놀아줄 사람??ㅠㅠ

우선 제일 먼저 눈에 띄는 건 문법적인 표현이 거의 없다는 것이다. 띄어쓰기나 맞춤법은 거의 지키지 않고 있었으며, 사고의 흐름을 썼다기보다는 순간의 인상을 기록한 듯한 느낌을 준다. 또한 'ㅋㅋㅋ, ㅎㅎㅎ, ㅠㅠ' 등의 의성의태어 표현이 두드러지게 많았다. 이를 통해 10대들의 CMC 자기노출 표현은 글로 썼다고 해도 구어성을 많이 지니고 있으며, 그 글을 보는 사람에 대한 배려보다는 자신의 감정을 충실히 반영한 자기중심적 표현이라고 할 수 있다. 또한 내용상 자신의 은밀한 감정을 표출하거나 비밀스러운 부분을 노출하기보다는 누가 봐도 괜찮고 소문나도 별탈 없을만한 '안전한 내용'을 주로 다루고 있었다. 아마도 신상이 털리거나 비밀이 노출될 것을 감안하여 자신의 신변에 해가 되지 않을 만한 내용만을 쓰는 것이며, 이는 10대들이 나름대로 메타인지적 글쓰기를 하는 것으로 판단된다.

<표 5> CMC 자기노출 표현의 실제 : 20대

이름	주된 내용	평균 글자수	평균 댓글수	주로 사용하는 표현
2P1	문화, 친구, 생활, 기분	20~30	8	고마워!!, 고마워요ㅎㅎㅎㅎ 그립그립, 궁금하넹ㅋ 보고시펑 짱짱 신기해~~, 올려주세용ㅎ 즐거운 즐사 찍기, 다같이 빵! 가끔 들으면 울컥하는 노래, 사람의 마음을 얻는 일 시작이 반이라는 마음으로, 많이도 남았네ㄷㄷㅋㅋㅋ
2P2	여행, 친구, 음식, 문화	10~20	7	○○랑 술 마시러, 식사, 오랜만의 뮤지컬 초딩 때부터 아는 사이였는데ㅋㅋㅋㅋ 더 열심히, 더 정신 바짝 차리자, 고민거리 오랜만에 ○○랑 - ○○음식점에서 카파도키아 벌룬 투어, 파묵칼레, 블루모스크
2P3	미용, 여행, 일상	30-50	6	춘천, 레일비아크, 최고!!!! 우울할 땐...TLIㅋㅋㅋㅋ, 힘내자 우리!! 좋겠다♥, 피부타입, 복구 실물 처음으로 다녔던 학교, 너무 많이 바뀌어서, 알아볼 수 없는 것들이 너무 많았다, 가슴이 찡했다, 노래도 참 좋네, 자신의 일에 책임감이 없는 사람이 제일 짜증난다, 하고 싶은 게 많은데, 할 건 많고, 해야 하는 게 당연한데, 하기 싫고. 돈을 버는 이유가 봄옷 사고 싶어서라니 뭔가 슬프다.
2P4	신앙, 친구, 일, 학생	40~50	15	감사드립니다, 감사해요, 감사하다 감사한 일들, 성경책, 기도의 자리 우리반 애들, 귀여운놈들, 아이들, 학원애들 내 친구, 힘내야지, 스릉흔다 촌사람으로 보셨나, 사투리를 눈치채셨나 기도하는 것, 사랑하는 것, 귀하고 귀하다^^

　　20대들은 10대들에 비해 훨씬 다양한 내용과 표현으로 CMC에서 자기노출을 하고 있었다. 사적인 감정의 노출이 10대에 비해 많은 편이었고, 글의 길이도 10대에 비해 길었다. 의성의태표현이 현저히 줄었으며, 문법적으로 틀린 표현은 거의 없었고, 있다 하더라도 '스릉흔다(사랑한다)'와 같이 CMC에서 자주 통용되는 어휘를 쓰고 있었다. 이를 통해 20대가 10대에 비해 CMC에서도 FFC와 같은 규범을 지키고자 하는 성향이 있다는 것을 알 수 있고, 이는 정신적인 성숙이기도 하지만 CMC에서의 표현에 좀 더 신중하다고 볼 수 있다.

<표 6> CMC 자기노출 표현의 실제 : 30대

이름	주된 내용	평균 글자수	평균 댓글수	주로 사용하는 표현
3P1	일, 취미, 추억, 여행	50 ~ 100	10	기분좋다^^, 감사하게도...^^ 기분 좋은 밤이다.^^ 고마워요(하트) (사람들)이 있으니 할 만하다!^^ 기록으로 남기고 싶은 마음 행복하다. 기분좋다. 열심히 산다!! 아~ 아름다운 세상이여(하트) 만족스럽고 감사하다, ~한 사람이 되고 싶다.
3P2	육아, 가족, 여행	150 ~ 200	20	미안하고, 또 미안하고... 나는 좋다네, 은근 다행으로 여김ㅋ, 넘 웃기다ㅋㅋㅋ 울컥...뭔가 내 품에서 벗어난 느낌이 들었다.-.- ○○○(아기이름)은 나랑 닮은 구석이 없다;;(은근 다행ㅋ) 남편은 자신을 더 닮지 않아 아쉬워 한다. 육아에 무지한 엄마... 뭔가 벌써 학부모가 된 기분이다. 그냥 배 튀어나온 아줌마, 살찐 엄마
3P4	육아, 가족, 문화, 취미	100 ~ 150	10	즐긴다, 만끽한다 내 모습도 자꾸 부풀어가서 민망 어서 원상복귀해야지, 오랜만에 찾아온 ○○(장소) ○○아~(아기이름) 고맙고, 고맙고, 고맙다. 사랑해(하트) 유산 후 어렵게 된 임신 그때부터였다. 내가 카스를 끊고 ○○○와 노는걸... 배우가 제대로 연기를 해야한다 연극은 관객의 질이 중요하군^^; 요즘 하도 머리가 비어가는 것 같고..

30대들은 주로 카카오스토리나 카카오톡을 사용하는데, 특히 카카오스토리에서 자기노출을 하는 편이었다. 다른 세대에 비해 글을 길게 쓰는 편이었고, 가장 문어적인 표현이 많았다. 내용면에서 소소한 일상을 담기도 하지만, 긍정적이든 부정적이든 사적인 감정도 많이 노출하는 편이었다. 특히 나이 어린 자녀를 둔 아기 엄마들의 육아와 관련된 이야기를 많이 올리고 있었다. 30대들은 CMC에서의 자기노출을 다소 의도적으로 하고 있었다. 3P1의 경우 고향친구들을 대상으로 CMC 자기노출을 하는데, 그들과 거리상 멀리 떨어져있고 자주 만날 수 없으므로 자신에 대한, 또는 자신의 글에 대한 좋은 인상을 남기기 위해 되도록 긍정적인 표현을 쓴다고 하였다. 3P2의 경우 주로 댓글을 유발하는 내용의 글을 쓴다고

하였다. 그래서 적절히 긍정적이고 때론 적절히 부정적인 자기노출을 한다고 하였다. 3P4의 경우 육아로 인해 친구들을 자주 못 만나게 되면서 인간관계 유지의 의도로 CMC에서 자기노출을 하고 있었다. 표현상 가장 문어적이었으며, 많은 퇴고를 거쳐 가장 적절한 표현을 찾으려는 노력이 보였다.

지금까지 각 세대별로 CMC 자기노출 표현의 실제를 살펴본 결과, FGI보다 훨씬 확연한 세대 차이를 보여주었다. 10대일수록 CMC 자기노출 표현은 구어에 가깝고, 길이가 짧았으며, 즉각적인 감정을 기술하면서도 '안전한 내용'을 지니고 있었다. 이는 디지털 원주민에 가까울수록 CMC와 FFC를 구별하고 싶어하지만, 실제로는 이미 통합된 세계에 살고 있음을 알 수 있었다.

3. 사이버 커뮤니케이터의 4가지 유형

앞서 이루어진 선행연구와 FGI와 CMC 표현 분석 결과를 토대로 본고에서는 사이버 커뮤니케이터를 유형화하고자 한다. '조하리의 창'을 모티브로 하여, FFC와 CMC에서의 자기노출 정도와 사회적 실재감을 기반으로 사이버 커뮤니케이터의 유형을 4가지로 분류하였다. 자기노출 정도는 적극성과 소극성으로 나눌 수 있는데 이는 자기노출 척도[6]에 따른다.

3.1. A형 : 열린 커뮤니케이터

열린 커뮤니케이터(Opened Communicator, OC)란 실제에서의 모습과 가상에서의 모습이 적극적으로 일치하는 커뮤니케이터 유형으로 사회적 실재감이 높은 편이며 가상에서의 모습이 곧 실제에서의 모습인 특징을 보인다. 실제와 가상에서 모두 솔직담백한 성격이며 자신과 다른 의견이나 비판에도 관용적인 태도를 지닌다. 실제와 가상에서 자기노출은 물론 자기표현도 활발하다.

---

6) 〈자기노출의 척도〉

분류	설명
자기노출의 양	자신에 대한 사적인 정보를 얼마나 많이 드러내는가
자기노출의 깊이	자신에 대한 사적인 정보를 어느 정도 깊고 자세히 나타내는가
자기노출의 방향성	자신에 대한 사적인 정보 중 주로 긍정적인/부정적인 것을 밝히는가

3.2. B형 : 그림자 커뮤니케이터

그림자 커뮤니케이터(Shadow Communicator, SC)란 실제에서는 적극적 실제이지만 가상에서는 소극적인 모습을 보이는 커뮤니케이터로, 사회적 실재감이 낮고 현실에서는 자신을 잘 노출시키나 가상에서는 자신을 거의 노출시키지 않는다. 웹 사이트나 다른 사람의 CMC에 자주 들리나 댓글을 달지 않는다. 가상과 실제세계를 명확하게 구분하는 경향이 있는데, 신중하기도 하고 사이버활동에 귀찮음을 느끼기도 하며 면대면을 선호하는 편이다[7].

3.3. C형 : 가면 쓴 커뮤니케이터

가면 쓴 커뮤니케이터(Masked Communicator, MC)란 현실에서는 소극적으로 노출하나 사이버상에서는 적극적으로 자신을 노출하는 유형의 커뮤니케이터를 말하는데, 사이버상에서 자기노출을 한다고 해서 실제의 모습을 그대로 드러내는 것은 아니다. 주로 현실에서 되고픈 대로 가상에서 '~인 체' 가장하는 경우가 많으며, 닉네임을 단 채로 적극적으로 자기를 노출한다. 실제세계에서보다 가상세계에서 더 편안함을 느끼며, 상대에게 좋은 면만을 보이려는 경향이 크다. 사이버상의 노출이 긍정적일 경우 긍정적인 피드백을 받아 실제의 성격이 긍정적으로 변하기도 하지만, 부정적일 경우 근거 없는 불만표출세력이 되거나 사회적으로 악영향을 끼치기도 한다.

---

7) 그림자 커뮤니케이터의 양상은 '이중적인 시각'에 의해 설명될 수도 있다. 사람들은 관계를 맺을 때 **'이중적인 시각(dual perception)'**을 갖게 되는 경우가 있다. 이는 우리가 어떻게 다른 사람들을 이해하는가에 영향을 미칠 수 있는 관계 구축의 측면과 관련된 개념이다. 즉 다른 사람들이 완전히 다른 눈을 통해서 세상을 바라볼 수도 있다는 인식을 받아들이는 마음의 상태를 뜻하는 말이다. 개인들이 다른 사람에게 영향을 미칠 수 있는 능력을 가지고 있다는 것을 이해함으로써 개인들은 책임감을 가진다. 이중적인 사고방식은 사람들이 수사학적으로 민감한 사람들이 요구에 대해 직접적으로 자신들의 언어와 말을 모니터하는 것을 가능하게 한다.
이중적인 시각은 CMC에서 **'부정적인 자발성(negative spontaneity)'**으로 나타나기도 한다. '부정적인 자발성'이란 CMC에서 글쓴이가 좀더 자신을 주의 깊게 표현하는 것을 가능하게 하도록 전자메시지에 응답하는 것을 지체하는 것으로 올바른 인상을 만들어내기 위해 그들의 메시지를 주의 깊게 만들 수 있다. CMC에서는 FFC보다 다른 사람들의 행동과 역할들을 관찰하는 것은 중요한데, 주의 깊게 메시지를 읽으면서 시간을 보내는 것은 인터넷 친구들과 온라인 그룹 구성원들의 관점을 더 잘 이해하는 것을 도와주게 된다(Phillips & Metzger,1976).

3.4. D형 : 닫힌 커뮤니케이터

닫힌 커뮤니케이터(Closed Communicator, CC)란 가상에서도 현실에서도 자신의 모습을 거의 노출하지 않는 유형으로, 다른 사람들에게 자신의 장점이든 단점이든 드러내는 것을 꺼린다. 다른 사람에게 좋은 인상을 주려는 욕구가 너무 큰 나머지, 안 좋은 인상을 남길까봐 아예 관계 맺는 것을 두려워하는 커뮤니케이터이다.

지금까지 살펴본 사이버 커뮤니케이터의 유형과 각각의 특징을 정리하면 〈그림 1〉과 같다[8].

공간	실제	실제적 나 (RI : Real I)	
가상	자기 노출	적극적 (Active)	소극적 (Passtive)
가상적 나 (VI : Virtual I)	적극적 (A)	A형 : ARI ≠ AVI • 열린 커뮤니케이터(OC) • 적극적 일치 • 사회적 실재감 매우 높음. • 현실에서의 모습이 곧 실제에서의 모습	C형 : PRI ≠ AVI • 가면 쓴 커뮤니케이터(MC) • 소극적 실제 나 ≠ 적극적 가상 나 • 사회적 실재감 낮음. • 현실과는 다른 모습의 자신을 가상에서 노출함.
	소극적 (P)	B형 : ARI ≠ PVI • 그림자 커뮤니케이터(SC) • 적극적 실제 나 ≠ 소극적 가상 나 • 사회적 실재감 높음. • 현실에서는 자신을 잘 노출하나 가상에서는 자신을 잘 드러내지 않음.	D형 : PRI = PVI • 닫힌 커뮤니케이터(CC) • 소극적 일치 • 사회적 실재감 매우 낮음. • 현실에서도 자기를 노출하지 않고 가상에서도 자기를 노출하지 않음.

<그림 1> (자기노출 양상에 따른) 사이버 커뮤니케이터의 유형

4. 사이버 커뮤니케이터 유형 분석의 실제

앞서 살펴본 사이버 커뮤니케이터의 4가지 유형을 바탕으로 FGI에 참여한 사람들의 사이버 커뮤니케이터의 유형을 분석한 결과는 〈표 7〉과 같으며, 각 유형의 세대별 비율은 〈그림 2〉와 같다.

---

8) '조하리의 창과 달리 〈사이버 커뮤니케이터의 유형〉은 어느 한 영역(유형)이 다른 영역보다 반드시 바람직하다고 볼 수 없다. 사이버 커뮤니케이션에 영향을 끼치는 다양한 변인에 따라 사이버 커뮤니케이터는 각 유형을 선택할 수 있으며, 이를 통해 CMC 자기노출 양상을 조절할 수 있게 된다.

<표 7> 사이버 커뮤니케이터 유형 분석의 실제

이름	나이	자기노출 양상				사이버 커뮤니케이터 유형
		실제-나		가상-나		
		적극적	소극적	적극적	소극적	
1P1	14		○	○		C형(MC)
1P2	16		○		○	D형(CC)
1P3	16	○			○	B형(SC)
1P4	16	○			○	B형(SC)
2P1	23		○		○	D형(CC)
2P2	26		○	○		C형(MC)
2P3	27		○	○		C형(MC)
2P4	28	○			○	B형(SC)
3P1	31		○	○		C형(MC)
3P2	34	○			○	B형(SC)
3P3	36		○		○	D형(CC)
3P4	38	○		○		A형(OC)

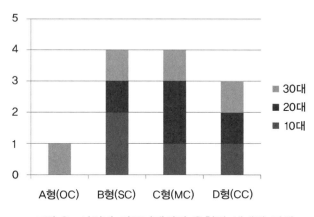

<그림 2> 사이버 커뮤니케이터 유형의 세대별 차이

사이버 커뮤니케이터의 양상을 살펴본 결과 세대별 차이가 있음을 알 수 있었다.

30대는 모든 유형이 골고루 나타나는 반면, 20대는 '가면 쓴 커뮤니케이터' 유형이, 10대는 '그림자 커뮤니케이터' 유형이 가장 많았다. 특히 10대와 20대에는 '열린 커뮤니케이터' 유형이 한 명도 없었다. 디지털 원주민에 가까울수록 CMC에서의 자기노출이 더욱 빈번하고 열려있을 것 같았으나 오히려 자기 자신을 감추고 있었고, 디지털 이주민이 오히려 CMC에서 자기노출을 대범하게 하는 편이었다. 이는 FGI 분석 결과에서도 나타났듯이, 디지털 원주민 일수록 CMC에서 자기노출을 별 생각 없이 했다가 신상이 털리거나 저격을 받는 등의 부정적인 CMC 경험을 겪은 적이 많기 때문에, 오히려 CMC에서의 자기노출에 더 신중하고 소심해졌다고 할 수 있다. 일반적으로는 나이가 많을수록 세상 경험이 많고 연륜이 쌓인다고 할 수 있으나, CMC에 대해서만큼은 오히려 젊은 세대일수록 이전 세대보다 훨씬 경험이 많고 그로 인한 지혜가 있다고 할 수도 있다.

하지만 이러한 세대별 차이가 언제나 고정적인 것은 아니다. 위의 분석은 각각의 사이버 커뮤니케이터가 주로 선택하는 자기노출의 양상에 따른 것이며, 이는 다양한 변인들, 즉 사이버 커뮤니케이션에 참여하는 대상이 누구인지, 어떠한 상황과 맥락에서 하는지, 어떤 플랫폼을 사용하고 있는지에 따라 또 다른 사이버 커뮤니케이터의 유형이 될 수 있다.

그러므로 CMC 자기노출 화법 교육에 있어 어떤 한 유형이 이상적인 유형이라고 가르치는 것이 아니라, 사이버 커뮤니케이터가 스스로 주체적으로 자기 자신의 화법 유형을 선택할 수 있는 판단력과 유연성을 길러주어야 할 것이다.

Ⅳ. 결론

본 연구는 세대별 FGI와 CMC 자기노출 표현 분석을 통해 FFC와 CMC에서의 자기노출 양상의 세대별 차이를 규명하고, CMC에서의 자기노출에 영향을 끼치는 주된 변인과 그에 따른 세대별 양상을 밝히며, CMC 자기노출 화법 교육의 필요성과 교육내용 및 방법에 대해 고찰하였다. 또한 이를 토대로 사이버 커뮤니케이터의 유형을 4가지로 분류하였으며, FGI 참여자들을 대상으로 사이버 커뮤니케이터 유형을 실제로 나누어보고 그 특징을 분석하였다. 본 연구의 결과를 살펴보면 다음과 같다.

첫째, 사이버커뮤니케이션에서의 자기노출화법 양상은 세대별로 다르게 나타난다. 왜냐하면 CMC를 사용하게 된 생물학적, 사회문화적 배경이 다르기 때문이다. CMC 1세대라고 할 수 있는 30대는 디지털 이주민이라고 할 수 있다. 이미 성인이 된 20대 무렵 처음으로 CMC를 접하게 된 현재 30대는 CMC의 살아있는 역사라고도 할 수 있다. 그런데 이미 면대면 위주의 커뮤니케이션에 오랫동안 노출된 상태에서 CMC를 접했기 때문에, 이들의 고향은 면대면 커뮤니케이션이며, 실제 사용양상에서도 면대면과 사이버 커뮤니케이션이 차지하는 비율이 7:3 정도로 면대면 만남을 더 선호하는 경향이 있다. CMC 2세대라고 할 수 있는 20대는 디지털 정착민이라고 할 수 있다. 정서적으로 민감한 10대부터 CMC를 접한 현재 20대들은 이전 세대에 비해서 CMC에 대한 거부감이 훨씬 적으며, 실제와 가상을 구분하는 성향도 현저히 줄어들었다. 면대면과 사이버커뮤니케이션의 비율이 5:5 정도로 그 둘을 자유자재로 넘나드는 경향이 있다. CMC 3세대라고 할 수 있는 10대는 디지털 원주민이라고 할 수 있다. 어려서부터 CMC를 생활 속에서 접한 10대는 CMC에 대한 친밀감이 가장 높다. 면대면과 사이버커뮤니케이션의 비율이 4:6 또는 그 이상으로, 사이버커뮤니케이션을 면대면보다 선호하는 경향이 있다. 그렇지만 디지털 원주민에 가까울수록, 즉 CMC를 어릴 때부터 접한 세대일수록 오히려 CMC에서의 자기노출에 대한 경계심이 높았고, 더 신중히 노출하려는 경향을 보였다.

둘째, 면대면 및 사이버 대인커뮤니케이션에서 자기노출과 대인관계성향은 밀접한 관련이 있다. CMC에서의 자기노출 정도에 가장 큰 영향을 끼친 것은 대인관계 성향이었다. 대인관계에 적극적인 사람일수록 FFC나 CMC에서의 자기노출 성향이 강했다. 하지만 대인관계 욕구가 강하다고 해서 반드시 CMC에서의 자기노출이 적극적이지는 않았다. 왜냐하면 CMC에서는 FFC만큼 상대에 대한 정보를 알 수 없기 때문이다.

셋째, 사이버커뮤니케이션에서의 사회적 실재감과 자기노출은 밀접한 관련이 있다. 사회적 실재감을 느끼는 정도는 세대 차이보다는 매체신뢰도에 영향을 받았다. CMC를 불신할수록 실재감에 따른 자기노출 정도가 줄어드는 경향을 보였다. 하지만 사이버 실재감의 교육적 중요성은 어린 세대일수록 느끼고 있었다. 실재감을 느껴야 CMC에서의 언어폭력이나 그릇된 자기노출이 줄어들 것이라고 보았다.

이 외에도 상대와 맥락, 그리고 매체 변인에 따라 CMC에서의 자기노출 양상이 달라지고 있었다. 세대와 상관없이 상대와 맥락에 따라서 CMC에서의 자기노출 정도가 달라지는 경향을 보였다. 믿을만한 상대일수록, FFC에서 만남을 가진 상대일수록, 친근한 사람과의 CMC 상황일수록 자기노출이 적극적이었다. 아예 별도의 계정이나 채널을 만들어 각 계정별로 서로 다른 성향의 CMC를 나누는 경우도 있었다. 세대별로 가장 큰 차이를 보인 변인은 매체였다. 30대는 매체를 일종의 의사소통 도구로 보고 필요에 의하면 사용하는 정도였으나, 10대와 20대는 매체의 유용성은 인정하나 그만큼 위험할 수 있다는 자각이 있어 오히려 이전 세대보다 CMC에서의 자기노출에 조심스러운 모습을 보이고 있었다.

넷째, 사이버 커뮤니케이터의 자기노출 화법 유형은 FFC와 CMC에서의 자기노출 정도에 따라 크게 4가지로 분류된다. A형은 '열린 커뮤니케이터'로, FFC에서나 CMC에서나 적극적으로 자기노출을 하며, 사회적 실재감이 매우 높고, 현실에서의 모습이 곧 실제에서의 모습이라고 할 수 있는 유형이다. B형은 '그림자 커뮤니케이터'로, FFC에서는 적극적 자기노출을 하지만 CMC에서는 소극적으로 자기노출을 한다. 사회적 실재감이 높은 편이며, 현실에서는 자신을 잘 노출하나 가상에서는 자신을 드러내는 데에 신중하다. 주로 10대에 나타나는 유형이었다. C형은 '가면 쓴 커뮤니케이터'로, FFC에서는 소극적 자기노출을 하지만 CMC에서는 적극적으로 자기노출을 한다. 사회적 실재감이 높을 경우 다른 사람을 배려하며 긍정적인 자기노출을 하지만, 사회적 실재감이 낮을 경우 다른 사람의 반응을 염두해 두지 않고 부정적인 자기노출을 하는 경향이 있다. 현실과는 다른 모습의 자신을 가상에 노출함으로써 대리만족을 얻기도 한다. D형은 '닫힌 커뮤니케이터'로, FFC에서나 CMC에서나 자기노출을 하지 않으며, CMC를 불신하고 사회적 실재감이 매우 낮아 아예 CMC에 접근하지 않기도 한다.

본 연구는 사이버 커뮤니케이터의 유형을 자기노출 정도에 따라 분류하였으며, 이를 위해 각 세대별로 심층적인 면접을 함으로써 양적 연구만으로는 알기 어려운 개인 또는 세대의 가치관이나 CMC에 대한 인식을 살펴볼 수 있다는 데 의의가 있다. 또한 이는 국어교육에 있어 CMC 교육의 필요성을 규명하고, 내용 및 방법의 방향을 제시했다는 데에서 화법교육적으로 의미 있는 연구라고 할 수 있다.

향후 연구에서는 FGI를 토대로 설문문항을 작성하여 세대별 표집집단의 수를 늘리고 실제로 사이버 커뮤니케이터의 양상이 어떻게 나타나는지 정량적으로 살펴볼 필요가 있다. 또한 CMC 자기노출 표현 연구에 있어서도 좀 더 계량적이고 객관적인 분석이 요구된다.

참고문헌

강진숙(2007), 미디어 능력 제고를 위한 미디어 교육의 과제와 문제점 인식 사례 연구, 한국언론학보, 51(1), pp.91~113.
권상희(2008), 디지털문화론, 성균관대학교출판부.
김경희(2008), 자기노출화법 연구, 단국대학교 박사논문.
김교헌(1984), 자기 노출 : 연구경향과 과제, 수선논집 9, pp.185-210.
김교헌(1987), 자기노출이 보복행동에 미치는 영향, 충남대학교 인문과학연구소 논문집 14, pp.237-250.

김교헌(1992a), 자기노출의 기능, 한국심리학회지 일반 11, pp.81-107.

김교헌(1992b), 친교 관계에서 자기노출의 기능, 한국심리학회지 임상 11, pp.196-222.

김교헌(1998), 자기노출과 건강, 학생생활연구 25, pp.49-81.

김교헌, 태관식(2001), 자기노출이 청소년의 컴퓨터 중독 개선에 미치는 효과, 한국심리학회지 건강 6, pp.177-194.

김소정, 양은주, 권정혜(2013), 온라인-오프라인 자기개방이 공동체 소속감과 행복감에 미치는 영향, 사이버 커뮤니케이션 학보 30, pp.5-42.

김용섭(2005), 디지털 신인류, 영림카디널.

김재휘(2004), 사이버공간의 사회적 실재감이 사이버 공격 행동에 미치는 영향, 한국심리학회 1, pp.195~196.

류춘렬(2007), 청소년의 인간관계와 커뮤니케이션 미디어 : 자아노출과 커뮤니케이션 미디어 간의 차이, 스피치와 커뮤니케이션 7, pp.179-215.

류춘렬(2009), 사회와 문화: 자아 노출과 인간관계, 사회과학연구 21, pp.125-141.

박노일(2008), 인스턴트 메신저 이용과 사회적 실재감에 관한 연구: 대인 커뮤니케이션 능력의 매개 효과 및 남녀 집단 차이를 중심으로, 미디어 경제와 문화 6(3), pp.51~78.

손영란, 박은아(2010), 자기노출 및 대인관계성향에 따른 인터넷 커뮤니티 활동의 차이, 미디어, 젠더 & 문화 15, pp.155-194.

시정곤 편저(2007), 디지털로 소통하기, 글누림.

신완수, 변창진(1980), 자기표출 훈련 프로그램, 학생지도연구 13, pp.17-50.

옥경희(2000), 인간관계훈련이 자기노출과 인간관계의 이해에 미치는 영향, 학생생활연구 7, pp.1-25.

우성범, 권정혜, 양은주(2014), 청소년의 온라인, 오프라인 공간의 친밀감 형성: 자기개방과 반응성 친밀감을 중심으로, 한국심리학회지 사회 및 성격 28, pp.111-125.

위르겐 하버마스 저, 장춘익 역(2006), 의사소통행위이론, 나남출판.

이규동(2012), 소셜 네트워크 사이트 사용에 있어서 성격 특성과 자기개방의 효과, 대한경영학회 학술연구발표대회, pp.425-437.

이규동, 이재은, Clive Sanford(2013), 소셜 네트워크 사이트에서의 자기의식과 자기개방의 심리적 성과, 상품학연구 31, pp.49-63.

이미련(1998), 자기노출과 소외와의 관계, 정신간호학회지 7, pp.136-150.

이상욱, 이지은, 한성준, 정동훈(2013), 소셜미디어 이용자의 자기노출, 공유 메시지, 커뮤니케이션 방향, 그리고 관계 유형 차원의 이해와 행태, 사이버 커뮤니케이션 학보 30, pp.87-129.

이선영(1999), 청소년의 대인관계와 자기표출과의 관계, 생활연구 12, pp.105-117.

이승신(1987), 자기표출훈련이 자기표출과 자아개념에 미치는 효과에 관한 일 연구, 성심생활6,

pp.31-48.

이자형, 한광희(2014), 페이스북과 싸이월드에서 이뤄지는 자기노출의 깊이, 한국HCI학회 학술대회, pp.1169-1174.

이재신, 연보영(2008), 미니홈피에서 나타나는 대학생들의 자기노출 및 이에 영향을 주는 요인들에 관한 연구, 한국언론학보 52, pp.98-121.

이종하, 유수현(2012), 청소년의 E-미디어 사용이 건강한 학교생활에 미치는 영향에 관한 연구, 사회과학논총 14, pp.61-88.

전은희(1996), 청소년의 자기노출 특성에 대한 비교 연구, 광주보건대학교 논문집 21, pp.393-410.

정영태(2005), 자기표출훈련 프로그램이 초등학교 결손가정 아동의 자아존중감과 사회성 발달에 미치는 효과, 초등교육학연구 12, pp.133-151.

정일권, 이준웅, 배영(2013), 인터넷 교류범위와 자기노출이 정치적 관용에 미치는 영향과 세대효과, 언론과 사회 21, pp.160-204.

정혜욱(2010), 디지털 환경의 새로운 시공간의 현상학, 한국영상학회 논문집 8(1), pp.23~36.

최명구, 신은영(2003), 자아 노출대상의 성별에 따른 청소년의 자아노출 수준연구, 사회교육과학연구 6, pp.93-108.

최보가, 배재현(2004), 실제공간과 사이버공간 친구관계에서의 관계만족도, 자기노출, 대한가정학회지 42, pp.1-17.

한덕웅(1980), 자기노출이 대인매력에 미치는 영향, 연차학술발표대회 논문집, pp.5-10.

한주리, 허경호(2005), 가족 의사소통 패턴과 자녀의 자아존중감, 자아노출, 내적통제성 및 의사소통 능력과의 관계, 한국언론학보 49, pp.202-227.

황경열(1999), 비구조적 소집단 훈련이 자아개념과 자기노출에 미치는 효과, 재활과학연구 15, pp.17-31.

수잔 B, 반즈 저, 권상희 역(2007), 사이버 커뮤니케이션 이론, 성균관대학교 출판부.

크리스핀 더로우, 로라 렌겔, 앨리스 토믹 저, 권상희 역(2011), 사이버 커뮤니케이션 이론 2.0, 성균관대학교 출판부.

Agre, P,(1994), Net presence, *Computer-Mediated Communication Magagine*, 1(4).

Barfield, W., Zeltzer, D., Sheridan, T., Slater, M(1995), Presence and Performance within Virtual Environments, *Virtual Environments and Advanced Interface Design*, pp.473-513.

Bennahum, D.(1994), Fly Me to the MOO: Adventures in Textual Reality, *Lingua Franca: The Review of Academic Life*, 1, pp.22-36.

Creswell, J. W.(1998), Qualitative Inquiry and Research Design : Choosing among five traditions, 조흥식 외 역(2005), 질적연구방법론 : 다섯 가지 접근, 학지사.

Derlega, V. J.(1984), *Self-disclosure and Intimate relationships, In Communication, intimacy and closerelationships,* Academic Press.

Fisher, Bonnie, Margolis, M. and Resnick, D.(1996), Surveying the Internet: Democratic Theory and Civic Life in Cyberspace, *Southeastern Political Review* 24(Sept.), pp.399-429.

Jourard, S. M. & Lasakow, P.(1958), Some factors in Self-Disclosure, *Journal of Abnormal and Social Psychology,* 56(1), pp.91-98.

Kleiber, P. B.(2003), Focus Groups: More than a Method of Qualitative Inquiry, *Foundations for research: Methods of inquiry in education and the social sciences*, pp.87-102.

Lay-yee Ma, M and L. Leung(2006), Unwillingness-to-communicate, perceptions of the Internet and self-disclosure in ICQ, *Telematics and Informatics*, 23(1), pp.22-37.

Lee, K. M.(2003), Why presence occur: Evolutionary psychology, media equation and presence, *Press*, 13(4), pp.494-505.

Lombard, M. & Ditton, T.(1997), At the heart of it all: The concept of presence, *Journal of Computer-Mediated Communication*, 3(2).

O'Sullivan, P. B.(2000), What you don't know won't hurt me: Impression management functions of communication Channels in relationships, *Human Communication Research*, 26(3), pp.403-431.

Phillips, G. M. & Metzger, N. J.(1976), *Intimate communication*, Boston: Allyn&Bacon Inc.

Short, J., Williams, E., & Christie, B.(1976), *The Social Psychology of Telecommunications*, London: John Wiley.

Slater, M., & Usoh, M.(1993), Representations systems, perceptual position, and presence in immersive virtual environments, *Presence: Teieperators and Virtual Environments*, 2.

Sproull, L., Kiesler, S.(1991), *Connections : New ways of working in the networked organization*, Cambridge, MA: THe MIT Press.

Witmer, B. G. & Singer, M. J.(1998), Measuring Presence in Virtual Environments: A Presence Questionnaire. *Presence: Teleoperators and Virtual Environments*, 7(3), pp.225-240.

03 SNS의 구성 유형과 이용자의 심리적 관련성

Ⅰ. 서론

SNS는 Social Networking Service의 약자로, 온라인상에서 불특정 타인과 관계를 맺을 수 있는 서비스를 말한다. 전세계 SNS 이용자 수는 2010년에 이미 7억 명을 돌파했고, 세계 최대 SNS인 페이스북은 5억 명의 사용자가 이용 중이다. 한국인터넷진흥원(KISA)[1]에서 조사한 결과 인터넷 이용자의 절반 이상(55.1%)은 최근 1년 이내 SNS를 이용한 'SNS 이용자'이다. 또한 최근 휴대전화 이용자들의 대부분은 스마트폰을 이용하고 있다. 스마트폰 이용자의 47.5%가 스마트폰을 통해 트위터, 미투데이, 페이스북, 인스타그램 등 SNS를 이용한 경험[2]이 있는 것으로 나타났다. 이처럼 SNS는 스마트폰과 함께 우리 삶에서 떼려야 뗄 수 없는 존재가 되었다. SNS 속에서 이루어지는 커뮤니케이션에는 오프라인상의 커뮤니케이션 양상과 비슷한 모습이 많다. 일상생활로부터 탈출, 표현의 자유, 정보 사냥, 관계 형성 및 관계 유지뿐만 아니라, 실제 인간 사회 속에서 이루어지고 있는 거의 모든 활동이 유사하게 재연된다. 따라서 온라인은 인간 사회의 확장이라고 할 수 있다[3]. 본고에서는 SNS 상에서의 커뮤니케이션이 지니는 특징을 세 가지로 나누어 살펴볼 것이다. SNS는 사회·집단적 측면에서 상호작용적 관계를 구성할 수 있는 점, 타인에 초점을 둔 측면에서 타자성을 강조하게 되는 점, 자기 자신에게 초점을 둔 측면에서 자기 과시가 가능한 점이 있다고 보았다. 또한 SNS의 구성 유형과 SNS 이용자의 심리가 어떤 관련이 있는지 역시 세 가지로 나누어 밝힐 것이다. SNS 이용자의 심리가 SNS의 구성 유형 중 어떤 유형과 부합하는지 살펴보겠다.

---

1) KISA, http://isis.kisa.or.kr/board/index.jsp?pageId=040100&bbsId=7&itemId=800&pageIndex=1

2) KISA, http://isis.kisa.or.kr/board/index.jsp?pageId=040100&bbsId=7&itemId=795&pageIndex=1

3) 나은영(2006), 「인터넷 커뮤니케이션 : 익명성, 상호작용성 및 집단극화(極化)를 중심으로」, 『커뮤니케이션이론』 2(1), 한국언론학회.

II. SNS의 구성 유형

박문서(2002)는 SNS의 특성은 탈체화(신체가 드러나지 않음), 비가시성(보이지 않음), 시공간적 축약과 확장, 양방향성, 디지털 기록과 보존성 등으로 요약되며, 익명성과 탈억제, 개방성과 다양성, 초월성과 가상성, 연결성과 전파성 등을 문화적 특성으로 지적했다.

본고에서는 SNS의 구성 유형을 사회·집단적 측면과 개인적 측면에서 나누어 보고 다시 개인적 측면을 타인에게 초점을 두는 측면과 이용자 자신에게 초점을 두는 측면으로 나누어 총 세 가지 유형으로 분석할 것이다. 사회·집단적 측면에서는 SNS가 매스 커뮤니케이션과 다르게 쌍방향적·능동적이면서 동시에 일 대 일, 일 대 다수, 다수 대 일, 다수 대 다수 등의 커뮤니케이션이 모두 가능한 네트워크 커뮤니케이션이라는 점에 착안하여, SNS가 '상호작용적 관계 구성'을 지니고 있음을 밝힐 것이다. 또한 개인적 측면에서는 SNS가 타인에게 초점을 두는 '타자성 강조 구성'을 가지고 있으며, SNS를 이용하는 자기 자신에게 초점을 두는 '자기 과시 구성'을 가지고 있음을 밝힐 것이다.

1. 상호작용적 관계 구성

먼저 SNS의 유형 중 사회·집단적 측면인 '상호작용적 관계 구성'에 대해 살펴보겠다. SNS에서 이루어지는 인터넷 커뮤니케이션은 단순한 일방향적·수동적인 일 대 다수의 매스 커뮤니케이션과는 다르다. 쌍방향적·능동적이면서 동시에 일 대 일, 일 대 다수, 다수 대 일, 다수 대 다수의 커뮤니케이션이 모두 가능한 네트워크 커뮤니케이션이다. 중요한 점은 이 네트워크가 사람만으로 이루어진 네트워크도 아니고 매체만으로 이루어진 네트워크도 아니며, 사람과 매체가 하나의 단위로서 서로 연결되어 있으면서 사람의 능동성을 중심으로 운영되는, '인간 중심'의 열린 커뮤니케이션 체계를 이룬다는 점이다.

우선 SNS가 갖는 중요한 속성 3가지는 관계와 상호작용, 그리고 커뮤니케이션이다. 기본적으로 모든 SNS는 사람을 중심으로 한 관계에 기반하고 있고, 사용자간에 상호 작용하면서 커뮤니케이션을 가능하게 하고 있다[4]. 구체적으로 SNS는 개인 홈페이지 형태의 '블로그'와 유사하지만 개인의 일방적인 정보 공개보다는 다른 사람과 '관계'를 형성, 확장하는 것에 초점을 두고 있다. 즉 자신의 '블로그'에 일방적으로 정보를 올리고 필요한 사람이 찾아오는

---

4) 유훈식(2009), 「커뮤니케이션 유형에 따른 SNS의 인터랙션 특성에 관한 연구」, 국민대학교 석사학위논문.

소극적인 의사소통 형태가 아닌 사람과 사람 사이의 양방향 커뮤니케이션이 가능한 환경을 제공한다[5].

SNS의 특성으로 인해 대인관계에도 변화가 일어날 수 있다. SNS와 같은 사이버 공간의 초고속성은 대인관계를 확대하며, 동호회와 같은 집단 구성원의 동시 만남을 가능하게 해준다(이순형, 2003: 62). 혹은 짧은 시간에 많은 접속을 하게 되어 관계의 양은 늘어나지만 피상적인 만남이 많아지는 경우도 있다. 이런 SNS의 탈공간성과 확장성, 동질성은 존재의 확대감을 주며, 유사한 관심사를 통해 동질성을 확인할 수 있도록 도와준다. 실공간 부적응자나 내성적 성격으로 폐쇄된 생활을 하던 사람들에게는 가상공간이 일종의 탈출구 기능을 하기도 한다.

초창기에 SNS 같은 매체를 이용하여 사람과 사람 사이의 커뮤니케이션이 이루어질 때, 얼굴을 마주보지 않는 상황에서 비언어적 단서가 결여되어 있으므로 충분한 의사소통을 할 수 없을 것이라는 우려도 있었으나, 인간은 창조적으로 생각하는 존재이기 때문에 그 창조성을 바탕으로 기호로 나타낼 수 있는 이모티콘 같은 수단을 동원하여 자신의 정서적 상태를 커뮤니케이션하기 시작했다. SNS 속의 교류는 이와 같은 인간 사회 속의 교류가 된 지 오래다. 현실 사회보다 더 다양한 커뮤니티 활동이 가능하다. 그러므로 SNS 같은 사이버 공간은 다양한 정보를 쉽게 찾을 수 있고 자기와 다른 생각을 지닌 다양한 사람들을 접촉할 수 있는 환경이지만, 사람들은 그런 환경에서마저 동질적인 정보만을 찾고 동질적인 사람과의 접촉만을 원하는 경향이 있다. 이렇게 동질적인 사람들끼리만 배타적으로 모여 서로 유사한 생각만을 계속 반복해서 주고받다보면, '집단사고'와 유사한 부작용이 생길 수도 있다.

예를 들면, 인터넷 자살 사이트도 '자살'에 관해 유사한 생각을 하는 사람들끼리 모여 서로 유사한 생각을 주고받다 보면, 자신의 생각이 현실 감각을 잃은 채 집단사고에 젖은 극단적인 결정에 이르게 된다. 현실에서 보다 더 다양한 정보를 찾을 수 있는 SNS와 같은 매체를 다양한 정보 추구에 이용하기보다 동질적 정보에의 몰입을 위해 사용하는 것은 사람들이 자기와 유사한 생각을 가진 사람들에게 호감을 느끼는 현상과 관련이 있다[6]. 이와 관련된 집단극화 현상은 3장 1절에서 더 자세히 다루도록 하겠다.

---

5) 김민정(2011), 「스마트 폰에서의 SNS 사용이 온라인, 오프라인 관계 형성에 미치는 영향에 관한 연구 : 트위터를 중심으로」, 이화여자대학교 석사학위논문.
6) 나은영(2006), 「인터넷 커뮤니케이션: 익명성, 상호작용성 및 집단극화(極化)를 중심으로」, 『커뮤니케이션이론』 2(1), 한국언론학회.

2. 타자성 강조 구성

두 번째로 SNS의 구성 유형 중 '타인'에 초점을 두는 측면에서의 유형이라고 할 수 있는 '타자성 강조 구성'에 대해 살펴보겠다. 사회 구성론적인 측면에서 본다면 SNS는 사이버 공동체라고 할 수 있다[7]. 사이버 공동체를 유지시키는 필수조건은 무엇보다도 구성원 간의 지속적인 상호작용이고 그것이 가능하기 위해서는 공동체에 대한 '소속감'이 아주 중요하다. 외국의 SNS보다는 한국의 SNS에서 사용자 간 정서적 유대감의 의미가 더 부각되는데, 한국 SNS 사용자가 SNS를 얼마나 효과적으로 잘 사용하고 있는지는 이용자들 간에 얼마나 더 정서적 유대를 갖느냐에 달려 있다. 또한 한국 SNS 이용자들의 특성은 해외 SNS 사용자들의 특성과 비교해 보았을 때 차이가 확연하게 드러난다.

첫째, 해외의 경우 트위터 같은 SNS는 'Social Network Service'라기보다는 'Information Network Service'로서의 특성이 강하다. 반면 한국 SNS의 경우는 트위터에서도 모임들이 활성화되는 관계적 성격이 강하다. 둘째, 국내에서는 '맞팔'이 이슈가 될 만큼 쌍방향의 '친구 맺기'가 중요한 성격으로 부각되고 있지만, 해외에서는 일방향적으로 '누가 먼저 얼마나 많은 follower를 확보했느냐가 더 중요한 이슈이다. 셋째, SNS를 보는 관점도 다르다. 한국의 이용자들은 SNS를 제3의 '뇌'로 생각하여 문제해결의 조력자로 기대하는 반면, 해외에서는 SNS를 또 하나의 '입'으로 생각하여 정보의 전달자로서의 역할에 대한 기대가 크다. 이렇듯 해외에서는 SNS를 하나의 미디어로서 제3의 대상으로 보지만, 한국에서는 자신과 정서적으로 밀접하게 연결되어 내 삶에 도움이 되는 중요한 친구이자 또 하나의 조력자로 인식한다.

특히 모바일 SNS 주 사용자들은 일반 SNS 이용자에 비해 적극적인 활동을 한다. 이들은 시사 현안에 대해 활발한 활동을 보이고 사회적 성향이 강하게 나타났다. 이들은 일상 기록이나 지인과의 교류보다는 최신 유행이나 트렌드 파악과 같은 새로움을 따라가려는 욕구가 강했다. 이들은 세 가지의 특징이 있다. 첫째, 사회 참여적이며 인맥이 넓다. 이들은 일반 사용자들보다 사회성이 강하다. 시사에 대한 관심뿐 아니라 사회 이슈에 대한 참여 의식이 높고, 인맥도 넓어 새로운 네트워크를 지향한다. 둘째, 이들은 사회적 지위에 민감하다. 이들은 일반 이용자들에 비해 타인의 시선에 신경 쓰고, 지위에 민감하다. SNS 인맥이 자신의 사회적

---

7) "사회 구성론은 인간의 관계는 사회적 관계 속에서 영향을 받고, 또 영향을 끼친다는 이론이고, 사이버 공동체란 사이버 공간에서 공통의 관심을 기반으로 정서적 유대를 가지고 지속적으로 상호작용하는 네트워크이다."-최고은(2010), 「사이버 공동체와 정치참여에 대한 기술철학적 접근 : 사회구성론을 중심으로」, 한국 교원대학교 대학원 석사학위논문.

지위를 반영한다고 생각하고 브랜드 역시 자신의 사회적 지위의 일환으로 생각하고 있다. 셋째, 이들은 새로움에 개방적이다. 일반 이용자들에 비해 새로움에 대한 욕구가 더 강해서 트렌드에 대한 관심뿐 아니라 제품, 경험, 문화 등 여러 부분에 걸쳐 새로움을 추구한다.

또한 SNS를 주로 정보획득의 수단으로 활용하는 해외의 SNS 사용자들과 달리, 한국의 SNS 사용자들은 정보 획득과 함께 정에 기반한 인간관계 형성의 수단으로 SNS를 사용하고 있고, SNS를 통한 네트워크가 자신을 차별화시키고 경쟁력을 강화시켜준다고 생각하고 있다[8].

이러한 구성은 한국인의 눈치 문화와 연결된다. 특히 다른 어떤 연령층보다 또래집단에 많은 영향을 받는 청소년들에게 큰 영향을 미친다. 이에 대해서는 3장 2절에서 자세히 다루겠다.

3. 자기 과시 구성

SNS의 구성 유형 중 마지막 세 번째로 개인적 측면 중 특히 이용자 자신에게 초점을 두는 유형인 '자기 과시 구성'에 대해 살펴보겠다. 인스타그램과 같은 SNS에서는 소위 명품을 '자랑'하는 계정에 팔로워의 수가 많다. 이런 계정이 인기를 끌면서 SNS을 '자랑용'으로 이용하는 이용자들에 대한 의견이 분분하다. 자본주의 사회에서 자신이 가진 것을 자랑하는 것은 자유라는 의견과 과시성 소비를 부추긴다는 의견이 대립하고 있다.

singgapore long bar
싱가폴 슬링의 원조라는 싱가폴 롱바에서-
손목에는 그가 선물해준 시계와 함께 girl's best friend인 다이아몬드 테니스 팔찌까지.

<그림 1> '자랑용' SNS의 예시

---

8) 안정민(2011), 「SNS 사용자의 이용 행태와 성격이 정서적 유대감 형성에 미치는 영향에 대한 연구」, 아주대학교 석사학위논문.

특히 현대는 청소년들에게 물질만능주의, 개인 이기주의, 소비지향주의 등 긍정적인 면보다 부정적인 면이 부각되어 청소년들의 '과시 소비'가 논란이 되고 있다[9]. 청소년들 사이에서 '등골 브레이커 패딩'이 유행하여 논란이 되고 있다. '등골 브레이커 패딩'이란 부모님의 등골이 휠 만큼 비싼 패딩이란 뜻인데, 한 때 청소년들 사이에서 80만원대 패딩으로 고가 패딩의 상징이었던 '노스페이스'를 이어 100만원대에 달하는 '캐나다구스'와 '몽클레르'가 유행하고 있다. 노스페이스 패딩 점퍼가 학생들 사이에서 유행하기 시작하면서 이 패딩을 입지 않으면 학교에서 왕따를 당하는 현상도 발생하여 논란이 된 적도 있다.

III. SNS 이용자의 심리

SNS의 구성 유형을 세 가지로 나누어 살펴보았는데, 상호작용, 타자성, 자기 과시 등 SNS의 유형은 SNS를 이용하는 이용자들의 심리와 연관이 있다.

1. 집단심리 - 집단극화 현상

사람은 다른 사람과 있을 때와 혼자 있을 때의 행위가 다르다. 이것은 우리가 일상생활에서 흔히 자각할 수 있다. 이 사실은 오래 전부터 사회심리학자들의 관심거리였다. 사람이 왜 집단을 필요로 하는지, 집단이 어떻게 개인에게 영향을 미칠 수 있는지 자세히 살펴볼 필요가 있다. 타인과의 빠른 의사소통이 가능한 상황에서 왜 SNS 이용자들은 타인의 의견에 영향을 받게 되는 것일까?

우선 인간이 집단을 필요로 하는 이유가 있다[10]. 첫째는 인간이 사회적 동물이기 때문이다. 인간은 기본적 욕구의 만족을 위해서 집단을 필요로 한다. 과거부터 인간은 생존하기 위해 집단을 필요로 했다. 현대에 와서는 집단생활의 이점이 크지 않으나 군집 욕망은 그대로 잔존하고 있다. 두 번째로 인간은 한 집단의 구성원이 되면서 기본적인 심리적 욕구와 소망을 만족시키게 된다. 세 번째로 인간은 정보 때문에 집단에 가입하고 싶어 한다. 사람들은 자신의 관점을 다른 사람의 관점과 비교하여 옳고 그름을 결정하기 때문이다. 네 번째로 대인욕구의 이유로 집단을 필요로 한다. 한 개인은 다른 사람들이 사회적 지지를 제공하는

---

9) 이경미(2013), 「청년들의 자기존중감 및 자기애적 성격과 과시소비에 대한 연구」, 고신대학교 석사학위논문.
10) Forsyth, Donelson R., 서울대학교 사회심리학 연구실 역(1996), 『집단심리학』, 학지사, pp.63-75.

것에 의미를 부여하고 이를 중요하게 여긴다. 마지막으로 개인들이 어떤 집합적 목표를 추구할 때 집단을 필요로 한다. 따라서 인간은 기본적으로 집단에 속하고자 한다. 2장 1절에서 말했듯이 SNS는 그 기본 구성이 '관계와 상호작용, 그리고 커뮤니케이션'이기 때문에 인간의 이런 욕구와 부합한다. 그에 따라 스마트폰의 활용과 SNS 이용이 높아진 현재, SNS는 인간의 기본적 욕구를 충족해 줄 수 있는 유용한 수단이 되고 이용자들은 온라인상에서 새로운 집단을 가지고 그 집단에게서 영향을 받게 된다. 이를 집단극화 현상과 동조 현상으로 설명할 수 있다.

집단극화 현상은 오프라인에서만 발생하는 현상이 아니다. CMC의 발달로 인간 사회 속의 심리적 현상이 사이버 공간 안에서도 흔하게 발견된다. 인터넷에서의 집단적 행동은 이제 더 이상 낯선 광경이 아니다. 공적 이슈나 쟁점에 대한 정치적 토론은 토론 주제에 대한 의견의 질을 높여주고 상대방 입장에 대한 인정과 이해를 가능하게 하는 의사소통의 기회로 활용되기도 하지만, 의견 격차를 더욱 심화시키기도 한다. 특히 갈등 이슈에 대해 온라인상에서는 현실보다 더 부정적인 방향의 집단극화를 유발하기 쉽다. 그 이유는 온라인 커뮤니케이션은 상당부분 익명으로 이루어지는 경우가 많아, 개개인의 책임 있는 표현보다 군중성에 의거한 비이성적 휩쓸림이 크게 좌우하기 때문이다[11].

각종 온라인 매체의 게시판이나 댓글에서 의견이 나뉘는 경우는 아주 많다. 온라인상에서 의견이 극화되는 양상은 오프라인상 집단 간 갈등이 극화되는 양상과 유사하다. 개인은 자기가 속해 있는 집단의 정체성이 뚜렷해질 때 자기가 속한 집단의 규범을 실제보다 더 극화시켜 자각하고, 극화된 규범에 동조하여 각자 자기집단 규범 쪽으로 양극화가 일어난다. 특히 개인의 정체성은 몰개성화 되어 숨은 채로 집단의 정체성만 부각되면 극화 현상은 더 심해질 수 있다. 온라인 매체의 익명성 상태에서 집단 정체성이 뚜렷해질 때 양극화가 일어나는 것이 바로 이런 이유 때문이다. 적대적 집단 간 양극화 현상이 더 심화되어 나타나는 예로 라이벌 대학을 깎아내리는 사이버 훌리건을 들 수 있다. 또한 SNS에서의 여론 형성 과정도 오프라인에서의 여론 형성 과정과 유사하지만 특히 소수의 의견이 과대 지각될 가능성이 온라인 상황에서는 더 커진다. 대중매체적 성격을 지니고 있는 SNS에 오른 의견은 이미 한 개인의 의견이라기보다 더 많은 사람들이 동의했을 것이라는 암묵적 가정을 일으키고, 여기에 한 사람이라도 동의하면 이 가정은 더 힘을 받는다[12]. 따라서 SNS에서 지배적인 의견을

---

11) 나은영, 차유리(2012), 「인터넷 집단극화를 결정하는 요인들: 공론장 익명성과 네트워크 군중성 및 개인적, 문화적 요인을 중심으로」, 『한국심리학회지』 26, 한국심리학회.

계속 접하다보면 본인의 의지와 관계없이 한 방향의 의견을 극단적으로 따르게 되는 것이다.

이처럼 동질적인 사람끼리는 더 동질적으로, 반대되는 사람끼리는 더 멀어지는 집단극화 현상은 오프라인에서처럼 온라인에서도 보이는 전형적인 모습이다. 특히 SNS 같은 매체에서는 현실에서 억눌린 욕구가 탈억제되어 현실 세계에서 억눌렸던 욕구가 분출될 가능성도 크다. 또한 '익명성'이 어느 정도 보장된다는 방패막이 있으면 군중 행동은 더 과격하게 일어난다. 여론 조사 결과가 찬반 대결 양상으로 나뉘는 갈등형 이슈에서는 초기 의견이 토론 후까지 변하지 않고 동일한 경향이 있다. 인터넷이 다양한 의견을 개진할 수 있는 공간이라는 기존의 기대와 달리 SNS 이용자들이 의견방향을 관찰한 후 대세에 편승하는 경향도 보였다13).

2. 문화심리 - 한국인의 눈치 문화

흔히 한국인들의 특성으로 '눈치' 문화에 속해 있다고 한다. 한국인은 서양인에 비해 자신을 있는 그대로 표현하기를 꺼려한다는 것이다. 한국 사회는 자신을 감싸고 은폐하려는 심리를 가지고 있다. 타인에 대해 의식하는 것과 체면을 차리는 것을 중요시한다. 자신을 노출하기 꺼려하는 심리는 동양사회에서 흔히 볼 수 있는 심리이다. 동양인은 서양인에 비해 폐쇄적이라고도 한다14).

또한 한국인은 집단주의-개인주의의 분류체계에서 특징적인 집단주의 문화에 속한다. 특히 우리나라는 유학의 배경이 강해 사상적 배경이 유교에 기인한다고 볼 수 있다. 이런 특징에 유기적 인간관계, 신용과 신의에 기반을 둔 공동체로서의 사회, 지도자들이 도덕적 실천을 통해 모범이 되어야 한다는 기대 등이 있다. 집단주의 문화권에서는 사회 구성의 기본 단위를 '관계'로 본다. 따라서 상황 의존적이고 관계중심적인 자아관을 가지게 된다. 결과적으로 타인에의 관심 및 대인관계에서의 조화의 추구가 주의의 초점이 되는 것이다15).

한국은 집단에 기반하여 다른 사람들에게 보여지는 자신의 모습이 더 중요하게 받아들여지기 때문에, 미니홈피와 같은 개인형 블로그는 '같이 살면서도 따로 살고 싶은' 한국 사회의

12) 나은영(1999), 신뢰의 사회심리학적 기초, 『한국사회학 평론』 5권, pp.68~99.
13) 박성희, 박은미(2007), 인터넷 공간에서의 이슈 유형별 여론지각과 의견표명에 관한 연구, 한국언론정보학보 29, pp.284~323.
14) 최상진, 김기범(2011), 『문화심리학-현대 한국인의 심리분석』, 지식산업사.
15) 조긍호(2003), 『한국인 이해의 개념틀』, 나남.

개인의 갈등과 불안의 표시라고 보기도 한다(김지수, 2004: 34).

이러한 한국인의 눈치 문화는 SNS의 타자성을 강조하는 구성과 연결된다. 특히 청소년기는 대부분의 시간을 학교에서 보내게 됨에 따라 교우에 의해 사회적 관계를 형성하게 되고 다른 어떤 연령층보다 또래 집단의 영향을 많이 받는다. 따라서 또래들로부터의 인정과 소속 여부가 사회성 발달이나 자아정체성 형성에 영향을 준다. 이 시기에는 신체적으로나 정신적으로 발달이 비슷한 또래관계 속에서 상호작용하며 부모나 선생님을 비롯한 기성세대의 일방적인 지시와 영향으로부터 벗어나고자 한다. 이러한 심리적 독립 욕구는 자신과 비슷한 상황에 처해 있는 또래들과 어울리면서 많은 영향을 받으며 소속감을 확인하기도 하고 자신들의 능력을 시험해 보기도 한다[16]. 이러한 청소년들은 또한 SNS에 쉽게 노출된 환경에 처해 있다. SNS상에서 빠르게 돌아가는 많은 양의 정보들을 선택적으로 받아들이지 못하고 자극적인 내용에 그대로 노출되기도 한다.

3. 현대인의 욕구 충족 심리 - 획일화된 문화 추구

현대사회는 정보통신의 혁명과 다양한 매체의 보급과 확산으로 수많은 양의 지식과 정보가 전달되고 있다. 편리한 측면도 많지만 현실을 끊임없이 왜곡하여 만들어 내거나, 광고자가 구매자의 필요와 판매자의 제품을 연결시켜 주거나 미디어를 통해 자신이 투표할 후보자를 뽑아내는 등의 새로운 삶의 모습을 등장시켰다. 이런 모습은 사회적 교류의 기회를 축소시키고 간접경험을 증가시키면서 인간을 독립된 인격체가 아닌 사회를 유지해 나가는 부속품으로 전락시켰다. 현대인들은 '대중'이 되어가면서 각종 매체들에 의해 Stereotype을 전수받는다. 획일화된 문화 컨텐츠는 사람들의 행동을 동질화 시키고 인간 욕망의 대상조차 획일화 시켜서 이상적인 삶의 기준을 제시한다. 일정 상품에 대하여 과시적 소비를 자극하거나 특별한 형태의 생활방식을 유지함으로써 타인의 인정을 받고자 하는 인간의 심리를 자극하게 된다. 여성들은 마른 몸을 원하고 비싼 아파트를 원하며 유행을 따르고자 한다. 정보통신 사회는 사람들의 결핍된 욕망을 자극하고 획일화 시킨다. 이러한 욕망들은 각종 매스미디어로부터 온 욕망을 무비판적으로 받아들여 온 현대인의 모습이라고 볼 수 있다[17].

특히 청소년들은 용도에 적합한 물건을 선택하기보다 상품의 디자인과 유행에 중점을

---

16) 박수경(2013), 「또래동조성과 SNS사용정도 및 인식, 집단따돌림 가해경험과의 관계」, 아주대학교 석사학위논문.
17) 이지원(2007), 「레드카펫을 중심으로 한 현대인의 욕망에 대한 표현 연구」, 이화여자대학교 석사학위논문.

두고 선택하는 세대로서 소비문화를 주도하는 소비 집단을 형성하고 상품의 실용성을 생각하는 구매보다 이미지의 선호에 따른 결정과 유행의 민감성, 그리고 개성 추구를 더 중요시함으로써 자신의 경제력을 벗어난 충동구매와 마음에 드는 상품은 꼭 사야 하는 구매 심리를 가진 것이 특징이다.

Ⅳ. 결론

위에서 논의한 SNS 상에서의 커뮤니케이션이 지니는 세 가지 특징에 따른 이용자의 심리적 관련성을 요약하면 다음과 같다.

<표 1> SNS의 구성 유형과 이용자의 심리적 관련성

유형		특징	이용자의 관련 심리 및 현상
사회 · 집단		상호작용적 관계	집단 심리 - 집단 극화 현상
개인	타인 초점	타자성 강조	눈치 문화
	자기 초점	자기 과시	욕구충족 심리 - 획일화 현상

사이버상의 의사소통을 긍정적으로 보는 의견도 있으며 부정적으로 보는 의견도 있다. SNS의 세 가지 유형과 이용자의 심리는 특히 청소년에게 있어서 장점과 단점을 극단적으로 가져올 수 있으므로 주의가 필요하다.

청소년들이 SNS를 이용하면서 사이버 공간 속 한 집단에 속하게 되면 자기가 속한 집단의 규범을 더 극화시켜 자각하여 자신의 의견은 깊이 생각할 기회를 가지지 못하고 무조건적으로 인터넷의 의견을 수용하게 될 수 있다. 온라인 매체의 익명성 상태에서 집단 정체성이 뚜렷해질 때 적대적 집단 간 양극화 현상이 심화되어 일어나는 예로 라이벌 대학을 깎아내리는 사이버 훌리건을 들 수 있다. 인터넷 입시 상담 게시판에서 라이벌 대학으로의 진학을 고민하는 학생들에게 라이벌 대학의 단점을 부각시키고 진학을 못 하도록 유도하는 것이다. 청소년들이 무분별한 자료에 휩쓸려 한 방향의 의견을 극단적으로 따르지 않도록 할 필요가 있다.

2005 ○○대 입시 박멸을 위한 기획단을 모집합니다.

번호: 4352 글쓴이: 여고생구출작전
조회: 820 날짜: 2004/11/08 09:21

안녕하세요.

여고생을 ○○대라는 과대평가 대학에서 구출하기 위해 나타난 여고생구출작전입니다.

지금부터 2005 ○○대 입시 박멸을 위한 기획단을 모집합니다.

활동 지침 사항입니다.

1. ○○대와 타대의 비교시 타대를 추천한다.

2. 과거의 관념에서 벗어나야 함을 숙지시킨다.

3. ○○대 훌리건들의 대응에 논리적 자료로 대응한다.

4. ○○대에 갔을 때 10년 후 입게 될 피해 심지어 연쇄살인의 대상이 될지도 모름을 부각시킨다.

5. 2004 입시결과를 까발리며 배치표에서 초 과대평가임을 알린다.

6. 과거 ○○대 출신 여성인사가 많은 이유는 남녀공학 여학생이 적었기 때문임을 알린다.

7. 각종 지식 in 사이트에 안티○○대 중 잘 된 글을 퍼다 나른다.

8. http://cafe.daum.net/univgirl 이라는 여학생 전문 까페를 홍보한다.

9. 원서접수 기간 5일 정도는 하루 8시간 이상 활동하면서 ○○대 지망 수험생의 마음을 돌린다.

10. 중복합격시 나군 대학을 권유한다.

<그림 2> '사이버 훌리건'의 예

또한 '눈치 문화'에 속해 있는 한국인은 타인에의 관심 및 대인관계에서의 조화가 주의의 초점이라고 할 수 있다. 집단에 기반하여 다른 사람들에게 보이는 자신의 모습이 더 중요하게 받아들여진다. 이러한 문화가 특히 또래들로부터 인정을 받고 또래 집단에의 소속 여부가 사회성 발달이나 자아정체성 형성에 영향을 미치는 청소년기에는 더욱 심해진다고 볼 수 있다. 이는 청소년기의 과시소비 현상과 맞물려 극단적인 방향으로 흘러갈 수 있으므로 지도가 필요하다.

교육에서 학습자에게 SNS 커뮤니케이션의 유형과 이용자의 관련 심리를 지식으로 학습하도록 하는 것은 의미가 없다. 위의 연구 결과와 관련된 유의미한 교육은 SNS 커뮤니케이션과 이용자의 세 가지 특성과 심리 모두가 하나로 연결되는 대안적 안목에서 가능하다고 본다. 바로 청소년 학습자의 자아 정체성 형성, 학습자 자신의 주체적인 사고 및 판단을 가능하게 하는 주체성 확립, 자신의 의견 및 문화 정체성에 대한 자신감과 확신을 길러주는 교육이 위 연구 결과를 통해 산출할 수 있는 교육의 핵심이다. 교육 일반론적인 이 논의가 국어교육적 차원에서 응용, 확대 되어야 할 것이다.

이러한 교육은 SNS 커뮤니케이션의 사회·집단적 측면에서 학습자가 집단 심리에 휩쓸려 학습자 개인의 정체성이 몰개성화 되어 숨은 채로 집단의 정체성이 부각되어 집단 극화가 일어나는 현상에 대한 해결책이 될 수 있고, SNS 이용자로서 의견 방향을 관찰한 후 대세에 편승하는 기존의 부정적 경향을 완화시켜 다양한 의견을 개진할 수 있는 주체적인 안목을 길러줄 수 있을 것이다.

또한 이러한 교육은 SNS 커뮤니케이션의 타자성 강조 특성과 이용자의 '눈치 문화'의 해결책이 될 것이다. 청소년기를 겪고 있는 학습자는 대부분의 시간을 학교에서 보내게 됨에 따라 교우에 의해 사회적 관계를 형성하게 되고 다른 어떤 연령층보다 또래 집단의 영향을 많이 받는다. 한국인의 '눈치 문화'가 또래들로부터 인정을 받고 또래 집단에의 소속 여부가 사회성 발달이나 자아 정체성 형성에 영향을 미치는 청소년기에는 더욱 심해진다고 볼 수 있다. 이는 자칫 청소년기의 과시소비 현상으로 대표되듯 자기 과시적 성향과 맞물려 극단적인 방향으로 흘러갈 수 있다. 이에 대해 학습자의 주체성을 길러주어 또래 집단과는 다른 학습자의 자기 주체적 판단을 가능하게 하고 자신의 의견에 자신감을 심어주게 되면 학습자가 또래 집단을 무비판적으로 수용하여 극단적으로 흘러가지 않도록 예방할 수 있다.

마지막으로 위의 교육이 SNS 커뮤니케이션의 자기과시 특성과 맞물려 SNS 이용자의 욕구 충족 심리에 따른 획일화된 문화를 극복하는 데 좋은 해결책이 될 것이다. 학습자가 각종 대중매체로부터 받아 온 욕망을 무비판적으로 받아들이는 것에 대해 학습자 자신의 자아 정체성과 주체성을 형성하는 교육이 해결 방안이 될 수 있다.

참고문헌

김민정(2011), 「스마트 폰에서의 SNS 사용이 온라인, 오프라인 관계 형성에 미치는 영향에 관한 연구: 트위터를 중심으로」, 이화여자대학교 석사학위논문.
김지수(2004), 1인 미디어, 블로그의 확산과 이슈, 『정보통신정책』16권 22호, 정보통신정책연구원, pp.31-43.
나은영(2006), 「인터넷 커뮤니케이션 : 익명성, 상호작용성 및 집단극화(極化)를 중심으로」, 커뮤니케이션 이론 2(1), 한국언론학회.

나은영, 차유리(2012), 「인터넷 집단극화를 결정하는 요인들: 공론장 익명성과 네트워크 군중성 및 개인적, 문화적 요인을 중심으로」, 사회 및 성격 26(1), 한국심리학회.

박문서(2002), 「인터넷 익명성과 전자상거래」, 『통상정보연구』, 4권 2호, 한국통상정보학회.

박성희, 박은미(2007), 「인터넷 공간에서의 이슈 유형별 여론지각과 의견표명에 관한 연구」, 한국언론정보학보, 29, 한국언론정보학회, pp.284-323.

박수경(2013), 「또래 동조성과 SNS 사용 정도 및 인식, 집단따돌림가해경험과의 관계」, 아주대학교 석사학위논문.

안정민(2011), 「SNS 사용자의 이용 행태와 성격이 정서적 유대감 형성에 미치는 영향에 대한 연구」, 아주대학교 석사학위논문.

유훈식(2009), 「커뮤니케이션 유형에 따른 SNS의 인터랙션 특성에 관한 연구」, 국민대학교 석사학위논문.

이경미(2013), 「청년들의 자기존중감 및 자기애적 성격과 과시소비에 대한 연구」, 고신대학교 석사학위논문.

이순형(2003), 「사이버공간과 실공간에서의 자아정체성의 불일치」, 『대한가정학회지』, 40-4, pp.59-71.

이지원(2007), 「레드카펫을 중심으로 한 현대인의 욕망에 대한 표현 연구」, 이화여자대학교 석사학위논문.

조긍호(2003), 『한국인 이해의 개념틀』, 나남.

최고은(2010), 「사이버 공동체와 정치참여에 대한 기술철학적 접근 : 사회구성론을 중심으로」, 한국교원대학교 석사학위논문.

최상진, 김기범(2011), 『문화심리학-현대 한국인의 심리분석』, 지식산업사.

Forsyth, Donelson R., 서울대학교 사회심리학 연구실 역(1996), 『집단심리학』, 학지사, pp.63-75.

**청소년들의 오프라인 언어에서의
온라인 언어 사용 동기와 언어인식능력**

I. 서론

인간은 언어를 통해 끊임없이 의사소통을 한다. 이와 같이 '언어'를 통한 의사소통의 방식은 시간이 지나고 기술이 발전하면서 꾸준히 변화해왔다. 월터 옹(Walter Ong)은 시간의 흐름에 따라 변화한 의사소통의 방식을 총 4단계로 나누고 각각 '제1의 구술성', '문자성', '제2의 구술성', '제3의 구술성'으로 이름 붙였다. 단순히 얼굴과 얼굴을 마주보고 소리를 매개로 의사소통하던 '제1의 구술성', 인쇄술이 등장하며 문자와 그림을 매개로 의사소통을 시도한 '문자성', 소리와 영상이 함께 전달되는 '제2의 구술성', 소리와 영상뿐만 아니라 집단의 소통까지 꾀하게 된 '제3의 구술성'이 바로 그것이다. 최종 단계를 나타내는 '제3의 구술성'은 '제2의 구술성'이 의식적인 제작자와 비가시적 수용자로 나누는 다소 비대칭적인 특징을 가지고 있는 것과는 다르게, 제작자와 수용자가 대칭적인 사회적 상호 작용까지 포함하는 개념이다. 즉, 인간은 시간이 지나고 기술이 발달함에 따라, 면대면 방식이나 글, 그림의 방식, 혹은 TV나 라디오와 같은 비대칭적 방식에서 발전하여, 미디어와 매체를 통해 스스로 작용하고 의사소통을 할 수 있는 능력을 갖추게 되었다는 것이다.

실제로 옹이 설명하고 있는 '제3의 구술성'은 현재 우리 사회를 적절히 표현하고 있는 개념이라고 볼 수 있다. 최근 정보화시대에 돌입하면서 인터넷에 누구나 접속이 가능해지고, 따라서 서로 의사소통할 수 있는 연결망이 확보되었다는 점이 이를 증명한다. 먼저, 사람들이 인터넷을 통해 자신을 드러내는 현상이 일반화되었기 때문이다. 사람들은 블로그 등 자신의 SNS를 통해 인터넷망에서 자신을 드러낸다.(옹은 이를 개인의 '퍼포먼스'라고 말한다) 이는 TV, 라디오와는 다르게 제공자와 수용자의 차이가 없음을, 즉 대칭적인 의사소통이 가능해졌음을 시사한다. 특히 스마트폰의 발달은 이와 같은 의사소통에 큰 영향을 주었는데, 사용자간의 의사소통이 시공간의 제약을 받지 않고 가능해졌기 때문이다. 사람들은 그야말로 '언제, 어디서나' 서로 대화를 나눌 수 있게 되었고, 서로 더 손쉽게 상호 소통망을 구축할 수 있게 되었다. 이는 미디어와 매체를 통한 '상호 작용'이라는 맥락에서 앞선 옹의 이론과 일치한다. 따라서 현재 우리가 사용하는 인터넷 등과 관련된 의사소통 맥락은 옹이 설명하는 '제3의 구술성'으로 설명할 수 있을 것이다.

중요한 것은 시간에 흐름에 따라 변화한 의사소통의 각 단계가 고유한 특징을 가지고 있다는 점이다. 예를 들면 사람들은 단순히 얼굴과 얼굴을 마주보고 말하는 것과, 혹은 문자를 통해 서로 의사소통을 할 때 서로 다른 특징을 보일지 모른다는 점이다. 이는 제3의 구술성에서도 마찬가지다. 인터넷 상에서 대화할 때는 이전의 단계들과 다른 독특한 의사소통 방식이 나타난다. 우리는 이를 인터넷 상에서 나타나는 대화의 특징으로 규정하고 이를 '통신 언어' 등으로 불러왔다. 현재 인터넷이 사회에 일반적으로 보급된 만큼, 인터넷 상에서 쓰이는 독특한 문체 등의 특징은 현재 인터넷 곳곳에서 손쉽게 찾아볼 수 있을 만큼 일반적인 특징이 되었다.

1. 연구의 필요성과 목적

제3의 구술성, 즉 인터넷이라는 매체 안에서 언중들이 사용하는 언어 사용 방식은 이전과는 다른 독특한 특징을 가짐을 전제로 해 보았을 때, 이를 분석해보는 것은 언중들의 의사소통 방식을 파악하는 방법이 될 것이다.

한편, 현재 언중들의 삶에서 쉽게 접하는 의사소통의 방식은 '제1의 구술성'과 '제3의 구술성'이다. 즉, 서로 직접 대화하거나 인터넷에 접속해 서로 문자나 사진, 영상을 통해 의사소통을 할 것이라는 것이다. 왜냐하면 사람들에게는 즉각성과 대칭성이 중요하기 때문인데, 문자성에서는 즉각적으로 반응을 들을 수 없다는 점, 제2의 구술성에서는 제작자와 수용자의 비중이 서로 맞지 않는 비대칭성을 띤다는 점에서 그 원인을 찾을 수 있겠다. 즉, 사람들은 즉각적이고 발화자 사이의 비중이 대칭적인 '제1의 구술성'과 '제3의 구술성'을 주로 사용할 것임을 짐작해볼 수 있는 것이다. 하지만 주로 사용되는 의사소통 방식인 '직접 만나서 대화하는 방식'과 '인터넷을 바탕으로 서로 대화하는 방식'은 약간의 차이점을 가진다. 제1의 구술성은 소리를 매개로 구어를 통한 의사소통을 한다는 것이고, 제3의 구술성은 문자나 영상 등을 이용해 의사소통을 한다는 것이다.

이렇게 주로 사용하는 두 의사소통 방식에서 사용하는 '매개'가 다르다는 점으로 인해 현재 우리 언어에 영향을 주고 있다. 인터넷에서 문자를 통해 구현해내는 의사소통이 즉각성과 대칭성을 띤다는 점으로 이 또한 '화법'이라고 본다면, 문자를 통한 '화법'이 가능하다는, 어쩌면 모순적인 형태의 의사소통이 가능해지기 때문이다. 문자를 통한 의사소통이라는 특이한 환경에서, '문자'와 '화법'이 가지고 있는 괴리로 인해 인터넷에서는 새로운 언어가 만들어지기도 하고, 기존에 있던 언어가 환경에 맞추어 변화하기도 한다. 우리는 이를 인터넷 상에서 사용되는 언어라고 규정짓고, 이를 인터넷에서 사용되는 특징으로 보는 것 같다. 즉, 기존 구어로 말하던 것을 그대로 문자로 옮겨 컴퓨터 안에서 구현을 해내는 과정에서 언어에 변화가 생긴다는 것이다. 그 원인에는 다양한 것이 있는데, 입력의 시간을 줄이기 위함이라거나, 인터넷 안에서 사용되는 새로운 환경에 맞는 언어가 만들어진다거나 하는 등이 그것이다.

언어의 변화는 새로운 환경에 더 잘 적응하는 낮은 연령층에서 더 잘 나타난다. 때때로 변화의 속도에 잘 적응하지 못하는 높은 연령층은 낮은 연령층이 사용하는 언어를 쉽게 알아듣지 못하는 경우가 있는데, 주로 이런 경우의 언어들은 인터넷 상에서 그들 스스로 만들어 낸 새로운 언어일 가능성이 높다. 그들은 마치 은어처럼 새로운 언어를 만들고, 혹은 기존에 있었던 언어를 변화시킨다. 언어의 변화는 청소년층에서 더욱 민감하고 속도가 빠르게 나타난다. 속도가 빠른 탓에, 어쩌면 청소년들은 인터넷 상에서 그들만이 알아듣고 사용할 수 있는 언어를 현재도 만들어내고 있는 듯하다. 일부 학자들은 청소년들이 그들만의 언어 세계를 만들고 그들끼리 그것을 향유하는 것을 단순히 기존 언어 문화의 하위로 보는 것에서 벗어나, 청소년의 언어 문화로 규정짓자는 주장도 한다.

하지만 문제는, 이러한 현상이 과연 '바람직한 방향'으로 발전하고 있느냐는 것이다. 청소년의 발달시기의 특성상, 자극적이고 새로운 것에 민감하고 그것을 누구보다 잘 습득할 수 있기 때문에 어쩌면 올바른 국어 생활에 대한 교육은 반드시 필요하다. 올바른 국어 생활에 대한 교육을 통해 언어 정체성을 먼저 확립한 다음, 새로운 언어문화를 만드는 것이 바람직하기 때문이다. 만약 올바른 국어에 대한 적절한 정체성 없이 그들의 '언어문화'라는 이름으로 마구잡이식의 언어를 만든다면, 국어 문화가 오히려 무너질 우려가 있기 때문이다. 청소년은 올바른 국어생활을 하기 위한 기초 지식을 전제로 그들의 언어문화를 확립해야 한다. 올바른 국어에 대한 기초 지식을 전제로 했을 때에만 비로소 진정한 언어문화가 가능하다고 본다. 특히 인터넷 안에서 만들어진 언어가 일상생활 속에서도 사용되는 경우가 빈번해짐을 보아 온라인과 오프라인의 경계가 모호해지고 있다. 올바른 문화를 만들기 위해서는 '제3의 구술성', 즉 인터넷 안에서 그들이 만든 언어를 쓸 수 있는 경우와 그렇지 않은 경우를 구분할 수 있고, 이에 대해 자연스럽게 상황과 맥락에 맞는 발화를 할 줄 알아야 한다. 또한 그들이 인터넷 안에서 쓰이는 언어에 대해 무분별한 인식을 가지고 사용한다기보다, 정확한 목적과 의도를 가지고 사용해야 할 것이다.

청소년들이 일상생활에서 일반적으로 쓰는 언어와 인터넷 상에서 쓰는 언어를 제대로 구분하여 사용하고 있는지, 더 근본적으로 이 언어들을 구분할 수 있는 능력을 가지고 있는지 조사할 필요가 있다. 현재 청소년들이 올바른 언어문화 정착을 위해 전제조건을 충실히 이행하고 있는지 알아보기 위해, 이 연구에서는 청소년들은 인터넷 상에서 쓰이는 언어를 어떻게 인식하고 있는지, 일반 발화 상황과 비교해보았을 때 이를 자유자재로 구분하여 사용할 수 있는지를 알아볼 것이다. 또한 언어를 사용하는 동기를 파악하여, 과연 이들이 '인식'을 가지고 이를 사용하고 있는 것인지 알아보려고 한다.

2. 연구의 대상과 연구방법

'청소년'을 분석하기 위해서는 단순히 중학교만, 혹은 고등학교만을 선정하는 것은 무리가 있다고 판단했다. 따라서 청소년이라고 일컬어지는 14세부터 19세 학생들을 분석하기 위해 각 단위학교의 중간 학년인 2학년 학생들을 선정했다. 중학교 2학년과 고등학교 2학년 학생들을 선정한 것은 아직 학교에 적응하지 못한 1학년과 상위 학교급에 진학하기 위해 몰두하는 3학년에 비해 그 단위학교의 특성을 가장 잘 가지고 있다는 점을 고려해 선정하였다. 각각 중학교와 고등학교는 경기도 시흥에 위치한 공립학교를 선정했다. 이들 학교의 수준은 전국의 학교 성취수준과 비교해볼 때 '약간 높은 정도'에 속한다. 이들 학교의 2학년 중 한 반을 무작위로 지정하였고, 각 반별로 30명씩 또한 무작위로 선정해 설문지[1]를 배포하였다. 설문조사는 2014년 11월에 시행되었으며, 회수율 100%를 보였다. 이를 통해 얻게 된 결과는 목적과 연계해 살펴보도록 한다.

Ⅱ. 온라인 언어 분석

실제 실생활에서 사용되는 온라인 언어를 본격적으로 분석하기 위해서 온라인 언어에 대한 개념과 범위를 한정짓는 작업이 선행되어야 할 것으로 보인다. 이를 분석한 뒤, 과연

---

1) 부록 참조.

이 온라인 언어가 실제 현장에서 학생들에게 어떻게 쓰이고 있는지 그 현황과 양상을 분석해 보도록 한다.

1. 온라인 언어의 개념과 범위

앞서 계속해서 언급한 '인터넷 상에서 사용되는 언어'는 그 개념이 모호하다. 때문에 다수의 선행 논문에서는 '인터넷 상에서 사용되는 언어'를 나타내기 위해 다양한 용어들을 사용하였다. 모두 다 같은 '인터넷 상에서 사용되는 언어'인데도 불구하고, 여러 논문에서 이를 '통신 언어, 인터넷 언어, PC 언어' 등으로 혼잡하게 쓰고 있었다. 이를 통일하고, 이 논문에서 쓸 개념을 구체화하기 위해 선행된 연구에서 밝힌 유사 개념을 소개하면 다음과 같다.

먼저 권연진(2000)[2]은 이를 '통신 언어'라고 칭하고, 통신상에서 이루어지는 모든 의사소통 과정에서 사용되는 음성, 문자라고 했다. 컴퓨터 통신 언어를 채팅 언어, 도배 언어, 네트워크 게임 상의 게임 언어, 전자게시판 언어, 핸드폰 언어 등 컴퓨터 상에서 사용되는 언어뿐만 아니라 문자 메시지까지 포함하는 광범위한 개념이라고 말했다. 그런데 일부에서는 이와 같은 개념이 너무 모호하고 지나치게 광범위해서 논란의 여지가 많다고 여겼다. 이에 따라 박동근(2001)[3]은 '통신 언어'를 넓은 의미와 좁은 의미로 구분하여 사용했다. 넓은 의미로 볼 때 통신 언어란 의사소통을 위해 통신상에서 사용되는 모든 문자언어라고 하고, 동시에 일반 언어의 음운 또는 형태적 변이형이나 통신상에서 만들어진 새말, 통신상에서 새롭게 의미가 부여된 말, 또는 통신상에서 사용되는 독특한 문체나 어법, 의사전달을 위해 사용되는 특수기호를 포괄하는 것이라는 좁은 의미를 포함했다.

이처럼 '인터넷 상에서 쓰이는 언어'에 대한 정의는 박동근(2001)에 의해 구체적으로 제시되었다. 하지만 이들이 쓰는 '통신 언어'라는 명칭에 대해서는 의문점을 가지지 않을 수가 없다. '통신'은 기본적으로 '소식을 전함, 의사를 전달함'이라는 사전적인 의미를 가지고 있지만, 이 '통신 언어'라는 언어는 통신의 사전적 의미를 토대로 만들어졌다기보다 'PC통신'에서 시작된 것으로 추측된다. PC통신은 1990년대 천리안, 하이텔 등 유선을 기반으로 한 의사소통 방식이다. 하지만 현재 우리가 의사소통을 할 때, PC통신과 같은 유선통신을 사용하지는 않기 때문에, 현재의 의사소통 방식을 설명하는 데 있어서 '통신 언어'라는 언어를 사용하기

---

2) 권연진(2000), 컴퓨터 통신 언어의 유형별 실태 및 바람직한 방안, 언어과학, Vol.7 No.2.
3) 박동근(2001), 통신 언어의 유형에 따른 언어학적 기능 연구, 語文學研究, Vol.11 No.-.

에는 다소 무리가 있어 보이는 것이다. 이를 보완하기 위해 '인터넷 언어'라는 용어도 생각해 볼 수 있겠다. 하지만 인터넷 언어란, '컴퓨터를 기반으로 인터넷 상에서 사용되는 언어'[4]로 그 경계가 모호하고, 동시에 '컴퓨터'라는 환경만을 제한했다는 점에서 한계가 있다. 이 연구에서 살펴보고자 하는 것은 '제3의 구술성', 즉 매체를 통한 대화를 모두 포함하는 개념이기 때문이다.

따라서 이를 보완하기 위해 '온라인 언어'라는 개념을 도입해 보고자 한다. 온라인 언어란, 박동근(2001)의 개념을 토대로 '의사소통을 위해 통신상에서 사용되는 모든 문자언어'를 말한다. 더 구체적으로, 일반 언어의 음운의 형태 변화, 신조어, 인터넷 상에서 사용되는 독특한 문체나 어법, 혹은 의사전달을 위해 사용되는 특수기호를 포함하는 개념이다. 이를 봤을 때 박동근(2001)의 통신 언어와 상당히 유사한 부분을 가지고 있지만, '온라인 언어'라고 규정한 것은 '통신 언어'보다 좀 더 시간상으로 현재의 개념을 일컫기 위함이다. 현재 우리는 유 · 무선 상관없이 인터넷이 가능한 시대에 이르렀다. 때문에 유선을 전제로 하는 통신 언어를 쓰는 것은 시대적으로 맞지 않는다고 판단된다. 이와 비교했을 때 '온라인 언어'란 온라인상에서 사용되는 모든 문자 언어를 일컫는 것으로, 통신 언어보다 더 현대적인 의미를 가진다. 모든 매체를 포함한다는 점에서 인터넷 언어보다 더 넓은 의미라고도 볼 수 있겠다. 한편, 인터넷 상에서 쓰이는 모든 문자 언어를 온라인 언어라고 규정한다면, 이와 반대로 실제로 만나서 대화하는 구어적인 특성은 오프라인 언어라고 규정한다. 이 연구에서는 온라인에서 나타나는 발화와 오프라인에서 나타나는 발화를 비교하기 위함이며, 이 두 개념을 상반시켜 볼 수 있는 작업이 필요해 보이기 때문이다.

온라인 언어를 규정하기 위해 정선희(2007)[5]를 따르고자 한다. 정선희(2007)에 의하면 온라인 언어는 총 다섯 부류로 나눠볼 수 있다. 음운론적 현상, 어휘론적 현상, 통사론적 현상, 화용론적 현상, 표기법적 현상이 바로 그것이다. 하지만 이를 비판 없이 그대로 수용하기에는 문제가 있어 보인다. 예를 들면 어휘론적 현상에 속하는 '비속어, 외래어/외국어, 방언', 화용론적 현상에 속하는 '부정적인 반응', 표기법적 현상에 속하는 '문장 부호의 생략, 문장 부호의 남용, 띄어쓰기 생략' 등이 과연 온라인 언어의 특성이라고 말할 수 있을까 고민해볼 수 있기 때문이다. 그것들이 인터넷 언어에 속할 수는 있겠지만, 반대로 위와 같은 예시들을 사용한다고 해서 인터넷 언어를 사용한다고 보기에는 무리가 있어 보인다.

---

4) 위키피디아 참고.
5) 정선희(2007), 청소년 통신 언어 실태 분석 및 지도 내용, 성신여자대학교 석사학위논문.

따라서 이와 같은 문제를 해결하기 위해 구분의 논란의 여지가 될 수 있는 부분은 삭제하고 분석하도록 함을 밝힌다. 따라서 온라인 언어의 범위는 다음 표와 같다.

<표 1> 온라인 언어의 범위

음운론적 현상	어휘론적 현상	통사론적 현상	화용론적 현상	표기법적 현상
• 축약과 생략 • 첨가	• 은어 • 약어(두자어) • 유행어	• 어순 바꾸기 • 문장 줄이기 　(생략 형태, 명사 　형으로 종결)	• 존댓말의 미 사용	• 소리 나는 대로 　말하기

2. 온라인 언어의 현황과 양상

인터넷이 발전함에 따라 인터넷을 기반으로 한 의사소통 방식 또한 변화, 발전했다. 최근에 와서는 스마트폰의 보급과 발전으로 새로운 형식의 의사소통이 증대되었다. 청소년들 또한 이 현상의 수혜자다. 그들도 능동적으로 인터넷을 사용함으로써 새로운 형식의 의사소통이 주는 혜택을 누리고 있다. 그런데 특이하게도 그들이 인터넷 상에서 사용하는 온라인 언어에는 특징이 있는 것 같다. 그들은 인터넷이라는 가상공간 안에서 그들만의 문화를 만들어내고 있다. 청소년들은 '온라인 언어'를 어떻게 인식하고 있을까? 온라인 언어에 대한 인식에 대한 설문조사 결과는 다음과 같다.

가. 온라인 언어에 대해 어떤 생각이 드나요?

온라인 언어에 대한 인식을 조사하기 위해 최대한 다양한 종류의 답지를 배치했다. 주목할 만한 것은 이 두 학교 급의 상위 세 개 답지를 분석해 본 결과 중학생은 '익숙하다-신선하다-별 생각 없다'의 순으로 나타났고, 고등학생은 '별 생각 없다-익숙하다-재밌다'의 순으로 나타

났다. 그런데 고등학생은 설문에 참여할 때 진지하게 참여한 반면, 중학생은 자신을 드러내려는 듯 특이한 답변에 표기를 많이 한 것으로 보아 중학생 꼭지에서 '신선하다'의 비율이 높은 것은 특이한 답변을 고르고자 하는 욕망에서 비롯된 것임을 미루어 짐작해볼 수 있다. 이와 같은 특이점을 배제하고 이 두 결과를 토대로 분석해보면 중학생과 고등학생은 온라인 언어에 대해 주로 긍정적인 답지를 위주로 선택하였다는 점, 그리고 이들은 공통적으로 온라인 언어에 대해 '별 생각 없다, 익숙하다'의 반응을 보였다는 점을 찾아볼 수 있다. 온라인 언어에 이미 익숙하고, 또 너무 익숙하기 때문에 별 생각이 없다는 것은 이미 온라인 언어가 그들의 생활에 뿌리 깊게 관여하고 있음을 시사한다.

나. 온라인 언어 사용 여부

① 인터넷이나 컴퓨터 게임, 친구들과 카카오톡 등을 할 때 인터넷 언어를 사용한 경험이 있는가에 대한 질문에 대해 중학생, 고등학생 전원이 사용한 경험이 있다고 답변하였다.

② 여러분은 카카오톡 등에서 사용하는 인터넷 언어를 친구들과 얼굴을 보고 이야기할 때 사용한 적이 있습니까?

위의 표에서 나타난 것처럼 중, 고등학생들은 온라인 언어를 온라인 상과 오프라인 상에서 가리지 않고 사용한 경험이 있다고 답변했다. 온라인 언어가 '익숙하다'는 앞선 결과와 결부해 생각해보았을 때, 온라인 언어를 익숙하게 받아들일 수 있었던 것은 100%에 가까운 이들의 사용 경험 때문이라고 미루어 짐작해볼 수 있다. 이를 통해 온라인 언어 사용은 이미 청소년들의 일상 대화에서도 빈번히 나타나고 있음을 알 수 있다.

다. 일상 대화에서 온라인 언어를 얼마나 많이 사용하고 있나요?

중학교 빈도 / 고등학교 빈도

- 자주 사용한다
- 가끔 사용한다
- 거의 사용하지 않는다
- 매우 자주 사용한다

이 질문에 대해 총 다섯 가지 답변을 설정했다. '매우 자주 사용한다-자주 사용한다-가끔 사용한다-거의 사용하지 않는다-전혀 사용하지 않는다'가 그것이다. 이 질문에서 중요한 것은 '일상 대화에서'라는 키워드이다. 앞서 청소년들이 온라인 언어에 대해 익숙하게 생각하고 있고, 이를 일상 대화에서도 사용하고 있음을 알아보았다. 그렇다면 과연 '일상 대화'에서 온라인 언어를 사용하는 빈도는 얼마나 될지 생각해볼 수 있다. 중학생들은 '자주 사용한다-가끔 사용한다-매우 자주 사용한다-거의 사용하지 않는다'의 순을 보였고, 이 중 '자주 사용한다'는 73%에 해당한다. 한편 고등학생들은 '자주 사용한다-가끔 사용한다=매우 자주 사용한다'는 순을 보였고, 이 중 '자주 사용한다'는 비율은 약 87%에 육박한다. 이 결과를 통해 보면, 온라인 언어를 오프라인 상에서도 자유롭게 사용한다는 것을 알 수 있다. 한편, 답지가 '은어, 비속어, 소리 나는 대로 말하기, 줄임말, 유행어' 등으로 구성된, 어떤 온라인 언어를 가장 많이 사용하는지 묻는 질문에서는 일정한 경향성보다 개개인별로의 발화적 특성이 드러나는 결과가 많았다. 중학교와 고등학교 별로 일정한 경향성을 보이지는 않았던 것을 미루어 짐작해 본 결과, 이는 개개인의 발화적 특성에 더 의존하는 경향을 보이는 것 같다. 분석해본다면 학생들은 자신의 입맛에 맞는 다양한 온라인 언어를 다양하게 쓰고 있다고 볼 수 있겠다.

라. 다음을 여러분은 어떻게 발음하나요?

이 질문은 온라인 언어를 제시했을 때, 학생들이 이를 어떻게 실제로 발음하는지 알아보고, 학생들이 일정한 경향성, 암묵적인 약속을 가지고 있는지 알아보기 위함이었다. 낱글자가 두 개로 이루어진 단어를 주로 제시하여 학생들이 이를 어떻게 읽는지 알아보았다. 유의미한 결과를 보인 단어 'ㄱㄱ, ㅇㅇ, ㄱㅅ, ㄴㄴ'를 각각 분석해보면 다음과 같다.

① 약 100%의 일치성을 가진 경우

설문에 참여한 모든 학생이 'ㄱㅅ'를 모두 '감사'로 발음한다고 대답했다. 'ㄱㅅ'는 '감사합니다'라는 말을 줄여 자음으로만 나타낸 것이다.

② 50:50의 일치성을 가진 경우

'ㄱㄱ, ㅇㅇ'의 경우는 반응이 반반으로 갈렸다. 'ㄱㄱ'은 각각 '고고', '기기'의 두 가지로 나뉘었고, 'ㅇㅇ'의 경우는 '응응', '이응이응'의 두 가지로 나뉘었다. 'ㄱㄱ'은 가자는 의미의 영어 동사 'go'가 반복되어 나타나는 경우가 줄어든 것이고, 'ㅇㅇ'은 알겠다는 의미를 나타낸다.

③ 다양한 발음으로 쓰이는 경우

'ㄴㄴ'의 경우는 '니니, 노노, 니은니은' 등 다양한 방법으로 발음되고 있다는 것을 발견해 볼 수 있었다.

분석 결과, ③의 경우에 해당하는 것은 극히 소수였고 대부분 ①이나 ②의 경향성을 보였다. 즉, 청소년들 사이에서 준말로 나타난 온라인 언어 단어는 하나 혹은 둘로 정형화된 발음 양상을 보이고 있었다는 것이다. 더욱이 발음이 다르게 나더라도, 모두 의미하는 것은 같다는 점도 주목할 만하다. 이는 이 단어를 쓰는 사람들 사이에 암묵적인 약속이 존재하고 있음을 시사한다.

위와 같은 분석 결과로 미루어보았을 때, 청소년들은 온라인 언어를 온라인과 오프라인을 가리지 않고 자유롭게 사용하고 있었다. 온라인 언어가 오프라인 상에서 사용되는 것은 소수의 청소년들에게만 나타나는 특이한 현상이 아니라, 발음하고 뜻하는 데 있어서 일정한 경향성을 나타낼 만큼 청소년 사용자들 간의 암묵적인 약속이 있음을 알 수 있다. 온라인 언어는 은어, 유행어 등 한 쪽으로 치우쳐 나타나지 않고 개개인의 언어 습관에 따라 다양하게 활용되는 것으로 나타났다. 중학생과 고등학생은 공통적으로 온라인 언어에 대해 별 생각이 없을 만큼 익숙하고 친숙한 언어라고 받아들이고 있으며, 나아가 오프라인에서도 이를 활발하게 사용하고 있는 것이다.

Ⅲ. 오프라인 언어에 나타난 온라인 언어 사용 분석

청소년들에게 온라인 언어란 단순히 온라인 상에서만 사용하는 언어가 아님을 알 수 있었다. 그들은 오프라인 상에서 친구들과 면대면 대화를 할 때도 온라인 언어를 즐겨 쓰고 있음을 쉽게 찾아볼 수 있었다. 이는 예전에는 온라인에서만 쓰였던 언어가 일상생활의 언어에까지 확장되었다는 점에서 의미를 갖고 있다고 볼 수 있다. 그렇다면 청소년들이 온라인 언어를 오프라인의 영역까지 확대해 사용하는 동기는 무엇일까? 또 과연 청소년들에게 온라인 언어와 오프라인 언어를 제대로 구분하여 사용할 줄 아는 언어인식능력이 존재하는지에 대해 물음을 던질 수도 있다. 이 장에서는 단순히 온라인 언어의 양상을 살펴보는데서 벗어나, 설문지를 통해 드러난 결과를 토대로 오프라인 상에서 쓰이는 온라인 언어를 분석하는 데 초점을 맞춰보도록 한다.

1. 사용 동기

(1) 분석의 틀

청소년들은 왜 온라인 언어를 오프라인에서도 사용하는 것일까? 이에 대한 분석을 위해 그 분석의 틀을 이정복(2003)[6]에서 가져오도록 한다. 이정복(2003)은 온라인 언어를 사용하는 동기를 1차적 동기, 2차적 동기로 나누었다. 1차적 동기는 온라인 언어의 초반 생성에 기여하는 요인으로 '경제적 동기, 심리적 동기'이다. 2차적 동기는 온라인 언어가 지속될 수 있도록 하는 요인으로 '오락적 동기, 유대강화 동기, 심리적 해방 동기'이다. 분석의 틀은 이정복(2003)이 연구한 온라인 언어 사용 동기를 토대로 하되, 이에 '표현적 동기'를 덧붙여 그 틀을 완성하고자 한다, 이에 대해 조항별로 더 구체적으로 설명하자면 다음과 같다.

먼저 경제적 동기란, 짧은 시간 내에 많은 것을 말할 수 있는 효율성을 가지기 위함이라는 관점이다. 이를 위해 온라인 언어의 등장배경에 대해 살펴볼 필요가 있다. 온라인 언어는 문자 입력의 속도와 시간을 줄이고 입력의 용이성을 높이는 데서 비롯되었다. 마찬가지로, 짧은 시간 내에 효율적인 대화를 할 수 있도록 하기 위해 오프라인에서 온라인 언어를 사용한다는 것이다. 온라인 언어를 사용하면 발화 상황에서 빠르게 말하고 빠르게 들을 수 있고, 빠른 대화의 진행으로 상대방의 대화 집중도를 높일 수 있기 때문이다. 한편, 청소년 심리적

---

6) 이정복(2003), 인터넷 통신 언어의 이해, 월인.

동기란 기성세대로부터 벗어나고 싶은 탈규범적인 마음에서부터 시작한다. 그들은 기성세대가 사용하는 이미 정해진 모양새의 언어를 사용하고 싶어 하지 않는다. 이는 일종의 반항심리로 파악해볼 수 있는데, 기성세대가 가지고 있는 규범에 대해 탈피하고 싶기 때문에 온라인 언어를 사용한다는 관점이다.

세 번째로 오락적 동기란 또래들과 새로운 언어문화를 만들어나가는 것 자체에 대한 흥미를 말한다. '재미'를 추구하는 것으로, 새로이 만들어진 언어에 대한 흥미와 재미를 추구하는 유형이다. 이는 말을 '재미있게' 하기 위해 온라인 언어가 쓰인다는 입장으로, '재미' 때문에 온라인 언어가 촉발된다고 여기는 입장이다. 네 번째는 유대강화 동기다. 어른들은 알지 못하게 친구들과만 통하는 언어를 사용함으로써 또래와 공유할 수 있는 부분을 늘려나가는 것이다. 또래들과 공유하며 그들의 언어 습관을 만듦으로써 유대를 강화할 수 있다. 따라서 또래의 언어습관을 모방하는 방법을 통해 온라인 언어가 오프라인에서도 사용된다는 관점이다. 다섯 번째는 심리적 해방 동기다. 규범화된 언어 습관에서 벗어나 일탈적인 언어습관을 가짐으로써 심리적 해방감을 느낀다는 것이다. '집단 문화'에 자신이 속해 있음을 깨달을 때 비로소 안정을 느끼는 심리가 이에 해당한다. 이 동기는 앞서 말한 유대강화 동기, 청소년 심리적 동기와 약간 혼동될 수 있는데, 심리적 해방 동기는 '온라인 언어를 사용함으로써 스스로 억압에서 벗어나는' 측면에 집중하여 사용되는 것이다. 마지막으로 표현적 동기다. 이는 온라인 언어가 일반 오프라인 언어가 가지지 못하는 일정한 의미를 추가적으로 가지고 있다고 전제하며 시작한다. 즉, 단순히 오프라인 언어를 사용해 전달하는 것보다 다차원적으로 뜻을 첨가해 표현할 수 있기 때문에 온라인 언어를 사용한다고 보는 입장이다. 대화의 생동감을 위해 온라인 언어를 사용한다고 보는 입장이다.

필자는 청소년들이 오프라인 상에서도 온라인 언어를 사용하는 것이 단순히 경제성을 위해 쓰인다는 입장보다, '표현적 동기'가 있을 것이라는 측면에 더욱 집중했다. 청소년의 대화를 잘 관찰해보면 온라인 언어를 사용함으로써 얻을 수 있는 것이 부가적인 '뉘앙스'를 첨가할 수 있다는 장점이 있기 때문이라고 판단했기 때문이다. 예를 들면, 상대방이 어떤 질문을 해왔을 때 단순히 오프라인 언어를 사용하는 것보다 온라인 언어를 사용함으로써 다른 의미까지 한꺼번에 전달할 수 있다는 장점이 있다. 즉, 단순히 '응'이라고 오프라인 언어를 사용하는 것보다 온라인 언어인 'ㅇㅇ'을 '이응이응'처럼 실제 발화상황에 사용함으로써, 단순히 알겠다는 표현뿐만 아니라 상대방의 의견을 무시하는 듯한 부가적인 뉘앙스[7]를

---

7) 카카오톡과 페이스북 등의 온라인 매체에서 긍정의 의미로 쓰이는 단어는 'ㅇ', 'ㅇㅇ', '응', '웅', '응응' 등으로

첨가할 수 있다는 것이다. 필자는 이와 같이 온라인 언어의 사용 동기를 여섯 가지 틀로 나누어 분석했다. 설문을 통한 분석 결과는 다음과 같다.

(2) 사용 동기에 대한 분석

사용 동기는 의도적인 사용이냐, 무의도적인 사용이냐의 두 가지 기준으로 분석해 볼 수 있다. 사용동기에 대해 묻는 질문에 대한 답지는 7개로 만들었다. 분석의 틀이 되는 6가지를 제외하고, '다른 표현을 몰라서'라는 답지를 추가하였다.

먼저 의도적 사용의 경우는 위에 언급한 여섯 개가 해당한다. 이들은 스스로 온라인 언어의 필요성을 느껴 오프라인 언어에서 이를 사용한 경우이기 때문이다. '다른 표현을 몰라서'를 제외한 6개의 답지는 위의 분석의 틀과 완벽한 일대일 대응이 되지는 않는다. 그 이유는 중, 고등학생이 현실에서 주로 느낄 수 있는 동기를 위주로 제시했기 때문이며 답지를 약간 바꾸어 제시하였기 때문이다. 즉, '친구들이 쓰니까'는 유대강화 동기에, '재미있게 말하려고'는 오락적 동기에, '길게 말하기 귀찮아서'는 경제적 동기에 부합한다. 또한 '그냥 말하면 표현이 다 안돼서'는 표현적 동기에, 규범에서 벗어나는 언어를 쓰는 예능과 인터넷에서 자극을 받았기 때문에 '인터넷이나 예능을 보고 따라서'라는 동기는 심리적 해방 동기에 해당한다. 청소년 심리적 동기는 '기성세대에서 벗어나고 싶은 그 자체의 마음'이기 때문에 전반적으로 적용된다고 판단하여 구체적인 동기로 넣어 분석하지는 않았다.

두 번째로 이들이 과연 '의도적'으로 온라인 언어를 오프라인에서 사용하고 있는지도 알아 보았다. 앞선 경우들은 스스로 온라인 언어의 필요성을 느껴 온라인 언어를 오프라인 상에서 사용한 경우들이다. 하지만 '습관이 되어서'와 같은 경우는 청소년이 실제 온라인 언어에

다양하다. 그러나 'ㅇ'부터 '응응'의 순서로 발화자가 상대방에게 느끼는 친밀도는 커진다는 의미가 담겨져 있다. 인터넷 커뮤니티에서 다음 게시물(카톡할 때 'ㅇ'의 의미)이 많은 사람들의 공감을 얻었는데 이는 이러한 행간의 의미가 사회적 합의물임을 암시한다. 물론 이 게시물에 공감하지 않는다는 누리꾼들의 반응도 있었다.

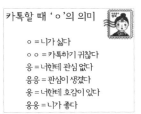

(출처 : http://blog.naver.com/PostView.nhn?blogId=daveIt&logNo=196766242)

대한 필요성을 느껴서 사용하는 것이 아니라, 단순히 습관에 의한 무의도적인 사용이다. 따라서 이 또한 따로 분석할 필요가 있다고 판단하여 답지 하나를 추가하였다. 사실상 '귀찮아서'라는 답지도 이런 흐름에서 비슷하게 해석해 볼 수 있을 것 같다. 분석 결과는 다음과 같다.

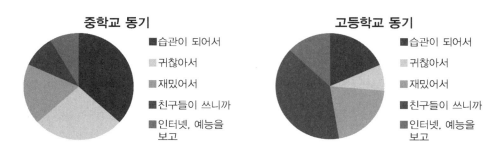

먼저 중학생의 경우 '습관이 되어서-귀찮아서-재밌어서-친구들이 쓰니까-인터넷, 예능을 보고 따라서'의 순으로 답변이 많았다. 분석을 위해 가장 답변이 많았던 상위 세 개의 답변만을 추려보도록 한다. 먼저 중학생의 경우는 습관이 되어서, 귀찮아서, 재밌어서의 답변이 가장 많았다. 이를 통해 알 수 있는 것은 중학생 중 '습관이 되어서'를 선택한 비율, 즉 약 38%는 무의도적으로 온라인 언어를 사용한다는 것이다. 또한 '귀찮아서'라는 답변도 비슷한 맥락에서 해석해볼 수 있다. 무비판적으로 온라인 언어를 오프라인 언어에서 사용하는 경우가 많다는 결과를 도출할 수 있다. 뒤를 따르는 답변인 '재밌어서'는 그야말로 흥미를 추구하는 모습을 나타낸다고 볼 수 있다.

한편 고등학생의 경우 '친구들이 쓰니까-재밌어서-습관이 되어서-인터넷, 예능을 보고 따라서-귀찮아서'의 순으로 답변했다. 고등학생의 경우도 가장 답변을 많이 받은 세 개의 답지를 추려보면 '친구들이 쓰니까, 재밌어서, 습관이 되어서'의 순으로 나타난다. 고등학생의 답변에서 찾을 수 있는 것은 관계적 동기가 중학생과 비교하였을 때 많았다는 점이다. 즉, 친구들과 잘 어울리기 위해, 또한 친구들과 이야기할 때 재밌기 위해서 약 65%의 고등학생이 온라인 언어를 사용한다는 것이다. 세 번째로 많은 답변은 중학생과 마찬가지로 무의도적으로 온라인 언어를 사용한다는 '습관이 되어서'라는 선택지였다.

이와 같은 결론을 통해 중학생은 상대적으로 개인적인 요인으로 온라인 언어를 사용한다는 것을 알 수 있었다. 무의도적으로, 혹은 흥미를 위해 온라인 언어를 사용한다는 결론을 내릴 수 있다. 반면 고등학생은 상대적으로 관계적인 요인을 위해 온라인 언어를 사용한다. 그들은 친구들이 쓰니까, 대화 시 재미있기 위해서라는 이유로 온라인 언어를 사용했기 때문이다. 그 외 무의도적으로 사용한다는 답변이 많았다. 이를 통해 중학생들은 무의도적으로, 고등학생은 관계적 동기를 가지고 온라인 언어를 오프라인으로 가져와 사용한다는 것을 알 수 있었다. 이러한 현상은 자아정체성과 관련하여 생각해볼 수 있겠다. 15세와 18세 학생들은 에릭슨이 설명하기를 모두 '친근감과 고립'의 단계이다. 이를 조금 더 세분화하면 15세 중학생들은 한창 사춘기를 겪는 나이로, 자신에 대해 탐색하는 단계에 해당하며, 18세 고등학생들은 이성에 대한 관심도와 관계에 대한 중요성을 느끼며 타인에 대해 탐색하기 시작하는 단계에 해당한다고 생각한다. 이의 맥락으로 생각해보았을 때 중학생은 자기 자신에, 고등학생은 타인에 집중해 발화한다는 점을 생각해볼 수 있겠다.

2. 언어인식능력

앞서 동기를 살펴본 결과, 중학생과 고등학생 모두 '습관이 되어서'라는 무의도적 사용 동기가 높은 것으로 드러났다. 이러한 흐름에서 과연 이들이 온라인에서 사용되는 언어와 오프라인에서 사용하는 언어의 차이점에 대해 구체적으로 분류할 수 있을까 하는 의문을 제기해볼 수 있다. 만약 온라인 언어와 오프라인 언어를 제대로 분류하지 못하여 오프라인 발화 상황에서 온라인 언어를 혼동하여 사용하는 것이라면, 이에 맞는 적절한 교육이 필요하기 때문이다. 이는 온라인 언어와 오프라인 언어가 '옳으냐, 그르냐'의 문제를 떠나서 이것을 '구분하여 적절한 장소와 시간에 맞춰 사용할 수 있는가'에 대한 질문이다. 즉, 이들이 과연 맥락에 맞게 말할 수 있는가와 관련된 문제라는 것이다. 이에 대해서는 온라인 언어와 오프라인 언어가 서로 다르다고 생각하느냐는 직접적인 질문과 이에 대해 구분할 수 있는 두 질문의 상관관계를 미루어보았을 때 판단할 수 있는 간접적인 질문을 이용했다. 그 결과는 다음과 같다.

가. 여러분은 온라인 언어와 오프라인 언어가 서로 다르다고 생각하나요?

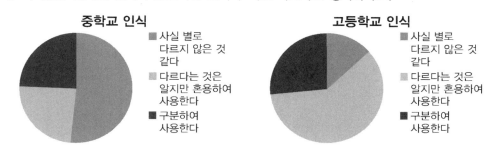

이 질문의 답지는 세 가지로 구성했다. '사실 별로 다르지 않은 것 같다', '다르다는 것은 알지만 혼용하여 사용한다', '구분하여 사용한다'이다. 이를 토대로 분석해보면, 중학생들은 사실 별로 다르지 않은 것 같다는 의견이 절반을 넘을 정도로 우세하다. 이를 따르는 답변도 '다르다는 것은 알지만 혼용하여 사용한다'는 답변이다. 즉, 중학생들은 결국 온라인 언어와 오프라인 언어의 차이점에 대해 잘 인지하지 못하고 있다는 결론이 가능하다. 한편 고등학생의 경우 '다르다는 것은 알지만 혼용하여 사용한다'는 경우의 비율이 아주 높았다. 중학생과 비교해봤을 때 '사실 별로 다르지 않은 것 같다'는 의견은 13% 가량으로, 중학생이 53%가 그렇게 생각한다는 점으로 미루어보아 상당부분 차이가 남을 확인할 수 있다. 따라서 스스로 인지하기에, 온라인 언어와 오프라인 언어를 구분할 수 있냐는 질문에 중학생은 '구분하지 못한다', 고등학생은 '다르다는 것은 알지만 혼용하여 사용한다'는 결론을 내렸다.

나. [2번과 9번 질문의 상관관계] 여러분은 온라인 언어를 얼마나 사용하고 있나요?

① 2번 질문(온라인 언어 예시 제시 전)

② 9번 질문(온라인 언어 예시 제시 후)

앞선 질문이 온라인 언어와 오프라인 언어에 대해 구분하여 받아들일 수 있느냐는 직접적인 질문인데 비해, 위와 같은 분석은 두 질문 간의 상관관계를 분석해보는 간접적인 질문에 해당한다. 먼저 온라인 언어가 무엇인지 제시하지 않은 채, 온라인 언어를 오프라인 상에서 사용한 경험이 있느냐는 질문을 한 뒤, 9번 질문에서는 온라인 언어에 대한 예시를 제시한 뒤 얼마나 온라인 언어를 자주 사용하는지에 대해 물었다. 이 두 질문의 상관관계를 분석해보면 온라인 언어를 제대로 파악하고 있었는지에 대한 답변이 가능해질 것으로 본다.

분석 결과, 온라인 언어 예시 제시 전과 예시 제시 후에 달라진 것은 중학생의 경우였다. 온라인 언어 예시를 제시하기 전 30명 중 2명이 '오프라인 언어를 사용하는 중에 온라인 언어를 사용한 적이 없다'고 밝혔다. 하지만 온라인 언어의 예시를 제시한 후 9번 문항에서 비슷하게 온라인 언어를 실생활에서 사용한 적이 있느냐고 다시 묻자 그 대답이 달라졌다. 즉, '자주 사용한다, 가끔 사용한다, 거의 사용하지 않는다, 매우 자주 사용한다'에만 답변이 몰렸기 때문이다. '사용하지 않는다'의 답지가 있음에도 불구하고 이와 같은 답지가 9번 문항에서 선택되지 않은 것은 2번에서 '사용한 적 없다'고 답변한 두 명의 태도가 바뀌었음을 암시한다. 즉, 온라인 언어의 예시 전에는 온라인 언어가 무엇인지 모르다가, 그 예시가 주어진 후에 비로소 자신들이 사용하던 언어가 온라인 언어임을 깨닫고 '사용한다'는 측면으로 바뀐 것이다. 즉, 중학생의 일부는 온라인 언어가 무엇인지 애초부터 몰랐던 것이 되며, 온라인 언어에 대한 인식이 부족함을 시사한다.

반면 고등학생의 경우 온라인 언어를 오프라인에서 사용한 적이 있느냐는 질문에 모두가 '그렇다'고 대답하였고, 온라인 언어 예시를 제시한 후에도 같은 결과가 나왔다. 즉, 고등학생의 경우 어떤 언어가 온라인 언어에 해당하는지에 대한 자각이 있다는 뜻으로 해석이 가능하다.

Ⅳ. 결론

통신 기술이 발달하며 인터넷을 기반으로 한 의사소통 또한 급격히 발달하고 있다. 의사소통 기술의 발달은 청소년의 의사소통 방식에도 영향을 주었다. 청소년은 휴대전화 등을 통해 시공간에 관계없이 인터넷이라는 가상의 공간에서 자유롭게 자신의 의견을 표출하고, 친구들과 이야기할 수 있게 된 것이다. 그런데 평소 면대면 의사소통 방식과는 다르게 인터넷 상에서 사용하는 언어는 다른 특징을 가지기 시작했고, 이러한 변화는 곧 청소년들의 면대면 대화방식에도 영향을 끼치기 시작했다. 온라인에서 사용되는 언어와 오프라인에서 사용되는 언어의 경계가 모호해지기 시작했다는 점을 미루어 짐작해 볼 수 있다. 중요한 것은 청소년들이 온라인 언어와 오프라인 언어를 제대로 구별하고 분별 있게 사용할 줄 아는 능력을 길러야 한다는 것이다. 오프라인 상에서 온라인 언어를 배제하고 오프라인 언어만을 사용하도록 해야 한다는 주장과는 거리가 멀다. 이는 '상황에 맞게 의사소통을 할 수 있는 능력'을 길러줘야 한다는 것을 의미한다.

청소년이 어떤 이유로 온라인 언어를 사용하는지, 또한 온라인 언어와 오프라인 언어를 제대로 구별하여 사용할 수 있는지 그 언어인식능력에 대해 살펴본 결과 고등학생의 경우보다 중학생의 경우에 그 심각성이 더 크게 드러났다. 중학생의 경우 온라인 언어를 사용하는 이유는 단지 '귀찮아서, 습관이 되어서'와 같은 무의도적인 동기가 많았다. 뿐만 아니라 자신이 사용하는 언어의 경계성에 대해 모호해하고, 어떤 언어가 온라인 언어에 해당하는지 예시를 제시해주기 전에는 몰랐던 학생도 있었다. 온라인 언어를 제대로 사용하기 위해서는 제대로 된 의도를 가지고 오프라인 언어와 구분하여 사용해야 하는데, 설문을 통해 알아본 결과 중학생의 경우 그렇지 않은 현상이 나타났다. 이러한 현상은 고등학생의 경우 어느 정도 완화되었다.

인터넷이라는 특수 공간에서 사용되는 언어가 최근에 주목받고 있다. 실제로 이와 같은 중요성을 인정받아 제7차 교육과정에서는 '매체언어교육'이라는 과목이 신설되기도 하였다. 최근 인터넷의 발달과 함께 여러 매체를 접할 기회가 많아졌다는 것을 인정한 것인데, 이는 넓게 보아 이 연구에서 밝힌 것과 같은 맥락에 있다. 청소년들은 새로운 매체, 즉 인터넷 등을 통해 등장한 새로운 형태의 언어를 받아들이고 활용하며, 동시에 이를 기존의 언어와 구별하여 사용할 줄 알아야 하기 때문이다. 단순히 인터넷 상에서 등장하는 언어를 제시하고 가르쳐주는 것뿐만 아니라, 온라인 언어와 오프라인 언어의 차이점을 알려주고, 이를 어떻게 활용할 수 있는지 그 가능성에 대해 교육하는 것이 필요하다. 그 결과로 학생들은 온라인 언어와 오프라인 언어를 적절히 섞어 사용하며 풍부한 언어생활이 가능해질 수 있기 때문이다. 온라인 언어와 오프라인 언어에 대한 교육은 이렇게 매체 언어 교육의 한 부분으로써 꼭 필요하다.

본 연구 결과 매체언어교육이 필요한 시기는 고등학교 때보다 중학교 때이다. 중학생의 경우 아직 언어 정체성이 제대로 확립되지 않은 상태에서 '온라인 언어'라는 새로운 자극을 받은 상황이기 때문에 고등학생보다 더욱 교육이 필요하다. 기존 있었던 국어 지식에 덧붙여 온라인 언어를 적절히 혼용해 사용할 수 있기 위해서는 '중학생'의 시기에서 매체 언어 교육이 필요하다고 판단된다.

또한, '온라인 언어와 오프라인 언어'에 대한 직접적 단원 연계가 없다는 점이 아쉽다. 비슷한 항목을 찾자면 '사적/공적인 언어생활에서 적절한 매체 언어로 소통할 수 있다, 매체를 통하여 사회적 의사소통에 적극적으로 참여할 수 있다, 창의적인 언어문화 창조에 적극적으로 참여할 수 있다'가 전부다. 이를 미루어 보아 온라인 언어와 오프라인 언어에 대한 '언어 정체성'을 확립할 수 있는 학습 목표는 미약하게나마 나타나 있다. 하지만 문제는 지나치게 일부라는 것이다. 물론 온라인/오프라인 언어와 관련한 것은 매체 언어 교육의 일부에 해당하기 때문에 그 비중에 관해서는 일정 부분 양보할 수밖에 없다고 생각하나, 큰 시각으로 보았을 때 결국 매체 언어 교육은 새로운 매체를 통해 생긴 새로운 언어를 올바르게 사용하기 위해 만들어진, '언어 정체성'을 길러주는 과목이기 때문에 무리가 아니라고 생각한다. 가능하다면 언어 정체성과 관련된 단원을 앞 단원에 배치하고, 온라인과 오프라인 상황에서 다르게 나타날 수 있는 발화 경우를 반복하여 제시함으로써 온라인과 오프라인 언어에 대한 올바른 정체성에 대해 교육하는 것이 필요하다.

더 나아가 청소년들이 올바른 장소에서, 올바른 시간에 온라인 언어와 오프라인 언어를 구분하여 적절히 사용하도록 할 수 있게 하며, 더 나은 풍부한 언어생활을 할 수 있게 하기 위해 '맥락을 읽는 교육'에 강조를 두고 가르치는 것 또한 좋은 방법이다. 앞서 언급했듯 온라인 언어가 무조건 나쁜 것이라는 주장은 아니다. 온라인 언어 또한 청소년의 언어생활에 또래와의 유대감 형성 혹은 경제성 및 흥미 등을 이끌 수 있다는 점에서 긍정적인 작용을 할 수도 있다. 문제는, 이를 '잘 구분하여 적절한 시각과 장소에서 사용하는 것'이다. 따라서 이를 잘 교육하기 위해 '온라인 언어를 사용할 수 있는, 혹은 오프라인 언어를 사용할 수 있는 맥락'을 가르치는 것이 필요하다. 청소년들이 이를 구분할 수 있는 안목을 가지고 발화의 흐름과 상황에 따라 적절히 파악해보는 활동을 통해서 '적절한 맥락'에서의 활용이 가능해질 것이다.

참고문헌

권연진(2000), 컴퓨터 통신 언어의 유형별 실태 및 바람직한 방안, 언어과학 7(2), 한국언어학회.

박동근(2001), 통신 언어의 유형에 따른 언어학적 기능 연구, 語文學硏究 11, 상명대학교 어문학연구소

박현구(2011), 컴퓨터통신언어에 대한 사용자의 지각과 컴퓨터통신언어 사용 실태의 관계, 언론과학 연구 11(3), 한국지역언론학회.

백경녀(2001), 청소년의 언어사용 실태와 개선 방안 연구, 가톨릭대학교 석사학위논문.

월터 옹(2009), 구술문화와 문자문화 : 언어를 다루는 기술, 문예출판사.

이정복(2003), 인터넷 통신언어의 이해, 월인.

정선희(2007), 청소년 통신 언어 실태 분석 및 지도 내용, 성신여자대학교 석사학위논문.

최지영(2011), 중학생과 대학생의 통신언어 사용 양상 비교, 고려대학교 석사학위논문.

설 문 지

[인터넷 언어와 일상 언어의 관계에 대한 청소년의 태도 분석]

안녕하십니까? 귀중한 시간을 내어주셔서 감사합니다.

이 설문은 청소년이 인터넷 상에서 사용하는 언어가 일상생활에서 얼마나, 또 어떻게 사용하고 있는지 알아보기 위한 것입니다.

각 설문 항목에 대한 정답은 없으니 친구들과 상의하여 응답하지 마시고, 스스로의 언어 습관에 대해 답변해주세요. 응답 내용은 외부로 유출되지 않을 것이고 설문 결과는 연구 이외의 다른 목적으로는 사용되지 않을 것이니 성실하게 응답해 주시기 바랍니다.

2014년 11월

* 다음 질문에서 가장 일치하는 문항에 'ㅇ'나 '∨'로 표시해주시기 바랍니다.

0. 기초자료

　-성별 : ① 남　　　　② 여

　-학교급 : ① 중학교　　② 고등학교

1. 여러분은 왜 인터넷에 접속하나요?(스마트폰, 컴퓨터 모두 포함)

　① 필요한 정보 검색　　　② 인간관계 형성 및 유지　　　③ 학습

　④ 관심분야 활동　　　⑤ 여가활동

　⑥ 기타(　　　　　　　　　　　　)

1-1. 인터넷 접속 시 자주 사용하는 항목에 대해 순서대로 나열해주세요.

　A. 이메일　　　B. 정보검색　　C. 전자상거래　　D. 게임

　E. 커뮤니티　　F. 메신저, 채팅　G. 학습

　H. 블로그, 미니홈피　　　　　I. 기타

(　　-　　-　　-　　-　　-　　-　　-　　-　　)

2. 여러분은 인터넷이나 컴퓨터 게임, 친구들과 카카오톡 등을 할 때 인터넷 언어를 사용한 경험이 있습니까?

① 있다.   ② 없다.

3. 여러분은 카카오톡 등에서 사용하는 인터넷 언어를 친구들과 얼굴을 보고 이야기할 때 사용한 적이 있습니까?

① 있다.   ② 없다.

4. (3번에서 ①번을 선택한 경우) 있다면 어떤 말을 사용했습니까? (중복선택가능)

① 은어   ② 비속어   ③ 줄임말   ④ 소리 나는 대로 말하기
⑤ 유행어   ⑥ 기타(   )

5. 여러분은 다음을 어떻게 발음하나요?

올ㅋ (   )   ㅅㄹ(   )   ㄴㄴ(   )
ㄲㅈ (   )   ㅇㅇ(   )   ㄱㄱ(   )
ㅅㄱ (   )   ㄱㅅ(   )   ㄹㅇ(   )

6. 여러분은 다음을 무슨 뜻으로 알아듣나요?(말의 뉘앙스를 써주어도 좋습니다.)

케미 (   )   존예   (   )
꿀잼 (   )   ;;;ㅇㅇ (   )
똥치 (   )   호갱님 (   )

* [7~10] 다음을 읽고 물음에 답하세요.

1: 야 ㄹㅇ.. 나 개어이없어
2: ㅇ?
1: 롤 개털림
2: ㅋㅋㅋㅋㅋㅋㅋㅋㅋㅋㅋㅊㅋ니가그러치모
1: ㅠㅠ장난 아니라고 심각...
2: 롤 좀 끊엌ㅋㅋㅋㅋ개이득ㅋㅋㅋㅋㅋ

7. 위 대화를 읽었을 때 한 번에 어떤 뜻인지 다 알아들을 수 있나요?

   ① 알아듣는다.   ② 못 알아듣는다. ③ 일부만 알아듣는다.

7-1. 위 대화는 인터넷 언어가 접목된 대화입니다. 줄 친 부분이 왜 인터넷 언어인지 알고 있나요? 왜 인터넷 언어라고 생각하는지 그 이유를 적어주세요.

     ㄹㅇ:

     개~:

     ㅇ?:

     개털림:

     ㅋㅋㅋㅋㅋㅋㅊㅋ니가그러치모:

     ㅠㅠ:

     심각...:

     끊엌ㅋㅋㅋㅋ개이득ㅋㅋㅋㅋ:

8. 위의 대화에서 사용하고 있는 밑줄 친 말들에 대해 어떤 느낌이 드나요?

   ① 신선하다.   ② 재밌다.   ③ 원래 사용하던 표현이라 익숙하다.

   ④ 소외감이 들고 불편하다.   ⑤ 별 생각없다.

   ⑥ 기타(   )

9. 위와 같은 대화를 일상 대화에서 얼마나 많이 사용하고 있나요?

   ① 매우 자주 사용한다.   ② 자주 사용한다. ③ 가끔 사용한다.

   ④ 거의 사용하지 않는다.   ⑤ 전혀 사용하지 않는다.

10. (9번에서 ①,②,③을 선택한 학생) 위와 같은 말들을 사용하는 이유는 무엇인가요?

    ① 습관이 되어서   ② 친구들이 쓰니까

    ③ 인터넷이나 예능을 보고 따라   ④ 재미있게 말하려고

    ⑤ 길게 말하기 귀찮아서   ⑥ 그냥 말하면 표현이 다 안돼서

    ⑦ 다른 표현을 몰라서   ⑧ 기타(   )

11. 여러분은 인터넷 언어와 일상 언어가 서로 다르다고 생각하나요?

    ① 사실 별로 다르지 않은 것 같다.

    ② 다르다는 것은 알지만 일상생활에서도 인터넷 언어를 사용한다.

    ③ 다르다는 것을 알고 상황에 맞게 구분하여 사용한다.

11-1. 여러분은 인터넷 언어와 일상 언어를 구분하여 사용하고 있나요?

    ①...............②...............③...............④...............⑤

    자연스레 섞어쓴다   구분하여 사용한다

11-2. (④,⑤,⑥을 고른 경우) 어떨 때 구분하여 사용하나요?

    ① 나보다 어른일 때   ② 별로 안 친할 때

    ③ 숙제 등을 할 때   ④ 모든 경우 구분하여 사용한다.

    *기타 의견 (   )

12. 여러분은 인터넷 언어가 일상 언어와 섞여 사용되는 것에 대해 어떻게 생각하나요?

    ①...............②...............③...............④...............⑤

    부정적이다   긍정적이다

12-1. 왜 그렇게 생각하나요?

13. 여러분은 인터넷 언어와 일상 언어를 섞어서 사용하고 싶은가요?

    ①...............②...............③...............④...............⑤

    사실 그렇지 않다   섞어서 사용하고 싶다

- 감사합니다 -

청소년 사이버 언어폭력 실태 및
바람직한 사이버 언어문화 형성 방안

Ⅰ. 서론

사이버 커뮤니케이션은 현재 우리 사회에서 면대면의 일상적 소통과 구분지어 말하는 것이 오히려 어색할 정도로 일상화되었다. 특히 청소년 세대와 그 이하 학령기 아동들에게는 인터넷을 통한 소통 문화가 면대면 상황의 대화만큼이나 자연스러운 문화로 자리 잡고 있다. 친구들과의 대화는 물론 부모와의 소통도 휴대전화 메시지 등을 통해 주고받는 경우가 종종 있다. 인터넷을 통한 정보의 탐색과 카페 등의 커뮤니티 활동은 바쁜 생활 속에서 시공간적 제약을 받지 않고 사회적 교류를 할 수 있다는 점에서 큰 이점을 지니고 있다.

그러나 사이버 커뮤니케이션이 급속도로 확산되면서 나타나는 문제점 또한 증가하고 있다. 악성댓글, 비방, 욕설 등을 포함한 사이버 언어폭력의 문제도 그중 하나이다. 특히 가해자들 중에서는 면대면 의사소통 상황에서는 이러한 문제점이 드러나지 않았는데, 사이버 소통에 있어서만 폭력적인 면모를 드러내는 경우도 있어 그 원인을 탐색하는 연구들이 많이 진행되고 있다. 사이버 공간은 익명성을 큰 특징으로 가지기 때문에 면대면 상황보다 언어폭력의 문제가 더 빈번히 나타날 수 있는 반면, 죄의식은 낮아 문제가 된다.

그보다 더 심각한 문제는 사이버 언어폭력을 가하는 가해자들이 그 심각성에 대해 잘 모르고 있고, 사이버 공간에서 작성한 자신의 글이 어떠한 영향력을 가지는지 제대로 알지 못한다는 점이다. 학교폭력 사례에서도 사이버 공간으로 폭력의 범위가 확대되고 있음을 중요한 문제 현상으로 보고 있다. 2013년 전국 학교폭력 실태조사 보도자료에 따르면, 최근 1년간 당한 사이버 폭력의 유형을 묻는 질문에서 43.7%의 학생들이 '욕설이나 모욕적인 말을 들었다'고 응답하였다. 이는 언어폭력의 문제가 사이버 공간에서 매우 빈번하게 나타나고 있음을 보여주는 결과이다. 또한 '사이버 공간(인터넷, 휴대전화 등)'에서의 피해가 '학교 화장실'이나 '학교 운동장'보다도 높게 나타나 그 피해의 심각성이 높아지고 있음을 알 수 있다.

본고에서는 점차 증가하고 있는 사이버 폭력의 문제를 언어학적 입장에서 분석하여 해결 방안을 모색하고자 한다. 특히 언어폭력에 초점을 두고 문제 현상의 원인과 해결 방안에 대한 탐색을 목표로 한다. 지금까지의 논의는 청소년 사이버 폭력의 원인을 밝히는 심리학적 연구나 청소년 비행에 초점을 둔 형사정책 연구, 집단 상담을 통한 폭력 문제 해결을 모색하는 상담심리 관련 연구가 대부분이었다. 이에 본 연구에서는 단순 현상학적 부분만을 다루는 것에서 나아가 교육적 차원에서 문제 현상을 분석하고, 바람직한 언어문화 형성을 위해 논의해야 할 점이 무엇인지 살펴보고자 한다.

II. 이론적 배경

1. 사이버 공간에서의 언어폭력

1.1. 용어 정의

사이버 폭력이란 정보통신 매체를 통하여 특정 개인 혹은 다수에게 공포, 분노, 불안, 불쾌감 등 부정적 감정을 유발하는 행위이다(두경희, 2013; 12). 이는 법적인 권리 침해가 없더라도 정서적, 심리적 피해까지를 모두 폭력의 범위에 포괄하고자 하는 의도가 담겨 있다. 김미화(2014)는 여기에 타인의 인격 모욕과 자아개념 손상 행위를 덧붙여 사이버 언어 폭력이란 타인과 소통이 이루어지는 홈페이지 게시판, 이메일, 채팅, 쪽지, 메신저, 스마트폰 등 모든 사이버 공간에서 이루어지는 욕설, 비방/훼손, 도배, 성적 욕설이나 음담패설, 유언비어 등으로 타인의 인격을 모욕하고 자아개념을 손상시키는 행위라고 정의하였다.

이와 같은 내용은 정보통신윤리위원회에서 구분하고 있는 사이버 언어폭력의 유형에서도 확인할 수 있다. 정보통신윤리위원회(2006)에서는 사이버 언어폭력을 다음의 다섯 가지 유형으로 분류하여 각각의 내용을 구체적으로 밝히고 있다.

<표 1> 사이버 언어폭력의 유형 분류(정보통신윤리위원회, 2006)

유형	내용
욕설	자기와 생각이 맞지 않거나 싫어하는 사람이 있거나 그냥 단순히 재미로 욕설을 하는 경우
비방 / 명예훼손	상대방의 약점을 들춰내고, 헐뜯는 행위. 특히 연예인, 정치인 등을 헐뜯는 글을 게시판에 게시하는 것

유형	내용
도배	채팅방을 독점하는 경우. 같은 내용의 욕설이나 의미 없는 글들을 연속해서 게시하여 다른 사람이 말을 할 틈을 주지 않는 것
성적욕설 / 음담패설	성에 대한 노골적인 욕설을 하여 상대방에게 불쾌감과 수치심을 주는 행위
유언비어	사실이 아닌 거짓 소문을 인터넷상에 퍼뜨려 상대방을 당혹스럽게 하고, 정신적인 피해를 입히는 행위

사이버 언어폭력을 다루는 연구들에서는 대체로 이 유형에 근거하여 논의를 진행하고 있으며, 원다휜(2012)과 같이 사이버 언어폭력의 여러 가지 유형 중 인터넷 게시판이나 채팅, 메신저, 이메일 등 언어를 사용하여 인터넷을 이용하는 특정 인물 혹은 불특정 다수에게 욕설이나 인신공격, 성희롱과 같은 모욕적인 내용의 발언을 하거나 확인되지 않은 소문과 거짓된 사실을 진실인 마냥 유포하는 등의 공격 행위를 '사이버 언어폭력'이라고 그 구체적 내용을 밝혀 정의하기도 한다.

본 연구에서는 기존 논의들을 종합하여 사이버 공간에서의 언어폭력을 '정보통신 매체를 사용하여 특정 개인 혹은 불특정 다수에게 욕설, 비방/명예훼손, 도배, 음담패설, 유언비어 등으로 타인의 인격을 모욕하거나 공포, 분노, 불안, 불쾌감의 감정을 유발하는 행위'라고 정의한다.

1.2. 언어폭력의 심각성

스마트폰 메시지를 통한 사이버 언어폭력 문제는 이미 많이 알려졌다. 여러 명이 한 사람을 대상으로 하여 무차별적 욕설이나 집단적 공격을 퍼붓듯이 메시지를 보내는 방법 등이 가장 대표적이다. 다음은 한 학생을 자살에까지 이르게 한 사건의 관련 기사 일부이다.

문제의 카카오톡 대화록을 보면, 이들은 당일 오전 0시 40분부터 약 1시간 동안 아무런 맥락 없이 "ㅅㅂ(X발)" "XX새끼 X발 나대고 지랄이야 개깝ㅋㅋ" "X또 X미…" 등의 욕설을 내뱉었다. "XX년아"라는 욕설에 대해 "ㅋㅋㅋ"라는 대답이 돌아올 정도로 이들의 대화는 거칠었다고 경찰은 전했다. 숨진 강양의 가족은 "딸은 이 대화에 큰 충격을 받고 투신했다"고 주장하고 있다.

(출처 : 조선닷컴 2012.8.22)

사이버 언어폭력의 문제는 비단 이 기사에서 다룬 한 사건에만 해당하지 않는다. 괴롭힘의 수법이 더욱 교묘해지고 다양해지고 있어 가해자 처벌조차 쉽지 않다고 교사들은 입을 모은다. 또한 이러한 사건들이 1대 1의 상황이 아닌 다수가 한 사람을 괴롭히는 형태로 집단적 괴롭힘의 유형이 많다는 점에도 유의해야 한다. 이러한 특성은 사이버 공간이라는 새로운 환경에서 더 급속도로 퍼져 나가고 있다. 직접 누군가를 대면하지 않고도 다수의 가해자가 한 사람의 피해자를 동시다발적으로 괴롭힐 수 있는 조건이 쉽게 갖추어질 수 있기 때문이다. 매체 환경의 변화에 따라 학교폭력의 유형 또한 변화하고 있음을 의미한다.

<표 2> 학교폭력 피해 유형(2013년 전국 학교폭력 실태조사 보도자료 참고)

단위 : %

항목	2012년	2013년	증감
욕설이나 모욕적인 말을 들었다	27.3	24.6	2.7⇩
사이버 폭력을 당했다	4.5	14.2	9.7⬆
집단적으로 따돌림을 당했다	12.5	13.7	1.2⬆
맞았다	18.0	13.3	4.7⇩
괴롭힘을 당했다	13.2	12.9	0.3⇩
말로 협박이나 위협을 당했다	13.9	10.8	3.1⇩
돈이나 물건 등을 빼앗겼다	7.6	6.4	1.2⇩
성적인 놀림과 접촉 피해를 당했다	3.0	4.1	1.1⬆
합계	100	100	-

〈표 2〉는 학교폭력의 피해 유형을 분석한 결과이다. '욕설이나 모욕적인 말을 들었다'는 답변이 24.6%로 가장 높았고, '사이버 폭력을 당했다'는 응답이 뒤를 이었다. 특히 사이버 폭력에 대한 피해는 9.7%p나 증가한 것으로 보여 학교폭력이 사이버 공간으로 확대되고 있음을 알 수 있다.

다음은 사이버 폭력의 피해 유형이다. 최근 1년간 어떤 유형의 사이버 폭력 피해를 당했는지 묻는 질문에 대한 응답이다. 여기에서 가장 큰 부분을 차지하고 있는 것이 '욕설이나 모욕적인 말을 들었다'라는 답변이었다. 청소년들의 폭력 유형에서 언어폭력에 대한 심각성이 이제는 사이버 공간에까지 확대되고 있는 모습이다. 또한 악성댓글로 인한 피해 역시 높은 것으로 나타났다. 집단 채팅방을 통한 피해나 성적 메시지 역시 사이버 언어폭력의 한 유형으로 볼 수 있다.

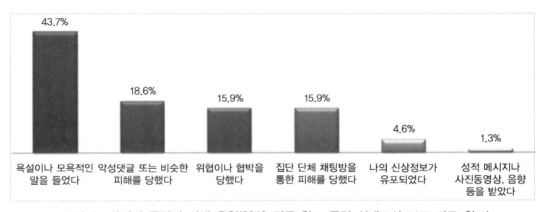

<그림 1> 사이버 폭력의 피해 유형(2013 전국 학교 폭력 실태조사 보도 자료 참고)

이상의 내용을 언어폭력이라는 점에서 심도 있게 분석해 본다면, 문제의 심각성은 더욱 커진다. 〈그림 1〉에서 볼 수 있듯이 사이버 폭력의 피해 유형은 '욕설이나 모욕적인 말(43.7%)', '악성댓글 피해(18.6%)', '위협이나 협박(15.9%)', '단체 채팅방을 통한 피해(15.9%)'에 이르기까지 94.1%가 언어폭력에 해당한다. 이는 사이버 폭력은 곧 언어폭력이라고 파악할 수 있을 정도의 압도적 수치이다. 이렇게 볼 때, 〈표 1〉의 사이버 폭력 문제 대다수가 언어폭력과 관련이 있다는 추측이 가능하다. 따라서 '욕설이나 모욕적인 말(24.6%)', '사이버 폭력(14.2%)', '말로 협박이나 위협을 당했다(10.8%)'의 세 항목을 언어폭력 문제로 볼 수 있고, 이는 무려 49.6%에 해당한다. 또한 집단 따돌림이나 성적 놀림, 괴롭힘 등으로 분류된 나머지 항목들도 언어폭력의 문제와 따로 떼어 놓고 보기는 어려운 것이 사실이다. 학교폭력

피해의 80%에 달하는 문제가 모두 언어폭력 문제와 관련된다고 볼 수도 있는 상황인 것이다.

2. 사이버 언어폭력의 실태와 문제점

사이버 언어폭력의 실태와 그 문제점에 대한 연구는 현재 교육학 분야 외에도 언론학이나 법학 등 여러 학문 분야에서 꾸준히 보고되어 오고 있다. 다음은 선행연구를 통해 살펴본 사이버 언어폭력의 실태와 문제점을 종합하여 본 것이다.

먼저 사이버 언어폭력의 원인을 밝히고자 한 연구들이 다양하게 이루어졌다(이성식, 2005; 가상준, 김강민, 임재형, 2013; 이고은, 2014). 이성식(2005)에서는 사이버 공간에서의 청소년 비행의 원인에 대한 경험 연구를 진행하였다. 사이버 공간의 비대면성, 익명성, 가상성, 새로운 자아의 구현성 등의 특성에 근거하여 사이버 자아, 사이버 비행에 대한 태도, 재미 추구가 주요 원인이라고 예측하였는데, 연구 결과가 예측과 일치하였다. 사이버 언어폭력의 원인이 재미나 순간적인 만족, 충동경향에 의한 것임을 설명하고 있다. 이는 사이버 언어폭력의 심각성을 인식시키기 위한 교육적 처치가 반드시 있어야 함을 시사한다.

스마트폰의 일상화와 함께 사이버 커뮤니케이션이 증가하면서 나타난 부작용 중의 하나가 바로 사이버 폭력에 노출 위험성이 커진 것이다. 가상준, 김강민, 임재형(2013)에서는 이러한 문제점과 같은 맥락의 논의를 진행하였다. 여기에서는 SNS 사용문화와 청소년의 학교폭력 및 사이버 폭력에 미치는 영향에 대한 연구를 하였는데, 그 결과 특히 중학교의 학교폭력 실태가 심각한 것으로 나타났으며, 대학생들의 응답에서도 실제 학교폭력의 경험과 발생 목격 시기는 중학교 과정이었음이 드러났다. 폭력 유형 중에서는 언어폭력과 따돌림이 가장 심각하다고 응답하였으며, 전반적으로 여자가 남자보다 학교폭력에 대해 심각하게 느끼고 있었다. 사이버 폭력에서는 명예훼손과 모욕이 가장 심각한 것으로 드러났다. 그러나 이러한 문제를 해결 혹은 예방할 수 있는 프로그램 및 역할에 대해서는 미흡한 것으로 조사되었다. '또래조정프로그램'이나 '멈춰프로그램' 등이 마련되어 있으나 이에 대해 알고 있는 학생은 많지 않았다고 밝히고 있다.

이고은(2014)은 사이버 폭력에 관한 기존 선행 연구들이 주로 피해 및 가해 경험과 관련해 개인 성향적 요인을 중점으로 원인 규명을 하고 있으나, 가정, 학교, 미디어 등의 사회 환경적 요인에 관한 연구가 상대적으로 부족하였음을 지적하며 연구를 진행하였다. 중·고등학생 500여명을 대상으로 설문을 진행하여 사이버 언어폭력 의도에 미치는 영향을 분석한 결과,

사이버 폭력에 대한 긍정적 태도와 쉽게 실행할 수 있다는 인지된 행위통제감이 가장 중요한 가해 행동 유발 변인이었으며, 사회학습 요인으로는 사이버 폭력 피해경험과 비행친구와의 접촉이 주요 변인으로 나타났다. 또한 폭력을 경험한 피해자가 다시 가해자가 되는 문제 현상이 사이버 폭력에서도 나타나고 있음을 보여주며, 사이버 언어폭력이 실제 현실 공간에서보다 행동으로 옮기기가 쉽다는 인식이 만연해 있음을 문제점으로 밝히고 있다.

사이버 언어폭력을 다루는 논의에서는 사이버 공간에서의 익명성과 가상공간이라는 시·공간적 자유로움이 폭력 행위에 노출을 더 쉽게 만든다는 점을 종종 지적한다. 이와 관련하여 류성진(2013)은 청소년들의 사이버 폭력과 오프라인 폭력 경험에 관한 연구에서 사이버 폭력이 소셜미디어의 익명성에 의한 것인지 아니면 오프라인 공간에서의 언어폭력 행동 경향이 사이버상에서도 이어지는 것인지를 밝혀내기 위해 청소년 1,000여명을 대상으로 설문을 실시하였다. 연구 결과 소셜미디어에서의 사이버 폭력과 오프라인 언어폭력 피해 및 가해 경험 사이에는 밀접한 정적 연관성이 있었다. 덧붙여, 허위사실/유언비어 유포나 명예훼손과 같은 일부 폭력 유형의 경우 여학생이 남학생보다 사이버 폭력 피해를 더 많이 입은 것으로 밝혀졌다. 가해의 경우, 남학생이 여학생보다 욕설 폭력을 가한 경험이 더 많은 것으로 드러났다. 이 연구에서 주장하는 바와 같이 여학생의 경우 자살이라는 극단적인 선택이 남학생보다 많이 나타나고 있다는 점에 주목하여 이에 대한 예방 및 극복 방안 마련이 필요함을 시사한다.

이러한 사이버 언어폭력 예방에 대한 필요성이 지속적으로 제기되면서 상담 프로그램 개발이나 학교폭력 예방을 위한 교육 프로그램 개발 노력이 이어지고 있어 살펴볼 만하다(김미화, 2014; 오승걸, 2014).

김미화(2014)는 중학생의 사이버 언어폭력 예방을 위한 집단상담 프로그램을 개발하였다. 또한 실제로 집단상담을 진행하여 사이버 언어폭력 예방을 위한 프로그램에 참여한 실험집단의 사이버 언어폭력 변화가 통제집단과 유의미하게 차이를 보임을 밝혔다. 이는 집단원의 경험보고서와 상담자의 관찰 내용 분석에서도 사이버 언어폭력 예방에 긍정적인 효과를 보임이 드러났다. 이와 같은 결과는 사이버 언어폭력의 문제가 해결 불가능한 것이 아니며, 다양한 연구와 심도 있는 논의를 통해 예방을 위한 교육의 확대가 필요함을 시사한다. 또한 사이버 언어폭력의 구체적인 언어활동에 더 초점을 맞추어 프로그램을 보완해 나갈 필요가 있다고 한 연구의 제언과 같이 국어과의 관점에서 현상을 바라볼 필요성이 있다.

오승걸(2014)에서는 청소년 사이 욕설이 만연해 있음을 지적하며, 인터넷과 스마트폰의 보급으로 이러한 문제가 사이버 폭력으로 전이, 확산되고 있음을 심각한 문제로 받아들이고 있다. 언어폭력은 사회적 병리현상의 일종으로 받아들여야 하며, 때문에 사회 전반에 걸쳐 언어폭력과 욕설 추방을 위한 문화적 혁신의 노력이 필요함을 주장한다. 학교 현장의 현실적 문제를 고려한 교육적 노력이 병행되어야 한다고 보고 있다. 바른언어 사용 능력을 인성영역의 핵심역량으로 보고 교육과정에서 강조해야 하고, 언어폭력 예방 및 상담-선도를 강화, 더불어 언어문화 개선을 위한 범사회적 노력이 필요하다고 제안하였다. 본 연구에서 흥미로웠던 점은 컴백스를 개발하고 연습시켜 언어폭력의 피해상황을 넘길 수 있는 전략을 제시한 것이다. 컴백스(Comebacks)는 호주에서 효과를 거두고 있는 '방패말, 대꾸' 등의 의미로 폭력 상황에서 바로 대응하여 받아쳐 넘기는 말이나 표현을 의미한다고 설명하고 있다.

그밖에 학령기를 지난 대학생들을 대상으로 하는 연구도 나타난다. 노승현, 조아미(2011)에서는 대학생의 도덕적 이탈 및 자아정체감이 사이버 일탈[1]에 미치는 영향에 대해 연구를 진행하였다. 서울 및 수도권 소재 대학생 248명을 대상으로 진행한 이 연구에서는 도덕적 이탈과 자아정체감이 사이버 일탈에 어떤 영향을 미치는지를 분석하였다. 이를 통해 남학생이 여학생보다 사이버 일탈이 높았으며, 자아정체감을 성취하지 못할수록 일탈이 증가하는 것을 확인하였고, 사이버 범죄에 가장 많이 노출되어 있는 대학생들을 대상으로 하는 사이버 공간의 특징에 대한 교육이 필요함을 주장하였다. 그러나 최근 사이버 일탈은 앞서 살펴본 바와 같이 청소년 세대에서 학교폭력의 문제로 주목받고 있으며 점차로 문제 연령대가 낮아지고 있어 빠른 조치가 필요하다.

이상의 선행 연구를 통해 사이버 언어폭력의 실태 및 문제의 심각성, 그리고 다양한 원인 등에 대해 살펴볼 수 있었다. 또한 오프라인 언어폭력의 유형들이 사이버 언어에서도 매우 유사하게 나타나고 있음을 확인하였다. 여러 상담심리학 연구에서 밝힌 바와 같이 집단상담 등의 프로그램을 진행한 결과 긍정적인 효과가 나타났음에도 불구하고 이러한 노력이 이미 학교폭력 발생 이후에 이루어지거나 그마저도 제대로 실행되지 않아 사이버 언어폭력 문제의 개선을 위한 노력이 부족한 실정이다. 더불어 사이버 언어폭력의 구체적인 언어활동에 초점을 맞추어야 한다는 필요성도 드러났다. 이에 따라 언어폭력에 대해 국어교사가 인식하고 있는 심각성과 실제 학교 현장에서 진행되고 있는 교육에는 어떠한 내용이 있는지 살펴 실제 현장에서의 사이버 언어폭력 실태 및 교육 현황을 알아보고, 이를 개선할 수 있는

---

[1] 사이버 일탈은 컴퓨터 몰입과 인터넷 중독, 사이버 범죄와 게임 중독, 욕설과 같은 언어폭력 등 사이버 공간의 특징을 이용한 범죄 행위와 범죄는 아니나 사회적 문제를 야기하는 여러 현상들을 통틀어 가리킨다.

해결 방안을 탐색해 보고자 한다.

Ⅲ. 사이버 언어폭력의 실태 및 해결 방안 탐색

1. 교사 인터뷰를 통한 실태 분석

교사 인터뷰를 통해 학생들의 사이버 언어폭력 실태 및 이를 방지하기 위한 지도 방안이 어떻게 운영되고 있는지 조사하였다. 인터뷰 대상자는 다음과 같다.

인터뷰 대상자	학교급	소속	담당 과목	경력
A교사	고등학교	O 고등학교	국어	3년
B교사		W 고등학교	국어	2년
C교사		M 여자 고등학교	국어	3년
D교사	중학교	S 중학교	체육[2]	3년
E교사		S 여자 중학교	국어	3년

현재 고등학교 교과서에는 인터넷 언어폭력에 관련된 내용이 일부 포함되어 있다. 그러나 이를 중점으로 다루는 것은 아니고, 작문 관련 단원의 소단원 중 일부분으로 나타나는 경우가 많다[3]. 이 단원에서는 학교폭력 예방을 주제로 한 누군가의 수행평가 과제 사진을 도용하여 과제를 위해 재연하여 찍은 사진 속 인물이 실제 학교폭력 가해자인 것처럼 인터넷 뉴스에 등장하는 내용이 다루어지고 있다. 이 소단원의 내용은 사실을 과장하거나 왜곡하지 말아야 한다는 쓰기 윤리에 관련된 것으로 실제 학교폭력의 문제를 다루고 있지는 않으나, 학교폭력 문제를 언급하고 있으며, 수업 진행 과정에서 자연스럽게 사이버 언어폭력 문제를 끌어낼 수 있다는 점에서 유의미한 교육 내용으로 기능할 수 있다고 판단하였다. 이에 해당 단원을 어떻게 수업하고 있는지, 해당 단원 외에 사이버 언어폭력 문제를 다루는지 등을 질문하였다.

고등학교 교사 3인에게 인터뷰를 실시한 결과, 3명의 교사 모두가 해당 단원을 아예 가르

---

2) D교사의 경우 체육과 과목을 담당하고 있으나, 인성교육부 소속으로 학교 폭력 등의 문제를 직접 접하고 있으며, 언어폭력 문제와 관련한 답변을 들을 수 있어 조사 대상에 포함하였다.

3) 천재교육 국어Ⅱ, 2-3. 인터넷상의 글쓰기에서 작문맥락과 글쓰기 중 하나로 다루고 있음을 확인하였다.

치지 않는다는 답변을 하였고, 사이버 언어폭력에 대한 기타 교육적 활동 역시 전혀 하고 있지 않다는 응답을 들었다. 다음은 A교사에게 수업 진행 여부와 사이버 언어폭력 문제에 대한 인식 등을 질문한 후에 들은 답변이다.

> 고등학교 A교사 : 그 단원은 수업을 안 해요. 교육과정 재구성 명목으로 생략하는 거죠. 학폭(학교 폭력)에서 사이버 언어폭력이 증가한다는 문제는 다들 알고는 있고, 요즘 중요하다는 인식도 있긴 한데…, 수업에서 굳이 가르치진 않아요. 딱히 시험 문제 낼 만한 것도 없고…, 그 시간에 보통 문법이나 문학 수업을 하죠.

B교사 역시 필요성에 대한 인식은 있지만 수업 시간에 특별히 다루고 있지는 않다고 응답하였다.

> 고등학교 B교사 : 사이버 언어폭력 문제가 심각하죠. 교육해야 된다는 생각도 있는데, 수업시간에 특별히 가르치지는 않아요. 또 보통 교과서 맨 마지막 단원에 배치가 되다보니까 시간이 없어서 자연스럽게 다루지 않을 것 같은데요?

C교사 역시 수업 시간에 실제 학교 폭력 문제를 다루고 있지 않았다. C교사는 수업에서 거의 대부분의 시간을 EBS교재 강의에 할애한다고 답하였다. 이상의 답변을 종합하면, 고등학교에서는 사실상 사이버 언어폭력의 문제를 포함한 언어폭력 문제를 국어교육에서에서 거의 다루고 있지 않는 것으로 보인다. 각 학교마다 그 이유는 조금씩 달랐지만 공통적으로 시험 혹은 입시와 직접적 관련이 없기 때문에 시간을 할애하여 가르치기가 매우 어려운 상황임을 파악할 수 있었다. 그러나 세 교사 모두 언어폭력의 문제가 심각하다는 것을 인식하고 있었고 교육이 필요하다는 점 또한 느끼고 있다고 답하였다는 점에서 보다 실질적인 교육을 위한 대안이 시급하게 마련되어야 함을 알 수 있다.

〈그림 2〉는 충북지방경찰청에서 발표한 '카카오톡 왕따' 현상에 대한 10대들의 생각을 정리한 것이다. 실제로 학생들은 카톡(카카오톡)과 같은 SNS에서의 언어폭력에 대해서 심각성을 느끼지 못하고 있는 것으로 나타났다. 괴롭힘을 당한 학생이 힘들어하는 모습을 보일 때조차도 그 상황을 깊이 있게 공감하지 못하였다.

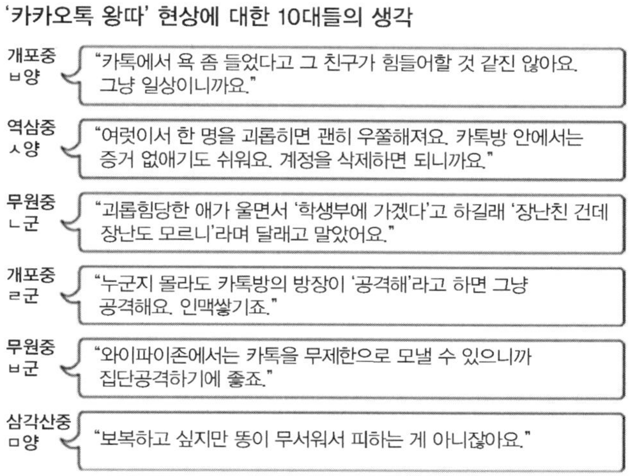

'카카오톡 왕따' 현상에 대한 10대들의 생각

개포중
ㅂ양
"카톡에서 욕 좀 들었다고 그 친구가 힘들어할 것 같진 않아요. 그냥 일상이니까요."

역삼중
ㅅ양
"여럿이서 한 명을 괴롭히면 괜히 우쭐해져요. 카톡방 안에서는 증거 없애기도 쉬워요. 계정을 삭제하면 되니까요."

무원중
ㄴ군
"괴롭힘당한 애가 울면서 '학생부에 가겠다'고 하길래 '장난친 건데 장난도 모르니'라며 달래고 말았어요."

개포중
ㄹ군
"누군지 몰라도 카톡방의 방장이 '공격해'라고 하면 그냥 공격해요. 인맥쌓기죠."

무원중
ㅂ군
"와이파이존에서는 카톡을 무제한으로 모낼 수 있으니까 집단공격하기에 좋죠."

삼각산중
ㅁ양
"보복하고 싶지만 똥이 무서워서 피하는 게 아니잖아요."

<그림 2> '카카오톡 왕따' 현상에 대한 10대들의 생각(충북지방경찰청)

이와 관련한 내용은 중학교 교사 인터뷰에서도 다시 한번 확인하였다. 서울의 한 남녀공학 중학교에 근무하는 D교사는 사이버 언어폭력 가해자로 학교폭력협의회에 불려오거나 교사와 상담을 하는 학생들의 경우 대부분이 자신들은 잘못한 것이 없다는 태도를 보인다고 하였다. 또 그런 의도가 아니라고 발뺌을 하거나 '그게 뭐 어쨌는데요?', '아닌데요?' 등의 반성하는 태도와는 거리가 먼 반응을 보이는 경우가 많다고 했다.

처벌에 관련된 내용에 대한 질문에는 아이들이 점점 더 영악하게 괴롭히는 방법을 찾고 있어서 문제라는 답변을 하였다. 특정 학생을 직접 언급하지 않고 에둘러 표현하거나 자신이 썼던 글들을 금방 삭제하는 등의 방법으로 증거로 삼을만한 내용을 남기지 않기 때문에 피해 학생이 신고를 하더라도 잡기가 쉽지 않다고 하였다. 또한 현재 교사들마다 해당 문제에 대한 해결 방법이 제각기 달라서 일관된 처벌이 이루어지지 않는 것도 문제라고 지적했다.

사이버 언어폭력의 심각성에 대해서는 그 문제에 대해 매우 깊이 공감하며 대책 마련이 시급하다고 답했다. D교사는 사이버 언어폭력 문제의 심각성에 대해서 목소리를 높였다.

중학교 D교사 : 사이버 언어폭력으로 인해 실제 자살하려는 아이들이 있어요. 특히 우울감을 느끼거나 자존감이 낮은 아이들의 경우 이러한 문제가 두드러지게 나타나죠. 그래서 심리검사를 통해 이러한 성향이 있는 아이들을 '위험군'으로 묶어 두고 교사가 특히 신경을 더 쓰는 방향으로 관리를 하고 있어요. 요즘 사이버 언어폭력 문제는 매우 심각한 상황이고요, 심지어 단톡방(단체 카카오톡 대화방)에서의 문제가 패싸움으로 이어지는 경우도 있어요.

앞서 살펴본 선행연구 결과와 마찬가지로 고등학교보다는 중학교에서 문제가 더 심각하게 드러나고 있으며, 여중생들의 언어폭력 문제가 실제로 매우 많다는 것도 확인할 수 있었다. 현재 서울의 한 여자 중학교에서 근무하고 있는 E교사는 사이버 언어폭력 문제가 매우 심각하다고 응답했다. 사이버 언어폭력 문제를 학교 폭력 문제들 중에서 가장 중요 사안으로 다루고 있고, 학교 폭력 예방 교육시간을 통해서 아이들에게 필수적으로 교육을 하고 있다고 했다.

> 중학교 E교사 : 사실 저희는 여학교라 사이버 언어폭력 진짜 많아요~ 비겁하게. 학교 폭력 중에 가장 많이 신고 되는 유형이에요. 그리고 제일 많이 발생시키는 아이들이 저희 학교에서는 꼭 중학교 1학년이거든요. 매년 이 사안으로 학교폭력협의회가 열려요. 최근 2년간은 항상 중1 학생들이었어요.

E교사는 사이버 언어폭력 등의 사건 이후 처벌 문제에 대해서도 언급하였다. 학교폭력협의회가 열려서 징계를 받는 경우도 있지만 피해자와 가해자 간 합의로 끝나는 경우도 있다고 했다. 이러한 처벌 문제에 대한 문제 인식은 D교사 역시 언급한 바 있다. 현재 중학교는 처벌이 매우 약하고, 학부모도 합의로 끝내버리는 경우가 많다고 했다. 그렇게 되면 가해자가 처벌보다는 단순히 사과로 끝나는 경우가 많다는 것을 문제로 지적하였다. 학부모들의 대응에 따라 결과가 달라지기도 하는데 합의해 주는 경우도 있고, 처벌을 받도록 끝까지 합의를 거부하는 경우도 있다고 했다.

또한 처벌을 원하는데도 불구하고 처벌 자체가 쉽지 않다는 문제점도 언급했다. 증거가 없으면 신고가 되지 않는다. 캡처를 해 두지 않았거나 금방 댓글들이 지워져 증거를 확보하기가 어려워진다면 신고하기도 어렵다. 학생들은 언어폭력을 가하는 것은 물론 매체의 특성을 악용하는 방법 또한 익히고 있었다.

> 중학교 E교사 : 카카오스토리에 특정 애를 겨냥해서 글을 올려요. 이름도 안 써요. 영악해서. 예를 들면, '너 그렇게 살면 좋냐?'라는 글에 댓글들이 막 달려요. 피해자는 (그 대상이) 자기라는데 학교에서는 알 길이 없고, 그런 경우 정말 난감해요. 거기다 글을 지워버리면 근거조차 없어지는 거죠.

중학교 교사들의 답변을 종합해 보면, 공통적으로 지적하고 있는 것은 그 문제의 심각성이 매우 높고 실제로 사이버 언어폭력을 가하는 방법이 점점 더 교묘하게 변하고 있어 문제라는 점이었다. 또한 처벌에 대한 규정이 정확하지 않고 담당하는 교사나 피해 학생 혹은 가해 학생들의 부모님이 어떻게 대처하느냐에 따라 일관성 없는 사후 처리가 아이들에게 그 문제를 심각하게 받아들이지 못하게 하는 하나의 원인일 수 있다고 지적했다. 고등학교와 비교해 볼 때 훨씬 더 적극적인 예방 교육과 외부 강사 초청 등의 강의가 이루어지고 있다는 점에서는 긍정적으로 볼 수 있지만, 그 효과에 대해서는 의문을 갖고 있다. 지금과는 다른 교육의 방향을 찾아야 함을 시사한다.

2. 학교 현장 교육의 문제점 및 발전 방향

인터뷰에 응한 D교사가 근무하는 서울의 한 남녀공학 중학교에서는 현재 학교 폭력 예방 포털 사이트 도란도란(http://www.dorandoran.or.kr/)에 있는 자료를 주로 활용해서 언어폭력 교육을 한다고 하였다. 사이트에 있는 자료들을 활용해서 아침 조회시간에 방송을 하는 형식으로 교육이 이루어지는데, 1년 동안 그 자료들을 재활용하는 형식으로 이루어져서 실질적인 효과를 기대하기는 어렵다는 답변을 하였다.

외부 강사 초청 강의도 이루어지고 있는데, 창의적 체험학습 시간을 활용해 경찰관을 부르기도 하고 청소년 수련관 등에서 강사가 나오기도 한다고 답했다. 보통은 연 2회 정도 외부 강사의 강의가 있고, 매달 학교 폭력 예방 교육 자료를 배부하는 것으로 이루어지고 있었다. 특별히 사이버 언어폭력 문제를 따로 다루는 것은 아니지만 중요 사안으로 다루고 있다는 답변이 있었다. 그러나 안타깝게도 이러한 교육들은 모두 형식적인 차원에서 그친다는 느낌이 강하고 그 효과 역시 미미하다고 했다. 교사조차 이렇게 생각하는 교육이 학생들에게 변화를 이끌어낼 가능성은 거의 희박하다고 생각한다.

D교사의 이야기 중 흥미를 끌었던 사례가 있었는데, 학교 차원에서 문제를 일으킨 학생들을 대상으로 농구 수업을 하였고, 시합에도 데리고 나갔던 경험을 소개하면서 욕설을 하지 않도록 환경을 조성해 주는 것도 필요하다는 의견을 주었다. 수업이나 시합 중에 학생들이 욕설을 너무나도 많이 사용해서 생각해 낸 대안이 욕을 할 경우 바로 교체아웃을 시킨다는 규칙을 정했더니 아무도 욕설을 사용하지 않았다는 것이다. 이는 법적 처벌이나 학교 차원의 벌점보다도 훨씬 실생활의 언어 사용을 직접적으로 변화시킬 수 있는 재미있는 사례였다.

E교사는 국어과 교육에 사이버 언어폭력 문제를 접목시킨다면 기존의 처벌 관련 내용 안내 교육과는 다른 차원의 수업이 가능할 것이라고 답하였다. 현재의 학교 폭력 예방 차원의 교육은 주로 법에 근거한 처벌 등에 초점을 두고 교육 내용을 만드는 경우가 대부분이나, 국어과에서 관련 내용을 다룬다면 언어문화 교육으로 보다 본질적 차원의 교육이 가능할 것이라고 답하였다. 아이들은 긍정적 언어이든 부정적 언어이든 잘 모르고 쓰는 경우도 많기 때문에 실제로 교육이 이루어진다면 많은 변화를 기대할 수 있을 것이라고 전망했다.

현재 중학교 국어과 교육에서는 사이버 언어폭력 문제를 직접적으로 다루는 것은 많지 않으나 존중과 배려의 말하기를 전보다 더 적극적으로 다루고자 하고 있다는 점에서 긍정적인 방향을 탐색해 볼 수 있다. 사이버 언어폭력의 문제는 그 처벌을 강화하고 일관된 기준을 적용하여 그것이 확실히 물리적 폭력과 같은 수준의 잘못임을 인지시키는 것도 중요하지만 보다 본질적으로 접근하는 것이 필요하다. 특히 집단적으로 한 학생을 공격하는 행위 등은 학생들 사이에서도 권력 관계가 존재함을 보여주고, 피해자가 되지 않기 위해 그것에 가담하는 행위가 반복되면서 죄의식조차 사라진다는 큰 문제가 지적된 바 있다. 이는 바람직한 언어문화 형성이라는 본질적인 차원에서 접근해야 할 문제이다. 존중과 배려의 말하기를 통해 상대를 존중하는 태도를 배우는 것은 어쩌면 입시나 시험보다도 더 중요한 문제일 수 있다.

고등학교에서는 현실적인 여건으로 인해 특별히 이와 관련한 교육이 이루어지지 않고 있었다. 입시나 성적문제에 집중하다보니 상대적으로 당장의 시험과 관련되지 않는 부분들은 자연스럽게 교육 내용에서 제외되는 것이다. 그러나 바람직한 언어문화를 익히고 올바른 언어생활을 하는 것은 인생을 살아가는 데 있어서 매우 중요한 문제이다. 교사들 역시 이를 모두 인지하고 있음에도 불구하고 시간적 여건이 되지 않아 가르치지 못하고 있다는 것은 심각한 문제 상황임을 인식할 필요가 있다. 이를 해결하기 위해서는 성취 기준에 관련 내용을 포함시켜 시험과 연계하여 가르치도록 구체적 방안을 마련하거나 기존의 형식적인 교육이 아니라 실제적인 문제를 다룰 수 있는 단원의 개발과 도입 등이 이루어져야 할 것이다.

Ⅳ. 바람직한 사이버 언어문화 형성 방안

사이버 언어폭력 문제를 해결하기 위해서는 이러한 문제 발생 이후의 피해 학생 보호와 가해 학생 처벌 및 교육 등의 절차를 마련하는 것이 중요할 것이다. 그러나 이에 앞서 바람직한 사이버 언어문화를 형성하여 이러한 문제점을 사전에 예방하는 것이 최선의 해결 방안이 될 수 있다. 본고에서는 기존 연구에서 살핀 문제점과 해결 방안 및 재직중인 중등학교 교사들을 대상으로 한 인터뷰 내용 등을 바탕으로 하여 바람직한 사이버 언어문화 형성을 위한 방안을 다음과 같이 제시하고자 한다.

첫째, 국어과 교육과정에 바람직한 사이버 언어문화 형성에 관련된 내용 요소를 추가한다.

둘째, 국어과 교과서 구성 과정에서 실제성 높은 사이버 언어문화 개선을 위한 학습활동을 추가한다.

셋째, 국어과 교사는 의사소통 상황에서 공감과 배려의 중요성을 강조하여 실제적 언어생활 개선 노력의 의무를 인지한다.

넷째, 사이버 언어폭력 문제 발생 이후 일관성 있는 대책 기준과 방법을 마련하여 예외 없이 실행하는 제도적 보완을 요한다.

언어폭력의 문제는 인터넷과 사이버 공간 등의 이용 확대로 새롭게 나타난 현상은 아니다. 기존의 언어폭력 문제 양상들이 소통의 공간이 확대되면서 자연스럽게 퍼져나간 것이다. 그러나 인터넷 매체의 특성으로 사이버 공간에서의 소통과 그 영향력은 매우 빠르게 전파된다는 차이점을 지니고 있어 문제의 심각성이 높다. 또한 소통이 면대면의 상황에서 이루어지는 것이 아니기 때문에 부정적 언어 사용에 대한 거리낌이 적고, 누군가에게 언어폭력을 가하는 경우에도 그 죄의식이 매우 낮다고 보고된다. 따라서 사이버 언어폭력 문제의 심각성과 피해 사례, 교육 등에 대한 안내를 통해 사이버 언어폭력에 대한 인식 개선이 반드시 필요하다. 또한 현재와 같은 일회성 캠페인 등으로 해결할 수 없는 언어 습관의 문제가 매우 크게 관여되어 있기 때문에 정규 교육과정 곳곳에 내용을 포함시켜 교육할 수 있는 방안을 마련해야 한다.

앞서 2009 개정 화법과 작문 교육과정에는 언어폭력과 관련된 다음과 같은 내용이 마련되어 있음을 확인하였다. 2009 개정 교육과정에서 추가된 항목인 '(마) 작문과 매체 언어'에는 '① 작문 과정에서 매체 언어가 어떻게 의미를 생성하는지 이해한다. ② 글의 전달과 사회적 파급력에 미치는 매체의 효과를 이해한다.'와 같은 내용이 포함되어 있다. 이는 매체 환경 변화를 인식하여 바람직한 작문 태도를 형성하는 것이 중요하다는 취지에서 포함된 것이라 생각된다. 그러나 앞서 살펴보았던 것처럼 실제 이러한 내용이 학생들에게 잘 전달되고 있는지는 미지수이다. 또한 현재의 내용은 매체의 특성을 이해하고 글을 쓰는 인터넷 글쓰기에 초점이 맞추어져 있는 경우가 많다.

2011 개정 교육과정의 화법과 작문은 '화법과 작문의 본질', '정보 전달', '설득', '자기표현과 사회적 상호작용'의 네 가지 영역으로 내용 체계를 분류하였다. 그러나 이 영역 구분에서는 자신의 의사를 효과적으로 전달하는 언어의 기능적인 측면에서는 매우 훌륭한 체계이지만 바람직한 말 문화 형성과 관련되는 공감이나 존중과 배려를 강조하는 모습은 찾아보기 어렵다. 그보다는 자신의 의사 표현을 효과적으로 전달하는 방법에 초점을 맞추고 있다는 느낌이 강하다.

이와 달리 [중1-3학년군]의 '듣기·말하기' 내용 성취 기준에는 '(12) 폭력적인 언어 사용의 문제를 인식하고, 바람직한 언어 표현으로 순화하여 말한다.'는 항목이 포함되어 있다. 이는 2015 개정 교육과정에서도 '[9국01-12]언어폭력의 문제점을 인식하고 상대를 배려하며 말하는 태도를 지닌다.'로 이어지고 있다. 다만 2015 개정 교육과정에서는 '배려하는 태도'를 추가하여 대인관계 역량을 강화하고자 하는 목적이 드러남을 확인할 수 있다. 이러한 성취기준은 그 내용으로 언어폭력 문제를 언급하고 있으며 폭력적 언어 사용의 폐해만을 강조할 것이 아니라 긍정적, 상호 존중의 언어 사용의 장점을 깨닫고 실제 언어생활에 적용해 보는 경험을 해야 함을 설명한다. 이는 매우 기본적인 것이면서도 중요한 내용이다.

〈신사고 중등국어〉 2학년 교과서에는 현재 '존중하고 배려하는 언어생활'이라는 단원이 있다. 이 단원에서는 폭력적 언어의 사용의 문제점을 개인적/사회적 측면으로 나누어 살펴보고, 공감하며 듣고 말할 때의 유의점과 공감을 이끌어 내는 내용 생성 시 유의점, 그리고 존중하고 배려하는 언어생활을 위해 고려할 점 등을 다루고 있다. 이러한 교육 내용이 한 단원으로 추가되었다는 것은 매우 긍정적인 신호이며, 동시에 바람직한 언어생활의 중요성을 교육할 필요가 높아졌음을 명백히 보여주는 사례이다.

이렇게 정규 교육과정에서 언어폭력 문제를 다루고 긍정적인 언어생활의 장점을 스스로 깨닫고 실천하는 것은 현재와 같이 중학교에서만이 아니라 고등학교에서도 지속적으로 이루어져야 한다. 실제로 고등학교 모의고사나 학력평가 등의 지문에서 이러한 내용을 활용하여 문제를 출제하는 등 언어폭력 문제를 다루고는 있다. 그러나 이런 수준에서 그칠 것이 아니라 훨씬 더 적극적으로 교육과정에서 존중과 배려의 언어문화를 다루어야 할 것이다.

2015개정 교육과정에서는 공감과 배려하는 태도를 더욱 강조하는 모습을 보여 긍정적인 방향으로 발전하였음을 확인할 수 있다. 화법과 작문의 내용체계의 경우 '화법과 작문의 본질', '화법의 원리와 실제', '작문의 원리와 실제', '화법과 작문의 태도'로 내용 체계를 수정하였다. '태도'의 문제를 주요 영역으로 다루어 윤리적 문제와 책임감 등을 더 강조하고자 한 것이다. 이와 같은 내용이 인용과 표절 등의 지적 재산권 문제를 다루는 것만이 아니라 상대방을 배려하고 존중하는 자세를 가지는 것의 중요성도 비중 있게 다루는 것으로 균형을 맞추도록 주의를 기울일 필요가 있다.

또한 현재 학교 현장에서 이루어지고 있는 사이버 언어폭력 예방 교육 등에 대한 실효성 문제를 심도 있게 분석하여 개선 방안을 모색해야 한다. 인터넷 사용에 대한 조언이나 교육을 받은 정도가 사이버 폭력 피해 및 가해 경험에 유의미한 영향을 주지 못하였다는 신나민, 안화실(2013)의 연구 결과는 현재 사이버 언어폭력에 관련된 교육들이 실효성을 지니지 못하고 있음을 대변한다. 이 연구에서 가정통신문이나 유인물로 교육을 받았다는 18%의 학생 중 그것이 효과적이라고 답한 사람은 3%에 불과했다. 이러한 결과는 기존의 형식적 교육들이 문제가 많았음을 시사한다. 더불어 여러 연구에서 밝혔듯 사이버 언어폭력의 경우 남학생들의 문제 사례가 더 많았던 기존 오프라인에서의 폭력과 달리 성별에 따른 차이가 크게 나타나지 않고, 언어폭력의 경우 오히려 여학생들에게서 더 빈번하게 나타나는 결과가 보고되고 있어 남녀 학생 모두에게 해당되는 문제임을 인식해야 한다. 교사 인터뷰에서도 이와 같은 결과를 직접 확인할 수 있었다.

또한 언어폭력 가해 학생들의 연령이 점차 낮아지고 있다는 문제를 심각하게 받아들이고 문제 해결을 위한 노력을 기울여야 한다. 현재는 형식적 차원에서 외부 강사 초청 강의를 연 2회 실시하는 학교가 대부분인 것으로 파악된다. 학교마다 차이는 있겠으나 매달 학교 폭력 예방과 관련된 안내문을 배부한다든지 경찰관이 학교를 방문하여 학교 폭력 신고 및 가해 학생 처벌 등을 홍보하는 형태로 교육이 진행되고 있다. 그러나 홍보 차원의 강의와 아침 조회 시간을 채우기 위한 자료 재탕의 학교 폭력 예방 홍보 방송은 그 효력이 거의 미미하다는 것을 누구보다 교사들 그리고 교육과 관련된 분야에 종사하는 전문가들 모두가 잘 알고 있을 것이다. 이제는 실효성 높은 교육을 마련해야 할 때이다. 하루가 다르게 아이들은 변화하고 있고, 안타깝지만 한편으로 매우 영악하게 또래 친구들을 괴롭히고 있다. 이러한 문제를 해결할 수 있도록 교육 방법 또한 계속해서 새롭게 변화시켜 나아가야 하고 그 내용 역시 지속적으로 바뀌어야 할 필요가 있다.

그 구체적 대안의 하나로서 교과서 학습활동 구성에서 실제 언어생활 장면을 고려하는 방안을 제시할 수 있다. 특히 사이버 언어폭력의 경우 그 방법이나 피해 유형이 매체 변화 속도에 따라 빠르게 변화하는 만큼 학습자들의 생활 장면을 통한 공감대 형성이 중요하다. 이를 위해 교사는 상황에 맞는 학습지를 구성하거나 실제 매체를 활용한 수업 등을 준비할 필요가 있다. 혹은 시의성 높은 사건이나 신문 보도 자료 등을 활용한 토론 수업 등을 진행하여 학습자들의 참여와 관심을 높이고 사이버 언어폭력 문제의 심각성을 깨닫게 하는 여러 가지 대안을 마련하는 노력이 있어야 할 것이다.

이와 더불어 국어과 교사는 학생들의 실제 언어생활 개선을 위한 책무를 갖고 있음을 인지해야 한다. 때문에 특정 단원 혹은 특정 활동이 아니더라도 다양한 언어활동 상황 전반에서 공감과 배려의 중요성을 강조할 필요가 있다. 2015 개정 국어과 교육과정에서 각 영역별 '태도'를 핵심 개념으로 설정하여 언어생활에 있어서의 바람직한 태도를 형성하는 것을 강조하고 있는 것 또한 바람직한 언어문화 형성을 위한 노력의 일환임에 분명하다. 현재 중등학교 현장에서는 학급 커뮤니티 등의 사이버 커뮤니케이션 문화가 정착되어 가고 있다. 교사는 이를 적절히 활용하여 바람직한 사이버 언어문화를 형성할 수 있는 방안을 제시할 수도 있다.

마지막으로는 예방도 중요하지만 매우 빈번하게 일어나고 있는 사이버 언어폭력 사건을 어떻게 해결해야 하는지에 대해서도 생각해 보아야 한다. 현재의 학교는 현장 교사들이 언급했듯이 일관성 있는 처벌 기준과 방법이 없는 상태에 가깝다. 어떤 교사에게 그것을 신고하느냐에 따라 사건의 해결이 달라지고 가해 학생 또는 피해 학생의 부모가 어떤 사람인가에 따라 관련 가해자들의 처벌이 달라진다면, 문제는 반복될 것이며 상황은 더 나빠질 수 있다. 정해진 기준과 방법에 대한 매뉴얼을 갖추고 있는 상황이지만 그것이 실제로 실행되는지 여부가 더 중요하다. 때문에 담당 교과 영역이나 개별 교사의 해당 부서에 관계없이 학교 현장의 교사들을 위한 워크숍이나 교육이 필요하다.

Ⅴ. 결론

본 연구는 바람직한 사이버 언어문화 형성 방안을 모색하는 것을 목적으로 하였다. 최근 몇 년 사이 폭력의 문제는 물리적 폭력에서 언어적 폭력으로 옮겨 가고 있다고 해도 과언이 아니다. 이는 스마트 폰과 자유로운 인터넷 접촉 환경 등이 조성되면서 폭력이 발생하는 공간이 이동해 간 것이라고 이해할 수 있다. 사이버 폭력의 경우 90% 이상이 언어폭력과 관련된 문제였다. 언어폭력의 경우 물리적인 상해를 가하는 것은 아니지만 그보다 더 큰 정신적인 고통을 안겨준다는 점에서 매우 심각하게 받아들여야 함이 분명하다. 특히 청소년들의 경우 이로 인해 자살에 이르게 하는 사례가 종종 보고되면서 이를 예방하기 위한 대책 마련이 시급한 시점이다.

본 연구에서는 사이버 공간에서의 언어폭력을 '정보통신 매체를 사용하여 특정 개인 혹은 불특정 다수에게 욕설, 비방/명예훼손, 도배, 음담패설, 유언비어 등으로 타인의 인격을 모욕하거나 공포, 분노, 불안, 불쾌감의 감정을 유발하는 행위'로 정의하였다. 그리고 그 실태와 문제점을 파악하기 위해 기존의 선행 연구들을 살펴보았다. 사이버 언어폭력은 절대적으로 남학생들이 많이 차지했던 기존의 폭력 문제와 달리 여학생들에게서 오히려 더 많이 나타난다는 연구 결과를 확인할 수 있었고, 가해 학생들의 죄책감이 훨씬 낮다는 문제점 또한 안고 있다.

3장에서는 현장에서 학생들을 가르치는 교사 5인과 인터뷰를 실시하여 실제 학교에서 느끼는 사이버 언어폭력의 실태를 파악해 보고자 하였다. 또한 이를 바탕으로 어떠한 방향으로 문제를 해결할 수 있을지 그 방안을 탐색해 보았다. 현재 고등학교에서는 이와 관련한 내용을 거의 다루지 못하고 있음이 문제였다. 중학교에서는 가해 학생의 연령이 1학년 학생들로 이미 내려와 있으며, 처벌을 피해가기 위해 친구들을 괴롭히는 방법이 교묘해지고 있음이 명확하게 드러났다. 또한 가해 학생들의 처벌 문제가 일관성 없이 이루어지고 있다는 문제점도 나타났다.

이를 해결하기 위해 바람직한 사이버 언어문화 형성 방안 네 가지를 제안하였다. 첫째, 국어과 교육과정에 바람직한 사이버 언어문화 형성에 관련된 내용 요소를 추가한다. 둘째, 국어과 교과서 구성 과정에서 실제성 높은 사이버 언어문화 개선을 위한 학습활동을 추가한다. 셋째, 국어과 교사는 의사소통 상황에서 공감과 배려의 중요성을 강조하여 실제적 언어생활 개선 노력의 의무를 인지한다. 넷째, 사이버 언어폭력 문제 발생 이후 일관성 있는 대책 기준과 방법을 마련하여 예외 없이 실행하는 제도적 보완을 요한다. 이상의 제안은 탐색적 차원의 제안으로 향후 학생들의 요구조사와 더 많은 교사들의 의견 등을 보완하여 발전시켜 나가야 할 것으로 기대한다.

참고문헌

가상준, 김강민, 임재형(2013), SNS 사용문화가 청소년의 학교폭력 및 사이버 폭력에 미치는 영향, 분쟁해결연구 11(1), 단국대학교 분쟁해결연구소, pp.159-208.

교육부, 2009 개정 교육과정.

교육부, 2011 개정 국어과 교육과정.

김미화(2014), 중학생의 사이버 언어폭력 예방을 위한 집단상담 프로그램 개발, 교원대학교 석사학위논문.

노승현, 조아미(2011), 대학생의 도덕적 이탈 및 자아정체감이 사이버 일탈에 미치는 영향, 청소년문화포럼 28, 한국청소년문화연구소, pp.34-55.

두경희(2013), 가해자와의 관계가 사이버 폭력 피해자의 정서와 인지에 미치는 영향, 서울대학교 박사학위논문.

류성진(2013), 청소년들의 사이버 폭력과 오프라인 폭력 경험에 관한 연구, 한국언론학보 57(5), 한국언론학회, pp.297-324.

민현식 외(2012), 중등국어 교과서 2학년, 신사고.

신나민, 안화실(2013), 청소년 사이버 폭력 현황 및 피해·가해 관련 변인에 관한 연구, 교육문제연구 49, 고려대학교 교육문제연구소, pp.1-21.

오승걸(2014), 학생 언어폭력 양상과 대응 방안, 학교폭력예방연구소 이슈리포트 2014-1호, 이화여자대학교 폭력예방연구소.

원다흰(2012), 인터넷 공간에서 악성댓글을 사용하는 아동·청소년의 심리사회적 특성 연구, 성신여자대학교 석사학위논문.

유상미, 김미량(2010), 실천적 정보통신윤리 교육을 위한 사이버 일탈행위 분석, 컴퓨터교육학회논문지 13(5), 한국컴퓨터교육학회, pp.51-70.

이고은(2014), 청소년의 사이버 폭력 행위에 영향을 미치는 요인에 관한 연구 : 계획된 행동이론과 사회학습이론을 적용하여, 고려대학교 석사학위논문.

이성식(2005), 사이버 공간에서의 청소년 비행의 원인에 대한 경험 연구, 형사정책연구 16, 한국형사정책연구원, pp.145-174.

이성식(2009), 청소년들의 인터넷게시판 악성댓글의 동기와 통제요인에 관한 연구, 형사정책연구 20(3), pp.191-212.

이정기, 우형진(2010), 사이버 언어폭력 의도에 관한 연구 : 사이버 명예훼손/모욕 행위 인식, 연령, 계획행동이론 변인을 중심으로, 사이버 커뮤니케이션 학보 27(1), 사이버 커뮤니케이션학회, pp.215-253.

정보통신윤리위원회(2006), U시대의 인터넷 윤리, 이한출판사.

조아라, 이정윤(2010), 사이버 공간에서의 악성 댓글 사용에 대한 탐색적 연구, 청소년상담연구 18(2), 한국청소년상담원, pp.117-131.

〈인터넷 자료〉

조선일보 2012년 8월 22일자, 사이버 언어폭력에 관한 기사

충북지방경찰청, '카카오 왕따' 현상에 대한 10대들의 생각

(재)푸른나무 청예단(2014), 2013년 전국 학교폭력 실태조사 결과 발표, 보도자료 2014년 5월 20일자.

사이버 의사소통과 표현 문화

Cyber
Communication
in Korean
Education

06 인터넷 게시판 토론, 면대면 토론, 카톡 토론에 나타난 토론 참여 양상

Ⅰ. 서론

현대 사회에서는 다양한 매체를 통한 쌍방향 의사소통이 매우 활발하게 이루어지고 있다. 페이스북(Facebook)과 트위터(Twitter)를 중심으로 한 SNS나 카카오톡, 이메일 등 다양한 소통의 장에서 사람들은 자신을 표현하며 살아가고 있다. 그렇기 때문에 직접적인 전통적 의사소통의 방식보다는 간접적인 방식으로 서로의 생각과 느낌을 공유하고 있다. 기존 음성적 언어행위로 이루어졌던 소통이 쌍방향적인 문자행위를 통해 이루어지게 된 것이다. 그 과정에서 보다 효율적이고 효과적으로 자신의 의견을 전달하려는 방법이나 전략 역시 발달하게 되었다.

스마트러닝 환경의 발달로 인해 학습 환경 및 학습 방법에 대한 변화도 이루어졌는데, 스마트러닝 환경과 웹 2.0의 발달로 학습자 중심의 학습이 이루어지고 있다. 학습자간에 서로 학습 자료를 공유하고 축적하며, 댓글이나 채팅 등 툴을 활성화하여 자유롭게 의견을 교환할 수 있게 된 것이다. 이를 통해 스마트 러닝 환경 속에서 다양한 의견 표출과 지식의 공유가 가능해졌으며 새로운 지식을 발현하고 창출해 낼 수 있는 집단지성(collective intelligence)의 힘이 발현될 수 있게 되었다(김희봉 외, 2011).

국어교육의 여러 분야 중 특히 쓰기 교육에서 인터넷 매체를 활용한 수업과 연구들이 활발히 이루어졌는데 이는 인터넷을 활용하여 정보를 탐색할 수 있고, 글을 작성할 수 있으며, 이에 대한 피드백을 받을 수 있다는 인터넷 매체 자체의 속성에 기인한다. 즉 인터넷이라는 '매체'의 특성을 활용하여, 계획하기 및 내용 생성하기 단계에서 다양한 자료를 찾을 수 있고, 표현하기 및 고쳐 쓰기 단계에서 메타 인지적으로 사고를 확산시키면서 글을 완성할 수 있게 된다.

인터넷 글쓰기에 관련된 연구로는 인터넷 윤리와 표절의 문제에 관한 연구(황성근, 2008; 최용성 외, 2009; 정소연 외 2011)가 있다. 이들은 인터넷이라는 매체 특성으로 인해 빈번하게 발생되고 있는 글쓰기 윤리의 문제 즉 글쓰기 태도의 문제에 대해 다루고 있다. 황성근(2009)은 대학생 글쓰기 윤리 문제인 변조, 날조, 표절의 원인을 심리적, 환경적, 문화적 요인으로 구분하였는데 이중 인터넷 글쓰기는 환경적 요인으로 인터넷 사용으로 인한 정보 환경의 변화로 인해 과정보다는 결과를 중시하는 교육적 환경에 대해 언급하였다. 정소연 외(2011)는 대학생들의 표절 실태를 파악하고 인터넷 문서까지를 포함하여 표절 여부를 적발해주는 COPYLESS를 실험보고서에 적용해 표절의 예방 및 적발 효과를 검증했다.

또한 디지털 글쓰기나 전자 작문에 대한 연구가 있다. 디지털 글쓰기에서 인터넷을 표현의 도구로 보고 그 매체의 특성을 연구한 정현선(2009)은 매체 변화로 인해서 글쓰기 현상이 텍스트 전달이라는 소통적 측면에서 변화를 하고 있으며 국어교육 내 매체 수용의 도전과 다양한 가능성을 주장하였다. 전자 작문의 특징에 주목하면서 디지털 시대의 글쓰기의 특징이나 블로그 등에 나타나는 학생들의 글쓰기 양식을 분석하면서 이를 활용한 교수·학습 방안을 연구한 실증적인 연구로는 김정자(2003), 유봉현(2011), 김지연(2013) 등이 있다. 이 연구는 인터넷 매체를 활용한 '작문' 교육에 초점을 맞추고 있다.

인터넷 토론은 디지털 글쓰기이면서도 작문 교육과는 다른 관점으로 접근해야 한다. 인터넷 토론은 화법과 작문의 특징을 공통적으로 지니고 있기 때문에 작문이나 화법의 한 분야로 다룰 것이 아니라 의사소통이라는 큰 틀에서 보아야 한다. 교과서에서 말하기·듣기 단원에 인터넷 토론이 구성되고 있으며, 디지털 교과서 개발과 맞물려 채팅이나 인터넷 게시판 댓글이 토론 교육으로 활용되고 있다. 그 동안 인터넷 토론은 화법의 측면에서 다루어져 왔다. 하지만 면대면 상황이 아닌 인터넷 공간에서 '쓰기'를 매개로 이루어진다는 점, 즉각적인 반응이나 반박보다는 상대의 의견을 읽고 이에 대해 어느 정도 시간을 두고 생각을 정리하여 표현한다는 점에서는 '작문'의 성격도 지니고 있다.

인터넷 토론을 '교신(交信)'이라는 개념으로 설명할 수 있다. 2009개정 교육과정이 적용된 고등학교 『화법과 작문II』(지학사)에서는 대화(對話)와 교신(交信)의 개념을 설명하면서 이 둘은 말하는 이와 듣는 이 사이에서 벌어지는 가장 일상적인 의사소통이라고 밝히고 있다.

교신은 자신의 용건을 멀리 떨어져 있는 상대방에게 문자 언어나 전자 매체 언어로 알리는 의사소통 방법으로 메신저, 트위터, 전자 우편(이메일), 휴대전화 문자 등의 다양한 방법이 있다. 교신은 대화와는 달리 하기 어려운 내용이나 쑥스러운 생각 등을 상대에게 분명하게 전달할 수 있는 특징이 있으며 말로 하는 것보다 자신의 생각이나 느낌을 분명하고 명확하게 전달할 수 있다. 대화와 교신은 전달 매체가 다를 뿐 의사소통의 측면에서는 크게 다를 것이 없으며 대화에서 지켜야할 예의나 협력의 원리, 공손성의 원리가 공통적으로 적용되어야 한다. 위 책에서는 대화와 교신의 유의점을 상대방의 감정이나 의견에 공감하기, 다양한 소통 맥락을 고려하기, 유머와 재담 등을 활용하기로 정리하고 있는데 이는 인터넷 토론의 유의점으로 동일하게 대체하여 생각할 수 있다.

또한 인터넷 토론은 '작문'과 '화법'의 교량적 역할을 하는 의사소통의 방식으로 보아야 한다. 2007개정 교육과정에서부터 고등학교 선택 과목에서 화법과 작문을 묶어서『화법과 작문』으로 교과서를 편찬하고 이를 교육하고 있는데 이 역시 의사소통 행위로서 화법과 교육을 연계시키는 관점으로 볼 수 있다.

화법과 작문의 본질은 사고 과정의 측면과 의사소통 행위로서의 측면에서 중요하다고 볼 수 있다. 화법과 작문의 과정에서 다양한 의사 결정이 이루어질 수 있으며 생각이나 느낌을 표현한 이후 자신의 글을 점검하는 활동 등을 통해 사고와 표현의 상호작용을 이해하면서 언어를 바르게 사용하는 것이 매우 중요하다. 또한 개인적, 사회적 의사소통 행위로서 화법과 작문을 이해하면서 상황 맥락, 사회 · 문화적 맥락에 맞는 화법과 작문을 구사하는 것이 중요하다(이삼형 외, 2009).

본고에서는 화법과 작문의 통합적 관점인 의사소통의 측면에서 인터넷 토론을 다루고자 한다. 상호 교섭적, 협력적인 의사소통의 측면에서 인터넷 토론 교육이 어떻게 국어교육에서 적용되어야 할지에 대한 방향성을 설정하기 위한 사전 작업으로서 인터넷 토론에 나타난 학생들의 토론 참여 양상을 살펴보고자 한다. 인터넷 게시판과 스마트폰 카톡을 통한 토론 상황을 직접 구현하여 면대면 토론 상황과 대비했을 때 인터넷을 활용한 토론에서의 학생들의 참여 양상은 어떠한지, 설득의 방식이나 내용 전개 양상, 학생들이 토론에 임하는 태도는 어떠한지에 대해 비교 분석한 후 인터넷 토론 교육을 위한 교수 · 학습 모형의 기초 자료로서 활용하고자 한다.

이를 위해서 일차적으로 학교 교육에서 비교적 쉽게 활용할 수 있는 홈페이지를 통한 인터넷 게시판 토론을 통해 인터넷 토론의 기본적인 특징과 학생 참여 양상을 분석하였다. 그리고 그 중에서 상호작용이 비교적 잘 이루어진 모둠, 상호작용이 거의 일어나지 않은 모둠, 면대면 토론 상황에서 인터넷 토론과 다른 양상을 보인 모둠을 선정하여 이차적으로 이들의 토론 방식을 비교, 분석하였다. 이때 분석은 비실시간 인터넷 게시판 토론, 면대면 토론, 실시간 카톡 토론의 내용을 스캔 및 녹취 후 이를 전사하는 방식으로 실시하였다.

II. 인터넷 토론에 대한 고찰

1. 인터넷 토론의 개념 및 유형

1.1. 인터넷 토론의 개념

Rapaport(1991)는 인터넷 토론이란 멀리 떨어져 있는 학습자들이 문자를 기반으로 한 전자적 메시지를 다수 대 다수의 형식으로 주고받으며 비실시간으로 진행되는 상호작용이며 상황에 따라 실시간 상호작용을 병행하기도 하는 것이라고 보았다. 민병곤(2009)은 누리꾼들이 토론을 목적으로 개설된 인터넷 공간에서 어떤 논제에 대한 찬성 또는 반대의 의견을 올려 서로를 설득하는 행위라고 하였다.

인터넷 토론에 대한 개념을 보다 자세히 살피기 위해 일차적으로 기존 매스미디어에 존재하고 있는 토론방의 특징을 살피는 것이 중요하다. 김종길(2006: 50-51)은 기존 매스미디어에서 제공하는 토론방을 다음과 같이 크게 세 가지 유형으로 나누었는데 이를 바탕으로 그 특성을 정리하면 다음과 같다.

이 세 가지 유형의 토론방의 경우 사이트의 특징에 따라 토론 논제의 종류, 토론 참여자의 특징 및 양상 등이 다소 다르게 나타나지만 주로 인터넷 게시판을 활용하여 사건이나 이슈에 대한 기사문을 올리고 이에 대한 선호도 혹은 찬·반 의견을 제시하게 한 후 댓글의 형식으로 의견을 쓰도록 한다는 점에서 그 운영 형태나 양상에 있어서는 큰 차이는 없다고 볼 수 있다.

이상의 논의를 토대로 인터넷 토론의 개념을 정리해 보자면 인터넷 토론은 매스미디어를 활용한 가상의 토론장에서 불특정 다수가 공론화 된(혹은 공론화 시키고 싶은) 이슈에 대하여 문자 메시지를 통해 공개적으로 선호도를 표현하고, 자유롭게 의견을 제시하면서 생각을 나누는 것이라고 할 수 있다.

조선일보, 중앙일보, 한겨레, MBC, KBS 등 기존 신문사나 방송국이 자사 홈페이지에서 제공하는 토론방	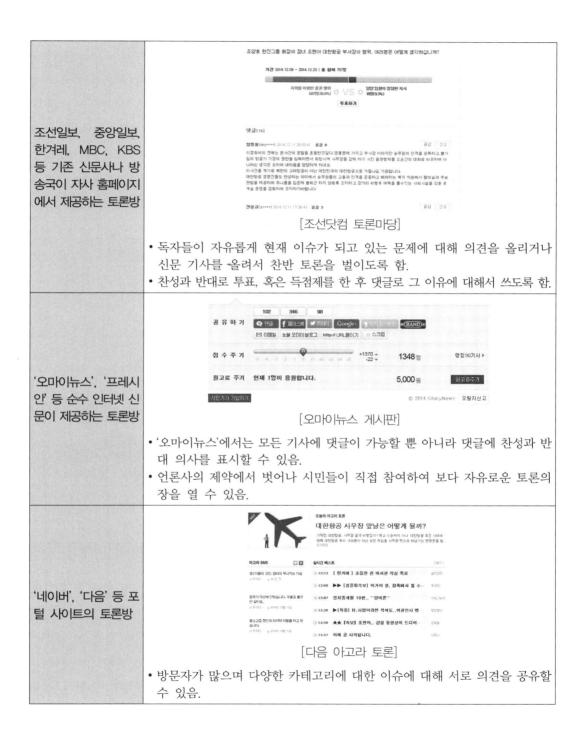[조선닷컴 토론마당] • 독자들이 자유롭게 현재 이슈가 되고 있는 문제에 대해 의견을 올리거나 신문 기사를 올려서 찬반 토론을 벌이도록 함. • 찬성과 반대로 투표, 혹은 득점제를 한 후 댓글로 그 이유에 대해서 쓰도록 함.
'오마이뉴스', '프레시안' 등 순수 인터넷 신문이 제공하는 토론방	[오마이뉴스 게시판] • '오마이뉴스'에서는 모든 기사에 댓글이 가능할 뿐 아니라 댓글에 찬성과 반대 의사를 표시할 수 있음. • 언론사의 제약에서 벗어나 시민들이 직접 참여하여 보다 자유로운 토론의 장을 열 수 있음.
'네이버', '다음' 등 포털 사이트의 토론방	[다음 아고라 토론] • 방문자가 많으며 다양한 카테고리에 대한 이슈에 대해 서로 의견을 공유할 수 있음.

1.2. 인터넷 토론의 유형

인터넷 토론은 크게 실시간과 비실시간 토론으로 나눌 수 있는데 여러 연구에서 이 둘의 차이에 대해 언급하고 있다. 이재왕(2008)은 온라인 환경에서의 실시간 토론(네이트 채팅창)과 비실시간 토론(다음 카페에서 제공하는 카페를 이용해 토론 게시판 형성 후 토론 카페 제공) 집단 실험 비교 결과 실시간 토론이 비실시간 토론에 비해 활발한 토론이 가능하고 적절한 토론촉진전략이 제공된다면 비판적 사고력 개발에 유용한 학습활동이 될 수 있음을 시사하면서 실시간 토론과 비실시간 토론의 특징을 다음과 같이 비교, 정리하였다.

구분	실시간 토론	비실시간 토론
도구	채팅 메신저 화상채팅 비디오, 오디오컨퍼런스	e-메일 게시판 리스트서브 컴퓨터 컨퍼런스
장점	즉시적 참여, 반응, 피드백 사회적 상호작용이 용이함. 브레인스토밍이 용이함. 갈등극복 과정이 용이함.	시각적 제한이 약함. 생각할 시간이 충분함. 복잡한 질문이 가능 논리와 근거 중심
단점	빠른 타이핑 속도를 요구함. 동시다발적 대화로 산만할 수 있음. 간섭의 효과로 인한 인지적 과부하 긴 문장을 읽기 어려움.	자신만의 의견을 제시하는 경향 논지의 시작과 끝이 불분명 이미 결정된 논의에 대해 다시 논의 타인의 의견을 도용할 수 있음.
유사점	문자중심의 의사소통 비언어적 단서가 결핍 멀리 떨어진 대인간 상호작용	

(Driscoll, 2002, 이재왕, 2008:12 재인용)

진선희(2013)는 인터넷 게시판 토론과 채팅 토론의 속성을 시·공간성, 응집성, 상호 교섭성, 상호작용, 교차조사의 측면에서 그 특징을 비교했는데, 이 논의에서는 채팅 토론이 인터넷 게시판 토론에 비해 응집성과 상호 교섭성이 가능하다는 면에서 긍정적으로 본 경향이 있다. 하지만 채팅 토론의 경우 자칫 쟁점을 벗어나는 방향으로 토론이 진행되거나, 빠른 진행 속도로 인해 논의가 정리되지 않은 상태에서 토론이 지속될 경우 오히려 응집성, 상호 교섭성이 약화될 수 있기 때문에 이에 대한 관점은 재고할 필요가 있다.

1.3. 인터넷 토론의 특징

김병철(2004: 155)에 의하면 기존 공론장은 토론에 참여하는 사람들이 대면 접촉을 위해 한 곳에 모일 수 있는 물리적 공간이 선행되어야 하지만, 인터넷상에서 이루어지는 토론 공간은 구체적, 물리적 장소와는 성격이 다른 가상의 공간에서 이루어지는 온라인 토론장이라는 점에서 특징이 있다고 하였다. 인터넷 신문 토론 공간 참여자들 사이에 주고받는 상호작용 커뮤니케이션 토론을 통해 형성되는 여론 역시 본질적으로 헤네시(B. Hennesy)의 견해처럼 '어떤 쟁점에 대해 관심이 있는 상당수의 사람들이 표현한 의견의 집합으로 추정할 수 있거나 추론할 수 있는 것'이라고 정의내릴 수 있다는 것이다.

김은미, 이준웅(2004)는 인터넷 토론방에서 대다수 참여자들이 의견 제시보다는 수동적 글 읽기를 선호하고 있으며 지속적 상호작용보다는 일회적이고 분절적이며 단편화된 의견 표현이 더 많다고 하였다.

김종길(2003, 2005)은 사이버 토론 게시판의 구조 및 담론의 변화에 대해 연구했는데, 담론의 질 측면에서 합리적 공론 형성을 위한 절차적 타당성이 지켜지거나 특정한 결론 또는 참여자들 간 합의에 이르는 경우가 많지 않다고 비판했다.

즉 기존 인터넷 토론의 특징에 관한 관점은 기존 면대면 토론 대비 참여자들의 상호작용 측면, 결론 합의의 측면에서 다소 비판적이라고 볼 수 있다.

2. 인터넷 토론 관련 논의

인터넷 토론 관련해서는 온라인 토론의 방식이나 매체를 분석한 연구, 인터넷 토론을 국어 교육에 접목시키는 방안에 대한 연구, 올바른 온라인 토론 문화나 태도에 대한 연구들이 있다.

임칠성(2002)은 채팅 언어의 양상을 심리적 기제를 중심으로 몇 가지 유형화하고, 채팅이라는 의사소통 양식의 특성과 국어 교육적 의의에 대해 말하면서 채팅을 국어교육의 교수·학습에서 활용할 수 있는 방안을 언급하였다. 채팅은 사고의 과정을 실시간으로 모니터링하고 이에 개입할 수 있는 가능성을 제시해 준다는 점, 기록되는 말하기라는 측면에서 평가의 타당도를 높이는데 기여할 수 있다고 하였다.

임병노(2005)는 온라인상에서 이루어지는 토론에서 교수자의 역할이 오프라인 토론에서의 교수자의 역할과 어떻게 다르며 어떠한 능력을 요구하는지에 대한 규명하였는데 토론

활동이 성공하기 위해서 교수자의 적극적 역할이 중요하며 토론의 효과를 높이기 위한 다양한 교수 전략들이 필요하다고 하였다.

　박선옥(2006)은 인터넷 토론글 사례에 나타나는 언어 사용 양상을 살피고 내용 구성 방식을 분석하여 효율적인 인터넷 토론 의사소통 방안을 모색하고자 하였다.

　민병곤(2009)은 2009 개정 교육과정 7학년 말하기 영역 성취기준의 하나인 '인터넷 토론'과 관련 내용을 중심으로 '텍스트' 중심의 교육과정에 따른 교재 개발의 방향성에 대해 논의하였다. 여기서는 교과서가 인쇄매체로 구성되어 있어 인터넷 토론의 실제를 반영하기 어렵고, 교과서에 반영할 수 있는 인터넷 토론 논제가 제한되어 있고, 교육과정 및 교육과정해설의 내용을 충실히 반영해야 한다는 점 등을 인터넷 토론 관련 내용을 교재화 할 때 나타나는 제약으로 보고 이를 어떻게 극복하느냐에 따라 좋은 교재를 개발할 수 있다고 역설하였다.

　이각범 외(2009)는 온라인 토론 문화의 문제점을 진단하고 성숙한 토론 문화 조성을 위한 구체적인 방안을 모색하였는데, 합리적 온라인 토론 문화를 정착시키기 위해서 토론교육 및 정책적, 제도적 지원이 필요함을 주장하였다.

Ⅲ. 국어교육 내 인터넷 토론 교육 현황

1. 교육과정 및 교과서에 제시된 인터넷 토론 교육

　2007개정까지 국어과의 영역 성취기준에서는 인터넷 토론에 관련된 항목을 설정하지 않았고 2009개정에서 매체를 통한 글쓰기를 본격적으로 다루었다. 중학교의 경우 2007개정 교육과정(7-말-3)에서 '인터넷 게시판의 내용을 비판적으로 분석하고 인터넷 토론에 주체적으로 참여한다.'는 항목을 제시하였고 고등학교의 경우 (작문-9)에서 '글의 전달과 사회적 파급력과 연관된 매체의 효과와 특성을 고려하여 내용을 선정하고 조직하여 책임감 있게 인터넷 상의 글쓰기를 한다.'는 성취기준을 제시하였다. 고등학교 작문의 경우 직접적으로 인터넷 토론이라고는 할 수 없으나, 대부분의 인터넷 토론이 댓글 등 인터넷 글쓰기를 통해 이루어진다는 점을 보았을 때 인터넷 토론과 연계시켜 생각할 수 있다.

　교과서의 경우 2009개정 교육과정을 반영한 교과서에서만 인터넷 토론 관련 단원을 찾아볼 수 있는데 대표적인 활동 내용을 살펴보면 다음과 같다.

- 인터넷 게시판에서 언어예절, 인권, 초상권 등에 피해를 준 아이디를 찾아보고 올바른 표현으로 고쳐보기(김형철 외, 생활국어 1-1, 교학사.)
- 댓글의 문제점을 정리하기, 인터넷에서 열띤 토론이 벌어지고 있는 주제를 찾아 찬성과 반대 근거 정리하기, 토론에 참여하기, 지켜야 할 인터넷 예절 찾기, 인터넷 토론 참여 후 자신의 게시글에 달린 댓글 중 가장 타당하고 합리적인 것 찾아 옮겨 적기(남미영 외, 생활국어 1-2, 교학사.)
- 토론에 참가한 사람들의 의견 파악하기, 토론 주제에 대한 나의 생각 댓글로 적기, 부적절한 댓글 찾아 이유 말하기(노미숙 외, 생활국어 1-1, 천재교육.)
- 인터넷 토론에서 개선해야 할 점 말하기, 좋은 댓글 달아보기(박영목 외, 생활국어 1-1, 천재교육.)
- 정확하지 않은 글, 억지를 부리거나 근거가 적절하지 않은 글 찾기, 욕설을 하거나 예절에 어긋나는 글 찾기(김대행 외, 생활국어 1-1, 천재교육.)
- 인터넷 토론과 일반 토론 특성 비교하기, 인터넷 사용 시 어떤 태도를 취해야 할지 정리하기(노미숙 외, 국어 1-1, 천재교육.)
- 인터넷 예절에 어긋나는 글 찾고 문제점 쓰기, 머릿글을 올린 토론자들의 찬성과 반대 입장 나누고 근거 분석하기, 조회 수가 많은 글 찾아보고 새롭게 제기된 해결 방안이나 쟁점 찾아 보기(윤희원 외, 국어 1-1, 금성출판사.)

이들의 활동은 대부분 인터넷에서 토론된 내용에 대한 분석, 댓글에 대한 분석, 인터넷 토론 참여 태도에 대한 것들이다. 이러한 토론 활동은 비실시간 인터넷 게시판 토론을 전제하고 있으며, 익명성을 바탕으로 한 일반적인 토론 양상을 가정하고 있다. 하지만 교육의 장에서 활용되는 토론의 경우 일반적인 게시판 토론과는 다른 특징이 있기 때문에 이를 고려한 보다 실질적인 활동이 필요하다는 생각이 든다. 그러나 문제가 되는 것은 2009개정 교육과정 이후 매체나 토론 교육에 대한 구체적인 성취기준이 빠지게 되면서 인터넷 토론 부분이 인터넷 윤리나 태도의 측면으로 바뀌었고 이로 인해 교과서에서도 인터넷 토론 관련 논의가 빠지게 되었다는 점이다. 현대 사회에서 그 활용도와 중요성이 커지고 그 양상도 다양화 되고 있는 상황에서 인터넷 토론 관련 교육이 충분히 이루어지고 있지 않은 상황에 대한 조정이 필요하다.

2. 교육 현장에서의 인터넷 토론의 특징

교육현장에서의 인터넷 토론, 특히 국어교육에서의 인터넷 토론은 일반적인 인터넷 토론과 어떤 면에서 다른 특징을 가지고 있을까? 기존 게시판이나 트위터를 활용한 인터넷 토론이 익명성, 공적 논제에 대한 의견 수렴의 목적으로 이루어졌다면, 국어교육에서의 인터넷 토론은 상대가 누구인지를 알고 있고, 공적 논제라기보다는 교육적 측면에서 논의되고 있는 사안에 대한 의견 개진이다. 이를 정리하자면 다음과 같이 그 특징을 정리할 수 있다.

<표 1> 일반적 인터넷 토론과 교육 현장에서의 인터넷 토론의 특징[1]

	일반적인 인터넷 토론	교육 현장에서의 인터넷 토론
참여자 특성	익명의 다수 상대가 누구인지 모르는 경우가 대부분	반 친구들이나 학교 친구들 상대가 누구인지 알 수 있음.
논제의 특성	• 신문 기사나 뉴스 등을 통해 보도 되어 당시에 사회적으로 문제가 되고 있는 사건이나 문제 • 공적 논제	• 보편적으로 기존에 있어왔던 논제 (사형제도, 안락사 등) • 특정 상황이나 인물에 대한 가치 논제(책 내용 관련)
상호작용 및 피드백	• 상호작용이 비교적 활발함. • 자신의 의견이 반영되었는지의 여부를 잘 알 수 없음.	• 상호작용이 비교적 활발함. • 자신의 의견이 전체 토론 결과에 어떤 영향을 미쳤는지 알 수 있음.
결과	• 토론 결과의 피드백 없음.	• 토론 결과에 대한 피드백 있음.

Ⅳ. 인터넷 토론의 참여 양상 분석 및 방향성 제시

1. 인터넷 토론의 학생 참여 양상 분석

인터넷 토론의 학생 참여 양상을 분석하기 실제 학생들을 대상으로 인터넷 토론을 다음과 같이 시행하였다.

가. 실험 대상 : 서울시에 위치한 사립 초등학교 5학년 학생

10개월 동안 학교 수업 시간에 일주일에 한 시간(40분)씩 토론 수업을 받고 있는 학생들로 오프라인에서 면대면 상황에서의 토론에 익숙한 학생들이다.

---

1) 여기서 인터넷 토론은 비실시간 게시판 토론을 전제함.

<그림 1> 해당 초등학교 인터넷 게시판

나. 실험 방법

다음과 같은 방식으로 10월~11월 중 실험이 진행되었다. 실험 대상 모둠을 선정하기 위해 우선 1단계로 인터넷 게시판 토론 참여 양상을 분석하기 위한 일련의 과정을 거쳤다.

① 1단계 : 실험 대상 모둠 선정을 위한 인터넷 게시판 토론 참여 양상 분석

토론 논제 관련 도서 선정 및 도서 제시(2주 전) → 인터넷 게시판 토론 공지(일주일 전) → 학생들이 인터넷 상에서 토론 실시(일주일 간) → 인터넷 게시판 토론 양상 분석

<표 2> 인터넷 게시판 토론 참여 양상 분석을 통해 실험 대상 모둠 선정

	인터넷 게시판 토론					
토론 방식	그룹별로 토론방을 만들어 준 후 자유롭게 댓글로 논제에 대해 토론을 하도록 함.					
참여자	전체 토론 대상 : 5학년 총 4개 반 (36*4반)					
	[토론 논제 및 모둠 구성]					
	- 도서 : 12살에 부자가 된 키라					
	- 논제 : 어린이가 주식 등으로 부자가 되는 것은 바람직하다.					
	- 토론방 구성 : 모둠(4~6명)으로 묶어서 모둠별 토론방을 만듦.					
	- 토론 참여율 (%)					

해당 반	1모둠	2모둠	3모둠	4모둠	5모둠	6모둠
5-1	60	60	100	75	100	67
5-2	100	67	75	100	100	83
5-3	100	75	100	100	100	67
5-4	100	50	100	100	100	100

	인터넷 게시판 토론
기간	주제에 대해 일주일의 시간을 주고 자유롭게 모둠별로 토론을 진행하도록 함.
분석 방식	• 인터넷 댓글 취합 후 모둠별 참여 양상을 분석함. • 분석 기준 : 토론 참여도 및 태도를 중심으로 특징 있는 모둠을 선별하였음. – 토론 참여도 : 모둠원 중 몇 명 정도가 토론에 참여하는가? – 상호작용 : 인터넷 게시판 토론에서 반론 및 반박 등 상호작용이 일어나고 있는가? – 토론 태도 : 상대의 질문을 잘 이해하고 상대에 대해 어떠한 태도를 지니고 있는가? – 논제 이해도 : 논제를 어느 정도 잘 이해하고 토론에 참여하고 있는가?

② 2단계 : 인터넷 게시판 토론, 면대면 토론, 실시간 토론에서 참여 양상 비교

인터넷 게시판 토론에서 선정된 모둠에 대한 면대면 토론 수업 실시 (모둠별 논의 시간 5분, 전체 토론 시간 5분) → 면대면 토론 녹취 및 분석 → 인터넷 게시판 토론 및 면대면 토론의 비교 분석 → 대상 모둠 카톡 토론 실시(모둠별 각 5분) → 인터넷 게시판, 면대면, 카톡 토론 비교 분석

<표 3> 인터넷 게시판 토론, 면대면 토론, 실시간 카톡 토론 진행 계획

내용	1차_인터넷 게시판 토론	2차_면대면 토론	3차_실시간 카톡 토론
토론 방식	모둠별로 토론방을 만들어 준 후 자유롭게 논제에 대해 토론을 하도록 함	수업 시간에 실시함 • 논제 관련 수업(10분) → 모둠별 토론 및 의견 나누기 (5분) → 모둠의 의견을 반 전체와 공유하고 이에 대해 토론하기(5분) → 토론 평가하기	스마트폰을 사용하여 '카톡'을 활용한 그룹 토론 (5분)
분석대상 선정 기준	인터넷 댓글 토론이 활발하게 일어난 모둠, 혹은 특징적인 내용이나 현상이 발견된 그룹 선정 (3그룹 선정 : 그룹 당 인원은 총 4~6명임을 고려할 때 대상 인원은 12~16명)	인터넷 게시판 토론에서 선정된 그룹을 동일 대상으로 선정	인터넷 게시판 토론에서 선정된 그룹을 동일 대상으로 선정
토론 논제	논제 : 어린이가 부자가 되는 것은 바람직하다	동일	동일

내용	1차_인터넷 게시판 토론	2차_면대면 토론	3차_실시간 카톡 토론
기간	주제에 대해 일주일의 시간을 주고 자유롭게 올리도록 함	수업 시간 40분 중 이루어짐. 총 토론 시간은 모둠 토론 5분, 전체토론 5분으로 각 모둠별 총 10분의 토론 시간이 주어짐	5분 동안 카톡창에서 토론 진행
분석 방식	• 인터넷 댓글 취합 후 참여 양상을 분석함 • 분석 기준 - 모둠원들의 토론 참여도 - 모둠원들의 상호작용 양상 - 토론의 태도 - 논제의 이해도 - 토론의 흐름	• 녹취 후 전사 • 분석 기준 동일	• 카톡창의 토론 내용을 복사 후 전사 • 분석 기준 동일

다. 분석 결과

① 인터넷 게시판에 나타난 토론 참여 양상

1) 모둠별 토론 양상 분석 결과

대상	모둠원	특징
A모둠	재인, 희연, 하은, 규리, 서현, 지윤	• 인터넷 게시판 토론에서는 전원 적극적으로 참여했으나 모둠원간의 상호 작용 전혀 없이 자신의 주장만 장문의 글로 표현함. 규리 : 저는 어린이가 (주식이나, 투자 등으로) 부자가 되는 것이 바람직하다고 생각합니다. 어린이들이 나이만 어리다고 해서 부자가 못되는 것은 아니기 때문입니다. 물론 어리기 때문에 돈을 소중히 여기지 못할 수도 있지만 주식이나 투자를 올바르게 하는 방법과 돈이 소중하다는 것을 안다면 가능하다고 생각해서 저는 어린이들이 부자가 될 수 있다고 생각합니다. 서현 : 저는 어린이가 주식이나 투자 등으로 부자가 되는 것이 바람직하지 않다고 생각합니다. 어린이들은 아직 미숙한 부분이 많아서 실수를 저지를 수도 있습니다. 또한 어린이들은 어려서 돈을 소중히 여기지 못할 수 있습니다. • 면대면 토론에서는 특정 몇몇 사람만(규리, 하은 희연) 토론에 참여를 하고 상대팀의 반론에 대해 적극적으로 반박을 하지 않음. 반론 : 어 근대 꼭 주식으로 안하고 이자로 어..어..만약 어릴때부터 많은 돈을 은행에다 저축해가지고 어...이자를 많이 받게 하면 되지 않을까요?

대상	모둠원	특징
		하은 : 그 말도 맞지만……
		반론 : 만약에 부모님이 돌아가시면요 저희가 이렇게 주식에 대한 투자를 하다가 돈을 잃어버리면요, 만약에 부모님이 없으면요 누가 도와주겠습까? 생활이 어려운데.
		희연 : 부모님이 없다고 해도 혼자서도 잘 이겨낼 능력을 키워야 하는 것이 좋을 것 같습니다.
		• 카톡 토론2)에서는 모둠원간의 상호작용 없이 자신의 주장만을 이어가는 특징을 보임. 또한 면대면 토론에서 전혀 참여를 하지 않던 학생들이(재인, 서현) 적극적으로 참여하는 모습을 보임.
		재인 : 저는 주식이나 투자로 부자가 되는 것은 바람직하다고 생각합니다.
		서현 : 저는 어린이가 주식 등으로 부자가 되는 것이 바람직하지 않다고 생각합니다.
		지윤 : 왜냐하면 어린이때는 주식이나투자로 부자가 되는것보단교과수업에 충실해야 한다고 생각합니다.
		규리 : 저는 어린이가 주식 등으로 부자가 되는 것은 바람직하다고 생각합니다. 왜냐하면 어린이라고 해서 권리가 없는 것도 아니고 주식이나 투자를 하는 올바른 방법만 알면 괜찮다고 생각합니다.
		서현 : 머넛 저축이나 경제관념을 배우고 나중에 성인이되어서 주식이나 투자를 해야한다고 생각합니다.
		재인 : 😺 재인 : 왜냐하면, 아무리 어려울지라도, 돈을 많이 벌 수있고, 부지가 될수 있다면 몇 번의 시행착오를 격으면서 더 전문적으로 돈을 많이 벌게 되면 이익입니당
		주현 : 😁 규리 : 또 어릴 때 먼저 부자가 되는 법을 알게 되면 성인이 돼서도 도움이
B모둠	린아, 산, 송현, 서연, 예슬,	• 인터넷 게시판 토론에서 상호작용이 매우 활발히 일어남. 송현 : 저는 바람직하지 않다고 생각합니다. 왜냐하면 어린이가 주식 투자 등으로 부자가 되면 나중에 커서 어른이 될 아이들이 돈만 바라보고 살 수도 있고, 아이들이 물질만능주의나 물질적 허영심이나 욕심을 가지고 클 수도 있기

대상	모둠원	특징
	민서	때문입니다. 서영 : 저는 문송현 토론자님의 의견에 반론을 제기합니다. 커서 아이들이 돈만 바라보고 산다고 하신 근거는 무엇입니까? 또한, 어린아이들이 이런저런 돈에 대한 경험(돈을 다 잃는다, 돈을 합리적으로 쓰지 못한다)을 통해 지혜를 얻을 것이라고 생각합니다. 산 : 저 역시 문송현 양의 의견에 반대합니다. 왜냐하면 아이들에게 욕심을 조금 가지는 것은 오히려 돈을 벌고 싶은 욕구로 재벌이 될 수도 있기 때문입니다. 송현 : 전 산군의 의견에 반론을 제기합니다. 산군은 의견에서 주식이나 투자로 돈을 버는 것이 바람직하다고 했는데, 제 의견에 대한 반론에서 오히려 돈을 벌고 싶은 욕구로 재벌이 될 수도 있다고 하는 점에서 주장이 뒤섞인 것 같습니다. 린아 : 저는 장예슬 양의 의견에 반론을 제기합니다. 주식을 하면 경제적 사회를 빠르게 배울 수 있다고 하셨는데, 조금씩 커 가 면서 경제적 활동에 대해 알아갈 필요는 없다고 생각합니다. 예슬 : 어렸을 때 경제를 배우면 컸을 때 이미 경제에 대해 잘 알아서 취직이나 경제활동을 빠르고 쉽게 할 수 있습니다. • 면대면 토론에서도 인터넷 게시판 토론과 같이 상호작용 및 토론이 매우 활발하게 잘 일어나고 반론에 대한 답도 매우 적극적으로 하고 있음. 하지만 인터넷 게시판 토론에서는 열심히 참여했던 린아, 예슬, 민서는 면대면 토론에서 거의 참여를 못하고 송현, 산, 서연만이 적극적으로 토론에 참여하고 있음. 반론 : 그런데 만약에, 부자가 되기 위해서 노력을 하면 어느 정도 도움이 필요하다. 만약에 부모님이 어린이가 주식을 통해 부자가 되는 것이 바람직하지 않다고 해가지고 약간 지원 같은걸 안 해주면 어떻게 할까요? 서영 : 처음에 부자가 되려면 조금 도움이 필요하고 부모님의 찬성 의견이 필요하기도 하겠지만, 만약 그런 부모님을 잘 설득학기 위해 돈, 학업.......학업이 원래, 부모님들은 원래, 자기 아이들이 공부하라고 그러는데, 만약에 경제 지식을 통해서 수학 과학을 배울 수 있다면 그것을 어른들이 시킬 것 입니다. 반론 : 지금 말하는 게 주식이나 투자 등으로 뭐지......돈을 벌면서 주식으로 수학이나 경제 등을 배울 수 있다고 했는데, 그것들은 한 부분이기 때문에 주식으로 배울 수 있는 수학, 과학은 경제의 한 부분이기 때문에 그것의 한

대상	모둠원	특징
		부분을 배우는 것보다는 먼저 그것을 배우고 그것을 이용해서 저거를 하는 게 낫지 않을까요?
		산 : 그런데 일단 수학, 과학이 어......경제의 한 부분이라고 하셨는데, 그건 맞습니다. 그러나 일단 우리가 수학이나 과학을 보면 여러 단원 중에서 한 단원이라도 제대로 배우면 다른 단원이라도 인용을 좀 해서 할 수 있습니다.
		• 카톡 토론에서는 자신의 주장을 말하기에 급급하여 상대와의 상호작용이 잘 이루어지지 않고 있음.
		서영 : 저는 어린이가 주식이나 투자로 부자가 되는 것이 바람직하다고 생각합니다.
		산 : (●)저는 어린이의 의무가 공부하는 것이기 때문에 바람직하지 않다고 생각합니다.
		서영 : 왜냐하면! 송현 : 그 이유는 첫째
		산 : 노답
		예슬 : 주장을 말씀드리겠습니다.
		서영 : 경제나 주식에 필요한 과목을 쉽게 배울 수 있게 되고
		서영 : 둘째
		린아 : 저는 어린이가 주식이나 투자 등으로 돈을 버는 것에 대해 돈을 버는 것이 바람직하지 않다고 생각합니다.
C 모둠	우진, 준서, 민재, 승제, 성현, 승환	• 인터넷 게시판 토론에서 상호작용은 없지만 참여자들이 전원 주장과 근거를 들면서 자신의 의견을 매우 적극적으로 드러내는 경향이 있음.
		승제 : 저는 바람직하다고 생각합니다. 자신의 꿈을 향해서 일찍 달려나가는 것도 꿈을 이루기 위한 좋은 방법입니다. 어릴 때부터 주식이나 투자를 하면 경험과 지식이 쌓여서 나중에 어른이 되었을 때, 유용할 수 있다고 생각합니다.
		민재 : 저는 바람직하다고 생각합니다. 왜냐하면 미리 돈을 벌어 나중에 자신을 뒷바라지 해줄 수 있고 남을 많이 도울 수 있다고 생각합니다.
		우진 : 저는 바람직하다고 생각합니다. 지금 미리 자신의 미래를 생각해서 꿈을

대상	모둠원	특징
		위해서는 아주 좋고 나중에 돈을 못 벌어도 조금은 보탤 수 있다고 생각합니다. 준서 : 저는 바람직하다고 생각합니다. 경제적인 삶을 더 빨리 경험하고 돈의 가치를 알아가며 성숙해집니다. 그러기에 저는 유승환의 의견에 반대합니다. 우리는 돈의 가치를 모르기 때문에 배우면서 성숙해지는 것입니다. 우리는 모르기에 배우는 것이지 아는데 배우는 것이 아닙니다. 우리 부모님들도 어렸을 때 돈의 가치를 몰랐지만 점차 성숙해지면서 돈의 가치를 알게 되는 것입니다. • 면대면 토론에서는 특정 사람(준서)이 독단적으로 토론을 주도하고 참여하고 있음. 반론 : 근대 어린이들이 만약에 부자가 된다고 가정을 한다면 구체적으로 어떤 방법이 좋을까요? 준서 : 예를 들어가지고 어.......자기가 총 저축을 하는 어린이들은 자기부모님에게 통장을 만들어 달라고 해서 그 통장으로 인해서 주식을 하거나 자신이 돈에 대한 이자를 받아서 보는 것도 좋은 방법인 것 같습니다. 반론 : 근대 환율이나 이자 같은 걸 더 잘 알 수 있다고 했는데요, 일단 학업에 충실해서 그 기초를 다져놓고 시작해야지 더 주식이나 투자에 대해서 더 익숙하지 않을까요? 익숙하거나 더 잘된 판단을 내릴 수 있지 않을까요? 준서 : 그런데, 원래, 원래 경험이나 실질적인 것을 통해 경험을 하는 것이 더 빨리 배울 수 있습니다. 그렇기 때문에 사회에서, 사회에서 먼저 경험을 한 뒤에 그런 경험을 하면서 어떻게 하면 오르는지 떨어지는지 알 수 있기 때문에 그런 학업을 하면서도 그런 것을 할 수 있다고 생각합니다. • 카톡 토론에서는 초반에는 자신의 의견을 진지하게 줄글로 쓰다가, 한 사람이 이모티콘을 등장시키자, 논제에 대한 논의보다는 장난으로 대화가 흘러갔음. 특히 면대면 토론에서 적극적으로 참여하지 않은 학생이(성현, 승제, 민재) 카톡 토론에서는 적극적으로 참여하는 경향을 보였음. 성현 : 어린이가 주식 등으로 부자가 되는 것은 바람직하지 않다. 준서 : 저는 바람직하다고 생각합니다. 왜냐하면 어릴 때부터 경제적 지식을 쌓으면 필요 없는 소비를 하는 어린이들이 줄어들 것이기 때문입니다. 최근에 어린이들은 불필요한 소비를 많이 한다는 기사가 있습니다.

대상	모둠원	특징
		승제 : 저는 바람직하다고 생각합니다. 어린이가 주식가의 꿈을 가지고 있거나 관심이 있다면, 해도 된다고 생각합니다. 워렌버핏도 어릴 적 지식을 바탕으로 자신의 꿈을 이루어서 35세에 억만장자가 되었습니다.
		성현 : 왜냐하면 12살에 부자가 된 키라를 예를 들면 학생의 뜻은 학교에서 공부를 한다는 뜻이기 때문이다.
		민재 : 저는 어린이가 주시 등으로 부자가 되는 것은 바람직하다고 생각합니다. 왜냐하면 어렸을 때부터 돈을 모아두면 나중에 자신의 꿈을 뒷받침할 수 있기 때문이다.
		준서 : 그리하여 우리가 경제를 잘 알게 된다면 나중에 어른이 된다면 더 수월히 경제활동을 할 수 있기 때문입니다.
		우진 : 저는 바람직하다고 생각합니다. 왜냐하면 어릴 때 많이 경험하면 어른 되었을 때도 헷갈리지 않고 잘 경제활동을 할 수 있습니다.
		우진 : 게다가 나중에 이득도 볼 수 있습니다.😀
		민재 : 🐻
		승제 : 그것은 기사일 뿐입니다. 그 기사는 모든 학생에게 조사를 하지 않았기 때문에 매우 편파적이고 정확하지 않다고 생각합니다.
		우진 : 🐿
		승제 : 사랑해
		우진 : 😫
		승제 : 굴라야
		우진 : 🥚

2. 인터넷 게시판 토론, 면대면 토론, 카톡 토론의 양상 비교 결과

앞서 분석한 세 모둠의 각각의 토론 양상 분석을 바탕으로 인터넷 게시판 토론, 면대면 토론, 카톡 토론의 양상을 다음과 같이 정리할 수 있다.

첫째, 논제의 접근 방식의 측면에서 논제 자체에 대한 이해도나 논리성 명확성 등이 가장

---

2) 카톡 토론 전사의 경우 오타나 띄어쓰기는 학생들이 쓴 그대로 옮겨 적었는데, 이러한 양상들이 카톡 토론의 특징 중 하나라고 볼 수도 있기 때문임.

두드러지게 잘 나타나는 토론 방식은 인터넷 게시판 토론이었다. 이는 게시판 토론이 다른 토론 방식과 달리 비실시간 토론이고 그만큼 시간적 여유가 있기 때문에 생각을 많이 하면서 글을 작성할 수 있다는 환경적 요인 때문이다. 게시판 토론에서는 주장에 대한 다양한 근거 및 자료들을 찾아서 완결된 하나의 문단으로 주장을 정리하여 입론을 작성하는 모습을 보였다. 반면 카톡 토론의 경우 짧은 시간에 자신의 주장을 표현하다 보니 다른 유형의 토론 방식보다는 다소 논리성이 떨어지는 경향을 보였다.

둘째, 모둠원 간 상호작용은 면대면 토론 상황에서 가장 원활하게 이루어졌고, 인터넷 게시판 토론의 경우에는 모둠의 성향에 따라 그 양상이 다르게 나타났다. 카톡 토론의 경우 자신이 주장하고자 하는 바를 표현하는 데 급급하다보니, 상대의 의견을 제대로 잘 수용하지 못하는 경우가 많았고, 많은 대화들이 중간에 오고가다보니 누가 누구에게 반론을 하는 것인지 헷갈리는 경우가 많아서 상호작용이 제대로 이루어지지 않았다. 면대면 토론에서 상호작용이 활발히 일어나는 모둠일 경우 인터넷 게시판 토론에서도 이와 마찬가지로 반론 및 반박, 질문 등 상호작용이 비교적 활발하게 이루어졌으나, 그렇지 않은 모둠일 경우에는 단순히 인터넷 게시판 토론에서 주장만을 긴 글로 나열하고 토론을 끝냈다.

셋째, 토론에 임하는 태도나 자세에 있어 카톡 토론의 경우 다양한 이모티콘을 사용할 수 있고, 실시간으로 대화를 할 수 있다 보니 다소 장난스럽게 토론에 임하는 경우가 많이 있었다. 특히 이모티콘으로 장난을 하기 시작하면 진지하게 토론에 임하던 학생들도 같이 휩쓸려 장난스런 태도로 토론에 임하게 되는 경우가 있었다. 하지만 기본적으로 토론에서 지켜야 할 예의, 존댓말 사용이나 호칭 등에 있어서는 다른 토론 유형과 큰 차이를 보이지는 않았다.

넷째, 토론의 참여도 측면에서는 모둠의 특성에 따라 다양한 양상을 보이고는 있지만, 공통적으로 나타나는 특성으로는 인터넷 게시판 토론이든, 카톡 토론이든 인터넷 토론의 경우 면대면 토론에서보다는 모둠원들의 참여도가 월등히 높다는 점이다. 면대면 토론에서는 특정 몇몇만이 토론을 주도하고 이끌어갔다면, 인터넷 토론에서는 모둠원 전원이 토론에 매우 적극적으로 참여하는 모습을 보였다. 이는 면대면 토론에서는 적극적으로 나서지 못했던 학생들 즉, 쑥스러워서 잘 나서지 못하는 성격의 학생 혹은 발표력이나 순발력이 부족한 학생들이 사이버 공간에서는 자신이 생각하는 바를 잘 드러낼 수 있는 기회를 가질 수 있다는 시사점을 준다.

Ⅴ. 결론

본고에서는 화법과 작문의 통합된 의사소통의 관점에서 인터넷 토론 시 나타나는 학생들의 토론 참여 양상을 살펴보기 위해 면대면 토론, 비실시간 인터넷 게시판 토론, 실시간 카톡 토론으로 비교해서 살펴보았다. 학교 현장에서 활용되는 인터넷 토론은 뉴스 사이트나 포털 사이트에서 제공하는 일반적인 인터넷 토론과는 차이점이 있기 때문에 이러한 일반적 인터넷 토론의 특징을 교육 현장에서의 인터넷 토론에 동일하게 적용시켜서는 안 된다.

그동안 인터넷 토론이라고 하면 인터넷 게시판을 활용한 비실시간 토론만을 생각했으나, 카톡, 페이스북 등 다양한 매체의 발달로 인해 실시간 토론 역시 토론의 한 유형으로 들어오게 되었다. 그렇기 때문에 교육의 측면에서도 채팅 토론이나 카톡 토론의 방식을 효율적으로 활용할 수 있는 방안에 대해서도 생각해 보아야 할 시점이다.

앞서 분석한 인터넷 게시판 토론, 면대면 토론, 카톡 토론에 있어서 학생들의 토론 참여 양상을 보면 어떤 한 가지 토론 방식이 월등하게 좋다기보다는 각각이 지닌 특장점이 있다는 것을 알 수 있다. 그 예로 면대면 토론에서 적극 참여하지 못하는 학생들을 토론의 장으로 끌어오는 방안으로 실시간 카톡 토론을 활용할 수 있고, 생각을 논리적으로 전개하는 방식을 키워주기 위해서는 인터넷 게시판 토론의 방식을 활용할 수 있다. 또한 무겁지 않은 논제, 짧은 시간에 해결 가능한 논제일 경우, 참여자가 많지 않을 경우에는 카톡 토론을 효율적인 토론 방식으로 채택할 수 있다. 면대면 토론을 하기 전 입론 작성을 기존처럼 글로 작성하기보다는 사전 논의 작업의 일환으로 카톡 토론을 활용하여 생각을 서로 교류할 수도 있다.

논제를 찾는 과정에서는 카톡 토론을, 자료를 찾고 논의를 전개하는 과정에서는 인터넷 게시판 토론을, 다양한 의견을 듣고 논의하는 과정에서는 면대면 토론을 사용하여 세 가지 토론 방식을 혼용하여 수업을 전개할 수도 있다.

2009 개정 교육과정 이후 교과서에는 직접적으로 인터넷 토론 관련 논의가 제시되지는 않았지만, 인터넷 토론의 중요성은 간과되어서는 안 되며, 면대면 토론의 여러 단점을 보완할 수 있는 방안, 혹은 면대면 토론에서는 하지 못하는 부분을 보완하는 방안으로 인터넷 토론을 적극적으로 활용할 수 있다.

참고문헌

권상희(2003), 인터넷 신문의 뉴스 특성과 대안언론의 가능성: 오마이 뉴스 기사분석, 한국언론학보 45(2), pp.117-155.

권순희(2007), 초등학생의 인성교육을 위한 말하기·듣기 교육 방안 : 적극적 초등학생과 소극적 초등학생의 토론 대화 분석을 중심으로, 한국초등국어교육 34, 한국초등국어교육학회, pp.35-89.

김은미, 이준웅(2004), 새로운 공론장으로서의 인터넷 토론 공간에 관한 소고, 한국언론학회 심포지움 및 세미나, 한국언론학회, pp.117-147.

김종길(2005), 사이버공론장의 분화와 숙의민주주의의 조건, 한국사회학 39, 한국사회학회, pp.34-68.

김종길(2006), 시민참여 미디어로서의 인터넷 미디어 토론방 가능성과 한계, 담론 201 9권, 한국사회역사학회, pp.33-79.

김희봉 외(2011), 스마트러닝 환경에서 토론 활성화 방안 도출, 한양대학교 교육공학연구소, 학습과학연구 5, pp.79-114.

민병곤(2009), 텍스트 중심 국어교육과정의 교재화 방안 – 7학년 말하기 영역 '인터넷 토론'을 중심으로, 텍스트언어학 26, 한국텍스트언어학회.

박선옥(2006), 인터넷 토론글 사례 분석을 통한 효율적인 인터넷 의사소통 방식에 관한 연구, 화법연구, 제9집, 한국화법학회.

이각범 외(2009), 한국 온라인 문화의 문제점과 올바른 온라인 토론 문화 조성 방안, 한국정보문화진흥원.

이삼형 외(2014), (1) 대화와 교신, 고등학교 화법과 작문II, ㈜지학사.

이재왕(2008), 온라인 실시간 비실시간 토론이 비판적 사고력 및 인지적 참여에 미치는 영향, 안동대학교 석사학위논문.

임병노(2005), 토론기반의 온라인학습환경에서 교사 역할과 운영전략, 경희대학교 발전연구소 논문집 21, 경희대학교 발전연구원, pp.79-100.

임칠성(2002), 채팅에 대한 국어교육적 고찰, 석화정재원교수 정년기념논총간행위원회, 석화정재원교수 정년기념논문집.

임칠성(2002), 토론교육의 모형과 의의, 한국초등국어교육, 한국초등국어 교육학회.

정소연 외(2011), 대학생의 글쓰기 과제물의 표절 실태와 표절 검사 시스템의 표절 예방적 적발 효과 연구:COPYLESS로 서울대학교 공과대학 실험보고서를 검사한 사례를 중심으로, 사고와 표현 4, 사고와 표현학회, pp.157-182.

정현선(2009), 디지털 시대 글쓰기에 있어 '표현 도구'와 '매체 특성'의 이해의 필요성: 초등학교 어린이의 사진과 글에 대한 분석을 중심으로, 언어학 106, 한국어문학회, pp.99-130.

진선희(2013), 인터넷 토론 교육을 위한 디지털 교과서 개발 연구: 채팅 토론을 중심으로, 전남대학교 석사 학위 논문.

최용성 외(2009), 연구윤리에서의 표절 문제와 표절 예방교육에 관한 연구, 한국시민윤리학회, 한국시민윤리학회보 22, pp.25-50.

황성근(2009), 말하기 교육에서 글쓰기의 효과와 연계 방안, 한국작문학회 연구발표회 자료집, 한국작문학회, pp.60-74.

07 온라인 토론 담화 분석 및 교육적 의의

Ⅰ. 서론

1. 연구 목적

이 연구는 온라인 토론 담화를 분석하여 온라인 토론의 특성이 잘 구현되어 있는지를 확인하고 그 안에서 발견되는 의사소통의 문제점을 찾아 이를 보완할 수 있는 교육적 해결 방안과 교사의 역할을 제시하는 것을 목적으로 한다.

정보 통신의 발달로 수많은 인터넷 포털 사이트와 언론 매체, 그리고 커뮤니티를 중심으로 다양한 사안에 대한 토론이 활발하게 이루어지면서, 온라인 토론은 이미 우리 생활 속에 깊숙이 자리 잡고 있다. 또한 온라인 토론은 말하기, 듣기, 읽기, 쓰기의 의사소통을 모두 경험할 수 있는 의사소통 활동이라는 점에서 그 교육적 가치가 매우 높다.

그러나 아이러니하게도 정보화 시대에서 인터넷은 오히려 의사소통의 장애요인으로 작용하고 있다. 인터넷 게시판이나 댓글을 살펴보면 논리적이지 못하고 무분별하며 비도덕적인 내용의 글들이 난무하고 있다. 이러한 현상으로 인해 정보 통신 기술이 나날이 발달하고 있음에도 불구하고 사회 구성원 간에 의사소통이 원활하게 진행되지 못하고 있다.

또한 교육 현장에서 다루고 있는 온라인 토론과 인터넷 상에서 접할 수 있는 온라인 토론 사이에는 방식과 내용 면에서 큰 차이를 보인다. 그렇기 때문에 온라인 토론이 교육에서 다루어지고 있기는 하지만, 교육과정이 의도하고 있는 교육적 성과와 현실과의 괴리감은 상당하다고 할 수 있다.

따라서 인터넷 공간에서 어떠한 방식으로 온라인 토론이 전개되는지 살펴보고 인터넷이라는 매체가 토론에 어떠한 영향을 미치고 있는지 찾아볼 필요가 있다. 그리고 그로 인해 발생하는 의사소통의 문제점을 어떠한 방식으로 해결할 수 있는지 논의해보고자 한다. 이러한 과정을 통하여 좀 더 현실적인 온라인 토론의 교육 방안을 찾아볼 수 있을 것이다.

2. 연구 방법 및 연구 대상

첫째, 선행 연구를 통하여 온라인 토론의 특성을 확인하고 온라인 토론 커뮤니티의 토론 텍스트를 분석하여 온라인 토론의 여러 가지 특성들이 어떠한 방식으로 구현되고 있는지를 살펴볼 것이다. 둘째로 온라인 토론 온라인 토론 커뮤니티의 토론 양상을 분석함으로써 실제로 온라인 토론을 교육하는 데에 있어서 어떤 점을 보완해야 하는지를 분석하고 교육적 방안을 제시해보고자 한다.

연구 대상으로 할 온라인 토론 사이트는 디베이팅 데이(http://debatingday.com/)라는 토론 사이트이다. 이 토론 사이트에서는 여러 가지 유형의 토론이 이루어지고 있는데 논리적이고 현실적인 토론 양상을 보여주고 있다. 교육 현장에서의 온라인 토론이 비현실적이라는 점, 그리고 대부분의 온라인 커뮤니티에서의 토론이 비논리적이라는 것을 고려할 때 이 사이트에서 이루어지고 있는 토론 담화의 양상은 분석할 만한 가치가 있다[1]고 판단하였다. 이 사이트는 회원 가입을 이메일 인증을 통해 간단히 할 수 있으며(접근성), 이슈가 되는 내용에 대해서 자유롭게 자신의 의견을 표현할 수 있으며(자발성 및 자율성), 거기에 토론 능력을 명시화한 수치인 토론 성향 분석(Debate Quatient)을 제시하고 있다는 점(분석력)이 눈여겨볼만하다. 이 사이트의 온라인 토론 담화를 분석 대상으로 삼았다. 그 중에서도 토론 참여자의 참여도가 가장 높은 찬반토론 항목을 분석의 대상으로 삼았다.

이러한 분석을 통해 실제 온라인상에서 이루어지는 토론의 양상을 파악하고, 문제점을 찾아 학습자들이 좀 더 적극적이고 논리적인 토론 활동을 할 수 있도록 국어교육에서 유의미한 교육적 방안을 도출해낼 수 있을 것이다.

II. 온라인 토론의 매체적 특성

온라인 토론에 영향을 미치는 다양한 요인이 있지만 본고에서는 '온라인'이라는 매체적 특성에 기초하여 담화를 분석하고자 했기 때문에, 온라인 토론의 매체적 특성으로 상호작용성과 익명성이라는 두 가지로 정리할 수 있다.

---

1) 디베이팅 데이, 괜찮은 토론 사이트 추천합니다. http://realksn.blog.me/220407396567
   디베이팅 데이 토론 성향 분석 기능 DQ에 대하여 http://blog.naver.com/agoacro/220386771806

1. 상호작용성

온라인 토론에서는 의사소통이 실시간 혹은 비실시간으로 이루어진다. 특히 대부분의 온라인 커뮤니티에서 이루어지는 '댓글' 중심의 토론은 비실시간으로 이루어지는 것이라고 할 수 있다. 비실시간 온라인 토론의 장점은 토론 참여자가 원하는 시간에 온라인 토론에 참여할 수 있다는 것이다. 이것은 토론 참여자에게 토론에 대한 통제권을 더 많이 부여하는 것을 의미한다.

<표 1> 실시간 토론과 비실시간 토론의 비교

	실시간 토론	비실시간 토론
도구	채팅 메신저 화상채팅 비디오, 오디오컨퍼런스	e메일 게시판 리스트서브 컴퓨터컨퍼런스
장점	즉시적 참여, 반응, 피드백 사회적 상호작용이 용이함 브레인스토밍이 용이함 갈등극복과정이 용이함	시간적 제약이 약함 생각할 시간이 충분함 복잡한 질문이 가능 논리와 근거 중심
단점	빠른 타이핑 속도를 요구함 동시다발적 대화로 산만할 수 있음 간섭의 효과로 인한 인지적 부하 긴 문장을 읽기 어려움	자신만의 의견을 제시하는 경향 논의의 시작과 끝이 불분명 이미 결정된 논의에 대해 다시 논의 타인의 의견을 도용할 수 있음
유사점	문자 중심의 의사소통, 비언어적 단서가 결핍, 원격지에서 상호작용	

(Driscoll, 2002, 이재왕, 양용칠, 2010:125에서 재인용)

온라인 토론은 면대면 토론처럼 제한된 시간 내에서 자신의 견해를 구성하고 다른 토론 참여자와 경쟁하는 것이 아니다. 충분한 시간을 가지고 자신의 의견을 구성할 수 있으며 타인의 의견에 대해 고민해 볼 수 있다. 또한 시간적인 제한이 없어서 발언 기회를 두고 경쟁할 필요가 없으며, 다른 토론 참여자들과 의견을 공유할 수 있다는 장점을 지닌다.

또한 시간이나 공간의 제약이 없기 때문에 면대면 상호작용이 힘든 상황에서도 토론이 진행될 수 있다. 다양한 지역에 사는 학습자들을 토론에 참여시킴으로써 보다 많은 인원의 학습자가 토론에 참여할 수 있으며, 이는 경제적인 측면에서도 매우 합리적이다. 면대면 토론에서는 토론 참여자들이 특정한 장소에서 토론을 해야 하지만, 온라인 토론에서는 특정한 토론 장소를 구할 필요 없이 온라인상에서 간단하게 토론할 수 있는 공간을 저렴하게 마련할 수 있기 때문이다. 이뿐만 아니라 온라인 토론을 할 수 있는 기본적인 CMC 환경만 조성된다면 별다른 문제없이 지속적으로 토론에 참여할 수 있다.

다양한 방식으로 온라인 토론이 이루어질 수 있다는 점도 주목할 필요가 있다. 예를 들어서 전자우편을 통해서 교사와 학생이 일대다의 관계로 온라인 토론을 할 수도 있으며, 카카오톡이나 네이트온 같은 메신저를 사용하여 실시간으로 토론이 진행될 수도 있다. 또한 온라인 게시판을 통한 토론도 가능하다. 이렇게 온라인상에서는 보다 많은 수의 인원이 일대다 또는 다대다의 형태로 상호작용을 할 수가 있다. 면대면 토론에서 교사가 토론 교육을 할 수 있는 인원이 제한적이라면, 온라인 토론에서는 보다 많은 학생들을 대상으로 토론 교육을 할 수 있다.

온라인 토론은 인터넷이라는 공간을 전제로 하기 때문에 다양한 그림, 음성, 영상 등을 토론 참여자들이 공유함으로써 상호작용의 저변을 확장시킬 수 있다. 토론 참여자들은 텍스트 형태의 자료뿐만 아니라 다양한 형태의 자료들을 통해 자신의 주장을 공고히 할 수 있게 된다. 그리고 자신의 의견을 뒷받침할 수 있는 근거를 인터넷에서 검색하여 자신의 견해를 논리적으로 구성할 수 있다는 편리함도 가지고 있다. 이러한 특징은 토론에 토론 참여자가 보다 능동적으로 참여할 수 있도록 만들어준다.

온라인 토론은 기본적으로 문자를 중심으로 상호작용이 이루어진다. 음성이나 영상을 통해서 토론할 수도 있지만, 대다수의 온라인 토론은 문자를 기반으로 하고 있다. 토론에서 이루어지고 있는 모든 이야기가 텍스트 형태로 남아있기 때문에 토론 참여자는 언제든지 그 텍스트를 가지고 다른 토론 참여자의 주장과 근거를 꼼꼼히 따져볼 수 있으며, 상대의 주장에서 이해가지 않는 부분을 손쉽게 찾아낼 수 있다. 그리고 문자를 통해서 자신의 주장을 정리할 수 있기 때문에 보다 논리적으로 자신의 주장을 구성할 수 있으며, 토론이 끝난 뒤에도 자신의 주장이 논리적으로 구성되었는지도 재검토할 수 있다. 이렇게 토론 참여자가 토론의 과정을 조망할 수 있게 되면서 토론 참여자가 초인지적 관점에서 토론에 참여할 수 있게 만들어주며, 따라서 토론에 능숙하지 않은 토론 참여자가 좀 더 쉽게 토론을 학습할 수 있게 된다.

위에서 언급한 특징들이 CMC 자체에 기반하고 있다면 CMC를 통한 토론 참여자 간의 상호작용 역시 토론 참여자에게 영향을 미친다. 음수연(2003)은 상호작용을 받지 않은 온라인 토론 참여자들보다 긍정적이든 부정적이든 상호작용을 받은 참여자들이 의견을 적극적으로 표명하는 것으로 밝혀진다는 연구 결과를 보여주고 있다. 특히 긍정적 상호작용을 받은 온라인 토론 참여자들보다 부정적 상호작용을 받은 참여자들이 자신의 의견을 방어하기 위해서 지속적으로 반응을 보이는 것으로 나타났다는 연구 결과를 제시했다. 이것은 적극적으로 자신의 의견의 타당성을 입증하려 하는 경향을 보이는 것으로 설명하고 있다.

박선옥(2006)은 상호작용 시 빠른 커뮤니케이션 진행을 위해 경제성을 추구하는 모습을 보이며, 대면 상황과 비대면 상황의 중간층위에 해당하기 때문에 감정표현이 병행된다는 점을 지적하였다. 또한 변형과 조작을 통하여 오락성을 추구하는 모습을 보이며 비문법적인 표현이나 은어, 비속어 등을 무분별하게 사용하는 모습을 보인다고 언급하였다.

2. 익명성

익명성이란 개인이 자신의 의지에 따라 자신의 신분을 숨기는 것을 의미한다. 즉, 신분의 노출이 강제되는 것이 아니라, 개인이 자유롭게 선택하여 자신의 신분을 보호하는 것이다. 또한 익명성은 물리적 익명성(성별, 연령, 신체적 특징이 배제된 상황), 사회적 익명성(지위나 권위 등 사회적 정체성이 배제된 상황), 심리적 익명성(개인적 선호, 지향, 감정, 생각이 부각되는 심리적 실명성의 반대 개념)으로 분류할 수 있다(박정순, 2004; 나은영, 2006).

익명성은 참가자 개개인에 따라서 다양한 모습으로 나타난다. 온라인상에서 토론 참여자는 실명, 반익명, 익명의 세 가지 모습으로 자신을 드러내게 된다. '실명'은 온라인 토론에서 자신의 신분을 완전히 드러내는 것을 의미한다. 대체로 오프라인과 연계되며 소집단으로 구성되는 토론집단에서 이러한 모습을 보인다. '반익명'이란 온라인 토론 참여자가 아이디를 사용함으로써 자신을 드러내는 것을 의미한다. 자신의 실제 모습을 드러내지는 않지만, 대화명이나 아이디를 통해 온라인상에서 또 다른 정체성을 형성함으로써 심리적 익명성을 드러내는 경우를 뜻한다. 마지막으로 '익명'은 온라인 토론에서 참여자의 신분을 드러내지 않는 것을 의미한다. 반익명이나 익명의 경우 면대면 토론이나 실명 토론에서 영향을 끼칠 수 있는 개개인의 특성이 배제된다.

인터넷 익명성의 장·단점은 다음과 같다.

<표 2> 인터넷 커뮤니케이션의 익명성의 장점과 단점

장점	단점
복수의 정체성 표현	검열받지 않은 정체성 표출로 불건전한 문화 형성
현실 사회의 위계에서 자유	상대에 대한 공격
수평적 관계 유지	무례, 욕설
개인정보 유출 위험성 제거	사이버 스토킹
실질적 의사 표현 자유	정체성 혼란
활발한 토론 유도로 지식생산성 증대	완전한 익명성 보장 불가능

(박문서, 2002:207)

익명성은 토론 참여자에게 심리적 해방감과 평등성을 느끼게 해준다. 따라서 감정의 조절이나 표현에 대한 억제가 풀리게 되며, 온라인상에서 자기중심적이고 규제되지 않는 모습을 보이기도 한다. 심지어 타인에게 공격적인 모습을 보이기도 한다. 그리고 자신의 발언에 대한 책임을 덜 느끼게 되기 때문에 다소 논리나 근거가 부족한 발언을 하거나, 걸러지지 않은 표현의 게시물을 작성하기도 한다. 또한 즉흥적으로 다른 토론 참여자에게 비방이나 욕설을 하기도 한다.

반면 다른 토론 참여자들과 수평적 관계를 유지하며 규범에 영향을 덜 받기 때문에 평등한 발언 기회를 제공받게 되며, 보다 솔직하고 적극적이고 능동적으로 토론에 참여하게 된다. 또한 개개인이 자유롭게 자신의 의견을 표현할 수 있기 때문에 의견의 다양성을 보장받을 수 있게 된다. 따라서 내성적인 학습자가 적극적으로 토론 수업에 참여할 수 있는 기회를 만들어주기도 한다.

음수연(2002)에 의하면 익명 토론방에서는 대부분의 의견이 공격적인 성격을 보이고, 실명과 닉네임 토론방에서 나타났던 중재적 성격의 의견이 발견되지 않아, 익명 토론방에서의 여론형성 과정은 닉네임이나 실명 토론방에 비해 합의 지향적이기보다는 차별 지향적 성격이 강하게 나타났다고 한다.

분석 대상으로 삼은 토론 사이트의 경우 온라인 게시판을 통해서 토론이 진행되고 있기 때문에 비실시간 토론에 해당한다고 할 수 있다. 그리고 완전히 익명인 상태에서 자신의 의견을 남길 수도 있지만 회원으로 가입하여 자신만의 닉네임을 사용할 수도 있기 때문에 익명적 성격과 반익명적 성격을 동시에 드러내고 있다고 할 수 있다.

3. 메시지 분석 방법

온라인 토론 담화를 분석하기 위해서는 단순히 온라인 토론의 성격을 분석하는 것을 뛰어 넘어서 내용적 측면에서 담화를 분석할 수 있는 담화 분석 모델이 요구된다. 따라서 본고에서는 Henri의 내용 분석 모델을 기초로 이것을 변형하여 온라인 토론 담화를 분석하고자 한다.

Henri의 내용 분석 모델은 분석 방법이 비교적 간단하여 특별히 내용 분석에 대한 전문적인 지식이 없어도 쉽게 학습과정에서 교환되는 메시지를 분석해 낼 수 있을 뿐 아니라 메시지의 수준을 파악해 낼 수 있다는 특징을 갖는다(강명희, 권윤성 2000; 한정선, 오정숙 2005).

<표 3> Henri(1992)의 내용 분석 모델

분석 차원	정의	지표
참여적	개인 또는 집단이 올린 메시지 또는 진술문의 총합	메시지의 수
사회적	학습내용과 직접 관련되어 있지 않은 내용	자기소개 언어적인 지원 (칭찬, 격려 등) 예) 난 기분이 매우 좋았는데 ↳ ↳…
상호작용적	논평 혹은 질의응답과 같이 타인의 메시지를 연속적으로 주고받는 내용	~의 메시지에 대답하면… 전에 언급했던 것처럼
인지적	학습과정과 관련된 지식과 기술을 나타내는 내용	질문, 추론, 가설
메타인지적	일반 지식, 기술과 관련있는 내용으로 학습의 자각, 통제, 규제를 의미하는 진술문	내가 이해하기로는… 나는 생각하기를…

(강명희, 권윤성 2000; 한정선, 오정숙 2005)

참여적 차원은 개인 또는 집단이 올린 메시지 또는 진술문 수의 총합을 나타내며, 사회적 차원은 학습 내용과 직접적으로 관련이 없으나 학습과정에서 학습자를 심리적으로 지원해 주는 내용을 나타낸다. 상호작용적 차원은 학습자들 간의 협동학습 수준 및 학습자의 능동적인 참여를 평가할 수 있는 영역으로 다른 참가자들의 메시지와 관련지어 언급된 내용이 해당된다. 인지적 차원은 학습과정과 관련된 일반적인 지식과 기술을 나타내는 내용이며, 메타인지적 차원은 학습자의 자각, 통제, 전략, 규제를 의미하는 내용이다(임철일, 윤순경, 연은경, 2007).

그러나 이 내용 분석 모델을 그대로 온라인 토론 담화 분석에 적용하기에는 한계가 있다. 우선 토론 담화에 맞게 분석 기준을 수정할 필요가 있다. 그리고 각 차원과 차원이 의미하고 있는 바가 명확하지 않기 때문에 전체적인 틀과 정의를 재구성할 필요가 있다.

먼저 참여적 차원은 메시지의 총합을 나타내는 것이기 때문에 따로 분석하는 의미가 없기 때문에 삭제하였다. 다음으로 사회적 차원을 학습자를 심리적으로 지원해주는 것이라고 설명하고 있는데, 토론 담화에서는 지표에서 제시된 언어적 지원뿐만 아니라 그와 반대되는 내용의 메시지도 나타나고 있기 때문에 이러한 긍정적 혹은 부정적인 메시지를 다 포함하여 다시 정의하였다. 메타인지적 차원은 토론 담화를 대상으로 삼아 좀 더 구체적으로 다시 정의하였다. 상호작용적 차원은 내용적 차원에서 구분하기 애매한 차원이기 때문에 아예 삭제하였고 그 대신 토론 담화와 상관없이 산발적으로 등장하는 메시지를 예외적 메시지로 설명하였다. 이와 같이 본고에서는 위에서 제시했던 Henri(1992)의 내용 분석 모델을 다음과 같이 수정하여 구체적인 토론 담화를 미시적으로 분석해보고자 한다[2].

<표 4> Henri의 내용 분석 모델 재구성

분석차원	정의
인지적 메시지	토론에서의 논증이 드러나는 메시지
관계적 메시지	토론의 진행 양상에 반응하는 메시지
메타인지적 메시지	토론의 진행 양상을 메타적으로 관찰하여 통제, 규제하는 메시지
예외적 메시지	토론과는 상관없이 나타나는 메시지

III. 온라인 토론 담화 분석

1. 사이트 구조 분석

1.1. 사이트의 목적

이 사이트의 총 관리자는 모두를 위한 '소통'이 '철학'과 '교육'의 끝임을 깨달았다고 이야기하면서 이 사이트를 만든 계기를 명확하게 밝히고 있다. 이 사이트를 '토론 소셜 미디어'라고 지칭하면서 많은 사람들이 소통할 수 있는 온라인에서의 공간을 마련하고자 하였다고 이야기 하고 있다. 또한 이러한 소통이 온라인에서만 끝나는 것이 아니라 오프라인과 연계되어 이루어질 수 있도록 온라인과 오프라인에서의 모임을 목적으로 하고 있다.

---

2) 자세한 논의는 3장 2절을 참조할 것.

소통과 공감하는 DAY

온라인과 오프라인 모임을 지속적으로 유지하고 있습니다. 보다 더 많은 사람들과 토론하며 유대감을 형성하고 확산할 수 있습니다.

차이를 존중하는 DAY

이곳은 차이와 다양성을 인정합니다. 어떠한 의견도 비난하지 않으며 존중하고 경청합니다. 다양성을 지향하는 사람들이 모여 생각을 공유합니다.

나를 발전시키는 DAY

사회의 여러 분야에서 자율적으로 참여한 멤버들과 동참할 수 있습니다. 더불어 자신의 사고를 확장시켜 발전된 나를 발견할 수 있습니다.

　사이트 운영자들은 사이트가 지향하고 있는 가치를 위와 같이 제시하고 있다. 사회의 다양한 구성원들과 생각을 공유하면서 서로의 차이와 다양성을 인정하고 그것을 바탕으로 소통하면서 자신의 사고를 확장시키는 것은 토론 교육이 궁극적으로 지향하는 바와 크게 다르지 않다. 사이트의 목적과 사이트가 지향하고자 하는 바를 미루어 볼 때 결국 사이트 운영자는 토론이라는 교육적 담화를 선택하여 소통이 사회에서 얼마나 중요한 것인지 알리고, 이러한 소통이 토론을 통해서 이루어질 수 있도록 토론의 장을 마련하고자 했음을 알 수 있다.

1.2. 사이트의 구성 방식

<그림 1> 디베이팅 데이 초기 화면

<표 5> '디베이팅 데이'의 사이트 구성 방식

	자유게시판	
커뮤니티	이슈토론	최신 이슈를 가볍게 토론하는 공간
	토론질문	사이트 운영자에게 사이트에 바라는 점이나 의문점을 질문할 수 있는 공간
찬반토론	가치주제	
	정책주제	
독서토론	문학	
	비문학	
지식공유	토론기술	토론 동영상과 토론 정보를 제공하는 공간
	뉴스공유	
	칼럼공유	
	영감공유	
토론대회	각종 토론대회 정보가 공유되는 공간	
공지사항		
회원현황		

이 사이트는 위와 같이 구성되어 있다. 이 중에서 '자유게시판'은 회원들이 자유롭게 이야기를 나눌 수 있는 공간이다. 잡담에 가까운 이야기들도 많지만 그 중에서 눈에 띄는 것은 토론에 대한 이야기를 자발적으로 많이 나눈다는 것이다. 이 사이트는 2013년에 개설된 신생 사이트인데다가 토론에 관심 있는 네티즌들이 토론의 필요성을 느껴서 찾아오는 공간이기 때문에 그런 이용자들의 특성상 드러나는 현상인 것으로 보인다. 토론 이용자들은 토론 게시판에서 이야기를 나눌 수 없는 다양한 주제에 대해서 의견을 나누거나 토론 시에 궁금한 점에 대해서 질의응답한다.

'이슈토론'은 회원들이 간단하게 토론할 수 있는 논제를 제시하고 그 주제에 대해 간단하게 토론을 진행할 수 있는 공간이다. 하지만 논제를 제시하는 회원들이 토론 방향을 구체적으로 제시하지 않고 있으며, 매우 단편적인 기사나 사진과 같은 간단한 자료를 게시하고 이에 대해서 이야기를 나누는 방식으로 토론이 이루어지고 있기 때문에 토론이 활발하게 이루어지지 않고 있다.

'독서토론'에서도 마찬가지로 토론이 활발하게 이루어지지 않고 있다. 토론의 대상이 되는 책을 읽어야 토론에 참여할 수 있다는 제약 때문에 토론 운영자가 발제를 하여도 그 책을 읽은 회원들만 단편적으로 책에 관하여 의견을 나누는 정도로 토론이 이루어지고 있다. 그렇기 때문에 회원들의 참여도가 낮아서 진정한 의미의 독서토론이 진행되고 있다고는 볼 수 없다. 이와 같은 현상은 오프라인이 아닌 온라인상에서 자율적으로 이루어지고 있는 토론이기 때문에 토론 참여자들이 토론 참여에 대한 책임감을 덜 느끼기 때문인 것으로 보인다. 이는 기존 선행연구에서 긍정적 측면에서 온라인상의 상호작용을 바라보았던 것과 상반되는 모습을 보인다.

'지식공유'는 토론을 참여하기 위한 기본적인 소양을 닦을 수 있는 공간이다. mbc 100분토론, kbs 심야토론, jtbc 뉴스룸 긴급토론, 밤샘토론 등의 다양한 토론 동영상들을 게시해둠으로써 사이트 이용자들이 토론 동영상을 통해서 모범적인 토론의 사례를 접할 수 있도록 하고 있다. 또한 토론에 대한 기초 지식과 노하우를 게시해둠으로써 토론에 대한 기초 지식을 쌓을 수 있도록 하고 있다. 뉴스, 칼럼뿐만 아니라 모든 분야의 다양한 소재들을 접할 수 있도록 관련된 글을 게시함으로써 토론 참여자들은 토론을 시작하기 이전에 배경지식을 쌓을 수 있다. 오프라인과는 달리 토론 진행자나 토론에 대해서 교육해줄 수 있는 교사가 존재하지 않기 때문에 토론 관리자가 토론 참여자들이 스스로 토론을 참여하기 이전에 토론에 대해서 학습할 수 있도록 자료를 제시하는 것이다. 하지만 이 또한 토론 참여자의 자율성에 맡기는 것이기 때문에 토론 참여자들이 실제로 이것을 참고하여 토론에 참여하는지에 대해서는 확신할 수 없다.

'토론대회'에서는 다양한 토론 대회 정보를 게시해둠으로써 오프라인 토론에 관심 있는 사이트 이용자들이 그에 대한 정보를 얻을 수 있도록 하고 있다. 초등학생부터 성인까지 다양한 구성원들을 대상으로 다양한 주제에 대해 토론하는 대회가 많이 있음을 알리고 온라인 토론에서 그치지 않고 오프라인에서도 토론할 수 있도록 기회를 제공하고 있다.

2. 토론 담화 분석 : 찬반토론을 중심으로

이 사이트에서 토론이 활발하게 이루어지고 있는 공간은 '찬반토론'이라는 공간이다. 다른 카테고리와 다르게 토론 참여자의 참여 양상이 아주 잘 드러나는 공간이며, 토론 참여자들의 참여도도 매우 높다.

2.1. 토론 구성 분석

<표 6> 토론 구성의 예시

항목		예시
discussion	논제를 소개하고 토론 쟁점을 간략하게 제시	동물 실험
data	논제와 관련된 다양한 정보 제공	동물 실험의 각종 사례 동물 실험의 원칙
news	논제와 관련된 기사 제공 (인터넷 링크를 통해 기사를 제시함)	
pro opinion	찬성 측의 기본 입장 제시	a. 동물 실험을 통해 질병을 예방하고 치료법을 개발하여 더 많은 수의 생명을 살릴 수 있다. b. 동물실험은 불가피한 선택이다
cons opinion	반대 측의 기본 입장 제시	a. 동물실험은 실효성이 부족한 불필요한 실험이다. b. 생명경시풍조를 불러일으킨다.
reference	관련 단체 소개	사단법인 한국실험동물협회 한국실험동물학회 크루얼티프리인터내셔널(국제동물실험반대협회)
연관 태그	키워드를 소개하는 곳으로 클릭하면 사이트 내에서 동물실험에 관련된 모든 글이 검색됨	3r원칙, 동물보호협회, 동물실험, 동물실험 반대, 동물실험 찬성, 동물실험 토론, 탈리도마이드, 화장품 동물실험 등
찬/반 현황	찬/반 현황을 그림으로 제시함	
댓글	토론 참여자가 댓글을 작성함으로써 토론에 참여할 수 있음	찬/반에 따라 댓글이 다른 색으로 제시되며 중재 의견도 따로 표시할 수 있음
유의사항	댓글 작성 공간 아래에 토론 시 유의사항을 명시해둠	① 찬반토론은 서로간의 다름을 확인하기 위한 자리가 아니며, 서로를 인정하고 더 나은 지향점을 찾아가기 위한 과정입니다. ② 확인되지 않은 내용을 게재하실 시 통보 없이 삭제될 수 있습니다. ③ 상대방에 대한 기본적인 예의가 부족하거나, 비방을 목적으로 게재하실 시 통보 없이 삭제될 수 있습니다.

위에서 제시된 바와 같이 사이트 운영자가 시의에 적절한 논제를 선택하여 매우 구체적으로 토론의 진행 방향을 제시해주고 있다. 먼저 논제와 토론 쟁점에 대해서 간략하게 설명해

주고 있으며, 논제에 관한 다양한 정보를 제공하여 토론 참여자가 토론에 앞서 자신의 기본 입장을 정할 수 있도록 해준다. 이는 토론 진행자가 없이 온라인 토론이 진행되고 있기 때문에 사이트 운영자가 그 역할을 대신하고 있는 것으로 보인다.

그 다음에는 찬성과 반대쪽에서 나올 수 있는 쟁점들을 제시하여 토론 참여자들이 좀 더 손쉽게 토론을 진행할 수 있도록 해준다. 하지만 사이트 운영자가 찬성과 반대에서 나올 수 있는 토론의 쟁점까지 제시해주고 있기 때문에 토론 참여자는 논제에 대해서 쟁점을 직접 생각해볼 수 있는 기회를 상실하게 된다.

그리고 관련 단체와 키워드를 명시해두어 토론 참여자들이 제시된 정보 이외에 다른 정보들을 찾기 쉽게 만들어주고 있다. 기본적인 정보들을 제시해주고 있지만 토론 참여자들이 부가적인 정보를 좀 더 쉽게 찾을 수 있도록 함으로써, 학습자들이 자기주도적으로 토론을 진행할 수 있도록 하는 것이다.

댓글은 찬성, 반대, 중재 세 가지로 작성할 수 있다. 기존의 토론은 찬성과 반대 두 가지로 진행되는 반면에 이 사이트에서는 중재라는 항목을 설정함으로써 중도적 의견이나 찬성과 반대 두 의견 사이에서 중재하는 의견 모두를 포용할 수 있도록 하고 있다. 이는 토론 참여자의 자율성을 존중하는 의미에서 만들어진 것으로 보인다.

마지막으로 토론 유의 사항을 댓글 작성 공간 근처에 명시해둠으로써 토론 참여자가 한 번 더 토론 규칙에 대해서 생각해볼 수 있도록 하고 있다. 토론 참여자가 댓글을 쓰기 전에 다시 한 번 자신의 토론 태도를 점검할 수 있도록 함으로써 인터넷에서 댓글을 작성할 때 가져야하는 올바른 태도를 교육시키는 효과가 있다.

2.2. 토론 내용 분석

(1) 인지적 메시지

인지적 메시지는 토론 참여자가 토론에서 자신의 주장을 입증하기 위하여 사용하는 것으로, 토론의 논증 과정이 드러나는 메시지를 의미한다. 토론 참여자는 다양한 방식으로 상대방을 설득하려고 하는데 이 과정에서 온라인 토론의 특성이 잘 드러나고 있다.

<표 7> 온라인 토론의 예시 1 – 인지적 메시지

㉠ 담배에 세금이 포함되었고 흡연자가 그것을 지불했다고 해서 전부가 아닙니다.

http://www.visualdive.co.kr/%EC%A7%80%EC%BC%9C%EC%A3%BC%EC%A7%80-%EB%AA%B
B%ED%95%B4-%EB%AF%B8%EC%95%88%ED%95%B4-%ED%98%90%EC%97%B0%EA%B6%8C-
%EC%A7%80%EC%BC%9C%EC%A4%84-%EC%88%98-%EB%B0%96%EC%97%90-%EC%97%86/

헌법재판소는 "혐연권은 헌법상 행복추구권이나 사생활의 자유 등뿐 아니라 건강권과 생명
권에 대해서도 인정되므로 흡연권보다 상위의 기본권"이며, "상위 기본권 우선의 원칙에 따
라 흡연권은 혐연권을 침해하지 않는 한에서 인정되어야 한다"고 합헌판정을 내렸다고 합니다.

비흡연자가 사회적 다수인 요즘.

흡연자들은 혐연권에 대해 깊게 고민해봐야 합니다.

기업이 인사불이익을 가하려 하는 것은 혐연권에 대한 연장선상에 있으니까요

㉡ http://www.law.go.kr/lsInfoP.do?lsiSeq=61603&efYd=19880225#0000

대한민국 헌법 제 66조 ②대통령은 국가의 독립·영토의 보전·국가의 계속성과 헌법을 수
호할 책무를 진다.

제10조 모든 국민은 인간으로서의 존엄과 가치를 가지며, 행복을 추구할 권리를 가진다.
국가는 개인이 가지는 불가침의 기본적 인권을 확인하고 이를 보장할 의무를 진다.

헌법에 명시한대로입니다. 그리고 곪은 것이 있어서 기존 대통령들에게도 책임이 있다고
하더라도, 단 두달전 마우나리조트 사건 때 터진 것이 있는 만큼, 박근혜 정부도 책임론에서
벗어날 수는 없습니다. 위에서 했던 이야기입니다.

㉢ http://m.ohmynews.com/NWS_Web/Mobile/at_pg.aspx?CNTN_CD=A0001983883

윗분내용에 추가하려고 자료 가져왔어요

식용을 위한 동물들에게도 이처럼 복지를 위해 힘쓰고 있다는 사실을 알리고 싶습니다.

㉣ (생략) *위 출처는 전부 네이버입니다.

온라인 토론에서는 인터넷 사용이 가능하기 때문에 다양한 검색 기능을 이용하여 자신의
주장을 뒷받침할 수 있는 근거를 마련하는 것이 용이하다. 그렇기 때문에 토론 참여자들은
여러 가지 인터넷 자료를 링크함으로써 자신의 주장을 타당함을 입증하려 한다. ㉠과 ㉡을
보면 토론 참여자가 헌법 재판소의 재판 결과와 헌법의 내용을 근거로 삼아 자신의 주장을

뒷받침하고 있음을 확인할 수 있다.

그러나 이러한 인터넷을 출처로 하고 있는 근거에 대한 신뢰성이나 공정성, 타당성에 대한 고민은 별로 없는 것으로 보인다. ⓒ의 경우 인터넷 기사를 근거로 삼고 있는데, 기자의 주관성이 아주 많이 반영되어 있는 글임에도 불구하고 이 기사에 대해 신뢰성이나 공정성, 타당성을 판단하지 않고 근거로 삼고 있는 모습을 확인할 수 있다.

ⓓ은 토론 참여자가 근거의 출처로 모 검색 사이트를 들고 있는 내용인데, 이는 토론 참여자가 인터넷에 돌아다니고 있는 수많은 자료에 대해 신뢰성 판단을 전혀 하지 않고 있음을 보여주는 예시이다. 인터넷 자료의 경우 매체의 특성상 신뢰성이 떨어지는 경우가 많기 때문에 이러한 부분을 고려하여 근거를 제시해야 하는데 이 부분에 대해서 전혀 고려하지 않고 있다. 이와는 반대로 아예 근거의 출처를 끌어오지 않아서 근거의 신뢰성을 확인할 수 없는 경우도 있었다.

<표 8> 온라인 토론의 예시 2 – 인지적 메시지

㉠ 비흡연자 이즈 비호감
㉡ 담배는 피고 싶고 나가기는 싫고 다시 담배를 찾아보려 해봐도 돈도 없고 라이타도 없고 편하게 피다 죽고 싶습니다
㉢ 찬성 님들 생각해봐요 만약에 인간이 동물 동물이 인간으로 치면 인체 실험 하는것과 똑 같습니다 이제 그만 동물 실험하지말아 주세요 부탁이에요ㅠㅠ
㉣ 살기 위해서 폭동을 일으키고 싶을거에요 그런데 무기도 없고… 어떻게 사람들을 뭉칠 수단(커뮤니티 수단)인 라디오나 인터넷도 없고… 그래서 삐라가 라디오의 역활을 하는거죠 한사람의 지식인의 생각을 여러사람들에게 전파하는 수단으로요.
㉤ 여덟시 등교 할때도 전 밥먹고 등교 했는데요?

반면 위와 같이 다소 감정적인 모습을 보이거나 추측성의 주장을 펼치며 비논리적인 모습을 보여주는 경우도 있다. ㉠에서는 비흡연자가 단순히 흡연자가 비호감이라는 이유로 회사 안에서의 흡연 규제에 대해 찬성하고 있는 모습을 확인할 수 있다. 마찬가지로 ㉡에서도 흡연자가 자신의 입장에 대한 동정을 호소하며 다소 감정적으로 자신의 주장을 나타내고 있음을 확인할 수 있다. ㉢에서는 동물에의 감정이입을 호소하며 동물실험을 반대하는 모습을 보이기도 한다.

이렇게 감정적 측면에 기대어 논지를 전개하는 경우가 있는 반면, 추측성의 주장을 펼치거나 객관적이지 못한 근거로 자신의 주장을 뒷받침하는 경우도 있다. ㉣에서는 대북 전단 살포 문제에 관해 논하고 있는데 정확한 근거 없이 북한 주민들의 상황을 추측하여 자신의 주장을 전개하고 있다. ㉤에서는 자신의 경험을 근거로 삼아 객관적이지 못한 논리를 펼치는 모습도 보이고 있다.

이러한 감정적이고 비논리적인 모습은 실시간으로 토론 진행자가 토론 참여자들의 발언을 지적할 수 없기 때문에 일어나는 것으로 보인다. 오프라인 토론에서는 토론 진행자가 토론 참여자들의 발언에 문제가 있을 경우 즉각적으로 제재할 수 있지만, 온라인 토론에서는 그러한 것들이 불가능하기 때문이다. 또한 토론 참여자들이 자신의 발언에 대한 책임감을 덜 느끼기 때문에 깊은 고민 없이 자신의 주장을 내세우는 경우가 많은 것도 이유가 될 수 있을 것이다.

(2) 관계적 메시지

관계적 메시지는 토론 참여자들이 토론 과정에서 서로에게 느낀 바를 표현하는 것으로 토론의 분위기를 형성하는 데에 영향을 끼치는 메시지를 의미한다.

<표 9> 온라인 토론의 예시 3 – 관계적 메시지

오… 문제의 시각을 한번 더 다르게 보여주는 발언이네요^^ 추천 꾹! 누르고 감니당^^ 뜨거운 감자군요 토론 내공이 대단하시네요^^ ♥ ♥ ♥ 좋은 지식 잘 배우고 갑니다.

오 재밌다 ㅋㅋ

처음님 좋은 댓글 감사히 읽었습니다

토론 참여자는 상대방에게 긍정적 혹은 부정적인 반응을 보임으로 토론의 분위기를 형성하게 된다. 〈표 9〉의 경우 상대방의 관점이나 발언을 칭찬하거나 토론이 재미있다고 표현하거나 상대방에게 감사하다는 등 토론 참여자가 토론에서 느낀 바를 긍정적인 방향으로 표현함으로써 우호적인 토론 분위기를 형성하고 있다.

<표 10> 온라인 토론의 예시 4 – 관계적 메시지

㉠ 얼씨구나 풍년이네
초딩밭에 초딩이 풍년이구나
도발을 하는 놈이나 받아주는 놈이나 ㅋㅋ
①토론이나 집중해라 ㅋㅋ

㉡ 지랄맞다.
당신의 그 짧은 잣대로 날 재려하지 말고요
근거를 대보세요.
질문 몇 마디 했다고 무슨 ②보상심리가 가득하다고 추론한 근거가 뭔가요?
내참… 어처구니 없어서…

반면 〈표 10〉은 토론 참여자들이 토론 진행 양상에 매우 부정적인 반응을 보이고 있는 댓글이다. ㉠의 경우 단순히 부정적인 반응을 보이는 것을 넘어서, 상대방을 '초딩'이라고 표현하며 비꼬거나 욕설을 통해 상대방을 비하하는 모습까지 보여주고 있다.

㉡은 자신의 의견에 대한 상대방의 답변에 부정적으로 반응하는 모습을 보여주고 있다. 이러한 반응들 때문에 토론의 분위기가 지나치게 날카로워지기도 한다. 이는 온라인 토론의 익명성에서 기인한 것들로 보인다. 온라인 토론에서 느낄 수 있는 심리적 해방감 때문에 토론 참여자들이 상대방에게 공격적인 발언을 하는 경향이 있기 때문이다.

그러나 토론 참여자들이 자신이 생각하는 올바른 토론을 위해서 이러한 부정적인 반응을 보이고 있음을 확인할 수 있다. ㉠의 ①에서는 토론에의 집중을 촉구하고 있으며, ㉡의 ②에서는 자신의 주장에 반박한 근거에 대해서 질문하고 있음을 확인할 수 있다. 이러한 점을 고려할 때 토론 참여자들이 토론의 진행을 위해서 부정적 감정을 표출하고 있음을 알 수 있다.

(3) 메타인지적 메시지

메타인지적 메시지는 토론 참여자가 토론의 진행 양상을 메타인지적으로 인식하고 토론을 올바른 방향으로 이끌어가고자 하는 내용이 담긴 메시지이다. 이 사이트에서는 이러한 담화의 양상이 상당히 두드러지게 나타나고 있다. 사이트 이용자들이 토론에 관심이 많으며 토론을 목적으로 이 사이트를 이용하고 있기 때문이다. 기본적으로 그러한 이용자들이 모여 토론을 나누고 있는 공간이기 때문에 토론을 메타인지적으로 인식하고 토론의 진행 방향을 조절할 수 있는 수준 높은 토론 참여자가 많을 것이라고 추측할 수 있다.

<표 11> 온라인 토론의 예시 5 – 메타인지적 메시지

ⓐ <u>이 토론에서 말하는 '민간단체의 대북전단살포'가 일반적인 의미를 말하는 것인지, 아니면 요새 우익계열 민간단체에서 하는 대북전단 살포인지 잘 모르겠네요.</u> 그 대북전단이라는 게 자유 찬양이나 이런게 아니라 이승만, 박정희, 박근혜 찬양 같은 내용이라면 이야기가 또 달라진다고 봅니다.

ⓑ 이 토론은 반대의견이 많은 것 같네요
<u>반박의견으로 찬성입장에서 할 수 있는 좋은 근거는 없을까요?</u>

ⓒ 무조건 반대나 찬성만 하지마시고 자신의 입장에서 상대방 입장에서의 문제들을 어떻게 해결할 것인가(못하더라도 줄일 수 있다면)
<u>대안들 좀 내주세요..</u>
그 부작용들도 내주시면 더 좋고,,

ⓓ 죄송하지만 별로 잘 정리된것 같지 않음
자료나 문서가 어디서건 똑같은 내용이 반복돼요 해결할 방법이 필요함.
우선 토론자들이 위에글을 좀 읽어본다음에 글을 썼으면 좋겠음. 나 같은 글을 경우 중복 안할려구 일부러 안나온 의견만 쓰는데…

ⓜ 우선 현재까지 찬성 측 의견을 살펴보자면,

1. 북한 주민들의 경각심을 일깨울 수 있어, 북한 정권의 쇠락을 앞당길 수 있다.

2. 북한 주민들은 외부와의 모든 통로가 통제되어 있으므로, 1번과 같은 경각심을 내부에서 자체적으로 발생시키기가 불가능에 가깝다.

3. 대북 전단 살포는 북측에 정치적, 외교적 압박을 가하여, 우리 남측이 회담 등의 여러 방면에서 우위를 점할 수 있게하는 전략이다.

이렇게 볼 수 있을 것 같습니다.

(전체적으로 살펴보았는데, 혹시나 제가 잘못 이해했다고 보이시면 댓글로 달아주심 감사하겠습니다!)

<u>1번과 2번의 근거를 바탕으로 외부 사례를 제시하면서 주장하시는 것은 어떨까요?</u>

artofd님이 아주 적절한 사례와 주장을 해주셨다고 생각합니다. 참고하시면 좋으실 것 같습니다.

〈표 11〉의 댓글들은 토론의 진행 양상을 메타인지적으로 인식하고 올바른 방향으로 토론을 이끌어가고자 하는 내용이 담긴 댓글들이다. ㉠은 '대북 전달 살포'가 의미하고 있는 바가 무엇인지 의미를 명확히 해야 한다는 내용의 댓글이다. 논제가 명확해야함을 토론 참여자들에게 다시 한 번 상기시키고 토론의 방향을 재조정하는 모습을 확인할 수 있다.

㉡에서는 토론을 중립적인 관점에서 조망하고 토론이 한쪽 의견으로 치우치는 것을 막기 위해 다른 쪽의 의견을 활성화시킬 수 있도록 토론을 중재하는 모습을 확인할 수 있다. 반면 ㉢에서는 토론이 문제해결을 목적으로 하고 있음을 인식하고 문제를 해결하기 위한 방안을 마련하고자 하는 모습을 찾아볼 수 있다.

㉣은 다른 토론 참여자에게 토론의 진행 상황을 확인할 것을 이야기하고 있는 댓글이다. 온라인 토론이기 때문에 많은 참여자들이 토론의 진행 상황을 파악하지 않고, 논제만 읽고 곧바로 자신의 의견을 바로 정리하여 제시하는 경우가 많다. 이 때 기존에 진행되었던 토론 내용이 반복되어, 토론이 소모적으로 진행될 가능성이 크다. 이 댓글은 그러한 부분을 지적하여 다른 참여자들이 토론에 참여할 때 토론 진행 양상을 파악하고 나서 토론에 참여할 수 있도록 촉구하고 있다. 이러한 현상은 이 사이트가 비실시간 토론을 전제로 하고 있기 때문에 발생하는 것으로 보인다.

마지막으로 ㉤에서는 현재까지의 찬성 측 의견을 살펴보고 제시된 의견을 조합하여 새롭게 주장할 수 있는 방안을 만들어내고 있다.

<표 12> 온라인 토론의 예시 6 – 메타인지적 메시지

㉠ 허수아비 오류가 뭔가요? 초보라서 ㅜㅜ
↳ http://ko.m.wikipedia.org/wiki/허수아비_때리기_오류
저 같은 사람이 있을거 같아서ㅋㅋ

㉡ 그런데 이런게 토론인가요? 전 말싸움으로 밖에 보이지 않느데????
↳ 엄밀히 말해 이건 토론이 아닙니다. 그저 채팅입니다.
논제 – 이슈 – 주장 – 근거에 대해 각 토론자는
1.자신의 주장의 입증책임
2.상대방 주장의 반박책임
3.청중들에게 쉬운말로 소통할 책임.
이런 요소들이 갖추어져야 진정한 토론이라고 할 수 있습니다.
인터넷 토론의 한계를 조금만 받아들여주시기 바랍니다.

〈표 12〉는 토론 자체에 대해서 토론 참여자들이 재교육하고 있음을 확인할 수 있는 내용의 댓글이다. ㉠을 보면 토론 참여자가 토론에서 언급된 토론 관련 내용을 알지 못 하여 그것에 대해 자문자답하고 있음을 확인할 수 있다. 토론 과정 중에 자신이 모르고 있었던 부분을 인식하고 그것을 보충하고자 하는 것이다. 이 사이트의 경우 '토론기술'이라는 카테고리에서 이러한 부분을 스스로 재교육할 수 있으며, 많은 회원들이 자유게시판에서 이러한 모습을 보이고 있다.

㉡은 토론이 갖추어야 할 요소에 대해서 이야기하면서 인터넷 토론의 한계에 대해서 언급하는 내용의 댓글이다. 이 댓글을 통해 토론 참여자들도 온라인 토론의 한계점에 대해서 인식하고 있으며, 이 부분을 고려하며 토론에 참여하고 있음을 확인할 수 있다.

<표 13> 온라인 토론의 예시 7 – 메타인지적 메시지

㉠ alcmxpfn@nate.com 님 말은 찬성측 사람들을 무시하는걸로 느껴지네요. 눈가리고 아웅이라면 그렇지 않을 대안이 현실적으로 어떤게 있는지 그런 근거도 같이 말씀해주세요

㉡ 감정에 호소하시지 마시구요 감정에 호소할거면 법은 왜 만들고 이성적으로 토론은 왜 할까요

ⓒ 최주현님께서 말씀하신 중립적인 자세가 정의구현사제단의 활동들인가요? 시국미사를 열어 박근혜 퇴진을 주장하는 것이요? 정치적 중립의 의미는 무엇인가요?

ⓔ ys0551님 질문이 짖궂으시네요.
너무 극단적인 상황을 상정하고 yes or no로 묻는건 좀 아닌듯 손석희씨가 진행하던 토론에서도 단답형으로 답변을 요구하는질문은 하지 말라고 했더랬죠

ⓜ hje2013 // 선행된 질문에 회피하지 마시고 답변을 부탁드리겠습니다.
논점 바꿔치기를 통해 외면하신다면 그 이상의 논쟁은 필요없이
결론은 나와있는 것 같습니다.
ⓗ 교원평가제의 취지를 대변해주셨네요. 그냥 팩트입니다. 이안에 crome님의 주장은 보이지 않네요

〈표 13〉의 댓글들은 토론 과정에서 토론 참여자들이 상대방에게 올바른 토론을 할 수 있도록 지적하는 내용의 댓글이다. ㉠에서는 현실적인 대안과 그를 뒷받침할 수 있는 근거를 요구하고 있으며, ㉡에서는 감정에 호소하지 말 것을 지적하고 있다. ㉢에서는 토론 참여자의 발언을 명확히 하려는 의도에서 상대방에게 질문하고 있으며, ㉣에서는 극단적인 상황을 설정하고 단답형 질문을 요구하는 토론 참여자에게 토론 시에 그러한 상황 설정과 질문이 적합하지 않음을 지적하고 있다. ㉤에서는 답변을 회피하는 토론 참여자에게 제대로 답변할 것을 이야기하고 있으며, ㉥에서는 토론 참여자의 독창적인 주장이 드러나지 않고 단순히 교원평가제의 취지만 언급하고 있음을 지적하고 있다. 이렇게 상대방의 논지 전개 방식에 있어서 명확하지 않은 점이나 문제점을 언급하고 새롭게 논지를 전개할 것을 언급하는 댓글을 상당수 발견할 수 있었다.

<표 14> 온라인 토론의 예시 8 – 메타인지적 메시지

㉠ 이 논제의 핵심은 '인사 불이익 정책'에 있다고 생각합니다.
흡연자들에게 각종 불이익을 주는 행위는 어제 오늘 일이 아닙니다. 공항, PC방, 학교운동장 등 갈 수록 줄어드는 흡연구역을 생각하면 쉽게 생각 할 수 있습니다.
그럼 오늘 토론에서 중요시 되는 쟁점은
'흡연자의 인권 문제'나 '흡연자들의 업무 효율성' 등의 문제라기 보단..

'인사 불이익 정책'에 대한 부당성과 합리성'의 문제라고 저는 생각이 듭니다. 혹시 이 쟁점에 대해서 같이 토론해 주실 분 계신가요?

ⓛ 세월호 사건과 관련하여 국민들이 정부에 비난의 화살을 돌리는 이들에 대한 논설들이 최근 많이 나오고 있는 것 같은데, 아래에 링크를 달아두었습니다. 한 번 읽어보시고 생각 나누어보았으면 좋겠습니다.
http://www.munhwa.com/news/view.html?no=2014051901073137191004http://www.hankyung.com/news/app/newsview.php?aid=2014052541831&intype=1

위의 댓글들은 토론의 쟁점을 확장시키고자 하는 내용의 댓글들이다. 기존에 논의되고 있던 쟁점 외에 다른 쟁점으로 논의를 확장시킴으로서 좀 더 발전된 토론으로 토론 참여자들을 이끄는 내용의 메시지이다. ㉠을 작성한 토론 참여자는 기존에 진행된 토론 쟁점에서 반대 의견을 내세운 후에 또 다른 토론 쟁점을 제기함으로써 토론 방향을 재조정하려는 모습을 보여주고 있다. 또한 ㉡을 살펴보면 논제에 관한 다른 기사를 가지고 와서 토론의 논의 범위를 확장하려는 모습을 보여주고 있다. 그러나 이러한 쟁점의 확장은 논의가 기존의 쟁점과 동떨어진 방향으로 흘러갈 수 있다는 점에서 주의할 필요가 있다.

(4) 예외적 메시지

예외적 메시지는 토론의 논증에 영향을 끼치지 않는 내용의 메시지로 생략되어도 토론의 진행 과정에 크게 영향을 미치지 않는 내용을 담고 있다. 〈표 15〉의 ㉠과 같이 오타를 수정하거나 ㉡과 같이 자신이 잘못 기록했음 표시하는 등 토론의 논증 과정에 크게 관련이 없는 내용의 메시지들이 이에 해당한다. 또한 ㉢과 같이 토론 외적으로 토론에 대한 불안감을 호소하는 내용의 댓글을 확인할 수 있었다.

<표 15> 온라인 토론의 예시 9 – 예외적 메시지

㉠ 실수로 두 개가 올라갔어요 ㅜㅜ 하나 지우고 싶은데 어떻게 지우나오?
㉡ 아 위에 중재라고 해야 하는데, 찬성으로 잘못 썼습니다. ㄷㄷ
㉢ 근데 이거 잘못 말하면 끌려가는 거 아니에요??

2.3. 온라인 토론 표현 분석

온라인 토론이기 때문에 모두가 평등한 관계이지만 서로를 존중하는 의미에서 기본적으로 대부분의 회원들이 존댓말을 사용하고 있다. 그러나 말하기가 아닌 쓰기 활동이기 때문에 문어체를 사용하는 회원도 확인된다. 토론에서 감정이 격해질 경우에는 반말과 존댓말을 혼용하는 표현이 드러나는데 특히 온라인 토론에서 감정이 격해질 경우에 반어적 존댓말이 잘 드러난다. 아래 ㉣, ㉤이 여기에 해당하는 예라고 할 수 있다.

<표 16> 온라인 토론 표현 분석 예시

㉠ 대북전단은 어느 한사람에게 구원과 희망의 메세지가 될 수도 있다고 <u>생각합니다</u>. 북한 체제의 민간인은 여러 측면에서 자유가 억압된 생활을 하고 있습니다. 이런 암담한 현실에 처한 북한주민에게 대북전단은 남쪽의 동포들이 그들에게 관심을 보이고 있다는 <u>메시지</u>
㉡ 저도 마찬가지 <u>생각입니다</u>.
그냥 선전용이 아니라 그들에게는 희망의 메시지가 될 수 있다는 것에 절대적인 <u>찬성!</u>

㉢ <u>우리가 일방적으로 바라는 바는 아닐까 봅니다.</u>

㉣ 북한은 무기는 고사하고 인터넷, 라디오 조차도 반입이 안되는 국가고
다른 나라들은 무기까지 반입이 되는 국가인데 <u>비교를 하실걸… 하시지, ㅋㅋㅋㅋㅋㅋㅋㅋ</u>

㉤ <u>ㅋㅋㅋㅋ</u> 내가 너무 고통스러워서 죽고 싶다는데 반대하는 근거가 뭐? 내가 죽으면 내 주변 사람들이 힘들어서라고? 그걸 근거라고 대는건가요? 그러면 내가 자살로써 안락사를 하지 않으면 내 고통은 누가 <u>대신해준대?</u> 말이 되는 근거를 <u>대셔야지</u>. 그리고 안락사 시 사용 되는 물질이나 정책이 악용될 수 있다고 비판하셨는데, 그러면 a라는 사람이 칼로 b라는 사람을 찔러 죽이면 지구상에서 칼도 없앨겁니까? ㅋㅋㅋㅋㅋ 핵심적인 근거 제시 좀.

㉥ 개천에서 용이 나오긴 힘들겠지만 아직도 본인의 노력 여하에 따라서 얼마든지 잘 살 수 있는 사회라고 생각합니다.^^

〈표 16〉은 대부분 문장을 완결된 형식으로 끝맺고 있지만 명사형 또는 명사로 문장을 끝내는 경우도 많다. ㉠과 ㉡을 보면 한 댓글 안에서 완결된 문장과 명사로 끝나는 문장이 공존하고 있음을 확인할 수 있다. 또한 ㉢과 같이 의미가 통하지 않거나 어법에 맞지 않는

문장이 상당히 많이 보인다. ⓜ, ⓗ과 같이 이모티콘이나 인터넷 용어를 사용함으로써 자신의 감정을 드러내기도 한다. 온라인 토론은 말하기와 쓰기의 성격을 동시에 가지고 있는 담화이기 때문에 이러한 현상이 나타난다.

2.4. 토론 진행 양상 분석

이 토론 사이트는 반익명제와 익명제가 동시에 실시되고 있는 사이트이다. 가입을 하여 아이디를 만들고 자신의 의견을 작성할 수도 있지만 가입하지 않은 상태에서 댓글을 남기는 것도 가능하다. 그래서 활발하게 활동하는 회원들의 경우 어느 정도 개인적인 논쟁 성향이 드러난다고 볼 수 있지만, 그렇지 않은 회원들도 많다. 또한 이 사이트가 오프라인과 연계를 지향하고 있다고 하지만 실제로 그러한 연계성을 전혀 확인할 수 없었다.

온라인 토론이기 때문에 토론 참여자들이 어떠한 결론을 내리는 모습을 발견할 수가 없었다. 다만 토론 진행 과정 중에 합의점을 도출하는 모습을 보이는 경우가 있었다. 토론 주제에 따라 어떠한 토론은 진행되다가 결론 없이 끝나버리는 경우가 있었지만 어떠한 토론은 오랜 시간이 지난 후에도 활발하게 진행되는 경우도 있었다. 또한 토론의 피드백이 토론 참여자에게 온전히 달려있기 때문에 토론 참여자가 자신의 주장에 대해서 받은 피드백을 확인했는지 여부를 알 수 없다는 점도 문제점으로 지적할 수 있다.

반익명제로 진행되고 있기 때문에 논제에 대한 의견을 전체적으로 제시하기도 하지만 한 사람을 지정하여 그 의견에 대해서 반박하며 상호작용 하는 경우가 많았다. 이는 음수연(2002)에서 부정적 상호작용을 받은 참여자들이 지속적으로 반응을 보이는 것으로 나타났다는 연구결과를 입증하고 있다.

그리고 다양한 쟁점들이 동시에 한 공간에서 진행되고 있기 때문에 논의가 혼재하는 양상을 보이는 경우가 많았다. 그래서 중간에 토론의 논의를 정리하는 메타인지적 메시지가 자주 등장하였다. 또한 위에서 언급했다시피 이 토론 사이트에서는 찬성과 반대뿐만 아니라 중재의견을 내세우는 것이 가능하기 때문에 논의의 혼재 양상이 좀 더 두드러지게 나타났다.

<표 17> 온라인 토론 양상 분석의 예시 1

열띤 토론에 먼저 감사드립니다.
디데이는 토론의 정답을 요구하거나 한편을 일방적으로 응원하지 못합니다.

토론의 미덕은 나와는 다른 사람들의 다양한 의견을 경청하고,

또 그들과는 다른 나의 생각을 조리있게 전달하여,

이전에는 미처 생각지 못했던 '우리'의 의견을 함께 조율해 가는데에 있다고 생각하기 때문입니다.

그러므로 각각의 논지를 펼치는 양 측의 모든 분들은 그 찬반의 대척을 떠나서, 큰 틀 안에서 보면 '토론'이라는 과정 안에 함께 하는 동류의식을 느껴주시면 좋겠습니다.

manymaster님과 a1234211님이 각각 찬성 반대로 나뉘어 열흘 이상의 시간에 걸쳐 열띤 토론을 벌여주셨습니다. 작은 해석의 차이와 오해에서 출발된 문제들이 본 주제에서 논의되어야 할 중요한 이야기들을 가리고 있는 것 같습니다.

앞서 이야기 드렸듯이 디데이는 토론의 정답을 요구하거나 한편을 응원하지 않습니다만, 두 분의 논쟁을 흥미롭게 지켜보시는 분들은 물론이고, 직접 논쟁을 벌여주신 두 분을 위해 각각의 핵심적인 주장만 객관적으로 정리하여 공개합니다.

가능하면 각 측의 주장을 뒷받침하기 위한 소소한 주장들은 제외하고, 그 속에 담긴 핵심적인 몇가지 논쟁을 정리하였습니다.

자칫 내 의견을 관철하기 위한 논리의 비약이 있지는 않았는지, 상대의 의견을 내 마음대로 해석하여 오해하지는 않았는지, 이를 계기로 한번쯤 돌아봐주시길 부탁드립니다.

1. '규제'의 문제에 관한 토론

(생략)

2. 게임중독법 법령조항의 애매함에 관한 토론

(생략)

3. '중독'과 '중독폐해'에 관한 토론

(생략)

다시 한번 주제에 관한 진정성있는 논쟁에 감사드리며, 지금까지처럼 서로에 관한 예의를 지켜가며 논쟁을 계속 이어주시길 부탁드리겠습니다.

아울러 앞으로는 첨예한 논쟁들에 관한 더욱 효율적인 중재 시스템을 조속히 도입하도록 노력하겠습니다.

〈표 17〉과 같이 토론이 너무 과열되게 진행되는 경우에는 사이트 운영자가 개입하여 토론의 진행을 조절하는 모습을 보이기도 한다. 이 사이트에서 진행되는 온라인 토론은 비실시간으로 진행되고 있기 때문에 토론이 너무 혼재되는 양상을 보이거나 치열할 경우 중재할 수 있는 존재가 없다. 토론 참여자가 사이트 운영자 대신에 중재하는 역할을 하기도 하지만 중재하지 않는 경우가 더 많았다.

"인터넷 실명제"가 폐지되고 "일베"들이 난리치고 사회에선 "일베"사이트에 규제를 원하고 있지요??

하지만 "일베"사이트를 "규제"할수없습니다. "여성"을 비하하고,"지역"감정을 조장해도 말이지요.

왜일까요?? 어떤"법"을 제정하더라도, "규제"를 할수 뿐이 없습니다.

(생략)

지금 "게임중독법"이 그 위치에 다시 올라섰다는 것입니다.

"게임중독법"발의 당시만 해도 100명중 99명이 "반대"를 할정도 였었지요.

하지만, 지금은 어떨까요?? "찬성"쪽으로 그 방향이 변환돼고 있다는것입니다.

대부분의 사람들이 "반대"하던 "게임중독법"이 요즘들어 왜?? "찬성"쪽으로 바뀌고 있는것일까요??

"게임중독법"말고 다른방향으로 만들어야한다?? 다른방향으로 만들면, 과연 그건 "규제"없이 만들수 있을까요??

"법"에 "규제"가 없는 법은 없습니다. 그러므로, "반대"측이 제시한 부분은 신빙성을 잃게 됩니다.

↳ 일베 규제요? 저는 반대합니다. 정치권에서 일베 규제했다가 일베 규제한다는 명분이 변질되어서 오유나, 리그베다 위키 등도 규제 가능하거든요. 오유는 새누리당 측에서 종북 사이트라는 말을 듣고 있죠?

반면 논제에서 벗어나는 경우도 확인할 수 있었다. 토론 참여자가 위와 같은 댓글을 게시함으로써 인터넷 실명제라는 논제에서 벗어나 일베 규제라는 문제를 제기되었다. 그에 따라 논의가 인터넷 실명제에서 벗어나 진행되는 모습을 확인할 수 있었다. 이 경우에도 마찬가지로 토론 진행자가 실시간으로 토론에 개입할 수 없기 때문에 논제에서 벗어난 토론의 진행 양상을 바로 조정할 수가 없다는 문제점이 있다.

IV. 결론

온라인 토론의 매체적 특성을 바탕으로 하여 온라인 토론 사이트와 담화를 분석함으로써 다음과 같은 교육방안을 생각할 수 있다.

첫 번째로 토론이 올바르게 진행될 수 있도록 구체적인 진행 방향을 설정해줄 필요가 있다. 이 사이트에서는 독자들이 쉽게 토론에 참여할 수 있도록 사이트를 아주 세부적으로 구성하고 있었다. 또한 '찬반토론' 항목에서 토론의 방향을 명확하게 제시해주어 별다른 토론 진행자가 없어도 토론이 활발하게 진행될 수 있었다. 그러나 '독서토론'이나 '이슈토론'의 경우 구체적인 진행 방향을 제시해주지 않았기 때문에 토론이 활발하게 진행되지 않고 있었다. 이러한 점을 고려할 때 온라인 토론 교육 시에 교사는 토론 논제와 진행 방향을 구체적으로 설정하여 토론 가이드라인을 제시할 필요가 있다. 그러한 자료를 바탕으로 학생들이 좀 더 쉽고 올바른 방향으로 온라인 토론을 진행할 수 있을 것이다.

두 번째로 학생들이 토론지식을 제대로 습득하였는지 확인할 수 있는 장치가 필요하다. 이 사이트의 토론 참여자들은 '지식공유' 항목에서 토론기술과 토론에 필요한 배경지식을 습득할 수 있었다. 그러나 이러한 배경지식 습득이 온전히 토론 참여자에게 달려있었기 때문에 실제 토론 과정에서 토론 지식을 제대로 습득하지 못 한 참여자가 발견되기도 하였다. 간단한 퀴즈라든가 짝을 지어 제대로 습득해왔는지 확인하는 등의 간단한 장치를 통해서 학생들이 토론 지식을 제대로 습득하였는지 확인해볼 수 있도록 해야 한다.

세 번째로 온라인 토론과 수업시간에서 진행되는 오프라인 토론의 연계성을 공고히 할 필요성이 있다. 이 사이트는 오프라인과의 연계를 지향하고 있었지만 실제로는 오프라인과의 연계성이 상당히 떨어진다는 점을 확인할 수 있었다. 교육현장에서는 이와 같은 점을 보완하여 온라인 토론 교육과 수업 현장에서의 토론 교육과 동시에 진행함으로써 온라인 토론과 오프라인 토론을 확실하게 연계해야 한다. 이러한 과정을 통하여 학생들은 오프라인과 온라인 토론의 차이점을 명확히 알고 매체적 특성을 고려하여 올바른 방향에서 토론할 수 있을 것이다.

네 번째로 교육과정에서 정의하고 있는 토론이 다시 정의되어야 할 필요성이 있다. 현재까지의 토론 교육은 찬성과 반대로만 이루어져 왔으며, 이에 따라 학생들은 자신의 생각을 배제한 채 한쪽을 선택하여 토론할 수밖에 없었다. 물론 이러한 과정도 의미 있는 것이지만, 현실을 고려했을 때 학생들이 창의적으로 사고하고 다양한 방향에서 다양한 논의를 할 수 있도록 도와주어야 할 필요가 있다.

다섯 번째로 인터넷에서 끌어오는 근거에 대한 신뢰성, 공정성, 타당성을 평가할 필요가 있다는 것을 학생에게 교육할 필요가 있다. 인터넷이라는 매체의 특성을 파악하고 자신의 주장을 공고히 하기 위해서 올바른 근거를 선별할 수 있는 능력을 키워줄 수 있을 것이다.

여섯 번째로 토론 과정에서 논증 과정만 중요한 것이 아니라 우호적인 토론 분위기를 형성하는 것 또한 중요함을 교육해야 한다. 좀 더 우호적으로 합의점을 도출해내기 위해서 토론 분위기가 얼마나 중요한 것인지 그리고 학습자가 그러한 분위기를 형성하기 위해서 어떠한 역할을 수행해야 하는지 인식시킬 필요성이 있다.

일곱 번째로 학습자가 토론 과정을 메타인지적으로 인식하고 조절할 수 있는 수준 높은 토론 참여자가 될 수 있도록 교육해야 한다. 앞에서 말했다시피 이는 자기주도적 학습과 연계될 수 있다. 실제로 인터넷 공간에서 학습자가 적극적이고 능동적으로 토론 활동을 할 수 있으려면 이러한 능력이 필요하다. 이를 위하여 학습자들이 자신들의 토론 담화를 하나의 '텍스트'로 삼아 이것을 분석해보게 함으로써 토론 전체 과정을 조망하고 점검하게 할 필요성이 있다. 이러한 토론 텍스트 분석을 통해 자신의 주장과 근거가 타당한지 감정에 호소하거나 비논리적인 주장을 펼치지 않았는지 점검하게 해야 한다. 이러한 과정을 통하여 자신의 발언에 대한 책임감을 느끼게 할 수 있게 한다. 또한 자신의 표현 방식을 확인해보게 하여 토론 시에 어떠한 표현을 사용해야 하는지, 어떠한 태도를 취해야 하는지에 대해 생각 해보게 한다. 이렇게 자신의 토론활동을 반성해보게 함으로써 자기주도적인 토론교육을 실현해볼 수 있다.

여덟 번째로 온라인 토론의 특성을 고려하여 이모티콘이나 줄임말, 인터넷 용어를 적절하게 사용할 수 있도록 가르쳐야 한다. 온라인 토론의 특성상 경제성을 추구하고 있기 때문에 아예 이러한 것들을 배제할 수 없으므로 학습자 스스로가 판단하여 적절하게 사용할 수 있도록 교육해야 할 필요성이 있다. 그러나 어법이나 띄어쓰기 같은 경우에는 역시 별도의 교육이 필요하다고 생각한다.

아홉 번째로 결론 없이 소모적인 논쟁만 진행될 수 있다는 점을 고려하여 교사가 학생들에게 합의점을 도출해낼 수 있는 논제를 설정해주거나 학생들이 스스로 논제를 선정하고 합의점을 도출할 필요 없이 계속적으로 토론을 진행할 수 있도록 도와줄 수 있을 것이다. 실제로 합의점을 도출해내기 어려운 논제들이 많기 때문에 이러한 점을 고려하여 학생들이 토론할 수 있도록 하는 것도 교육적으로 의미 있을 것이다.

마지막으로 논제가 다양한 쟁점으로 나뉘어 진행될 때 토론이 혼재양상을 보일 수가 있는데 이 때 토론 중간에 토론을 정리하는 역할을 할 수 있는 진행자를 설정할 필요가 있다. 이 진행자는 토론이 너무 과열되어 진행될 경우에 중재하는 역할을 동시에 할 수 있다.

본고에서는 온라인 토론에 영향을 미치는 매체적 특성을 살펴보고 이러한 특성이 온라인 토론 담화에서 어떻게 실현되었는지 살펴보았다. 그리고 이러한 토론 담화를 구체적으로 분석해봄으로써 토론 과정에서 발생하는 문제점들을 발견하여 그에 대한 교육적 방안을 생각해보았다. 여기에서 그치는 것이 아니라 이러한 교육적 의의를 교육 현장에 적용하여 구체적인 교수학습 지도안을 작성하고 실현해봄으로써 과연 이러한 교수·학습방안이 학생들에게 유의미한 것인지 점검해보는 과정이 필요하다.

참고문헌

나은영(2006), 인터넷 커뮤니케이션 : 익명성, 상호작용성 및 집단극화(極化)를 중심으로, 커뮤니케이션 이론 2권 1호, 한국언론학회. pp.93-127.

박문서(2002), 인터넷 익명성과 전자상거래, 통상정보연구 4권 2호, 한국통상정보학회, pp.201-222.

박선옥(2006), 인터넷 토론글 사례 분석을 통한 효율적인 인터넷 토론 의사소통 방식에 관한 연구, 화법연구 9, 한국화법학회, pp.295-320.

음수연(2002), 온라인 토론을 통한 여론형성 과정에 관한 연구 : 인터넷의 매체적 특성과 온라인 토론 참여자의 이슈에 대한 관여도를 중심으로, 이화여자대학교 대학원 신문방송학과.

안재현, 오창우(2008), 온라인 매체를 활용한 토론교육의 활성화 방안에 관한 연구, 스피치와 커뮤니케이션 9, 한국스피치커뮤니케이션학회, pp.8-30.

엄우용, 최은희(2001), 웹 기반 온라인 토론에서 성격특성과 익명성이 문제해결력에 미치는 영향, 교육정보미디어연구 7, 한국교육정보방송학회, pp.1-28.

이명진(2001), 사이버공간의 가능성과 한계: 온라인상의 익명성을 중심으로, 한국사회4권0호, 고려대학교 한국사회연구소, pp.119-144.

이윤정(2014), 학습자의 심리적 특성을 고려한 사회과 온라인 토론학습 전략, 사회과교육 53, 한국사회과교육연구학회, pp.143-162.

이재왕, 양용칠(2010), 온라인 토론 유형이 비판적 사고기능의 개발과 인지적 참여의 수준에 미치는 영향, 사고개발 6, 대한사고개발학회, pp.121-143.

임철일, 윤순경, 연은경(2007). 온라인 토론 활성화를 위한 집단 구성 방식에 관한 연구, 교육공학연구 23, 한국교육공학회, pp.89-118.

한정선, 오정숙(2005), 웹 기반 학습의 온라인 토론에서 교수자의 참여에 따른 학습자의 토론 참여 양상에 대한 연구, 교육공학연구 21, 한국교육공학회, pp.123-142.

08 상호주관성에 기반한 인터넷 토론 교육 방안으로서의 타당성 판단 탐색

Ⅰ. 서론

다양한 의견이 공존하지 못하는 사회에서 민주적인 여론이 형성되기 어렵다. 위르겐 하버마스(Jurgen Habermas)는 다양한 의견을 가진 사람들이 자유롭고 평등하게 참여하여 공적사안에 대하여 이성적인 토론을 할 때 민주적인 여론 형성이 가능하다고 보았다. 이러한 숙의(熟議)의 공간을 공론장이라 한다. 정보기술의 발달에 따라 21세기 들어 가장 유력한 공론장으로 인터넷이 주목받고 있다. 인터넷 매체의 특성은 토론 참여자들이 자유롭고 평등하게 목소리를 낼 수 있도록 하였으며 공간적 한계를 극복하고 수많은 이들이 동시에 의견을 교환할 수 있는 장을 마련하였다. 특히 인터넷 토론은 우리 사회의 시민적 정치 참여를 구성하는 결정적인 공간이 되고 있다(김은미, 이준웅, 2006).

그런데 이 신(新) 공론장에는 여전히 현실적으로 극복해야 할 여러 고질적인 문제들이 있다. 이는 흔히 지적되는 현대 사회의 인터넷 상의 문제 상황들과 맥이 닿아있다. 한국정보화진흥원(2013)은 2013년 정보문화 실태 조사에서 인터넷 윤리와 관련한 문제 현상들의 하위 항목[1]을 설정하고 매년 실태를 조사하고 있다. 그 중 '타인에 대한 인신공격 및 비방'과 '집단 따돌림 가담' 항목의 설정은 인터넷 상에서 타인에 대한 존중이 결여되어 나타나는 문제 상황을 반영하고 있다.

동일한 조사에서는 아예 '온라인 타인 존중(Digital Tolerance)'을 주요 지표로 설정하고 그 하위 항목을 구성하여 대국민 실태 조사를 시행하고 있다. 그 측정 목적에서 인터넷 공간에서의 소통과 화합을 위해 타인 존중 의식이 필요함을 다음과 같이 밝히고 있다.

---

[1] 1) 개인정보의 무단 이용, 2) 타인에 대한 인신공격 및 비방, 3) 콘텐츠의 무단 이용, 4) 미검증 정보 전달 및 유포, 5) 불건전 유해정보 전달 및 유포, 6) 집단 따돌림 가담.

(출처 : 한국정보화진흥원(2013), 2013 정보문화실태조사 보고서, 한국정보화진흥원, p.87.)

이 지표에 대한 하위 측정 항목은 다음과 같다. 1) 다른 의견 표현의 자율성 인정, 2) 다른 의견에 대한 경청, 3) 다른 의견에 대한 수용, 4) 온라인 서명 및 집단 청원의 자율성 인정. 각 항목에 대한 인식은 동의하는 정도를 5점 척도로 조사하였다. 그 결과, 대부분이 인터넷에서 의견의 자율성을 인정하는 것(84.4%)과 다른 의견에 대해 경청(82.9%)하는 것에 동의하였다. 다른 의견에 대한 수용이 필요하다는데 동의한 응답자는 78.9%, 자신과 의견이 다른 집단의 서명운동이나 집단 청원에 대해 허용적인 응답자는 68.6%로 나타나 실제 사회적 운동으로 이어지는 것에 대한 의견을 제외하면 대체로 인터넷에서의 타인존중 의식이 중요하다는 데에 동의하고 있는 것을 알 수 있다.

이처럼 대중이 인터넷 상에서의 타인존중의 중요함에 대해 대체로 인식하고 동의하고 있음에도 여전히 인터넷 토론에서 이루어지는 의사소통 양상을 들여다보면 타인존중, 타인의 의견에 대한 존중이 결여된 모습들이 드러난다. 익명성 뒤에 숨어 폭력적인 언어로 의견을 표출하는 문제, 출처가 불분명한 정보에 근거한 주장이 유통되는 문제, 다양한 의견의 공존을 받아들이지 못하고 이견(異見)을 다수의 힘으로 묵살하는 문제 등은 인터넷 매체가 지닌 태생적 한계로 느껴지기도 한다. 그러나 이러한 병리적 문제 현상들의 원인을 매체의 특성만으로 환원하기보다는 보다 심층적인 문제의 발생 기제에 대해 탐구하여 그 악순환을 끊을 방안을 강구하여야 한다.

인터넷 토론에서 의견의 합의가 아닌 획일화를 지향하고, 타인의 의견을 수용하지 못하는 문제적 상황은 매체의 본질적인 한계이기보다는 현대 사회가 앓고 있는 사회 병리적 현상이다. 현대 사회가 겪고 있는 의사소통에서의 불통(不通)에는 어떤 기제가 작동하고 있는가? 현대철학의 영역에서는 근대의 데카르트로 대표되는 학자들은 주객 분리적 인식, 도구적 이성이 강압적 의사소통의 원인이 되었다고 지적한다. 주체와 객체로 양분되는 구도로는 근본적인 통일이 불가능하고 양방향적인 의사소통이 이루어지기 어렵다(정대성, 2006).

이러한 문제점에 대한 대안을 탐색하는 움직임이 일었다. 그 결과 근대 이성에 대한 관점에 따라 현대 철학의 사조가 나뉘게 되었는데 본고에서 지향하는 '공론장' 개념을 주창한 하버마스도 그 중 한 사조를 이끌었다. 하버마스는 타인을 객체가 아닌 나와 같은 주관을 지닌 주체로서 받아들일 때 주체-객체 분리적 인식을 극복하고 주체와 주체가 만나는, 진정한 의미에서의 양방향적 의사소통이 일어난다고 보았다. 이를 상호가 주체이며 주관을 가진다는 의미로 '상호주관성' 철학이라 한다.

인터넷 상황이든 대면하는 상황이든 의사소통은 근본적으로 사람, 주체, 주관의 만남으로 이루어진다. 이들이 상호 교환되고 부딪히고 절충되면서 소통은 이루어진다. 이러한 소통이 그물망처럼 엮여 의사소통 공동체를 이룬다. 의사소통은 본질적으로 상호주관적인 성격을 지니므로 그 속에서 의사소통 주체의 인식과 역할은 매우 중요하다. 이들에 대한 교육의 방향에 따라 소통의 질이 좌우될 수 있을 것이다.

그런데 현재의 우리 화법 교육과정에서의 관점을 살펴보면 '사람', '주체'의 목소리가 다소 소외된 모습을 확인할 수 있다. 이는 날것의 수많은 의사소통 장면에서 교육적으로 필요한 요소를 추출하여 종합하는 과정에서 개별적인 '주체'의 모습이 희석되었기 때문이다. 그 결과 교환된 메시지에 대한 언어학적 분석이 주된 교육 내용이 되어 여전히 교육과정 상에서 화법이란 '상호교섭'적 현상으로 전제되어 있다. 이러한 의사소통 주체와 맥락이 배제된 텍스트 중심의 교육 내용은 빠르게 다변화되고 있는 현대 사회의 의사소통 장면을 포괄하기 어려우며 그 교육적 효과 또한 파지시키는데 한계가 있다.

본고에서는 이러한 문제의식에 따라 화법을 상호교섭으로 보는 관점에서 상호주관으로 보는 관점으로 전환하여 화법 교육에서 '주체'의 목소리를 되살려야 한다는 입장을 취한다. 특히 서로를 객체로 인식하기 쉬운 비대면 의사소통 상황인 인터넷 토론에 대해 이러한 철학적 전환이 갖는 교육적 효과와 가능성에 대하여 탐색해보고자 한다.

II. 이론적 배경

1. 상호주관성과 의사소통

상호주관성(Intersubjectivity) 철학은 독일의 현상학자 후설(Hussel)이 처음 도입한 개념이다. 그는 자신의 초기 현상학의 유아론(唯我論)적 한계, 오직 자신의 주관에 초점이 맞추어져 있는 한계를 극복하기 위해 인식론의 측면에서 다수의 주관을 인정하는 상호주관성 철학을 주창하였다. 이를 언어적 전회(linguistic turn)을 통해 언어철학으로 발전시킨 것이 하버마스의 상호주관성 철학이며 의사소통 행위이론이다. 하버마스는 상호주관성 철학을 통해 근대 이성의 문제들에 대해 대안을 제시하고자 하였다.

불통의 원인이 되는 근대의 도구적 이성에 대해 포스트모더니즘 철학의 푸코는 이를 부정하는 노선을 취하였다. 그에 반대로 하버마스는 '이성'이 역기능을 하고 있는 것이 문제라면 이를 해결하여 이성의 '합리성'이 의사소통에서 순기능을 하도록 개선시켜야 한다는 노선을 취하였다. 이러한 관점에서 하버마스는 '도구적 이성'에 근간한 의사소통 행위와 '합리적 이성'에 근간한 의사소통 행위를 다음의 표와 같이 구별하였다[2].

<표 1> 하버마스의 상호 이해적 의사소통의 특성

	도구적 · 전략적 의사소통	상호 이해적 의사소통
목적	목적 성취, 권력	보편적 정당성
논증의 특성	미약한 정당성 논증	상호 승인에 기초한 정당성 논증
설득 방식	보상과 영향력	진실성, 도덕적 정당성, 투명성, 미학적 표현성
행위 관계	주체/객체	주체/주체
상대관계	전략적 관계	상호 이해적 관계

그는 도구적 이성에 따라 어떤 목적을 위해 행하는 행위는 대상이 사물일 경우 '도구적 행위', 대상이 타인일 경우 '전략적 행위'라 칭하였다. 이러한 행위는 다분히 목적 지향적이며 객체에 대한 권력을 갖는 것을 목적으로 하므로 대상을 도구적, 전략적으로 이용한다. 이는 근대 이성의 문제로 지적되는 의사소통 양상을 반영한다. 반면, 합리적 이성에 따라 상호이해의 가능성을 추구하는 하버마스의 상호주관성 철학에 따른 의사소통 행위는 '상호이해적 의사소통'으로 대표된다.

두 의사소통 행위의 이성 발현 양상을 비교해볼 수 있다. 도구적 · 전략적 의사소통은 그 논증이 미약하고 설득의 방식으로 보상과 영향력을 활용한다. 보상을 활용한다는 것은 다분히 행동주의적 방식으로 합리적 이성을 통한 주체들의 소통이라 보기 어렵다. 반면, 상호이해적 의사소통의 논증은 상호 승인을 기반으로 하여 주체들 간에 의견의 정당성이 인정되어야 한다. 그 설득 방식은 진실성, 도덕적 정당성, 투명성, 미학적 표현성 등으로 인간의 이성이 합리적으로 작동되어야 가능한 방식이다.

---

2) 하상복(2009), 『푸고&하버마스』, 김영사, p.230.

이러한 상호이해 목적의 의사소통에 대한 철학적 정의에서 출발하여 하버마스는 언어행위가 의사소통 참여자들에게 이해되기 위한 조건으로 '진리성', '정당성', '진실성'을 제시하였다. 그는 주체들 간의 이해가 서로의 의견에 대한 '타당성'을 합리적으로 판단함으로서 가능하다고 보았으므로 이 조건들은 '타당성'에 대한 판단 규준으로 활용된다.

진리성이란 화행의 객관적 사실 여부이다. 제시된 의견이 모두가 인정할만한 객관적 사실, 즉, 진리로 받아들여질 때 의사소통 참여자들과 공동체 내에서 수용될 수 있는 것이다. 예를 들어, '대학 기숙사의 신설은 대학생 복지와 관련된 대학 자체의 권한을 행하는 것이다. 주변 하숙 및 자취 시설의 수입까지 고려할 필요는 없다.'라는 주장에 대하여 '진리성' 측면에서 타당성을 판단한다면 대학 기숙사의 신설이 실제로 대학생 복지 관련 대학의 자체적 권한인지 여부를 살펴 객관적 사실인지에 따라 주장은 수용되기도 하고 거부되기도 할 것이다.

정당성이란 공동체의 규범적 측면과 관련이 있다. 화자의 화행이 사회적 관계에서 받아들여질 수 있는 정당한 것인지에 대한 판단을 말한다. 위와 같은 예에서 정당성 측면에서 주장의 타당성을 판단한다면 캠퍼스 주변 하숙 및 자취 시설의 수입 변동에 책임지지 않는 대학 측의 입장이 사회적 관습이나 도덕적 규범 상 어긋나지 않는지 판단할 수 있다. 이는 의사소통이 일어나는 사회문화적 맥락을 포괄하는 개념이라 볼 수 있다.

진실성이란 의사소통에 참여하는 화자가 자신의 의견과 주장에 대해 일관되게, 정직하게 임하고 있는지 여부에 관한 것이다. 이 측면은 화자 내면의 요소이기 때문에 가시적으로 확인하기는 어렵지만 하버마스는 이를 화자가 일관되게 주장과 행동을 제시하고 있는지 지속적으로 관찰하여 평가할 수 있다고 보았다. 예를 들어 자신의 잇속에 따라 주장을 이리저리 바꾸는 화자가 있다면 이는 다분히 도구적·전략적인 행위로 밝혀지므로 의사소통 참여자들과 공동체에게 그의 주장이나 의견이 받아들여지기 어려울 것이다.

2. 상호주관성과 국어교육

상호이해적 의사소통의 기반이 되는 하버마스의 상호주관성 철학을 국어교육의 측면에 도입하려는 논의도 이어졌다(김윤옥, 2007; 이종원, 2013; 박소령, 2013; 서정혁, 2007).

김윤옥(2007)은 화법 교육의 원리, 목표, 방법, 내용 전반을 '상호주관성' 철학에 근거하여 거시적으로 재구조화하였다. 그는 현재 채택하고 있는 상호교섭적 관점이 화자와 청자가 의미를 나누는 '과정'면에 초점을 두어 그 근간이 되는 상호주관성을 소홀히 다루는 면이 있음을 지적하였다. 이러한 화법에 대한 관점이 근본적인 원인이 되어 화법 교육의 내용 전반에서 화자와 청자가 소외되는 면이 있다고 보았다. 이를 극복하기 위해 '상호주관성'으로 화법에 대한 관점을 전환하여야 한다고 보았다.

본고에서는 김윤옥(2007)에서의 관점을 적용하여 구체적인 의사소통 상황을 바탕으로 실제적인 교육 방안을 마련하고자 한다. 실제 학생이 당면하는 의사소통 상황에 상호주관성에 근거한 교육 방안을 적용해보고자 하는 논의로는 이종원(2013)과 박소령(2013)이 있다.

이종원(2013)은 시 교육에서 각 해석 주체를 개별적인 것으로 보는 주관주의에 대한 대안으로 주체의 사회적, 관계적 측면을 강조하는 상호주관성을 도입하여 주체를 정의하였다. 이를 기반으로 개별 학생의 해석을 학급에서 횡적 소통을 통해 또래 학생들과 나누는 교육 방안을 제안하였다. 이를 적용한 수업에서 학생들은 서로의 시 해석에 대해 사실성, 정당성, 진실성 측면에 따라 평가하고 소통하였다. 이에 시 해석에서 간과할 수 없는 '정서의 형성' 측면을 결합하여 이성적 측면과 정의적 측면을 포괄하는 시 해석 소통 수업을 구안하고자 하였다. 이 연구는 시 수업에서 일어나는 학생 간 의사소통에 하버마스의 철학을 접목하여 교육 내용을 마련하였을 때 실제로 서로의 의견을 나누는데 효과적이었다는 점에서 화법교육의 측면에서도 주목해야할 논의이다.

박소령(2013)은 실제 화법 수업에서 상호주관성 철학을 적용해보고자 하였다. 그는 구체적으로 소집단 토의를 대상 담화 상황으로 설정하고 실제 학습자들의 대화를 전사하여 분석하였다. 이를 통해 토의 주제의 유형을 인식, 가치, 행동의 문제로 나누어 바람직한 상호주관적 의사소통이 나타나는 정도의 차이가 있음을 밝혀내었다. 그의 논의는 실제 학습자들의 언어 자료를 대상으로 하여 다소 철학적 논의의 측면에 머물러 있던 상호주관성 도입의 문제를 실제 교육 현장에서 실증적으로 다루었다는 점에서 의의가 있다.

서정혁(2007)에서는 읽기교육에서의 상호주관성에 대해 다소 철학적 논의 수준에 국한하여 고찰하였다. 그는 근대의 주체-객체 분리적 인식에서 상호주관성에 근거한 인식으로의 전환이 읽기라는 행위에 대해 어떤 해석을 제공하는지에 대해 고찰하였다. 그는 종래의 읽기 대상인 텍스트를 객체로서 받아들이는 입장에서 텍스트, 즉 필자가 갖는 주관을 인정하는 입장으로의 변화가 읽기 행위를 일방적 의미 해석 행위에서 상호이해적 의미 소통으로서의 행위로 전환시키는데 기여한다고 보았다. 따라서 읽기가 사회적 참여로서 그 역할을 발휘하기 위해서는 읽기 교육에서도 상호주관성 철학을 도입하여 그 교육 내용을 구안할 필요가 있다고 보았다. 이는 읽기 교육에서의 논의이지만 인터넷 상의 의사소통에서 '듣기'가

곧 '읽기'와 매우 밀접하게 연관되어 있다는 점에서 화법교육의 관점에서도 그 논의를 살펴 수용할 필요가 있다.

이처럼 국어교육의 장에 하버마스의 상호주관성 패러다임을 도입하고자 하는 논의는 더 많은 실제적 연구가 필요한 실정이다. 2014년 현재 우리의 화법 교육과정은 상호교섭적 관점에서 그 내용을 구성하고 있다[3]. 연구를 통해 교육 내용을 개발함과 동시에 교육과정에 대해서도 비판적으로 검토하고 개선점을 탐색하여 이에 대한 논의를 촉진할 필요가 있다.

2009 개정 국어과 교육과정에서 토론 교육과 관련된 성취 기준 중에서 상호주관성 철학을 바탕으로 재구성할 여지가 있는 항목을 탐색해 보았다. 2009 개정 국어과 교육과정의 중학교 1~3학년군 듣기 · 말하기 성취기준에서 토론과 관련된 항은 다음과 같다.

(6) 다양한 논제에 대해 토론하고 토론의 과정과 결과를 평가한다.

사회적으로 중요한 논제뿐만 아니라 일상생활이나 학교생활에서 일어나는 문제에 대해서도 찬반 의견이 명확히 갈릴 때, 일방적 주장으로 말싸움을 일으키거나 서로의 관계를 손상시키기 쉽다. 우리 사회의 다양한 논제에 대하여 찬성과 반대 입장을 나누어 토론해 봄으로써, 하나의 논제에 대해 서로 다른 입장에서 <u>제공하는 정보와 주장하는 논거가 다를 수 있음을 확인하고</u>, 토론 참여자의 토론 진행 과정과 제공하는 정보와 주장이 어느 <u>쪽이 더 객관적이고 타당한지를 비판적으로 평가하고 판단</u>하는 안목을 기르는 데 중점을 둔다. 다양한 토론 논제에 대해서 자신의 입장을 정하고, 자신의 의견과 주장을 뒷받침하는 논거를 찾고, <u>상대의 의견과 주장을 이해하고 차이를 존중</u>하면서 예의를 갖추어 토론 방법과 절차에 따라 토론에 적극적으로 참여하고, 토론 과정과 결과를 합리적으로 평가하는 안목을 기르도록 한다.

위의 성취기준에서는 서로 다른 주장에 대해 타당성을 평가하는 능력을 기르는 것을 목표로 하고 있다. 밑줄 친 부분은 '어느 쪽이 더 객관적이고 타당한지 비판적으로 평가하고 판단'하며 '상대의 의견과 주장을 이해하고 차이를 존중'해야 한다는 진술이 드러나 있다. 본고는 해당 진술에 대해 보다 상세한 기준이 제안될 필요가 있다고 판단하여 이어지는 장에서 세 가지 타당성 판단 기준을 제안해보고자 한다.

2009 개정 국어과 교육과정의 고등학교 선택 과목 〈화법과 작문〉의 성취기준에서는 중학

---

3) 2007 개정 교육과정부터 화법의 본질에 대해 '화법은 말하는 이와 듣는 이가 생각과 느낌을 소통하여 협력적으로 의미를 구성하는 상호 교섭 행위이다.'로 기술하며 화법에 대한 상호교섭적 관점을 상정하고 있다.

교 성취 기준에 비해 구체적인 교육 내용을 밝히고 있으나 의사소통 주체보다는 명제의 논리적 오류에 중점을 두는 모습을 보인다. 그 관련 내용은 다음과 같다.

(17) 논리적 오류의 유형을 이해하고 내용의 신뢰성·타당성·공정성을 파악한다.
　　설득하는 담화나 글을 비판적으로 수용하려면 논리적 오류를 파악하는 능력이 필수적이다. 지나치게 형식적이거나 과도하게 많은 오류 유형에 대한 지식보다는 일상의 언어 생활에서 자주 발생하는 전형적이고 기본적인 논리적 오류를 이해할 필요가 있다. 이와 더불어 비판적 이해의 판단 기준인 신뢰성·타당성·공정성을 파악하는 능력을 배양하여 설득 담화나 글에 대한 비판적 안목을 갖추도록 한다.

고등학교 성취 기준에서는 비판적 이해의 판단 기준을 신뢰성, 타당성, 공정성으로 제시하였는데 이 세 기준을 설정한 근거가 무엇인지 검토할 필요가 있다. 이를 하버마스의 이론에서 제시한 타당성 판단 기준과 비교해보고자 한다. 각각에서 제시하는 기준이 일대일로 대응되지는 않으나 차이점을 확인하기 위하여 표로 정리하자면 다음과 같다.

<표 2> 현행 교육과정과 하버마스 이론에서의 판단 기준 비교

현행 교육과정에서 제시하는 기준		하버마스의 이론에서 제시하는 기준	
신뢰성	근거로 제시된 정보가 믿을만한 정확한 것인가?	진리성	근거로 제시된 정보가 객관적인 사실인가?
타당성	근거로 제시된 정보가 논리적으로 주장을 뒷받침하기에 적절한가?	정당성	주장과 근거가 사회적 규범에 비추어볼 때 공동체에 받아들여 질 수 있는 것인가?
공정성	주장과 근거의 내용이 전반적으로 한 쪽 관점만을 강조하여 편향되어 있는가?	진실성	화자가 일관되고 정직하게 의사소통에 임하고 있는가?

〈표 2〉에서 확인할 수 있듯이 현행 교육과정에서 제시하는 기준은 주장과 근거의 정보를 중심으로 발화된 명제를 강조하는 진술로 제시되어 있다. 즉, 하버마스 이론에서 제안하는 기준에 비해 토론에서의 주체의 역할과 사회적 맥락에 대한 내용이 적극적으로 드러나지는 않음을 확인할 수 있다.
　본고에서는 이러한 관점에서 교육과정 및 교육 내용의 보완을 위한 연구의 일환으로 인터넷 토론에서의 상호주관적 의사소통 양상을 '진리성', '정당성', '진실성' 측면에서 분석해보고자 한다. 학생이 실제적으로 접하는 의사소통 장면이라는 점에서 교육 자료로서 발굴할

수 있는 가능성이 높고 특히 익명성을 기반으로 한 인터넷 의사소통이 지니는 여러 병리적 현상들을 '상호주관성' 철학을 통해 해소할 수 있을 것이라는 가설에 근거한 것이다. 화면 뒤에 참여자들이 가려진 상태에서 논지가 가벼운 인스턴트식 의견들이 동시다발적으로 일어나는 인터넷 상에서 상호 주체와 주관에 대한 인식과 합리적 이성에 근거한 판단 능력은 청소년들이 새로운 매체가 지니는 함정에 빠지지 않도록 스스로를 보호할 수 있는 의사소통 능력이 될 것이다.

III. 자료의 수집 및 분석

대상 자료는 포털사이트 다음(Daum)에서 제공하는 토론 서비스인 '아고라'에서 수집하였다. 포털사이트와 연계되어 있다는 점에서 다음 아고라는 여타 독립적인 토론 사이트에 비해 접근성이 높고 다양한 이용자가 참여하고 있다. 최근에는 SNS와 연계한 모바일 서비스를 시행함에 따라 더욱 동시다발적인 토론 참여가 이루어지고 있다.

본고에서는 하버마스의 상호주관성 철학에서 제시하는 타당성 판단 기준에 근거하여 인터넷 토론에서의 의사소통 양상을 분석해보고자 한다. 차후 교육적 자료로서 활용할 수 있는 가능성을 고려하여 청소년과 관련된 토론 주제에서 그 양상을 분석해보았다. 본고에서 선정한 주제는 '학교에서의 체벌'이다. 이에 대한 의견 게시물이 669개가 등록되었고 각 게시물 내에는 댓글들도 등록되었다. 이 자료를 바탕으로 인터넷 토론에서 진리성, 정당성, 진실성 측면에서의 타당성 판단이 드러난 사례를 조사하고자 한다.

1. 진리성 측면에서의 타당성 판단 사례

진리성 측면에서 타당성 판단이란 주장 및 근거의 객관적 사실 여부, 즉 공동체와 의사소통 참여자들이 사실로 인정하여 받아들여질 수 있는 내용을 갖추고 있는지에 대한 판단이다. 다음은 학교에서의 체벌에 대한 한 누리꾼의 게시글이다.

체벌 대신 벌점이라? 이 벌점이라는 것 자체가 폭력입니다 [14]

hoho김숙경 (nayana****) 　　　　　　　　　　　　　조회 363 | 10.11.05 22:49 | 🔔신고

☆ 즐겨찾기 | 🔲 카카오스토리 🐦 트위터 📘 페이스북

너무도 기가 막힌 내용으로 학교에서 가정통신문이 왔습니다.
벌점으로 가득찬 아래의 내용들이 앞으로 나아 가고자 하는 방향과 추구하는 이상이 -체벌 없는 평화로운 학교 만들기-랍니다.
심성 여린 아이들은 벌써 부터 체벌보다 '벌점'이 더 무서워서 움추려 듭니다.
게다가 벌점이 어느 선을 넘어가면 '성찰실'이라는 곳으로 보낸다고 합니다.

벌점 기준에는 예를 들자면 지나친 장식구, 이것도 벌점 1점입니다.
장식구가 지나치고 아니고는 너무도 개인적인 부분입니다.
누구의 기준으로 벌점을 주겠다고 하는 겁니까?

<그림 1> 학교에서의 체벌에 대한 의견 게시글

위 게시글에서 'hoho김숙경'은 체벌의 대안으로 제시된 벌점제도까지도 체벌의 일종임을 주장하고 있다. 이러한 주장에 대해 달린 댓글은 다음과 같다.

시간에울고웃고　제목이 문제가 있습니다. 지금의 벌점제도가 문제가 있는건 사실입니다. 그렇다고 해서
　　　　　　　　　체벌이란 말이 이 글에 들어갈 이유는 없습니다. 체벌은 당연히 금지되야하는 비인간적인
　　　　　　　　　행위입니다. 대안으로 벌점제도는 당연합니다. 그러면 어떻게 더 효율적인 벌점제도 좀
　　　　　　　　　더 현실적인 방안이 있을까 고민해보아야 할 문제입니다. 10.11.08 　👍 0

<그림 2> 진리성 측면에서의 타당성 요구 ①

댓글의 화자 '시간에울고웃고'는 진리성 측면에서 'hoho김숙경'의 게시글에 대해 비판하고 있다. 그는 현행 벌점제도가 대안 정책으로서 문제가 있는 것은 사실이나 "벌점제도=폭력"이라는 주장은 사실로 보기 어렵다고 주장하며 진리성 측면에서 그 타당성 여부를 판단하는 모습을 보인다.

다음 댓글의 화자인 'happy'는 교육이 발달한 이스라엘도 체벌을 허용하고 있으며 무조건적인 폭력을 휘두르는 경우는 드물다고 주장하는 게시글에 대한 반박을 제기하고 있다. 'happy'는 먼저 한국과 이스라엘은 다른 사회라는 객관적 사실을 확인하고 있으며 실제로 무조건적인 폭력이 일어나는 사례가 일어나고 있음을 확인하여 폭력 사례가 드물다는 주장의 진리성에 대하여 비판하고 있다.

happy 　반대합니다. 그리고 무엇보다는 <u>이스라엘과 우리나라는 많이 다른나라입니다.</u> 요즘 선생　　👍 0
　　　　　　님들이 체벌하시는 모습도 동영상에 많이 나오는데 <u>정말 심각하긴 합니다.</u>발로 차거나,회
　　　　　　초리나,손바닥,주먹 사정없이 때립니다. 이건 교육하는 학교입장으로 봤을때는 정말 안좋
　　　　　　은 교육이나 다름없습니다.보는사람도 맞는사람도 정말 안좋은 교육이라고 생각합니
　　　　　　다.NJ425 10.10.19　↩　🔔

<그림 3> 진리성 측면에서의 타당성 판단 사례 ②

이처럼 진리성 측면에서의 타당성 판단은 상대의 주장이 객관적 사실인지 여부를 판단하여 의견의 수용 여부를 결정한다는 점에서 수없이 많은 정보가 통용되는 인터넷 공간에서 그 효과를 발휘할 수 있는 판단 기준이라 할 수 있다.

2. 정당성 측면에서의 타당성 판단 사례

같은 주제에 대한 토론 게시글과 댓글에서 정당성 측면에서 타당성을 판단한 사례에 대해 조사해보았다. 정당성이란 해당 주장이 그를 둘러싼 사회의 규범과 공동체 구성원에 의해 합의될 수 있는 내용인지를 판단하는 것으로 토론의 사회 문화적 맥락을 강조하여 다룰 수 있다는 점에서 장점이 있다.

Aivandorang 　체벌의 정도를 물리적 방법으로 어떻게 정해야할까요? 만약 매를 들게 되면 어디부위를,
　　　　　　　어느강도로,혹 이런거 생각해 보셨나요? ㅋㅋㅋ 체벌은 없어야 하고, <u>교칙을 엄하게 해서</u>
　　　　　　　<u>교칙대로 처리하면 됩니다.</u> 10.11.09　↩　🔔

　↳ **푸른잎** 　이분 정말 무서운 분인듯.. 학생들은 사춘기라 어른들에 비해서 충동적입니다. 때문에
　　　　　　　체벌이 어느정도 필요한것입니다. <u>자신의 잘못으로 내신에 반영되고 기록에 남는다면</u>
　　　　　　　<u>한국사회에서 평생을 후회해야합니다</u> 차라리 맞고 깔끔하게 끝나는것이 낫다고 봅니
　　　　　　　다 기록되고 반영되는 벌점제도같은 경우 후에 학생들의 앞길을 더 크게 막을 수 있습
　　　　　　　니다. 10.11.17　↩　🔔

　↳ **홍명표** 　경우에 따라서는 그렇게 해야합니다. 정도의 차이가 있는 것입니다. 체벌은 필요하
　　　　　　　지만 이런 방법도 쓴다는 것을 이용하는 것이죠. 그렇기때문에 둘다 사용되야할 것
　　　　　　　들입니다. 10.11.23　↩　🔔

<그림 4> 정당성 측면에서의 타당성 판단 사례 ①

위의 사례에서 'Alvandorang'은 체벌을 없애고 교칙을 엄하게 하여 교칙대로 처벌할 것을 주장하고 있다. 이러한 글쓴이의 주장에 대해 '푸른잎'은 정당성 측면에서 타당성을 판단하고 있다. 푸른잎은 무조건 교칙에 따라 엄하게 학생들을 처벌하자는 주장은 한국 사회의 맥락과 규범에 비추어 볼 때 수용되기 어렵다고 보았다.

저기 학생 다른 내용은 모르겠고 무조건 적으로 맞을만 하니 맞는다는 이야기는 조금 생각해봐야 할 것 같네요. 일본인들도 식민체제에 순응을 잘하면 될걸 조선인들이 맞을만 하니 맞는다는 논리였고, 과거 독재자들도 경제살렸다 법만 지키면 되는데 그걸안하니 맞을만하니 맞는다는 논리였습니다. 물론 문제학생에 대한 대비책은 필요하지만 근본해결은 외면한체 덮어놓고 체벌이라는건 아니네요. 10.11.02 ↩ 🔔

<그림 5> 정당성 측면에서의 타당성 판단 사례 ②

위의 사례에서 '일리히'는 학생들이 맞을만하니 맞는다는 주장을 편 게시글에 대하여 해당 주장이 사회적 규범이나 윤리적 측면에서 볼 때 정당성에 어긋난다고 판단하고 있다. 그는 과거 일제강점기의 일본인들의 부당한 논리와 같은 윤리적 사회적 규범에서 벗어난 주장을 펴고 있음을 지적하고 있다.

이처럼 정당성 측면에서의 타당성 판단은 해당 공동체의 시대적, 사회적 맥락을 모두 고려하여 합리적인 결론을 내기 위한 토론을 가능케 한다는 점에서 궁극적으로는 빠르게 변화하는 현대 사회에서 올바른 판단을 내리는 능력을 신장시키는데 교육적 효과가 있을 것으로 기대된다.

3. 진실성 측면에서의 타당성 판단 사례

진실성은 의사소통에 참여하는 화자가 정직하고 진실된 자세로 임하는지 여부를 판별하는 것으로 의사소통 주체가 일관된 주장을 펼치는지를 살펴봄으로서 비가시적인 진실성에 대한 판단을 할 수 있다고 하버마스는 주장하였다. 다음은 체벌금지에 대해 반대의견을 제시한 '악순환의고리'를 글쓴이 검색을 통해 추적한 결과이다.

ㅋㅋㅋ..체벌금지..구호만 민주적일 뿐이다. [1]	악순환의고리	1	0	**153** 10.11.02
↳ 구속당했네요..그럼..문제학생은 뭘로 처벌하죠.. [1]	악순환의고리	0	0	**143** 10.11.02

<그림 6> 글쓴이 검색을 통한 작성게시물 추적

'악순환의고리'는 체벌관련 주제에 대하여 체벌이 필요하다는 입장을 취하였고 그로부터 일정 기간이 지난 후 다른 주제에 대해서도 일관된 입장을 취하였다.

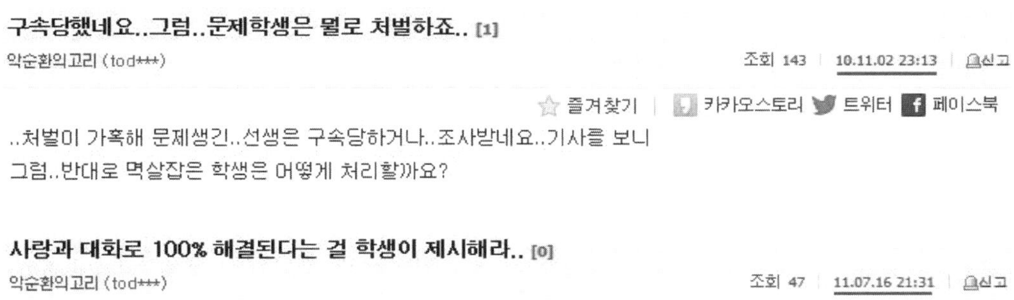

구속당했네요..그럼..문제학생은 뭘로 처벌하죠.. [1]

악순환의고리 (tod***)　　　　　　　　　　　　　　　　　　　조회 143 | 10.11.02 23:13 | 신고

☆ 즐겨찾기 | 카카오스토리 트위터 페이스북

..처벌이 가혹해 문제생긴..선생은 구속당하거나..조사받네요..기사를 보니
그럼..반대로 멱살잡은 학생은 어떻게 처리할까요?

사랑과 대화로 100% 해결된다는 걸 학생이 제시해라.. [0]

악순환의고리 (tod***)　　　　　　　　　　　　　　　　　　　조회 47 | 11.07.16 21:31 | 신고

<그림 7> 진실성 측면에서의 타당성 판단 사례

직접적으로 이 화자의 진실성에 대해 측정하는 방법은 아니지만 이러한 추적을 통해 악순환의고리는 일관되게 자신의 입장에 따라 정직하게 토론에 임하고 있으며 다른 목적을 위해 의견을 이리저리 바꾸지는 않는 것을 확인할 수 있었다. 이는 수많은 의사소통 참여자들이 공존하는 인터넷 공간에서 정직하게 토론에 참여하는 주체를 가려낼 수 있는 하나의 판단 기준을 제공한다. 또한 이는 비대면 상황인 인터넷 토론에 대한 정직한 참여 자세 및 태도와 관련이 있으며 그에 대한 교육 내용을 마련하는데 이론적 근거가 될 수 있다.

Ⅳ. 결론

지금까지 하버마스의 상호주관성 철학과 그의 의사소통행위이론을 바탕으로 토론에서의 타당성 판단 기준을 실제 인터넷 토론의 의사소통에 비추어 분석해보았다. 그 결과 종래의 교육과정에서의 '신뢰성', '타당성', '공정성' 체제에 비해 '진리성', '정당성', '진실성' 체제가 지니는 인터넷 토론 교육에서의 활용 가능성에 대해 확인할 수 있었다. 그에 대한 내용을 정리하면 다음과 같다.

첫째, 진리성 측면에서의 타당성 판단은 수많은 정보가 유통되고 있는 인터넷 매체의 특성상 더욱 강조되어야 하는 토론 능력이다. 정보의 신뢰성뿐 아니라 공동체 내에서 이견의 여지가 없이 정확한 사실, 객관적 사실인지 여부를 함께 확인한다는 점에서 기존의 교육과정에서 제시된 '신뢰성'은 '진리성'을 판단하기 위한 하위 요소 중 하나로 포함하여야 할 것이다. 진리성 측면에서의 타당성 판단 능력은 허위 정보를 가려내고 정확한 근거에 따른 합리적인 토론이 이루어지도록 하는데 중요한 교육 내용으로 보다 구체화되어 제시될 필요가 있다.

둘째, 정당성 측면에서의 타당성 판단은 사회 문화적 맥락을 강조하여 다룰 수 있는 하나

의 방안이다. 즉, 명제 자체의 논증과 더불어 해당 주장이 사회의 규범과 윤리적 측면 등에서 공동체의 합의를 이끌어 낼 수 있는지 판단하도록 유도하는 요소이기도 하다. 이는 빠르게 변화하는 현대 사회에서 인간과 세상을 이롭게 할 가치를 합리적으로 탐색해가는 능력을 발전시키는 데 기반이 되는 교육 내용이라 할 수 있다. 따라서 이를 인성 교육적 측면에서도 함께 고려하여 정당성 판단의 교육 내용을 구체화할 필요가 있다.

셋째, 진실성 측면에서의 타당성 판단은 화자가 일관되게 자신의 주장을 펴는지에 대해 살핌으로서 토론에 전략적, 도구적 자세가 아닌 상호이해를 추구하는 진실된 자세로서 참여하는지에 대해 판단할 수 있도록 한다. 특히 인터넷 상에는 익명성 뒤에 가려 부정한 목적 등으로 인해 도구적, 전략적으로 자신의 주장을 펴는 이들이 수없이 섞여 있다. 이에 대한 판단 능력을 기르고 학습자 또한 그러한 자세를 지양하도록 함으로써 인터넷 토론에서 익명성이 갖는 부작용을 다소 감소시키고 면대면 토론 상황과 다름없이 정직하게 참여하는 태도를 신장시킬 수 있을 것이다.

이러한 교육적 활용 가능성들을 이론적 검토와 인터넷 자료의 분석을 통해 탐색해보았다. 이에 대해 실제적 교육 자료의 개발과 실제 학생에게 적용해보는 실제적 검증이 추후 연구 과제로 이어져야 할 것이다.

참고문헌

교육과학기술부(2009), 국어과 교육과정(교육과학기술부 고시 제 2012-14호).
교육인적자원부(2007), 국어과 교육과정(교육인적자원부 고시 제 2007-79호).
김윤옥(2007), 『상호주관성에 바탕을 둔 화법 교육 연구』, 한국교원대학교 박사학위논문.
김은미, 이준웅(2006), 「읽기의 재발견: 인터넷 토론 공간에서 커뮤니케이션의 효과」, 『韓國 言論學報』, vol. 50, no. 4, pp.65-94.
맹주완(2012), 『관용의 미학』, 한국문화사, 서울.
박소령(2013), 『초등학교 소집단 토의에 나타난 상호주관성 양상 연구』, 한국교원대학교 석사학위논문.
박소령(2014), 「토의 주제 유형에 따른 상호주관성 양상 연구」, 『화법연구』, vol. 25, pp. 133-158.
서정혁(2007), 「상호주관적 읽기교육의 철학적 기초」, 『독서연구』, vol. 18, no. -, pp.193-223.
이남인(2006), 『후설의 현상학과 현대 철학』, 풀빛미디어, 서울.
이종원(2013), 『시 텍스트의 상호주관적 읽기 교육 연구』, 서울대학교 석사학위논문.
정대성(2006), 「하버마스 철학에서 상호주관성 개념의 의미」, 『해석학연구』, vol. 17, pp.185-212.

한국정보화진흥원(2013), 『2013 정보문화실태조사 보고서』, 한국정보화진흥원.

Habermas, Jürgen 저, 장춘익 역(2006), 『의사소통행위이론1』, 나남.

Habermas, Jürgen 저, 장춘익 역(2006), 『의사소통행위이론2』, 나남.

09 모바일 인스턴트 메신저에 기반한 팀 프로젝트의 교육적 활용 방안 -카카오톡을 중심으로-

Ⅰ. 서론

1. 연구의 배경 및 목적

인간을 흔히 '사회적 동물'이라고 한다. 이는 인간은 고립된 채 살 수 없으며 사회 속에서 다른 사람들과 함께 살아가는 동물이라는 의미이다. 사회 속에서 다른 사람들과 함께 살아간 다는 것은 결국 관계 속에서 살아간다는 말과 같다. 그리고 사람과 사람과의 관계 속에서 우리는 필연적으로 '협력'이 필요한 순간을 맞이하게 된다. 그렇기에 우리는 사회에 나가기 전 학교라는 과정을 통해서 학생들에게 협력에 대해 가르치고 교실 상황에서 협력적인 활동 이 이루어지고 학생들이 협력을 경험하고 실천할 수 있도록 '팀 프로젝트'라는 기회를 제공한 다. 팀 프로젝트가 상대적으로 가장 활발하게 이루어지고 있는 대학의 교육과정 즉, 고등 교육과정에서의 팀 프로젝트에 대해서 이야기해보려고 한다.

팀 프로젝트가 주어지면 학생들은 팀 프로젝트를 위해서 모이고 하나의 주제를 가지고 토론하고 고민하고 의논하는 시간을 갖게 된다. 여러 번의 만남이 이루어지고 서로의 생각을 공유하는 과정에서 학습자는 지식의 발전과 더불어 협력하는 방법, 협력의 필요성에 대해서 느끼고 배우게 된다.

스마트폰의 급속한 보급과 모바일 인스턴트 메신저의 등장으로 팀 프로젝트의 모습도 변화하고 있다. 과거 팀프로젝트는 팀원들이 함께 시간을 맞춰 만나고 오랜 시간을 함께 보내면서 토론과 논의를 하는 직접 대면 방식으로 이루어졌었다. 하지만 현재는 스마트폰과 모바일 인스턴트 메신저의 사용이 일반화되면서 직접 대면하지 않고도 모바일 인스턴트 메신저를 통해서 토론과 논의가 이루어지는 경우가 빈번하게 발생하고 있다. 직접 대면 방식과 모바일 인스턴트 메신저를 통한 간접 대면 방식이 혼합된 팀 프로젝트가 새롭게 활성화되고 있는 것이다.

과거에도 컴퓨터 인스턴트 메신저를 통해서 이루어지는 팀 프로젝트가 존재했다. 하지만 모바일 인스턴트 메신저와 컴퓨터를 통한 인스턴트 메신저인 기존의 인스턴트 메신저는 다르다고 말할만한 특징을 가지고 있다. 첫째, 기존의 인스턴트 메신저보다 접근성이 높다. 컴퓨터 기반 인스턴트 메신저의 경우는 컴퓨터라는 매체를 통해야 했다. 노트북 혹은 데스크탑을 이용해야 했기에 이동 중에 인스턴트 메신저를 이용한다거나 야외에서 이용한다거나 하기에는 어려움이 있었다. 하지만 모바일 인스턴트 메신저는 모바일 네트워크의 발전으로 언제 어디에서나 손쉽게 접근할 수 있다. 둘째, 모바일 인스턴트 메신저는 기록이 남는다. 컴퓨터 기반 인스턴트 메신저의 경우 가장 대표적으로 사용되는 것이 네이트온이라는 메신저이다. 이 메신저의 경우는 자신이 대화에 참여한 순간부터 대화가 기록된다. 그렇기에 팀원 중 늦는 사람이 있다면 시작을 늦추거나 진행 상황을 다시 설명해야한다. 하지만 모바일 인스턴트 메신저의 경우 상대방이 현재 모바일 인스턴트 메신저에 들어와 있지 않아도 기록이 남는다. 그렇기에 다시 한번 설명하거나 기록하는 대신 늦은 팀원이 남아있는 기록을 확인하는 것으로 해결된다. 모바일 인스턴트 메신저와 컴퓨터 기반 인스턴트 메신저 간의 차이점으로 모바일 인스턴트를 활용한 팀 프로젝트를 '새로운 형식의 팀 프로젝트'라고 명명하고자 한다.

  모바일 인스턴트 메신저를 활용한 새로운 형식의 팀 프로젝트와 기존의 직접 대면 팀 프로젝트는 과연 똑같은 것일까? 단지 방식만 바뀌었을 뿐 아무런 차이도 없다고 봐도 되는 것일까? 모바일 인스턴트 메신저를 활용한 팀 프로젝트와 기존의 직접 대면 팀 프로젝트가 차이가 있을 것이라고 연구자는 가정했다. 그리고 차이가 존재한다면 현재 교육 현장에서 이루어지고 있는 팀 프로젝트도 팀 프로젝트 방식의 변화에 맞춰 변화해나갈 필요성이 있다고 생각하였다. 정영찬 외(2012)에 따르면 카카오톡은 가장 많이 사용되는 모바일 인스턴트 메신저이다. 그렇기에 모바일 인스턴트 메신저 중에서도 대표적으로 사용되고 있는 '카카오톡'을 통해서 기존에 이루어지던 면대면 팀 프로젝트와 모바일 인스턴트 메신저로 이루어지는 팀 프로젝트에 대해 학생들이 어떻게 느끼는지 설문조사를 통해 알아보고, 각 팀 프로젝트의 특징 및 장·단점에 대해서 살펴볼 것이다. 또한 모바일 인스턴트 메신저 기반 팀 프로젝트의 특징 및 장·단점을 통해서 이를 교육과정에 유의미하게 적용할 방법을 모색해 보려고 한다.

2. 연구 대상 및 방법

현재 우리나라의 교육은 대부분 높은 수능점수, 좋은 대학을 목표로 이루어지는 경우가 많다. 그렇기 때문에 실제 초, 중, 고등학교의 학교 현장에서 팀 프로젝트 형식의 협력학습이 큰 비중으로 이루어지는 경우는 드물다. 그에 비해 대학에서는 많은 대학에서 팀 프로젝트 형식의 프로그램, 예를 들어서 공모전이 이루어지고 있고, 수업 상황에서도 초등 및 중등 교육과정에 비해 팀 프로젝트의 비중이 높다. 그렇기에 대학에서 이루어지는 팀 프로젝트를 대상으로 분석을 진행할 것이다. 또한 직접 대면 방식으로 이루어지는 기존의 팀 프로젝트와 모바일 인스턴트 메신저 기반 팀 프로젝트로 이분하여 조사할 것이며, 모바일 인스턴트 메신저 중에서도 특히 카카오톡에 초점을 맞추어 진행할 것이다.

연구 방법으로는 먼저, 면대면 방식의 팀 프로젝트와 모바일 인스턴트 메신저 기반 팀 프로젝트에 대한 사람들의 인식 차이 및 경험의 수집을 위하여 대학생들을 대상으로 설문조사를 실시할 것이다. 그리고 실제 이루어진 직접 대면 방식 팀 프로젝트와 모바일 인스턴트 메신저 기반 팀 프로젝트의 실행 양상을 비교 분석하는 과정을 통해서 각 방식에서 협력의 모습이나 상호작용이 어떤 식으로 다르게 나타나는지 살펴볼 것이다. 모은 정보를 통하여 모바일 인스턴트 메신저를 기반으로 한 팀 프로젝트를 대학 교육 현장뿐 아니라 중·고등학교의 교육현장에서도 유의미하게 활용할 방식을 논의 및 제안할 것이다.

3. 이론적 배경

정보화 사회의 도래는 기존의 암기를 바탕으로 하는 주입식 교육방법에서 실제 상황에서의 문제해결능력을 키우는 교육으로 교육방법을 변화하게 하였다. 이러한 상황에 따라 창의적 교육활동을 향상시키며 협동학습에서의 성취를 도모하는 팀 프로젝트 학습이 각광받게 되었다[1]. 권은미(2010)에서 '팀 프로젝트 기반 학습이란 팀으로 구성된 학습자들이 제한된 기간 내에 복잡하면서도 실제적인 과제 해결을 위해 서로 협력하여 자료 분석 및 의사결정을 거쳐 자신들만의 최종 지식의 산출물을 만들어 학습과 수행을 도모하는 학습방법임과 동시에 개인적 학습과 더불어 팀 학습을 조장하는 이론과 실천방안을 말한다. 팀원들은 팀 프로젝트 기반 학습에서 상호 협력을 통해 의미 있는 지식을 구성하여 팀 성과를 달성하고자

---

[1] 이한빛, 권성호(2013), 대학교 팀 프로젝트 기반학습에서의 소통 증진을 위한 구글 플러스(Google+) 활용 방안, 학습과학연구 7(2), 한양대학교 교육공학연구소.

한다.'고 밝히고 있다. 팀 프로젝트를 '직접 대면 팀 프로젝트'와 '모바일 인스턴트 메신저 기반 팀 프로젝트'로 각각 나누어 살펴볼 수 있다.

3.1. 면대면 팀 프로젝트

면대면 팀 프로젝트는 팀 프로젝트의 팀원들이 오프라인 공간에서 면대면으로 직접 만나서 같은 시간과 공간을 공유하면서 이루어지는 팀 프로젝트를 의미한다. 면대면 팀 프로젝트는 인터넷 등의 발전으로 서로 떨어진 공간에 있어도 집단으로 의사소통을 가능하게 하는 수단이 생기기 전부터 이루어져 오던 가장 기본적인 팀 프로젝트의 방법이다. 본 연구에서는 모바일 인스턴트 메신저를 활용하여 직접적으로 논의 혹은 의견의 교환이 이루어지지 않은 경우, 인터넷을 통한 자료 공유만이 병행되는 경우 등 면대면의 상황에서 팀 프로젝트와 관련한 주요 논의가 이루어지는 모든 경우를 면대면 팀 프로젝트라고 분류하려 한다. 또한 하나의 팀 프로젝트가 끝나기까지 여러 회의 논의가 이루어지는 것을 감안하여 논의를 위해 만남이 이루어지고 그 만남이 끝날 때까지를 한 단위로 보아서 하나의 팀 프로젝트 안에서도 면대면 팀 프로젝트와 모바일 인스턴트 메신저 기반 팀 프로젝트가 동시에 존재할 수 있도록 한다.

3.2. 모바일 인스턴트 메신저 기반 팀 프로젝트

모바일 인스턴트 메신저 기반 팀 프로젝트는 스마트폰의 보급 및 카카오톡과 같은 모바일 인스턴트 메신저가 널리 보급되면서 그 양상이 나타나기 시작하였다. 본고에서는 모바일 인스턴트 메신저를 사용하여 팀 프로젝트의 내용과 관련한 의사소통이 발생하는 경우 즉, 토의나 토론 등의 논의가 이루어지는 경우를 모바일 인스턴트 메신저 기반 팀 프로젝트로 정의한다. 또한 앞의 직접 대면 팀 프로젝트와 마찬가지로 하나의 팀 프로젝트가 끝나기까지 여러 회의 논의가 이루어지는 것을 감안하여 논의를 위해 만남이 이루어지고 그 만남이 끝날 때까지를 한 단위로 보아서 하나의 팀 프로젝트 안에서도 직접 대면 팀 프로젝트와 모바일 인스턴트 메신저 기반 팀 프로젝트가 동시에 존재할 수 있도록 한다.

3.3. 메신저를 활용한 팀 프로젝트 양상

모바일 인스턴트 메신저에서 이루어지는 팀 프로젝트와 관련된 선행연구는 그리 많지 않다. 먼저 신진 외(2013)[2]는 소셜 네트워크 서비스 활용이 협력 학습에 활용할 때, 학습과정에 어떠한 영향을 미치는지에 대해서 연구하였다. 연구는 본고에서 중심적으로 살펴보려는 카카오톡 외에도 페이스북에 대해서 연구하였으며 사용하는 서비스의 종류에 따라 카카오톡, 페이스북, 카카오톡과 페이스북 모두, 소셜 네트워크를 사용하지 않는 집단 이렇게 네 집단으로 나누어 연구를 진행하였다. 각 그룹은 사전검사와 사후검사를 실시하여 모바일 효능감[3], 진로 결정 자기효능감, 수업흥미도에 유의미한 차이가 있는지를 확인하였다. 연구 결과 사전 검사에서는 네 그룹 간의 유의미한 차이가 없었으나, 사후 결과에서는 협력능력 평균 점수에서 소셜 네트워크를 사용한 집단이 소셜 네트워크를 사용하지 않은 집단보다 높게 나타난 것을 확인할 수 있었다. 이를 통해서 본고에서 살펴보려는 모바일 인스턴트 메신저를 활용한 팀플이 교육적으로 유의미한 교과가 있음을 확인할 수 있다.

다음으로 정영찬 외(2012)[4]에 따르면 기존의 인스턴트 메신저는 주로 컴퓨터와 웹을 기반으로 구동되었으나, 모바일 데이터 인프라가 구축되고 스마트폰이 활발히 보급되면서 사람들은 모바일 인스턴트 메신저를 다양한 방식으로 활용하고 있다. 메신저의 기본 기능은 일대일 대화이다. 이는 서로 주고받기 형태로 이루어지며 시간 순서에 따라 내용이 순차적으로 진행 및 정렬된다는 특징을 갖는다. 그러나 모바일 환경에서 사람들은 인스턴트 메신저를 다양한 방식으로 활용하고 있다. 특히, 사용자들은 모바일 인스턴트 메신저의 그룹대화를 통해 의사결정을 하거나 협업을 진행하고 있다고 말하고 있다. 이러한 점을 통해서 실제로 모바일 인스턴트 메신저를 통해서 의사결정 및 협업이 진행되는 경우가 적지 않음을 확인할 수 있다. 또한 이렇게 이루어지는 의사결정 및 협업의 경우 주고받기의 방식으로 이루어지며 시간 순서에 따라 내용이 순차적으로 진행 및 정렬됨을 확인할 수 있다. 이는 서론에서 언급했던 모바일 인스턴트를 기반으로 하는 팀 프로젝트에 대한 연구 필요성을 확인할 수 있으며 컴퓨터 기반 인스턴트 메신저와 모바일 인스턴트 메신저가 확실한 차이를 가지고 있다는 것을 확인할 수 있다.

마지막으로 이종연(2010)[5]에서는 대학 이러닝 환경에서 진행된 프로젝트 학습에서 SNS

---

2) 신진, 전은화(2013), 소셜 네트워크 서비스 활용이 협력 학습에 미치는 효과, 한국컴퓨터정보학회논문지 18(11), 한국컴퓨터정보학회.

3) 모바일 효능감이란 모바일 기기에 이용에 대한 자기 효능감으로, 모바일 기기에 대해 얼마나 익숙하고 새로운 기술을 받아들이는 데 얼마나 익숙한지 여부이다.

4) 정영찬, 정혜란(2012), 앞 논문.

5) 이종연(2010), 대학에서 SNS(Social Network Service)를 활용한 학습 커뮤니케이션 사례연구, 사회과학연구

의 적용이라는 구체적인 상황을 설정하고 그 결과를 경험적으로 분석하는 연구를 진행하였다. 그 결과 페이스북이 프로젝트 학습에서 교수자와의 상호작용과 팀원들 간 협력을 활성화시키고, 친밀감과 긍정적인 태도를 형성시킬 수 있으며, 프로젝트 관리 측면에 많은 도움을 주는 등 긍정적인 효과가 있음을 밝혔다. 그러나 학생들은 여전히 면대면 미팅을 가장 효과적이고, 효율적이라고 생각하며 이에 비해 페이스북은 보충의 수단으로 인식하고 있었다. 이를 통해 보조도구로 페이스북을 활용하는 전략 방안의 모색 및 페이스북 사용법에 대한 체계적인 사전교육 프로그램이 필요함을 알 수 있었다. 이러한 점을 본고에서 연구하고자 하는 카카오톡을 통한 팀 프로젝트에 적용해볼 때, 카카오톡을 통한 팀 프로젝트의 경우도 학생들에게 면대면 미팅에 대한 보조도구로 인식될 확률이 높음을 예측할 수 있으며 페이스북을 활용하는 전략방안의 모색과 마찬가지로 팀 프로젝트에서 카카오톡을 활용하는 전략 방안의 모색이 필요할 것이라고 생각된다. 또한 카카오톡은 페이스북에 비하여 많은 사람들이 쉽게 사용하는 메신저이지만 경우에 따라 사전교육 프로그램의 구성도 생각해보아야 할 것이다.

앞에서 살펴본 세 연구 외에도 단순히 카카오톡 혹은 모바일 인스턴트 메신저를 대상으로 하는 연구는 상당히 많이 이루어졌으나 팀 프로젝트와 관계하여 이루어진 연구는 한 편밖에 존재하지 않았다. 또한 그 연구조차 모바일 인스턴트 메신저를 학습에 적용하였을 때 그것이 학습에 어떠한 영향을 미치는가로 연구를 끝마치고 있어 대안의 제시 측면에서 바라봤을 때 아쉽다고 생각되었다. 그러므로 본고에서는 선행연구에서 한발 더 나아가 모바일 인스턴트 메신저, 그 중에서도 카카오톡을 사용한 팀 프로젝트의 특성에 대해서 분석하고 이를 바탕으로 교육적 대안 혹은 교육적인 적용 방법에 대해서 논의하고자 한다.

II. 직접 대면 팀 프로젝트와 모바일 인스턴트 메신저 기반 팀 프로젝트의 비교

교육적 대안의 제시에 앞서 현재 이루어지고 있는 모바일 인스턴트 메신저 기반 팀 프로젝트의 현황 및 참여자의 인식 등에 대해서 살펴볼 필요가 있다. 현황을 살펴보기 위한 방법으로 본고에서는 '설문조사'와 '전사를 통한 실제 자료 비교'를 실시하였다. 설문조사의

25(1), 국민대학교 사회과학연구소.

경우 총 42명의 현재 4년제 대학에 재학 중인 대학생을 대상으로 하였으며, 객관식 문항으로 구성하였다. 전사를 통한 실제 자료의 비교는 2014년 2학기 필자가 참가하고 있는 팀 프로젝트에서 이루어진 카카오톡을 통한 논의와 면대면에서 이루어진 논의를 전사하여 비교하는 방법을 택하였다.

1. 설문조사 기반 비교

설문조사는 2014년 11월 10일부터 17일까지 총 7일 동안 이루어졌으며, 4년제 대학에 재학 중인 대학생 42명을 대상으로 하였다. 모바일 인스턴트 메신저 기반 팀 프로젝트라는 개념이 응답자에게 낯설 수 있으므로 설문 전 주요 개념에 대해서는 간단한 설명을 첨부하였다. 설문 문항은 모바일 인스턴트 메신저 기반 팀 프로젝트를 경험한 적이 있는지 물은 후, 모바일 인스턴트 메신저를 기반 팀 프로젝트에 관하여 묻는 문항과 면대면으로 이루어지는 팀 프로젝트에 관하여 묻는 문항 등 두 그룹으로 나누어 이루어졌다. 각 항목에서 공통적으로 모임 횟수, 소요 시간, 팀원의 수, 팀 프로젝트의 내용을 물었으며, 모바일 인스턴트 메신저 기반 팀 프로젝트의 경우 전체 팀 프로젝트 중 모바일 인스턴트 메신저 기반 팀 프로젝트가 차지하는 비율, 모바일 인스턴트 메신저 기반 팀 프로젝트를 진행하는 이유, 모바일 인스턴트 메신저 기반 팀 프로젝트에서 겪는 어려움, 모바일 인스턴트 메신저 팀 프로젝트의 선호 여부를 묻는 질문을 추가했다. 이를 통해서 모바일 인스턴트 메신저 기반 팀 프로젝트가 이루어지는 이유, 현황, 면대면 팀 프로젝트 간의 비교 등이 이루어질 수 있을 것이라 생각한다.

모바일 인스턴트 메신저 기반 팀 프로젝트 경험 여부를 묻는 질문에서 응답자의 76%가 경험 했다고 답하고, 24%가 경험한 적이 없다고 답하였다. 이를 통해서 모바일 인스턴트 메신저 기반 팀 프로젝트를 경험한 학생이 과반수 이상임을 확인할 수 있다.

다음으로 먼저 모바일 인스턴트 메신저 기반 팀 프로젝트에 대한 설문 결과를 살펴보면 모바일 메신저 기반 팀 프로젝트가 전체 팀 프로젝트에서 차지하는 비율이 어떠한지에 대한 질문에서 30%, 50%, 70% 각 비율에 대한 응답자가 21%, 17%, 21%로 큰 차이를 보이지 않았으며 대다수를 차지하였다. 그에 비해 10%와 90%의 비율을 차지한다고 답한 응답자는 소수임을 확인할 수 있었다. 모임 횟수에 대한 질문에서는 1회 12%, 2-3회 33%, 4-5회 21%, 6-7회 5%, 8회 이상 5%로 큰 경향성은 찾아보기 어려우나 6회 이상인 경우가 비교적 적다는 것을 확인할 수 있었다. 한 회의 모임에 소요된 시간을 묻는 질문에서는 2-3시간이 45%로 가장 많은 사람이 소요하는 시간임을 확인할 수 있었다. 팀 프로젝트에 참여하는 인원은 3-5명이라는 답변이 50%임을 확인할 수 있었다. 주로 팀 프로젝트가 이루어지는 내용으로는 단순한 자료 분석 2%, 자료조사 14%, 보고서 작성 36%, 실천활동 10%, 기타 14%로 보고서 작성이 상대적으로 많았으나 과반수를 넘지 않아 큰 차이는 없었다. 모바일 인스턴트 메신저 기반 팀 프로젝트를 진행하는 이유로는 팀원 간에 시간이 맞지 않아서가 67%로 가장 많은 비율을 차지하였으며, 자료 공유가 편해서와 추가적으로 논의할 것이 있어서가 26%로 그 다음으로 많은 비율을 차지함을 확인할 수 있었다. 모바일 인스턴트 메신저 기반 팀 프로젝트를 진행하며 겪은 어려움에 대한 질문에는 면대면 팀 프로젝트보다 집중이 어려움이 36%로 가장 높게 나왔으며 면대면 팀 프로젝트보다 소통이 어려움과 팀 프로젝트를 열심히 하지 않는 사람이 생겨남이 31%, 의사전달의 오류가 발생함이 29%로 네 항목이 비슷하게 높은 비율을 차지함을 확인할 수 있었다. 마지막으로 모바일 인스턴트 메신저의 선호에 대한 질문에서는 선호한다가 40%, 선호하지 않는다가 33%, 모르겠다가 27%로 선호한다가 조금 높지만 유의미하다고 할 수 있을 정도로 차이가 크지 않다는 것을 확인할 수 있었다.

다음으로 면대면 팀 프로젝트에 대한 설문 내용을 살펴보면 우선 모임의 횟수를 묻는 질문에는 2-3회라고 답한 응답자가 55%임을 확인할 수 있었다. 또한 한번의 모임에 소요되는 시간에 대한 질문에서는 2-3시간이라고 답한 응답자가 57%임을 확인할 수 있었다. 그리고 평균적인 팀원의 수는 3-5명이 69%임을 확인할 수 있었다. 마지막으로 팀 프로젝트의 내용에 대해서는 보고서 작성이 45%로 가장 높은 비율을 보였고 자료조사가 21%로 다음으로 높은 비율을 보였다.

이상과 같이 설문 자료 분석을 바탕으로 모바일 인스턴트 메신저 기반 팀 프로젝트와 면대면 팀 프로젝트를 비교해보았다. 그 결과, 모임 횟수를 살펴보면 모바일 인스턴트 메신저 기반 팀 프로젝트의 경우는 2-5회 사이가 가장 많이 나왔던 것에 비해, 면대면 팀 프로젝트의 경우는 2-3회가 과반수 이상임을 확인할 수 있었다. 이를 통해 모바일 인스턴트 메신저 기반 팀 프로젝트에 비해 면대면 팀 프로젝트가 비교적 모임 횟수가 적다고 확인할 수 있다. 다음으로 한번의 모임에 소요되는 시간에 대해 비교해보면 모바일 인스턴트 메신저 기반 팀 프로젝트와 면대면 팀 프로젝트 모두 2-3회가 공통적으로 가장 많다는 것을 확인할 수 있다. 그리고 평균적인 팀원 수에 대한 질문에서도 앞에 질문과 마찬가지로 3-5명이 공통적으로 높게 나타난다는 것을 확인할 수 있다. 마지막으로 팀 프로젝트의 내용에 대한 질문을 비교해보면 모바일 인스턴트 메신저 기반 팀 프로젝트는 보고서 작성이 상대적으로 많으나 과반수를 넘지는 않았고 각 항목에 골고루 분포되어 있는데 비해 면대면 팀 프로젝트의 경우는 보고서 작성이 45%, 자료조사가 21%로 경향성이 뚜렷이 나타난 것을 확인할 수 있었다. 종합해보면 모바일 인스턴트 메신저 기반 팀 프로젝트와 면대면 팀 프로젝트는 처음 연구를 계획할 때 예상했던 것에 비해서 큰 차이가 없다는 것을 알 수 있었다. 면대면 팀 프로젝트가 횟수에 있어서 상대적으로 적은 횟수가 높게 나왔고, 팀 프로젝트의 내용이 보고서 작성과 자료 조사에 편향되어 나온 경향성을 보였으나 이 외의 요소에 있어서는 두 팀 프로젝트가 비슷한 성향을 보임을 확인할 수 있었다.

또한 모바일 인스턴트 메신저 기반 팀 프로젝트에 대한 사람들의 인식 및 현황에 대해서 정리해보면 먼저 모바일 인스턴트 메신저를 기반으로 하는 팀플을 경험한 비율이 76%로 많은 대학생들 사이에서 이루어지고 있는 것을 알 수 있다. 또한 93%의 응답자가 전체 팀 프로젝트 중 30% 이상이 모바일 인스턴트 메신저 기반 팀 프로젝트라고 답한 것을 통해 상당부분의 팀 프로젝트에서 모바일 인스턴트 메신저가 사용되고 있음을 파악할 수 있다. 모바일 인스턴트 메신저 기반 팀 프로젝트가 이루어지는 이유로는 팀원과 시간이 맞지 않아 서가 67%로 가장 높게 나왔고, 다음으로 자료 공유가 편해서와 추가적으로 논의할 것이 있어서가 높은 비율로 나왔다. 이를 통해서 모바일 인스턴트 메신저 기반 팀 프로젝트가 활발히 사용되는 이유는 같은   간에 특정 장소에 모이지 않고도 팀 프로젝트를 진행할 수 있다는 점이 가장 크게 영⁻ 을 미쳤다는 것을 알 수 있었다. 또한 자료 공유 및 추가적 논의를 위해서 모바일 인스턴트 메신저를 이용하는 비율이 그 다음으로 높은 것을 통해서 앞서 선행연구를 통해 살펴본 것과 마찬가지로 면대면 팀 프로젝트를 보조하는 형태의 모바일 인스턴트 메신저 기반 팀 프로젝트가 이루어지는 경우가 많다는 것을 알 수 있다. 마지막으로 모바일 인스턴트 메신저 기반 팀 프로젝트의 경우 집중의 어려움, 열심히 참여하지 않는 사람의 발생, 의사전달의 오류 발생 문제가 대표적으로 일어난다는 것을 확인할 수 있다.

2. 실제 자료 기반 비교

설문조사를 바탕으로 한 모바일 인스턴트 메신저 기반 팀 프로젝트와 면대면 팀 프로젝트의 비교에 이어서 이번에는 실제 자료를 바탕으로 두 팀 프로젝트를 비교해보고자 한다. 분석하려는 팀 프로젝트의 주제는 해외탐사이며 팀 구성원은 4명이다. 같은 목적을 가지고 동일한 사람들이 모바일 인스턴트 메신저와 면대면으로 진행한 팀 프로젝트를 비교해보는 과정을 통해서 앞서 살펴보았던 설문조사에서 보다 조금 더 구체적인 결과를 얻을 수 있을 것으로 생각한다.

모바일 인스턴트 메신저 기반 팀 프로젝트와 면대면 팀 프로젝트에서 이루어진 의사소통의 일부를 전사하여 보이면 다음과 같다[6].

모바일 인스턴트 메신저 기반 팀 프로젝트	
M:	나랑 려나 숙소 찾아본다고 찾았는데 지은언니가 찾은 만큼 좋은데 못 찾았어요.ㅠ 그 숙소 아침 주는게 마음에 든다는.. 딴데는 아침 주면 더 비싸 지더라고..
P:	우리가 하루에 65000원씩
	하루 26만원 내에서 움직이는게 좋은거죠?(씨익) 제가 찾은그숙소는 가격면에서 괜찮아요 분리된화장실도 있구... 지금 호텔스닷컴 보면 프로모션하는것중에 10에서 12만원선인것도 있긴 있더라구요!
K:	저번이
K:	이름기억해요?
P:	응!이름은 어딘지 찾을 수 있어 y 어쩌고들어가는건데
K:	지금 다시막 보고있는뎅..
K:	찬데도 많고..
K:	좋은곳도 딱히 안보이는디유?
P:	ㅜㅜ근데 좋은데는 가격이 비싸서
K:	특가뜬데는 다 더블이긴한데 침대를 같이써서.. 그런데가 질이 좋은데 프로모션해서 가격이 싸지긴 했는데
K:	그런데 못 고르니까
P:	C랑 K도 예전에봤던곳이 좋아요?
C:	넵
M:	그럼 우리 예약 할까요?
P:	사이트 주소. 지난번에 링크 걸어줬던데 여기예요.
M:	괜찮은거 같아요~
	혹시 불안하면 돈 조금 더 내고 무료 환불로 구입하는 방법도 있는거 같아요.
C:	네 괜찮아요.
P:	ㅎㅎㅎ일단 조금만 더 찾아보고 만약에 마땅한게 없으면 그 호텔로 하기로 해용
C:	Sydney student living
C:	언니 혹시 이거 한번 검색해봐요
K:	다른데를 좀 알아봐야겠네요 #_# 저도 찾아볼께요
P:	sydney student living? 검색해볼게용ㅋㅋㅋ잠시만잠시만ㅋㅋㅋ
C:	헉 근데 얘 좀 비싸네요 ㅠ

---

6) 스마트폰 화면에서 드러나는 줄 바꾸기를 무시하고 전사함.

P:	지금으로서는 y hotel city south 여기가 그나마 최선인거 같기도 하고...
C:	흠...
P:	①ㅠㅠ공용욕실보다는 각 방에 전용욕실있는게 좋지요 다들? 나는 그런뎈ㅋㅋㅋㅋ나만 그른가
C:	②우리 9박인거죠?
P:	y hotel city south 여기가 최선인가봅니다ㅋㅋㅋㅋ
M:	①'응 아무래도 개인 욕실이 편하겠죠
K:	②'넹
C:	①"ㅋㅋㅋㅋㅋㅋㅋ 저도 개인욕실이 편해요
M:	②"아 그럼 전날 저녁에 도착해도 됐었던거네;;
M:	②"내가 날짜계산 잘못했었나봐요ㅠㅠ

면대면 팀 프로젝트

P:	우리 그러면 어느 정도 정리 된 거지? 그럼 이제 보고서부터 논의하면 되나?
M:	응 보고서부터 하면 돼요.
P:	그럼 보고서 항목 중에서 작성 안 된 게 뭐 있었지?
M:	잠깐.. 그 때 항목 받은 거 스캔 해놨는데.. 이거요.
C:	인터뷰는 그때 정리 했잖아?
M:	응 그래서 그거 한번 다시 체크하고 그대로 올리면 될 거 같고.. 그 외에 우리 일단 기관이..
K:	기관이 왜요?
P:	우리 아직 컨택 안 된 거 있어서 그러지?
M:	응. 그걸 해결해야 일정이 완전히 짜이고 하니까.
P:	우리 이거 보고서가 언제까지 인거야?
M:	12월 8일. 토요일 밤 12시 까지야.
P:	그럼 진짜 시간 없네. 우리 지금 연락 안 된 데가 2군데 인거지?
M:	아니. 비젼이랑 DIRC랑 저번에 메일 무시했던데.. 이름 기억 안나..
P:	메일 무시했던데?
C:	뉴 사우스 웨일즈?
P:	아, 거기 답장 왔어요.
M:	응 그럼 2개 맞아요. 근데 DIRC는 지부가 없어진 거 같고 비젼 오스트렐리아는 저번에 C가 전화했는데 전화 안 된다고..
C:	응 전화 했는데 없는 번호라나 그렇게 나왔어요. 근데 내가 제대로 전화 한건지를 모르겠어서
K:	국제전화로 한 거 아니예요? 번호 뭐예요? 지금 있어요?
C:	응 카톡에 있어. 잠깐.. 이거.
P:	번호는 맞는 거 같은데.. 이거 61하고 전화했죠?
C:	응. 여기 써있는 그대로 해서 전화했어요. 우리 이거 지금 한번 전화해보면 안 되요?
P:	호주 우리랑 2시간 시차인데, 지금 전화하면 새벽이라..
K:	전에 전화했을 때는 신호 안 갔어요?
C:	응 영어로 통화 안 된다고? 없는 번호라고? 그런 말 나왔어.
K:	그래요? 그럼 한번 해볼까요?
P:	일단 전화만 걸어보는 거면 어느 정도 논의하고 마지막에 하자. 지금 말한 거 빼고 보고서

	항목 중에서 어떤 거 더 추가해야하죠?
M:	현황조사. 호주랑 우리 학교랑.
P:	지금 조사된 거가..
M:	대강당, 학관.
P:	학생 문화관도 한 거지? 우리 그럼 어디를 더 조사해야 하는 거지?
M:	내 생각에는 우리가 자주 이용하는 건물이랑 교양 듣는 건물 정도하면 되지 않을까? 학관, 포관, ECC.
C:	그리고 기숙사랑 식당 있지 않았어?
P:	그럼 이렇게 4개 더 해야 하네. 그럼 이거 누가 볼래요?
K:	내가 내일 외출하는 김에 들릴게요.

두 자료는 모바일 인스턴트 메신저 기반 팀 프로젝트와 면대면 팀 프로젝트의 내용을 동일하게 한 페이지 분량만 전사한 것이다. 모바일 인스턴트 메신저 기반 팀 프로젝트의 경우 숙박을 정하는 문제로 토의가 이루어졌고, 면대면 팀 프로젝트의 경우 보고서 작성과 관련하여 토의가 이루어졌다.

두 대화를 비교한 결과 다음과 같은 결론을 내릴 수 있었다. 첫째, 모바일 인스턴트 메신저 기반 팀 프로젝트와 면대면 팀 프로젝트로 진행한 논의에 대해 같은 분량을 전사했을 때 논의된 내용의 분량이 유의미한 차이가 있을지 확인하기 위해 두 팀 프로젝트를 똑같이 에이포 용지 한 페이지 분량씩 전사했다. 하지만 두 팀 프로젝트가 서로 논의한 내용이 달랐다는 점을 고려했을 때 유의미한 정도의 분량 차이는 보이지 않는 것을 확인할 수 있었다.

둘째, 모바일 인스턴트 메신저 기반 팀 프로젝트는 서로의 말이 겹치거나 엉키는 경우가 있다. 모바일 인스턴트 메신저 기반 팀 프로젝트 전사 자료에서 다음 사례를 살펴보면 이를 쉽게 알 수 있다.

(예)
P: ①ㅠㅠ공용욕실보다는 각 방에 전용욕실있는게 좋지요 다들? 나는 그런덱ㅋㅋㅋㅋ
　　나만 그른가
C: ②우리 9박인거죠?
P: y hotel city south 여기가 최선인가봅니다ㅋㅋㅋㅋ
M: ①′응 아무래도 개인 욕실이 편하겠죠
K: ②′넹
C: ①″ㅋㅋㅋㅋㅋㅋㅋ 저도 개인욕실이 편해요

M: ②″아 그럼 전날 저녁에 도착해도 됐었던거네;;
M: ②″내가 날짜계산 잘못했었나봐요ㅠㅠ

위 사례에서 ①에 대한 답은 ①′인데 ①에 대한 응대는 C와 P가 자신의 생각을 표현하고 난 후에야 비로소 나타나게 되었고, ②에 대한 답은 ②′이고 이것에 대한 응대는 ②″인데 이것 역시도 중간의 다른 사람의 발화순서를 거친 후에 나타나게 되었다.

이와 같이 서로 질문이 겹치거나 응대가 겹치는 현상, 해당되는 답변이 화면상 늦게 등장하는 현상을 관찰할 수 있다. 또한 답변도 두 개의 질문에 대한 답변이 동시에 이루어져서 어떤 답변이 어떤 질문에 대한 것인지 헷갈리고 순서교대(turn taking)가 원활하지 않은 것을 볼 수 있었다.

이에 비해 면대면 팀 프로젝트의 경우 서로 상대방이 끼어들면 말을 멈추면서 이야기가 하나의 맥락이 끝나면 다음 맥락으로 이어지는 것을 확인할 수 있다. 셋째, 두 팀 프로젝트 사이에 시간 차이가 크다는 것을 확인할 수 있었다. 모바일 인스턴트 메신저 기반 팀 프로젝트의 경우 유의미한 논의를 하는데 1회당 논의 시간이 대략 1시간 30분이 걸렸다. 그에 비해서 면대면 팀 프로젝트의 경우 사안을 토의하고 자료를 찾아내는 시간까지 포함하여 40분 정도밖에 걸리지 않았다. 이러한 시간의 차이는 모바일 인스턴트 메신저 기반 팀 프로젝트에 타이핑하는 시간이 걸리기 때문인 것으로 추측했다.

Ⅲ. 결론

앞에서 이루어진 면대면 팀 프로젝트와 모바일 인스턴트 메신저 기반 팀 프로젝트 간의 비교 결과 모바일 인스턴트 메신저 기반 팀 프로젝트가 연구 시작 시 가정했던 것에 비해 면대면 팀 프로젝트와의 차이가 적은 것을 확인할 수 있었다. 모바일 인스턴트 메신저 기반 팀 프로젝트만이 보이는 특징은 첫째, 대학생들의 모바일 인스턴트 메신저 기반 팀 프로젝트 경험이 70% 이상으로 상당히 많은 학생들이 모바일 인스턴트 메신저를 팀 프로젝트에 이용한다는 사실을 확인할 수 있었다. 둘째, 또한 모바일 인스턴트 메신저 기반 팀 프로젝트를 활용하는 이유로는 팀원들 간의 시간이 맞지 않아서가 가장 큰 이유임을 확인할 수 있었다. 셋째, 면대면 팀 프로젝트에 비해 상대적으로 모임 횟수가 많음을 확인할 수 있었다. 그리고 마지막으로 모바일 인스턴트 메신저만으로 이루어지는 팀 프로젝트보다는 면대면 팀 프로젝트의 보충 형식으로 이루어지는 경우가 상당수 있음을 확인할 수 있었다. 다음으로 문제점으로는 첫째, 모바일 인스턴트 메신저를 이용한 팀 프로젝트 시 집중력 저하, 열심히 참여하지 않는 팀원 발생, 의사소통의 오류의 문제가 크게 발생한 것을 확인할 수 있었다. 둘째, 면대면 팀 프로젝트를 진행할 때보다 더 오랜 시간이 걸림을 확인할 수 있었다.

서론에서 언급했듯이 현대사회의 교육은 점차 암기 위주의 교육이 아닌 창의력 신장, 학생의 주체적인 학습을 목표로 하는 방향으로 나아가고 있다. 이러한 교육방향의 변화는 대학뿐 아니라 중등학교에서도 동일하게 일어나고 있는 변화이다. 그리고 팀 프로젝트는 창의적인 인재를 양성하고 주체적인 학습을 하도록 하는 데 적합하여 현재 대학에서 활발하게 이루어지고 있는 수업 방식이다. 이러한 점에서 생각해보면 동일한 수업 방향의 변화가 중등학교에서도 나타나고 있는 한 팀 프로젝트는 곧 중등학교에서도 활발하게 이루어지게 될 것이라고 추측할 수 있다. 요즘의 중등학생들은 학원 등으로 대학생 못지않게 바쁜 나날을 보낸다. 그러므로 중등학교에서 팀 프로젝트가 활용되게 된다면 대학교에서와 마찬가지로 모바일 인스턴트 메신저 기반 팀 프로젝트가 이루어질 확률이 높다고 판단하였다. 하지만 위에서 살펴보았듯이 모바일 인스턴트 메신저 기반 팀 프로젝트는 그것만이 가질 수 있는 특징이나 장점도 많지만 단점 또한 갖고 있다. 그러므로 교사는 학생들에게 이러한 점에 대해 사전에 유의하도록 안내할 필요가 있다고 생각하였다.

모바일 인스턴트 메신저 기반 팀 프로젝트가 사용될 가능성이 있는 경우 교사는 첫째, 학생들에게 모바일 인스턴트 메신저만을 이용해서 팀 프로젝트를 완성하는 것을 지양하도록 안내할 필요가 있다. 모바일 인스턴트 메신저를 기반으로 한 팀 프로젝트는 장소와 시간의 구애를 비교적 적게 받는다는 장점은 있으나 의사소통의 오류 및 협동이 잘 이루어지지 않는다는 단점도 존재한다. 팀 프로젝트를 통해서 배우는 것은 창의력이나 자주적인 문제해결 능력뿐 아니라 협동심 또한 중요한 한 요소이다. 하지만 모바일 인스턴트 메신저만으로 이루어진 팀 프로젝트는 앞에서 살펴보았듯이 협동심을 배우기 어려울 수 있다. 둘째, 모바일 인스턴트 메신저를 통한 팀 프로젝트에서 가능한 자료의 공유, 공간 제약의 해소 등 장점을 안내할 필요가 있다. 현재 중등학생들의 생활은 학원, 과외 등 학교 외의 일정들이 많은 차지하고 있는 것이 현실이다. 그러므로 서로 시간을 맞추고 긴 시간 의논해야하는 팀 프로젝트는 학생들에게 자칫 부담으로 다가올 수 있다고 생각한다. 아무리 좋은 수업 방식이라도 학생들이 그 수업에 부담이나 좋지 않은 감정을 갖고 있다면 배움에 어려움이 있을 것이다. 그러므로 학생들에게 직접 모이는 것과 병행하여 모바일 인스턴트 메신저를 활용할 수 있다는 점과 모바일 인스턴트 메신저의 사용 시 심도 있는 논의보다는 서로 찾은 정보의 공유 혹은 간단한 사항에 대한 논의에 사용하는 것이 효과적이라는 것을 알려준다면 학생들이 조금 더 쉽게 팀 프로젝트에 참여할 수 있을 것이다.

참고문헌

권은미(2010), 대학교 팀 프로젝트 학습에서 팀 효능감, 대인관계의 이해, 문제해결의 적극성과 팀 성과 간 상관분석, 이화여자대학교 석사학위논문.

신진, 전은화(2013), 소셜 네트워크 서비스 활용이 협력 학습에 미치는 효과, 한국컴퓨터정보학회논문지18(11), 한국컴퓨터정보학회, pp.896-899.

심덕섭, 최지호, 양동민, 문연희(2008), 대학생 프로젝트 팀의 구성, 프로세스, 성과 간의 관계에 대한 형태적 연구, 商業敎育硏究 22, 한국상업교육학회, pp.69-88.

이종연(2010), 대학에서 SNS(Social Network Service)를 활용한 학습 커뮤니케이션 사례 연구, 社會科學硏究 25(1), 국민대학교 사회과학연구소, pp.93-123.

이한빛, 권성호(2013), 대학교 팀 프로젝트 기반학습에서의 소통 증진을 위한 구글 플러스(Google+) 활용 방안, 학습과학연구 7(2), 한양대학교 교육공학연구소, pp.74-93.

장은정(2004), 웹기반 프로젝트 중심 학습에서 목표구조 방식과 팀 효과성이 학습결과에 미치는 영향, 교육공학연구 20(2), 한국교육공학회, pp.53-81.

정영찬, 정혜란(2012), 집단 의사결정을 위한 모바일 인스턴트 메신저 인터페이스 제안 -그룹대화 이용 행태를 중심으로-, 한국HCI학회 학술대회 자료집, 한국HCI학회, pp.896-899.

10 블로그의 종결형 분석 및 문법 교육

Ⅰ. 서론

1. 연구 목적 및 필요성

정보화 사회를 맞이하여 현대인들이 쓰는 언어를 살펴보면, 인터넷에서 사용하는 인터넷 언어의 비중이 점점 커지고 있다. 특히 아동과 청소년의 인터넷 사용이 높은 비중을 차지하고 있는데, 이 때문에 오늘날 젊은 세대들의 언어문화 및 언어 태도 형성에 인터넷 공간이 큰 영향을 주고 있다. 그러므로 오늘날 청소년의 언어 교육에 있어서 인터넷 언어를 살펴보고 이를 바탕으로 교육내용을 연구하는 것은 국어교육에 있어서 필요한 과제라고 할 수 있다.

현실에서 사용되는 언어와 인터넷에서 사용되는 언어의 차이점은 신조어, 줄임말 등 여러 가지가 있지만 본 연구에서는 종결형의 특수한 양상에 집중하여 연구를 진행할 것이다. 문장의 종결형은 평서형, 의문형, 감탄형 등과 같이 문장의 종류를 결정하며 높임법의 말단계 형성과도 관련이 깊다. 종결형을 통해서 화자가 말하는 의도와 화자와 청자와의 관계, 거리감 등을 추론해낼 수 있기 때문에 종결형은 의사소통에 있어서 중요한 부분이라고 할 수 있다. 인터넷 언어에는 표준어 규정, 한글 맞춤법 규정에 어긋나는 언어 사용 양상이 매우 많은 비율을 차지하는데, 비문법적인 양상 안에 담겨 있는 함의를 사회언어학적으로 분석해 보고, 유형화하여 이를 재료로 국어 종결형에 관련된 문법 탐구과제를 설계하고자 한다.

2. 연구 대상 및 방법

본 연구에서는 특정한 종결형이 두드러지게 사용된 블로그를 대상으로 자료를 수집하고, 선행 연구를 검토하여 마련한 분석의 틀로 분석하여 종결형을 유형화한 후 언어 탐구 과제를 설계해보는 것을 연구방법으로 한다.

오늘날 인터넷 상에서 자아 노출의 수단으로 사용되는 매체들은 블로그뿐 아니라 트위터,

페이스북, 카카오스토리와 같은 SNS로 다양하게 존재한다. 그 중에서도 블로그를 연구 대상으로 삼은 이유는 마치 홈페이지에 적는 일기와 같은 자기고백적인 블로그 매체의 특성에 있다. 글쓴이가 특정한 종결형을 사용하는 데에는 어떤 의도와 기대하는 효과가 있을 것인데, 다른 매체에 비해서 한 포스팅에 담고 있는 글자의 수가 많으며 '한 편의 완성된 글'을 쓰고자 하는 경향성이 더 두드러지기 때문에 블로그 포스팅을 작성하는 과정에서 글쓴이의 개성 있는 문체가 발현될 가능성이 크다고 보았다. 문장의 종결형을 분석하는 것은 글쓴이의 의도와 성격, 독자와 소통하는 방식을 알아볼 수 있는 간단하면서도 효과적인 방법이라고 생각되어 본 연구의 대상을 '블로그의 종결형'으로 초점화하였다.

현재 국내에서 개인에게 블로그 서비스를 제공하는 인터넷 사이트는 크게 포털 사이트와 전문 블로그 사이트로 나눌 수 있다[1]. 국내 포털 사이트 중 블로그 서비스를 제공하는 포털 사이트는 대표적으로 〈네이버(www.naver.com)〉와 〈다음(www.daum.net)〉 그리고 〈네이트(www.nate.com)〉를 들 수 있다. 본 연구에서는 국내 포털 사이트 중에서 가장 높은 검색 점유율을 기록하고 있고, 블로그 점유율에서도 1위를 차지하고 있는 〈네이버〉를 선택하였다[2].

블로그와 블로그 쓰기에 대한 연구 중에서 파워블로그를 대상으로 한 연구들도 있었으나, 본 연구에서는 인터넷에서의 특이한 언어사용양상에 초점을 두고 있으므로 해당 사이트에서 선정한 파워블로그를 기준으로 할 필요성을 느끼지 못하여 연구자가 임의로 특이한 종결형을 사용하고 있는 블로그의 포스팅을 선정하여 분석 자료로 삼았다.

II. 선행 연구 검토

이정복(2011)에서는 인터넷 통신 언어를 사회언어학의 관점과 방법으로 연구해야 할 필요성과 효과를 '한다요체'를 중심으로 제시하였다. '한다요체'의 쓰임 실태와 기능, 발생 및 유행 배경, 사용자 분포, 기능에 대한 누리꾼들의 인식을 사회언어학의 대표적 연구 방법인 사례 분석 및 통계 분석 방법을 통하여 살펴보았다.

'한다요체'는 해라체에 높임 보조사 '요'를 덧붙인 형식이며, 어린 아이들이 경어법을 배우

---

1) 주민재(2013)에서는 〈티스토리닷컴〉, 〈이글루스〉 등의 오직 블로그 서비스만 제공하는 사이트들을 포털 사이트와 구분하여 '블로그 전문 사이트', 그리고 포털 블로그와 구분하여 '전문 블로그'라고 지칭하였다. '전문 블로그'의 '전문'이라는 용어는 포털에 비해 상대적으로 전문화된 블로그라는 의미로 사용하였다.
2) 순위 전문 사이트인 랭키닷컴(www.rankey.com)에 따르면 2015년 9월 현재 네이버가 검색 점유율 1위를 차지하고 있다.

는 과정에서 일종의 '오분석'을 통해 쓰게 된다. '한다요체'가 요즘 인터넷 통신 공간에서 유행처럼 퍼지고 있는데, 10대 청소년부터 40대 누리꾼에 이르기까지 사용자의 나이가 다양하다. 10대 및 20대 여성들의 사용률이 특히 높으며, 기능에 대한 인식에서 성별과 세대 차이가 확인되었다.

'한다요체'의 기능은 크게 '경어법 사용 기능'과 '통신 언어 표현 기능' 두 가지인데, 높임말과 안높임말의 미묘한 어울림, 귀엽고 친근한 느낌, 낯선 형식에서 나오는 재미 등이 뒤섞여 누리꾼들의 주목을 받고 있다. 규범 문법의 시각에서 보면 아이들의 미숙하고 잘못된 말로 간단히 넘겨 버릴 수 있겠지만 사회언어학적 관점에서 볼 때 그것은 사용자들의 의도와 목적이 담긴 적절한 언어 표현인 사실을 보고 하였다.

주민재(2013)에서는 상호작용성과 재매개성(remediation)이 블로그 쓰기 및 블로그의 독자 인식에 미치는 영향을 고찰하였다. 이를 위해 블로그의 소통방식, 텍스트 구성과 표현 전략의 측면, 블로그가 지닌 독자 인식의 특성과 필자로서의 정체성(identity as a writer)을 분석하였다.

주민재(2013)에서는 블로그 쓰기에서 상호작용은 독자와의 관계 설정 및 수사 전략에 영향을 미친다고 보았다. 상호작용 과정에서 연결되는 텍스트들은 네트워크를 형성하면서 더 많은 독자들을 블로그로 유입했고 그로 인해 상호작용의 활성화 정도는 높아지는 양상을 보였다. 블로그 쓰기는 실제 독자의 빈번한 접속과 반응으로 인해 점진적으로 대화적 성격이 강한 '글말'의 형태를 띠는 경향이 강했다. 이는 종결체 사용 방식과 수사의문문의 사용 비율을 통해 확인되었다.

또한 블로그 콘텐츠의 성격에 따라 블로거-독자의 위치 및 상호작용의 양상이 다르게 나타났다. 정보 콘텐츠를 다루는 블로그에서는 블로거 대 다수의 독자가 상호작용하는 수렴적 구조의 상호작용이, 논쟁적 콘텐츠를 다루는 블로그에서는 블로거-독자, 독자-독자로 경로가 다변화되는 확산적 구조의 상호작용이 발생했다. 연구 참여자들은 자신의 '쓰기'가 네트워크를 통해 미지의 독자에게 영향을 미칠 수 있다는 소위 '관계적 사고(thinking in Network)'를 하고 있었다. 또한 연구 참여자들은 관계적 사고를 통해 독자들이 하나의 코드로 묶일 수 없는 다층적 존재임을 인식하게 된다. 독자를 다층적으로 인식하는 행위는 연구 참여자들이 실제 독자들과 상호작용한 경험의 축적에 기반을 두고 있었다. 이는 상호작용이 블로거의 독자 인식 형성에도 일정한 영향을 미친다는 것을 보여준다. 결국 블로그 쓰기는 관계적 사고와 다층적 독자 개념을 토대로 자신의 텍스트가 네트워크에서 다른 텍스트들과의 연계성을 감안하는 '관계적 쓰기(writing in network)'라고 볼 수 있다.

박현구(2004)에서는 인터넷 환경에서 대인간 체면의 문제와 도상문자 사용의 동기 사이의 관계를 경험적으로 분석하였다. 인터넷에서 체면과 도상문자의 관계를 연구함으로써 체면 현상 및 공손의 전략에 관한 기존의 이론들(Brown & Levinson, 1987 ; Lim & Bowers, 1991)이 매개된 커뮤니케이션 환경에서 어떻게 적용되며 발전되는지 살펴보았다.

박현구(2004)에서는 가상적 채팅 환경에서 사용된 도상문자의 유형 및 그 사용량을 통계적으로 분석하여 가설을 검증하였는데, 분석 결과 인터넷 이용자는 자신에게 중요한 사안을 요구할 때는 상대가 친밀하지 않은 경우 더 많은 이모티콘을 사용해 대화하는 경향이 있었다. 또한 공손 표현의 종류에 따라 사용되는 이모티콘의 유형에도 차이가 있었다. 이상의 결과에서 유추했을 때 도상문자 중 이모티콘은 면대면 환경에서의 비언어적 체면 전략과 유사한 기능을 가짐에 따라 인터넷에서의 상호작용이 원활하고 자연스럽게 이루어지는 데 영향을 미친다고 할 수 있다.

Ⅲ. 블로그의 종결형 분석 및 유형화

특징적인 종결형을 사용하고 있는 블로거 10명의 포스팅을 분석한 결과, 블로그의 종결형을 다음과 같이 음운 추가형, 음운 변형형, 명사형, 비종결형, '요' 결합형의 5가지 유형으로 분류할 수 있었다.

<표 1> 블로그 종결형과 높임법 유형

말단계 / 유형		음운 추가형	음운 변형형	명사형	비종결형	'요' 결합형
등급화할 수 없는 경우				-(으)ㅁ	-ㄹ지	
비격식체	해체(반말)	-당	-예(〈-아), -에(〈-아), -긔(〈-야), -돠(〈-다)		듯 -구(〈-고)	
	해요체	-아용, -아요웅, -좀, -군욧	-쩨요, -아여, -아염(〈-아요), -아영(〈-아요)			-ㅁ요 -다는요 듯요
격식체	해라체	-냐능	-돠(〈-다)			
	하게체					
	하오체					
	하십시오체	-답니당, -입니당, -습니닷, -입니닷				-습니다요

전체적인 특성으로 종결형이 비격식체인 해체, 해요체와 격식체 중에서도 하십시오체에 집중된 특성을 보였으며, 격식체 중 하십시오와 하라체를 제외한 하게체, 하오체의 특이한 종결형은 나타나지 않았다. 말단계 중 등급화할 수 없는 경우는 문장이 종결어미로 끝나지 않고 명사형 어미나 의존 명사, 연결어미로 끝날 경우 말단계를 파악하기 어려운 사례들을 위해 설정하였다.

또한 음운을 추가하거나 변형하는 경우가 많았으며, 음운을 변형한 뒤 음운 추가형과 같은 양상으로 종성을 추가하는 사례는 음운 변형형에 포함시켰다. 각 유형별로 블로그 포스팅의 예문과 설명은 다음과 같다.

1. 음운 추가형

음운 추가형은 종결어미의 종성에 'ㅇ', 'ㅅ'을 추가한 유형이다. 말단계로는 비격식체의 해요체와 격식체의 하십시오체가 가장 많은 분포를 보이며 해체와 해라체의 경우에도 사용되었다. 격식체 중 하게체, 하오체의 말단계에서는 이 유형이 나타나지 않았으며 등급화할 수 없는 경우 또한 나타나지 않았다. 사례를 보이면 다음과 같다.

말단계	유형	종결형	음운 추가형 예문
등급화할 수 없는 경우			
비격식체	해체(반말)	-당	밥먹고 디저트타임 상큼하고 만나당〉〈
	해요체	-아용 -아요웅 -용 -군욧	건강 잘 챙기셔야 해용~ 엄청 다양한 의상을 입어어용ㅋㅋㅋ 즐거운 시간을 보낼 예정이에요웅!! 모두 감기 안 걸리구 잘 지내구 있는거죵? 계속 들어도 질리지 않는군욧
격식체	해라체	-냐능	나 너무 행복한 수니 아니냐능 ㅠㅠㅠㅠㅠㅠㅠ
	하게체		
	하오체		
	하십시오체	-답니당 -입니당 -습니닷 -입니닷	안녕하세용^^홍블리입니당♡ 저는 지금 제주도에서 멤버들을 기다리고 있답니당!! 힐러 지창욱의 집이 공개되었습니닷! 남자에게 터틀넥은 사랑입니닷

먼저 해체는 '-당'이 쓰였는데, 표의 예문은 '맛있다'가 '맛나다'가 되고, 비음동화를 표기에 그대로 반영하여 '만나다'라고 한 뒤 종결어미의 종성에 'ㅇ'을 추가하여 '만나당'이라고 쓰였다. 이는 맞춤법을 엄수하지 않는 인터넷 언어의 특성을 잘 보여주는 예문이다. 종성에 'ㅇ'을 추가한 해체의 종결형은 울림소리 중에서도 콧소리를 추가하여 애교있고 귀엽게 표현하려는 글쓴이의 의도가 담겨 있으며 가장 낮은 단계의 말단계이므로 예상독자에게 격식을 차리지 않고 가장 친근하고 가깝게 다가갈 수 있는 효과를 지닌다.

해요체는 '-아용', '-아요옹', '-죵', '-군욧'가 쓰였다. '-아용'은 종결어미 '-아요'에 종성 'ㅇ'을 추가하였으며, '-아요옹'은 종결어미 '-아요'의 음절말을 길게 늘여서 '-아요오'로 '오'를 추가한 뒤 종성에 'ㅇ'을 추가하여 결과적으로 '옹'을 추가하여 '-아요옹'이 되었다. '-죵'은 '-지요'의 축약형인 '-죠'에 종성 'ㅇ'을 추가한 것이며, '-군욧'은 감탄형인 '-군요'에 종성 'ㅅ'을 추가한 것이다. 종성에 'ㅇ'을 추가한 것들은 위의 해체 '-당'과 마찬가지로 애교있고 귀엽게 표현하려는 글쓴이의 의도가 담겨 있으며, 비격식체로서 친근함을 표현하지만 해체보다는 상대방을 높여서 표현하였다. 종성에 'ㅅ'을 추가한 것은 'ㅇ'을 추가한 것과 마찬가지로 귀엽게 표현하려는 의도와 더불어서 종성을 내파음 'ㄷ'으로 발음함으로써 해당 문장에 대한 글쓴이의 단호함, 확신을 드러내고 문장을 강조하는 효과를 지닌다.

해라체의 '-냐능'은 일본 문화를 좋아하는 네티즌들이 일본어투를 흉내내어 종결어미에 '능' 또는 '는'을 붙여서 사용하는 인터넷의 말투로 볼 수도 있다. '-냐능'에는 이를 사용함으로써 독자와 네티즌으로써 공감대를 형성하고 문체에 재미를 부여하며 귀엽고 친근하게 표현하려는 글쓴이의 의도가 담겨있다.

하십시오체는 '-답니당', '-입니당', '-습니닷', '-입니닷'이 쓰였는데, 하십시오체의 종결어미 '-ㅂ니다'에 종성 'ㅇ' 또는 'ㅅ'을 추가하였다. 위의 다른 말단계들과 마찬가지로 종성 'ㅇ'을 추가한 것은 비음을 추가함으로써 귀엽고 애교스럽게 표현하려는 의도를, 종성 'ㅅ'을 추가한 것은 귀엽게 표현하려는 의도와 더불어서 종성을 내파음 'ㄷ'으로 발음함으로써 해당 문장에 대한 글쓴이의 단호함, 확신을 드러내고 문장을 강조하려는 의도를 드러낸다. 하지만 앞의 비격식체와 달리 격식체이며 격식체 중에서도 상대방을 가장 높이는 말단계라는 점에서 애교나 단호함을 드러내려는 의도를 가장 정중하게 표현하고 있음을 알 수 있다. 그러나 표준어인 하십시오체의 종결어미 '-ㅂ니다'보다 종성에 'ㅇ', 'ㅅ'을 추가한 '-답니당', '-입니당', '-습니닷', '-입니닷'은 공식적인 자리에서 사용하기에는 부적합한, 공식성이 상대적으로 매우 떨어진 종결어미이다. 따라서 음운추가형의 하십시오체는 일반적인 하십시오체에 비해서 의

례적이고 심리적인 거리를 느끼게 하는 격식체로서의 성격이 매우 중화된 특성을 지니고 있다.

2. 음운 변형형

음운 변형형은 비격식체인 해체와 해요체에만 집중적으로 나타났으며 격식체 중 해라체에서도 나타났다. 사례를 보이면 다음과 같다.

말단계		유형 / 종결형	음운 변형형 / 예문
등급화할 수 없는 경우			
비격식체	해체(반말)	-예((-아)) -에((-아)) -긔((-야))	혼자 제일 추워보이자녜 ㅜ 꺄~멋지자녜 이들의 눈부신 캐미, 힐링힐링하자녜~!!! 이 안무 뭐긔
	해요체	-떼요 -아여 -아염((-아요)) -아영((-아요))	제주도에 관련해 추천지나 맛집 아시면 공유해쥬떼요♥ 뮤직비디오부터 지금 ㅋㅋㅋㅋㅋ 난리도 아니에여 ㅠㅠㅠㅠ 저 잠시만 울고 가실께여 화기애애한 분위기 져아염 담주부터는 어리버리 기자 봉수 입장인가영
격식체	해라체	-돠((-다))	내 꼭... 정성스레.. 포스팅 하겠돠 ㅠㅠㅠㅠㅠ
	하게체		
	하오체		
	하십시오체		

해체의 경우는 '-예', '-에', '-긔'가 쓰였다. '-예'와 '-에'는 어떤 사실을 서술하거나 물음·명령·청유를 나타내는 해체의 종결어미 '-아'의 모음을 변형한 것이다. 예문 '추워보이자녜'는 '추워보이잖아'의 발음인 '추워보이자나'에 종결어미를 변형하여 '추워보이자녜'로 적은 것이며, 예문 '힐링힐링하자녜'도 마찬가지로 '힐링힐링하잖아'를 발음 그대로 적고 종결어미를 변형하여 '힐링힐링하자녜'로 적은 것이다. '-예'와 '-에'의 경우 '-지 않-'의 축약형인 '-잖-'과 함께 쓰일 때 종결어미 '-아'의 변형형으로써 나타나는 양상을 보인다. 따라서 '-예'와 '-에'의 경우 '-잖-'이 포함된 '-자녜', '-자네'로 보아야 글쓴이의 의도와 의미를 더 잘 해석할 수 있다. 여기에는 자신의 생각에 독자가 동조하길 바라는 의도와 의도적으로 모음조화를 파괴하여

'ㅏ'형이 올 자리에 'ㅓ'형을 사용함으로써 문장을 강조하려는 의도, 그리고 재미있게 표현하려는 의도가 들어있다.

'-긔'는 인터넷 상에서 유행하는 말투인 일명 '긔체[3]'가 어떤 사실을 서술하거나 물을 때 쓰는 해체의 종결 어미 '-야'가 쓰일 자리에 온 것이다. '-긔'는 이미 네티즌들 간에 오랫동안 공유된 인터넷 종결어미로서 같은 네티즌인 독자들과 공감대를 형성하고 재미있고 친근하게 다가가고자 하는 의도가 들어있다. '-돠'는 현재 사건이나 사실을 서술하는 뜻을 나타내는 해라체의 종결어미 '-다'의 모음을 변형한 형태이다.

'-돠'는 '-다'로 쉽게 발음할 수 있는 단모음의 종결어미를 이중모음으로 교체함으로써 오히려 발음을 더 어렵게 하여 발음의 경제성 면에서 보면 설명하기 어려운 형태이다. 하지만 오히려 발음을 어렵게 함으로써 재미를 더하고, 유머러스한 표현으로 독자에게 격식 없이 친근하게 다가가려는 의도를 지닌 것으로 해석할 수 있다. 해라체는 듣는이를 높이지 않는 방식으로써 해체와 비슷한 등급이지만 해체에 비해서 권위적인 느낌을 줄 수 있다. 글쓴이는 해라체를 사용하면서도 보다 덜 권위적이고 더 친밀한 느낌이 들도록 하는 장치로써 음운을 변형한 '-돠'를 사용한 것이다.

해요체는 '-떼요', '-아여', '-아염'(〈-아요), '-아영'(〈-아요)이 쓰였다. '-떼요'는 높임의 선어말어미가 결합한 '-시어요'의 줄임말인 '-세요'의 'ㅅ'을 'ㄸ'으로 바꾸어 발음한 것이다. 이런 'ㅅ'의 'ㄸ'으로의 교체는 발음이 미숙한 어린아이들이 많이 사용하는 일명 '혀짧은 발음'인데, 어린아이가 아닌 성인이 혀짧은 발음을 구어가 아닌 문어로 의도적으로 사용한다는 것은 애교있고 귀엽게 보이려는 의도, 어려 보이려는 의도가 들어있다고 해석할 수 있다. '-아여'는 '-아요'의 말음 'ㅛ'를 'ㅕ'로 교체하여 변형한 형태이다. '-여'로 끝나는 말투는 앞서 살폈던 '긔체'와 마찬가지로 네티즌 사이에서 보편적으로 사용된 인터넷 언어이다. 표준어인 '-아요' 대신에 '-여'로 끝나는 '-아여'를 사용함으로써 독자와 네티즌으로써의 공감대를 형성하여 더 친근하게 다가가고자 하는 의도가 들어 있다. '-아염'과 '-아영' 또한 해요체의 '-아요'를 변형한 것인데, 앞의 '-아여'에 말음 'ㅁ' 또는 'ㅇ'을 첨가한 형태이다. '-아염'과 '-아영' 또한 '-여'로 끝나는 말투의 변형형으로 볼 수 있으므로 독자와 공감대를 형성하여 친밀감을 더하고, 비음

---

3) '~긔'로 문장이 종결되는 일명 긔체는 주로 20대 여성들이 활동하는 커뮤니티에서 쓰인다. 유래는 2000년대 초 인기를 끌던 모 얼짱의 닉네임이 '별빛로긔'였던 것에서 기인하는데, 이 얼짱이 유명세를 이용하여 팬들에게 고액의 선물을 사달라고 조르는 등 행실이 좋지 않았기에 그를 조롱하기 위해 사용된 말투가 '긔체'였다. 주로 그 얼짱의 싸이월드 미니홈피의 게시글에 '~긔'로 끝나는 댓글을 다는 것에서 유래하였으며, 이 말투는 지금까지도 많은 네티즌들 사이에서 쓰이고 있다.

'ㅁ' 또는 'ㅇ'을 추가함으로써 콧소리를 더하여 귀엽고 애교있게 표현하려는 의도가 들어 있다.

이처럼 해요체는 독자를 윗사람으로 높이는 방식이면서도 비격식체로써 격식체에 비해서 친근하고 일상적인 느낌을 주는데, 해요체의 변형형들은 독자와 공감대를 형성하거나 귀엽고 애교있는 느낌을 주어 독자를 높임과 동시에 친밀감을 표현하여 심리적 거리를 더욱 줄이고자 하는 의도로 사용되었다.

3. 명사형

명사형은 명사형 어미 '-(으)ㅁ'으로 문장을 종결하는 것으로써, 종결형 자체는 한글 맞춤법에서 벗어나지 않았으나, 보통 종결어미가 쓰여서 문장을 완전하게 종결해야 할 상황에서도 빈번하게 명사형 어미가 사용되는 것이 인터넷 언어의 특징 중 하나이다. 사례를 보이면 다음과 같다.

유형 말단계		명사형	
		종결형	예문
등급화 할 수 없는 경우		-(으)ㅁ	여하튼 새핸드폰 사서 기분좋음 이름이 아이언 이라 이폰도 아이언맨으로 바꾸고싶은맘이 생김 ㅋㅋㅋㅋㅋ
비격식체	해체(반말)		
	해요체		
격식체	해라체		
	하게체		
	하오체		
	하십시오체		

예문을 보면 '기분 좋다', '기분 좋아요', '기분 좋습니다' 등으로 종결어미가 사용되어야 할 자리에 명사형 어미 '-(으)ㅁ'이 와서 '기분좋음'이라고 쓰임으로써 말단계의 등급을 중화시키는 모습을 보인다. 격식체를 사용할지 비격식체를 사용할지, 상대방을 어느 정도 높일지 등을 고려하고 표현하지 않고 명사형 어미를 사용함으로써 말단계를 밝히지 않는다[4]. 보고

---

4) 본 연구에서는 말단계를 밝히지 않는 것을 '말단계의 중화'라고 표현하였다.

서 등에서 필요한 정보를 간결하게 표현하기 위해 명사형 어미로 문장을 끝맺는 경우가 있는데, 블로그 종결형으로 쓰이는 명사형은 말단계를 중화하고 마치 보고서처럼 말을 간결하게 하여 글의 진행을 빠르게 하고자 하는 글쓴이의 의도가 들어 있다.

4. 비종결형

비종결형은 문장이 종결어미 또는 명사형 어미로 끝나지 않고 연결어미, 의존 명사 등으로 끝나는 경우에 해당한다. 사례를 보이면 다음과 같다.

유형 말단계		비종결형	
		종결형	예문
등급화할 수 없는 경우		-ㄹ지	세상과 동떨어진 안전가옥 느낌이랄지
비격식체	해체(반말)	듯 -구(〈-고)	첫 등장하는 의뢰인 이문식의 죽음과 관계가 있는 듯. 미드 'Suits'의 섹시한 하비 스펙터 같구?ㅎㅎ
	해요체		
격식체	해라체		
	하게체		
	하오체		
	하십시오체		

먼저 등급화할 수 없는 경우에는 연결어미 '-ㄹ지'가 있다. '-ㄹ지'는 연결어미에 음운을 추가하거나 변형하지 않고 그대로 쓰인 경우인데, 글쓴이가 자신의 생각에 대해서 단언하지 않고 불확실성을 전제하거나 어떤 주제에 대해서 예시를 들 경우에 사용한다.

해체에는 '듯'과 '-구'가 있다. '듯'은 의존명사로써 원래는 문장의 중간에서 쓰이거나 용언 '하다'와 결합하여 '듯하다'로 쓰이지만 인터넷 언어에서 글쓴이가 자신의 추측을 표현하려는 의도를 가질 때 문장을 의존명사 '듯'만으로 마치는 모습을 보인다. '-구'는 원래 연결어미 '-고'인데 모음 'ㅗ'를 'ㅜ'로 교체하여 좀 더 친근하고 애교있게 표현하려는 의도를 가지고 사용된다.

이처럼 비종결형에서 보이는 연결어미 또는 의존명사로 문장이 끝나는 경우는 오프라인에서는 완전한 문장이 아닌, 말끝을 흐리거나 망설임을 나타내는 경우에 쓰이는데 인터넷상에서는 마치 종결어미처럼 문장을 끝맺는 데에 빈번하게 사용되는 양상을 보인다.

5. '요' 결합형

'요' 결합형은 종결어미, 명사형 어미, 의존 명사 등에 높임의 보조사 '요'가 비문법적으로 결합되어 문장의 종결형으로써 사용된 유형이다. 해요체에 많은 분포를 보이며 하십시오체의 모습도 보인다. 말 끝에 무조건 '요'를 붙이는 현상은 어린아이들에게 주로 보이는 문법적 오류이다. 이러한 문법적 오류가 의도적으로 인터넷에서 사용되고 있다[5]. 사례를 보이면 다음과 같다.

말단계	유형	'요' 결합형	
		종결형	예문
등급화할 수 없는 경우			
비격식체	해체(반말)		
	해요체	-ㅁ요 -다는요 듯요	그나저나 나.....심심함요 때론 바수니분들 너무너무 부럽다는요. 오꾸닭이 울 찬이를 두 번 슬프게 하는듯요~
격식체	해라체		
	하게체		
	하오체		
	하십시오체	-습니다요	그럼 저는~ 재미난 소식 가득담아서 포스팅하도록 하겠습니다 요!!

해요체에는 '-ㅁ요', '듯요', '-다는요'가 있다. '-ㅁ요'는 명사형 어미 '-(으)ㅁ'에 높임의 보조사 '요'가 결합한 형태인데, 말을 간결하게 하면서도 높임의 말단계는 중화시키지 않고 '요'를 붙임으로써 해요체의 말단계를 선택한 것이다. 글쓴이는 자신의 생각을 간결하게 표현하면서도 상대방을 친근하게 높이고 동시에 어린아이처럼 귀엽게 표현하려는 의도를 가지고 '-ㅁ요'를 사용한다. '듯요'는 비종결형에서 나타난 해체에서 사용된 의존 명사 '듯'에 높임의 보조사 '요'가 결합된 형태로써 '듯'과 마찬가지로 글쓴이가 자신의 추측을 표현하려는 의도를 가지면서도 독자를 해요체로 높이고, 자신을 어린아이처럼 귀엽게 표현하려는 의도를 가질 때 쓰인다. '-다는요'는 음운 추가형에서 해라체의 '-냐능'과 같이 '능/는'을 붙여서 사용하는 말투의 일종인데, 해라체의 평서형 종결어미 '-다'에 '는'을 붙이고, 또 높임의 보조사

---

5) 이정복(2011)은 이를 '한다요체'로 명명하였다.

'요'를 붙임으로써 결과적으로는 해요체의 말단계를 지니게 된다. '-다는요'에는 이를 사용함으로써 독자와 네티즌으로써 공감대를 형성하고 문체에 재미를 부여하며 귀엽고 친근하게 표현하면서도 상대방을 높이려는 글쓴이의 의도가 담겨있다.

하십시오체에는 '-습니다요'가 있는데, 하십시오체의 평서형 종결어미 '-습니다'에 높임의 보조사 '요'를 결합하여 '-습니다요'를 만든 것이다. 여기에서의 '요'는 앞의 '-ㅁ요', '듯요', '-다는요'와는 달리 해요체를 만들지 않고, 상대를 가장 높이는 하십시오체의 말단계에 자신을 어린아이처럼 귀엽게 표현하려는 의도를 가지고 쓰인다.

Ⅳ. 블로그 종결형을 활용한 탐구 과제 설계

1. 기존 탐구 학습 절차 검토

본 연구에서는 기존에 연구된 문법 탐구 학습 절차로서 김광해(1997)와 한국교육과정평가원의 절차를 검토하였다.

(1) 김광해(1997)의 탐구 학습 절차

ㄱ. 문제의 정의: 문제, 의문 사항의 인식, 문제에 의미 부여, 문제의 처리 방법 모색
ㄴ. 가설 설정: 유용한 자료 조사, 추리, 관계 파악, 가설 세우기
ㄷ. 가설의 검증: 증거 수집, 증거 정리, 증거 분석
ㄹ. 결론 도출: 증거와 가설 사이의 관계 검토, 결론 추출
ㅁ. 결론의 적용 및 일반화: 새로운 자료에 결론 적용, 결과의 일반화 시도

(2) 한국교육과정평가원의 탐구 학습 절차

과정	주요활동
문제 확인하기	탐구 분위기 조성하기 학습 절차 확인하기 학습 과제 확인하기 관련 지식 및 개념 익히기/ 선수 학습 확인 문제 상황 제시 문제 진단 및 발견하기

과정	주요활동
문제 탐구하기	문제 분석하기 가설 설정하기 가설 진술하기
문제 해결하기	문제 해결 방법 탐색하기 필요한 자료 모으기 자료 분석, 평가하기 가설 검증하기/ 규칙성 발견하기 해결 과정에 대해 설명하기/ 토의하기
적용하기	유사한 상황에 적용하기 일반화 가능성 탐색하기 일반화 하기 일상의 언어 상황에 적용하기 학습 활동 평가 및 정리

2. 블로그 종결형을 활용한 탐구 학습 과제

위에서 검토한 한국교육과정평가원의 문법 탐구 학습 절차의 기본적인 틀을 바탕으로 Ⅲ장에서 분석한 블로그 종결형의 실제와 유형을 활용하여 탐구 학습 과제를 다음과 같이 단계화하여 제시할 수 있다.

(1) 문제 확인하기

이 단계에서는 학습자들에게 인터넷에서 사용되는 비문법적인 언어, 그 중에서도 특이한 종결형이 사용된 블로그들의 포스팅을 제시하고 학습자들이 인터넷 언어에 대한 문제와 의문 사항을 인식하도록 한다. 교사가 준비한 블로그의 종결형뿐 아니라 학습자가 실제로 인터넷에서 사용하는 비문법적인 종결형들을 제시해보도록 함으로써 탐구 분위기를 조성하고 흥미를 유발할 수 있다. 이 단계에서 자칫 인터넷 언어를 무조건 '나쁜 것', '고쳐야 할 것'으로만 생각하지 않도록 하고, 인터넷에 나타난 특이한 종결형을 학교에서 배운 문법적인 지식을 활용하여 탐구할 수 있는 흥미로운 언어 자료로서 받아들이게 한다.

제시하는 탐구 자료로는 Ⅲ장에서 유형화한 종결형 중 '음운 추가형'에 해당하는 자료만을 제시한다. 단, 말단계는 나누지 않고 다음과 같이 무작위로 섞인 상태의 자료를 제시한다.

종결형	예문
-당	밥먹고 디저트타임 상큼하고 만나당〉〈
-아용	건강 잘 챙기셔야 해용~
	엄청 다양한 의상을 입었어용ㅋㅋㅋ
-아요옹	즐거운 시간을 보낼 예정이에요옹!!
-죵	모두 감기 안 걸리구 잘 지내구 있는거죵?
-군욧	계속 들어도 질리지 않는군욧
-냐능	나 너무 행복한 수니 아니냐능 ㅠㅠㅠㅠㅠㅠㅠ
-입니당	안녕하세용^^홍블리입니당♡
-답니당	저는 지금 제주도에서 멤버들을 기다리고 있답니당!!
-습니닷	힐러 지창욱의 집이 공개되었습니닷!
-입니닷	남자에게 터들넥은 사랑입니닷

이 단계에서의 문제 정의는 Ⅲ장의 자료를 활용한다면 '인터넷 종결형의 유형화' 정도가 될 것이다. 교사는 이 단계에서 탐구 학습의 절차와 문제의 처리 방법에 대해서 학습자들에게 충분히 설명한 후 다음 단계로 나아간다.

(2) 문제 탐구하기

이 단계에서는 학습자들이 인식한 문제를 분석하고, 가설을 설정하여 진술하는 단계이다. 모둠 활동을 통해 학습자간 의견을 나누면서 문제를 더욱 세부적으로 분석할 수 있도록 한다. 모둠 별로 조금씩 다른 가설이 나올 수 있겠지만, '인터넷 종결형의 유형화'라는 문제에서 벗어나지 않도록 교사가 개입한다.

이 단계에서 세울 수 있는 가설은 '인터넷 종결형에도 말단계가 있을 것이다'가 있을 수 있다.

(3) 문제 해결하기

이 단계에서는 가설의 검증을 위한 자료 수집과 문제 해결 방법 탐색, 규칙성 발견하기, 해결 과정에 대해 토의하기 등이 이루어진다.

자료를 조사하는 과정에서 교사는 학습자가 높임 표현, 종결 표현 등과 관련된 교과서와 학습지, 인터넷 검색을 활용할 수 있도록 지도한다. 학습자들은 모둠별로 주어진 자료의 종결형들을 어떻게 묶어서 유형화할지 토의하고 학습지에 시각적으로 이를 표시하면서 문제를 해결한다. 교사는 이 단계에서 학습자에게 먼저 말단계를 나눈 후 이에 알맞게 주어진 언어 자료를 배열할 수 있음을 힌트로 제시하고, 주어진 특이한 종결형이 한글 맞춤법에 맞는 종결형들과 어떤 점이 다른지를 탐구하여 유형의 이름을 붙이도록 지도한다.

가설 검증을 거치고 도출되는 결론은 다음과 같이 제시할 수 있다.

말단계 \ 유형		음운 추가형	
		종결형	예문
비격식체	해체(반말)	-당	밥먹고 디저트타임 상큼하고 만나당〉〈
	해요체	-아용 -아요웅 -죵 -군욧	건강 잘 챙기셔야 해용~ 엄청 다양한 의상을 입었어용ㅋㅋㅋ 즐거운 시간을 보낼 예정이에요용!! 모두 감기 안 걸리구 잘 지내구 있는거죵? 계속 들어도 질리지 않는군욧
격식체	해라체	-냐능	나 너무 행복한 수니 아니냐능 ㅠㅠㅠㅠㅠㅠㅠㅠ
	하게체		
	하오체		
	하십시오체	-답니당 -입니당 -습니닷 -입니닷	안녕하세용^^홍블리입니당♡ 저는 지금 제주도에서 멤버들을 기다리고 있답니당!! 힐러 지창욱의 집이 공개되었습니닷! 남자에게 터틀넥은 사랑입니닷

(4) 적용하기

이 단계에서는 발견한 규칙성을 유사한 상황에 적용하고 일반화 가능성을 탐색하며, 일상의 언어 상황에 적용하고 학습 활동을 평가하고 정리하는 단계이다.

(3)단계까지 학습자가 다룬 언어 자료는 '음운 추가형'에 해당하는 언어 자료였으므로, 나머지 '음운 변형형', '명사형', '비종결형', "요'결합형'에 해당하는 언어 자료를 마저 제시하고 말단계를 나눔과 동시에 '음운 추가형'과 구분되는 다른 유형들로 유형화할 수 있는지 탐구하여 규칙을 적용해볼 수 있도록 지도할 수 있다. 기대되는 결과는 다음과 같다.

말단계 \ 유형		음운 추가형	음운 변형형	명사형	비종결형	'요' 결합형
등급화할 수 없는 경우				-(으)ㅁ	-ㄹ지	
비격식체	해체(반말)	-당	-예(〈-아), -에(〈-아), -긔(〈-야), -돠(〈-다)		듯 -구(〈-고)	
	해요체	-아용, -아요옹, -죵, -군욧	-떼요, -아여, -아염(〈-아요), -아영(〈-아요)			-ㅁ요 -다는요 듯요
격식체	해라체	-냐능	-돠(〈-다)			
	하게체					
	하오체					
	하십시오체	-답니당, -입니당, -습니닷, -입니닷				-습니다요

V. 결론

본 연구는 오늘날 인터넷에서 특수하게 사용되는 비문법적인 언어 현상에 대한 고찰에서 시작하여 이를 국어 교육적으로 의미있게 활용하고자 하는 필요성 아래 진행되었다. 인터넷 언어 중에서도 자기고백적인 특성을 가져서 글쓴이의 개성적인 문체가 잘 드러나는 매체인 블로그를 연구 대상으로 선정하였고, 블로그의 특이한 종결형으로 연구 대상을 더욱 초점화 하였다.

블로그의 종결형을 분석하여 총 5개의 유형으로 분류하였으며, 각 유형별로 높임의 말단계에 따라서 종결형을 세부적으로 분류하였다. 유형에 따라서 빈칸으로 남겨진 높임의 말단계도 있었는데, 유형적 특성이 반영된 것이기도 하지만, 총 10명의 블로거라는 분석 대상의 수적 한계 때문으로도 생각된다. 추후 연구에서 더욱 많은 수의 블로거를 연구 대상으로 하거나 블로그를 포함하여 트위터, 페이스북 등의 다양한 SNS, 또는 다양한 인터넷 커뮤니티에 나타난 인터넷 언어를 대상으로 한다면 더욱 풍부한 결과가 얻어질 것으로 기대한다.

블로그의 종결형을 활용한 탐구 과제의 설계는 한국교육과정평가원의 문법 탐구 학습 절차를 바탕으로 구성하였다. 유형화한 종결형 중 첫 번째 유형인 음운 추가형을 탐구 학습 과제로 먼저 제시한 후 '문제 확인 - 문제 탐구 - 문제 해결'의 단계를 거치고 '적용'의 단계에서 나머지 유형의 종결형을 자료로 제시하여 활동할 수 있도록 설계하였다.

본 연구는 인터넷의 실제 언어 자료를 분석하여 오늘날의 생생한 언어 현상을 연구했다는 점에서 의미를 찾을 수 있으며, 이를 유형화하여 탐구 학습 과제로 제시하였다는 점에서 '표준어'에 집중되어 있던 국어 교육에 인터넷 언어를 탐구할 수 있는 다양한 가능성을 제시하였다는 점에서 국어교육적 의미를 찾을 수 있다.

참고문헌

김광해(1997), 국어지식 교육론, 서울대 출판부.

박현구(2004), 인터넷 환경에서 비언어적 공손 전략으로서 도상문자에 관한 연구, 한국언론학보 48, 한국언론학회, pp.142-165.

이정복(2011), 기획 논문 : 인터넷 통신 언어와 사회언어학 -"한다요체"를 중심으로, 우리말연구 29, 우리말학회, pp.5-40.

임지룡 외(2005), 학교 문법과 문법 교육, 박이정.

정현선(2013), SNS의 언어 현상과 소통 공간에 관한 국어교육적 고찰, 국어교육 142, 한국어교육학회, pp.79-114.

주민재(2013), 블로그 쓰기와 블로거의 독자인식에 관한 연구, 연세대학교 박사학위논문.

Brown, P. & Levinson, S.(1987), *Politeness: Some Universals in Language Use*, Cambridge, UK : Cambridge University Press.

Lim, T. & Bowers, J.W.(1991), Faceworks: Solidarity, Approbation, and tact. *Human Communication Research* 17, pp.415-450.

3부

사이버
의사소통과
사회적 소통

11 인터넷 공간에서의 반다문화 담론과 공론화 양상 고찰 -차별적 언어 사용의 질적 분석을 중심으로-

Ⅰ. 서론

현재 한국에서는 결혼이주여성이나 다문화 가정의 아동, 외국인근로자, 유학생과 같이 다수의 이주민들이 뿌리 내리고 살아가고 있다. 그러나 인터넷을 중심으로 반다문화, 혐다문화, 안티다문화, 다문화(정책) 반대, 다문화 국민역차별이라는 이름을 내걸고 다문화 사회로의 변화를 저지하고 있는 반다문화주의자들이 존재한다. 이주민들에게 이런 다문화반대 운동은 삶을 위협하는 요소가 될 수 있으며 다른 한국 국민에게도 이주민에 대한 부정적인 인식을 심어주어 한국 사회를 불안하게 할 수 있다. 그럼에도 반다문화 운동은 지속적으로 진행되고 있고 이에 대한 담론 형성 및 논리 역시 탄탄해지고 있다. 현재 이와 같은 반다문화주의 담론은 외국인 자체에 대한 혐오(제노포비아 Xenophobia, 외국인 혐오증)로 번지고 있는 추세이다.

본고에서는 반다문화 담론이 주로 '인터넷 공간'에서 이루어지고 있음에 주목한다. 다문화에 대한 반감이 개인의 윤리성의 문제로 치환되는 사회 분위기(강진구, 2012: 8)에서 다문화 사회에 대한 반감을 오프라인의 면대면의 공간에서 펼치기에는 부담이 있다. 그러나 인터넷 공간은 익명성을 전제로 하여 자유로운 의사소통이 가능한 공간이고 회원제로 운영되는 폐쇄성이 존재하는 동질집단이다. 이런 인터넷 공간의 특성으로 인해 반다문화에 대한 담론은 주로 인터넷상의 커뮤니티에서 이루어지고 있는 것이다.

특히 인터넷상의 커뮤니티에서 반다문화 담론을 펼치면서 차별적 언어를 사용하는 것을 눈여겨봐야 한다. 왜냐하면 개인의 사고는 언어를 통해 표현되고 다시 이 언어는 집단의 사고를 강화할 수 있기 때문이다. 현재 인터넷 공간에서 반다문화 담론의 대상이 되는 외국인근로자, 결혼이주민, 다문화 가정의 자녀에 대한 언어적 표현은 극단화 되어 있고, 이 극단적 표현은 이 집단의 반다문화에 대한 입장을 강화하고 있다. 이런 극단적인 표현을 살펴본다면 한국의 파편적인 반다문화 담론을 범주화할 수 있고 한국만의 반다문화주의의 특수성을 알 수 있을 것이다. 또한 이들이 현재 한국 사회의 다문화화에 있어 어떤 문제를 제기하는지, 어떤 현상을 우려하는지에 대해서도 미시적으로 접근할 수 있을 것이다.

그 방법으로서 반다문화 커뮤니티의 게시글과 댓글에서 차별적 지칭어와 이와 관련된 수식어를 추출할 것이다. 반다문화적인 사고가 어떻게 언어에 투영되어 담론을 형성하는지 그 과정을 살펴봄으로써, 한국의 다문화 사회가 가진 특수성을 모색할 수 있다. 또한 이들은 자신의 논리를 강화하기 위해 어떻게 인터넷 공간의 특성을 활용하여 여론을 주도하고 있는지를 살펴본다. 이 연구를 통하여 반다문화주의자들의 반다문화 담론의 실체를 파악할 수 있으며, 이를 생산·유포하는 양상을 살펴봄으로써 사회 통합에 부정적인 영향을 주는 반다문화 담론이 인터넷의 안과 밖에서 강화되는 과정을 살펴볼 수 있다.

II. 선행연구 검토 및 이론적 배경

인터넷 커뮤니티에서의 반다문화주의의 담론을 언어적으로 분석해 가기 위해 반다문화 담론의 양상과 반다문화 담론과 언어 사용에 대한 선행연구를 살펴본다.

1. 반다문화 담론의 양상

현재 한국의 반다문화 담론에 대한 연구는 다수 진행되고 있다. 반다문화 담론에 대한 연구는 '반다문화', '제노포비아(Xenophobia, 외국인 혐오증)'나 '다문화'라는 용어에 부정적 표현을 붙여 반다문화주의[1)]에 대한 연구임을 드러내고 있다. 반다문화 담론을 주제로 한 연구는 크게 한국의 반다문화 담론에 대한 이해를 위해 유럽을 중심으로 한 반다문화 담론의 양상에 대한 연구, 한국의 반다문화 담론의 원인 분석에 대한 연구, 한국인의 반다문화주의 인식에 대한 연구로 나눌 수 있다.

외국을 중심으로 한 반다문화 연구는 육주원, 신지원(2010), 김휘택(2013), 허경미(2014)에서 이루어졌다. 이들의 연구에서는 다문화 사회를 표방하여 적극적인 이민정책을 편 프랑스, 독일, 영국의 다문화주의와 그 정책을 제시하고 있어 한국의 다문화 사회를 진단하는데 기초 자료로 활용할 수 있다. 외국의 반다문화주의에 대한 연구는 주로 유럽을 중심으로

---

1) '다문화주의의 반격', '다문화주의 혐오증', '다문화주의 실패론', '다문화 담론 비판'과 같이 다문화라는 용어와 함께 이를 비판적, 부정적으로 접근하는 이론 모두 반다문화 담론 양상의 연구에 포함하고자 한다.

이루어지고 있는데 이는 현재 유럽에서는 반다문화주의에 대한 열풍이 거세기 때문이다. 지난 10년간 유럽의 일부 정치권에서 '다문화주의가 분리주의와 테러를 양산한다.'는 주장으로 다문화주의에 대한 비판이 이어졌고, 2010년 독일의 총리, 앙겔라 메르켈(Angela Merkel)은 직접적으로 다문화 사회를 조성하고자 했던 독일의 시도는 "완전히 실패했다"고 선언하였다(육주원, 신지원, 2010:112). 이를 통하여 현재 유럽의 다문화주의는 한계에 이르렀다는 것을 알 수 있으며, 정책에 있어서도 새로운 접근을 취해야 하는 상황이 된 것이다. 이와 같은 유럽의 다문화주의에 대한 논의[2]는 한국의 다문화주의를 되돌아보고 정책의 방향을 제시할 수 있다는 점에서 의미가 있다.

한국의 반다문화 담론의 원인 분석에 대한 연구는 강휘원(2006), 양영자(2007), 박경태(2008), 윤인진, 송영호(2009), 이제봉(2012), 한건수(2012), 김용신(2014) 등 다수를 차지한다. 이 연구들을 종합하여 한국의 반다문화 담론을 형성하는 원인을 종합할 수 있는데 첫째로 민족주의적인 관점, 둘째로 경제적인 관점이다.

한국의 반다문화 담론에 대한 대다수의 연구에서는 한국의 민족주의적인 성격에 주목을 하였다. 이제봉(2012)에서는 유럽의 민족주의의 출현을 세 가지로 나누고 한국의 민족주의의 원인에 대한 답을 찾고자 하였다. 민족주의의 개념을 영국과 프랑스와 같은 시민적 민족의 개념, 독일과 같은 신비적인 민족의 개념, 동남부 유럽의 이민족의 지배와 억압에 대한 대항이데올로기로서의 민족주의의 개념으로 나누고 여기서 한국의 민족주의의 개념은 세 번째의 민족주의의 양상과 가장 유사하다고 보았다. 또한 박경태(2008: 63)에서는 한국의

---

2) 육주원, 신지원(2010)에서는 영국 다문화주의의 정책의 발전 배경을 밝히면서 영국 내 다문화주의에 대한 반격과 다문화 정책의 방향성에 대한 변화를 고찰하고 있다. 이 연구에서 주목할 것은 유럽 내 인종주의의 확산이나 테러로 인해 이민자 및 소수자 정책이 국가정체성 확립을 중심으로 가치관이 전환되거나 바뀌면서 동화주의적 요소를 띄게 되었다는 것이다. 이는 이민자들의 사회경제적인 불평등을 개인 책임화하는 방식으로 작동하고 있다고 지적하면서 유럽 전역은 반이민자·반무슬림 극우 세력의 성장으로 인종주의적 반이민자 정서를 확산시킬 것이라고 예상한다(2010:132). 김휘택(2013:327)에서는 프랑스와 한국에서의 다문화주의를 비교하기 위한 틀로서 민족의 개념을 고찰한다. 프랑스의 국가 정체성과 한국의 '민족' 개념을 주목하면서 두 나라는 국가 체제를 유지하는 기제가 다르다는 것을 전제한다. 프랑스는 프랑스 대혁명을 통해 국민국가가 형성되었고 국민의 정체성을 지니고 있다고 파악을 한다. 그러나 한국은 국민국가에서 중요시 되는 국가정체성이 민족, 민족주의라는 형태로 발현되고 있다고 밝힌다. 이와 같이 국가 정체성의 형성 과정이 다르기 때문에 이민자에 대한 다문화주의 역시도 한국과 서구와 다름을 주지하였다. 이에 한국의 민족주의와 다문화주의가 어떤 관계를 맺고 있는지 정치적 사회적 차원에서의 고찰이 필요함을 제기하였다. 허경미(2014)에서는 한국의 제노포비아의 원인을 두려움이론이나 접촉이론에서 설명하면서 민족주의 성격이 강한 독일에서의 제노포비아와 관련된 정부대책, 시민태도의 변화를 살핀다. 이를 통해 한국의 제노포비아 양상을 해결하기 위한 대책을 제시한다.

식민지 상황은 반제국주의 민족주의 독립운동을 불러일으켰어야 했고, 분단의 상황, 독재의 상황, 자본주의의 상황에서 민족의 개념으로 내적 이질감을 감추기 위해 더욱 강화되었다고 본다. 결국 한국의 단일민족주의는 일제강점기, 해방을 거치면서 지배 이데올로기로 더욱 강화되었고 이는 현재까지도 이어오고 있다는 것이다. 윤인진, 송영호(2009)는 이런 민족주의 의식이 강하게 작용하는 한국사회에서 다문화주의가 인정이 되는 이유는 아직까지 다문화주의가 민족동질성이나 국민정체성을 도전하지 않기 때문이라고 하면서 앞으로 유입인구가 더 늘어나거나 이주민의 유입으로 인해 우리 고유의 문화가 흔들린다고 할 때 상당한 거부반응이 이어질 것이라고 한다. 이러한 한국의 민족주의의 현실에서 국가주도로 이루어지는 다문화주의는 민족정체성을 훼손하는 것이 아닌 민족정체성을 유지하고 민족을 더욱 발전시키는 방향을 가진다. 이러한 맥락에서 이제봉(2012)은 한국사회에 나타나고 있는 외국인근로자, 결혼이민자, 다문화가정의 자녀에 대한 차별과 한국인 만들기는 자연스런 귀결로 이어진다고 하며 민족주의가 강한 한국 사회에서의 다문화주의의 특징을 말한다. 이와 같이 한국 다문화 사회의 특성을 설명하는 이유로 민족주의에서 출발하는 연구가 상당수 있다.

한국의 반다문화주의에 대한 담론의 두 번째 범주는 경제적인 접근이다. 외국인의 유입증가로 내국인들과 고용시장에서 경쟁을 벌여야 하는 경우, 내국인들의 기득권의 이익을 침해하는 경우(허경미, 2014: 244) 등이 반다문화 현상의 경제적인 요인이라고 할 수 있다. 이는 여러 연구에서도 드러나는데 외국인근로자와 노동의 경쟁 관계에 있는 임시 및 일용직 근로자 집단의 다문화 수용도가 낮다는 결과(오영삼, 노은영, 2014)도 이런 주장을 뒷받침한다. 외국인근로자를 유입에 대한 비판으로는 내국인의 직업을 빼앗아간 외국인근로자에 대한 비난, 한국인들이 낸 세금을 소비하는 다문화 정책에 대한 비판(강진구, 2012: 13) 또한 반다문화주의에 대한 경제적인 접근에 대한 근거로 제시될 수 있다.

2. 반다문화 담론과 언어 사용

반다문화 담론이 언어에 드러나는 방식에 대한 연구는 아직 본격적으로 이루어지고 있지 않다. 다만 인종 차별, 민족 차별과 관련된 용어를 조사하여 분류한 연구가 진행되었는데 그 연구로는 조태린(2006), 이정복(2009) 등이 있다. 조태린(2006)은 사회 전체에서 쓰이는 차별어를 조사하였는데 그 일부로서 인종, 국적과 관련된 차별 어휘를 제시하였다. 이 연구에서는 차별 어휘의 현황을 조사하는 데 그쳤고 언어 차별이 발생하는 원인을 밝히지 않았다. 이정복(2009)은 인종 차별적 관점에서 특정 민족, 특정 국민, 특정 인종, 혼혈인을 차별하는 언어를 소설, 신문기사, 인터넷 댓글에서 찾아 언어 형식으로 분류하였다. 다문화 담론이 뜨거운 현재의 관점에서 외국인들이나 이주민들에 대한 언어 표현을 연구한 것이라기보다 외국인, 외국인근로자, 혼혈인 등을 포괄한 표현을 국어학의 입장에서 연구한 것이다. 따라서 현재 다문화 사회에서의 언어에 드러난 차별 양상을 적절히 보여주지는 못했다.

이상의 연구를 통해 다문화 담론의 대상이 되는 다문화 가정의 구성원, 이주민, 외국인에 대한 차별적 언어 표현이 조사되고는 있다. 그러나 차별적인 언어를 사용하는 원인 분석과 다문화 인식이 표현되는 방식에 대한 심도 있는 접근이 부족함을 알 수 있다. 현재까지는 한국의 반다문화주의의 담론은 담론대로 이루어지고 있고, 이주민에 대한 차별적 어휘는 그것대로 수집되고 있는 상황이다. 그러나 차별어에는 그 근본에 다문화를 반대하는 논리가 있을 것이다. 어떤 근거에 의해 그와 같은 인종 차별, 민족 차별과 관련된 용어를 사용하는지 그 원인 분석이 이루어져야 그 이면의 차별의 논리를 찾을 수 있다. 본고는 반다문화 담론과 차별적 용어를 매개하는 그 연관 고리를 찾아보는 것을 목표로 한다.

3. '명명(命名)하기'라는 차별적 언어 표현과 그 생성 원리

본 장에서는 차별의 대상이 되는 사람들을 지칭하고 그 지칭어를 수식하는 양상에 따라 한국인이 가지는 이주민에 대한 인식과 태도, 그리고 이들을 척결하고자 하는 거대 담론의 생산 양상을 살핀다. 대상에 이름을 짓는 과정에서 차별을 만들어 내고 그 언어 표현은 다시 사고에 영향을 줄 것이다. 이런 명칭을 만들어 가는 과정 내에는 다문화 사회로의 전환을 부정적으로 생각하는 사람들의 가치, 인식 또한 분석할 수 있다.

Althusser(1991:180)[3]는 명명(命名) 행위를 무의식이라고 하는 이데올로기의 개입 문제로 본다. 명명 행위를 통해서 명명의 대상을 '모집'하고 이를 '변형'시킨다는 것이다. 그로 인해 개인은 이 이데올로기로 인해 명명된다는 사실이 명확해지고 기정사실화 된다. 이 과정에서 누군가의 이데올로기, 편견, 차별이 개입된다는 것 역시 위의 논리와 유사하다.

---

3) 명명(命名)은 "거기 당신!"과 같은 가장 흔한 일상적인 부름 속에서 상상할 수 있는 것이다. 누구든 남이 자기를 부르면 돌아다 볼 것이다. 이렇게 단순히 180도로 몸을 돌리는 것만으로 그 사람은 주체가 된다. 그는 그 부름이 '실제로' 자기를 향한 것을 인지했기 때문이고 부름을 당한 사람은 다름 아닌 바로 자기임을 깨달았기 때문이다(Althusser, 1991:180).

이데올로기의 기본 기능은 개인을 변형시키는 것이다. 또한 이데올로기는 '지칭'을 통해 사람들은 마치 자신들이 그것들을 결정하는 것으로 인식한다. 개인들은 사회 구조에 묶어두는 이데올로기를 통하여, 자신이 무엇인지를 드러냄 없이 재생산된다(Elliott, 1992: 353). 이는 차별적 명명 행위를 통해서도 설명할 수 있다. 우리가 외국인근로자나 결혼이주여성과 인간적인 교류를 하지 않았음에도 불구하고 이들에 대한 인식은 부정적이다. 우리가 그렇게 '부른다는 것'이 곧 '그렇다는 것'과 동일한 것으로 믿어 버리고 만다는 점에서 우리는 그렇게 부른다는 것만으로도 다수의 권력을 재생산하는 데 동참하고 있다. 일례로 다문화 배경 가정의 구성원이나 학생을 '다문화'라는 명칭으로 일반화 하여 호칭이나 지칭을 하는 경우, 부르는 주체도 의식하지 못한 채 다문화 배경 가정의 구성원이나 학생을 타자화하여 도식화 할 여지가 있다[4].

그런데 이 차별의 방식은 개인적인 차원에서만 존재하는 것이 아니라 '다수 대 다수'의 방식으로 기능한다. 언어 습득 그 자체가 그 사람을 그 언어 공동체에 편입시킨다는 것을 감안할 때, 개인의 언어생활 역시도 개인의 차원에서 문제 삼는 것이나 아니라 사회가 부여한 언어 관습이나 사고의 반영으로 해석해야 한다. 이러한 점에서 볼 때 개인의 언어생활에는 분명 사회적인 가치나 다수의 권력이 내재되어 있다. 더욱이 공동체 내집단이 공동체 외집단을 분리하고 이를 지칭·호명을 통한 차별이 존재할 때는 더욱 문제가 된다. 공동체 내에 존재하는 외집단의 차별과 배제 의식이 담긴 차별어를 사회적인 차원으로 접근해야 하는 이유이다.

이와 같은 차별적 언어 표현은 누가, 어떤 사회에서, 어느 공간에서 하는가에 따라 그 정도는 달라질 것이다. 인터넷이라는 공간에서는 익명성으로 인해 사회적 실재감이 낮아 자신의 이름과 얼굴을 보이지 않고도 자유롭게 발언할 수 있다. 또한 개인으로서가 아니라 집단의 일부가 되었을 때 중도적인 의견보다는 극단에 치우친 의견을 개진할 수 있는 '집단 극화' 현상이 일어날 수 있는 공간(나은영, 차유리, 2012)이기도 하다. 이 집단 극화는 상하 구분이 엄격한 상황에서 더 많이 드러난다는 연구결과에 비추어 본다면 한국의 인터넷 환경

---

4) 한국에서 '다문화'라는 용어는 현실에서 특히 부정적인 어감으로 쓰이고 있다. 경향신문 2015년 5월 5일자 〈학생들의 눈에 낀 '다문화' 편견 벗겨야… 다문화 교육의 한계와 대안〉 기사에 따르면 장진혜 교감은 "다문화 가정 학생들은 '너희 엄마 못사는 나라에서 왔잖아' 같은 무시하는 말이나 선생님들이 무심코 '다문화'라고 부르는 것이 싫다고 한다"며 "구분하는 것이 싫어서 '다문화'라는 말이 없어졌으면 좋겠다는 이야기도 들은 적이 있다. '다문화, 다문화교육'이라는 말이 다양한 문화와 관련한 본래 의미에서 벗어나 특이하게도 한국에서만 다문화가정 혹은 다문화가정 학생에 대한 교육적 지원 등 제한된 의미로 사용되고 있다"고 하면서 '다문화'라는 용어에 대한 부정적 어감과 부정적 사용에 대해서 말하고 있다.〈검색일 2015년 7월 5일〉

에서 차별적 언어 표현은 더욱 극단화 되었으리라 예상할 수 있다. 이런 언어 표현이 불만이라는 요소와 합해질 때 폭발한다(손세모돌, 2003). 이와 같은 인터넷 공간에서의 다문화에 대한 차별적인 언어 표현을 통해 다문화 사회에 대한 인식과 그 담론의 양상을 구체적으로 파악할 수 있다.

Ⅲ. 차별적 언어 사용 분석을 통한 반다문화 담론의 양상 고찰

1. 연구 방법

대표적인 반다문화 커뮤니티는 '다문화정책반대', '다문화바로보기 실천연대', '단일민족 코리아', '외국인 노동자 대책 시민연대', '파키스탄·방글라데시 외국인에 의한 피해자 모임', '외국인범죄추방시민연대', '평화통일당창당추진위원회' 등이다[5]. 그 중에서도 반다문화주의자들은 현재 '다문화정책반대'로 집결을 하고 있는 상황이다. '다문화정책반대'는 가입 회원이 1만 명이 넘고 하루 평균 방문 수 1000명 이상인 반다문화의 대표 커뮤니티[6]이다.

본 연구에서는 대표적 반다문화 커뮤니티인 '다문화정책반대'에서 2014년 11월1일부터 16일까지 게시판 200여개의 글과 댓글을 수집하여 지칭어를 분석하였다. '다문화정책반대' 커뮤니티에는 '대학의 다문화', '국민신문고 참여', '외국인 노동자의 정주화', '외국인 노동자 (국가경제)', '언론의 더러운 선동질', '외국인 범죄사례', '우리 서민들의 삶', '일자리·실업문

---

5) 각 커뮤니티별 홈페이지 주소는 다음과 같다.
    다문화정책반대   http://cafe.daum.net/dacultureNO
    다문화바로보기 실천연대   http://cafe.daum.net/antifworker
    단일민족 코리아   http://cafe.daum.net/hjj-korea
    외국인 노동자 대책 시민연대   http://www.njustice.org/
    파키스탄·방글라데시 외국인에 의한 피해자 모임   http://cafe.daum.net/leavingpakistan
    외국인범죄추방시민연대   http://cafe.daum.net/antifakemarriage
    평화통일당 창당추진위원회   http://cafe.daum.net/pncsfw

6) '다문화정책반대' 커뮤니티는 가입이 까다로운 폐쇄적인 인터넷 공간이다. 먼저 가입을 하기 위해 신상명세를 기입하고 커뮤니티지기가 승인을 한 뒤 가입할 수 있다. 가입만 해서는 게시판 글을 볼 수 없고 '등업 신청'을 해야 하는데 이때 커뮤니티지기가 제시한 질문에 답하여야 한다. 질문은 '다문화가 세계적 추세라고 생각합니까?', '다문화의 주력이 후진국 출신 외국인노동자입니다, 어떻게 생각합니까?', '값싼 후진국 노동자 가 대량으로 유입될 때 우리 서민의 삶에 어떤 영향이 미칠 것이라고 생각합니까?', '모임과 집회에 참여하실 수 있습니까?' 등으로 커뮤니티 가입부터 다문화 사회 및 정책에 반감이 전제되어 있어 이에 동의해야 커뮤니티지기가 승인을 한다. 즉 이 커뮤니티에서는 자신의 반다문화 정체성을 공표하여야 활동할 수 있게 된다.

제', '청소년 다문화 세뇌교육' 등과 같이 다양한 주제의 게시판이 존재하나, 이 커뮤니티의 전체 성격 및 전체적인 다문화에 대한 담론을 알기 위해 이 시기에 작성된 위의 게시판 내용을 포함하는 모든 최신 글을 살펴보았다.

자료의 분석으로는 자료를 반복해서 읽으면서 차별적 지칭어를 추출하는 방식을 거쳤다. 지칭어를 추출하는 과정에서 이 지칭어를 수식하는 구, 서술어까지 포함하여 '지칭어', '수식어(구)+지칭어'의 구조, '지칭어+서술어'의 구조의 차별적 지칭어를 추출하였다. 이를 추출(서술 코딩)한 다음 이를 상위 코드로 합병하는 절차(해석 코딩)를 거쳤다. 이후 연구 대상이 되는 게시판의 글을 다시 읽으면서 선정된 코드의 타당성을 확인하였다. 그 결과 코드의 해석을 통해 반다문화 담론을 요인별로 분석할 수 있었다. 최종적으로 해석 코드에 대해 그 원인을 경제적 요인, 민족적 요인, 종교적 요인, 법률적 요인으로 나누어 분석하였다[7].

2. 차별적 명명(命名) 분석을 통한 반다문화 담론 분석

반다문화 커뮤니티 공간에서 활동을 하는 사람들은 단순히 외국인근로자나 결혼이주여성만을 공격하지만은 않았고 다문화 정책 수립 및 다문화 사회로의 이행 과정에서 비난할 수 있는 여러 대상을 무차별적으로 공격하는 양상을 보였다. 반다문화 담론의 요인은 '다문화 사회', '반다문화 대상자', '다문화 주도 인물(단체)', '다문화로 인한 한국 사회의 변화 모습'으로 추출되었다.

2.1. '다문화 사회'에 대한 지칭 용어 분석 및 담론의 방식

모든 지칭어를 추출하여 해석한 결과, 반다문화주의자들이 본 '다문화 사회'는 '혼혈화', '특권층의 이익 강화', '빈곤층 증가', '무슬림화', '슬럼화', '성적 타락'과 연관을 맺고 있었다.

---

7) 강진구(2012:13)는 인터넷 공간에서의 반다문화 담론의 원인으로 네 가지를 언급하였다. ①자본(경제)의 문제, ②민족의 문제, ③종교의 문제, ④음모론이 그것이다. 이런 분류는 다양한 반다문화 커뮤니티에서 벌어지는 복잡한 반다문화 양상을 파악하는데 의미 있는 틀로써 작용할 수 있다. 그러나 음모론은 하나의 분류 기준이라기보다는 여러 요인 안에 존재하는 반다문화주의자들의 여러 근거 중 하나이기 때문에 동위의 선상에 둘 수 없다고 보았다.

<표 1> '다문화 사회'에 대한 지칭 용어

지칭어의 서술코드		해석코드	요인별
• 혼혈화 잡종화 • 잡종강세 • 다민족혼혈 • 다민족혼혈정책 • 다인종다문화	• 한국의 다문화공정 • 국적불명의 혼혈족의 나라 • 한민족 말살과 혼혈화 • 국민을 동남아 혼혈로 교체	혼혈화	민족적 요인
• 민주화세력의 귀족화 • 작금의 다문화 사기질 • 악랄한 전략		특권층의 이익 강화	경제적 요인
• 안전 불감증의 대명사 한국		빈곤층 증가	
• 한반도의 무슬림화		무슬림화	종교적 요인
• 외국인밀집지역은 한국인이 거주하거나 심지어 방문하기가 위험한 지역		슬럼화	법률적 요인
• 전국토의 창녀촌화 • 전여성의 매춘부화		성적 타락	

〈표 1〉에 제시된 다문화 사회를 표현하는 지칭어에는 민족적 요인이 강했다. '혼혈화'라는 용어가 빈번하게 쓰이고 있는데 다문화 사회가 되면 혼혈화를 통해 한국의 정체성이 상실된다는 논리로 이어진다. 또한 '동남아 혼혈로 교체'된다는 표현을 통해서 우리나라의 민족이 동남아권의 민족으로 바뀐다는 불안을 가지고 있다는 것을 알 수 있다.

또한 반다문화주의자들은 다문화 사회를 경제적으로 극단적인 사회로 인식하고 있다. 〈표 3〉의 '원인 인물(단체)' 지칭 용어에서 알 수 있듯이 특권층은 대기업이나 집권 세력, 공무원 집단, 인권 단체, 언론 기관 등이다. 이 집단이 다문화 사회를 이루고자 하는지에 대한 이유는 강진구(2012:15)의 '음모론8)'을 통해서 해석할 수 있다. 반다문화주의자들은 집권 세력인 국가가 왜 다문화 정책을 내세우는지에 대한 이유를 찾을 수가 없기 때문에 국가 차원의 음모가 있을 것이라고 규정을 하고 있는 것이다. 이들은 보수주의자와 진보주의자 모두 다문화 사회에서 얻는 이득이 있을 것이라고 예상하고 있고, 공무원 집단은 이를

---

8) 음모론은 크게 정치적인 부분과 종교적인 부분에서 제기되고 있다. 정치적인 음모론은 다문화주의를 민주세력의 영구 집권 음모 시나리오의 일환이나 북한의 남한 정복의 전략으로 바라보는 입장이다. 종교적인 음모론은 다문화주의를 주장하는 이들 중 목사가 많다는 것에 착안하여 기독교 인구의 감소로 위기에 빠진 기독교가 그 위기를 극복하는 방식의 하나로 다문화주의를 이용하고 있다는 견해이다(강진구, 2012:15).

따르면서 자리 보존만을 하고 있다고 비난을 한다[9]. 또한 정부가 다문화 정책을 시행하기 위해 언론 기관을 통제하고 있다고 믿고 있으며 인권 단체에서는 국가 보조금을 얻기 위해 다문화 활동을 펼치고 있다고 주장한다. 이와 같이 이들은 다문화 정책을 특정 집단의 이익을 강화하기 위한 수단으로 보고 있는 것이다. 이런 특정 계층의 이익을 강화하기 위한 결과, 다문화 이후의 사회는 '후진국' 출신 외국인 노동자들과 이들과 노동 경쟁을 할 수밖에 없는 '선량한 한국인의 빈곤화'가 이루어진 사회라고 예상하고 있다.

종교적으로는 외국인근로자들이 대부분 동남아시아 출신이라는 이유로 무슬림화 된 사회로 변할 것이라고 예상하였다. 단순히 외국인근로자들이 유입된 결과로 무슬림화 된다는 논리 보다는 무슬림 사회를 만들기 위해 한국으로 취업을 하여 들어왔다는 담론이 이들이 제시하는 주요한 종교적 담론이다. 전 세계를 무슬림화하기 위하여 일부러 한국에 잠입하여 한국인 여성에 접근·혼인하여 한국을 이슬람 사회로 만든다는 시나리오가 있다는 것이다. 특히 이슬람 사회는 일부다처제가 허용되는 사회이기 때문에 별 양심의 가책 없이 본국에 가정이 있음에도 한국의 미혼 여성에게 접근하여 '이슬람의 씨'를 뿌리는 것은 우리의 민족을 혼혈로 만드는 것이며, 종교적으로는 무슬림화 사회를 이룩하려는 의도로 본다[10].

법률적 이유로는 다문화 사회에서 외국인들의 집단 거주지는 슬럼화 되어 위험 지역이 되고, 그 주변 지역에는 성매매 업소가 생겨나 한국 전 지역에서 성적인 타락이 발생한다는 논리로 접근한다. 범죄 및 성적인 매도에 대한 자세한 분석은 다른 지칭 용어 분석에서도 드러나므로 후술하기로 한다.

2.2. '반다문화 대상자'의 지칭 용어 분석 및 담론의 방식

반다문화 대상에 대한 지칭어를 추출한 후 이를 해석하는 작업을 거쳤다. 이후 해석 코드에 대한 요인을 민족적, 경제적, 종교적, 법률적 요인으로 분류하였다.

---

9) http://cafe.daum.net/dacultureNO/2xJ0/35096

10) http://cafe.daum.net/dacultureNO/6qxV/727

<표 2> '반다문화 대상자'에 대한 지칭 용어

지칭어의 서술 코드		해석 코드	요인별
• 이 좆같은 조선x • 좆선족	중국 동포	이주자 및 외국인에 대한 비하 표현	민족적 요인
• 존나 미개한 필리핀 • 아프리카 토인 • 빵글라 껌디 색히들 • 소대가리넘 • 네팔넘 • 스리랑카놈 • 스리랑카 잡놈 • 파키스탄과 방글라데시 등 인도계	• 외노자 • 빵글라 놈 • 파키스탄놈 • 파키스탄같은 부류 • 스리랑카범인 • 남아시아 쓰레기 • 쓰리랑인지 아리랑인지 • 파키놈 • 파키방범대원	동남 아시아인	
• 나이질인 • 아프리카흑인 서남아인 • 중동인 • 북아프리카인 • 콩고인	• 케냐인 • 흑인선수 • 비겁한 깜둥이 • 저 깜둥이	흑인	
• 미제앞잡이		미국인	
• 쪽바리하수인		일본인	
• 대포차같은 불체자섹히들 • 외국섹히들 • 다문화애들		기타	
• 개떼 • 난민	• 떠돌이 거지새끼 네팔넘 • 각국의 떨거지	사회경제적 비하	경제적 요인
• 농촌 경제권을 모조리 장악할 놈		경제 장악 우려	
• 신성한 한복에 히잡 • 거짓말 전략(따게아)을 사용해 아내의 개종을 강요 • 고급 인력들을 양산 한국을 이슬람 국가로 만들고자 하는 것이 이들의 최종목표 • 이슬람의 일부다처제에 따라 한국의 여성들과 중복 결혼한 후 잠적 • 교회 출석으로 여성 성도들에게 접근해 결혼 후 이슬람으로 개종		이슬람교에 대한 경멸	종교적 요인
• 살인·강간자 • 외국인범죄자 • 전과기록(전과자) • 불법체류, 폭력, 무면허, 음주운전 • 공무집행방해자	• 성폭행범 • 불체자들의 범죄 • "인육용"으로 곽모양의 시신을 훼손한 우웬춘 • 중국의 스파이 • 화교간첩	범죄자 취급	법률적 요인

지칭어의 서술 코드		해석 코드	요인별
• 업자소개여자 • 미혼모, 직업여성, 윤락녀 • 매매혼 계획이혼 · 도망 • 돈을 벌수 있는 것이 제1목적이자 　꿈인 여자	• 매춘하는 젊은 여자 • 필리핀 창녀분 • 현지 매춘부 • 난잡한 성관계자 • 에이즈	매매혼 및 매춘 관련자 취급	

　반다문화 인터넷 커뮤니티에서는 주로 중국 동포, 동남아시아인, 흑인 등을 주된 비난의 대상자로 삼았다. 다양한 욕설의 변주를 통해서 근로자로 온 중국 동포, 동남아시아인, 흑인들을 비하하고 있는데 다분히 사회 경제적인 약소국 출신에 대한 반감과 편견이 담겨 있는 표현이 많았다. 이는 같은 외국인들도 그들의 출신 국가가 어디인지, 인종이 무엇인지에 따라 그 호불호가 달라지는 한국인의 외국인 인식이 그대로 반영된 결과이다[11]. 한국인들은 선진국 출신 외국인에 대해서는 선망의 태도를 보이고, 그렇지 못한 외국인에 대해서는 사회적으로 무시하는 이중적 태도를 보이고 이는 더 나아가 물질적 풍요의 과시, 상대방에 대한 하대와 반말까지 이어지는 모습을 보였다(유승무, 이태정, 2006: 276).

　경제적으로는 이들이 약소국에서 왔다는 전제하에 '개떼', '난민', '떨거지'라는 표현을 사용하면서 이들을 본국에서도 '별 쓸모없었던 인간'으로 취급한다. 또한 이들이 한국에 입국하여 한국의 경제권을 장악할 것이라고 예상하고 있다. 종교적으로는 이슬람권 국가에서 입국한 동남아시아, 혹은 서남아시아인이 한국인과 결혼하여 가정을 이룸으로써 한국을 이슬람 국가로 만들려는 흑심을 가지고 있다고 인식하고 있다. 또한 법률적 요인으로서는 '외국인=범죄자'라는 생각으로 모든 범죄를 이들과 연관시켜 지칭하고 있다. 또한 한국인 남성과의 결혼으로 이주한 여성을 성적인 대상으로 삼아 이들을 모두 '성적으로 타락한 여성'으로 치환하고 있다[12]. 대부분 외국인근로자에 대한 차별적 명명이 일반적인 범죄와 관련시키고

---

11) '다문화정책 반대'의 댓글 중 아이디 'KommyKluxKorea'는 "솔직히 대한민국은 다른 선진국에 비해서 외국인에 대해서 너무나 수용적입니다. 백인혼혈이 많아진다면 상관없지만 동남아혼혈이나 화교들이 많아지는 건 분명 문제가 있습니다. 인종간의 차이는 직시해야 합니다."와 같이 직접적으로 백인과 동남아인 사이의 인종적 호불호가 있음을 드러내어 표현하였다. http://cafe.daum.net/dacultureNO/2xJ0/22177

12) '다문화정책 반대'의 게시글 중 아이디 '다민족은 중국화다'는 "이곳엔 순진한 시골처녀 없습니다. 길거리에 매일같이 한국 놈, 일본 놈, 양놈 할 것 없이 필녀들 끼고 다니고 주기적으로 바꾸더군요. 얘네는 공장이나 생산시설이 없고 관광으로 먹고살기에 매춘이 하나의 직종으로 전혀 거리낌 없이 오픈합니다. 이년에게 매월 송금하는 어느 예비신랑님, 제발 정신 차리시고 몰래 이곳에 오셔서 뒷조사 좀 해보시길!"이라는 글을 통해서 한국에 입국한 결혼이주여성을 모두 성적 타락 여성으로 치환하고 있다.
http://cafe.daum.net/dacultureNO/33Uw/1290

있다면 결혼이주여성에 대한 차별적 명명은 대다수 성적인 비하로 이어지고 있다는 것을 알 수 있다. 약소국 출신이라는 점과 함께 성적으로 약자인 여성이라는 점 때문에 더욱 노골적으로 차별적인 명명을 하고 있는 것이다.

2.3. '원인 인물(단체)' 지칭 용어 및 담론의 방식

반다문화주의자들에게 있어 다문화 사회는 민족적으로나, 경제적으로나, 법률과 관련해서나 모두 이전의 사회보다 부정적인 결과를 낳는다고 생각하고 있다. 이런 부정적인 결과에도 다문화 정책이 지속되고 있는 것은 다문화 정책이 특정 단체의 이익과 결부되어 있기 때문이라고 예상한다. 원인 인물(단체)에 대한 지칭어를 추출하였으며 이를 해석하여 코딩하였고 다시 이 요소를 요인별로 나누었다.

<표 3> '원인 인물(단체)'에 대한 지칭 용어

지칭어의 서술 코드	해석코드	요인별
• 가라 영수증을 바탕으로 또 페이백 하면서 이중장부 • 다문화단체들도 뒷돈생기고 지자체 단체 • 난민센터 • 여성부 밥버러지들만 끌어 모아놓고 국민혈세 축내는 것들 • 개버러지같은 여성가족부	공무원 집단	경제적 요인
• 친일매국노 부자	대기업 및 집권 세력	
• 인권팔이들의 위선적 행태 • 외노자 인권을 앞세워서 다문화 한답시고 정부와 대기업을 협박해서 돈을 갈취하고는 그 돈으로 자기들끼리 호의호식하는 자 • 외노자의 인권을 빙자한 자신들의 "궁물수호" • 개같은 외국인 인권 다문화 옹호는 니들 배 채우기 위한 수단 • 외국인 뒤치다꺼리하는 목사 • 조선x들은 법률적으로 물질적으로 도와주는 인권단체 • 쓰레기들이 인권타령 • 정신병자거나 위선자 • 인권팔이들은 나라를 망치는 매국노들 • 인권쟁이 • 인권쟁이들과 다문화 옹호론자들은 반역자 • 개신교인권업체들의 구명운동	특권층의 이익 강화	
	인권 단체	
• 정부의 언론통제	언론 기관	

지칭어의 서술 코드	해석코드	요인별
• 인권팔이들은 나라를 망치는 매국노들 • 인권쟁이들과 다문화 옹호론자들은 반역자	민족의 반역자 취급	민족적 요인
• 그냥 쳐맞고 당하는 거에 익숙한 변태민족 • 다인종다문화 좋다고 노래하는 저 돌대가리 • 무씩한 다문화족	무지한 국민	기타
• 국민적 합의 없이 일방적으로 몰아붙이는 정부정책 • 국민을 말 잘 듣는 원숭이로 만들기 위한 음모 • 국민을 어리석은 원숭이로 만드는 일	국민과 합의 없는 정권	

한국에서 '다문화 사회'를 이끌어 가는 원인이 되는 인물(단체)를 통해서 다음을 알 수 있다. 바로 정치적으로는 보수나 진보나 할 것 없이 그들의 이익과 결부되었기에 다문화 정책을 편다는 것이다[13]. 또한 이에 봉사하는 공무원 집단이나 언론기관도 이를 묵인하고 정부의 정책을 따르고 있다는 것을 비난한다. 대기업은 싼 임금으로 노동력을 얻을 수 있는 등 이윤과 관련되니 외국인근로자의 유입을 막을 이유가 없다는 입장이라고 본다. 그리고 인권단체는 국가 보조금을 받아내기 위해 다문화 관련 활동을 펴고 있고, 이는 자신들의 이익을 얻기 위한 방편이라는 것이다[14]. 자신들의 이익을 위한 결과, 이들은 '나라를 판 매국노' 및 '민족적 말살'을 이끈 주범으로 해석하고 있다. 이런 특정 집단의 이익 추구를 하는 와중에 이를 인지하지 못하는 다수의 일반 국민을 '당하는 것에 익숙한 민족', '돌대가리' 라고 명명하여 다문화 정책을 반대하는 여론이 없는 사회를 '무지한 사회'로 보고 있다. 우리 국민들은 무지에서 깨어나 이익 집단의 음모를 파악하여 이를 무력화해야 한다는 주장 을 이끌기 위해 현재의 국민들을 '무지하다'고 보고 있다.

또한 주목해야 할 부분은 다문화 정책에 대하여 국민과 합의가 되지 않은 정권에 대한 비난이다. 다문화 정책이 실시된 후 현재까지 국민에게 다문화 정책에 대한 의사를 묻지도 않은 것에 대한 불만이 직접적으로 드러난 부분이다[15]. 반다문화주의자들은 한국 정부가

---

13) http://cafe.daum.net/dacultureNO/2xJ0/35200

14) http://cafe.daum.net/dacultureNO/65qc/619

15) '다문화정책 반대'의 게시글 중 아이디 '아름'은 "세상에 어느 나라가 어거지로 다인종 다민족을 만듭니까? 나라의 근본(국민)이 뒤집어지는 다인종, 다민족, 다문화를 찬반론자간의 토론 한번 없이 일방적으로 강요 하는 게 민주국가에서 가능한 일입니까? 방송에서 다문화토론 한다면서 패널들 모두를 찬성자만 모아놓고 대국민 기만 사기 선동질하는 언론이 국민적 합의 없이 일방적으로 몰아붙이는 정부정책...우리 국민들은 바보들입니다."라는 글을 통해서 국민과의 합의 없이 다문화 정책을 벌이고 있는 정부를 비판하며 우리 사회가 다문화 사회가 되는 과정에서 국민들은 비판 정신을 잃었다는 점을 강조하면서 회원들에게 경각심

다문화 정책을 펴고 있는 이유를 다양한 경로에서 찾고 있다. '보수와 진보 양 정당에서의 이익 존재', 또한 '기업의 노동력 제공을 위한 정부의 정책 필요', '보조금을 받기 위한 인권 단체의 필요'와 같이 반다문화주의자들은 정부의 정책에서 최종적인 원인을 찾고자 한다. 한건수(2010:129)는 한국의 정부 정책에 다문화주의적 가치가 반영되기 시작했고 언론과 시민사회에서 다문화주의에 대한 홍보와 계몽이 넘쳐났지만, 정작 한국 사회가 지향하는 다문화 사회의 성격이나 다문화주의의 수용 정도에 대한 구체적 논의와 합의가 부재하다고 지적하였다. 이와 같이 한국의 다문화화에 대한 성격 규정 없이 국민의 수용 정도를 논의하지 않고 일방적인 다문화 정책을 폈기 때문에 반다문화주의자들은 정부의 정책 자체를 신뢰하지 못하고 있다. 이런 점 때문에 이들은 앞으로도 정부의 정책에 대한 비판과 함께 음모론을 양산할 수 있다.

2.4. '다문화로 인한 한국 사회의 변화 모습'에 대한 지칭 용어 및 담론의 방식

'다문화라는 사회적인 변화로 인한 한국의 변화'의 양상을 크게 민족적 요인과 경제적 요인으로 나누어서 살펴볼 수 있다. 반다문화 담론의 요인으로 민족적 요인, 경제적 요인, 종교적 요인, 법률적 요인으로 나누었다. 그 중 종교적인 요인은 민족적인 요인에 흡수될 수 있다. 또한 법률적 요인은 민족적 요인과 경제적 요인과 구분되는 것이 아니라 이를 보충해 주기 위한 요인이다. 따라서 크게 '다문화로 인한 사회 변화 모습'에 대한 담론의 방식은 민족적 요인과 경제적 요인으로 나눌 수 있다.

종교적인 요인으로는 주로 이슬람에 대한 담론이 주를 차지했다. 이슬람은 주로 무슬림과 가족을 구성함으로써 포교되고 있고 이는 종교적인 요인인 동시에 결혼과 출산이라는 민족 간 결합을 전제하고 있다. 따라서 종교적인 요인은 민족적인 요인에 포함된다.

또한 법률적 요인은 경제적인 요인과 민족적인 요인을 표명하지 않으면서 외국인 범죄라는 현상을 근거로 하여 다문화주의를 반대하는 합당한 이유로 제시한다. 따라서 법률적 요인은 경제적인 요인과 민족적인 요인을 포괄한다. 범죄에 대해서는 이를 단독적인 요인으로 보기보다는 외국인들의 범죄가 다수 일어나는 것을 근거로 하여 그 기저에 민족적으로나 경제적으로나 다문화주의를 반대하기 위한 현상적인 명분으로 보는 것이 타당하다. 따라서 크게 다문화로 인한 한국 사회에 대한 모습은 민족적 요인과 경제적 요인으로 볼 수 있으며, 법률적 요인은 이 두 요인을 포함하는 요인으로 해석할 수 있다(〈표 4〉).

을 불러일으키고 있다. http://cafe.daum.net/dacultureNO/65qc/619

<표 4> '다문화로 인한 한국 사회 모습'에 대한 지칭 용어

	다문화 사회 이전의 한국의 모습		다문화 사회 이후의 한국의 모습	
민족적 요인	단일 민족의 정체성 유지	→	단일 민족의 정체성 상실	법률적 요인
	• 참나 어리석은 한민족 • 전통적으로 핏줄의식이 강한 우리 민족 • 단일민족이라는 기반 위 • 국민모두가 애국심을 가지고 열심히 일하였음 • 애국심의 바탕이 되는 단일민족 정체성		• 한국의 동남아 편입 • 우리민족은 멸족 • 후손들에게 나라를 빼앗기고 강제로 추방되어 나라 없는 민족 • 나라가 이리 찢기고, 저리 찢겨서 애국심은 흔적도 없이 사라지고 말 것 • 주권도 없는 남한 • 한국은 극동지역 이슬람화의 전초기지	
경제적 요인	선진국	→	후진국 전락	
	• 다인종 다문화도 싫어하고 술 담배도 없고 법 없어도 살만한 사람들		• 서민한국인 • 아수라장 쓰레기 후진국가 • 농촌초토화 • 나라가 망함 • 각국의 떨거지의 집합 • 독거노인이나 소년소녀가장이 힘들게 사는 나라 • 후진국으로 전락하는 건 시간문제 • 독거노인은 하루 먹을 것이 없어 지옥 같은 생활 • 이민자 부랑자가 넘쳐나고 슬럼화	

　　민족적 요인을 중심으로 살펴보면 다문화 사회 이전의 한국의 모습은 '단일 민족의 정체성 유지'의 상태이다. 〈표 4〉의 '한민족', '핏줄의식', '단일 민족', '애국심'이라는 명칭을 통해서도 '한국은 하나의 민족이고 열심히 일하여 한국을 만들었다'라는 자부심이 드러난다. 그러나 다문화 사회 이후의 한국은 '멸족,' '나라를 빼앗김', '주권이 없음', '동남아 편입', '이슬람화의 전초기지'라는 용어와 같이 '한민족이 열심히 일하여 일군 나라를 다른 나라에 빼앗겨 주권이 없는 나라, 곧 이슬람 국가'가 될 것이라는 가정을 하고 있다. 바로 '다문화로 인한 사회=단일 민족의 정체성의 상실'로 보고 있는 것이다.

　　경제적으로는 우리나라 사람인 '법 없이도 살 만한 사람들'이 다문화를 거치면 '후진국가로 전락하여 농촌이 초토화되고 한국인들을 대다수는 서민으로 전락하여 독거노인이나 소년소녀가장이 더욱 더 힘들게 사는 지옥 같은 사회가 될 것'이라고 보았다. 또한 다른 한

쪽에서는 '쓰레기' 같은 '각국의 떨거지'들이 모여 살면서 '부랑자'가 넘쳐나는 상황이 될 것이라고 예상한다. 이상과 같이 다문화로 인한 한국 사회는 단일 민족의 정체성을 상실한 국가이면서 후진국으로 전락한 국가라는 부정적인 예상을 하고 있음을 알 수 있다.

2.5. 요인 분석을 통한 반다문화 담론 과정

반다문화 담론이 형성되는 과정을 크게 경제적 요인과 민족적 요인으로 나눌 수 있다. 이는 전술한 바와 같이 종교적 요인은 민족적 요인에 포함될 수 있어 크게 경제적 요인과 민족적 요인으로 나눌 수 있다. 법률적 요인은 현상적으로 일어나는 사건을 확대하여 주장함으로써 가치중립적인 근거로 다문화주의를 반대하는 것으로 그 내부에는 경제적 요인과 민족적 요인의 불만이 내재해 있다. 또한 경제적인 이유와 민족적인 이유로 다문화주의를 반대하는 가운데, 정부의 정책 불신도 불만의 증폭 기제의 역할을 한다(〈표 5〉).

<표 5> 반다문화 담론의 요인 분석

(5) 증폭 기제 :	(1) 경제적 요인	← (4) 법률적 요인
정부의 정책 불신 →	(2) 민족적 요인 ( )(3) 종교적 요인)	(현상적)

다문화에 대한 반대 담론을 생산하고 지속적으로 정부의 다문화 정책에서 원인을 찾아내려는 반다문화주의자들은 북한의 남한 정복 전략이나 기독교의 포교로까지 그 원인 영역을 확대하고 있다. 이와 같이 국가 주도로 다문화 정책을 펴고 있는 이유를 공정성이나 공공선의 문제에서 찾기보다 집단의 이익 추구에서 찾고 있다. 그만큼 이들이 정부의 정책에 대한 신뢰가 없기 때문이다. 이 이유를 엄한진(2011)에서는 한국 사회에 적합한 다문화주의는 어떤 것인가에 대한 학문적 논의와 사회적 합의도 거치기 전에 다문화주의가 자명한 진리가 되었고, 여기에 반론을 제기하는 것은 비윤리적인 것으로 인식되었기 때문으로 본다. 한국의 다문화 담론은 그것이 사회 내에서 얼마만큼 포용될 수 있는 것인가에 대한 문화적 다양성의 범위 설정, 다문화 포용의 정도 선택 및 그와 연계된 민주주의 형태의 결정, 시민적 권리 등을 보호할 수 있는 각종 법적, 제도적 뒷받침 등에 대한 심도 깊은 논의를 진행하지 못한 채 진행되었던 것이라고 본다. 또한 허경미(2014: 253)에 의하면 상대적 박탈감 해소를 위한 대상별 지원 정책 개선, 결혼이주여성 등에 대한 지원 정책은 자칫 한국인들로 하여금 역차

별적인 의식을 갖게 하고, 특히 이들을 둘러싼 각종 단체의 경쟁적인 지원 프로그램 운영으로 인한 유치 경쟁과 각종 보조금 등은 경기침체 등으로 고용불안 및 실업, 가계부채 등의 어려움을 겪고 있는 국민들에게 상대적인 피해의식을 안겨준다고 하였다. 이러한 상황에서 '다문화정책반대'의 커뮤니티지기인 '아름'은 '토론 한번 없이 다문화를 일방적으로 강요한다.'고 주장하고 있다. 이와 같이 한국의 다문화 정책이 일방향적으로 진행되고 국민과 소통하지 않는다면 반다문화주의자들은 이것을 자양분으로 삼아 끊임없는 음모론을 생산할 것이다. 이는 일반 한국인에게 여러 경로와 사회적 운동을 통하여 전달할 것이고 한국인들의 부정적인 다문화 인식은 고스란히 한국에 거주하는 외국인 및 다문화 가정에 영향을 미칠 것이다.

Ⅳ. 인터넷 공간에서 반다문화 담론의 공론화 양상

반다문화 담론의 공론화는 다문화에 대한 부정적인 인식을 가진 누구나 접근할 수 있는 인터넷의 커뮤니티를 중심으로 이루어진다. 이렇게 형성된 담론은 한정된 공간인 커뮤니티 내부에서만 소비되지 않고 커뮤니티 밖으로 유포시켜 공론화하려는 움직임이 포착된다. 커뮤니티 공간은 이들의 반다문화 담론이 단순히 배설되는 공간이 아니라, 담론을 생산하여 적극적으로 커뮤니티 밖에서 자신들의 주장을 관철시키기 위한 적극적인 공간이 되는 것이다. 다음은 이들의 담론이 생산·유포·공론화 되는 과정 및 그 특성이다.

1. 인터넷 기사를 근거로 들기

반다문화주의자들은 다문화에 대한 부정적인 인식을 심어주기 위해 다문화 관련 인터넷 기사를 게시판에 인용 게시하여 자신의 주장에 대한 근거로 삼는다. '다민족 다문화 어울림 마당'이란 행사에 관한 사실 전달의 기사를 글쓴이인 '아름'은 자신의 잣대로 "다민족 다문화 어울림 한마당이랍니다. 강원도…이것들 정말 막장이네요"와 같이 객관적 사실에 관한 기사를 인용하여 자신의 주장에 대한 근거로 삼고 있다[16]. 또한 이 게시글의 댓글 중 아이디 '음냐냐'는 "저 어울림 마당인지 하는 행사를 하면, 뒷돈이 상당히 많이 생깁니다. 지자체에서 저렇게 행사를 하는 이유는 그 뒷돈-지자체 단체장의 비자금 마련을 위한 것이죠. 그 가라

---

16) http://cafe.daum.net/dacultureNO/65qc/619

영수증을 바탕으로 또 페이백하면서 이중장부를 만들죠."라면서 다문화 행사를 하는 이유를 지자체의 뒷돈이나 비자금을 마련하기 위한 것이라고 기사의 내용과는 무관하게 자신들이 주장을 유지·강화하고 있다[17]. 이런 점은 매우 빈번하게 나타나는 일이다. 조사한 200여개의 게시글 중 상당수가 기사의 전문이나 기사의 사이트 주소를 따와 그것과 관련된 자신의 주장을 하고 있는 형태로 논의를 이끌어 가고 있다. 그리고 커뮤니티 회원들은 작성자의 게시글에 댓글의 형태로 이와 관련된 주장을 옹호하면서 다문화에 대한 반감을 확인하고 있다. 객관적인 기사를 근거로 자신의 주장을 강화하면서 자신의 주장이 이미 기사화되었다는 것을 다시 보여줌으로써 자신의 주장에 대한 신뢰성을 얻고자 하는 모습이 나타났다. 일례로 공지 사항 란에 지속적으로 유럽의 다문화주의가 실패했다는 기사와 유럽의 외국인 폭동 기사를 띄움으로써 한국의 다문화주의도 이와 같이 실패할 것을 예언한다. 이로써 자신이 하는 이 주장은 신뢰할 만하고 타당하다는 식으로 자신들의 담론을 강화한다.

2. 인터넷 기사 및 타 커뮤니티에 댓글 지원하기

커뮤니티 내부에서는 신문 기사를 옮겨와 자신의 의견을 덧붙이고 댓글을 통하여 의견을 일치하고 동질화하는 움직임을 보였다. 여기에서 그치지 않고 커뮤니티 외부로 이동하는 모습이 나타났다. 커뮤니티 외부의 신문 기사나 뉴스에 일명 '댓글 지원하기'를 통하여 부정적인 여론을 형성하려고 하는 것이다. 게시판을 통하여 신문기사나 뉴스, 그리고 타 커뮤니티의 게시글에 '지원 사격'을 요청하고 있는 등 집단적인 다문화 반대 운동을 펼치고 있다[18]. 일례로 댓글 지원 요청을 한 기사문의 댓글 중 아이디 '대한민국'은 자신이 남긴 129개의 댓글 중 모든 댓글이 주로 외국인 근로자나 중국동포, 결혼이주여성, 기사 해외 연예와 관련된 기사에 악의적인 댓글이었고, 댓글 모두 제노포비아적인 성격과 관련되어 있다[19]. 이 커뮤니티를 중심으로 한 이런 집단행동을 통해 상당히 많은 수의 회원들이 커뮤니티 밖

---

17) http://cafe.daum.net/dacultureNO/65qc/619
18) 아이디 '다민족은 중국화다'가 "한국男·베트남女 결혼할 때 기본 나이차이 10살
http://media.daum.net/society/others/newsview?newsid=20141119120107949
http://news.naver.com/main/read.nhn?mode=LSD&mid=sec&sid1=102&oid=008&aid=0003371109" 라고 게시글에 기사 주소를 올렸더니 댓글로 '아름'은 "많이 참여해 주세요"라고 지원 요청을 하였으며 이에 대한 댓글로 다시 '반다누놔'는 "지원했습니다"로 호응하고 있다. http://cafe.daum.net/dacultureNO/2xJ0/35226
19) http://media.daum.net/netizen/mycomment?rMode=otherMy&allComment=T&userId=1otmV_zMd210&daumName=%EB%8C%80%ED%95%9C%EB%AF%BC%EA%B5%AD

인터넷 공간에서 다문화 반대 여론을 형성하고 있는 것을 알 수 있다.

또한 다문화와 관련 없는 공간에서 맥락과 상관없이 다문화에 대한 반대 게시글이 올라오고 있다. 대표적인 주부 정보 커뮤니티인 네이버의 '레몬테라스'에 국회의원 이자스민에 대한 비난 글과 각종 다문화 정책에 대한 비난 글을 올렸으니 댓글 지원을 요청한다는 게시글[20]이 올라오는 등 다문화와 관련 없는 공간에서까지 반다문화 여론이 불고 있다. 커뮤니티를 중심으로 모인 반다문화주의자들은 커뮤니티에만 머물러 토로 및 배설의 작용만을 하는 것이 아니라 세상으로 나가 적극적으로 자신들의 목소리를 내고 있다. 문제는 이것으로 여론을 형성하여 일반 한국인들의 사고에까지도 부정적인 영향을 준다는 것이다. 이것이 반다문화커뮤니티의 목표이자 사회적인 차원에서의 이들의 파급력이다.

3. 오프라인에서의 집단행동 촉구

반다문화주의자들은 여러 가지 공식적인 경로로 집단적인 행동을 촉구하고 있다. 먼저 커뮤니티지기 '아름'은 커뮤니티의 공지사항으로 '아무리 인터넷상에서 떠들어도 다문화 정책을 막을 수가 없다'면서 좀 더 조직적인 운동을 할 것을 촉구하고 있다. 이 방법으로 지방별 소모임을 결성하여 주변의 이웃에게 다문화에 대한 심각성을 알리는 운동을 벌이고 있다[21]. 또한 이 커뮤니티가 주축이 되어 네이버나 다음, 네이트와 같은 포털 사이트의 아고라나 대학교의 토론방에 다문화 반대 관련 서명[22] 운동을 벌이기도 한다. 일례로 정부의 홈페이지에 민원을 다수 제기하여 공무원들의 업무를 방해하거나 직접 국회의원의 집무실로 전화를 걸어 다문화 정책에 대한 항의를 표하고 있기도 하다. 또한 반다문화주의자들은 개인 블로그를 운영하면서 자신의 이름과 사진을 내걸고 다문화주의에 반대하는 사람이라는 것을 공표

---

20) http://cafe.daum.net/dacultureNO/2xJ0/33799

21) 아이디 '아름'은 "회원 여러분 우리가 아무리 인터넷상에서 떠들어도 불체자 문제나 다문화정책을 막을 수가 없습니다. (중략) 그래서 좀 더 조직적인 활동을 하고자 일단은 [아고라특공대]을 모집하고 있습니다. 아직 우리커뮤니티 회원 수가 많지 않기는 하지만 뜻있는 회원님들이 자신이 살고 있는 지역(시, 도단위)에서 먼저 동네이웃, 친구, 직장동료... 이렇게 3~4명 정도 모임을 만들고 커뮤니티지기에게 쪽지로 연락주세요. 그럼 저희커뮤니티 공식모임으로 등록하고 같은 지역 내에 거주하는 우리회원님들께 연락해서 함께 동참할 수 있는 길을 열겠습니다."와 같이 인터넷 상에서 오프라인으로 반다문화운동을 조직적으로 벌일 것을 촉구한다. http://cafe.daum.net/dacultureNO/2xJ0/35365

22) http://bbs3.agora.media.daum.net/gaia/do/petition/read?bbsId=P001&articleId=62475
http://bbs3.agora.media.daum.net/gaia/do/petition/read?bbsId=P001&articleId=160326
http://pann.nate.com/talk/c20012/channel/5067?page=1 등 다수

하고 청와대 앞에서 다문화 반대에 대한 1인 시위를 했다고 자랑스러워하기도 한다. 또한 일반 국민들이 역차별을 받고 있다는 인식을 조장해 반다문화 의식을 고취시키는 운동을 벌이고 있다. 아이디 '음냐냐'는 "다른 여러 단체의 구성들에게 다문화의 폐해가 아닌 한국인도 받을 수 있는 제도라고 홍보하는 이유는, 실제 저 제도가 필요한 사람들이 계속 찾아가서 저 제도의 혜택을 받게 입소문이 날 것이라고 확신하기 때문입니다. 그리고 계속 찾아가서 따지다보면 그 자체가 압박이 될 겁니다."라는 게시글[23]을 통해 한국인이 오히려 역차별을 당하고 있음을 주변에 알려 일반 국민 스스로가 다문화 반대 운동에 동참하기를 촉구한다.

현재는 이들의 반다문화 담론이 논리적으로 세련되지 못하고 지나친 일반화를 하고 있어 엉성해 보일지라도 지속적인 담론이 형성된다면 이론적으로 무장할 여지가 있다. 또한 지속적인 인터넷 공간에서의 다문화 반대 운동으로 일반 국민들의 다문화 인식이 빠른 속도로 부정적으로 변하고 있다. 이를 통해 신자유화 시대 경쟁으로 지치고 세상살이가 팍팍해질수록 모든 것을 외국인 탓으로 몰아가는 국민들이 늘어날 것으로 예측할 수 있다. 이렇게 된다면 한국 사회에서 이주민은 삶의 터전을 위협받게 될 것이고, 일반 국민 역시 이주민과 살아가는 과정에서 사회적인 불안을 겪게 될 것이다.

V. 결론

반다문화담론이 인터넷 커뮤니티에서 어떻게 펼쳐지고 있는지에 대해 차별적 명명(命名)을 통해 표현된 지칭어를 살펴봄으로써 그 담론의 양상을 분석했다. 인터넷 내에서는 익명성과 함께 집단 극화 현상, 불만의 요소와 합쳐져서 폭발적으로 차별적 표현이 생산되고 있다. 대표적 반다문화 인터넷 커뮤니티인 '다문화 정책 반대'에서 차별적 표현을 추출하여, 지칭하는 대상을 '다문화 사회', '반다문화 대상자', '원인 인물(단체)', '다문화로 인한 한국 사회'로 크게 나누었고, 다문화를 반대하는 요인으로는 종교적 요인과 결부된 민족적 요인, 경제적 요인이고 민족적 요인과 경제적 요인의 현상적인 근거로서 법률적 요인으로 분석하였다. 이로써 한국 사회의 반다문화 담론의 특수한 논리를 파악할 수 있었다.

그리고 인터넷 공간이라는 특수성에 주목하여 반다문화 담론이 인터넷 공간에서 생산 · 확장 · 강화 · 재생산 · 유포되는 방식을 살펴보았다. 반다문화주의자들은 커뮤니티를 넘나

---

23) http://cafe.daum.net/dacultureNO/2xJ0/35106

들며 자신의 주장을 강화하기 위해 기사를 인용하여 커뮤니티 내에서 공론화를 거쳐 커뮤니티 밖인 기사의 댓글, 타 커뮤니티의 게시글이나 댓글로 유포하는 모습을 보였다. 또한 인터넷이란 공간에서 더 나아가 실제의 생활공간에서도 지역을 중심으로 한 소모임 활동, 정부에 청원, 서명운동, 1인 시위 등의 활동을 보였다. 이들의 이런 활동을 통해 일반 국민들의 다문화 의식은 점점 저해될 것이고 사회 통합은 어려워질 수 있다.

이상을 종합하여, 본 연구의 시사점은 다음과 같다.

첫째, 인터넷 공간 내에서 반다문화 주도 세력이 이끄는 인터넷 기사의 악의적 댓글, 아고라에서의 반다문화 대국민 서명 운동 등의 양적 조사가 필요하다. 본 연구에서는 인터넷 공간 중 반다문화 커뮤니티에서의 언어에 드러난 반다문화 담론의 양상과 커뮤니티 밖으로 유포되는 과정을 질적으로 분석하였다. 현재는 반다문화 커뮤니티를 중심으로 반다문화 담론이 형성·강화되어 열린 공간인 인터넷 기사의 댓글이나 아고라로 확산되는 과정이 목격되었으나 실제로 어느 정도의 인원이 어느 정도의 규모를 가지고 반다문화 인식을 퍼뜨리고 있는지에 대한 전체적인 모습을 조망하지는 못하였다. 덧붙여 이런 다문화에 대한 인식을 훼손케 할 목적인 활동으로 인해 일반 국민들의 다문화 수용도에 어떤 영향을 미쳤는지에 대한 후속 연구도 필요할 것이다.

둘째, 정부의 다문화 정책에 있어 국민과의 합의가 필요하다. 반다문화주의자들이 생산하는 담론 및 차별적 명명 행위는 정부의 다문화 정책에 대한 불신과 불만에 기인한다. 정부는 국내에서 발생하고 있는 이민자의 문제가 사회적인 문제로 확산하는 것을 예방하기 위해서 정책적 다문화주의를 채택하였다. 이 과정에서 국민과의 보편적 합의를 이끌어 내지 못했고 반다문화주의자들은 이점을 끊임없이 문제제기하고 있다. 반다문화주의자들이 비록 억지스러운 주장을 하고 있고 이 과정에서 차별적인 언어 표현을 쓰고 있지만, 인터넷 안팎에서 지속적으로 다문화에 반대하는 움직임이 늘어나는 것은 현실적인 현상으로 인정해야 한다. 이들의 불만을 개인적 문제로 치부하기보다는 사회적인 합의를 이끌어 내기 위한 공론화를 거쳐야 하는 등 사회적인 차원에서의 협의 과정이 필요하다.

셋째, 전국적인 규모의 다문화 인식 조사가 필요하다. 본 연구에서는 인터넷 반다문화 커뮤니티를 중심으로 한 반다문화 담론을 살펴보았기 때문에 이들의 다문화 인식이 국민을 대표한다고 볼 수는 없다. 그러나 연구를 진행하는 과정에서 일반 국민으로 추정되는 다수가 다문화에 대한 기사에 부정적인 댓글을 달았다. 또한 주변에게 들리는 다문화 정책에 대한 불만, 다문화 가정에 대한 부정적인 인식으로 미루어 보아 한국인의 다문화 인식은 그리

좋은 편은 아닌 것으로 추정할 수 있다. 많은 연구에서도 다문화 인식에 대한 조사는 특정 집단에 그치고 있어 한국인 전체의 다문화 인식은 알 수 없는 상황이다. 따라서 국가의 다문화 정책의 속도 및 방향을 결정하기 위해서는 대규모의 다문화 인식 조사가 필요하다.

참고 문헌

강진구(2012), 한국사회의 반다문화 담론 고찰 : 인터넷 공간을 중심으로, 인문과학연구 32, 강원대학교 인문과학연구소, pp.5-34.

강휘원(2006), 한국 다문화 사회의 형성 요인과 통합 정책, 국가정책연구 20(2), 중앙대학교 국가정책연구소, pp.5-34.

김영명(2013), 한국의 다문화 담론에 대한 비판적 고찰, 한국정치외교사논총 35(1), 한국정치외교사학회, pp.141-174.

김용신(2012), 제노포비아에서 포용으로: 다수로부터의 하나, 비교민주주의연구 8(2), 비교민주주의연구센터, pp.163-182.

김용신(2014), 한국 사회의 제노포비아 현상 분석을 위한 개념과 지표의 구축, 국제지역연구 18(1), 한국외국어대학교 국제지역연구센터, pp.173-199.

김형배(2007), 한국어의 불평등한 언어문화에 관한 연구, 한민족문화연구 20, pp.157-186.

김휘택(2013), 반다문화주의, 정체성, 민족, 다문화콘텐츠연구 15, 중앙대학교 문화콘텐츠기술연구원, pp.157-186.

루이 장 칼베(2004), 언어와 식민주의, 서울: 유로서적.

박경태(2008), 소수자와 한국사회, 서울: 후마니타스..

박동근(2010), 공공언어의 차별적 표현에 차별 의식 연구, 입법정책 4(1), 한국입법정책학회, pp.57-88.

박정일(2004), 차별어의 언어학적 연구, 부산: 부산외대 출판부.

박혜경(2008), 차별적 언어 표현에 대한 비판적 국어인식 교육 연구, 서울대학교 석사학위논문.

손세모돌(2003), 텍스트언어학 : 응용편(국어) ; 인터넷 게시판 글 제목의 욕설/비속어 사용과 익명성의 관계, 텍스트 언어학 15, 한국텍스트언어학회, pp.169-198.

안득기(2011), 한국사회의 다문화인식과 신념에 대한 연구, 동북아연구 26(2), 조선대학교 동북아연구소, pp.201-219.

양영자(2007), 분단-다문화시대 교육 이념으로서의 민족주의와 다문화주의의 양립가능성 모색, 교육과정연구 25(3), 한국교육과정학회, pp.23-48.

유승무, 이태정(2006), 한국인의 사회적 인정 척도와 외국인에 대한 이중적 태도, 담론201 9(2),

한국사회역사학회, pp.275-311.

육주원, 신지원(2012), 다문화주의에 대한 반격과 영국 다문화주의 정책 담론의 변화, EU연구 (Journal of European Union Studies) 31, 한국외국어대학교 외국학종합연구센터 EU연구소, pp.111-139.

윤인진, 송영호 (2009), 한국인의 국민정체성과 다문화수용성, 한국사회학회 사회학대회 발표논문집, pp.579-591.

이윤구(2010), 우리나라 제노포비아 실태 및 유발요인에 대한 연구, 고려대학교 석사학위논문.

이정복(2009), 한국 사회의 인종차별적 언어문화에 대한 비판적 분석: 방송언어를 대상으로, 언어과학 연구 48, 언어과학회, pp.125-158.

이제봉(2012), 한국의 민족주의와 다문화주의, 다문화교육연구 5(1), 한국다문화교육학회, pp.199-215.

전병철(2007), 댓글에 나타난 욕설의 형태 연구, 언어학 연구 11, 한국중원언어학회, pp.189-205.

정은자(1998), 여성 '호명'과정을 통해 본 권력과 성에 관한 연구, 계명대학교 석사학위논문.

정택윤(2009), 통신 언어의 사용 실태 분석, 고려대 석사학위논문.

조태린(2006), 차별적, 비객관적 언어 표현 개선을 위한 기초 연구, 국립국어원 2006-1-23.

한건수(2012), 한국사회의 다문화주의 혐오증과 실패론, 다문화와 인간 1(1), 대구가톨릭대학교 다문화연구소, pp.113-143.

허경미(2014), 한국의 제노포비아 발현 및 대책에 관한 연구, 경찰학논총 9(1), 원광대학교 경찰학연구소, pp.233-259.

Althusser, Louis.(1971), *Lenin and philosophy and other Essays*, trans, Ben Brewster, London: New Left Books, Contains: (1970). "Ideology and Ideological States Apparatus(Notes towards an Investigation)", 이진수 역(1991), "이데올로기와 이데올로기적 국가 기구-연구를 위한 노트", 서울: 백의.

Bishop, V.(2008), Why Learn a Language? The Potential of Additional Language Tuition for Linguistic Identity Awareness and Anti-Discriminatory Practice within British Social Work Education, *SOCIAL WORK EDUCATION -LONDON- ROYAL INSTITUTE OF PUBLIC ADMINISTRATION*, 27(8), Taylor & Francis, pp.913-924.

Elliott, Gregory.(1987), *Althusser: The Detour of Theory*, London: Verso, 이경숙, 이진역 역, 1992, 알튀세르: 이론의 우회, 서울: 새길.

Levmore. Saul X 외(2012), 불편한 인터넷 : 표현의 자유인가? 프라이버시 침해인가?, 의왕: 에이콘 출판사.

Stanisevski, D.M.(2010), Anti-Essentialism in Multicultural Societies: Facilitating Multicultural Discourse through Tolerance of Cultural Pluralism, *INTERNATIONAL JOURNAL OF ORGANIZATION THEORY AND BEHAVIOR*, 13(1), PRACADEMIC PRESS, pp.60-86.

〈인터넷 자료〉

2014년 10월 23일부터 2015년 2월 5일까지 아래의 사이트를 검색하였음.

- 다문화정책반대 http://cafe.daum.net/dacultureNO
- 다문화바로보기 실천연대 http://cafe.daum.net/antifworker
- 단일민족 코리아 http://cafe.daum.net/hjj-korea
- 외국인 노동자 대책 시민연대 http://www.njustice.org/
- 파키스탄 · 방글라데시 외국인에 의한 피해자 모임 http://cafe.daum.net/leavingpakistan
- 외국인범죄추방시민연대 http://cafe.daum.net/antifakemarriage
- 평화통일당 창당추진위원회 http://cafe.daum.net/pncsfw
- 다음 아고라 http://bbs3.agora.media.daum.net/gaia/do/petition/read?bbsId=P001&articleId=62475
- 네이트 판 http://pann.nate.com/talk/c20012/channel/5067?page=1

12 SNS 기반 참여저널리즘의 뉴스 생산과정과 소비 -허핑턴포스트코리아를 중심으로-

Ⅰ. 아래로부터의 뉴스 생산과 공론화

뉴스의 체제가 달라졌다. 기존의 언론은 독점적 권한을 가지고 뉴스를 생산해 왔고, 수용자는 수동적으로 지면, 혹은 텔레비전을 통해 뉴스를 소비해 왔다. 하지만 인터넷의 등장으로 이제 상황은 완전히 달라졌다. 전통 언론매체들로부터 소외돼 있던 일반 시민들은 인터넷을 이용하면 언제 어디서든지 자신의 목소리를 내고 의견을 표출할 수 있다는 사실을 깨닫고 뉴스 생산에 적극적으로 관여하게 되었다[1]. 이러한 변화 속에서 그동안은 뉴스의 영역이 아니었던 개인의 특별한 경험, 시의성을 지니지 않은 사회적 문제, 정치·경제·사회라는 강력한 분야에 밀려 도외시 되었던 이야기들이 비로소 빛을 볼 수 있게 되었다. 그것도 일반 시민들의 움직임에서부터 말이다.

시민들이 주체적으로 만들어가는 뉴스는 페이스북, 트위터, You-tube 등의 소셜 미디어를 통해 보다 더 빨리 많은 사람들에게 전달될 수 있게 되었다. 누구도 주목하지 않았던 아래로부터 제기된 이야기들이 뉴스가 되어 이제는 수많은 사람들에게 전달되고, 함께 문제에 대해 의견을 공유할 수 있는 장이 마련되었다. 이러한 최근의 뉴스 동향을 한마디로 설명하자면 'SNS 기반 참여저널리즘'이라고 표현할 수 있을 것이다. 여기에서 주목해야 할 개념은 두 가지이다. 하나는 뉴스 생산 주체로서의 '참여저널리즘'일 것이고, 다른 하나는 뉴스 생산·유통·소비 매체로서의 'SNS'일 것이다. 본고에서는 일반 시민에서부터 시작된 이야기가 참여저널리즘을 통해 어떻게 뉴스로 편입되며, 그것이 SNS라는 매체를 통해 어떤 식으로 재생산·유통·소비되는지 살펴보고자 한다. 일반 시민이 생산하는 뉴스가 확산되는 데 있어 참여저널리즘과 SNS 매체가 어떤 식으로 관계를 맺는지, 또 그 과정 속에서 생산된 뉴스는 어떠한 독자적 특징을 갖는지를 살펴보아 기존 언론의 대안으로서의 새로운 저널리즘의 성격에 대해 고찰해보고자 한다.

---

1) 공훈(2010), 소셜미디어 시대 보고 듣고 뉴스하라, 한스미디어, p.33.

Ⅱ. SNS 기반 참여저널리즘의 기사 생산과정과 소비 행동

1. 참여저널리즘과 소셜네트워크 서비스

1.1. 참여저널리즘의 개념과 현황

신문이나 잡지가 없던 시절에 새로운 소식이 공유될 수 있었던 곳은 시장(market place)이었다. 시장에 모인 사람들은 서로 자신들이 알고 있는 소식을 주고받았고, 그 소식은 사람과 사람의 접촉으로 인해 널리 퍼져 나가 뉴스가 되었다. 19세기 초중반에 이러한 소식을 한데 모아 종이에 인쇄하여 널리 배포한 것이 신문과 잡지였다. 새로운 뉴스 매체의 등장으로 인해 사람들은 공간의 공유, 인적 교류가 없이도 모두 같은 시간에 하루 동안 있었던 일을 알 수 있게 되었다. 약 150년 가량 되는 전성기를 누려오던 신문과 잡지는 라디오와 텔레비전 같은 새로운 매체와 뉴스 생산·유통 기능을 공유하게 된다. 이때까지만 해도 뉴스라는 것은 전문직인 기자가 취재를 하고, 정형화된 형식에 맞게 기사를 써서 게이트키핑에 의해 걸러지는, 즉 뉴스미디어가 일방적으로 제공하는 정보였다. 매체에 대한 접근성이 높았기 때문에 독자들은 신문방송사가 제공해주는 뉴스를 찾아서 보는 수용자 입장에 서 있었다. 하지만 인터넷의 발달로 인해 뉴스의 생산 체제는 혁신적으로 바뀌었다. 이제 인터넷만 연결되어 있다면 누구나 매체에 접근할 수 있을 만큼 그 문턱이 낮아진 것이다. 2004년 소셜 미디어로서의 첫 모습을 드러낸 블로그는 인터넷상에 개인을 위한 공간을 제공하여, 누구라도 별다른 기술 없이 자신의 이야기를 전달할 수 있게 하는 하나의 장을 제공하였다. 매체의 발달로 인해 대중은 말하고, 쓰는 소통 욕구를 충족할 수 있게 되었고 이러한 움직임은 뉴스 생산에도 영향을 미쳤다. 대중은 뉴스를 바라보는 수동적인 수용자 입장에서 벗어나, 직접 자신들의 이야기를 풀어나가기 위해 생산자로서 뉴스에 참여하게 되었다. 특정한 분야의 전문가, '기사'라는 형식적인 글이 아니더라도 글을 잘 쓰는 사람들은 기꺼이 자신들의 이야기를 들려주기 위해 한정된 지면과 정형화된 형식이 존재하지 않는 새로운 뉴스 미디어로 몰려들었다.

이상의 논의는 토마스 백달의 뉴스 미디어 변화 다이어그램으로 일목요연하게 나타낼 수 있다.

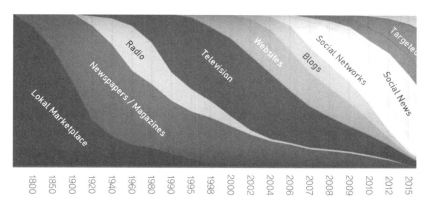

<그림 1> 토마스 백달의 뉴스 미디어 변화 다이어그램

(출처 : http://www.baekdal.com/analysis/market-of-information)

인터넷이라는 보이지 않는 네트워크와 스마트 기기의 발달이 맞물려, 일반 대중도 기자와 다를 것 없이 적극적으로 기사를 생산해내는 저널리즘의 양식을 참여저널리즘이라 부른다.

참여저널리즘은 기존의 저널리즘과는 다른 성격을 지니고 있다. 기존 언론이 정보 전달을 목적으로 한 뉴스를 생산하였다면 참여저널리즘에서는 시민 개개인의 관심 영역, 일상적인 이야기, 지역 사회 문제에 대한 고찰 등 일상생활에서 주위 사람과 주고받는 새로운 정보와 지식, 경험이 모두 뉴스로서의 가치를 갖는다. 또한 소수의 기자가 독점적으로 생산하였던 기사를 누구라도 생산할 수 있게 되었기 때문에 기존 언론의 취재범위(coverage)를 넘어서게 되었다. 가령 환경 문제나, 동성애자 인권 문제 같은 경우 환경 관련 NGO 단체 회원이나, 인권 단체 회원이 기자보다 다각도로 문제를 조명할 수 있을 것이다. 이렇게 해당 분야에 관한 전문지식이 있는 일반 시민이 뉴스 생산의 영역으로 들어오게 되면, 기존 언론의 객관적 정보 위주의 기사를 보완할 수 있는 해당 사안에 대한 심층적인 정보를 지닐 수 있게 되어 독자들은 보다 다양하고 심도 깊은 뉴스를 소비할 수 있게 된다.

참여저널리즘은 기사의 형식 측면에서도 기존의 저널리즘과는 차이를 보인다. 참여저널리즘은 온라인을 기반으로 하고 있기 때문에 무제한적 지면을 갖는다. 따라서 단 한 문장짜리 토막기사도, 사진만으로 이루어진 긴 기사도 모두 기사로서의 가치를 갖는다. 기존 저널리즘에서 제시해 왔던 형식적인 특징이 무너져 버린 것이다.

우리나라에 처음으로 등장한 참여저널리즘 매체는 2000년 1월 1일 '모든 시민이 기자'라는 모토 아래 만들어진 '오마이뉴스'이다. 소수 정예의 직업 기자는 1일 1주제를 가지고 게릴라전을 펼치고, '전국의 끼있는 생활인 기자'들이 생활현장에서 일어나는 생생한 뉴스를 전한다는 것이 오마이뉴스의 창간 모토였다[2]. 4천 명의 시민 기사로 시작한 오마이뉴스는 10년이 넘는 시간 동안 6만여 명 시민기자가 활동하는 언론사로 성장했다. 영국 일간지 '가디언'은 지난 2003년 1월 24일자 '새로운 한국(New Korea)'이라는 제목의 기사에서 한국의 인터넷 민주주의를 다루며 오마이뉴스를 집중 조명하기도 했다. 일본을 시작으로 한 해외진출 시도는 실패로 돌아갔지만 그럼에도 오마이뉴스는 일반 시민의 뉴스 생산 참여를 개척한 매체로서 평가 받고 있다.

그 다음으로 특기할 만한 참여 저널리즘 매체는 2012년 3월 26일 창간된 '슬로우뉴스'와 같은 해 12월 9일 창간한 'ㅍㅍㅅㅅ'가 있다. 슬로우뉴스는 'Fast is Good, Slow is Better'라는 슬로건을 내세워 속보 경쟁이 낳은 폐해를 성찰하고자 하는 의도로 창간되었다. 1인 미디어로 문제를 표출했던 사람들이 모여 출발한 슬로우뉴스는 현재 내부 편집위원 20명, 외부 초대필자 100여 명이 자발적으로 기사를 쓰고 있으며, 이름에 걸맞게 하루에 게재하는 기사는 대략 3개 정도이다. 슬로우뉴스의 주 기사들은 클릭수를 높이기 위해 쓰는 자극적인 기사들 속에 묻힌 이슈들을 다루고 있다. 대선 시기에 창간된 ㅍㅍㅅㅅ는 대선 '후보별 인생 설명서'를 다룬 특집 기사로 주목을 끌었다. 현재 260여 명에 달하는 외부 필진 중에 블로거가 대다수이며 보도형 기사보다 필자의 개인적 정치성향과 철학이 담긴 블로그형 기사가 많다. 일반 블로그보다 ㅍㅍㅅㅅ가 더 인기를 끄는 데는 편집진의 '센스 있는 편집'의 역할이 크다. 기존 언론이 뽑기 어려운 과감한 제목 선정과 적절한 '짤방' 이미지는 ㅍㅍㅅㅅ의 인기 비결이다. ㅍㅍㅅㅅ의 독특한 이미지 선택 전략은 '읽는' 뉴스보다 '보는' 뉴스에 익숙한 20, 30대 젊은 층을 끌어들이는 기능을 하고 있다[3].

2014년에는 미국의 신흥 언론매체인 허핑턴포스트가 우리나라 한겨레신문과 합작하여 만든 허핑턴포스트코리아가 등장했다. 허핑턴포스트코리아는 기존 뉴스를 재편집하는 큐레이팅 서비스와 블로그 기사를 제공하는 매체로서 포털 사이트가 아닌 SNS를 통해 뉴스를 유통한다는 점에서 기존 언론과 차별성을 드러낸다. 허핑턴포스트코리아는 본고의 주된 연구 대상이기 때문에 이에 대한 내용은 이후에 좀 더 자세히 다루겠다.

인터넷의 발달과 스마트 기기의 보급으로 일반 시민이 뉴스에 참여하는 경향이 우리나라에서도 2000년대 이후 속속들이 나타나고 있다. 이에 따라 사회적 이슈와 갈등을 주제로 한 정형화된 기사 일색이었던 뉴스 기사에도 새로운 바람이 불고 있다. 자신의 경험을 토대

---

2) 조준상(1999), "모든 시민이 기자 인터넷뉴스 '오마이뉴스' 창간", 한겨레신문, 1999년 12월 23일자.
3) 국내 참여저널리즘에 관한 예시는 원성균(2014)의 〈외부 참여자를 통한 참여저널리즘 사례연구〉를 참고하여 작성하였다.

로 한 이야기나 기존의 뉴스거리를 이미지를 적극적으로 활용해 재편집한 콘텐츠 등 다양한 기사가 뉴스로 인정받고 있으며, 지면의 제약이 없기 때문에 형식적으로도 자유로운 콘텐츠가 독자의 구독 욕구를 자극하고 있다. 참여저널리즘의 뉴스 특성이 2000년대 후반 상용화된 SNS를 만나 어떤 식으로 변화되고 확산될 수 있는지 다음 절의 내용을 통해 알아보도록 하겠다.

1.2. 뉴스미디어로서 페이스북의 활용

전통적인 뉴스 유통과 소비는 개별 미디어를 중심으로 이루어졌다. 따라서 기존의 뉴스 소비 시스템에서는 이용자가 뉴스 콘텐츠를 접하기 위해 스스로 플랫폼을 찾아 나서야만 했다. 하지만 SNS를 통해 뉴스 콘텐츠를 전달하게 되면서 단일 인터페이스에서 뉴스를 받아 보는 것이 가능해졌다. 즉, 독자들이 뉴스 기사를 찾아보는 소비 시스템에서 하루에 수십 개의 뉴스 기사가 SNS 사용자의 계정으로 찾아오는 시스템으로 변화가 일어난 것이다.

전반적인 뉴스 구독 체제의 변화 이외에도 SNS를 통해 뉴스를 배포하면서 나타나게 된 뉴스 기사의 형식적, 내용적 변화도 눈여겨 볼 필요가 있다. 이러한 변화는 SNS라는 소셜미디어의 특성과 결부되어 나타난 것이기 때문에 SNS 기반 뉴스 콘텐츠의 특징을 살펴보기 위해서는 먼저 소셜 미디어의 특성을 파악해야만 한다. FK II 조사연구팀에서는 소셜미디어의 특성을 참여, 공개, 대화, 커뮤니티, 연결의 총 다섯 가지로 정의하고 있다.

<표 1> 소셜미디어의 특성

구분	해설
참여 (Participation)	소셜미디어는 관심 있는 모든 사람의 기여와 피드백을 촉진하며 미디어와 청중의 개념을 불명확하게 함
공개 (Openness)	대부분의 소셜 미디어는 피드백과 참여가 공개되어 있으며 투표, 피드백, 코멘트, 정보 공유를 촉진함으로써 콘텐츠 접근과 사용에 대한 장벽이 거의 없음
대화 (Conversation)	전통적인 미디어에서는 콘텐츠가 일방적으로 청중에게 유통되는 반면 소셜 미디어에서는 쌍방향성을 띰
커뮤니티 (Community)	소셜 미디어는 빠르게 커뮤니티를 구성케 하고 커뮤니티로 하여금 공통의 관심사에 대해 이야기하게 함
연결 (Connectedness)	대부분의 소셜 미디어는 다양한 미디어의 조합이나 링크를 통한 연결상에서 번성

(출처 : FK II 조사연구팀(2006). 소셜 미디어(Social Media)란 무엇인가?. 『정보산업지』. p.53)

참여란 SNS 계정을 가지고 있는 사람은 누구나 공유나 댓글 달기, 직접 글쓰기 등을 통해 적극적으로 이슈 확산과 생산에 참여할 수 있는 SNS의 특성을 의미한다. 이러한 매체 특성으로 인해 뉴스 생산에 있어 전통적으로 유지됐던 생산자로서의 미디어, 소비자로서의 청중이라는 개념이 불명확해지게 된다. 공개란 콘텐츠 접근, 재생산에 대한 장벽이 거의 없는 소셜 미디어의 특성을 의미한다. 대화란 신문, 라디오, 텔레비전과 같은 전통적인 매체가 갖는 일방향성 특성을 넘어선 쌍방향성 특성을 의미한다. 커뮤니티는 온라인상에서 그룹 등의 공동체를 만들어 공동의 관심사를 논의하는 장을 만드는 소셜 미디어의 특성을 의미한다. 연결이란 이미지, 동영상 등의 멀티미디어를 적극적으로 활용하고, 하이퍼링크를 통해 원본, 혹은 연관된 자료를 현재 게시물과 연동시키는 소셜 미디어의 특성을 의미한다. 참여, 공개, 대화, 커뮤니티, 연결이라는 소셜 미디어의 특성은 뉴스 생산 측면에 있어서는 독자의 견해에 따른 재편집, 유통과 측면에서는 기호에 따른 확산, 소비 측면에서는 댓글을 통한 피드백이라는 기능으로 드러나고 있다.

페이스북 페이지를 통해 뉴스 콘텐츠를 받아보게 됨으로써 가장 혁신적으로 변화하게 된 부분은 뉴스 유통 구조이다. 전통적으로 뉴스 유통은 과점 체제를 유지하고 있던 소수 언론의 독점적인 권한이었다. 하지만 페이스북과 같은 SNS를 통해 뉴스 콘텐츠를 게재할 수 있게 된 뒤로 해당 페이지를 구독하는 모든 사람들은 하나의 유통의 통로로서 기능을 하게 되었다. 그들은 '좋아요', '공유', '태그'를 통해 뉴스 확산에 적극적으로 기여한다. 이와 같은 SNS 사용자들의 확산 행위를 통해 뉴스는 그 어느 때보다도 빠르고 널리 유통될 수 있게 되었다. SNS라는 매체가 일반 시민을 뉴스 유통자로서 기능하게 하고, 뉴스 파급력을 배가시키는 궁극적인 요인으로 작용하게 하고 있다.

또 개개인은 뉴스를 확산시키는 과정에서 자신의 관심과 견해에 따라 뉴스를 해석·가공하기도 한다. 이러한 경우 개인에 의해 재편집된 뉴스는 또 다시 생명력을 가지고 확산되어 새로운 의제를 설정하는 기능을 맡게 할 수 있다.

이처럼 SNS라는 매체는 뉴스 콘텐츠뿐만 아니라 뉴스 생산 관행과 뉴스 이용 패턴을 변화시키고 뉴스의 개념까지 바꾸어버릴 수 있는 강한 영향력을 행사하고 있다. 이러한 SNS의 매체 특성이 참여저널리즘과 맞물렸을 때, 한 개인의 이야기는 끊임없이 확산되어 다수의 독자에게 소비될 수 있을 것이며, 독자들은 댓글 작성과 뉴스 재편집 과정을 통해 기사에 대한 자신의 의견을 또 다시 다수의 독자들과 나눌 수 있게 될 것이다.

1.3. 참여저널리즘과 페이스북의 만남, 허핑턴포스트코리아

허핑턴포스트코리아는 미국의 온라인 뉴스 미디어 허핑턴포스트와 한겨레신문의 합작으로 2014년 2월 28일 한국에서 정식 출범하게 되었다. 이 매체는 기존 뉴스를 재편집해 제공하는 '큐레이션 서비스'와 더불어, 외부 필진의 블로그 기사를 전폭적으로 수용한다는 점에서 새로운 형태의 인터넷 매체로 평가받고 있다. 또한 뉴스 유통 측면에서는 SNS를 주로 활용한다는 점에서 기존에 포털 사이트를 통해 기사를 유통 시켰던 일간지와 인터넷 신문 매체와는 차별되는 지점이 있다. 네이버, 다음 등의 포털 사이트가 상당한 영향력을 가지고 있는 한국에서 신생 뉴스 매체가 이러한 전략을 세웠다는 것은 상당히 도전적으로 느껴진다. 허핑턴포스트코리아의 권복기 편집장은 "우리나라의 뉴스 유통은 포털 중심인 게 현실이지만, 거기는 옥석이 혼재되어 있다. 바르고 정확한 정보를 찾기가 쉽지 않다"며 "당분간은 거리를 두고 독자적인 뉴스 유통 채널을 구축하는 데 집중할 것"이라고 말했다[4]. 이처럼 허핑턴포스트코리아는 큐레이션 서비스와 참여저널리즘을 함께 구현하면서 뉴스 유통 측면에서도 독자적인 길을 마련하여 새로운 형태의 언론이 어떤 방식으로 자리 잡아 가는지를 보여주고 있다.

허핑턴포스트코리아의 구조도를 보이면 다음과 같다.

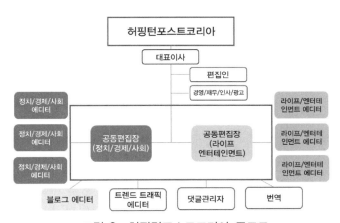

<그림 2> 허핑턴포스트코리아 구조도

(출처 : 원성균(2014), 외부 참여자를 통한 참여저널리즘 사례연구, 건국대학교 석사학위논문)

---

4) 안창현(2014), "허핑턴포스트코리아 '뉴스+블로그 실험' 좋아요!", 한겨레신문, 2014년 6월 12일자.

허핑턴포스트코리아의 기사는 크게 두 가지 측면에서 기존 언론의 기사와 차이점을 두고 있다. 하나는 다양한 분야의 기사를 수용하고 있다는 점이고, 다른 하나는 기사 생산에 있어 이미지를 중시한다는 점이다. 허핑턴포스트코리아는 뉴스 공급자가 아닌 이용자들이 관심을 갖는 뉴스를 생산한다는 점에서 기존의 언론과 차별을 두고 있는데, 기존 언론의 주류를 차지하는 '정치/경제/사회'에 대한 에디터의 비율과, 부차적인 카테고리로만 여겨지던 '라이프/엔터테인먼트'에 대한 에디터의 비율이 같다는 점만 보더라도 이러한 특징을 한 눈에 파악할 수 있다. 따라서 뉴스 카테고리 또한 기존 언론과는 다르게 세분화 되어 있다. 허핑턴포스트코리아의 뉴스 카테고리는 주 카테고리, 부 카테고리의 두 가지로 나누어 져 있는데, 주 카테고리에는 정치, 사회, 경제, 국제, IT과학, 라이프스타일, 문화, 스포츠, 코미디, 여행의 총 10개의 분야를 두고 있으며, 부 카테고리에는 청신호, 세월호, Gay Voices, 여성, Young Voice, 환경, 동물, 북한, 미디어, 종교, 섹스, 영화, 스타일, 굿 뉴스, 이상한 뉴스(Weird News), 허핑턴 인터뷰의 총 16개의 분야를 두고 있다. 총 카테고리 수만 해도 26개[5]를 두고 있어 상당히 다양한 분야에 대한 내용을 다루고 있다는 것을 확인할 수 있다. 특히 Gay Voices, 여성, 섹스, 굿 뉴스, 이상한 뉴스(Weird News) 등의 분야는 기존 언론에서 거의 다루지 않던 것으로, 이런 새로운 분야에 대한 담론이 뉴스 생태계를 훨씬 다채롭게 만들어줄 수 있음을 짐작해볼 수 있다. 이 분야에 대한 교육적 논쟁거리는 본고에서 다루지 않겠다.

허핑턴포스트코리아는 많은 기사들 중 무엇을 전면에 내세울 때 클릭을 더 잘 유도할 수 있고, 어떤 식으로 기사를 구성해야 독자들을 끌어들일 수 있는지에 관해 열심히 연구해 적용해왔다[6]. 그러한 과정에서 모습을 드러낸 것이 바로 이미지 중심의 기사라고 볼 수 있다. 허핑턴포스트코리아의 주요 독자 중 80% 이상이 10대 후반에서 30대 초반의 젊은 층이다. 이들은 장황한 글을 '읽는' 것보다는 명료한 이미지를 '보는' 것에 익숙하다. 허핑턴포스트코리아는 그들의 타겟 독자를 사로잡기 위해 '재미'와 '의미', '세련'을 세 가지 목표로 하여 기사에 쓸 이미지를 선택하고, 제목을 뽑는 데 상당한 공을 들인다. 미국 허핑턴포스트는 이런 감각적인 시도 끝에 데이비드 우드의 "전장을 넘어서"라는 기사로 디지털 매체 사상 처음으로 퓰리처상을 차지하는 영광을 차지하기도 했다[7].

---

5) 2015년 10월 현재를 기준으로 한 것임. 바뀔 수 있음.
6) 원성균(2014), 외부 참여자를 통한 참여저널리즘 사례연구, 건국대학교 석사학위논문, p.30.
7) 앞의 글, p.30.

이처럼 내용상의 다양성을 추구하면서도 형식상의 새로운 시도도 멈추지 않는 허핑턴포스트코리아의 기사 생산은 기존 언론과의 차별성을 두드러지게 드러내며 젊은 층에게 그 존재감을 나타내고 있다.

2. 허핑턴포스트코리아의 블로그 기사 생산 과정과 특징

2.1. 블로그 기사 생산 과정

기존 저널리즘의 전문적 기자와 허핑턴포스트코리아의 필진을 선발하는 과정을 비교해보면 기존 저널리즘은 매우 공식적인 절차를 밟아 기자를 선발한다면 허핑턴포스트코리아는 비공식적인 루트로 블로그 필진을 모집한다는 것을 확인할 수 있다. 신문사나 방송국의 기자는 크게 4단계의 전형을 거쳐 선발된다. 회사가 원하는 자격 요건을 갖춘 모든 사람에게 개방되는 서류 전형, 서류 전형을 통과한 사람만이 볼 수 있는 상식과 논술로 이루어진 필기 전형, 기자로서의 실질적인 능력을 평가 받는 실무 면접, 인성 및 가치관을 평가 받는 심층 면접이 그것이다. 반면 허핑턴포스트코리아는 블로거와의 개인적인 접촉을 통해 필진을 모집한다. 이는 웹툰 작가 강풀 씨가 허핑턴포스트코리아에 올린 첫 게시물을 통해서도 확인해볼 수 있다. 그는 뉴스 매체인 허핑턴포스트코리아에 게재한 공식적인 첫 게시물 '강풀의 첫 블로그'에서 "허핑턴포스트코리아에서 연락이 왔다. 오픈 블로거로 참여할 의사가 있느냐"[8] 라고 밝혀주어 허핑턴포스트코리아의 필진 선발이 비공식적 루트로 이루어지고 있음을 보여주고 있다. 또 한 가지 살펴볼 점은 필진의 성격이다. 허핑턴포스트코리아는 초기에는 박원순 서울 시장이나 웹툰 작가 강풀 씨 등 유명 인사를 주된 필진으로 삼았으나 시간이 흐름에 따라 시민단체 구성원이나 일반 블로거 등 다양한 분야의 전문가로 필진의 폭을 넓혀가고 있다. 즉, 초창기에는 기존 저널리즘과 다를 바 없는 폐쇄적인 참여저널리즘의 형태였다면 점차 기사 생산의 장벽을 낮추어 개방적인 참여저널리즘으로 나아가고 있는 것이다.

허핑턴포스트코리아는 참여저널리즘이라는 카테고리 안에서도 다른 매체와 차이를 보인다. 앞에서 살펴본 오마이뉴스, 슬로우뉴스, ㅍㅍㅅㅅ 등의 여타 참여저널리즘 매체는 시민기자에게 일정 정도의 고료를 지급한다. 하지만 허핑턴포스트코리아는 블로그 기자에게 고료를 일절 지급하지 않는다. 블로그 기자는 언제든지 자유롭게 허핑턴포스트코리아라는

---

8) 강풀(2014), "강풀의 첫 블로그", 허핑턴포스트코리아, 2014년 2월 27일자.

온라인 공간을 소통 창구로 이용할 수 있으며, 게재된 모든 콘텐츠의 저작권은 블로거 자신이 갖는다. 대신 고료가 없는 만큼 당연히 마감 기일, 기사의 형식, 분량에 대한 제약은 없다. 개인 블로그라는 공간에서 개인적인 소통을 하는 것을 넘어서 더 많은 사람들에게 자신의 이야기를 들려주고 싶은 사람은 언제든 자율적으로 와서 글을 올리는 체제라는 것이다. 고료라는 보상이 없는 체제에서 블로그 기사 생산이 지속적으로 이루어질까에 대한 회의적인 반응이 이어지고 있지만 지금까지는 나름 순항 중이며, 블로거들은 1주일에 한 번, 혹은 2주에 한 번 꼴로 자율적으로 기한을 정해 게시물을 업로드한다. 강풀 씨의 경우 허핑턴포스트코리아에 처음으로 게재한 기사에서 "마감의 심리적 압박이 없고, 어떤 주제와 형식과 분량도 상관없다는 이야기를 듣고 선뜻 수락하였다"[9]라고 밝혔다. 강 씨의 이런 발언은 경제적 보상이 아닌 타인과 자유로운 방식으로 소통할 수 있다는 정신적 만족감만으로도 뉴스 생산이 끊임없이 이루어질 수 있다는 것을 단적으로 보여준다.

기자가 작성한 기사를 신문사 및 방송국의 입장에서 걸러내는 작업을 게이트키핑이라 일컫는다. 이러한 게이트키핑이 상당히 느슨하게 이루어진다는 것도 허핑턴포스트코리아의 블로그 기사 생산의 특징이라고 볼 수 있다. 허핑턴포스트코리아의 블로그에디터는 당사의 게이트키핑에 관해 "특별한 원칙을 벗어나지 않으면 게이트키핑을 하지 않는 편이다. 반여성, 반인권적, 반종교적인 글에 대해서 문제 제기를 하고, 정치적 성향에 제한을 두지 않고 받는다."[10]라고 언급하였다. 또한 마감, 형식, 내용 또한 필자가 자율적으로 정하도록 하고, 내용 수정이 불가피할 경우 이 또한 필자와 합의 하에 결정한다고 말하고 있다. 필진의 기사를 최대한 배려해주는 이러한 원칙은 허핑턴포스트코리아의 본신인 허핑턴포스트에서 정해 놓은 외부 참여자 글쓰기 원칙의 영향을 받은 것이라 볼 수 있다. 허핑턴포스트에선 외부 참여자의 기사 작성에 있어 세 가지 원칙을 명시하고 있다. △사실 관계에 명백한 오류가 있는 글, △이해관계의 충돌이 있을 수 있는 글, △명예훼손의 우려가 있는 글에는 제한을 가할 수 있다는 것이 그 원칙이다[11]. 허핑턴포스트코리아에서 추구하는 느슨한 게이트키핑은 필자의 자율성을 최대한 인정해주는 측면에서는 긍정적이라 볼 수 있지만, 글의 질이 떨어질 수 있다는 점에서는 논란이 예상되는 부분이라고 생각할 수 있다. 이러한 부분을 보완하기 위해 허핑턴포스트코리아는 필자의 실명과 사진을 글의 서두에 공개하는 방침

---

9) 강풀(2014), 2014년 2월 27일자.
10) 원성균(2014), 외부 참여자를 통한 참여저널리즘 사례연구, 건국대학교 석사학위논문, p.44.
11) 앞의 글, p.44.

을 내세웠다. 기존 블로거들이 익명성을 유지했던 것과는 반대되는 체제이다. 실명과 사진을 공개하도록 한 이유는 적어도 자신의 글에는 책임을 져야 한다는 최소한의 제한 장치라고 볼 수 있다.

정리하면 허핑턴포스트코리아에서는 개인적 접촉을 통해 영입한 필진의 폭을 점차 넓혀 기존 저널리즘에서 발견할 수 없었던 다양한 분야의 이야기를 이끌어내고 있으며, 느슨한 게이트키핑을 통해 1차 창작물의 자유로운 형식을 그대로 공유할 수 있는 방식으로 성장해 나가고 있다. 다양한 이슈를 수용할 수 있는 넓은 필진의 폭과 느슨한 게이트키핑은 참여저 널리즘의 목적에 부합한다는 점에서 그 의미를 되새겨볼 필요가 있다.

2.2. 페이스북 기사의 형식적 특징

허핑턴포스트코리아는 기존 매체에서 기사를 제공하는 방식과는 다른 특성을 보인다. 기존 매체가 기사 제목만을 전면적으로 내세웠다면, 허핑턴포스트코리아는 기사 제목보다는 이미지를 앞세워 젊은 독자들의 눈을 사로잡고자하는 전략을 구사한다. 이들은 '세련된 것은 바른 것보다 힘이 세다'는 편집 원칙을 내세워 사진과 영상 선택에 심혈을 기울인다. 머리기사에 붙일 사진을 찾는 데에만 두 시간 가까이 소비한다는 편집진의 발언[12]은 그들이 기사 내용뿐만 아니라 기사의 형식을 세련되게 다듬는 데에도 주력하고 있음을 알게 해준다.

허핑턴포스트코리아에서 제공하는 기사는 허핑턴포스트코리아 자체 홈페이지와 페이지북 페이지, 트위터를 통해 동시에 유통된다. 특기할만한 점은 자체 홈페이지와 페이스북과 같은 SNS를 통해 유통되는 기사의 형식이 다르다는 점이다. 홈페이지에 게시되는 원 블로그 기사는 기사 제목, 관련된 이미지, 해당 기사의 내용 일부, 작성자의 사진, 실명 및 소속 순으로 배치되어 있다. 하지만 같은 기사가 페이스북을 통해 노출될 때는 재편집이 이루어진다. 페이스북에 노출된 기사는 기사 내용은 한 줄로 요약한 문장, 관련된 이미지, 기사 제목, 해당 기사의 내용 일부 순으로 배치되어 있다. 홈페이지 게재 기사와 페이스북 게재 기사 모두 이미지를 한 가운데에 크게 삽입하고 그 아래 기사 내용을 일부 노출한다는 점에선 공통점을 보인다. 가장 큰 차이는 기사 내용 요약 문장의 존재 유무이다. 편집진은 페이스북 이라는 매체 특성과 이를 사용하는 독자의 특성을 고려해봤을 때 전체 내용을 한 눈에 파악 할 수 있는 임팩트 있는 문장이 필요할 것이라 생각한 것이다. 정지해 있는 홈페이지와는

---

12) 앞의 글, p.32.

다르게 페이스북은 실시간으로 계속해서 움직인다. 사용자가 원하는 정보가 생성된 즉시 사용자의 계정으로 흘러들어오는 것이다. 이러한 구조에서는 정보 하나하나를 자세히 살펴볼 시간이 상대적으로 부족하다. 그렇기 때문에 페이스북상에서는 전체적인 기사 내용을 담고 있으면서도 독자의 이목을 끌 수 있을 만한 짧은 요약 문장이 전면에 위치해 있는 것이다.

홈페이지 기사와 페이스북 기사 형식을 비교하면 다음과 같다.

<그림 3> 홈페이지 기사 형식과 페이스북 기사 형식 비교- (좌)홈페이지 기사, (우)페이스북 기사
(출처 : 허핑턴포스트코리아 홈페이지 및 페이스북 페이지)

이러한 재편집 과정은 페이스북을 활용해 뉴스를 소비하는 20, 30대 타겟 독자층의 특성을 반영한 결과로도 볼 수 있다. 독자 입장에서 살펴보면 시선은 일단 이미지에 꽂힌다. 그 다음엔 바로 위에 위치한 요약 문장을 읽게 되고, 마지막엔 기사 제목과 노출된 기사 내용을 살펴보게 된다. 이 과정에서 독자는 이미지를 보고 내용을 상상해 보며, 재빠르게 요약 문장을 보고 이미지와 기사 내용을 연결시킨다. 그 뒤 이 기사에 대한 호기심이 생겼을 경우 이미지 하단에 위치한 기사 제목과 기사 내용도 함께 살펴보게 된다. 이러한 기사 형식은 이미지, 요약 문장, 기사제목과 내용으로 흐르는 작은 이야기 구조로도 파악해볼 수 있다. 기사라는 긴 글을 읽지 않아도 이 형식을 통해서 이미 이야기를 유추해볼 수 있기 때문에 이 자체로서도 이야기의 특성을 지니고 있는 것이다. 이러한 페이스북 기사 형식은 스마트 기기를 통해 빠르게 기사를 소비하면서도 그 안에서 재미를 추구하는 20, 30대 젊은 층의 요구를 정확히 반영하고 있다는 점에서 획기적이라고 볼 수 있다.

기존 인터넷 기사가 자극적인 기사 제목을 통해 독자의 흥미를 돋우었다면 허핑턴포스트 코리아는 한눈에 볼 수 있는 이미지와 한 줄 기사를 통해 독자에게 재미와 의미를 소구하고 있다는 점에서 기존 언론과의 차이를 보인다. 정성껏 고른 시각적 자료와 재치 있게 요약된 글은 기사 내용에 대한 기대를 배가시켜 독자들로 하여금 링크를 타고 들어와 글을 읽게 한다. 허핑턴포스트코리아의 이러한 전략은 이미지와 이야기를 중시하는 젊은 타겟 독자와 매체 특성을 제대로 고려했다는 점에서 그 의미를 되새겨볼 수 있다.

앞에서 논의한 허핑턴포스트코리아의 기사 생산과정과 재편집 과정을 정리해보자면 이렇다. 허핑턴포스트코리아에 게재되는 블로그 기사는 기사 내용 그 자체만으로도 개인의 이야기를 충분히 담고 있지만 페이스북이라는 SNS 매체를 통해 유통되면서 형식적 측면에서도 요약된 이야기적 성격을 지니게 되었다. 다양한 개인들의 이야기를 빠르게, 그리고 재미있게 소비할 수 있다는 점은 속도와 재치를 중요한 가치로 생각하는 젊은이들의 특성과 맞물려 인기를 끌고 있다.

2.3. 페이스북 기반 블로그 기사의 특성 및 뉴스 가치

앞서 블로그 기사의 생산과정과 페이스북을 통한 재편집 과정을 살펴보았다. 블로그 기사는 대체로 다양한 계층의 사람들이 게이트키핑이 거의 이루어지지 않는 환경에서 자유로운 글쓰기를 할 수 있다는 데에서 다양성의 특징을 함유하고 있다. 또 편집과정에서는 이미지 선택에 공을 들이고 이야기 구조를 고려하여 기사를 노출시킨다는 점에서 시각적 효과를 중심에 둔 이야기성이라는 특징을 보유하게 된다. 실제 기사에서 드러나는 페이스북 기반 블로그 기사의 특성을 △이야기체 저널리즘 △ 다양성을 강조한 저널리즘 △ 맥락적 저널리즘 △ 감시·고발 저널리즘의 네 가지로 정리할 수 있다[13]. 각각의 특성들은 어느 정도 상통하는 측면이 있으며, 마지막 부분에 각 특징에 해당하는 허핑턴포스트코리아의 실제 기사를 예시로 들어 보다 구체적으로 논해보고자 한다.

---

13) 최민재, 양승찬(2009)은 소셜 미디어의 저널리즘적 특성을 △이야기체 저널리즘 △질적 수준을 담보한 연성 저널리즘 △맥락적 저널리즘 △감시·고발 저널리즘의 네 가지로 보았다. 하지만 본고에서는 이를 수용하되, '질적 수준을 담보한 연성 저널리즘'의 부분을 '다양성을 강조한 저널리즘'으로 수정하여 흥미 위주의 기사를 작성하는 추세를 가리키는 '연성 저널리즘'이라는 특징보다는 '다양성'이라는 긍정적인 가치를 인정했다.

(1) 이야기체 저널리즘

페이스북 기반 블로그 기사는 형식적 측면, 내용적 측면 모두에 있어 스토리텔링의 특성을 보인다. 우선 형식적인 측면부터 살펴보도록 하겠다. 위에서 살펴본 것처럼 페이스북 기반 블로그 기사는 기존 저널리즘에서의 기사와는 다르게 이미지와 동영상 같은 다양한 시각자료를 적극적으로 활용한다. 뉴스를 게재하는 지면의 제약이 사실상 사라져 하나의 기사 내용에 여러 가지 시각자료를 함께 게시해도 될 뿐만 아니라, '재미'를 추구하는 독자들의 입맛에 맞추기 위해 한 장의 그림으로 이뤄진 패러디물이나 사진을 합성해서 말풍선을 달아 만화처럼 재구성한 콘텐츠를 게시하기도 한다[14]. 페이스북 기반 블로그 기사가 형식적 측면에서 이야기의 특성을 지녔다는 점은 비단 다양한 시각자료를 활용한다는 점 때문만은 아니다. 위에서 살펴본 것처럼 기사를 노출시키는 방식에서도 이야기성을 고려한다는 점이 더 큰 특징으로 작용한다. 이미지 위쪽에 전체 기사 내용을 집약시킨 한 문장을 제시해 준 뒤, 기사제목과 내용을 일부 노출시키는 방식은 독자가 기사의 구체적인 내용을 살펴보지 않더라도 기사의 방향을 대강 짐작해볼 수 있게 한다. 이러한 제시 방식은 관련된 이미지로 호기심을 불러일으킨 뒤, 위아래로 배치된 간략한 글로 이미지의 빈곳을 메워 주어, 이미지를 중심으로 한 스토리텔링의 기능을 보이고 있다고 할 수 있다.

페이스북 기반 블로그 기사는 그 내용에 있어서도 기존 저널리즘의 정형화된 기사와는 다른 이야기체 기사의 특성을 보인다. 기존 저널리즘이 제시하는 스트레이트형 기사는 정보 전달의 효율성은 높을 수 있지만 실제로 독자의 관심을 끄는 데 있어서는 제약이 있다[15]. 하지만 페이스북을 통해 유통되는 블로그 기사에는 일반 시민들의 실제 경험을 다룬 다양한 이야기들이 존재하며, 이러한 이야기는 필자의 개성이 담긴 자유로운 글쓰기 방식으로 제시된다. 이러한 자유로운 글쓰기 방식은 사건보다는 인물의 성격에 주목하고, 무엇인가를 설명하기보다는 관찰한 것을 묘사하며, 사건 자체의 발생보다는 사건의 전개를 따라가면서 제시하는, 읽는 기사가 아닌 보는 기사를 추구하고 있다는 점에서 이야기체 저널리즘의 성격을 지니고 있다고 볼 수 있다[16].

일례로 허핑턴포스트코리아의 Gay Voices 카테고리에 게재된 '김게이 웨딩사진 촬영기'[17]

---

14) 공훈(2010), 소셜미디어 시대 보고 듣고 뉴스하라, 한스미디어, p.130.

15) 최민재, 양승찬(2009), 인터넷 소셜미디어와 저널리즘, 한국언론재단, p.126.

16) 앞의 글, p.127.

17) 김게이(2014), "김게이 웨딩사진 촬영기", 허핑턴포스트코리아, 2014년 11월 12일자.

란 제목의 기사는 이야기체 저널리즘의 전형을 보여준다. 동성 결혼을 한 필자는 자신의 웨딩사진 촬영에 관한 이야기를 풀어나가고 있다. 이 기사에서 중요한 것은 기존 저널리즘에서 중시했던 육하원칙의 사실이 아닌, 그의 경험과 거기서 우러나온 그의 느낌이다. 동성 결혼을 앞둔 사람이 결혼식을 올리기 전에 식장에 놓을 변변한 사진 하나가 없다는 것을 알고 웨딩사진 촬영을 진행했고, 동성커플 촬영은 처음이라는 사진기사가 불편한 기색 없이 사진을 찍어주었다는 내용의 이 기사는 기존 저널리즘에서 수용되기는 힘들었을 것이다. 사회적 문제가 아닌 한 개인의 이야기일 뿐이며, 별다른 임팩트를 줄 만한 사건도 아니기 때문이다. 하지만 SNS를 통해 유통되는 참여저널리즘에서는 동성애자 인권 보호 시위에 관한 객관적 '사실'과 한 개인의 웨딩사진 촬영기라는 '이야기'는 뉴스로서 같은 지위를 갖는다. 개인의 사적 경험을 다룬 그 이야기는 독자로 하여금 대화를 통해 타인과 경험을 공유하는 듯한[18] 느낌을 주어 훨씬 더 친숙한 방식으로 뉴스를 소비할 수 있게 한다. 다음은 그 사례이다.

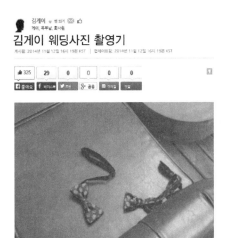

<그림 4> 이야기체 저널리즘 특성을 보여주는 허핑턴포스트코리아 기사

(출처 : 허핑턴포스트코리아 홈페이지)

---

18) 최민재, 양승찬(2009), p.127.

(2) 다양성을 강조하는 저널리즘

언론사에서 채용하는 기자의 수가 지속적으로 줄어들고 있는 상황에서 기존 언론의 취재 범위는 대중의 관심사에 비해 턱없이 좁아져 가고만 있다. 페이스북 기반 블로그 기사는 기존 언론에선 좁아져 가고만 있는 '기자'의 영역을 넓혔다는 측면에서 기존 저널리즘보다 훨씬 더 다양한 이야기를 제공하고 있다. 이야기의 다양성뿐만 아니라 이야기의 깊이 측면에서도 블로그 기사는 저널리즘의 새로운 대안을 생각해보게 한다. 기존 저널리즘의 기사 작성자였던 기자는 분명 전문성을 지니고 있다. 하지만 대부분의 기자는 정치, 경제, 문화, 사회 등 여러 부서에 순환배치 된다. 특정 분야의 전문 기자라 하더라도 실제 그 분야의 전문가와는 비할 바가 못 된다[19]. 이전까지는 이러한 전문가들이 언론매체에 직접적으로 글을 기고할 만한 통로가 부족했기 때문에 독자는 기자들의 스트레이트형 기사에서 얻을 수 있는 정보만으로 견문을 넓혀갔지만, 모두가 기자가 될 수 있는 통로를 확보할 수 있는 참여 저널리즘에서는 상황이 달라졌다. 각 분야의 전문가는 그동안 자신이 해당 분야에 있어 고민해 왔던 문제를 전문적 식견을 곁들여 서술한다. 오랫동안 한 분야에 대해 심층적인 연구를 진행해 왔기 때문에 기사에 드러난 이야기는 충분한 깊이를 지녔을 뿐만 아니라, 그동안 사람들이 관심을 갖지 못했던 이야기를 끌어낼 수 있기 때문에 뉴스는 훨씬 더 다채로운 이야기로 채워진다.

본고에서 연구 대상으로 삼은 허핑턴포스트코리아도 정치·사회·경제·국제·IT과학·라이프스타일·문화·스포츠·코미디 등의 주 카테고리와 세월호·Gay Voices·여성·환경·동물·북한·미디어·종교·섹스(Sex) 등의 다양한 부 카테고리를 제공하고 있어 정치·경제·사회·국제·문화 등의 분야를 주로 다루는 기존 언론과 다양성 측면에서 큰 차이를 보이고 있다. 특히 Gay Voices, 여성, 섹스(Sex), 굿 뉴스, 이상한 뉴스(Weird News) 등의 부 카테고리에 해당하는 분야는 기존 언론에서 거의 다루지 않았다는 점에서 페이스북 기반 참여저널리즘의 가능성을 생각해보게 한다.

---

19) 공훈(2010), p.67.

손실이 아닌 재생산 | 월경에 대한 새로운 시각

기존의 의학에서 월경은 대개 '손실'로 평가되어 왔습니다. '임신에 성공하지 못했기 때문에' 월경을 한다는 것이었죠. 월경을 손실의 개념이 아니라 재생산의 개념으로 새롭게 해석한 한 여성 진화생물학자가 있습니다. 1993년 천재들에게만 주어지는 '맥아더 상'을 받았던 Margie Profet이라는 학자였죠.

그녀에 의하면 월경은 성관계를 통해 자궁으로 들어오는 해로운 세균들로부터 자궁과 나팔관을 보호하기 위해 진화해온 메커니즘의 일종입니다. 자궁은 박테리아나 바이러스 등에 굉장히 민감하기 때문에, 성관계를 통해 유입되는 외부적 유해물 속 병원균에 의해 각종 병에 감염될 수도 있습니다. 월경은 **병원균이 잔여하는 자궁 내벽을 체외로 내보내고 면역 성분이 포함된 혈액으로 세정함으로써, 몸을 보호하고 재생산을 준비하는 능동적인 과정**이라고 볼 수 있습니다.

<그림 5> 다양성을 중시하는 저널리즘 특성을 보여주는 허핑턴포스트코리아 기사

(출처 : 허핑턴포스트코리아 홈페이지)

허핑턴포스트코리아의 여성 카테고리에 게재된 '손실이 아닌 재생산 | 월경에 대한 새로운 시각'[20]란 제목의 기사는 페이스북 기반 블로그 기사가 지닌 다양한 분야에 관한 기사 생산이라는 특징을 단적으로 보여준다. '대한민국 성문화 개선 소셜 벤처 《부끄럽지 않아요!》'의 대표인 필자는 기존 언론에서는 기사 소재로 사용하지 않는 여성의 월경을 새로운 시각으로 바라볼 수 있도록 하는 기사를 작성했다. 기존 저널리즘에서 여성에 관한 이야기는 취업 및 직장 생활에서 존재하는 여성 차별 관련 기사가 주류를 이뤘다. 그런 기사들은 여성 취직률, 성차별 경험 비율 등의 구체적인 수치를 들어 여성 관련 문제들이 아직도 만연하고 있음을 보여주었다. 하지만 그 이상의 심도 깊은 이야기로 나아가고자 하는 움직임을 보이진 않았다. 기존 저널리즘 안에서는 사회적 문제·갈등이 아닌 이상 그것이 뉴스로서의 가치를 지니기가 어려울 뿐만 아니라, 그 이상의 이야기를 할 수 있는 전문가들이 없기 때문이다. 성문화에 대한 전문가가 쓴 이 기사는 어떤 갈등도 내재되어 있지 않지만, 그동안 고통과 손실로서만 느껴진 월경에 대한 새로운 정보를 제공해 주어 SNS를 활용하는 이용자들의 광범위한 욕구를 만족시켜주고 있다.

---

20) 박진아(2014), "손실이 아닌 재생산 | 월경에 대한 새로운 시각", 허핑턴포스트코리아, 2014년 10월 15일자.

(3) 맥락적 저널리즘

페이스북 기반 블로그 기사의 또 다른 장점은 기존 언론이 송신자 중심으로 제공하는 선형적 텍스트의 한계를 넘어설 수 있다는 점이다[21]. 다시 말하자면 기존 언론에서는 객관적인 사실 위주의 기사를 작성하여 구체적 사건의 뼈대를 제공해준다면, SNS 기반 참여 저널리즘에서는 개인의 경험과 생각으로 그 뼈대에 살을 붙여 특정 사건과 이슈를 거대한 맥락 안에서 이해할 수 있도록 돕는다. 소셜 미디어를 통한 새로운 저널리즘의 구현을 강조하고 있는 연구자들은 콘텐츠 생산자들보다 콘텐츠의 이용자들이 전체적인 시각으로 볼 때 특정한 사안에 대해 보다 많이 알 수 있다는 가정을 하고 있다[22]. 이 말은 곧 페이스북 및 여타 SNS 이용자들이 한 사안에 대한 객관적 정보 위주의 기사와 경험적 기사를 함께 공유하여 더 큰 맥락에서 사안을 이해하고 있다는 것을 뜻한다. 페이스북 기반 블로그 기사의 이러한 특징은 위에서 제시한 이야기체 저널리즘으로서의 특징, 다양성을 강조한 저널리즘으로서의 특징과 상통하는 바, 기존 저널리즘과의 상호보완적 측면에서 살펴보았을 때 구독자를 더 넓은 인식의 세계로 인도한다는 점에 강조점을 두고자 한다.

<그림 6> 맥락적 저널리즘의 특성을 보여주는 허핑턴포스트코리아 기사

(출처 : 허핑턴포스트코리아 홈페이지)

---

21) 최민재, 양승찬(2009), p.129.
22) 앞의 글, p.129.

페이스북 기반 블로그 기사의 맥락적 저널리즘의 특징을 잘 보여주는 사례는 허핑턴포스트코리아의 Gay Voices 분야 기사인 '김게이씨 보호자 되시나요?'를 들 수 있다[23]. 성소수자 인권 관련 기사나 동성 결혼 합법화에 대한 문제는 기존 언론의 기사에서도 쉽게 접할 수 있어, 현실에서 그들이 겪을 수 있는 차별적인 대우와 반인권적 문제들은 일반 시민들도 어느 정도 가늠해볼 수 있었을 것이다. 하지만 기존 언론을 통해선 이러한 문제를 직접 마주한 사람들의 실제적인 이야기를 들어볼 수 없었기 때문에, '성소수자 인권 문제가 대두되고 있으며, 그에 대한 조치가 필요하다.'라는 큰 틀에서의 인식은 했지만 그 필요성은 절감하지 못했을 것이다. 해당 기사는 배우자는 있지만 법적으로 인정받은 사이가 아니기 때문에 수술 동의서 작성에 어려움을 겪었던 필자의 경험을 보여주고 있다. 거대 담론으로서의 인권에 대한 이야기는 조금도 꺼내지 않았지만 "몸에 좋은 거 먹으면서 운동 열심히 해야 할 이유가 우리 게이들에겐 또 한 가지 더 있다는 생각이 든다."라는 필자의 일침은 성소수자에 대한 제도적 차원에서의 보호가 필요함을 넓은 맥락에서 파악해보게 한다.

(4) 감시 · 고발 저널리즘

사회의 문제와 비리를 폭로하거나 기존 언론이 다루지 못하는 사각 지대의 이슈를 제기하는 데 있어 블로거의 역할은 중요하다[24]. 다양한 비정부기구의 회원들은 자신들이 천착하고 있는 분야의 문제들을 페이스북 기반 참여 저널리즘을 통해 보다 많은 사람들에게 알릴 수 있다. 기존 언론에서는 한정된 지면 혹은 시간 안에 제한된 뉴스를 전달해야 하기 때문에 현재 세간의 주목을 받고 있는 사건에만 주목한다. 하지만 지면과 시간의 제약이 없는 페이스북을 주요 통로로 사용하는 참여저널리즘 매체에서는 현시점의 주요 사안은 아니지만 시민들에게 널리 알려 공론화시키고 싶은 문제를 얼마든지 기사로 게재할 수 있다. 블로그 기사를 통해 시민들에게 알려진 문제는 한 번 빛을 본 것으로 끝나는 것이 아니라 페이스북 이용자들의 '좋아요'를 타고 지속적으로 더 멀리까지 확산된다. 그 확산 과정에서 시민들은 댓글을 통해 해당 문제에 관한 본인의 생각을 밝히기도 하고, 타인의 의견을 수용 혹은 배척하기도 하며 이야기 속에서 또 다른 이야기를 생산해나간다. 그런 의미에서 SNS상에 감시 · 고발 기사를 게재한다는 것은 단순히 취재의 사각 지대에 있었던 문제를 드러낸다는 것 이상의 가치가 있음을 생각해 볼 수 있다.

---

23) 김게이(2014), "김게이씨 보호자 되시나요?", 허핑턴포스트코리아, 2014년 9월 19일자.
24) 최민재, 양승찬(2009), p.129.

일례로 허핑턴포스트코리아 환경 카테고리에 게재되었던 '놀랍고 당혹스러운 한국 기업들의 불법어업 실태'[25]라는 기사는 그동안 이슈가 되지 못했던 기업의 불법어업이라는 문제를 조명하고 이를 널리 알렸다는 점에서 페이스북 기반 블로그 기사가 갖는 감시·고발 저널리즘의 성격을 단적으로 보여준다. 필자는 비정부단체 그린피스의 일원으로 해당 단체에서 지난해 작성한 한국 기업의 불법어업 실태에 관한 보고서를 인포그래픽 형태로 재배포하여 독자들이 이 사안을 한 눈에 파악할 수 있도록 했다. 줄글로 되어 있던 보고서를 이미지 위주의 인포그래픽 형식으로 변환하고, 10개 기업의 불법어업 현황을 한 번에 3,4개씩 제시해 3회에 걸친 특집기사로 편집한 이 게시물은 1000명이 넘는 사람들에 의해 확산되어 한국의 불명예스러운 모습을 반성하게 하는 데 일조했다.

<그림 7> 감시·고발 저널리즘의 특성을 보여주는 허핑턴포스트코리아 기사

(출처 : 허핑턴포스트코리아 홈페이지)

3. 페이스북을 통한 블로그 기사의 소비

3.1. 페이스북을 통한 블로그 기사 소비 현황

허핑턴포스트코리아는 앞서 언급하였듯이 홈페이지와 페이스북, 트위터와 같은 SNS를 통해 기사를 제공하고 있으나, 홈페이지보다는 SNS를 통해 기사를 소비하는 경우가 훨씬 더 많다. 이는 같은 기사에 대한 홈페이지 내부 반응과 페이스북상에서의 반응을 비교해보면

---

25) 김혜린(2014), "놀랍고 당혹스러운 한국 기업들의 불법어업 실태", 허핑턴포스트코리아, 2014년 10월 27일자.

쉽게 알 수 있다. 허핑턴포스트코리아의 기사 중 "롯데가 FA 선수 모두를 잃은 이유"[26]라는 기사는 홈페이지상에선 단 한 건의 댓글도 달리지 않았지만, 페이스북상에서는 107개의 댓글이 달렸고, "무릎 꿇는 사회"[27]란 제목의 기사도 홈페이지상에선 댓글이 달리지 않았지만 페이스북상에서는 12개의 댓글이 달린 것을 확인해볼 수 있었다. 동일 기사에 대한 홈페이지에서의 반응과 페이스북에서의 반응이 확연히 다른 것을 통해 허핑턴포스트코리아를 구독하는 독자들은 대부분 페이스북과 같은 SNS를 통해 기사를 접하고 있음을 알 수 있다. 이들은 허핑턴포스트코리아에서 제공하는 페이스북 내의 페이지에 접근해 '좋아요'를 눌러 개인 계정에서 게시물을 받아보는 방식으로 뉴스를 소비하고 있다.

2014년 11월 17일 기준 허핑턴포스트코리아의 페이지 '좋아요' 수는 20만 7천 1백 69명으로 집계되어 최소 20만 명이 넘는 사람들이 허핑턴포스트코리아의 게시물을 정기적으로 받아보고 있다는 것을 확인할 수 있었다. 우리나라 5대 일간지에 해당하는 조선일보, 중앙일보, 동아일보, 한겨레신문, 경향신문 모두 최근 경향을 따라 페이스북 페이지를 개설해 SNS를 통해서도 기사를 제공하고 있다. 같은 날을 기준으로 이들 기존 언론의 페이지 '좋아요' 수를 살펴보면, 조선일보가 9만 6천 개, 중앙일보가 4만 5천 개, 동아일보가 1만 4천 개, 한겨레신문이 11만 개, 경향신문이 21만 개로 허핑턴포스트코리아보다 '좋아요' 수가 많은 매체는 경향신문이 유일한 것을 알 수 있다. 표로 제시하면 다음과 같다.

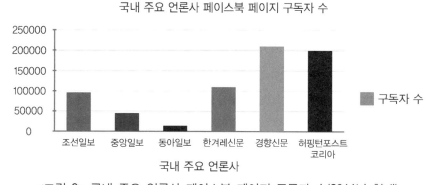

<그림 8> 국내 주요 언론사 페이스북 페이지 구독자 수(2014년 현재)

---

26) 김준(2014), "롯데가 FA 선수 모두를 잃은 이유", 허핑턴포스트코리아, 2014년 12월 15일.
27) 김누리(2014), "무릎 꿇는 사회", 허핑턴포스트코리아, 2014년 12월 15일.

〈그림 8〉에서 가장 많은 구독자를 확보하고 있는 매체는 경향신문이지만 창립년도와 인지도를 고려해봤을 때 창립 1주년도 채 되지 않은 신흥 매체가 이 정도의 성장세를 보이고 있다는 것은 특기할 만한 일이다. 또한 게시물에 '좋아요'를 누르거나 게시물을 '공유', 혹은 댓글을 단 이른바 '액팅유저'는 하루 평균 28만 7천 400명가량 되어, 페이지 '좋아요'를 눌러 직접적으로 게시물을 받아보고 있진 않지만, 페이스북상의 친구가 확산시킨 게시물을 읽고, 그에 대한 반응을 보이는 간접적 독자들도 상당 수 있음을 확인해 볼 수 있었다.

3.2. 페이스북에서의 블로그 기사 소비 방법

페이스북에서의 블로그 기사 소비 방법은 크게 두 가지 측면으로 나누어 볼 수 있다. 하나는 '좋아요', '공유', '태그'를 통해 일어나는 뉴스 유통 및 확산이고, 다른 하나는 댓글 '좋아요'와 답글을 통한 독자 간 의사소통의 활성화이다. 뉴스 유통 및 확산의 측면은 기존 저널리즘 환경에서는 볼 수 없었던 새로운 뉴스 소비 방식이라는 점에서 의의가 있다. 페이스북 계정을 가지고 있는 사람은 누구나 자신의 뉴스피드에 나타난 뉴스 게시물을 '좋아요', '공유', 댓글에서의 '태그'를 통해 이를 확산시킬 수 있다. 전통적인 언론에서는 소수 미디어 기업만이 지니고 있었던 뉴스 유통의 기능을 이제는 모두가 가질 수 있게 된 것이다. 반면 댓글 '좋아요'와 답글을 통한 독자 간 의사소통의 활성화 기능은 대부분의 신문사 및 방송사와 포털 사이트에서도 제공하는 댓글 기능으로 새로울 것이 없어 보인다. 하지만 뉴스가 이전과는 달리 지속적으로 널리 확산되어 댓글 수가 증가했다는 점, 페이스북 이용자들은 신문사 및 방송사와 포털 사이트 이용자보다 훨씬 더 많은 개인정보를 노출하고 있어 댓글에서의 공손성과 내용적 전문성이 돋보인다는 점에서 차이를 보여 이 부분에 대한 연구도 기존 뉴스 댓글 연구와는 다른 의미를 가질 것이라 본다.

(1) '좋아요', '공유', '태그'를 통한 뉴스 확산

페이스북을 비롯한 소셜 네트워크에서 뉴스 미디어로서의 위상을 유지하기 위해서는 뉴스룸에서 생산된 뉴스가 소셜 네트워크상에서 호응을 얻어야 한다[28]. 여기서 말하는 호응은 뉴스의 질에 대한 정성적인 평가를 의미하는 것이 아니다. 페이스북에서 유통되는 뉴스에서의 호응은 뉴스가 지속적으로 '흘러가는 것'을 의미한다. 독자가 기사를 읽고 아무런 반응

---

28) 공훈(2010), p.113.

없이 해당 게시물을 넘겨 버리면 그 기사는 거기서 생명력을 잃게 된다.

기존 언론에서도 뉴스를 생산하고 유통하는 데 주력했다는 것은 명백한 사실이다. 하지만 그 일은 해당 기사를 지면에 인쇄 혹은 정해진 시간에 전달하는 데에서 끝났다. 기존 언론에서의 뉴스 생산과 유통은 일회성 행위에 그쳤고, 뉴스 또한 정해진 시간에 독자 혹은 청자에게 소비되면 그걸로 자신의 소임을 마치는 것으로 이해됐다.

소셜 네트워크상에서 뉴스는 지속적으로 흘러야 한다. 흐르는 뉴스가 생명력을 지닌 것으로 인식된다. 페이스북 같은 경우에는 그 흐름이 게시물 '좋아요' 클릭, 타임라인을 통한 게시물 '공유', 댓글에서의 특정인 '태그'를 통해 이루어진다. 소셜 네트워크에서의 뉴스는 뉴스가 게재되고 그로부터 얼마나 널리 확산되느냐에 따라 생명의 길이가 결정된다[29]. 그 생명의 길이가 길수록 뉴스는 더 큰 영향력을 지니게 된다.

<그림 9> '좋아요', '공유', '태그'를 통한 뉴스 확산 사례

(출처 : 허핑턴포스트코리아 페이스북 페이지)

따라서 페이스북과 같은 소셜네트워크에서는 독자 하나하나의 역할이 상당히 중요하다. 그들은 이제 뉴스가 뉴스로서의 생명력을 유지할 수 있도록 돕는 유통자로서의 기능을 한다. 독자들은 자신의 마음에 들거나, 널리 퍼트리고 싶은 기사에 '좋아요'를 누름으로써 기사에 대한 자신의 평가와 함께 기사를 확산시킨다. '좋아요'가 눌린 게시물은 '좋아요'를 누른 독자

---

29) 앞의 글, p.114.

와 친구 관계를 맺은 이용자의 뉴스피드에 노출되어 한 번의 클릭으로 그에 달린 수많은 사람들이 그 뉴스를 소비할 수 있게 한다. 친구의 '좋아요'를 통해 해당 뉴스를 접하게 된 다른 이용자도 '좋아요'를 누른다면 그 게시물은 엄청난 파급력을 가지며 지속적으로 확산될 수 있을 것이다. 따라서 게시물에 카운트 되어있는 '좋아요' 횟수는 단순히 그 글이 그만큼의 독자에게 읽혔다는 것을 의미하지 않는다. 해당 기사는 페이지 '좋아요'를 누른 모든 독자에게 읽혔을 뿐더러 게시물 '좋아요'를 누른 독자들의 친구에게까지 읽혔다는 점에서 페이스북에서의 뉴스 확산은 기존 언론과는 다른 파급력을 갖는다.

간혹 독자들 중에선 해당 게시물을 자신이 원할 때마다 볼 수 있도록 게시물 '공유'를 통해 뉴스를 소장 및 확산시키는 경우도 있다. '공유'는 자신의 타임라인에 해당 게시물을 걸어둘 수 있다는 점에서 일회적 확산에 그치는 '좋아요'와는 차이를 보인다. '공유' 또한 '좋아요'와 같이 자신의 친구들에게 해당 게시물을 노출시킨다는 점에서 같은 확산 방식을 지닌 것처럼 보이지만, '공유' 같은 경우 자신의 타임라인에 들어온 친구 및 타인에게 게시물을 지속적으로 노출시킬 수 있다.

댓글을 통한 확산인 '태그'도 앞서 언급한 '좋아요', '공유'와 같은 방식으로 친구에게 뉴스를 노출시킨다. 하지만 '태그'는 그에 앞서 독자가 원하는 사람을 지목하여 게시물 내용을 읽게 한다는 목적성을 지니고 있고, 그것이 '좋아요', '공유'와 같은 방식과의 차이라고 말할 수 있을 것이다. 해당 게시물의 내용을 함께 공유하고 싶은 친구를 선택하여 기사를 읽게 하는 방식은 기사를 타인에게 정확히 확산시킬 수 있다는 점에서 다른 방식보다 뚜렷한 확산 방향을 보장한다.

이렇듯 페이스북을 포함한 다른 소셜 네트워크에서도 계정 이용자들은 개개인이 하나의 결절점 역할을 하면서 뉴스에 생명력을 불어넣고 있다. 소셜 네트워크상에서의 뉴스 확산 과정은 뉴스의 생명이라는 개념이 변화하였다는 점, 그리고 뉴스 유통과 소비에 있어 개인의 역할이 이전보다 넓어졌다는 점에서 기존 언론과 비교하여 살펴볼 만한 가치가 있다.

(2) 댓글 '좋아요', 답글을 통한 독자 간 의사소통

페이스북을 비롯한 소셜 네트워크에서 이어지는 뉴스의 흐름 가운데 뉴스에 대한 정성적인 평가도 나타난다[30]. 댓글과 댓글에 관한 독자 반응이 바로 그것이다. 이 내용들은 뉴스 내용에 관한 개인의 주관적인 평가를 담고 있기 때문에 게시물과 더불어 소중한 자산으로

---

30) 앞의 글, p.114.

여겨진다. 또, 댓글을 통한 독자 간 의사소통 과정도 무시할 수 없다. 독자들은 뉴스 기사를 읽고 그에 대한 자신의 주장을 댓글로 표현하기도 한다. 그러면 그 글을 읽고 댓글 창으로 넘어온 또 다른 이용자들이 공감할 수 있는 댓글에 '좋아요'를 눌러 댓글에 대한 자신의 의견을 표명한다. 이보다 더 적극적으로 타인에 댓글에 대한 자신의 생각을 표현할 수 있는 방법도 있다. 댓글에 대한 답글이 바로 그것이다. 독자들은 자신의 의견과 비슷한 의견에 적극적인 동의를 표시하기 위해, 혹은 반대 주장을 펼치기 위해, 또는 틀린 정보를 바로 잡기 위해 답글을 통해 타인과 의사소통을 진행한다. 이러한 기능은 일반 포털 사이트에서 제공하는 댓글 '추천' 기능, 답글 기능과 다를 것이 없다. 하지만 페이스북에서의 댓글과 포털 사이트에서의 댓글은 공손성과 구체적 내용 측면에서 질적 차이를 보인다.

일례로 허핑턴포스트코리아에 게재된 '할인은 해 주지만 비행기는 탈 수 없어요.'[31]라는 기사에 관한 독자 댓글 반응을 살펴보도록 하겠다. 해당 기사는 시각 장애 1급으로 한빛 맹학교 수학교사로 재직 중인 안승준 씨가 장애인에게 주어지는 선심성 복지 혜택보다는 실질적으로 필요한 조치를 해달라는 의도를 가지고 쓴 게시물이다. 필자는 입장료 할인이나 대기 시간 감축과 같은 혜택보다는 시각 장애인 안내원 배치나, 동승자 할인과 같은 규정을 두어 해당 장애인에게 필요한 복지 혜택을 제공하는 것이 장애인에게도, 일반 시민에게도 도움이 될 것이란 주장을 본인의 경험을 토대로 풀어나가고 있다. 주목해야 할 것은 그 밑에 달린 댓글이다. 필자에 따르면 비행기 탑승 시 시각 장애인에게 할인 혜택이 주어지지만 동승자의 탑승이 없을 시, 도착지에 보호자가 나와 있다는 '보호자 확인서'를 작성해야만 탑승할 수 있다. 이러한 정부 혹은 기업의 방침을 두고 두 명의 독자가 서로 다른 의견을 표명하고 있다. '신홍규'라는 독자는 앞에 댓글을 달았을 '김성진'을 직접 언급하며, 장애인에 대한 최소한의 보호 조치만 해준다면 그들도 자신의 의지대로 움직일 수 있음을 주장하며 과도한 보호 조치가 오히려 차별을 유발할 수 있다고 말한다. 이에 '김성진'은 답글을 달아, 사고의 가능성은 항상 내재되어 있기 때문에 기업의 입장에선 동승자 확인 규정을 통해 사고 위험을 최소화하여야 한다고 주장한다. 두 사람은 그 이후에도 서로가 제시한 근거를 반박하거나, 정보의 오류를 지적하며 상대의 반응에 대한 자신의 견해를 적극적으로 표명한다. 이 사례에서 눈여겨보아야 할 점은 두 사람이 존댓말을 사용하여 의견을 주고받는다는 점과, 서로의 의견에 대한 반박에 나름의 근거를 들고 있다는 점이다. 기존 인터넷 이용자들이 댓글을 달 때에는 자신의 익명성에 기대 상대가 누구인지 생각하지 않고 반말 표현을

---

31) 안승준(2014), "할인은 해주지만 비행기는 탈 수 없어요.", 허핑턴포스트코리아, 2014년 11월 25일자.

<그림 10> 댓글 '좋아요'와 답글을 통한 독자 간 의사소통 사례

(출처 : 허핑턴포스트코리아 페이스북 페이지)

사용하거나, 반대 의견을 표출할 때도 정당한 근거를 대지 않고 무조건적인 비난만을 일삼았다. 하지만 페이스북은 상당한 정도의 개인 정보를 내걸어야 그만큼 친구 관계가 넓어지는 특성을 가지고 있기 때문에,[32] 이용자들은 책임감을 지니고 댓글을 작성한다. 자신이 작성한 댓글을 나의 친구가 볼 수 있다는 점, 그리고 타인이 나의 신상 정보를 파악할 수 있다는 점을 인지하고 있다는 것이다. 이러한 시스템 안에서 공손성을 지닌 댓글 달기와 심층적인 내용을 지닌 댓글 달기가 이루어지는 것은 당연한 일이라고 볼 수 있다.

하지만 늘 좋은 댓글만이 달리는 것은 아니다. 기사가 노출된 형식만 보고도 어느 정도의 내용을 파악할 수 있는 페이스북 기반 블로그 기사에서는 정확한 기사 내용을 보지 않고 기사를 비판하는 댓글도 심심치 않게 확인할 수 있다.

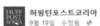

<그림 11> SNS 기반 참여저널리즘의 한계

(출처 : 허핑턴포스트코리아 페이스북 페이지)

일례로 앞에서도 언급했던 허핑턴포스트코리아의 '김게이씨 보호자 되시나요?'란 기사에 달린 댓글을 살펴보도록 하겠다. 페이스북에 드러난 이 기사는 "김게이(게이, 유부남, 회사원)ㅣ'둘 중 하나가 아파 보니 평생 이렇게 살아야 하는 사회라면 마음대로 아프지도 못하겠구나 하는 생각이 간절히 드는 경험이었다.'"라는 구절을 전면에 내세워 독자로 하여금 기사 내용을 짐작해보게 했다. 기사를 제대로 읽어보면 필자가 동성 결혼을 하여 현재 동성 배우

---

32) 공훈(2010), p.118.

자와 함께 살고 있는 상황임을 알 수 있다. 하지만 이미지와 요약 구절만을 통해 대강의 이야기를 어림짐작한 독자의 경우, 필자를 동성애자이지만 이성과 결혼을 한 사람으로 오해할 수 있다. 다행히 필자의 도덕성에 비판을 가한 독자의 댓글에 답글이 달려 오해를 풀어주었지만, 이 과정에서 "게이 중에 기혼자가 60% 이상이라는 이야기도 있다."는 근거 없는 댓글이 달려 한 집단에 대한 왜곡된 인식을 조장하기도 했다.

이처럼 페이스북 댓글을 통한 독자 간 의사소통은 자신의 신상 정보를 고려한 공손하고 깊이 있는 의견 교환을 통해 기존 인터넷 저널리즘과의 차이를 드러내고 있었으나, 세심한 기사 읽기의 부족으로 잘못된 정보를 습득하는 점, 근거 없는 이야기를 사실처럼 기재한다는 점에서는 기존 인터넷 저널리즘에서 해결되지 못한 문제를 고스란히 안고 있음을 확인할 수 있었다.

III. SNS 기반 참여저널리즘의 의의와 한계 및 국어교육학적 제언

지금까지 SNS 기반 참여저널리즘에서의 기사 생산과정과 소비과정을 살펴보았다. SNS 기반 참여저널리즘은 시민들의 적극적인 참여를 바탕으로 기사 생산, 유통, 소비 세 측면에서의 현격한 변화를 가져왔다. 기사 생산의 형식적 측면에서는 지면과 시간의 제약을 뛰어넘어 이미지와 동영상 같은 시각자료를 적극적으로 활용한 기사를 생산할 수 있게 됐다. 또, 이러한 기사를 SNS를 통해 유통시키기 위해서 이야기성을 고려한 방식으로 재편집하여 한눈에 보기 쉬운 뉴스로 나아가고 있음을 확인할 수 있었다. 기사 생산의 내용적 측면에서 보면 일반 시민을 필진으로 영입해 보다 다양한 분야에 대한 심층적인 이야기를 끌어낼 수 있다는 측면에서 주로 객관적 정보 위주의 뉴스를 생산하는 기존 언론의 빈 곳을 메워주는 역할을 하고 있음을 알 수 있었다. 이러한 SNS 기반 참여저널리즘의 기능은 거시적인 맥락에서 사안을 이해하게 한다는 점에서 기존 언론과의 상호보완적 관계를 통해 저널리즘의 새로운 대안으로 성장할 수 있는 가능성을 보인다. 기사의 유통 측면에서도 뚜렷한 변화가 일어났음을 확인해볼 수 있었다. SNS를 통해 기사를 받아보는 독자는 한 개인 개인이 뉴스 유통의 결절점으로 기능한다. 그들은 '좋아요'를 클릭하거나, 자신의 타임라인에 기사를 '공유', 댓글을 통해 친구를 '태그'하는 등의 방식을 통해 뉴스를 지속적으로 확산시킨다. 또, SNS 환경은 자신의 개인 정보가 어느 정도 공개되어 있고, 누가 어떤 게시물에 댓글을 썼는지 친구에게 노출이 되기 때문에 모두 책임감을 가지고 댓글을 작성한다. 따라서 기존의 포털 사이트와는 다르게 공손성과 주장의 타당성을 지닌 채 자신의 의견을 표출하고 타인과 의견을 공유하기도 한다. 이러한 의미에서 봤을 때, SNS 기반 참여저널리즘은 아래로부터의 담론을 지속적으로 확산시켜 뉴스의 개념을 넓혔다는 점에서 그 의의를 찾아볼 수 있다.

하지만 SNS 기반 참여저널리즘이 장점만을 지니고 있는 것은 아니다. 시각자료를 앞세워 '읽는' 기사가 아닌 '보는' 기사를 추구하는 형식상의 특징으로 인해 독자들은 기사를 세밀하게 읽지 않는다. SNS에 노출된 기사 형식만으로도 기사 내용을 얼추 가늠해볼 수 있기 때문에 굳이 링크를 타고 본문을 읽어보는 수고를 하지 않으려 하는 것이다. 이러한 기사 읽기 방식은 사안에 대해 잘못된 정보를 인식하게 될 수 있다는 점, 또 이러한 독자들이 자신의 정보가 사실이라고 믿고 댓글을 달게 될 경우, 또 다른 독자들이 왜곡된 정보를 습득하게 될 수 있다는 점에서 위험하다고 볼 수 있다. 특히 후자의 경우, SNS 환경은 기존 언론의 미디어 환경보다 뉴스 확산 속도가 빠르고 그 폭 또한 상당히 넓기 때문에 그 피해가 예상보다 커질 수 있다는 점에서 교육적 차원에서의 대안이 필요하다고 본다.

따라서 본고에서는 SNS 기반 참여저널리즘에서 나타나는 기사 특징을 인식, 한계점을 보완하기 위한 수단으로 중등학생을 대상으로 한 국어교육학적 대안을 제시하며 연구를 마무리 짓고자 한다.

SNS 기반 참여저널리즘에서 나타나는 문제점을 해결하기 위해서는 우선 새로이 나타난 저널리즘 체제에서의 뉴스 생산 및 유통 과정을 교육시켜야 할 것이다. 필진이 직접 작성한 기사가 1차 자료, 편집진이나 일반 시민이 요약문 혹은 자신의 견해를 달아 재편집한 글이 2차 자료, 댓글을 통해 공유되는 의견이 3차 자료임을 가르쳐 SNS를 통해 뉴스가 유통되면서 원 기사가 변형되기도 하고, 수많은 사람들의 의견이 덧붙여지기 때문에 1차 자료와 재가공된 2차, 3차 자료를 구별할 수 있어야 한다는 점을 전달해야 한다. 더불어 SNS상에서는 한 개인이 뉴스 유통의 권한을 가지고 있기 때문에 해당 게시물이 상당히 많은 사람에게 확산될 수 있다는 사실도 주지시켜 주어야 할 것이다. 이러한 지식을 통해 학습자들은 게시물 및 댓글을 책임감을 지니고 작성하게 될 것이며, SNS를 통해 얻은 정보도 비판적인 눈을 통해 걸러낼 수 있을 것이다.

이에 더해 학습자들 스스로가 뉴스 생산자가 될 수 있음을 교육시키는 것도 필요하다. 참여저널리즘은 뉴스 생산의 문을 낮춰 누구든 자신의 이야기를 타인과 공유할 수 있도록 하는 데 기여했다. 학습자들의 특별한 경험, 자신만의 비법과 같은 이야기가 뉴스거리가 될 수 있음을 알려주고, 그에 더해 흥미를 끌 수 있는 이미지를 선택하여 글을 편집하는 기능 또한 교육시켜야 할 것이다. 이러한 교육은 사이버의사소통에서의 효과적인 글쓰기 방식을 습득하는 데 도움을 줄 수 있을 뿐만 아니라, 주체적으로 자신의 경험을 타인과 공유하는 과정을 통해 자아정체성을 인식하고, 자존감을 높이는 데에도 긍정적인 영향을 미칠 것이다.

참고문헌

고영삼 외(2014), 소셜 미디어의 이해, 미래인.
공 훈(2010), 소셜미디어 시대 보고 듣고 뉴스하라, 한스미디어.
박선희(2012), SNS 뉴스 소통 - 다중성과 구술성,『언론정보연구』49(2), 서울대학교 언론정보연구소.
원성균(2014), 외부 참여자를 통한 참여저널리즘 사례연구, 건국대학교 석사학위논문.
최민재, 양승찬(2009), 인터넷 소셜미디어와 저널리즘, 한국언론재단.
FK II 조사연구팀(2006), 소셜 미디어(Social Media)란 무엇인가?, IT Issue Report 국내,『정보산업지』
        2006년 12월호. http://www.fkii.or.kr

〈참고기사〉
강풀(2014), "강풀의 첫 블로그", 허핑턴포스트코리아, 2014년 2월 27일자.
김게이(2014), "김게이씨 보호자 되시나요?", 허핑턴포스트코리아, 2014년 9월 19일자.
김게이(2014), "김게이 웨딩사진 촬영기", 허핑턴포스트코리아, 2014년 11월 12일자.
김누리(2014), "무릎 꿇는 사회", 허핑턴포스트코리아, 2014년 12월 15일.
김 준(2014), "롯데가 FA 선수 모두를 잃은 이유", 허핑턴포스트코리아, 2014년 12월 15일.
김혜린(2014), "놀랍고 당혹스러운 한국 기업들의 불법어업 실태", 허핑턴포스트코리아, 2014년
        10월 27일자.
박진아(2014), "손실이 아닌 재생산 | 월경에 대한 새로운 시각", 허핑턴포스트코리아, 2014년 10월
        15일자.
안승준(2014), "할인은 해주지만 비행기는 탈 수 없어요.", 허핑턴포스트코리아, 2014년 11월 25일자.
안창현(2014), "허핑턴포스트코리아 '뉴스+블로그 실험' 좋아요!", 한겨레신문, 2014년 6월 12일자.
조준상(1999), "모든 시민이 기자 인터넷뉴스 '오마이뉴스' 창간", 한겨레신문, 1999년 12월 23일자.

〈참고 사이트〉
Baekdal의 밴다이어그램, http://www.baekdal.com/analysis/market-of-information
허핑턴포스트코리아, http://www.huffingtonpost.kr/

13 페이스북의 신문 기사 공유에 나타난 비판적 언어 인식의 SNS 구조와 언어활동

Ⅰ. 들어가기

웹 2.0 기술과 스마트 미디어의 보급으로 소셜 네트워크 서비스(social network service, 이하 SNS)는 일상의 중요한 매체가 되었다. 많은 사람들이 SNS를 통해 일상의 신변잡기와 뉴스거리, 소소한 생각을 생산하기도 하고 공유하고, 읽기도 한다. 한정된 공간이나 정해진 시간에 구애 받지 않으며 다양한 장르의 콘텐츠와 정보를 주고받는다는 것과 더불어 SNS의 가장 큰 특징은 소수에게 독점되던 정보 생산의 권력을 다수의 대중들도 갖게 되었다는 것이다. 즉 일방적으로 주어지던 소통의 틀이 양방향, 혹은 다양한 방향으로 전개되는 환경이 마련된 것이다.

이처럼 변화된 소통의 구조는 넘쳐나는 정보의 언어와 기호에 대한 비판적인 접근과 그에 대한 방법과 교육에 대한 성찰을 요구한다. 또한 소통이 단순히 개인의 문제가 아닌 사회적 소통의 측면이라는 넓은 시각을 갖게 되면서 언어의 개인적인 측면에서의 의미만이 아니라 언어 자체가 사회적 행위임을 인식하게 하는 교육이 필요하다.

사회적 차원의 소통 문제와 언어 공동체의 삶에 대한 고민은 여러 차원에서 접근할 수 있겠지만 본 논의에서는 현재의 SNS 미디어 환경에서 소통 구조의 변화 양상을 비판적 언어 인식[1]의 논의와 연결하여 그 구조와 언어를 탐색하고자 한다. 이는 언어와 사회적 관계를 연결해 주는 매체 사이의 관계를 탐색하는 과정이며, 이 과정에서 국어교육에 주는 시사점은 무엇인지, 이를 통해 학습자가 보다 능동적이고 주체적으로 언어를 수용하고 생산할 수 있는 국어교육의 방향은 무엇인지 살펴보고자 한다.

---

1) 비판적 언어인식은 비판적 담화분석의 이론에 기댄 교육적 지류이자 실천태이다. 비판적 담화분석에 대한 이론적 논의에 대해서는 뒤에 이어지는 논의에서 더 자세하게 보기로 한다. 본고에서는 '비판적 담화분석'의 이론을 배경으로 SNS라는 매체를 분석하며, 실제 교육에서의 함의에 접근하는 것을 목적으로 삼는다. 따라서 '비판적 언어인식'이라는 용어를 더욱 적극적으로 활용하며 필요에 따라 원래의 이론 틀에 접근할 때에는 '비판적 담화분석'이라는 용어를 사용할 것이다.

본고에서는 특히 SNS의 뉴스 텍스트 공유 활동에 주목하고자 한다. 특정 뉴스 기사를 본인의 트위터(twitter)나 페이스북(facebook) 계정에 로그인하여 기사를 링크시키고 그 기사를 확산시키는 활동은, 텍스트를 읽는 것만으로 매체를 수용하는 활동이 아니라 새로운 매체를 통해 텍스트를 재생산해 내는 활동이다. 이는 의미를 파악하고 구성하는 것 이상의 공유와 확산이라는 사회적 맥락에서 보다 실천적인 소통 행위라 할 수 있다. 따라서 본 논의에서는 페이스북을 중심으로 특정 뉴스 텍스트가 SNS를 통해 공유되고 확산되는 구조와 방식이 사회적 맥락에서 어떤 의미를 갖는지, 그것이 언어활동과 어떻게 상호 교섭하는지에 대해 구체적으로 살펴보고 국어교육에서의 함의를 살펴보고자 한다.

II. 선행 연구

매체의 이용 그 자체는 이미 하나의 사회적 실천 행위이다. 매체라는 장르에 대해 교육적으로 접근하면서 사회 문화적 차원의 고민을 배제할 수는 없을 것이다. 국어교육에서는 이미 사회 문화적 맥락에서의 언어에 대한 비판적 인식을 강조하는 연구들이 꾸준히 있어 왔다. 본격적으로 SNS라는 매체의 구조와 언어를 살펴보기 전에 국어교육에서 비판적 언어 인식에 대해 접근한 연구를 먼저 살펴보겠다.

신명선(2002), 김은성(2005, 2013), 심영택(2013), 박종미(2013) 등은 비판적 언어 인식 이론을 기반으로 국어교육에서의 접근과 지향점에 관한 연구를 제시하였다. 사회적 실천 행위로서의 읽기의 적절한 방법의 탐색을 목표로 논의를 전개한 신명선(2002)에서는 사회·문화적 맥락에서의 관심이 텍스트나 담화 그 자체에만 한정되어 있음을 지적하고 읽기의 주체는 사회적 실천 행위의 주체인 생산적 독자이며, 주체의 역동성 있는 읽기를 담보하기 위해, 언어와 사회 문화적 이론이 통합된 읽기 방법의 설계가 필요함을 강조하였다.

김은성(2005)에서는 페어클로(Fairclough)의 비판적 담화 분석[2]을 자세하게 설명하면서,

---

[2] 비판적 담화 분석은 하나의 정형화된 연구 방법론이 아니라 일종의 관점이며 '문제 지향적인 학제 연구 사조(a problem-oriented interdisciplinary research movement)' (Fairclough & Wodak, 2012, p79)라 할 수 있다.
비교적 최근의 논의인 최윤선(2014: 4)에서는 비판적 담화분석에 대한 전반적인 소개를 다음과 같이 하고 있다. "사회·정치적 담화 분석이라고도 불리며, 페어클로(Fairclough)를 비롯한 반 다이크(Van Dijk), 워닥(Wodak) 같은 학자들을 중심으로 발전된 이론 틀로서 사회과학의 담론 연구가 가지고 있는 문제의식을 공유하고 있다. 담론 속의 권력 관계, 지배와 피지배 관계를 밝히고 힘의 관계를 들춰내는 것을 목표로 한다. 특히 담론과 담화에 초점을 맞추게 되면서 담화가 어떻게 사회적 조건을 생산하고 현 상황을 지속시키며 정당화하는지, 또 사회 변화의 시작과 전개에 개입하는지에 대해 언어 분석을 통해 밝혀내는 데 목적이 있다."

비판적 담화분석의 교육적 지류이자 실천태로서의 비판적 언어인식은 언어에 대한 다층적인 접근을 추구하며 언어의 다양한 부면, 그 중에서도 특히 가치적인 부면을 높이게 한다고 보았다. 이에 대한 이론적 검토 후 한국 교육의 현실에서의 적용을 논의한 후속 논의(김은성, 2012)에서는 교실에서 비판적 언어인식을 실천하기 위한 분석의 도구와 방법이 구체적이지 않다는 것, 한국의 언어문화와 사회에서 비판적 언어인식의 이론적 논의를 있는 그대로 접근하는 것이 과연 적합한 것인가에 대해 고찰하면서 국어교육에서의 비판적 언어인식의 함의에 대해 논의한다.

이에 심영택(2013)에서는 한국의 교실 공간에 적합한 비판적 언어인식 교육방법에 대한 접근을 시도한다. 교실이라는 특수한 공간적, 상황적 맥락에서 학생의 활동과 교사의 지도는 어떤 방향이어야 하는지를 비판적 언어인식의 층위에 따라 구체적으로 제시하고 있다. 박종미(2013) 역시 보다 구체적인 분석의 접근을 통해 문법 교육에서의 비판적 언어인식의 적용에 대한 가능성을 설문 조사를 통해 확인하고, 비판적 문법 인식의 관점을 가질 수 있을 때보다 고차원적인 문법 인식 능력 향상에 도움이 될 수 있다고 전망하고 있다.

이 두 논의는 앞서 소개한 두 논의에 비해 이론을 바탕으로 보다 실제적인 교육의 측면에 접근했다는 점에서 의의가 있다. 그러나 비판적 언어인식에서 중요하게 보는 사회적 맥락, 담화 상황에 대한 전체적인 조망 내에서의 접근보다는 텍스트 자체에 집중하고, 그 속에서 비판적인 인식만 제기한다. 그러나 사회·문화적 맥락에서의 언어에 대한 접근은 언어를 담고 있는 형식, 소통을 위한 매체, 즉 장르의 특성에 대한 논의 없이는 불가능하다.

스마트폰의 보급과 함께 SNS가 중요한 소통의 매체가 되면서 하나의 장르로서 SNS와 국어교육과의 연결 지점을 찾고자 하는 논의도 활발하게 이루어졌다. 정현선(2013), 정혜승(2014), 손예희, 김지희(2014) 등에서의 연구는 SNS라는 소통 공간의 특성, 구조에 대한 특성을 분석하며, 언어적 실천을 강조하는 국어교육과 국어교육에서의 참여자의 태도와 비판적 문식성의 필요성을 제기하고 있다. 특히 정현선(2013)에서는 단지 SNS라는 하나의 매체에 국한되기보다는 새로운 기술과 매체의 등장으로 인해 생겨나는 실제 세계의 언어 현상에 대한 이해와 탐구, 또 그것이 인간의 의사소통 본질이라는 측면에서 어떤 의미가 있는지에 대해 관심을 갖고 이해하려는 태도를 길러야 한다고 보고 있다. 즉 매체가 달라진다고 해서 국어교육에서 소통 측면의 내용 자체가 달라지기보다는 소통에 참여하는 참여자의 태도, 매체에 따른 언어 사용자의 지식의 적용과 태도가 본질이 되어야 한다는 것이다.

이러한 연구들 역시 매체의 구조와 그 속에서의 언어와 언어를 대하는 태도적인 측면에서의 접근을 강조하고 있지만, 개인의 언어 인식 차원에서 머무르고 있어 매체의 구조가 소통의 과정에서 언어에 미치는 영향에 대해서는 구체적으로 접근하지 못하고 있다. 장르라는 구조를 파악하는 일이 왜 언어의 소통에 중요한 문제인지 언어적 실천에 미치는 영향은 무엇이며, 그에 따라 어떤 언어적 인식을 가져야 하는지에 대한 구체적인 접근이 필요하다.

III. 사회적 실천의 행위로서의 SNS 뉴스 공유 활동 분석

SNS의 대표적인 채널로는 페이스북, 트위터[3] 등이 있다. 여기서는 앞에서 언급한 대로 페이스북을 대상으로 그 소통의 구조와 언어 현상을 분석하고자 한다. 이성규, 김지연(2014)에서는 SNS를 공개 범위 기준에 따라 폐쇄적 SNS와 개방적 SNS로, 채널의 목적에 따라 네트워킹 플랫폼(networking platform), 커뮤니티 플랫폼(communication platform), 미디어 플랫폼(media platform)[4]으로 분류한다. 트위터의 경우 개방적 SNS로 비교적 접근이 쉽지만 사적인 네트워킹이나 커뮤니티로서의 기능은 상대적으로 부족한 편이며, 페이스북의 경우 일부 폐쇄적이나 기능적인 측면에서 후자의 분류에 골고루 최적화되어 있는 채널이라고 설명한다. 따라서 페이스북의 뉴스피드[5]에는 채널의 다양한 성격만큼이나 여러 가지 주제

---

3) 트위터와 페이스북의 기능상의 특징이나 이에 대한 자세한 비교는 본 논의에서는 본격적으로 다루지 않지만 허상희(2013: 59)에서 정리한 트위터와 페이스북의 특성을 소개하면 다음과 같다.

	페이스북	트위터
사용 목적	관계 형성 〉 정보 공유	정보 공유 〉 관계 형성
주체 대상	1:1, 1:다	1:1, 1:다
접속 수단	웹, 모바일	웹, 모바일
관계 맺기	쌍방	일방
정보 유형	텍스트, 사진 위주	텍스트, 사진 위주
주요 정보 내용	신변잡기 정보〉사건·사고, 이슈	사건·사고, 이슈〉신변잡기 정보
정보 성격	개인적, 공식적	개인적, 공식적
정보 제공 방식	나열식, 분류식	나열식
댓글 여부	○	○
사용자 통제	X	X
기타		글자 수 제한

4) 목적에 따른 SNS의 유형 분류는 이성규, 김지현(2014)에서 인용한 이재현(2013, SNS의 열 가지 얼굴)의 분류를 재인용한 것임.

5) 페이스북의 뉴스피드란 사용자가 친구로 맺고 있는 사람의 글이나 구독을 신청한 페이지의 글들이 시간의 역순으로 배열되어 게시되는 공간을 말한다. 또 특정 개인이 그동안 페이스북에서 쓴 글을 볼 수 있는

의 텍스트가 생산된다. 개인적인 일상의 이야기에서부터 관심 있는 분야의 이슈들, 음악, 사진, 동영상, 인터넷 신문에서 가져온 기사 내용들까지 다양한 콘텐츠가 게시되는데, 구조적 특성이 생산되는 내용과 언어에 영향을 주는 것이라 볼 수 있다.

따라서 SNS라는 매체의 소통 구조를 보는 것은 내부의 언어에 대한 이해를 위해 중요하다. 특히 소통의 구조와 언어는 서로 상호 작용하며, 영향을 주고받게 되는데, 페이스북의 경우에서 보듯 사적 영역과 공적 영역이 혼재하는 SNS에서의 언어는 공적 영역의 문제를 사적인 언어로 재생산해 내기도 하며, 사적인 문제가 공론화되어 공유되기도 한다. 이러한 과정을 통해 사회 안에서 언어가 언어 그 자체로 하나의 실천6)이 되며, 언어 활동을 하는 개인의 사회적 주체성에 대한 인식 기회를 마련할 수도 있게 된다.

1. 분석의 이론적 배경

매체의 구조, 즉 장르적 특성과 그 안에서의 언어적인 현상은 상호적이다. 그리고 그 구조와 언어는 당연히 사회적인 맥락 안에서 만들어진 상식에 의해 해석되고 생산된다. 언어가 해석되고 생산되는 과정에서 일일이 설명하지 않아도 그 비약의 공간을 채울 수 있고 이해할 수 있는 것은 사회적 맥락이 그 빈 공간을 채우고 있기 때문이다. 이렇게 언어를 사회적 맥락 안에서 운용되고 있다는 관점을 가지고 접근하는 이론이 바로 비판적 담화분석 이론이다. 소쉬르(F. Saussure)가 사회, 역사적 맥락이 배제된 모든 언어 사용자들에게 동질한 언어인 랑그(langue)를 강조했다면 비판적 담화분석의 관점에서 언어적 측면을 더욱 깊이 있게 분석한 페어클로(Fairclough)는 소쉬르가 말한 '랑그'적 속성의 언어는 존재하지 않으며 언어는 사회적 차별화의 산물이며 언어를 사용하는 사람들의 목적과 그들의 사회적 정체성, 환경 등에 따라 달라진다는 것을 강조한다.

이러한 언어 및 사회 사이의 내재적이며 변증법적인 관계를 설명하기 위해 페어클로 (Fairclough)의 아래의 도식은 관련 연구에서 자주 인용된다. 그림에서는 담화 분석 안에 텍스트 분석이 포함되는 관계를 보여 주는데, 국어과 교육과정에서 텍스트는 문어, 담화는

공간은 '타임라인'이라고 하는데, 타임라인에서 역시 역순으로 개인의 게시물을 연도별로 분리하여 볼 수 있게 하였다. 타임라인에는 게시물뿐만 아니라 개인이 개별적으로 공개하기를 원하는 여러 가지 사적 정보(지역, 페이스북 친구, 출신 학교, 직장, 관심을 가진 페이지)를 확인할 수 있다.

6) Fairclough는 언어를 이해하는 것, 언어 활동을 하는 것 자체가 하나의 언어적 실천, 사회적 실천이라고 보았다.

구어라는 구분과는 달리, 텍스트는 문어와 구어를 동시에 일컬으며 언어의 산출물이자 해석과정에서의 자원[7]이며, 담화는 사회 상호작용의 전체 과정이자 언어의 산출 과정으로 사회분석의 차원에서 설명된다[8].

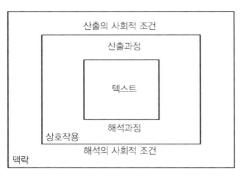

<그림 1> 페어클로의 담화 분석의 차원

그러나 신명선(2002), 김은성(2005, 2013)에서 지적하듯 위의 도식은 도식을 위한 차원 구분일 뿐이다. 각 단계가 서로 영향을 주고받는 관계인 것으로 전체 담화를 생산하고 해석하는 과정은 텍스트와 맥락 그리고 그 사이의 상호작용의 전반적인 측면에서의 접근이 필요하다.

페어클로는 위의 도식에 따라 담화의 텍스트, 상호작용, 맥락이라는 3가지 차원에서의 분석을 위해 기술(description), 해석(interpretation), 설명(explanation)의 단계로 접근할 것을 제안한다.

---

7) Fairclough(2001, 9)는 이를 구성원들의 자원(Member's Resources)이라고 한다. 이는 사람들이 머릿속에 담아 두었다가 텍스트를 산출하거나 해석할 경우 인출해내는 것을 말한다. 즉 해석자의 상식적 가정이나 당연한 기대 등을 말하는 것으로 이는 사회와 그 사회의 이데올로기에 의해 만들어지는 것이다.

8) 이원표(2001)에서는 담화와 텍스트에 대한 연구자들의 논의와 구별을 아래와 같이 정리하고 있다.
① 담화는 커뮤니케이션 행위 그 자체가 아니라 커뮤니케이션 행위의 특별한 적용 형태 (Habermas, 1973)
② 문장은 텍스트를 형성하기 위해 결합되고 발화는 담화를 구성 (Coulthard, 1977)
③ 텍스트와 담화는 어떠한 형태든 일관된 문장의 집합 (Wirrer, 1979)
④ 텍스트는 결합된 문장의 의미로, 담화는 결합된 문장들의 사용이란 의미로 사용 (Widdowson, 1979)
⑤ 텍스트란 용어는 보통 담화라고 부르는 것의 기저가 되는 추상적인 이론적 개념물이고 담화라는 용어는 관찰 가능하고, 직관적이고 일상적인 용어 (Van Dijk, 1979)
⑥ 담화는 사용상의 언어(language in use)이며 텍스트는 담화의 표상(representation)으로서 의사소통 행위의 언어적 기록 (Brown & Yule,1983)
⑦ 담화는 어떠한 맥락에서도, 어떠한 형태로도 나타날 수 있는 문장 언어로 언어 그 자체 (Tannen, 1989)
⑧ 형태주의 관점에서는 담화는 문장 이상으로 구성되어 있고 일관성 있는 언어 단위, 다른 기능주의 관점에서 담화는 사용 중인 언어 (Schiffrin, 1994)

<표 1> 비판적 담화 분석의 단계와 내용

차원[9]	텍스트	상호작용 (담화 실천)	맥락 (사회 문화적 실천)
단계	기술(description)	해석(interpretation)	설명(explanation)
내용	• 해당 텍스트의 언어적 특징을 기술 (어휘, 명칭 부여, 문법 자질, 텍스트 구조 등)	• 텍스트 및 상호 작용 사이의 관련성 해석 • 텍스트와 담화 수행 사이의 상호 텍스트성을 읽어 내는 해석 과정 (텍스트 생성과 사회적 배포 방식, 수용 과정)	• 텍스트의 산출 및 해석 과정에 대한 사회적 결정 내용과 효과에 대한 설명 (사회적 상호작용 및 사회 구조 사이의 관련성)

페어클로는 비판적 담화분석의 이론을 바탕으로 그것이 실천적인 힘을 가지기 위해서 교육 현장에서의 역할이 중요함을 강조하며, 그에 대한 실천의 방법의 하나로 비판적 언어인식(Critical Language Awareness)이 교육의 중요한 목표가 되어야 한다고 주장(Fariclough, 2001:193)한다. 비판적 담화분석이 비판적 언어인식의 이론적 배경이 됨으로써 기존의 언어인식(Language Awareness)에서 간과하던 사회적 맥락이 강조되며, 이데올로기가 반영된 담화 구조와 장치에 대한 분석까지도 다루어 질 수 있음을 강조한 것[10]이다.

이 때 페어클로가 제시하는 교육에서의 비판적 언어인식은 실제 의사소통의 목적을 가진 담화 구성의 행위와 결합하여 학생들의 잠재적인 언어 능력(potential Language capabilities) 개발을 목표로 삼는다[11]. 담화는 주어진 자료가 아니라 학생들이 목적을 가지고 생산하는

---

9) 분석에 차원에 대한 설명은 페어클로의 「Language and Power」(1989)에서 처음 소개된다. 이후 「Media discours」(1995)에서는 차원에 대한 용어 중 '상호작용'이라는 용어가 '담화 실천'으로 '맥락'은 '사회·문화적 실천'으로 달리 표현되어 있다. 각 차원에 대한 설명은 크게 달라지지 않았으나 텍스트와 맥락 사이의 상호 과정 중에 일어나는 담화의 실천의 과정을 더욱 강조하고, 맥락을 설명하며 나타나는 사회적 효과 측면을 더욱 강조하는 것으로 보인다.

10) 김은성(2012, 341)에서는 비판적 언어인식에서 추구하는 바가 언어의 형식적, 기능적, 이데올로기적 차원을 통합적으로 고려하는 것이라 부연 설명하며 '비판적'이라는 수식어는 'Language Awareness'의 한계를 극복하고 비판적인 대안임을 강조하기 위한 장치였으며, 그들의 목표대로 기존 언어인식의 부족한 부분인 이데올로기적 차원이 공식적으로 인정되면서 이후 Fairclough는 비판적 언어인식과 언어인식을 명확하게 구분하지 않는 것으로 보인다고 분석하고 있다. 여기서 보듯 결국 비판적 언어인식은 단지 이데올로기성을 기존의 언어인식보다 강조하기 위함이지, 나머지 언어의 형식적 차원, 기능적 차원을 가벼이 여기는 것은 아니라고 할 수 있다.

11) 이와 관련하여 페어클로가 제안한 언어학습의 모델은 다음과 같다.

실제 언어 자료 텍스트여야 하며, 이것에 대한 해석과 실천을 위한 비판적 언어인식은 생산과 해석에서의 구성원의 자원을 인식하는 것, 구성원의 자원에 대한 사회적 결정 요소를 인식하는 것의 두 가지 수준에서 개발되어야 한다고 보았다.

이를 〈표 1〉의 비판적 담화분석의 단계에 대입하면 다음과 같이 정리될 수 있다[12].

<표 2> 비판적 담화 분석 단계에 따른 비판적 언어 인식의 수준

차원	텍스트	상호작용 (담화 실천)	맥락 (사회 문화적 실천)
비판적 담화분석 단계	기술(description)	해석(interpretation)	설명(explanation)
비판적 언어인식 수준(level)	생산과 해석에서의 MR(구성원의 자원) 인식 • 담화의 생산과 해석을 위한 구성원의 언어 자원 확인 • 형식, 체계로서의 언어 인식 (기술을 포함한 해석)		MR(구성원의 자원)의 사회적 결정 요소 인식 • 힘의 관계, 이데올로기, 가치 등의 설명

이러한 이론적 배경을 바탕으로 본고에서는 SNS의 뉴스 기사 공유 활동에 대한 분석을 비판적 언어인식의 차원에서 진행한다. 분석의 대상이 되는 텍스트는 공유 활동의 소통 구조와 실제 언어 텍스트의 두 가지 차원에서 분석이 가능하다. SNS의 소통 구조와 언어는 모두 하나의 큰 사회적 맥락 안에 포함될 수 있을 것이다. 구조와 언어의 상호작용에 대한 분석뿐만 아니라 소통의 구조를 통해 사회 문화적 맥락과의 상호 작용의 측면, 이데올로기, 힘의 관계 등을 함께 설명하는 것이 언어의 형식적, 기능적, 이데올로기적 측면을 보다 전반적으로 아우를 수 있기 때문이다.

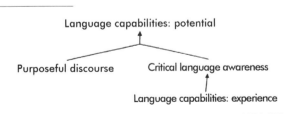

<그림 2> Fairclough의 언어 학습 모델 (Fairclough, 2001:199)

12) 이는 매우 단편적인 측면의 도식화라 할 수 있다. 사실 페어클로의 비판적 언어인식은 각주 11의 그림과 같이 경험적 측면에서의 언어적 실천을 진행하는 것도 함께 포함한다. 이는 교육의 방법적인 측면에서의 내용으로 본고에서는 다루지 않을 것이지만, 마땅히 이러한 방법적인 측면이 고려된다는 가정 하에 논의를 전개할 것이다.

2. 소통의 구조

SNS 이전의 웹상에서의 소통은 정보가 제시되면, 그 정보에 접근하기 위해 수용자가 직접 그 정보를 찾아야만 접근할 수 있었다. 또한 그 정보에 대한 수용자가 할 수 있는 가장 적극적인 반응은 댓글을 달거나 그 내용을 복사하여(혹은 웹의 주소를 링크하여) 다른 웹상에 전파하는 일이었다. 댓글은 그 웹페이지 내에서만 소통되었고, 댓글을 복사하여 다른 웹상에 올리더라도 그 내용을 보기를 원하는 제3자 역시 그 정보를 찾아야만 접근 가능한 한계가 있었다.

그러나 SNS라는 매체(여기서는 페이스북만을 살펴보자)가 등장하면서 매일 아침 신문이 집에 배달되는 것처럼 나의 페이스북 계정에 내가 원하는, 나의 취향에 가까운 기사들을 선정하여 뉴스피드에 올려주는 커뮤니티 페이지13)를 미리 구독 신청을 해두면 굳이 정보를 찾지 않아도 내 커뮤니티 페이지가 전달해주는 기사, 혹은 나와 친구 관계를 맺고 있는 지인들이 공유한 신문 기사들이 SNS의 뉴스피드에 쏟아진다. 주어지는 정보와 소식들을 수동적으로 접근할 수 있는 것이다. 다음의 신문 기사14)를 보자.

[머니투데이 장시복 기자]

'수원 삼성맨' 주말에는 반바지 입고 편하게 출근한다

기사입력 2014-07-15 10:51 기사원문 🖂 55 >

삼성전자 수원사업장에서 근무하는 임직원들은 주말이나 공휴일에 근무할 때 반바지를 입고 나와도 된다.

15일 삼성전자에 따르면 수원사업장은 오는 19일부터 정장과 면 소재로 된 반바지 착용을 허용키로 했다.

일단 수원사업장에서만 시범 적용한 뒤, 반응을 살펴보고 내년부터 다른 사업장으로 확대할지 여부를 정할 계획이다.

삼성전자는 그동안 이른바 '쿨 비즈'(노타이·노재킷·반팔상의) 복장을 권장해 왔지만, 반바지까지 입을 수 있게 한 것은 이번이 처음이다.

이런 조치는 수원사업장의 특성과 무관치 않다는 분석이다. 수원사업장은 다른 사업장에 비해 상대적으로 연구개발 인력 비중이 높아 창의적인 근무환경을 필요로 해왔다는 전언이다. 다만 운동복이나 청반바지, 그리고 샌달은 여전히 허용이 안된다.

삼성전자 관계자는 "에너지 절약 동참 차원도 있지만, 직원들이 보다 유연하고 창의적인 분위기에서 일할 수 있도록 하는데 의미가 있다"고 말했다.

자료사진

<자료 1> 분석 대상 자료(머니투데이, 2014.7.15.)

---

13) 페이스북의 계정은 개인이 가입하는 것이지만, 개인 계정을 가진 가입자가 본인의 이름이 아닌 특정한 정체성과 목적을 가지고 활동할 수 있는 커뮤니티 페이지를 만들 수 있다. 목적과 의도에 따라 내용은 달라질 수 있으며 광고, 홍보, 기사 수집 등 잡지처럼 다양하게 활용될 수 있다. 페이스북 사용자가 이러한 커뮤니티 페이지의 구독을 신청하면 정기적으로 올라오는 소식들을 개인 계정의 뉴스피드에서 확인할 수 있다.

14) 기사의 원문은 다음의 링크에서 확인할 수 있다. 이 기사는 2014년 7월 15일 네이버 메인 화면에 게시되었던 기사이다. http://news.naver.com/main/read.nhn?mode=LSD&mid=sec&oid=008&aid=0003297354&sid1=001

이 기사[15]는 여름철 삼성전자 일부 지역 사원에 한하여 주말에만 반바지를 입고 출근해도 된다는 것이 화제로 제시된 기사이다. 이와 유사한 내용의 기사는 7월 15일에서 7월 16일 양일에 거쳐 종이 신문과 인터넷 신문을 합쳐 모두 35건이 기사화되어 각 언론사를 통해 배포되었다.

이 기사가 페이스북에서는 어떻게 공유되고 확산되었는지는 두 가지 방식으로 확인할 수 있었다. 이 기사에 댓글을 확인하는 방법과 구글 검색을 통해 특정 사이트 내에서의 검색 설정을 통해서 가능하다.

먼저 위 기사의 댓글은 총 55개로 다른 유사 기사에 비해 댓글이 많은 편이다. 다른 언론사 기사에 비해 이 기사의 댓글이 많은 이유는 이 기사가 포털 사이트인 네이버의 메인 화면에 하루 동안 게시되었다는 이유가 가장 클 것이다. 그 댓글에서 페이스북으로 가져가면서 공유시킨 글을 아래와 같이 확인할 수 있으며, 이렇게 공유된 것으로 표시된 댓글은 55개 기사 중 3개였다[16].

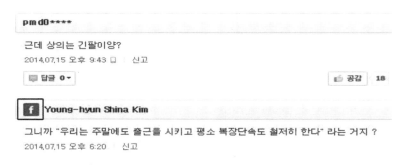

<그림 2> 기사 댓글에서 확인 가능한 기사 공유 활동

---

15) 기사 분석을 위하여 처음부터 이 기사를 먼저 선정한 것은 아니었다. 일단 페이스북의 뉴스 공유 활동을 비판적 담화분석의 이론을 배경으로 분석하기 위해 기사가 생성된 원래의 의도가 있으며, 그것과 별도로 공유와 확산되는 과정에서 SNS 사용자가 비판적 인식을 가지고 기사를 재해석한 사례의 기사가 있었는지 개인적인 페이스북의 사용 경험을 떠오르다 생각난 주제였으며, 정확하게는 해당 언론사의 기사가 아니었을 수도 있다. 주제를 먼저 선정하고, 확산 공유된 결과들을 살펴보니 공교롭게도 찾을 수 있는 결과 내에서 공유된 기사는 유일하게 머니투데이 기사 한 건이었다.

16) 이는 직접 공유의 최소의 개수일 것이다. 링크 연결만 시키고 메시지 없이 가져가는 경우는 별도로 뜨지 않기 때문이다. 공유의 방식은 다양하다. 포털 사이트에서 직접 페이스북이나 트위터 계정으로 로그인하여 기사를 공유할 수 있기도 하며, 신문사 사이트 내에서도 기사를 공유할 수도 있다.

또 다른 방법 중 하나는 구글 검색을 이용하는 것[17]이다. 구글 검색 기능 중 특정 사이트 내에서의 기능을 사용하여 위의 신문 기사와 관련한 공유 활동의 결과를 검색하였다. 검색어는 '삼성전자 반바지 site:www.facebook.com'이며, 그 결과 위의 기사와 관련한 유의미한 4개의 페이지가 검색 결과로 나왔다. 이때 검색 결과로 나온 페이지는 모두 개인의 계정이 아닌 커뮤니티 페이지(페이스북은 개인 계정에 대한 검색 결과를 제공하지 않는다)였으며, 해당 커뮤니티가 링크한 신문 기사도 모두 동일하게 위의 포털 사이트 네이버(www.naver.com)에 실린 머니투데이 기사를 링크시켜 페이스북 뉴스피드에 기사를 확산시키는 양상을 볼 수 있었다. 또 페이스북 내에서 기사를 확산시킨 4개의 커뮤니티의 목록과 각 페이지의 구독자 수(2014년 10월 10일 기준), 커뮤니티 페이지의 성격과 해당 기사를 공유하거나 '좋아요'를 눌러 기사를 재확산시킨 사람들의 수를 〈표 3〉과 같이 정리하였다.

여기서는 하나의 기사가 단계를 거쳐 가며 급증할 수 있음을 숫자로 확인할 수 있으며, 더불어 해당 페이지를 구독하는 사람들이 많다고 하여도, 커뮤니티 페이지의 성격과 이를 구독하는 사람들의 관심사가 맞지 않으면 〈표 3〉의 URBANUS JEANS의 경우와 같이 구독자가 많더라도 공유나 확산이 상대적으로 적은 것을 확인할 수 있다.

<표 3> 페이스북 커뮤니티 페이지 성격 및 기사 확산 양상

커뮤니티 페이지	구독자 수	페이지 성격[18]	생성 메시지	공유 수
사회적 기업 포럼	55,848명	뉴스 커뮤니티	뭔가 뒷맛이 개운치 않지요?	공유 24개 좋아요 107건
ㅍㅍㅅㅅ	51,757명	뉴스/미디어 웹사이트	주말에는 출근하지 않는 게 정상입니다.	공유 365개 좋아요 6767건

---

17) 페이스북은 자체 콘텐츠 검색 기능을 갖고 있지 않다. 검색 기능은 친구 찾기로만 한정하고 있다. 또한 뉴스피드는 일주일치만 보여주기 때문에 시간 역순으로 찾아서 데이터를 보는 것도 어렵다. 뿐만 아니라 계정 로그인 없이 콘텐츠를 보기도 어렵다. 반면 사용자가 설정을 전체 공개로 해 놓거나 친구의 친구까지 공개한다고 설정을 해 놓을 경우, 나와 친구 관계가 아니더라도 나의 친구가 해당 게시물에 공감이나 댓글 등의 흔적을 남기면 해당 게시물이 제3자인 나의 뉴스피드에서 확인될 수 있다는 점이 특징적이다. 이는 폐쇄적이며 동시에 관계지향적인 소통을 지향하는 구조적인 성격이라고 할 수 있다.

18) 각 페이지의 성격은 해당 페이지를 직접 소개하는 글에서 가져옴.

커뮤니티 페이지	구독자 수	페이지 성격[18]	생성 메시지	공유 수
URBANUS JEANS	18,487명	스노우보드 관련 커뮤니티	아냐, 원래 재밌는 글만 올리려고 했었는데, 삼성 얘네 뭐임? 주말, 공휴일에는 반바지 출근 가능하다고 발표했네요. 주말, 공휴일에 대채 왜 출근하라는 거에요? 갑자기 열받네.	공유 없음 좋아요 6건
딩가딩	82명	부천 청소년 대표 즐겨찾기	물마시다가 빵터진 기사! 어디에 포커스를 두고 읽느냐가 포인트!	공유 없음 좋아요 없음

이러한 일련의 과정들은 모두 앞서 〈그림 1〉에서 보았던 페이클로의 담화 분석의 차원에 대입할 수 있다. 애초에 존재했을 것으로 예상되는 기사의 전 텍스트는 삼성전자에서 배포한 보도 자료였을 것이다. 이 텍스트를 시작으로 하는 신문 기사, 포털 사이트 게시, SNS를 통한 공유 등을 통한 확산의 과정은 사회적 해석의 조건이나 맥락을 고려하지 않으면 일방적인 의미의 전달 과정만을 도식화한 것에 불과할 것이다. 이러한 전체의 과정에 맥락과 사회적 해석의 조건이 들어가게 되면서 화제는 점점 확산되지만 해석의 과정에서 해석자는 앞선 매체가 설정한 프레임[19]을 통해 해석의 방향을 설정하고, 자신의 가정 및 기대를 통해 텍스트를 해석하게 된다(Fairclough, 2001:66-7). 그 속에서 비판할 수 있는 수많은 가능성은 점점 좁아지고, 개인이 텍스트를 수용하면서 새롭게 재구성 되는 텍스트는 매체가 설정한 프레임에 한정된다는 것을 볼 수 있다. 또한 커뮤니티 페이지의 구독자 수, 포털 사이트의 점유율이 결국에는 사람들의 사회적 의식을 좌지우지할 수 있는 또 하나의 권력이 될 수 있음도 확인할 수 있다. 이 과정을 그림으로 표현하면 다음과 같다.

---

19) 프레임(frame)에 관한 접근은 사회과학적 접근과 심리학적 접근의 크게 두 부류로 나뉠 수 있다. 사회학적 접근에서는 프레임의 개념을 연구의 중심에 두고, 심리학적 관점에서는 프레이밍을 연구의 중심을 두고 접근한다(양승목, 1997:27). 사회적 접근은 Goffman(1974)의 'Frame Analysis'에서의 시각에서 기초한다. Goffman은 "인간의 상호작용이 일어나는 상황이나 맥락에 대해 사람들의 부여하는 정의"라 프레임을 규정한다. 반면, 심리학적 관점에서 프레이밍이란 Iyengar(1991), Iyengar & Simon(1993) 등의 견해를 기반으로 판단이나 선택의 문제를 진술하는데 있어 변형이 생김에 따라 판단의 변화가 일어나는 과정을 의미한다.

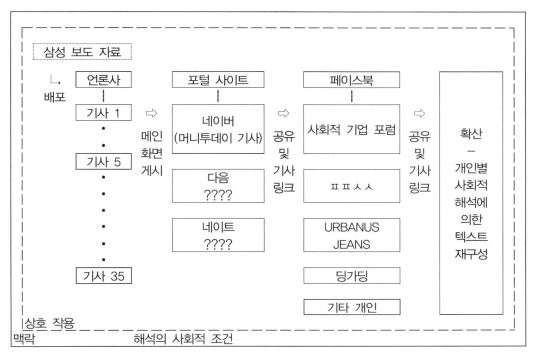

<그림 3> 페이스북을 통한 기사의 공유 확산의 실례

　특정 화제를 공유하는 목적은 다양할 수 있다. 위의 사례처럼 기사의 원래의 의도와는 달리 그 이면의 내용을 비판하고 공론화하기 위해, 또 해당 주제에 대해 공감하고 이를 알리기 위해서기도 하다. 어떤 목적이든 어떤 자료이든 이미 사회에서 사회적 맥락에 의해 산출된 텍스트가 SNS로 들어오게 되면 또 그것과 관련된 게시자의 해석의 메시지, 그 메시지에 대한 댓글, 반응 등은 또 하나의 새로운 텍스트가 된다. 〈그림 3〉과 같이 그 과정을 일반화시켜 보면, 그 과정에서 처음의 텍스트의 입지는 점점 줄어들게 되는데, 그 텍스트 내의 언어를 비판적인 관점에서 분석하고 해석할 기회보다는 새로 생성된 텍스트 안에 있는 해석의 조건들이 더 많은 자리를 차지할 수밖에 없는 구조가 되는 것이다[20].

---

20) 이와 관련하여 페이스북의 공유된 게시물을 화면에 보여주는 시각적 측면에서의 효과 등도 고려할 수 있을 것이다. 예를 들면 공유된 기사는 주로 표제나 사진 이미지만 제시되고 기사 전체는 한 번 혹은 두 번 더 클릭하고 들어가야 확인할 수 있는 표면상의 구조도 텍스트에 대한 비판적 인식의 조건들을 제한하는 요소일 수도 있다. 이와 관련하여 복합문식성의 논의로 확장할 수 있을 것이나 여기서는 소통의 구조적인 측면에서만 접근을 한정하여 논의하도록 한다.

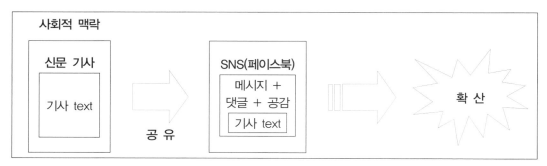

<그림 4> 신문 기사에 대한 페이스북의 공유 활동의 구조

결국 페이스북으로 대표되는 관계 지향의 SNS에서 기사를 공유하고 정보를 확산시키는 활동은 짧은 시간에 의제를 설정하고 다수의 사회적인 관심과 논의를 끌어낼 수 있다는 점에서 공론장으로서의 구조적 장점을 제공한다. 하지만 수용자의 입장에서 볼 때, 능동적이고 적극적으로 사회적 의제를 찾아나가고 가치 판단의 충분한 기회를 제공받지 못하고 뉴스 피드에서 타인이 골라온 기사, 타인의 프레임으로 해석된 텍스트를 접하며, 사회적 맥락에 대해 더 넓은 시각을 가지기보다는 좁은 프레임으로 사건을 해석하는 수동적 수용자의 위치에 머무르게 할 위험도 크다. 또 생산자의 입장에서 페이스북 내에서의 구독자의 수, 친구의 수는 또 하나의 권력이 되며, 기존의 지배적인 담화 유형에 비판적인 시각에서 접근하였더라도 그것 역시 또 하나의 권력으로 자리 잡고 그 매체 내에서 새로운 세력화된 담화 유형으로 고착화될 수밖에 없는 구조 안에 있다고 볼 수 있겠다.

3. 언어 텍스트 분석

텍스트 차원에서 언어를 분석하는 것은 어휘, 문법적 측면에서 텍스트에 접근하는 것으로 텍스트를 담화 실천 및 사회문화적 실천의 맥락에서 텍스트의 이데올로기성을 보여줄 수 있는 언어학적인 측면에의 접근이다. 여기서는 신문 텍스트가 페이스북이라는 SNS의 구조 안에 들어가면서 언어적 요소들이 어떻게 변모하는지를 중심으로 언어 텍스트를 분석하고 SNS에서의 공유와 소통의 언어적 특성과 한계에 대해 살펴보도록 하겠다.

3.1. 어휘

해당 기사에서 화제를 끌어가는 단어는 '반바지'이다. 사전적 의미[21]로는 '길이가 무릎

위나 무릎까지 내려오는 짧은 바지'로 사전적 의미 자체에는 그 어떤 가치도 포함되어 있지 않은 것으로 보인다. 하지만 이 어휘가 기사 텍스트에 들어가면서 주변 어휘와 맺는 관계를 살펴보면 그 어휘의 사회적 가치가 생성되어 있음을 확인할 수 있다.

〈자료 1〉의 기사에서 '반바지'를 포함하여 실질적인 의미를 가진 명사 어휘는 총 57개로 다음의 목록과 같다[22].

개발, 계획, 공휴일, 관계자, 그동안, 근무, 내년, 노재킷, 노타이, 다음, 달, 동참, 뒤, 때, 면, 반바지, 반응, 반팔상의, 복장, 분석, 분위기, 비중, 사업장, 사원, 삼성맨, 삼성전자, 상대적, 샌달, 소재, 수원, 시범, 에너지, 여부, 연구, 운동복, 유연, 의미, 이번, 인력, 임직원, 전언, 절약, 정장, 조치, 주말, 직원, 직종, 차원, 착용, 창의적, 처음, 청반바지, 쿨비즈, 특성, 필요, 허용, 환경

'반바지'라는 단어를 일반적인 상식의 가정 – 반바지는 출근과 근무의 적절한 복장은 아니다 – 라는 맥락에서 보면 '삼성전자', '출근', '근무' 등의 단어와는 거리감이 느껴지게 된다. 하지만 기사에서는 '반바지'를 '허용'함으로써 '절약', '쿨비즈', '창의적', '유연' 등의 긍정적인 어감의 어휘들을 끌어낸다. 이를 바탕으로 〈자료 1〉에서의 표면적으로 의도하는 '반바지'와 영향을 주고받는 어휘의 이미지를 아래와 같이 의미장 형식으로 부여해 보았다.

	삼성전자	삼성맨	절약	쿨비즈	창의적	유연	정장	연구	출근
이미지 (+/−)	+	+	+	+	+	+	−	+	+

이를 통해 이 기사를 통해 삼성전자가 보도 자료를 통해 얻고자 하는 기업 이미지가 드러난다. 이러한 기사에 〈수원 삼성맨' 주말에는 반바지 입고 편하게 출근한다.〉라는 표제를 써준 머니투데이는 '삼성맨', '편하게'라는 어휘를 쓰며, 기사에 세련된 이미지의 남성 모델이 반바지를 입고 있는 사진을 함께 게재함으로써 최대 광고주인 삼성의 이미지 재고를 극대화 하는 데 최대한 협조하는 것으로 보인다. 이 과정에서 '반바지'라는 어휘는 '삼성', 그리고 '출근'이라는 어휘와 함께 관계를 맺으며, 절약과 창의, 연구 등의 새로운 가치 판단의 객관적 근거물로 그 기능과 의미가 새롭게 생성되어 신문 기사를 통해 소통되고 있는 것이다.

---

21) 표준국어대사전.
22) 복합명사는 하나의 단위 포함, 의존명사 제외.

하지만 페이스북에 공유된 기사와 그와 관련된 메시지는 이러한 기사에서 쓰인 어휘들의 관계에 대한 암묵적인 가정(Implicit assumption)[23]들을 통해 해석된다. 이 과정에서 읽는 이가 가지고 있는 가정과 글의 내용들이 부합한다면 공감의 반응이 나올 것이고, 반대로 기존의 암묵적 가정과 다른 요소들이 발견된다면 공감이 아닌 거부나 부정적 반응이 나타날 것이다.

위의 기사를 해석하기 위해서는 몇 가지 사회적 맥락에서의 암묵적 가정이 필요하다.

- 반바지는 대기업에 출근하는 직장인에게 적절한 복장이 아니다.
- 사회인은 자신이 속한 집단에 의해 복장에 대한 규제를 받는다.
- 특정 대기업 문화는 다른 기업에도 영향을 미치는 중요한 이슈이다.
- 연구의 창의성은 집단의 규제와 허용의 조건에 의해 결정될 수 있다.
- 고용주가 원하면 피고용주는 휴일에도 출근할 수 있다.

이 외에도 수많은 가정들이 텍스트 해석을 위한 구성원들 간의 암묵적 가정이나 상식일 수 있다. 우리는 이러한 가정을 바탕으로 텍스트를 해석하며 수용한다. 이 암묵적 가정은 해당 담화 속에 숨어 있으면서 권력의 지배를 암묵적으로 정당화하고 있는 가정들이다. 그러나 위의 가정들 중, 또 다른 상식적인 기대와 어긋나는 지점이 있다면 그 암묵적인 가정, 권력의 지배 방식, 이데올로기는 표면상으로 드러나게 된다. 즉, '공휴일에 출근할 수 있다'는 가정은 '휴일에는 일을 하지 않는다'는 상식적인 가정과 배치되면서 신문 기사를 벗어난 다른 장르에서는 이것이 전면으로 배치되는 현상으로 나타나게 된다.

따라서 신문 기사가 페이스북에서 공유되면서 4개의 커뮤니티 페이지가 올린 글에는 초점이 되는 어휘가 '반바지'에서 '주말(공휴일)'과 '출근'으로 바뀌게 된다.

다음은 페이스북에서 앞에서 언급한 4개의 커뮤니티 페이지가 기사를 공유하며 올린 글에서 사용된 명사 어휘이다.

> 가능, 공휴일, 기사, 뒷맛, 물, 발표, 반바지, 삼성, 열, 정상, 주말, 출근, 포인트, 포커스

'주말'과 '출근'을 중심으로 관계 맺는 어휘들의 이미지를 위와 동일한 방식으로 제시하면 아래와 같이 부정적인 결과로 나타날 수밖에 없다.

---

23) Fairclough(2001: 65-6).

어휘	삼성	기사	정상	뒷맛	반바지
이미지 (+/−)	−	−	−	−	+/−

'주말'과 '출근'의 관계가 상식적으로 받아들여지지 않는 사회적 맥락에서 '주말 출근'이 상식이 되는 대기업의 현실은 웃음거리와 비판적인 인식의 대상이 된다. 이렇게 해석의 인식 대상이 바뀐 텍스트는 새로운 담화를 구성하게 되며, 재확산 된다.

각 커뮤니티 페이지에서 공유한 기사를 다시 개인이 공유한 경우는 '사회적 기업 포럼'과 'ㅍㅍㅅㅅ' 두 곳에서 총 389건으로 확인되었다. 해당 커뮤니티 페이지에서 게시물에서 이 숫자를 확인할 수 있으며, 숫자를 클릭하면 공유를 하며 남긴 메시지를 확인할 수 있다. 단, 개인의 게시물의 경우 전체 공개로 게시물 공개 범위를 설정한 경우에만 한한다. 따라서 수집한 메시지 텍스트(부록 1)는 389건 중, 전체 공개로 게시된 115건을 확인할 수 있었다. 이 115건의 텍스트에서 사용된 의존명사, 대명사를 제외한 명사 어휘만을 정리하면 총 131개의 명사가 나온다. 이를 빈도순으로 정리하여 빈도수로 계산한 누적 백분위가 50% 범위에 드는 8개의 단어를 제시(전체 자료는 부록 2)하면 아래와 같다.

<표 4> 페이스북의 공유 메시지에서의 상위 빈도 어휘 및 백분위

명사 어휘	빈도	백분위	누적 백분위
주말	55	18.84	18.84
출근	35	11.99	30.82
반바지	14	4.79	35.62
정상	13	4.45	40.07
삼성	7	2.40	42.47
공휴일	6	2.05	44.52
근무	6	2.05	46.58
기사	6	2.05	48.63

〈표 4〉에서 확인할 수 있듯, '주말', '출근', '반바지'의 빈도는 전체 사용 명사 어휘(중복 어휘 포함 292개 중)에서 35퍼센트 이상을 차지하고 있는 것으로 확인된다. 특히 '주말'과 '출근'의 빈도가 매우 높은 것으로 확인되며, 이는 이전 텍스트에서의 비판적 인식을 그대로

공유하고 있음을 나타내는 것인 동시에 다른 암묵적 가정에 대한 비판적 접근보다는 커뮤니티 페이지에서 기사를 공유하며 인식했던 비판적 접근의 인식을 그대로 수용한 경우가 많음을 양적으로 확인하는 결과인 것이다.

3.2. 격식 표현과 비격식 표현

신문이라는 매체 장르에서는 이성과 논리로 언어를 전개하지만, 이것이 관계 지향, 공감 지향의 매체인 SNS에 들어오게 되면 이성과 논리의 언어만으로는 기존의 담화 유형인 신문 기사에 동등하게 대응할 수 없다[24]. 그래서 논의를 전개함에 있어 보다 감정적인 어휘를 더 많이 사용하고, 비속어가 난무하며, 감정 표현을 위한 비언어적 기호 표시들을 더 많이 사용할 수밖에 없다. 아래의 예시는 개인이 커뮤니티 페이지의 게시글을 공유하며 자신의 뉴스피드에 남긴 글 중, 일부 감정적 어휘나 비격식적 표현, 비언어적 기호를 사용한 예를 제시한 것이다.

- 바보들도 아니고..
- 자랑이다 아주^^
- 수원 삼성맨, 주말에 반바지입고 출근해서 졸라 조케따
- 등신들이구만 ㅋㅋ
- 얼 ㅋㅋㅋ
- 나도 이 기사보고 뿜었다~!! ㅋㅋ 어쩌다가 이지경 까지 됐노?
- 뭐야 이 당당한 기사는 ㅋㅋㅋㅋㅋㅋㅋㅋㅋㅋㅋㅋㅋㅋㅋㅋㅋㅋㅋㅋㅋㅋㅋㅋㅋ
  ㅋㅋㅋㅋㅋㅋㅋㅋㅋㅋㅋㅋㅋㅋㅋㅋㅋㅋㅋㅋㅋㅋㅋㅋㅋㅋㅋㅋㅋㅋㅋㅋㅋㅋ
  ㅋㅋㅋㅋㅋㅋㅋㅋㅋㅋㅋ어처구니 없넼ㅋㅋㅋㅋㅋㅋㅋㅋㅋㅋㅋㅋㅋㅋㅋㅋㅋ
  ㅋㅋㅋ주말에 나오는게 자랑이니?ㅋㅋㅋㅋㅋㅋㅋㅋㅋㅋㅋㅋㅋㅋㅋㅋㅋㅋㅋ
  Fuck the smart work and all those other cliches.

이러한 표현은 신문 기사에서는 절대 허용되지 않는다. 공공의 다수를 향한 소통의 측면에서 그것이 신문 기사의 장르가 지켜야 할 일종의 표현 문법의 형식이다. SNS는 역시 소통을 위한 매체이고 더구나 관계 지향적인 성격을 가진 매체이다. 하지만 이러한 비격식적

---

24) Fairclough는 이를 담화 유형 사이의 지배 관계를 통해 설명하는데 할리데이(Halliday)의 대립언어 (anti-language)의 개념을 가져오며, 지배적이거나 확립된 담화 유형에 대해 의식적으로 다른 담화유형을 사용하는 경우로 설명한다. 소수 민족 집단이나 대도시 노동계층 공동체의 '비표준 사회 방언의 사용'을 이러한 대립언어의 개념으로 설명하고 있다(Fairclough, 2001:75).

표현이나 비속어의 사용, 비언어적 표현의 과잉에 대한 특별한 규범적 문법은 없다.

인터넷 언어에서 비격식 표현의 사용에 대한 논의는 다양한 측면에서 있어왔던 것도 사실이다. 하지만 이를 비판적 언어인식의 관점에서 보자면 새로운 매체가 기존에 정착해 있던 매체와 대응하여 기존 권위에 도전하며 사회적 맥락에서 다른 지위를 차지하기 위해서 그 언어적 표현의 방식이 다름으로 이해할 수 있을 것이다. 특히 관계 지향이라는 페이스북의 매체의 특성상, 이러한 비격식적 표현은 오히려 상식적 가정의 인식에 대한 접근을 용이하게 해준다는 측면도 간과할 수 없다. 다만, 이러한 가벼움의 표현이 문제의 본질을 흩트리거나, 우리가 가진 이데올로기적 상식을 인식하는데 필요한 넓고 깊은 시각을 방해하는 정도는 아닌지 의식적인 태도를 가질 필요가 있을 것이며, 교육적 접근 역시 규범적인 측면보다는 본질의 인식의 측면을 강조하는 방향을 지향해야 할 것이다.

3.3. 기타 문법 요소

위의 커뮤니티 중에서도 '㉤㉥ㅅㅅ'의 비판적 인식은 비교적 성공적인 편이다. 양적으로 다른 나머지 커뮤니티 페이지보다 더 많은 공유와 공감을 끌어내며 의제의 확산을 끌어내고 있다. 그만큼 확산시킬 수 있는 친구 혹은 구독자를 가지고 있으며, 이는 여론을 주도할 수 있는 권력이 되기 때문이다. 하지만 더 많은 수의 구독자를 가진 '사회적 기업 포럼'에 비해 더 많은 수의 공유와 공감을 끌어 낸 것은 메시지를 통해 그만큼 영향력 있는 관점을 제공하였기 때문이다.

'사회적 기업 포럼'의 메시지는 '뭔가 뒷맛이 개운하지 않지요?'라고 기사의 내용에 대한 특정 부분의 초점보다는 석연치 않은 부분을 두루뭉술하게 표현하고 있다. 이에 비해 '㉤㉥ㅅㅅ'는 적절하지 못하게 전개되었다고 보는 '주말 출근'에 대해 이를 전면으로 내세우며 화제를 초점화 시킨다. '㉤㉥ㅅㅅ'는 앞선 원 기사의 표제어인 〈'수원 삼성맨' 주말에는 반바지 입고 편하게 출근한다.〉에서 보조사인 '는'에 집중한다. 보조사는 체언, 부사, 활용어미 등과 결합하여 특별한 의미를 더하는 조사로 문법적 관계보다는 특별한 의미를 덧붙여 주는 기능을 한다. 여기서 쓰인 '는'은 '주말에'라는 부사어에 결합함으로써 뒤에 오는 '반바지'와 함께 '평일에는 정장이지만, 주말에만 특별히 반바지'라는 의미를 부가적으로 더해준다. 하지만 '㉤㉥ㅅㅅ'는 보조사 '는(은)'이 한정하는 대상을 '반바지'에 두지 않고 '출근'으로 삼았다. 보조사 '는'을 활용함으로써 '주말에는 출근을 하지 않는다'는 상식적인 가정이 '정상'임을 강조하는 것이다. 다시 말하면 '주말에 출근하는 것은 정상이 아니다'는 것이다.

> "주말에는 출근하지 않는 게 정상입니다." ⇨ 주말에 출근하는 것은 정상이 아니다.

표면적으로는 기사의 표제의 표현을 그대로 사용하면서 '보조사'를 적절히 활용하여 메시지를 전달하고, 그 의도는 그대로 수용되어 개인 사용자들에 의해 확산되었다. 대다수의 사람들이 이를 공유하며, 'ㅍㅍㅅㅅ'의 표현에 공감하며, 'ㅍㅍㅅㅅ'가 제기한 비상식의 문제를 그대로 수용하고 인용하고 있는 것이다.

이러한 수용은 대부분은 앞에서 본 것처럼 '주말'과 '출근'의 관계의 엇박자에 집중되어 있지만, 그럼에도 불구하고 일부 소수에서는, 앞서 언급하였던 이 기사를 해석하기 위한 암묵적인 가정들을 불편하게 인식하고 있다.

> - 그러니까 말인즉슨, 지금까진 주말에 출근하면서도 반바지를 못 입었다는거로군. 뭔가 순서가 이상한 것 같은데? ㅋㅋㅋㅋ
> - 홍보팀 자폭 + 고민없는 기자
> - 의도는 알겠는데, 효과는 다르게, 인식은 다르게 되는군요
> - 재밌네요....주말을 위한 dress code라~~역쉬 삼성^^
> - 별로 창의적이지 않은데??

표면에 드러난 내용과 그 이면에 숨겨진 언어의 의미, 언어가 텍스트와 사회적 맥락 안에서 상호 작용하면서 얻어진 의미들이 SNS 매체 안으로 오면서 비판적으로 인식되고, 이를 통해 기존에 갖고 있던 상식적 이데올로기에 대한 의심과 물음을 제기하는 계기가 된 것이다.

이 외에도 개인 사용자들의 언어 텍스트 안에는 사회적 맥락 안에서 비판적 인식을 가지고 접근할 수 있는 언어적 요소들이 다양하게 존재한다. 중요한 것은 이 모든 것을 정치하게 분석하는가 하는 것이 아니라, 이러한 경향성, 언어를 이렇게 분석하고, 인식하는 과정에서 드러나는 언어의 형식, 의미, 기능, 문법과 그것을 둘러싸고 있는 이데올로기적 요소를 파악하고 소통에 있어 보다 넓고 깊은 시각이 필요하다는 인식이다.

Ⅳ. SNS를 통한 사회적 소통에 대한 국어교육적 함의

비판적 언어인식 관점에서 살펴본 SNS의 소통의 구조와 언어는 국어교육의 매체언어 교육의 교육 내용과 방향과 연결되어 그 시사점을 찾을 수 있다. 앞서 살펴본 선행연구나 기존의 매체언어 교육에서 강조하는 것은 모두 소통의 특성과 구조를 이해하며, 그 안에서의 매체 언어에 접근하는 태도를 함양해야 한다는 것이었다. 본 연구에서도 소통의 구조, 특히 이미 사회적 공론장으로서 역할을 하고 있는 SNS라는 매체의 공유와 확산의 소통의 구조에 대해 비판적 언어인식의 관점에서 구체적으로 살펴보면서 그것이 확산되고 공유되는 층위마다 개입해 있는 이데올로기와 그것의 실제 언어 텍스트 사이의 상호 관계 등을 살펴보는 데 중점을 두었다. 공론장으로서의 구조적인 장점도 분명하지만, 그럼에도 불구하고 비판적으로 SNS의 소통 구조에 대해 인식하지 않으면, 수동적이고 피상적인 접근으로 세계를 인식하게 된다는 것을 확인할 수 있었다. 분석의 결과를 매체 언어 교육으로 확대하면 소통의 구조 안에서의 매체 언어의 접근에 대한 시사점, 또 구조와 언어를 비판적인 시각에서 바라보는 언어의 주체에 대한 교육의 지향점으로 귀결할 수 있다.

1. 소통의 맥락에서의 매체 언어

국어교육에서 매체언어 교육이 논의되는 것은 매체를 구성하고 있는 요인 중 언어적 요인이 크기 때문일 것이다. 이는 국어교육의 정체성 측면에서 당연하게 부각되며, 관심을 가질 수밖에 없는 측면이기도 하다. 하지만 여기서 간과해서는 안 될 것은 매체언어는 결국 '소통'을 하는 행위 속에 드러나게 된다는 것이다. 박인기(2010, 146)에서 지적한대로 매체는 단순히 언어를 실어 나르는 수단이 아니라 그 자체가 본질이 되어가는 현상이 있기에 그 형식과 내용을 분명히 구분할 수 있는 경계를 찾기 어렵다고 하였다. '미디어가 곧 메시지다'라고 말한 맥루한의 명제와도 일맥상통하는 것이다. 즉, 소통의 맥락을 제거하여 단절적인 언어 텍스트만으로 매체언어 교육을 논의할 수 없는 것이다.

김은성(2010: 19)에서도 매체야말로 문법교육내용으로 비판적 언어인식활동을 구체화하는 데 가장 좋은 지렛대라고 강조하며 언어적 결과물에 대한 문법적 분석과 더불어 언어행위라는 소통의 측면을 분석해야 함을 주장하며, 이때 언어적 결과물에 대한 문법적 분석이 우선임을 분명히 하였다.

하지만 소통의 과정 그 자체, 그리고 매체 그 자체가 매체언어임을 강조하게 되면 매체라는 장르적 구조에 대한 분석이 선행되어야 하며, 언어에 대한 문법적 분석 역시 그 구조 안에서 이루어짐으로써 어휘와 문법 요소의 수용과 전략적 수용의 문제, 문장 서법의 효과 등의 문법 요소가 지식적인 측면이나 사이버 상의 언어에 대한 규범적인 측면에서의 접근보다는 의미와 기능 측면에서의 접근이 더욱 구체적으로 부각될 수 있을 것[25]이다. 소통의 구조에서 어떤 문법을 가지게 되는지, 말이 가진 의미, 말이 가진 힘은 무엇인지를 더욱 예민하게 탐구할 수 있는 기회를 줄 수 있는 것이다.

결국 구조의 본질은 사회적 소통이라는 맥락과 연결된다. 사회가 복잡해지고 기술이 발전하면서 사회적 소통은 그 단계와 층위가 점점 다양해지고 복잡해지고 있다. 앞서 살펴본 SNS의 소통의 구조, 공유와 확산의 구조만 보더라도 선조적인 발신자 → 메시지 → 수신자의 구조만으로 설명되지 않는다. 단순한 방향성의 측면이 아니라 소통이 이루어지는 과정에서 층위마다 개입되는 수많은 맥락적 요소나 이데올로기들에 의해 언어가 결정되고 소통의 내용과 효과가 달라질 수 있다는 것이다. 따라서 매체의 구조를 비판적으로 인식하고 매체의 층위마다 개입되는 이데올로기와 권력의 구조를 파악하고 능동적이고 적극적으로 텍스트 언어에 접근할 수 있어야 한다. 이를 통해 매체가 표상하고 있는 원래의 메시지를 찾아갈 수 있을 것이며, 실천으로서 언어를 강조할 수 있을 것이다. 이를 위한 과정과 경험이 교육적 처치를 통해 제공될 수 있어야 할 것이다.

2. 비판적 언어인식 주체로서의 매체 수용

국어교육에서의 학습자들은 대다수 수용자의 위치에 있다. 특히 매체교육에서 교육 내용 구성을 위해 대상으로 설정하는 학습자의 정체성은 매체를 수용하는 학습자가 아닌가 한다. 그러한 학습자를 대상으로 비판적인 인식을 가진 매체 수용자와 더 나아가 능동적인 생산자를 길러내는 것을 목적으로 한다.

SNS 등의 최근에 새롭게 등장하여 정착하고 있는 매체들은 수용자와 생산자의 경계와 구분이 없다는 특징을 가지고 있지만 교육에서는 일차적으로 비판적 인식을 가진 수용자에

---

25) 현재 2011년 개정교육과정을 반영한 〈독서와 문법〉 교과서에서는 사회적 언어의 일부로 매체언어를 다루고 있다. 이때 매체언어는 그 소통의 측면에서의 강조보다는 생산물로서의 언어 그 자체를 탐구하는 것으로 매체 언어의 소통의 측면보다는 결과물에 대한 지식적인 측면, 규범적 측면을 강조하는 교육내용으로 구성되어 있다. 비규범적인 언어를 지양하고 규범적인 언어 사용을 강조하는 것이 국어교육의 목적이 전부가 아닌 이상, 비규범적인 언어의 의미와 기능에 대한 접근도 소통의 측면에서 필요하다고 본다.

서 시작하여 능동적인 생산자로서의 발전 가능성을 내재화시키는 교육으로 매체 교육의 방향이 설정되어야 할 것이다.

앞서 SNS의 뉴스 기사 공유 활동을 통해 매체 수용자의 능동적이고 적극적인 가치 판단의 기회는 줄어들고 있으며, 수동적인 수용자의 양산 가능성이 더욱 높아질 수 있음을 확인하였다. 이는 비단 SNS만의 문제는 아닐 것이다. 또 다른 매체가 생겨나고 발전하여도 기존 매체의 소통 구조에 새로운 매체의 구조가 더해지며 그 구조가 더욱 복잡해질 것이며, 수용자의 수동화를 더욱 고착할 수 있다.

매체의 사회적 소통의 구조가 학습자의 주체적 비판 활동이 아닌 타인의 감정 표절, 수동적인 비난으로 매체를 이용하게 만들 수 있음을 인식할 수 있어야 한다. 이에 내재화된 비판적 언어인식은 매체 내에서의 권력의 구조와 언어를 인식하게 함으로써 매체의 구조 내에서 획일화된 감정과 판단의 강요에 '왜?'라는 질문을 던지게 한다.

이러한 질문에서부터 비판적 언어인식은 시작되며, 사회적 소통을 통해 접하는 언어에 대한 비판적 인식부터 본인이 사용하는 언어에게까지 확장될 수 있을 것이다. 언어적 소통의 존재로서 나와 나를 둘러싸고 있는 사회적 맥락에서 언어를 민감하게 인식하는 수용자에서부터 능동적이고 주체적으로 언어를 사용하는 생산자의 정체성을 비판적 언어인식을 통해 기대할 수 있는 것이다.

결국 모어화자가 교육을 통해 추구하는 가장 높은 수준의 지향점은 언어에 대한 태도적 민감성, 언어를 통한 사회적 삶의 고양에 있다는 것을 다시 상기한다면, 비판적 언어인식은 그러한 태도의 측면에서 바탕으로 가지고 있어야 할 언어 주체의 특성이라 할 수 있을 것이며, 교육은 이를 위한 매체 교육에서의 교육적 경험을 제공할 수 있어야 할 것이다.

V. 나가기

매체는 이미 우리 일상에서 분리할 수 없는 생활의 일부로 자리 잡고 있다. 사회적 소통의 통로로 단순히 수단의 기능도 분명 가지고 있지만, 그 본질 자체가 의미를 가지며 우리 삶과 언어의 소통의 양상을 다양하게 변화시키기도 한다. 기술의 발전으로 인해 매체는 점점 다양해지고 있으며, 그 안에서의 언어적 생산물 역시 다양한 양상으로 전개된다. 단지 신문 기사안의 텍스트 하나를 분석하고 그 안의 문법 현상을 발견하였다고 해서 기사가 보여주는 사회의 본질 전부를 알 수 없다. 그 기사가 생산되고 확산되고 유통되고 수용되는 그 모든 과정을 인식하고, 이면의 본질에 대해 물음을 던질 수 있어야 한다. 그 인식과 물음은 우리를 둘러싸고 있는 언어에서부터 시작한다. 소통하는 언어들의 관계를 파악하고 그 안에서의 언어가 가지는 힘을 인식함으로써 언어를 통해 나의 삶과 사회적 삶의 모습이 달라질 수 있음을 알고, 그러한 인식을 가질 수 있도록 끌어주는 역할이 국어교육에서 필요할 때이다.

항상 날을 세우고 모든 언어 텍스트의 권력과 이데올로기적 속성을 찾아내겠다는 전투적인 자세를 키우자는 것이 아니다. 모든 말에 시시비비를 따져보자는 것도 아니다. 그동안 국어교육에서 간과했던 가치적인 측면의 언어 교육에 소홀했던 것은 아닌지, 중립적이지 않은 '언어'를 중립적인 잣대로 가르쳐 오면서 현재 지금의 언어, 나와 내 주변에서 움직이고 있는 언어를 놓친 것은 아닌지 반성해볼 때이다. 더불어 기술의 발달로 얻은 선물과 같은 정보의 양적 확대와 정보 생산의 권력이 나와 우리의 삶을 윤택하게 하고 개인의 민주적 삶의 가치를 높일 수 있을지에 대해 비판적 언어인식이라는 거시적인 관점에서 국어교육은 어떤 방향을 바라보아야 할지 더 고민해 볼 필요가 있을 것이다.

참고문헌

김대행(1995), 『국어교과학의 지평』, 서울대학교 출판부.

김대행(2006), 「국어생활·국어문화·국어교육」, 『국어교육』199, 한국어교육학회.

김봉순(2007), 읽기 교육을 위한 과제, 『국어교육』123, 한국어교육학회.

김은성(2010), 매체교육과 문법, 『국어교육학연구』37, 국어교육학회, pp.5-36.

김은성(2013), 비판적 언어인식과 국어교육, 『국어교육학연구』46, 국어교육학회, pp.139-181.

민병곤(2013), 고도 전문화 시대의 언어 인식과 교육적대응, 『국어교육학연구』46, 국어교육학회.

박수자(2003), 21세기 문식력과 국어교육의 과제, 『국어교육』110, 한국어교육학회.

박영목, 한철우, 윤희원(2005), 국어교육학원론, 박이정.

박인기(2010), 국어교육과 매체언어문화, 『국어교육학연구』37, 국어교육학회.

손예희, 김지연(2010), 소셜 미디어의 소통 구조에 대한 국어교육적 고찰 - 트위터, 미투데이 등의 마이크로 블로그를 중심으로, 『국어교육』133, 한국어교육학회, pp.207-231.

신명선(2002), 사회적 실천 행위로서의 읽기 방법의 설계에 대한 시고, 『국어교육학 연구』14, 국어교육학회, pp.235-264.

신명선(2013), '언어적 주체' 형성을 위한 문법 교육의 방향, 『국어교육학』143, 한국어교육학회, pp.83-120.

신명선(2007), 문법교육에서 추구하는 교육적 인간상에 관한 연구,『국어교육학연구』28, 국어교육
학회, pp.428-458.

심영택(2013), 비판적 언어인식 교육 방법 연구,『국어교육학연구』46, 국어교육학회, pp.47-75.

이건연 외(2013), 커뮤니케이션과 사회, 이화출판.

이원표(2001), 담화분석 : 방법론과 화용 및 사회언어학적 연구의 실례, 한국문화사.

이정복(2005), 사회언어학으로 인터넷 통신 언어 분석하기 – 최근의 연구 현황과 과제,『한국어학』
27, 한국어학회 pp.37-79.

이주희(2012), 마이크로블로그 커뮤니케이션의 언어문화 연구: 트위터를 중심으로,『인문과학연구』
20, 성신여자대학교 인문과학연구소, pp.135-170.

이홍우(2009), 교육의 개념, 문음사.

임지연(2014), 매체언어에 대한 수용자의 인지적 의미 분석과 해석적 글쓰기의 재생산 - 신문광고를
중심으로,『인문학연구』94권, 충남대학교 인문과학연구소, pp.293-321.

정현선(2013), SNS의 언어 현상과 소통 공간에 관한 국어교육적 고찰,『국어교육』142, pp.79-114,
한국어교육학회.

정혜승(2014), 스마트 교육 시대 국어과 교육과정의 방향 – 의사소통의 인간 존중과 협력의 원리에
근거하여,『국어교육학연구』49, 국어교육학회, pp.5-49.

주세형(2007), 텍스트 속 문장 쓰기와 문법,『한국초등국어교육』34, 한국초등국어교육학회,
pp.409-443.

최윤선(2014), 비판적 담화분석, 한국문화사.

최인자(2001), 비판적 대중매체 교육과정 연구,『국어교육학연구』13, 국어교육학회.

최주영(2014), 트위터에서 숙의적 토론이 의견의 확산과 상호작용성에 미치는 영향에 대한 연구,
이화여자대학교 석사학위논문.

허상희(2013), 누리소통망의 의사소통 방식과 구조 – 트위터와 페이스북을 중심으로,『새국어생활』
23-1, 국립국어원.

홍지은(2013), 고등학생의 SNS 이용 행태 및 SNS 친구 수가 자아존중감과 공적 자의식에 미치는
영향에 관한 연구, 연세대학교 석사학위논문.

최은아(2012), 일기에서 SNS로-매체변화에 따른 일기의 장르사적 연구,『독일어문화권연구』21, 서
울대학교 독일어문화권연구소, pp.97-125.

Norman Fairclough(1995), *Media Discourse*, Arnold.

Norman Fairclough(2001), *Language and Power*, Person Education Limitied.

Catherine Wallace(1999), Critical Language Awareness: Key Principles for a Course in Critical
Reading, *Language Awareness*, 8:2, 98-110, DOI: 10.1080/09658419908667121

〈부록 - 1〉 커뮤니티 페이지의 기사 공유 텍스트를 재공유한 개인의 메시지

공유 커뮤니티 페이지 (1.사회적 기업 2.ㅍㅍㅅㅅ)	메시지
1	왜ㅋㅋㅋ 주말이랑 공휴일만이야?ㅋㅋㅋ진짜속보이네ㅋㅋ
1	"일요일에 일을 하는 것은 가정과 교우 관계에 부정적 영향을 줄 것"이라고 말했다.
1	(메시지 없음)
1	이런건 추천..... 잉??
1	음... 주말이나 휴일에 출근하라고? ㅋ
2	주말에는 반바지입고 출근을해도된다라.. 이거 뭔가 주말을바쳐서 일하는게 일반화가 될꺼같아 무섭네요 ㄷㄷ
2	(메시지 없음)
2	(메시지 없음)
2	ㅋㅋㅋㅋㅋㅋㅋㅋㅋㅋㅋㅋ 심지어 폼잡아서 더웃김
2	"이런 조치는 수원사업장의 특성과 무관치 않다는 분석이다. 수원사업장은 다른 사업장에 비해 상대적으로 연구개발 인력 비중이 높아 창의적인 근무환경을 필요로 해왔다는 전언이다. 다만 운동복이나 청반바지, 그리고 샌달은 여전히 허용이 안된다." 여태까지주말에반바지츄리닝에샌달신고긴급대응해주러댕겼었는데ㅠㅠㅠㅠ
2	(메시지 없음)
2	(메시지 없음)
2	우리는 왜 안되냐
2	주말엔 출근하지 말아야지 암 출근하지 말아야지
2	주말엔 쉬어야지..
2	(메시지 없음)
2	단원고 2학년생들 2일째 도보행진에 대한 기사는 하나도 없는 것들이...할 말이 없어지는 개이버...주말이랑 공휴일에 왜 반바지 입고 "출근"하냐고
2	아니 이 무슨 병맛같은 소리야ㅋㅋㅋ 불편하게 정장입더라도 집에 있는게 낫지 ——
2	맞아요_ 주말에는 출근을 안해야죠..
2	이런게 기사화 해야 한다니 ㅠ.ㅠ 난이미반바지입고출근하고있고.. 주말이나공휴일에왜근무를해야하는지;;
2	(메시지 없음)
2	그렇지요. 이게 왜 기사꺼리인지 이해 못함
2	(메시지 없음)

공유 커뮤니티 페이지 (1.사회적 기업 2.ㅍㅍㅅㅅ)	메시지
2	ㅜㅜ
2	(메시지 없음)
2	수원 삼성맨, 주말에 반바지입고 출근해서 졸라 조케따
2	ㅋㅋㅋ 참 이런 어이없는 ... (이하 생략)
2	주말에는 출근하지 않는게 원칙아닌가 ㅋㅋㅋ
2	(메시지 없음)
2	(메시지 없음)
2	주말에 출근하는게 미친거지, 뭐 대단한 결단을 한거라고… 근무시간중 어떻게 효율을 높일까를 고민해라. "칼퇴"가 당연한건데 부정적으로 쓰이는 자체를 바꾸게
2	공장 가동 때문에 어쩔 수 없이 근무하는 분들이라면 모르겠지만.... 개그다, 개그.
2	하프팬츠 판매량이 늘겠군.
2	ㅋㅋㅋㅋ함정
2	포스코도 추진중이더니 삼성이 먼저 진행하네 ㅋㅋ
2	좋겠네 주말에 반바지입고 일해서 ^^
2	(메시지 없음)
2	주말 근무복까지 터치??...
2	"주말에는 출근하지 않는 것이 정상입니다."
2	주말 출근... 반바지라도 안부럽다...
2	다시는 평일 새벽 퇴근과 주말 근무가 졸라 당연시 여겨지는 회사는 안갈꺼다.....진짜로..
2	나도 이 기사보고 뿜었다~!! ㅋㅋ 어쩌다가 이지경 까지 됐노? 주말과주일엔출근하지않는게정상인것이다~~~ 그리고야근을하면야근수당을받는것이정상인것이고!!
2	삼성은 주5일 아닌가? 저걸 자랑이라고ㅋㅋ
2	재밌네요....주말을 위한 dress code라~~역쉬 삼성^^
2	주말에는 출근을 하지 않는게 정상입니다....
2	(메시지 없음)
2	주말에는 반바지입고 편하게 출근해도 된다고 ?? 곧, '삼성,주말에는집에서잠자도록배려'라고광고할기세. '창의적근무환경을위한경영혁신'이라는부제와함께.
2	주5일제를 정면에서 부정
2	(메시지 없음)

공유 커뮤니티 페이지 (1.사회적 기업 2.ㅍㅍㅅㅅ)	메시지
2	자랑이다 아주^^
2	이게 자랑거리? 이해가 안감..
2	그렇군. 주말이나공휴일에출근해야되는거지같은상황이굉장히긍정적으로묻히는군. 역시삼성의클래스는…
2	(메시지 없음)
2	의도는 알겠는데, 효과는 다르게, 인식은 다르게 되는군요
2	그러게요. 주말이나 공휴일에 편한 복장으로 출근하는 걸 감사하게 생각해야하나요?
2	등신들이구만 ㅋㅋ
2	(메시지 없음)
2	주말에는...
2	주말에는 출근하지 않는 게 정상입니다.
2	폐부를 찌르네!
2	ㅋㅋㅋㅋ 주말에는 쉬는게 정상인거 맞는건가 싶기도하고 왠지 웃프다
2	주말엔 출근한다는 생각부터 버리십시오. 주말엔 출근하지 않는게 정상
2	(메시지 없음)
2	주말엔 반바지 입고 편하게 놀러가는겁니다 미친삼성아
2	삼성이 삼성인 이유 주말엔뭘입고출근해도편하지못함ㅋㅋㅋㅋ
2	(메시지 없음)
2	홍보팀 자폭 + 고민없는 기자
2	주말엔 아이디어 탐방이 최고죠? 요즘 삼성엔 하이킹 트래킹 코스가 있다고 합니다^^
2	우와. 주말엔그냥긴바지입고집에서쉬는게.....
2	(메시지 없음)
2	"주말엔 출근을 애초에 안해야..." 오랜만에웃었다.웃게해줘서고마워 그런데웃고나서, 주말에도일하는아는사람들이생각이났다.삼성맨들만이아니잖아… 살기위해,살리기위해그렇게일하는사람들.그래야만살수이는사람도그래야만사릴수있는사람도있는이세상. 흠..주말에도일하시는분들,화이팅!
2	이것도 기사냐??? 주말에는 일 안해야 정상이다
2	주말에 출근하라는 건가요 뭔가요 .....

공유 커뮤니티 페이지 (1.사회적 기업 2.ㅍㅍㅅㅅ)	메시지
	주말은쉬라고있는거요~~ 제때셔줘야리프레쉬도되고 생산성업무효율성이올라간다는 연구결과들이많다던데~캬~~~
2	ㅍㅍㅅㅅ 말에 절대 공감. 누가주말출근을정상처럼표현하는가?
2	ㅋㅋㅋㅋㅋㅋㅋㅋㅋ .... 편하십니까들?
2	이 얘기는 에어컨을 안 틀어준다는 얘기지 웬만해서는 ... =)댓글:난"주말에는"이단어가걸리는데.주말에는당연스레출근하란소리지.
2	(메시지 없음)
2	댓글: 주말근무.. 계속하래..는거지? 박상열:ㅋㅋㅋ그러치그러치ㅋㅋㅋㅋ주말엔반바지입고일해락ㅋㅋㅋㅋ
2	"연구개발 인력 비중이 높아 창의적인 근무환경을 필요로 해왔다는 전언이다"는 개뿔 난주말에빤스만입고집에서노는데.
2	아이고 감사합니다.,.,
2	아.. 이 무슨 개그인가 ㅋㅋㅋㅋ 주말출근할때반바지입는게무슨기사거리라도되나-.-;;;;
2	비정상의 정상화가 시급하다.
2	주말에는 출근하지않는게 정상인데 난왜좋아하고있었지…
2	(메시지 없음)
2	반바지 출근... 이 눈에 들어오는 게 아니라 왜~주말에출근하는지...가눈에들어오더라.. 주말에반바지입고출근하는게뭐가좋냐...출근안하는게맞지 이것도뉴스라고~
2	(메시지 없음)
2	주말에는 출근하지 않는 게 정상입니다(2) 우리처럼평일에도입을수있어야뉴스거리아닌가
2	화성사업장은? 응? 화성사업장은?
2	별로 창의적이지 않은데??
2	휴일엔 쉴수 있는게 비정상의 정상화요 적폐의 해소
2	뭐야 이 당당한 기사는 ㅋㅋㅋㅋㅋㅋㅋㅋㅋㅋㅋㅋㅋㅋㅋㅋㅋㅋㅋㅋㅋㅋㅋㅋ ㅋㅋㅋㅋㅋㅋㅋㅋㅋㅋㅋㅋㅋㅋㅋㅋㅋㅋㅋㅋㅋㅋㅋㅋㅋㅋㅋㅋㅋㅋㅋㅋ ㅋㅋㅋㅋㅋㅋㅋㅋㅋㅋㅋㅋㅋㅋㅋㅋㅋㅋㅋㅋ어처구니 없넼ㅋㅋㅋㅋㅋㅋㅋㅋ

공유 커뮤니티 페이지 (1.사회적 기업 2.ㅍㅍㅅㅅ)	메시지
	ㅋㅋㅋㅋㅋㅋㅋㅋㅋㅋㅋㅋㅋㅋㅋㅋㅋㅋ주말에 나오는게 자랑이니?ㅋㅋㅋㅋㅋㅋㅋ ㅋㅋㅋㅋㅋㅋㅋㅋㅋㅋㅋㅋㅋㅋㅋㅋㅋㅋㅋㅋ Fuck the smart work and all those other cliches.
2	주말 출근이 자랑이라고 보도자료까지 내기는... 10년이 지나도 바뀐건 없구나. 나때는금요일에주말출근할사람신고하는명단이전체메일로돌고월욜아침에는실제나온사람 명단이전체메일로돌았지.그렇다고주말에나와일을열심히들하는것도아니고,그냥보여주기 로시간떼우다가가는사람들;;북한도아니고원..
2	차암 행복하겠소
2	야~ 주말에 편하게 '출근'해서 조올겠다
2	옷차림 가지고 창의력 운운하는 거 보면 정말 웃기지도 않는다. 왜?빤스바람으로근무하면창의력만땅이겠네!
2	주말에 쉬지도 못하게 출근시키면서 반바지 입히는 게 뭔 자랑이라고 기사까지 써 ㅋㅋ
2	좋으냐
2	ㅍㅍㅅㅅ의 글제목이 갑이네
2	한편, CGV에서는 주말 관람객 중 선착순 1,000명에 대하여 극장 내 영화 관람시 좌석에 등을 기댈 수 있게 해준다.
2	(메시지 없음)
2	주말에는 출근하지 않는게 정상입니다.
2	@권기호 축하해요 이젠 주말엔 반바지 입고 출근하겠내요 권과장님 ㅋㅋㅋㅋㅋㅋㅋㅋㅋ
2	그러니까 말인즉슨, 지금까진 주말에 출근하면서도 반바지를 못 입었다는거로군. 뭔가 순서 가 이상한 것 같은데? ㅋㅋㅋㅋ
2	(메시지 없음)
2	주말엔 빤스만 입고 집에서 무도봐야지 ㅋㅋㅋㅋ
2	주말에도 일시키는 삼성... 주말이 공휴일에 왜 회사를 나오냐?
2	PPSS: 주말에는 출근하지 않는게 정상입니다.
2	ㅋㅋㅋㅋ 그러니까 수원삼성맨은 주말에도 출근을한다이거지.. ㅋㅋ 묘하게 디스하네
2	얼 ㅋㅋㅋ
2	(메시지 없음)
2	반바지건 츄리닝이건 주말엔 출근안하는 게 정상이야.
2	바보들도 아니고...
2	ㅋㅋㅋ 몰랐네
2	자랑이다 ㅋㅋㅋㅋ
2	ㅋㅋㅋ

〈부록 - 2〉 커뮤니티 페이지의 기사 공유 텍스트를 재공유한 개인 메시지의 명사 어휘 빈도

명사어휘	빈도	백분위	명사어휘	빈도	백분위
주말	55	18.84	경영	1	0.34
출근	35	11.99	고민	1	0.34
반바지	14	4.79	공감	1	0.34
정상	13	4.45	공장	1	0.34
삼성	7	2.40	관람객	1	0.34
공휴일	6	2.05	광고	1	0.34
근무	6	2.05	극장	1	0.34
기사	6	2.05	근무복	1	0.34
자랑	6	2.05	근무환경	1	0.34
일	4	1.37	글제목	1	0.34
집	4	1.37	긍정적	1	0.34
삼성맨	3	1.03	기사화	1	0.34
감사	2	0.68	기자	1	0.34
개그	2	0.68	긴바지	1	0.34
부정	2	0.68	뉴스	1	0.34
비정상	2	0.68	뉴스거리	1	0.34
빤스	2	0.68	단원고	1	0.34
사람	2	0.68	당연	1	0.34
수원	2	0.68	도보	1	0.34
시간	2	0.68	드레스코드	1	0.34
정상화	2	0.68	등	1	0.34
창의적	2	0.6	등신	1	0.34
츄리닝	2	0.68	리프레쉬	1	0.34
평일	2	0.68	만땅	1	0.34
회사	2	0.68	말	1	0.34
휴일	2	0.68	메일	1	0.34
가동	1	0.34	명단	1	0.34
갑	1	0.34	무도	1	0.34
개뿔	1	0.34	바보	1	0.34
개이버	1	0.34	배려	1	0.34
거지	1	0.34	병맛	1	0.34
결과물	1	0.34	보도	1	0.34
결단	1	0.34	복장	1	0.34

명사어휘	빈도	백분위	명사어휘	빈도	백분위
부정적	1	0.34	절대	1	0.34
부제	1	0.34	정면	1	0.34
북한	1	0.34	정장	1	0.34
빤스바람	1	0.34	좌석	1	0.34
사업장	1	0.34	주5일제	1	0.34
상황	1	0.34	주일	1	0.34
새벽	1	0.34	창의력	1	0.34
샌달	1	0.34	추진	1	0.34
생산성	1	0.34	추천	1	0.34
선착순	1	0.34	칼퇴	1	0.34
수당	1	0.34	코스	1	0.34
순서	1	0.34	클래스	1	0.34
시급	1	0.34	탐방	1	0.34
신고	1	0.34	터치	1	0.34
심성	1	0.34	퇴근	1	0.34
아이디어	1	0.34	트래킹	1	0.34
야근	1	0.34	판매량	1	0.34
업무	1	0.34	폐부	1	0.34
에어컨	1	0.34	포스코	1	0.34
연구	1	0.34	폼	1	0.34
영화	1	0.34	하이킹	1	0.34
옷차림	1	0.34	하프팬츠	1	0.34
원칙	1	0.34	함정	1	0.34
의도	1	0.34	해소	1	0.34
이해	1	0.34	행복	1	0.34
인식	1	0.34	행진	1	0.34
일반화	1	0.34	혁신	1	0.34
일요일	1	0.34	홍보팀	1	0.34
자료	1	0.34	화성	1	0.34
자체	1	0.34	효과	1	0.34
자폭	1	0.34	효율	1	0.34
적폐	1	0.34	효율성	1	0.34
전체	1	0.34			

Ⅰ. 서론

2011년에 이루어진 한 조사에 의하면 전 세계적으로 인터넷을 사용하고 있는 인구는 20억 명이 넘는데, 이는 지구촌 인구의 세 명 중 한 명이 인터넷 이용자임을 나타내는 것이다. 과거에 군사용 목적 또는 단순 통신망 연결 등 제한적인 기능만을 수행하던 인터넷은 현재는 많은 사람들의 일상 속 다양한 영역에서 광범위한 역할과 기능을 하며 자리하고 있다. 인터넷이 가져온 가장 두드러진 삶의 변화는 사람들이 '사이버 공간[1]'이라는 물리적 실체가 없는 세계 내에서 정보를 얻고 이를 타인과 공유할 뿐만 아니라 시간이나 공간적인 제약에서 비교적 자유로이 타인과 의사소통을 나눌 수 있게 되었다는 점이다. 이는 면대면 의사소통 또는 전화와 같이 오랜 시간 사람들이 사용해 온 '기존의 의사소통 방식'과 '인터넷을 매개로 한 의사소통'이 구별되는 가장 큰 특징이라 할 수 있다. 상대방과 같은 시공간을 공유해야 하는 '면대면 의사소통' 또는 같은 공간을 공유할 필요는 없으나 상대방과 반드시 같은 시간을 공유해야 하는 '전화 의사소통'과 같은 기존의 의사소통 방식과 달리 사이버 공간 내에서 이루어지는 의사소통은 대화 상대방과 반드시 같은 시공간을 공유할 필요가 없기 때문이다.

인터넷 자체의 발달뿐만 아니라 손쉽게 인터넷에 접근하고 이를 활용할 수 있도록 하는 스마트폰과 같은 기기가 보편화됨에 따라 일상생활에서 사람들이 '사이버 공간'을 접하는

---

1) 인터넷으로 창조된 상호작용 및 정보 맥락의 지리적이나 물리적인 상징을 뜻한다. '인터넷으로 형성된 상호작용하는 정보의 환경'의 지리적이거나 물리적인 상징이다. 컴퓨터의 네트워크화로 컴퓨터 내에 번져 나가는 정보 세계, 정보화 사회를 상징하는 개념으로서, 물질적인 실체와 떨어진 가상공간을 말한다. 1980년대에 캐나다의 공상 과학 소설과 윌리엄 깁슨이 만든 말이다. 현실 세계와 가장 큰 차이점은 거리감이 없다는 것이다. 지구의 반대편에 있는 사람들이 이웃에 사는 사람들처럼 정보를 주고받을 수 있어서 사이버 공간은 국경/인종/언어의 차이를 초월하여 사람들이 모이는 가상 광장이며, 온갖 정보를 주고받을 수 있는 정보의 전시장이라고 할 수 있다. 사이버공간의 주민, 즉 컴퓨터망에 참가하는 사람은 익명성이 높다. 자기의 신분을 은폐할 수도 있고 한 사람이 복수의 인물을 연출하여 각종 정보나 주장을 펴기도 한다(크리스핀 더로우, 로라 렌겔, 엘리스 토믹 저, 권상희 역, 2011: 411).

시간 역시 갈수록 증가하고 있다. 사이버 공간 속에서 보내는 시간이 많아졌다는 것은 앞서 언급한 인터넷을 매개로 한 '정보 검색' 및 '타인과의 공유' 그리고 '사이버 커뮤니케이션'이 사람들의 일상 속에서 많은 부분을 차지하게 되었음을 의미한다. 미래창조과학부와 한국인 터넷진흥원이 발표한 2014년 '인터넷 이용 실태조사'[2] 결과에서도 이러한 현상이 두드러지 게 나타난다. 해당 조사 결과에 따르면 현재 우리나라의 인터넷 사용자가 인터넷을 이용하는 용도로는 상품 및 서비스 정보, 일반 웹서핑 등 '자료 및 정보접근/검색'이 91.1%로 가장 높았고, 다음으로는 이메일, SNS 등 '커뮤니케이션'이 89.8%를 차지하였다. 또한 연령별로 '자료 및 정보접근/검색'과 '커뮤니케이션'을 위한 인터넷 이용이 10대에서 50대까지 90% 내외로 고르게 나타났다는 점에서도 사이버 공간 내에서의 정보 검색과 의사소통은 나이나 성별 등에 관계하지 않고 대다수의 사람들에게 매우 친숙하고 일상적인 일이 되었음을 알 수 있다.

사이버 공간 내에서의 '정보접근 및 검색'과 '사이버 커뮤니케이션'이 동시에 일어나는 것이 바로 인터넷 뉴스이다. 사회 내의 소식이나 방대한 양의 정보를 접할 수 있도록 하는 원천으로 작용하는 것이 인터넷 뉴스이며 동시에 이를 바탕으로 타인과 의사소통을 함께 나눌 수 있는 장이 인터넷 뉴스에는 형성되어 있다. 다시 말해서 사람들은 사이버 공간 내에서 뉴스를 얻고 동시에 자신이 접한 뉴스 정보에 관하여 다른 사람과 이야기를 나눌 수 있는 것이다.

양혜승(2008)에 따르면 이제는 인터넷 뉴스 이용이 신문이나 방송을 통한 뉴스 이용을 대체하고 있으며 특히 우리나라의 경우 그러한 현상이 더욱 두드러진다. 세계 10개국을 대상으로 한 여론조사 결과에 따르면 한국의 인터넷 언론 의존도가 세계 다른 지역보다도 훨씬 높다. 인터넷 뉴스 이용이 갈수록 증가추세에 있고 이것이 사람들로부터 각광 받는 이유에 대해 양혜승(2008)은 인터넷 뉴스 사이트가 지니는 새롭고 다양한 기능적 특성에서 찾을 수 있다고 밝히면서 이용자들은 하이퍼링크와 멀티미디어 기능을 통하여 다양한 형식 의 기사와 정보들을 대량으로 탐독할 수 있다고 언급하였다. 그리고 무엇보다도 인터넷 뉴스 사이트가 기존의 뉴스 매체와 가장 차별화되는 대목은 바로 댓글[3]이라는 커뮤니케이션

---

2) 미래창조과학부와 한국인터넷진흥원에서 매년 발표하는 '인터넷 이용 실태조사'에서는 2004년 조사부터 인터넷에 모바일 인터넷을 포함시켰으며 인터넷 이용자 정의도 월평균 1회 이상 인터넷 이용자에서 최근 1개월 이내 인터넷 이용자로 변경하였다. 2014년 7월을 기준으로 만 3세 이상 인구의 인터넷 이용률은 83.6%로 전년대비 1.5%P 증가한 수준으로 집계되었다.

3) 현재 '댓글'이라는 단어로 사전에 등재되어 있는 이 말은 맨 처음 서비스를 시작한 당시에는 Reply[리플라이]

공간이 존재한다는 점이라고 밝히고 있다(양혜승, 2008: 255).

그러나 인터넷 뉴스 이용을 '의사소통'이 이루어지는 장으로서 바라보는 것은 단순히 이용자가 인터넷 뉴스를 읽은 후에 자신의 생각을 '댓글'의 형태로 적을 수 있다는 점 때문만이 아니다. 자신의 생각을 적는 데에서만 끝난다면 그것은 단순한 '논평'과 다를 바 없으며 타인과의 '관계성' 측면에서 소통으로 이해하기가 어렵기 때문이다. 다른 사람이 작성한 댓글을 읽고 이에 대한 자신의 생각이나 반응에 대해서 댓글을 작성할 수 있도록 구현되었다는 점(대댓글)이야말로 인터넷 뉴스 이용을 '의사소통'의 측면에서 바라볼 수 있게 해주는 근거가 될 수 있다. 즉 특정 댓글을 읽고 난 후 해당 댓글에 관한 자신의 생각을 작성하고 서로 의견을 주고받을 수 있도록 시스템이 구현되어 있다는 점은 화자와 청자가 서로 의미를 주고받으며 조정해 가는 '대화'가 가능하도록 이루어져 있다는 것을 나타내는 것이다. 본고에서는 이점에 주목하여 사이버 의사소통 측면에서 인터넷 뉴스에 관하여 논의하고자 한다. 인터넷 뉴스 댓글 간에 이루어지는 의사소통에 관한 논의를 통해 면대면 의사소통과 비교하였을 때 사이버 의사소통이 '대화'와 타인과의 '소통'의 측면에서 어떠한 특성을 기반으로 하고 있는지를 살펴볼 수 있을 것이라 기대한다.

물론 오늘날 '카카오 톡(Kakao Talk)'이나 '페이스북(Facebook)'과 같은 SNS(Social Network Service) 기반의 의사소통 역시도 활발하게 이루어지고 있어 이 역시도 사이버 공간 내에서의 대화라는 측면으로서 생각해 볼 수 있겠으나 이들 대부분이 오프라인상의 기존 인간관계를 바탕으로 이루어지는 의사소통이라는 점에서 인터넷 뉴스 댓글 간 커뮤니케이션과는 차이를 보인다. 오프라인 상에서 이미 알고 있는 사람과의 대화 장면이 사이버 공간으로까지 확장된 것으로서의 성격이 강하기 때문에 SNS에서 이루어지는 의사소통은 본고에서 분석하고자 하는 '모르는' 타인과의 대화 상황이 중심이 되는 인터넷 댓글 커뮤니케이션과는 다른 점을 지닌다.

본고는 '익명성'으로 대표되는 사이버 공간의 특성을 기반으로 나타나는 '댓글'의 특성을 살펴봄과 동시에 인터넷 뉴스 '댓글'과 각 '대댓글[4]' 간에 이루어지는 의견 나눔을 '대화'라는 인간의 상호적인 언어활동의 맥락에서 바라보고 분석을 시도한다는 점에서 기존의 연구들이 개별적인 댓글 자체에 주목한 것과 차이를 두고 논의를 전개해 나가고자 한다.

의 줄임말로 '리플'이라고 부르며 이용되었다. 이후 외래어 순화과정에서 '답글', '덧글', '댓글' 등 여러 단어가 웹사이트 별로 다르게 사용되었으나, 최근에는 '댓글'로 통합하여 사용하고 있다(최인혜, 2014). 본고에서는 사이버 공간에서 나타나는 사람들 개개인의 의사 표현을 '댓글'이라는 용어로 통일하여 사용하고자 한다.

4) '댓글의 댓글'을 의미하는 것으로 본고에서는 '대댓글'이라는 용어를 사용하겠다.

II. 인터넷 뉴스 댓글에 나타난 사이버 커뮤니케이션 양상

1. 인터넷 뉴스의 정의 및 인터넷 뉴스 댓글 연구 방법

인터넷 뉴스의 댓글 양상을 살펴보기 이전에 우선적으로 인터넷 뉴스란 무엇인가를 논의하고 정의하는 일이 필요할 것이다. 본고에서는 "인터넷 뉴스를 인터넷 미디어에 의해 매개되거나 재매개되는 검색이 가능한 종합 콘텐츠 형태의 뉴스"로 정의하고자 하며, 이는 권용욱(2007: 7)의 인터넷 뉴스에 관한 정의에 따른 것이다. 권용욱(2007: 10)에 따르면 인터넷 뉴스 중 '포털은 기존의 신문과 방송에서 볼 수 없는 새롭고 독특한 뉴스 전달 방식을 가진 인터넷 미디어'이다. 인터넷이 등장하기 전에는 저널리즘 활동을 통해 뉴스를 생산하는 신문과 방송이 언론을 의미했으나 포털이 뉴스 서비스를 시작하면서 전통적 언론과는 다른 새로운 저널리즘 양식인 뉴스의 유통, 즉 뉴스의 재매개(remediation) 방식을 선보였다는 점을 지적하며 권용욱(2007)은 포털을 뉴스를 유통시키는 대표적인 미디어로 보고 있다.

인터넷 포털 뉴스 미디어는 기존의 신문이나 방송이 행하던 뉴스의 '생산' 역할을 하고 있지는 않으나 뉴스를 '재매개'하고 '유통'하는 역할을 함으로써 언론으로서의 기능을 행함과 동시에 오늘날 사이버 공간 내에서 뉴스 정보를 다수의 사람들에게 '전달'하는 영향력을 지녔다는 점에서 인터넷 뉴스로서 규정될 수 있을 것이다. 실제로 양혜승(2008: 255)은 우리 사회에서 인터넷을 통한 뉴스 이용은 대부분 포털사이트를 통해 이루어지고 있으며 우리나라 인터넷 뉴스 이용자들의 90.3%가 포털사이트를 통해 뉴스를 접촉하는 상황이라고 밝힌 바 있다. 본고에서는 뉴스의 '전달 및 유통'이라는 독특한 특성과 '높은 이용도'의 측면에서 포털 인터넷 뉴스가 상당한 연구의 필요성을 지니고 있다는 점을 바탕으로 인터넷 포털 뉴스 이용자들 간 의사소통의 양상을 살펴보도록 한다.

인터넷 포털 뉴스 이용자 간 의사소통은 '댓글'을 통해 이루어지며 인터넷 뉴스 댓글 이용 양상은 '타인의 댓글 읽기' 및 '댓글 쓰기' 와 같이 크게 두 가지로 나눌 수 있다. 주목할 점은 '댓글 쓰기'는 기사를 읽은 후에 이에 관한 자신의 생각을 표현하는 댓글을 작성하는 것도 가능하지만 타인이 작성해 놓은 댓글에 대해서도 자신의 생각이나 반응을 적을 수 있도록 하는 '대댓글'이 나타난다는 점이다. 즉 '대댓글'이란 누군가 작성한 댓글에 대하여 타인이 남기는 댓글로서 본 논의에서 살펴보고자 하는 사이버 공간 내에서 이루어지는 소통의 전형적인 예라고 할 수 있다. 이를 위하여 본고에서는 우리나라에서 가장 많이 이용되고 있는 3대 포털사이트인 네이버(Naver), 네이트(Nate), 다음(Daum)을 바탕으로 연구를 진행하였으며 임의로 선정한 2014년 11월 17일을 기준으로 해당 일자에 가장 사람들이 많이 읽은 기사(조회 수가 높은 기사)를 분석 대상으로 삼아 '댓글'을 분석하였다. 또한 앞서 I. 서론에서 언급하였던 '대화' 측면에서의 분석이 이루어지는 본 논의를 위하여 각각의 뉴스 기사의 댓글 중에서 이용자로부터 가장 많은 수의 '대댓글'이 달린 '댓글' 하나씩을 발췌하여 연구를 진행하였다.

'댓글'과 '대댓글' 간 이루어지는 의사소통을 분석하기 위하여 '대댓글'이 가장 많이 달린 '댓글'을 선정하는 과정에서 연구자는 '댓글과 '대댓글'이 나타나는 의사소통이 모든 '댓글'에서 발생하는 것은 아니라는 사실을 발견하였다. '대댓글'이 나타나지 않는 '댓글'이 '대댓글'이 존재하여 의사소통, 즉 대화가 이루어지는 것보다 많다는 사실을 알 수 있었다. 또한 네이버(Naver), 네이트(Nate), 다음(Daum)의 각각의 인터넷 기사에 '대댓글'이 많이 달린 '댓글'을 발췌한 결과 '대댓글'이 많은 '댓글'은 기사가 최초로 입력된 시간에 가깝게 작성되었을수록 많다는 상관관계를 발견하였으나 기사가 최초로 입력된 시간이 '대댓글'의 개수에 미치는 영향은 사이버 의사소통의 대화적 측면을 논의하는 본고에서는 다루지 않는다.

2. 인터넷 뉴스 댓글 양상

시간과 공간에 제약을 받지 않고 인터넷 포털 뉴스 기사 내용에 대한 자신의 의견을 댓글의 형태로 자유롭게 표현하고 타인의 댓글을 읽은 후에 이에 대한 댓글을 작성함으로써 타인의 생각에 반응할 수 있다는 것은 읽기와 쓰기가 서로 영향을 주며 나타날 수 있다는 특성을 보여준다. 인터넷 뉴스 이용자들은 이러한 과정을 통해 신문이나 TV뉴스와 같은 기존의 매체에서는 이루어지기 어려운 타인과의 상호작용을 경험하게 된다. 이는 포털 인터넷 뉴스가 그 이용자로 하여금 사이버 공간 내에서 손쉽게 뉴스 정보를 획득할 수 있도록 함과 동시에 이용자 그 누구라도 의지만 있다면 기사 내용과 관련한 자신의 의견을 손쉽고 자유롭게 피력하고 타인의 생각을 들을 수 있도록 하는 '불특정 다수 참여 가능성'을 기반으로 하고 있음을 의미하는 것이다.

본고에서는 인터넷 포털 뉴스에서 이루어지는 의견의 나눔이 면대면 대화 상황과 유사하다고 보고 이를 대화의 측면에서 바라보고자 한다. '대화'란 '화자와 청자 간에 이루어지는 상호 교섭적인 의미 구성 행위'로서 두 사람 이상의 참여자가 말하고 듣는 과정을 지속적으로 이어가며 언어적인 상호작용을 하는 것이다. 이런 점에서 누군가 댓글을 남기면 이에 대해서 댓글을 남길 수 있고 지속적으로 소통을 이어갈 수 있는 인터넷 뉴스 역시도 대화의 요소를 지니고 있다고 볼 수 있다. 물론 댓글에서는 문자언어를 사용하여 상호 간 소통이 이루어지지만 실질적으로는 이것을 개인이 '나'의 생각을 표현하는 '말하기'와 타인의 생각을 '듣고'난 후 이에 관하여 '반응하여 말하는' 과정이 문자언어로 대체되어 나타나는 것으로서 이해할 수 있다. 이러한 특성은 댓글 이용자 간 의사소통이 서로 시간과 공간을 공유할 필요 없이 이루어진다는 '비동시성'에 기인하는 것이라 할 수 있으며 인터넷 뉴스뿐만 아니라 사이버 의사소통이 지닌 고유의 특성이라 할 수 있다. '말하기'와 '듣기'라는 음성언어를 매개로 한 의사소통은 대화 참여자가 같은 시간을 공유하지 않는다면 휘발되어 버리기 때문에 비동시적 의사소통이 이루어지는 사이버 공간에서 활용되는 데에는 제한이 있는 것이다.

또한 본 연구를 위하여 선정한 포털 인터넷 뉴스 기사의 '댓글' 및 '대댓글' 간 대화 장면[5]을 분석하면서 대화 참여자간 순서교대가 활발하게 이루어지지 않는다는 특성을 발견하였다. 여기서 순서교대란 두 가지로 나누어 생각해 볼 수 있다. 첫 번째는 '댓글'을 작성한 사람과 해당 댓글에 대하여 의견을 작성한 사람('대댓글' 작성자) 간에 말을 몇 번 주고받았는가에 관한 것이고, 두 번째는 특정 '댓글'에 달린 여러 '대댓글' 작성자 간 이루어지는 의사소통이다. 부록의 (가), (나), (다) 사례를 보면 알 수 있듯이 '댓글'을 작성한 사람이 '대댓글'을 읽고 나서 이에 대해 자신의 의견에 대해 추가하거나 자세한 설명을 덧붙이면서 '대댓글' 작성자와 의견을 주고받거나 또는 '대댓글' 작성자 간 대화를 주고받는 일이 매우 제한적이고 적게 이루어지고 있다는 사실을 알 수 있다. 이러한 특성 역시도 사이버 의사소통이 지닌 '비동시성'에 근거한 것으로 이해할 수 있다. 대화참여자가 의견을 나누는 행위, 즉 대화를 할 때에 모두 동시적으로 해당 인터넷 뉴스 기사를 읽고 있는 것이 아니기 때문에 면대면 대화와 같이 즉각적인 화자와 청자 간 대화 구조를 찾아보기 어려우며 이는 실제적으로 사이버 의사소통에서 이루어지는 대화 구조는 매우 간결할 수밖에 없음을 의미하는 것이다.

그러나 본고에서는 인터넷 뉴스를 중심으로 이루어지는 사이버 의사소통이 가지는 가장 주요한 특징을 발견하였는데, 이는 앞서 I. 서론에서 잠시 언급한 바 있었던 포털 인터넷 뉴스 댓글과 같이 익명성을 기반으로 하는 사이버 의사소통에서 드러나는 특징으로도 설명할 수 있다. SNS와 같이 기존의 인간관계를 바탕으로 이루어지는 사이버 의사소통과는 달리 '모르는' 타인과의 만남을 중심으로 이루어지는 포털인터넷 뉴스 댓글 의사소통에서는 대화 참여자 간 자신에 대한 '자기노출은 최소화하고 자기표현은 극대화하여 나타난다는 점'을

---

5) 부록 참조.

매우 큰 특징으로 한다. 자기노출이나 자기표현과 관련해서는 그동안 기존의 많은 연구에서 정의 내렸던 것을 알 수 있는데, 자기 노출에 대해서 Jourard and Lasakow(1958)[6]은 '자신에 대해서 분명히 밝히고 자기 자신을 타인에게 공개함으로써 타인이 자신을 알 수 있도록 하는 행위'로 보았으며, Cozby(1973)는 '타인에게 자신에 대한 메시지를 보내는 것', Derlega et al(1987)은 '개인적 관계 개발을 위한 핵심 요소'라고 논의한 바 있다. 이들 연구를 통해 자기노출이란 모두 자아 또는 정체성에 관한 것임을 알 수 있다. 본고는 이러한 앞선 논의들을 바탕으로 '자기노출'을 '개인의 사회적 정체성을 구성하고 있는 요소들을 드러내는 행위'라고 정의하여 논하고자 한다. 즉 자아노출을 성별이나 나이, 직업 등 개인의 사회적 정체성을 이루는 요소들을 언급하거나 드러내는 것을 의미한다.

또한 본고에서는 자기표현을 '개인이 자신의 가치관 및 경험에 기반하여 의견을 표출하는 행위'로 정의하였다. 자기표현에 관해서도 그동안 많은 연구에서 정의를 시도하였으며, '전달하고자 하는 자신의 인상을 다른 사람에게 전달하는 과정'(Goffman, 1959)[7]으로 보거나 '타인에게 자신의 아이덴티티를 표현하는 행위'(Leary, 1995), 그리고 '사회적 목표를 달성하기 위해 자신을 표현하고, 자신의 이미지를 구축'(Dorminick, 1999)하는 것이 대표적 예라 할 수 있다. 선행 연구의 '자기표현'에 대한 정의도 조금씩 차이를 지니고 있으나, '표현'이라는 측면에서 이는 자신의 가치관이나 경험에 기반하여 특정 사안에 관하여 자신이 지닌 생각이나 의견을 표현하고 표출하는 것이며, 이를 본고에서는 '자기표현'의 속성으로 바라보았다.

부록에 수록된 (가), (나), (다) 사례를 모두 분석한 결과 성별이나 나이, 직업 등 자신의 사회적 정체성을 이루고 있는 요소를 드러낸 자기노출의 '댓글'이나 '대댓글'은 한 건도 나타나지 않는다는 사실을 발견하였다. 이는 앞서 논의한 바 있는 사이버 공간의 '익명성'과 관련된 것으로 사이버 의사소통이 '익명성'을 바탕으로 이루어지기 때문에 이용자들 간에 나타나는 대화 양상 역시도 자신의 오프라인 상의 사회적 정체성을 드러내지 않음을 의미하는 것이다. 그러나 기사 내용과 관련한 내용에 대한 '댓글'과 상대방의 '댓글'에 대하여 자신의 생각을 표출하는 '대댓글'의 경우에는 이용자들이 자신의 생각이나 의견을 매우 직접적으로 표현하고 자신의 의사를 드러내는 것을 볼 수 있다. 이는 '익명성'이라는 사이버 공간의

---

6) 이새봄 외(2012), 자기표현욕구와 개인정보노출우려가 자기노출의도에 미치는 영향, 경영과학, 제29권 제2호, p.17.

7) 이새봄 외(2012), 자기표현욕구와 개인정보노출우려가 자기노출의도에 미치는 영향, 경영과학, 제29권 제2호, pp.17, 22.

특성으로 인하여 사람들은 자신의 사회적 정체성을 드러내는 자기노출은 최소화하는 반면에 이는 자신의 의견을 최대화하여 표현할 수 있도록 하는 기제로 작용한다는 것을 보여주는 일이다. 자기노출과 자기표현은 서로 부적 상관관계에 있다는 사실은 포털인터넷 뉴스 댓글 간 의사소통과 같이 익명성을 바탕으로 하는 사이버 의사소통의 가장 큰 특징이면서 동시에 이용자들의 '의사소통'에도 영향을 끼칠 수 있음을 의미한다.

3. 인터넷 뉴스 댓글에 나타난 자기중심적 메시지

앞서 포털인터넷 뉴스 기사 댓글 간 의사소통이 자기노출은 최소화되고 자기표현은 최대화 되어 나타난다는 사실을 논의하였다. 이러한 특성은 댓글 이용자로 하여금 자신에 대하여 상대방에게 공개하지 않기 때문에 본인이 지닌 견해를 자유롭게 드러낼 수 있다는 점에서 이용자의 의견 표현 시 지니는 부담이 최소화된다는 장점을 지닌다. 면대면 대화에서는 대화 상대방의 나이나 직급 등의 요소로 인해 자신의 생각을 자유롭게 드러내지 못하는 상황이 있거나 또는 상대방과의 '관계 유지' 측면에서 자신의 견해를 최대화 하여 표현하는 것은 매우 부담이면서 동시에 위험요소로 작용할 수 있다.

이와 반대로 사이버 의사소통에서는 이용자들이 자신과 대화를 나누고 있는 이가 어떤 사람인지에 대해서 전혀 알지 못하는 상태에서 대화가 이루어지기 때문에 자기의 생각을 표현하는 데에서 매우 자유로운 특성을 지니는 것이다. 그러나 이는 인터넷 뉴스 댓글 간 의사소통과 같이 '익명성'을 기반으로 이루어지는 사이버 커뮤니케이션 내에서는 대화 참여자의 발화가 매우 자기중심적으로 흘러갈 수 있음을 의미한다. '자기중심적 메시지'란 '협력, 공감, 공손성의 요소가 하나 이상 결여된 메시지'를 의미한다. 본고에서는 타인과의 원활하고 긍정적인 상호작용으로서 '대화'가 이루어지기 위해서는 참여자 간 교섭을 통해 의미를 구성해 나가고자 하는 '상호간 협력'과 '상대의 메시지에 대한 공감', 그리고 '공손한 표현'이 필수적으로 갖추어져야 하는 요소임을 바탕으로 발췌한 '인터넷 뉴스 댓글'을 살펴보았다[8].

우선 '대화 참여자 간에 이루어지는 협력'이란 앞서 언급한 바 있던 대화의 상호성과 관련된 것으로 본고에서는 이를 그라이스(Grice, 1975)의 협력의 원리로써 이야기하고자 한다. 사람들이 원활하게 대화를 이어갈 수 있는 까닭은 구체적인 상황과 맥락에 묵시적으로 작용하는 대화의 원리가 존재하고 있기 때문이다. 사람들은 대화를 하면서 반드시 지금

---

8) 부록 참조.

하는 말이 지금 이야기되고 있는 대화의 목적이나 요구에 합치되도록 대화를 한다[9]. 여기에는 지금 주고받는 대화의 목적에 필요한 만큼 정보를 제공하도록 하는 '양의 격률', 거짓이라고 생각되는 말을 하지 않고 증거가 불충분한 것은 말하지 않으며 진실의 정보를 제공하도록 노력하는 '질의 격률', 적합성이 있는 말을 하도록 하는 '관련성의 격률', 명료하게 이야기하도록 하는 '태도의 격률'이 포함된다[10].

> (예1) └ tode**** (2014.11.17 오후 3:06)
> 리니지 엔씨 소프트 아닌가 자동?

> (예2) └ hoon**** (2014.11.17 오전 11:27)
> 이런 간첩 색희를 비호하는 민변과 문재인부터 모조리 처 죽여야 ㅋㅋㅋ

> (예3) gale**** 11.17 18:02
> 씹베충일 확률 99.9%

(예1)은 '댓글'에 대하여 반응한 '대댓글'로서 나타난 것이다. 이루어지고 있는 대화의 목적에 맞는 정보를 전혀 제공하고 있지 않다는 점에서 '양의 격률'뿐만 아니라 '관련성'의 격률에도 위배된 것이라 할 수 있으며 (예2)는 실제로 문재인이 간첩을 비호하는가에 대한 문제가 진실인지를 판단할 수 있는 근거 없이 주장을 하여 '질의 격률'을 위배한 것으로 매우 과격한 표현을 사용하여 이는 이후 논의할 공손성 역시도 결여된 표현이다. (예3)은 '씹베충'이라는 용어를 사용하여 대화 시에 욕설이나 비속어를 섞어 타인의 기분을 상하게 할 수 있는 '공손성'의 원리에도 위반된 것일 뿐만 아니라 기사 내용 속 인물을 '씹베충'[11]으로 판단한 근거 없이 자신의 생각을 표현하였다는 점에서 '질의 격률'을 위반한 사례로 볼 수 있다.

둘째, 공감이란 다른 사람의 경험이나 생각을 존중하고 이해해 주는 것을 의미한다. 본 연구를 통해 공감의 요소는 포털 인터넷 뉴스 '댓글'과 '대댓글' 간 대화에서 가장 크게 결여된 요소로서 볼 수 있었다. 때문에 위배 사례보다는 긍정 사례를 통해 사이버 의사소통에서 이루어지는 '공감'적 대화란 어떤 것을 의미하는지 살펴보도록 한다.

---

9) 이창덕 외(2010), 화법교육론. 역락, p.224.
10) 이창덕 외(2010), 화법교육론. 역락, p.225.
11) 대화맥락 내에서 이는 '일간베스트'라는 사이트를 이용하는 이들을 비하하여 나타내는 표현으로 보임.

(예4) └ 밥이다님

태양이님 말 정말 공감. 20년을 헌신했는데 돈은 아들한테 다 가고 아들 빚까지 갚아주면 안되겠냐 하신다는 친구모친. 친구 시집갈 때 내 앞길은 누가 책임지냐고 그 모친 친구랑 그 애인한테 한거보면 ㅇㅇㅇ모 역시 사위한테 온갖소리 다 했을거란 생각이 드네요.

(예4)는 '대댓글' 간 이루어지는 대화 장면을 발췌한 것이다. 상대의 생각에 대하여 '공감한다는' 직접적인 표현을 명시함으로써 자신의 생각을 표출함과 동시에 상대의 생각을 존중하고 인정하고 있다. 그러나 (예4) 역시도 자신과 같은 생각을 하는 상대방에게 하는 표현이기 때문에 우호적인 모습으로 나타난 것이다. 그런데 '공감'이란 자신과 같은 생각을 하고 있지 않는 상대방의 생각에 대해서도 존중을 표하는 것이 중요하다는 점을 밝힌다.

셋째, 공손성이란 공손하고 예절바르게 주고받는 말의 태도를 기반으로 대화 참여자들 사이의 사회인 관계를 형성하고 유지시키는 기능을 한다[12]. 대화 상황에서 공손성이라는 것은 대화 참여자들이 상대방의 인격을 존중하고 예의를 갖추는 노력을 의미하는데 앞서 살펴본 사례에서는 공손성이 결여된 메시지가 절대 다수를 차지하고 있는 것을 볼 수 있었다. 특히 경어법이 드러나는 경우가 매우 적었으며 대화 상대에 대한 비난이나 비속어의 사용이 나타나는 비율이 높다는 점을 알 수 있다.

(예5) └ barr**** (2014.11.17 오전 10:55)
이제는 자식보기 부끄러운 것도 모르고 도둑질 까지 옳은 행동이라카네 ㅋㅋㅋㅋ. 눈앞에 자식이 굶어죽는 것도 아니고 대한민국 장교가 적성국가에 간첩질한것도 잘한 일 우왁ㅋㅋㅋㅋ 아마 고향이 전라도 안듯.. 주장 개같네 ㅋㅋ

(예6) └ 줄리앙 11.17 20:00
저게 베충이인지 니가봤냐?

(예7) └ 태양이님
★ 그 때 당신들의 기분은????????????
돈의 액수를 떠나서..뭐 같지 않니??

---

12) 이창덕(2010), 화법교육론. 역락. p.233.

(예5)는 앞서 이야기 하였던 '공감'과도 관련이 있는 사례로서 앞서 '공감'이란 자신과 생각을 달리 하는 이들의 견해도 존중하고 인정하는 것임을 논의한 바 있다. 해당 댓글의 경우는 '대댓글' 간 이루어지는 대화 장면의 일부였으며, 상대방의 생각에 공감하지 않는 화자가 상대방의 주장에 대하여 욕설을 사용하고 특정 지역을 비하하는 것을 볼 수 있다. 이러한 댓글은 공감의 요소뿐 아니라 공손성 역시도 결여된 것으로 분석할 수 있다. (예6)은 상대에게 경어법을 사용하지 않고 '너'라는 표현을 사용하는 것으로 이는 앞서 논의한 바 있었던 '자기노출'과도 관련이 있다. 인터넷 뉴스 댓글에서는 대화 참여자들이 상대방에 대한 정보가 제한적이기 때문에 상대에게 '너'와 같은 표현을 매우 빈번하게 사용하고 경어법의 사용이 매우 적게 발생한다는 사실을 발견할 수 있었다. 마지막으로 (예7) 역시도 대화 참여자들에게 '당신은 ~니?'와 같은 표현을 사용하여 상대방의 존재에 대한 존중을 바탕으로 한 경어법의 사용이 나타나지 않은 것으로 분석할 수 있다.

Ⅲ. 긍정적 사이버 커뮤니케이션 분위기 형성을 위한 방향성 제시

1. 사이버커뮤니케이션의 자기중심적 메시지의 문제점

앞서 인터넷 뉴스 '댓글'과 '대댓글' 사례를 통해 대다수의 인터넷 뉴스 댓글 간 상호작용이 상대방과의 대화 협력, 공감, 공손성 등이 결여되어 있는 자기중심적 메시지를 중심으로 이루어지고 있다는 것을 살펴보았다.

자기중심적 메시지는 '인간의 소통의 본질'이라는 측면에서 가장 큰 문제점을 지닌다. 의사소통이란 단순히 말만을 주고받는 행위가 아니다. 인간의 의사소통은 서로 다른 개인이 만나 전인격적으로 소통하고 나의 생각과 가치관 등을 함께 공유하는 것을 의미한다. 앞서 살펴본 사례에서 알 수 있듯이 포털 인터넷 뉴스 댓글 간 의사소통과 같은 사이버커뮤니케이션은 이러한 '전인격적 소통'에 대한 인식이 결여되어 있다는 점에서 문제를 지니는 것이다. 이는 댓글 이용자들이 사이버 공간에서 만나는 타인을 하나의 인격으로서 바라보고 타인과의 '만남' 그리고 '소통'의 장으로서 인식하는 것이 부족하다는 점에서 기인한다. 때문에 댓글 이용자 간 대화에는 상대방에 대한 무분별한 인신공격이나 근거 없는 비방, 심지어는 특정 지역에 대한 비하 등의 현상까지 나타났으며 이는 분명히 상대방의 인격을 모독하고 심리적인 위해를 가하는 일임에 틀림없다.

물론 사이버커뮤니케이션은 자기노출이 최소화되어 나타난다는 특성을 지닌 것이 사실이다. 그러나 이것은 사이버 공간 내에서 이루어지는 의사소통이 타인과의 '관계성', '전인격적인 소통'과 무관하다는 것을 의미하는 것이 아니다. 때문에 대화 협력, 공감, 공손성이 결여된 사이버 공간 내 대화 양상은 면대면 의사소통의 원리와도 맥을 같이하는 방향으로 개선되어야 한다. 사이버 의사소통이 면대면 의사소통과 구분되는 '익명성' 또는 '자기노출의 최소화'라는 특성은 유지하더라도 '타인과의 소통'이라는 측면에서 타인의 존재를 인정하고 타인의 견해를 존중하기 위한 면대면 대화 원리와 무관하지는 않다는 것을 보여주는 것이다. 때문에 자기중심적인 사이버 의사소통을 중재하고 긍정적인 방향으로 사이버 의사소통을 지향해 나가기 위하여 면대면 의사소통 대화 원리를 적용하기 위한 방법에 대한 논의가 필요하다.

2. 면대면 의사소통 대화 원리의 사이버커뮤니케이션 적용 방법 모색

자기중심적 메시지는 대화 협력, 공감, 공손성의 요소가 하나 이상 결여된 메시지로서 이는 전인격적인 의사소통을 저해하는 요인임을 살펴보았다. 대화 협력, 공감, 공손성은 사이버 의사소통뿐만 아니라 면대면 대화에서도 '전인격적인 타인과의 의사소통'을 위하여 매우 중요한 것이다. 지금부터 각각의 차원에서 해당 대화 원리를 사이버 커뮤니케이션에 적용하기 위한 방법을 논의하고자 한다.

우선 이야기 되고 있는 대화의 목적이나 요구에 합치하도록 대화를 해 나가는 '협력의 원리' 역시도 사이버 의사소통에 적용되어야 한다. 자신의 생각을 주장하는 '댓글'을 작성하거나 상대방이 작성한 댓글에 대하여 '대댓글'을 작성할 때에도 기사 내용 또는 상대방의 발화 내용에 관련하여 대화 상황과 맥락에 적절한 이야기를 할 수 있도록 노력하는 게 필요하다. 또한 대화 내용에 관하여 어떤 견해를 가지고 있는지를 서술할 때에는 이에 대한 적절하고 관련성 있는 근거를 함께 작성할 수 있도록 하는 노력이 필요하다.

둘째로 공감의 차원에서 사이버 커뮤니케이션에서도 면대면 대화와 같이 상대방과의 만남이라는 인식을 바탕으로 '관계'의 측면을 고려하는 노력이 필요하다. 자기표현이 극대화된다는 점에서 사이버 의사소통은 독특한 특성을 가지고 있었으나, 이러한 견해의 표출이 상대방의 기분을 상하지 않도록 하는 선에서 이루어져야 한다는 사실을 인식할 필요가 있다. 상대방의 '댓글'에 대하여 '대댓글'을 작성할 때에 동의하지 않는 부분이 있다면 상대방에게 간접적이고 우회적으로 표현하는 것이 더욱 필요할 것이다. 예를 들어 동의하지 않는 부분에서는 "~하는 것이 어떨까요?", "저는 이러한 생각을 가지고 있었는데 ○○○님께서는 그런 생각을 가지고 계시는군요." 와 같이 상대방의 기분을 상하게 하지 않는 식의 말하기가 필요하다. 또한 면대면 대화에서는 상대방에게 부드러운 시선이나 표정, 고개 끄덕임 등을 통하여 상대방의 견해에 관심을 가지고 있다는 점을 나타낸다. 이러한 부분을 공감적 대화를 위하여 중요하게 생각한다는 점 역시도 사이버 의사소통에 의미하는 바가 크다. 물론 사이버 의사소통에서는 대화 상황에서 화자와 청자가 서로의 시선이나 표정을 느낄 수 없는 것이 사실이다. 이는 사이버 공간이 지닌 특수성에 기인하는 것이다. 그러나 이러한 점을 보완하기 위하여 '이모티콘' 등을 활용하는 것도 좋을 것이다. 이모티콘 역시도 사이버 공간 내에서는 하나의 예절이나 표현 양식일 수 있다. 일반적으로 '이모티콘'에 대하여 격식성이 떨어진다고 생각하는 이들이 많으나 '이모티콘'은 사이버 공간 내에서 개인의 표정이나 감정을 대변하는 대체 수단일 수 있다. '이모티콘'을 격식성의 차원에서만 바라보지 않고 이를 상대방과 소통하기 위한 수단으로서 바라보는 노력이 필요하며 이를 적절히 사이버 의사소통에 활용하여 상대방의 견해에 대하여 자신의 관심 등을 표현하는 것 역시도 사이버 의사소통의 자기중심적 메시지를 극복하기 위한 방안으로 작용할 수 있다.

또한 사이버 의사소통 내에서도 상대의 말을 경청하는 노력이 필요하다. '대화(dialogue)'라는 말의 어원은 희랍어 'dia-logus'에서 온 것으로 'logos'라는 말은 '의미' 혹은 '이해'를 뜻하고, 'dia'라는 말은 '둘'이 아니라 '-를 통해서'라는 뜻이다. 따라서 '대화(dialogue)'라는 말은 기본적으로 의미란 협력적으로 함께 구성해 나가는 것이라는 뜻이 된다. 상대방 입장보다는 자신의 입장이 더 중요하고, 상대방의 생각은 그르고 자신의 생각만 옳다는 생각을 가지고서는 결코 올바른 대화를 할 수 없다[13]. 편견 없이 상대방의 말을 이해하려는 태도가 중요하며 상대방의 견해를 경청하고 존중하는 노력은 사이버 의사소통에서도 매우 중요하다. 이는 국어교육 현장에서 학습자들이 사이버 의사소통 역시도 개별적인 '나'의 만남들이라는 것을 인식함과 동시에 전인격적인 의사소통이 이루어질 수 있도록 교수학습 활동이 이루어져야함을 의미하는 것이다. 만약 상대방의 말에 이해가 안 되거나 모순되는 부분이 있는 것처럼 보이더라도 댓글 한 개만으로는 상대방의 생각을 모두 알게 된다는 데에는 어려움이 있다는 점을 인식하는 것이 중요하다. 이해가 가지 않거나 설명이 좀 더 필요한 부분에 대해서는 상대방의 논의를 '맞다', '틀리다' 식으로 가치판단으로써 이야기하기보다는, "좀 더 자세히 이야기해주세요" 또는 "저는 ~ 라고 생각해서 말씀하신 부분이 잘 이해가 안

---

13) 이창덕 외(2010), 화법교육론. 역락. p.239.

되는데, 그 부분은 어떻게 생각하시는지 말씀해 주실 수 있을까요?"와 같이 대화를 더욱 이끌어나가거나 상대의 말을 격려하는 말하기 방식이 필요할 것이다. 또한 상대방의 댓글에 나타난 감정이나 상대의 경험 등을 자신의 관점에서 해석하고 판단하기보다는 상대의 입장에 서서 표현하는 것 역시도 중요할 것이다.

마지막으로 상대에게 경어법을 사용하는 노력이 사이버 의사소통에서는 더욱 강조될 수 있을 것이다. 이는 공손성에 관한 것으로 상대방에 대한 존중과 예의에 관한 문제이다. 사이버 공간 내에서는 나와 대화를 나누는 이들이 누구인지를 알기 쉽지 않으나 이는 앞서 언급하였던 것과 같이 '타인과의 만남', 그리고 '소통'이라는 측면을 인식한다면 '예의'를 갖춘 말하기 방식은 매우 중요한 요소라 할 수 있다. 따라서 상대방에게 경어법을 사용하고 근거 없는 비방이나 비난, 욕설을 사용하는 일은 제한할 수 있도록 해야 한다. 현재 욕설이 들어간 '댓글'을 작성하는 것은 제한하는 시스템적인 노력도 이루어지고 있으나 근본적인 해결책은 사이버 공간 내에서 이루어지는 의사소통을 '만남'과 '소통'이라는 전인격적인 측면에서 바라보도록 하는 인식 개선이 이루어져야 한다. 이는 국어교육현장에 있어서도 의미하는 바가 매우 큰 것으로서, 학습자가 사이버 의사소통을 어떠한 생각을 가지고 접하고 활용할 수 있을지를 학교 현장에서 제대로 교육해야 하는 당위성에 관한 문제이기도 하다.

본고에서는 위와 같은 인터넷 뉴스 댓글과 같이 익명성을 특성으로 하는 사이버 공간 내 의사소통이 면대면 의사소통과 같이 긍정적이고 양질의 소통으로 나아가기 위해서 어떠한 노력이 필요한지를 살펴보았다. 본고에서 논의한 댓글 간 '소통'의 차원에서의 분석은 사이버 의사소통을 타자와의 인격적인 만남의 한 차원으로 바라보았다는 점에서 그 의의를 찾을 수 있다.

Ⅳ. 결론

이미 많은 이들이 사이버공간을 통해 타인과 만나고 소통을 하는 일상에 익숙해져 있다. 사이버공간을 처음 마주하는 연령은 갈수록 점점 낮아지고 있으며, 이는 한국인터넷진흥원의 인터넷 사용 실태 조사 시 인터넷 이용 인구 조사 대상에 3세부터 포함된다는 사실만 봐도 알 수 있는 것이다. 국어교육현장 내에서 교사로서 마주하는 학습자는 이미 사이버 공간이 일상에서 차지하는 시간이 매우 많은 이들이며 이것에 익숙하여 오프라인 세계와 사이버 공간의 구분이 없는 학습자일 수도 있다. 사이버 공간과 사이버 의사소통이 이미 익숙하고 친숙한 세대에게 별도로 관련한 교육을 할 필요가 있는가에 대한 논의도 있을 수 있겠으나 사이버 공간은 앞서 살펴본 것과 마찬가지로 독특한 특성을 지니고 있었으며 사이버 공간 내에서 이루어지는 의사소통 역시도 면대면 대화와 견주어 독특한 특성을 지니고 있었다는 점에서 이에 관한 교육은 필요하다.

그동안 국어교육 현장 내에서는 인터넷 뉴스 댓글을 포함하여 사이버 공간 내에서 이루어지는 의사소통에 대한 교육이 적극적으로 이루어지지 않았던 것이 사실이다. 이는 사이버 의사소통이 면대면 의사소통과 실질적인 차이를 지니고 있는지와 이것이 실제로 학교 현장에서 교수학습되어야 하는 유의미한 대상인지에 대한 의견이 분분하였기 때문이다. 그러나 앞서 이야기하였던 것과 마찬가지로 사이버커뮤니케이션은 지금 우리의 일상생활에 이미 깊숙이 자리한 것으로서 사이버커뮤니케이션은 앞으로 더욱 활성화되어 나타날 것으로 보인다. 우리의 국어교육현장 역시 이러한 변화에 발 빠르게 대처할 필요가 있다. 사이버 공간을 생활 속에서 늘 접하고 사는 오늘날의 청소년 세대에게 사이버 공간 내에서의 타인과의 의사소통에 관한 교육은 적극적으로 이루어져야 한다. 이는 현 국어교육 현장이 면대면 의사소통과 견주어 사이버 의사소통이 차지하는 비중이 갈수록 증가하고 있는 현실의 변화를 반영한 지금-여기에 관한 교육이 이루어져야함을 의미하는 것이다.

국어교육현장에서는 학습자로 하여금 사이버 공간에서의 의사소통 역시도 타인과의 만남이며 의견을 주고받는 대화의 상황으로서 인식하는 것이 이루어질 수 있도록 하고, 사이버 공간에서 만나는 타인의 존재를 인정하고 존중하는 것의 중요성을 일깨워주는 데에서부터 교육을 시작해야할 것이다. 'Communication이라는 말의 어원이 '나누다, 함께 하다, 분배하다'의 의미를 지니고 있는 'communicare'에서 왔다는 점을 감안한다면, 의사소통이란 최소한 두 사람 이상이 서로 관계를 맺으면서 언어적 행위를 '함께 나누는 과정이라는 개념을 전제'로 하고 있음을 알 수 있다. 의사소통 행위는 진공 상태 속에서 이루어지는 것이 아니라 실제적이고 구체적인 삶의 맥락 속에서 그 누군가를 대상으로 이루어지는 것이다. 우리는 흔히 '이야기를 나누다'라는 표현을 쓴다. 이때 이 나눔의 대상은 화자와 청자가 주고받는 말 자체라기보다는 서로의 가치, 태도, 믿음과 같은 삶 자체이다[14]. 사이버 의사소통 역시도 이러한 맥락에서 바라보아야 한다.

또한 본고에서는 사이버 공간 내에서 원활한 의사소통이 이루어지고 이것이 양질의 의사소통이 될 수 있도록 하는 데에는 사이버커뮤니케이션의 비동시적인 특성이 보완되도록

---

14) 이창덕 외(2010). 화법 교육론. 역락. p.114.

시스템을 보완하는 것이 필요하다는 기술적인 제언을 내놓고자 한다. 인터넷 뉴스가 오늘날의 사람들에게 많은 영향력을 끼치고 있는 것은 분명하다. 사이버 공간에서 뉴스를 얻는 데에서 그치지 않고 이에 관하여 타인과 이야기를 나눌 수 있는 댓글이라는 의사소통 장이 마련되어 있다는 점은 인터넷 뉴스는 정보제공과 동시에 여론의 동향을 파악하고 사람들 간 이루어지는 논란 등을 이해하는 데에 활용될 수 있다는 것을 의미한다. 이러한 기능이 더욱 활성화 되고 사람들 간 대화가 더욱 양과 질적인 측면에서 확장될 수 있기 위해서는 '댓글'의 형태 외에도 '채팅'과 같이 해당 뉴스 기사를 특정 시점에 동시적으로 보고 있는 다른 이용자들과 연속적인 대화를 나눌 수 있도록 하는 시스템의 구현도 도움이 될 것이다.

인터넷 뉴스 댓글은 자신의 생각을 표현하고 나와 같은 생각을 하는 사람 또는 나와 다른 생각을 하는 사람들을 사이버 공간을 통해 만날 수 있게 되는 데에 의미가 있는 수단으로서 앞으로의 인터넷 뉴스와 관련된 교육도 이러한 맥락에서 이루어져야 할 것이다. 사이버 공간이라는 특성상 대화 상대방은 내가 아는 사람은 아니지만 나와 함께 '소통'하는 '사람'이라는 사실을 인지하고 이를 존중하는 태도의 함양이 필요할 것이다. 사이버 공간 내에서 이루어지는 의사소통 역시도 면대면 대화와 마찬가지로 언젠가는 자연스럽게 그 언어문화가 정착할 것이라고 보는 긍정적인 입장도 있으나 현재 이루어지고 있는 사이버 커뮤니케이션과 관련된 교육은 인터넷 매체가 가진 특성을 알거나 '익명성'이라는 단순한 사이버 공간의 특성을 인지하는 데에서 그친다는 점에서 한계를 지닌다. 때문에 사이버 커뮤니케이션이 면대면 대화와 같이 긍정적인 언어문화를 가지고 향유되기 위해서는 사이버 공간 내에서의 타인과의 만남과 소통이라는 측면에서 그 특수성에 관한 교육이 이루어져야 하며 지속적으로 '대화'의 측면에서 양적, 질적으로 올바른 방향으로 이루어지고 있는지를 점검하는 태도가 필요하다는 점을 이야기하며 본 논의를 마치고자 한다.

참고문헌

권용욱(2007), 뉴스 댓글을 읽고 쓰는 이용동기와 충족에 관한 연구, 연세대학교 석사학위논문.
양혜승(2008), 인터넷 뉴스 댓글의 견해와 품질이 독자들의 이슈에 대한 태도에 미치는 영향, 한국언론학보 52(2), 한국언론학회, pp.254-281.
이새봄 외(2012), 자기표현욕구와 개인정보노출우려가 자기노출의도에 미치는 영향, 경영과학 제29권 제2호, 한국경영과학회, pp.1-20.
이창덕 외(2010), 화법교육론. 역락.

최인혜(2014), 인터넷에서의 의견 표명과 토론 효능감에 관한 연구. 뉴스 댓글의 성격과 댓글 이용 경험을 중심으로, 숙명여자대학교 석사학위논문.

크리스핀 더로우, 로라 렌겔, 엘리스 토믹 저, 권상희 역(2011), 사이버커뮤니케이션 이론 2.0, 성균관 대학교 출판부.

Cozby, P.C.(1973), Self-disclosure : A literature review, *Psychological Bulletin*, Vol.79, pp.73-91.

Derlega, V. J., Winstead, B. A., Wong, P. T. P., & Greenspan, M.(1987), Self-disclosure and relationship development: An attributional analysis. In M. E. Roloff & G. R. Miller(Eds.), *Interpersonal Processes: New directions in communication research*, Newbury Park, CA:Sage. pp.172-187.

Dorminick, J.R(1999), Who Do You Think You Are? Personal Home Pages and Self-Presentation on the World Wide Web, *Journalism and Mass Communication Quarterly*, Vol.76, No.4, pp.646-658.

Goffman, E.(1959), *The Presentation of Self in Everyday Life*, New York: Doubleday.

Jourard, S.M. and P. Lasakow(1958), Some factors in self-disclosure, *Journal of Abnormal and Psychology*, Vol.10, pp.91-98.

Leary, M.R.(1995), *Self-Presentation : Impression Management and Interpersonal Behavior*, Boulder: Westview Press.

2014년 인터넷 이용실태. 미래창조과학부

　　http://www.msip.go.kr/web/msipContents/contentsView.do?cateId=mssw311&artId=1228520

네이버 뉴스 기사

　　http://news.naver.com/main/ranking/read.nhn?mid=etc&sid1=111&rankingType=popular_day&oid=001&aid=0007250872&date=20141117&type=0&rankingSectionId=102&rankingSeq=1&m_view=1&m_url=%2Fcomment%2Fall.nhn%3FserviceId%3Dnews%26gno%3Dnews001%2C0007250872%26sort%3Dnewest

네이트 뉴스 기사

　　http://news.nate.com/view/20141117n34944?mid=n1006

다음 뉴스 기사

　　http://media.daum.net/entertain/culture/newsview?cPageIndex=4&rMode=list&cSortKey=rc&allComment=T&newsid=20141117090321600

〈부록〉

(가) 네이버

seth**** (2014.11.17 오전 10:07)
에이 찌질한넘. 지 자식들 뒤에 숨나! 애 많이 낳았으니 모범시민 훈장도 달라해라!

└ cool**** (2014.11.17 오전 10:34)
요즘세상에 간첩이 어디있어요 하던 분 대선안나와서 진짜 다행

└ nalk**** (2014.11.17 오전 10:46)
물론 간첩행위는 맞죠.. 그,러,나, 이게 꼭 저군인 혼자의 책임이냐? 그건아니라고 봅니다.. 애초에 애들키
울돈과 남북관계를 악화시킨게 누굽니까?, 집권여당과 그 전신들이잖아요! 그래서 저는 이번사태는 대북
정책을 잘못한 현 정부에도 책임이 있다! 이렇게 봐요! —————좌좀 이렇게 떠들듯————

└ seth**** (2014.11.17 오전 10:48)
얼굴은 둘째치고 이름이라도 밝혀주면 안됨? 범죄자들을 자꾸 숨겨주니 어두운곳에서 자유롭게 활동하
는거아님!!! 이유를 모르겠으면 미국 언론들 그냥 따라하던지!!!

└ barr**** (2014.11.17 오전 10:48)
앞으로 새밑년 공천만 받으면 되겠네.. ㅋㅋ 임수경도 국회의원하는데 너도 가능하다. 민주화 투사로
창호 받고 새밑년 공천 달라해라..

└ riko**** (2014.11.17 오전 10:48)
자식을 위해서라면 도둑질이라도 하는게 맞는거다. 그게 진정한 부모다. 동반자살하는건 부모가 아니지.

└ wkrd**** (2014.11.17 오전 10:55)
간첩이 어딨냐고 떠드는 사람은 인터넷에도 있음

└ barr**** (2014.11.17 오전 10:55)
이제는 자식보기 부끄러운 것도 모르고 도둑질 까지 옳은 행동이라카네 ㅋㅋㅋㅋ. 눈앞에 자식이 굶어죽
는 것도 아니고 대한민국 장교가 적성국가에 간첩질한것도 잘한일 우왁ㅋㅋㅋㅋ 아마 고향이 전라도
안듯.. 주장 개같네 ㅋㅋ

└ htg7**** (2014.11.17 오전 11:04)
자식을 위해서라면 도둑질도 하고 간첩질 해도 된다는 위 덧글... 묵묵히 밑바닥에서 참고 일하는 분들은
뭔가?

└ rebe**** (2014.11.17 오전 11:05)
살기 위해 비겁하게 사는 녀석들 때문에 정정당당하게 사는 사람들이 피해만 본다

└ jjh0**** (2014.11.17 오전 11:07)
진짜로 비겁한 놈이네

└ sc2h**** (2014.11.17 오전 11:09)
아~~~ 간첩이 어딨냐고 하는분 대통령 안되서 다행이긴한데 그래서 국정원,군대가 정치글 올리고
간첩 창조하는분을 댓통령 시키셨어요?ㅋㅋㅋㅋㅋㅋㅋㅋㅋㅋ북풍은 여론몰이에 가장 효과적인 방법이지
ㅋ

└ shit**** (2014.11.17 오전 11:17)
모범시민 ㄴㄴ해, 모범 인민

└ bai1**** (2014.11.17 오전 11:20)
우리나라도 미국처럼 얼굴 공개 해야한다 그래야 가족들 생각해서라도 저런짓인하지

└ facebook 동탁삼대 (2014.11.17 오전 11:23)
안녕하세요. 간첩사건 전문 변호단 민변입니다~. ㅋㅋㅋㅋㅋㅋㅋ.

└ hoon**** (2014.11.17 오전 11:27)
이런 간첩 색희를 비호하는 민변과 문재인부터 모조리 처 죽여야 ㅋㅋㅋ

└ skyp**** (2014.11.17 오후 12:05)
국정원 댓글다는동안 지금까지 뭐했노 이기야!

└ skru**** (2014.11.17 오후 12:38)
착한간첩인가요?ㄷㄷㄷㅇ

└ dkdl**** (2014.11.17 오후 1:34)
좌좀들은 또 현실부정하면서 빨갱이가 어딨나요~ 이러겠지? ㅉㅉ 한심한 것들 지가족들이 빨갱이들한
테 몰살을 당해도 현실부정할놈들

└ dudd**** (2014.11.17 오후 2:20)
젊은 놈이 나라팔아서 돈벌다가 잡히니 자식핑계.. 괘씸하다

└ ssiz**** (2014.11.17 오후 2:55)
요즘 세상에 간첩이 어디있습니까 (FEAT. 안철수)

〈이하 생략〉

(나) 네이트

gale**** 11.17 18:02
씹베충일 확률 99.9%

└ talr**** 11.17 18:04
성욕은 오유 선비들이 체고지라

└ nate**** 11.17 18:09
임은 오크가 조작으로 추천 19개 찍고 있을 확률 99.9%

└ 이승욱 11.17 18:13
아닐 가능성도 1%쯤있을텐데...

└ sile**** 11.17 18:14
100%일텐데요 벌레들 그거 영상이나 사진으로 찍어서 산업화 찍을려고 안달인데..
오유 선비니 뭐니 씨부리는 놈 씹배충 100% 돌로 찍어 죽여도 돌이 아까운 사회의
병균기생충들

└ pfec**** 11.17 18:15
네이트 수준 대단하다 이런걸 베플 ㅋㅋㅋ

└ 정재민 11.17 18:18
ㅋㅋㅋ 진짜 이젠 지긋지긋하다

└ hyun**** 11.17 18:18
클린지수 ㅉㅉ

└ nodr**** 11.17 18:18
좌이트래ㅋㅋㅋㅋㅋㅋㅋ

└ nate**** 11.17 18:22
임은 오크의 베플 조작. 만년 일베셜 선동하는 집에서 사는 불구년. 전라도 광주 태생 ㅋ

└ pssn**** 11.17 18:23
클린야갤러지만 팩트 인정한다

└ 김병철 11.17 18:24
ㅋㅋㅋㅋㅋ

〈이하 생략〉

(다) 다음

아틀란티스님 :
잘했다
그만큼 인생 무임승차로 살았음에도
감사하지 못하면
세상이 쓰다는 것도 보여줘야지...

└ 파랑새님
동생도 아니지. 먹은 돈이 얼마인데 그것만 청구한 것도 감사해라. 자업자득이니 누나에게 원망하면
넌 사람도 아니야.

└ 그래님
그래 이제라도 가르칠건 가르쳐야지..
지듬도 그 뻔번 스럽고 어이없던 낯짝 생각하면 윤정이 너도 잘못했다 싶더라.
아무지게 생겼구만 왜 그리 물컹하게 굴어 애미 동생이 저리도 염치없는 인간이 됐을까 싶어서...지금이라
도.. 잘했다
└ 행복한 사람님
남의 일 무조건 ○○○편만 들지 말라
나 역시 부모형제가 어려울 때 도왔고
그돈 안받는다
적당히 해라
뭐니뭐니 해도 부모.형제 연끊고 좋을 것 없다
장윤장 인기위해 예전 댓글 알바비도 예전에 주었다는
글 본 것 같은데 부모는 부모다
긍정여론 많다고 적당히해라

└ 행복한 사람님
연예인 가족들은 참 안됐구나 싶다
본인 의사와 달리 왜곡되게 알려지고
비난받고..애 키워보니 자식일 마음대로 안따라주더라
이 가족 보면서 결코 ○○○도 잘한 것 없다본다
그 속사정 언론공개된게 다는 아닐테니까
애 낳고도 엄마와 등지고 보기 좋은건 아니다

└ 행복한 사람님
낳고 키워준 엄마인데 언론에 비쳐진 ○○○엄마. 동생 역시
다 사실은 아니라 본다
저런 것을 보면서 자라는 청소년들이 따라할까 염려된다
조용하게 너무 기사화하지말고

제발 애 키우면서 잘 사세요
방송에서 보는 것 모두 ○○○씨 편은
아니고 반대 시각에서 보는사람 많아요

└ 제인-언니님
애낳고도 친정엄마랑 인연끊는 윤정이 맘은 오죽할까? 속사정 남은 모르는거니까 괜히 윤정이만 잡고 늘어지지 말자
그리고 동생은 돈 잘번다고 방송에 나와 잘아하던데 그깟 3억원 돌려줘라
누나가 동생한테 돈 갚으랬다는 뻔한 핑계대면서 안갚을 생각말고 정신차려라

└ 태양이
★ 돈문제 엮어지면..
남도 그렇지만.. 가족도 더 이상의 가족이 아니지.
오히려 남보다 더 못하지.
잘했다.
○○○ 파이팅!
3억이 아니라 3백만원을 떼어도
받아내야지.
지돈인양 자세가 글러 먹었네.
괴씸죄 추가해서 이자까지 다 받아내라.

└ 진짜돌님
호구로 본 댓가를 치러야지. 파이팅이다.
└ 몰라님
행복한 사람=○○○엄마

└ 태양이
★ 부모가 되어선
돈 문제를 저런식으로 남동생편에서 해결하니
지 누나가 빡치지.
어른이면 어른답게 제대로 행동했어야지.

└ 장모님님
콩가루

└ 태양이님
★주변에 보니..당하는 쪽만 매번 당하고..빈대 붙는 쪽은 매번 빈대 붙고..오히려 물에 빠진거 건져주니
멱살 잡는 집안 많더라. 받을 것 받고 연 끊고 사시길. 안그럼 ○○○ 자식대에서도 당하고 싶니다.

└ jina님
잘했다 ○○○. 염치없는 엄마 동생한테 할만큼 했다. 미안하다 잘못을 뉘우치면 이렇게 까지 했을까! 홧팅 ○○○

└ prankje님
솔직히 둘다 좋게 안보임.

└ 내멋대로해라님
정말 구질구질 하게들 논다 니네집 그만 구경 시켜라~~~~~~~ 니 보면 누가 뭐래도 난 싫터라 ㅡ ㅡ

〈이하 생략〉

15 인터넷 기사문의 관점에 따른 댓글 작성자들의 읽기 경향성 분석*

Ⅰ. 서론

독자들은 온라인 신문 댓글을 통해 자신들의 의견을 표현하고, 정보를 교환하며 정보 생산자와 수용자간의 쌍방향 소통 행위를 가능하게 한다(Morris & Ogan, 1996; 조수선, 2007; 좌보경 외, 2014; 양혜승, 2008). 이 측면에서 댓글은 미디어를 통한 텍스트 유통의 한 유형일 뿐만 아니라 자발적 의사소통 행위로서 미디어 의사소통의 기재가 되며, 자발적 문식 활동 중의 하나로 학계에서도 주목해야 하는 미디어 담화 현상이다.

대중매체가 급속도로 확산되는 현대 사회는 독자들의 비판적 읽기가 매우 중요해졌다. 과거, 소수의 고급 독자만을 대상으로 한 신문은 이제 인터넷 신문을 통해 대중 독자인 일반인들에게 소비되고 공유된다. 사람들은 이제 외부의 정보만 받아들이는 수동적 주체로 머무르는 것이 아니라, '1인 미디어 시대'라는 말처럼 자신이 매체를 만들어 사람들과 정보, 생각, 견해를 자유롭게 주고받을 수 있다. 이러한 정보 시대의 사회에서, 한 인간이 비판적 읽기 능력을 갖추지 못한다면, 앞으로의 시대를 살아가는 데 주체적으로 살아남기 어려울지 모른다. 사회에서 생존할 수는 있어도, 시민으로서 사회·정치·경제·문화의 여러 이슈들에 능동적으로 대처하기 어려운 것이다.

따라서 읽기는 글자를 읽는 것으로만 머무르는 것이 아니라 세상을 읽는 것(reading the word, the world)까지 이르러야 한다(Freire & Macedo, 1987). 즉, 텍스트의 정보를 그대로 받아들이는 수준을 넘어 텍스트의 내용을 주체적으로 판단하며 텍스트 이면에 담긴 암묵적 의미나 이데올로기 등을 읽어낼 수 있는 비판적 읽기(critical reading)의 목표에까지 도달해야 하는 것이다.

이러한 문제의식을 바탕으로, 이 연구는 인터넷 상에서 독자들의 비판적 읽기 양상이 어떻게 나타나는지 살펴보고자 한다. 인터넷 읽기의 대상 중에서 인터넷 신문 기사를 택한

---

* 이 글은 독서학회 39호에 게재된 오은하(2016)를 수정·보완한 것이다.

것은, 댓글을 통해 사람들의 사상·의견·관점에 대한 교환이 원활하게 이루어지는 장을 제공함으로써 인터넷 상에서의 비판적 읽기 양상을 탐색하는 데 수월하다고 판단했기 때문이다.

Ⅱ. 선행 연구 검토

1. 인터넷 기사문과 댓글의 특성

인터넷 신문이 이용 시간, 사회 여론에 미치는 영향 등에서 인쇄 신문을 점점 압도하고 있으며(김관규, 2013: 136), 국내에서도 인터넷 신문으로 인해 인쇄 신문의 위상이 하락하는 변화가 확산되고 있다. 인터넷이라는 공간의 특성상, 조선일보, 중앙일보나 한겨레 등의 언론사 홈페이지로 직접 접속해서 기사를 읽는 경우보다는 포털사이트에 등록된 기사를 읽는 경우가 많기 때문에(오수정 외, 2014) 독자들은 오히려 언론사에 대한 호불호가 아니라 기사 등록 시간이나 제목, 메인 기사 등록 여부에 따라 기사를 선택하게 되는 경우가 많아졌다. 언론사와 인터넷 사이트의 연계 등과 같은 유통 구조의 영향력은 더 강해졌다고 볼 수 있으나 독자의 언론사 선택권은 더 약해진 것이다.

기사문의 특성 또한 객관적이 아님은 널리 알려져 있으며(Fairclough, 1992), 김봉순(1999: 62)은 "기사문에는 사실적 정보가 아닌 필자의 주관성이 담긴 정보가 명기될 수도 있다. 신문 텍스트는 필자의 주관이 개입되어 있어서 순수하게 사실적 또는 객관적인 내용이라고 보기 어렵다."고 언급하기도 했다. 이와 같은 기사문의 비중립적 특성은 기사가 필연적으로 지니게 되는 프레임(frame) 및 장르(genre)적 특성에서 기인한다. 뉴스 및 기사 프레임에 대한 정의는 학자들마다 다르게 제시되고 있지만 대개 '뉴스 메시지 구성에 사용되는 현실에 대한 인식, 해석, 제시, 선택, 강조, 배제와 관련된 지속적인 패턴'으로 볼 수 있다(Gitlin, 1980; 이재신 외, 2010: 120 재인용). 미디어가 제시한 뉴스 프레임에 의해 수용자들은 이슈나 사건에 대한 다른 의미를 부여하며 결과적으로 실제와 다른 사회적 현실을 구성하게 된다(김정아, 채백, 2008). 또한, 장르(genre)[1]는 하나의 특정한 사회적 활동과 결부된 언어적 사용

---

1) 뉴스 장르는 흔히 경성(hard) 뉴스와 연성(soft) 뉴스로 구분될 수 있다. 일반적으로 경성 뉴스는 심각성이 높으며 시간적으로는 현재의 이야기를 담고 있어 정보의 확산이 시급한 사안을 다루지만 연성 뉴스는 시간적으로 급하지 않은 사안을 취급한다(Tuchman, 1978). 예컨대, 경성 뉴스는 정치, 경제, 국제, IT·과학 등에 대한 뉴스를, 연성 뉴스는 사회, 생활·문화, 연예, 스포츠 등에 대한 뉴스가 포함된다(김위근, 2006).

(Wodak, 2009)으로서, 단순히 뉴스의 내용에 대한 차이만을 의미하는 것이 아니라 언론인들의 뉴스 생산 방식과 뉴스의 서술 방식에도 영향을 주기 때문에(Turow, 1983) 독자들은 이에 대한 비판적 시각을 갖고 접근해야 한다.

뿐만 아니라 교육의 관점에서도 미디어 문식성의 핵심 내용 중 하나가 '비판'에 있음을 고려할 때(신명선, 2005: 373) 인터넷 기사문에 대한 실제 독자들의 읽기 양상을 탐색할 필요가 있다. 이러한 연구를 통해 독자가 기사에 내재된 프레임과 장르를 읽어내고 비판적 시각으로 바라볼 수 있는 교육의 기반이 마련된다면 기사의 표면화된 정보에 함몰되지 않는 주체적 독자를 길러낼 수 있을 것이다.

인터넷 신문에 대한 독자들의 읽기 양상은 댓글을 통해 살펴볼 수 있다. 댓글이란 인터넷에 올라온 게시물에 대하여 짤막하게 답하여 올리는 글로서, 인터넷 일반 이용자들이 개인적인 관심 사안 혹은 사회적 쟁점에 대해 자유롭게 자신의 의견이나 소감을 표현하는 상호작용적·쌍방향적 의사소통 방식이다. 이런 점에서 댓글은 사이버 공간에서 다양한 의견 제시와 민주적 토론 문화를 이끌어갈 매체(조국현, 2007)로 주목받고 있다.

그러나 댓글이 실제 작성되고 소통되는 양상은 건설적인 측면보다 즉흥적이고 감정적인 말다툼, 욕설과 악의적인 비난 등이 만연한 실정(권순희, 2003; 조국현, 2007; 조수선, 2007)이다. 실제로 댓글에 대한 국어교육학적 접근을 살펴보면 김정자(2003), 김현수(2008), 이호형(2010) 등에서 주로 악성 댓글과 작성자의 책임에 관한 것에 무게를 두고 연구가 수행되었다. 악성 댓글, 윤리적 글쓰기의 문제도 중요한 부분이지만 그에 앞서 독자가 어떻게 읽는가, 무엇을 읽는가, 어떤 관점으로 읽는가에 따라서 댓글의 내용 및 표현이 달라질 수 있다는 것에 주목하여야 한다.

이러한 관점에서 댓글은 대중매체의 내용에 대한 독자의 반응으로 해석되어야 한다(조수선, 2007: 70). 독자들은 댓글을 통해서 기사에 대한 자신의 의견을 표현하고 전달하며 동시에 다른 독자들이 기사에 대해 어떠한 의견과 생각을 갖고 있느냐를 지각한다. 때로는 이러한 댓글을 통해 독자들은 기사보다 더 많은 정보를 획득하기도 하고 기사의 한 부분으로 통합하는 수용이 일어나기도 한다(김은미, 선유화, 2006). 이에 본고에서는 기존에 이루어졌던 댓글의 표현적·윤리적 '글쓰기' 차원의 연구를 '글 읽기' 관점으로 옮겨와 독자의 비판적 읽기 양상에 초점을 두고 분석하고자 한다.

2. 인터넷 기사문 읽기에서의 읽기 수준

전통적 의미에서 비판적 읽기는 '텍스트를 꼼꼼히 따져 읽는 것'을 의미한다. 텍스트를 따져 읽는 평가 기준으로는 대개 글의 정확성, 객관성, 공정성, 논리성 등이 있으며, 독자가 글이 논리적이며 타당하게 구성되었는지, 글에 수록된 자료가 신뢰할 만한지를 살펴보며 읽어낼 수 있어야 비판적 읽기를 할 수 있는 것으로 본다. 이와 관련하여 박영목(1996)에서는 비판적 읽기를 필자의 주제, 자료, 증거, 논거 등을 바탕으로 필자의 의도와 목적을 판단하여 읽는 것이라고 제시한 바 있으며, 이삼형 외(2000)에서는 합리·논리성을 바탕으로 글의 적절성, 가치, 우열 등을 평가하며 읽는 것이라 언급하고 있다.

비판적 읽기에 대한 확장된 개념은, 비판적 읽기는 글에 드러난 내용 외에 '행간의 의미를 읽는 것'과 관련된다. 무비판적 독자(non-critical reader)는 텍스트가 사실이나 진리를 내포한 객관적 실체로 인지함으로써 텍스트의 내용을 자신의 말로 그대로 '번역'하는 데 치중하는 반면에, 비판적 독자(critical reader)는 텍스트가 독자의 관점이나 의도가 수사적으로 글에 드러나 있지 않고 내포되어 있다고 믿으며 이를 밝혀내어 텍스트의 의미를 '재해석'하고자 한다(Cervetti, Paradales & Damico, 2001; Freebody & Luke, 1990). 이러한 비판적 읽기에 대한 담론은 저자나 글에 있는 숨겨진 의도가 사회문화적 이데올로기와 관련이 있으며, 이를 풀어 해석해 낼 수 있는 것을 비판적 읽기의 개념으로 확장한다(권이은, 2011; 이재기, 2001). 이와 관련하여 다양한 학문 분야에서 언어에 대한 비판적 접근이 이루어지고 있으며 (critical discourse analysis, CDA; critical language awareness, CLA), 국내에서도 관련 연구가 활발해지고 있다(김유미, 2014; 김은성, 2005; 서혁 외, 2015).

이와 같이, 판단의 준거를 통해 텍스트 따져 읽기, 텍스트의 숨겨진 의도 파악하기, 사회문화적 맥락에서 재해석하기와 같은 비판적 읽기의 의미는 주로 독자에게 '주어진' 텍스트 자체를 바탕으로 한 인쇄 텍스트 읽기 상황을 상정하여 제시된 것이다. 다양한 수준의 텍스트를 접하게 되는 '열린' 인터넷 공간에서는 비판적 읽기의 개념역이 넓어질 수밖에 없다. 인터넷상에서 내용의 질과 관점이 상이한 수많은 텍스트가 공존하므로, 비판적 독자는 읽기 대상으로써의 텍스트뿐 아니라, 그 텍스트를 둘러싼 출처(source)에 대한 비판적 이해가 보다 중요하게 된다(조병영, 김종윤, 2015). 예를 들어, 옥현진(2012)에서는 디지털 시대의 읽기 능력을 제시하면서 비판적 읽기의 개념이 확장될 수밖에 없음을 언급하고 있다. 즉, 인터넷 공간에서의 비판적 읽기는 텍스트를 하나하나 꼼꼼하게 읽거나 텍스트의 숨어 있는 의도나 가정을 파악하는 능력 이상을 요구한다. 열린 인터넷 공간에서는 어떤 텍스트가 누구의 손에 작성되어 전파되었는지 상대적으로 확인하기 어려우므로, 텍스트의 출처, 저자, 생산과 관련된 텍스트의 출처 및 유통구조를 고려하여 이를 텍스트의 이해에 비판적으로 적용할 수 있어야 한다.

앞서 언급한 인터넷 기사문 읽기의 특성과 비판적 읽기의 개념을 바탕으로 이 절에서는 인터넷 기사문 읽기의 비판적 읽기 내용을 재개념화하고자 한다.

읽기는 '텍스트에서 의미를 추출하고 구성하는 과정'(Harris & Hodges, 1995)으로 흔히 정의된다. 최근의 읽기에 대한 개념은 RAND 읽기 보고서(Snow et al., 2002)에 제시되어 있다. 이 보고서에서 읽기는 독해의 주체인 '독자', 독해의 대상인 '텍스트', 독해가 이루어지는 '활동' 및 읽기 자체가 이루어지는 '사회문화적 맥락'에 영향을 받는 것으로 개념화하고 있다. 이와 같은 읽기의 요소들은 기사문 읽기에도 적용될 수 있다.

인터넷 신문 읽기의 요소는 기사문을 읽는 '독자', 그리고 텍스트에 해당하는 '인터넷 기사문'과 다른 사람들의 기사문에 대한 반응인 '다른 사람들의 댓글'로 나누어볼 수 있다. 또한, 인터넷 기사문은 인터넷 기사가 생산, 소비, 유통, 공유되는 '인터넷 공간'의 영향을 받는다. 마지막으로, 독자, 인터넷 기사문, 댓글, 인터넷 공간은 이를 둘러싼 '사회문화적 맥락' 안에 속해 있다.

이러한 요소를 통해 비판적 읽기의 내용 요소를 고려하면 인터넷 기사문을 비판적으로 읽는 것이 상당히 복잡한 과정임을 알 수 있다. 즉, 전통적인 인쇄 매체의 비판적 읽기에서 요구되는 따져 읽기, 숨겨진 의도 파악하기의 행위를 요구함과 동시에, 일반적 디지털 읽기에서 요구되는 출처나 텍스트 유통에 대한 인식도 요구된다. 더 나아가 인터넷 기사문에서는 일반적으로 기사에 대해 독자들의 반응을 댓글을 통해 살펴볼 수 있는 공간을 제공함으로써 독자는 다른 이의 댓글에 대한 인식 및 비판의 과정이 역시 필요하다. 마지막으로, 인터넷 기사 읽기는 인터넷 기사를 둘러싼 인터넷 공간 및 문화나 이데올로기와 같은 사회문화적 맥락에 대한 비판적 인식을 필요로 한다.

즉, 인터넷 신문 읽기에 대한 읽기의 수준을 이론적으로 단계화하여 나타낼 수 있다. 먼저 기사문이나 댓글에 대한 '단순 반응'으로 이는 기사에 대한 단순한 감정적, 인지적 차원에서의 호오를 나타낸다. 이는 비판적 읽기라고 보기 어렵다.

두 번째 단계는 텍스트의 내용에 기반한 읽기 단계이다. 이 단계에서는 텍스트의 사실적 독해에서 머무를 수도 있지만 텍스트에 대한 꼼꼼한 읽기, 행간 읽기 및 저자의 숨겨진 의도 파악하기와 같은 비판적 읽기도 가능하다.

마지막 단계는 인터넷 기사문을 둘러싼 인터넷 공간 및 사회문화적 맥락을 고려한 읽기이다. 이 단계에서의 독자는 인터넷 기사문의 저자, 출처를 고려한 내용, 인터넷 기사문의 소통에 대한 맥락, 인터넷 기사문과 관련된 사회문화적 맥락 및 이데올로기를 인식하며 읽는 비판적 읽기의 최상위 단계를 의미한다.

이와 같이 인터넷 기사문 읽기를 비판적 읽기의 관점에서 재개념화한 것을 바탕으로 본고에서는 실제 독자들의 기사문 읽기 내용을 댓글을 통해 분석함으로써, 독자들의 비판적 읽기의 내용을 실증적으로 검토하고자 한다.

Ⅲ. 연구 방법

1. 분석 대상 선정 및 자료 수집 절차

이 연구는 성별 갈등과 관련된 인터넷 포털 사이트의 기사문과 그에 대한 댓글의 내용을 분석하였다. 기사문 선정 및 댓글 수집은 〈그림 1〉의 과정을 거쳤다.

<그림 1> 분석 대상 및 자료 수집 절차

첫째, 기사문 소재로 활용할 사회적 쟁점을 선정하였다. 기사에서 다루는 사회적 쟁점을 구체화하기 위해 비판적 담화 분석 논의에서 다루는 대상들을 참고하여(Jäger & Maier, 2012; Wodak et al., 2009) 1) 사회 문제를 필연적으로 내포하는 기사, 2) 단일 사건이 아니라 지속적으로 문제되는 쟁점(issue)을 다루는 기사, 3) 사회적으로 중요하다고 인식되는 현상을 다루는 기사라는 조건을 설정하였다. 이를 바탕으로 기사문의 분석 대상이 되는 사회적 쟁점으로 최근 들어 우리 사회에 증가하고 있는 성별 갈등으로 선정하였다. 많은 사람들의 성차에 대한 몰이해, 상대 성(性)에 대한 혐오 수준이 높아지면서 심각한 사회 문제로 대두되고 있다. 온라인 공간에서 일어나는 성별 갈등 현상은 인터넷 기사문의 댓글, 블로그 게시글 등을 통해 나타나고 있으며, 불특정 다수의 사람들로 이루어진 온라인 커뮤니티(예; 일간베스트저장소, 메갈리아 등)를 통해 갈등이 증폭되기도 한다. 성별 갈등 문제는 사회적으로 첨예하게 대립되는 쟁점에 대해 독자들이 어떻게 비판적으로, 혹은 냉소적이나 무비판적으

로 반응하는지를 분석할 수 있다는 점에서 분석 이슈로 선정하였다.

둘째, 인터넷 이용자들이 가장 많이 이용하는 포털 사이트와 기사 유형을 정하였다. 포털 사이트는 인터넷 이용자들이 가장 많이 이용하는 '다음'과 '네이버'(오수정 외, 2014; 오수정 외, 2015)를 활용하였다.

<표 1> 인터넷 기사문 선정

	기사A	기사B	기사C
제목	"여자라서 힘들어요"..여성이 살기 힘든 나라, 한국	[한국男 심리적 거세①] 날고 뛰는 여성, 고개 숙인 남성	한남충 vs 김치녀 … 이성 잃은 '이성혐오'
작성일	2016. 3. 8.	2016. 1. 24.	2016. 3. 6.
댓글 수	1,928개	974개	1,272개
언론사	헤럴드경제	헤럴드경제	매일경제
관점	여성 옹호 관점	남성 옹호 관점	중립적 관점

〈표 1〉에서와 같이 인터넷 포털 뉴스 이용 사이트 분석 결과, 가장 높은 비율을 차지한 포털 사이트(전체 5,082명 중 중복 응답 포함 3,319명(65.3%)이 이용)는 2014년 및 2015년 기준, 방문자 수가 가장 많고 2012년, 2014년, 2015년 동안 순위 변동이 없는 사이트는 네이버와 다음 두 군데이다.

기사 유형(분야)은 뉴스의 주제에 따라 댓글 읽기가 다르게 나타날 수도 있기 때문에(권상희, 김익현, 2008) 중요하다고 판단하였다. 우선 2012년 기준으로 가장 이용률이 많은 포털사이트인 다음, 네이버, 네이트에서 임의의 기간 동안 등록된 기사문 중 댓글 수가 5위 안에 드는 기사들 20개를 선정하여 분야 정보를 수집하였다[2]. 그 결과, 사회면 9개, 정치면 5개, 경제면 2개, 연예면 2개, 문화·생활면 1개로 나타나 사회면 기사에 대한 댓글 비율이 가장 높음을 알 수 있었다. 따라서 경성 뉴스(hard news)에 비해 사안이 급박하지 않은 연성 뉴스(soft news)에서 기사문을 선정하기로 하였다.

셋째, 서로 다른 관점을 지닌 3개의 기사를 선정하였다. 성별 갈등의 주체인 남녀에 대한 지지 여부를 관점이라 보고, '남성 옹호 기사', '여성 옹호 기사', '중립적 관점의 기사'로 분류

---

2) 기사 검색 기간은 기사 등록일 기준으로 2014년 10월이고, 다음(Daum) 5건, 네이버(Naver) 5건, 네이트(Nate) 10건으로 검색되었다. 네이트는 댓글 랭킹을 일간, 주간으로 분리하여 제공하기 때문에 총 10건의 기사가 검색되었다.

하였다. 각기 다른 관점의 기사를 선정한 이유는, 댓글 양상이 기사문의 관점에 따라 달라지는지 확인하기 위해서이다.

넷째, 댓글 수를 기준으로 기사문을 선정하고, 코딩을 수행하였다. 기사문 검색 기간은 2016년 1월 1일부터 3월 31로 한정하고, 성별 갈등을 소재로 하는 기사 중 '다음, 네이버'의 메인 기사에 등록된 것으로 한정한 다음, 약 1,000개 이상의 댓글이 달린 기사를 관점별로 하나씩 선정하여 총 3개의 기사를 분석 대상으로 삼았다. 댓글을 표본으로 추출하여 분석하였다. 기사 1건당 시기적으로 먼저 작성된 300개의 댓글을 표집하여, 최종 분석에 활용한 댓글은 총 900개이다. 그 중 기사문 내용과 무관한 댓글, 논점에서 벗어난 댓글, 해석이 불가능한 댓글, 무의미한 댓글 43개(4.8%)는 최종 분석에서 제외하였으므로 실제 분석에 활용된 댓글은 857개이며, 이는 총 댓글 4,174개 중 20%를 차지한다.

2. 코딩 절차 및 범주

연구자와 국어교육학 전공자가 표본으로 선정된 857개의 댓글의 코딩에 관하여 2주 동안 5차의 논의와 코딩 과정을 거쳤다. 1~3차 논의에서 대범주, 소범주의 적절성 및 타당성에 대해 지속적으로 검토하였고, 4차에서는 이를 바탕으로 일부의 샘플을 같이 코딩하면서 그 내용에 대해 토의하였다. 5차에서는 앞서 논의에서 다루지 않은 표본 댓글을 선정한 후 연구자와 국어교육 전공자가 독립적으로 댓글을 코딩한 후 논의하여 결과를 수정하였다.

먼저 2장에서 제시한 이론적 틀에 기반하여 대범주를 설정하였고, 댓글들을 1차 코딩의 대범주로 설명할 수 있는지를 검토하였다. 2차, 3차 논의에서는 2015 개정 국어과 교육과정의 비판적 읽기 관련 성취기준[3]을 참고하여 소범주(댓글의 유형)를 설정한 후 코딩하였다.

---

3) 2015 개정 국어과 교육과정의 비판적 읽기 관련 성취기준은 다음과 같다.
   [6국02-04] 글을 읽고 내용의 타당성과 표현의 적절성을 판단한다.
   [9국02-07] 매체에 드러난 다양한 표현 방법과 의도를 평가하며 읽는다.
   [10국02-02] 매체에 드러난 필자의 관점이나 표현 방법의 적절성을 평가하며 읽는다.
   [12독서02-03] 글에 드러난 관점이나 내용, 글에 쓰인 표현 방법, 필자의 숨겨진 의도나 사회·문화적 이념을 비판하며 읽는다.
   [12독서03-06] 매체의 유형과 특성을 고려하여 글의 수용과 생산 과정을 이해하고 다양한 매체 자료를 주체적이고 비판적으로 읽는다.
   [12언매03-06] 매체를 바탕으로 하여 형성되는 문화에 대해 비판적으로 이해하고 주체적으로 향유한다.
   [12실국02-02] 정보에 담긴 의도를 추론하고 내용을 비판적으로 평가한다.
   [12심국02-01] 타인의 의견을 비판적으로 이해한다.

이때, 실제 댓글에 대해 설명력이 낮은 범주는 삭제, 수정하였다. 4차에서는 일부 샘플에 대해 연구자와 국어교육학 전공자가 코딩을 실시하면서 논의를 하고, 5차에서는 또다른 샘플을 선정하여 연구자와 국어교육학 전공자가 코딩을 독립적으로 실시한 후, 그 결과에 대해 논의하였다. 코딩 과정에서 코딩의 범주와 댓글의 적절성에 대해 의견을 교환했으며, 의견이 불일치할 경우 합의에 이를 때까지 지속적으로 토론과 협의를 반복하는 과정 (consensus checking)을 거쳤다. 이 결과를 바탕으로 최종적인 분석 틀을 설정하였다(〈표 2〉, 〈표 3〉 참고).

기사문에 대한 댓글의 관점(입장)을 코딩하기 위해 〈표 2〉와 같은 범주를 설정하였다. 즉, 찬성, 반대, 중립, 비표명, 기타로 구분하고 기사문의 성격에 따라 대범주를 설정하였다. 기사문 A, B는 남녀 중의 한 입장을 대변하면서 옹호하는 내용이며, 기사문 C는 남녀 갈등을 사회적 문제로 조명하면서 심각성을 호소하는 내용이다. 따라서 기사문 C의 내용 자체가 중립적 관점을 나타낸 것이라고 보아, 기사 A, B에 설정하였던 중립 범주를 생략하고 찬성 댓글을 중립적 관점으로 코딩하였다. 또한 기사 C를 읽고 남녀 중 한 입장을 옹호하는 댓글은 기사의 내용에 반하는 것으로 판단하여 반대 관점에 코딩하였다.

<표 2> 댓글 분석 기준 1

대범주		설명
기사 A, B	찬성	기사문의 관점에 부분적으로 혹은 전체적으로 옹호하는 입장을 표명하는 댓글
	반대	기사문의 관점에 부분적으로 혹은 전체적으로 반대하는 입장을 표명하는 댓글
	중립	기사문의 쟁점에 대해 남녀 한 쪽의 입장을 옹호하는 것이 아니라 남녀 모두의 문제라고 보거나 성별 갈등이 다른 문제에서 촉발된 것이라 표명하는 댓글
	관점 비표명	기사문의 관점에 대해 자신의 입장을 드러내지 않는 댓글
기사 C	찬성	성별 갈등의 문제에 대해 어느 한 입장만 옹호하지 않고 균형적 입장을 표명하는 댓글
	반대	남녀 중 한 입장을 옹호하는 댓글
	관점 비표명	기사문의 관점에 대해 자신의 입장을 드러내지 않는 댓글

기사문에 대한 댓글의 비판적 읽기 양상을 코딩하기 위해 〈표 3〉과 같은 범주를 설정하였다. 기사문에 대한 '단순 반응'은 기사문의 내용이나 주제와 관련된 사회문화적 맥락에 대한

고려 없이 기사문에 대한 사실적인 내용 확인 후 자신의 감정, 경험 등을 단편적으로 작성한 댓글 유형이다.

<표 3> 댓글 분석 기준 2

대범주	소범주(유형)	설명
단순 반응	감정 표출	기사문 내용과 관련된 독자의 감정 토로, 정서 표출, 느낌 제시
	경험 회상	기사문 내용과 관련된 독자의 직접적, 간접적 경험 회상
텍스트 기반 댓글	내용 확인	기사문 내용의 확인 및 관련 지식 기술
	본문 내용 평가	기사문의 본문 내용 및 근거와 자료의 타당성 및 신뢰성 평가
	주제·제목 비판	기사문 주제 및 제목의 적절성·타당성 평가
사회적 맥락을 고려한 댓글	기사문의 유통구조 인식	기사문이 생산, 소비되는 유통 구조(기자, 언론(사))에 대한 인식 및 비판
	이면적 의도 파악	기사문에 내재된 이데올로기 혹은 이면적 의도에 대한 인식 및 비판
	사회구조적 해석	기사문의 갈등 프레임을 비판, 쟁점을 사회구조적 차원에서 재해석
인터넷 공간에 대한 인식 댓글	타인의 댓글	타인이 작성한 댓글에 대한 인식 및 비판
	온라인 커뮤니티	카페·블로그 등 온라인 커뮤니티에서 이루어지는 담론에 대한 인식 및 비판

'텍스트 기반 댓글'은 사실적 수준에서 내용 확인을 하는 유형이 있으며, 비판적 수준에서 기사에 포함되어 있는 표제, 부제, 본문, 시각자료에 대한 평가가 이루어지는 유형이다. '사회적 맥락을 고려한 댓글'은 기사문이 유통되는 사회적 맥락, 숨겨진 의미에 대한 사회제도적 관점에서의 해석이 이루어지는 유형이다. '인터넷 공간에 대한 인식 댓글'의 유형은 온라인 기사문에서 나타나는 중요한 특징으로, 인터넷 공간에서 이루어지는 댓글 간의 상호 소통, 카페나 블로그 등으로 이루어지는 온라인 공동체인 커뮤니티의 영향력이 드러나는 부분이다.

Ⅳ. 분석 결과

1. 기사문에 따른 댓글의 관점 분석

기사문에 따라 댓글의 관점이 어떤 양상을 표명하는지 분석하기 위해 기사문 3개에 대한 찬성, 반대, 중립, 비표명, 기타를 분석한 결과는 다음 〈표 4〉, 〈그림 2〉와 같다.

<표 4> 기사문에 따른 댓글 작성자의 관점

범주	기사 A		기사 B		기사 C	
	빈도(개)	비율(%)	빈도(개)	비율(%)	빈도(개)	비율(%)
찬성	62	20.7	50	16.7	80	26.7
반대	176	58.7	144	48.0	184	61.3
중립	41	13.7	8	2.7	0	0.0
비표명	9	3.0	81	27.0	11	3.7
기타	12	4.0	17	5.7	25	8.3
계	300	100	300	100	300	100

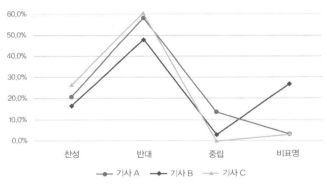

<그림 2> 기사문에 따른 댓글 작성자의 관점

기사문의 관점이나 종류에 상관없이 모든 댓글에서 '반대' 입장을 표명하는 댓글이 가장 많았고, 그 다음 찬성, 중립, 비표명 순으로 나타났다. 기사 C에 대한 반대 비율이 61.3%로 가장 많았는데 이는 기사문의 중립적 관점에 반대하는 댓글이 많음을 의미한다. 즉, 댓글 내용을 분석한 결과 댓글 작성자들은 성별 갈등의 문제에 대해 양측의 입장을 균형적으로 살피기보다는 남녀 중 한 입장을 지지하는 경향이 뚜렷하게 나타났다. 여성을 옹호하는

기사 A에 대한 반대 비율은 58.7%로, 이는 남성을 지지하는 댓글이 절반 이상을 차지함을 의미한다. 또한 남성을 옹호하는 기사문 B에 대한 반대 비율은 48%로, 이는 여성의 입장을 지지하는 내용이다. 다음은 이와 관련된 댓글이다.

> 한국이 여성이 살기 제일 좋은 나라인 건 분명합니다. 구리고 이렇게 성별로 편 가르기는 이 시대의 정부가 만든 것이지...누가 좋내마나 할 필요 없이 현 정부의 무능함에 실망할 따름이죠(기사 A, 224번)

> 근데 시험 합격률이 5:5 비율 되는 게 '날고 뛰는' 건가요?ㅋㅋ 여자에게 맞는 남자가 증가한 것 당연히 문제죠. 근데 가정폭력 피해자들 압도적으로 여성과 아이들이 많아요. 그리고 학창시절에 공부 잘하고 똘똘하던 여학생들은 다 어디 갔을까요? 그나마 사회진출에 덜 불이익 받는 곳이 공무원 사회니 다들 악착같이 그리로 모이는 것이라고 생각되네요.(기사B, 302번)

> 정치가 통합을 못하고 서로 극단으로 치닫는데 사회는 당연한 거 아닌가? 승자독식의 선거구 방식에서는 1등 아니면 죽기이니 서로 극단으로 치닫을 수밖에 소선거구제를 통합해 중대선거구제로 바꾸고 각선거구에서 2명이 국회의원 되는 방식으로 바뀌어야 다양성이 실현되고 사회혼란도 적어진다(기사C, 662번)

이 결과에서 주목할 점은, 기사 A(여성), B(남성), C(중립)의 관점과 입장이 모두 다름에도 불구하고 댓글은 기사문에 관계없이 반대되는 관점을 취하고 있다는 것이다. 이에 대해서는 두 가지 해석이 가능하다. 첫째, 기사의 프레임이나 관점에 따라 독자의 관점이 변화하기보다는, 오히려 독자들이 자신의 배경지식이나 관점을 바탕으로 기사에 대해 반박하면서 자신의 입장을 강화하는 경향성[4]이 높다고 할 수 있다. 둘째, 기사문의 내용을 지지하는 독자보다 반대하는 독자들이 댓글의 작성에 실제적으로 더 많이 참여했기 때문에 기사문의 반대 댓글이 많은 것이라 해석할 수 있다.

기사문에 '찬성'하는 댓글은 20% 내외로 나타나 반대하는 댓글의 1/3 ~ 1/2 수준의 낮은

---

4) 독자의 사전 지식이나 신념이 강한 경우, 외부의 정보를 조절·왜곡하여 '믿고 싶은 대로 믿는' 경우가 생기는데, 이를 통해 자신의 기존 신념이 오히려 강화된다. 이를 사회심리학에서는 확증 편향(confirmation bias) 혹은 편향 동화(baised assimilation)라 부르며(Lord, Ross, & Lepper, 1979; Nickerson, 1998), 본 연구에서도 일어나는 반대의 성향이 높게 나타나는 것도 이러한 관점에서 해석해 볼 수 있다.

비율을 차지하였다. A 기사에 찬성하는 댓글은 여성이 힘든 사회라는 것을 지지하는 내용이고, B 기사의 찬성 댓글은 남성이 살기 힘들다는 내용이며, C 기사의 찬성 댓글은 남녀 혐오가 심각해지고 있는 사회 현상임을 인정하거나 그 원인을 찾는 내용으로 이루어져 있었다. 다음은 찬성하는 입장에서 기사문을 옹호하는 댓글의 예시이다.

> 살기가 힘든 건 남자 여자가 똑같지만... 중요한 건 차별대우를 받냐 안 받냐에요 그런 의미에서 여성 임금 차별, 맞벌이 가정에서 집안일 시간 불균형, 승진 차별 등등 여성에 대한 차별이 심한 나라는 맞죠(기사A, 63번)

> 경제위기로 직업은 절반으로 줄었는데 여자들마저 직업을 갖기 시작하면서 남자들의 직업은 또다시 반으로 줄었다 남자는 직업이 없어지면서 결혼을 포기하기 시작하고 여자는 직업을 있음으로써 굳이 귀찮은 결혼을 포기하기 시작한다.............. 결국 출산율은 제로가 될 수밖에 없는 대한민국(기사B, 346번)

> 김치녀, 한남충 끝까지 파고들어 가면 결국 "나도 힘들다" 로 귀결된다. 증오의 원인은 계급문제고, 남녀문제는 방아쇠 같은 거다. 금수저들이 데이트비용 문제로 싸우지 않는다. 금수저들이 군대, 육아 문제로 싸우지 않는다. 남녀 혐오 문제의 표적은 잘못 조준되었다.(기사C, 628번)

기사문에 찬성하는 댓글은 기사문의 내용을 일부 옹호하는 입장, 전적으로 옹호하는 입장 등으로 나타났다. 특히, 기사C를 옹호하는 댓글은 이성혐오가 사회적 문제임을 인정할 뿐만 아니라 그러한 사회 현상을 촉발하는 원인을 사회 계급, 사회 이념, 권력의 부패 등 사회구조적 관점에서 해석하면서 비판적 읽기가 심도 깊게 이루어진 경우가 다수 있었다. 이는 중립적 관점을 지지하는 경우이기 때문에 A, B 기사문에 대한 중립적 관점 댓글과 비슷한 성격을 지닌다.

A, B 기사문에 대해 '중립'적 관점을 표명한 댓글은 각각 13.7%, 2.7%로 나타났고, 남성 혹은 여성 한 입장을 지지하거나 반대하는 것이 아니라 두 입장을 모두 고려하면서 균형적 시각으로 바라보는 내용이 많았다. 또한 중립적 댓글에는 성별 갈등이 성 자체에 대한 문제가 아니라 다른 요인에서 촉발된 것이라 보는 댓글도 포함된다. 다음은 이와 관련된 댓글의 예시이다.

> 요즘 이런 글 보면 이럴 생각이 든다. 사실 10% 빼곤 다 힘들다. 그렇지 않나? 이러한 상황에서 노동자들끼리 갈등을 조성한다. 비정규직과 정규직 그리고 고액연봉자와 평균

이하의 연봉자. 그리고 남과 여.. 청년과 노년층... 왜 우리끼리 갈등을 가져야 하는 것인가? 현대자동차 은행원 등등 이들 월급이 지극이 높은 것인가? 아니면 힘들게 일하는 당신 월급이 불합리한 것인가? 청년과 노인의 갈등이 두 계층의 모순에서 일어난 것인가? 사회의 모순에 말려든 것인가? 갈등을 조성하고 심화되면 누군가는 기뻐한다. 이러한 갈등을 그들은 원한다(기사A, 163번)

이런 글에 선동되지 말고 서로 배려하며 아껴줍시다 남자나 여자나 모두 소중한 존재잖아요(기사B, 340번)

예컨대, 중립적 댓글에는 남녀의 화합을 촉구하는 댓글(기사B, 340번), 성별 갈등은 남녀 자체의 대립에서 온 문제가 아니라 사회적 계급의 문제가 성별 갈등으로 표출된 사례라는 입장(기사A, 163번) 등이 있었다. 기사문을 중립적 관점에서 읽고 해석한다는 것은 다양한 관점을 고려하여 읽는다는 것이 전제되기 때문에 고도의 사고력과 판단력이 필요한 작업이다. 그런 면에서 이 유형의 댓글은 찬성, 반대 댓글보다 읽기의 수준이 높은 경우가 많다고 볼 수 있다[5].

기사문의 관점에 자신의 관점을 나타내지 않는 '비표명' 댓글은 기사 A, C의 경우 3%대로 낮게 나타났으나, 기사 B의 경우 27%로 상대적으로 높게 나타났다. 이 유형은 자신의 관점이나 입장을 강하게 드러내기보다는 기사문의 내용 자체를 비판하거나 기사문을 사회제도적 관점에서 해석하는 경우가 대표적이다. 다음은 이와 관련된 댓글이다.

기사가 너무 편향적인 것 같아요 업무량과 일의 처리속도가 똑같은데도 급여가 차이난다면 차별이 맞겠지만 그렇지 않다면 차등지급하는 것이 당연한 것입니다 마찬가지로 가사노동 역시 맞벌이여도 소득이나 근무시간이 차이난다면 그에 맞춰야 한다고 생각합니다. 여자라서 불편하고 여자라서 차별 받고.. 당신의 글은 여자라는 생물이 피해망상에 빠져있는 것 같아 같은 여자가 보기에도 불편합니다. 임금도 똑같이, 가사노동도 똑같이..뭔가 사회주의적인 느낌이 강하네요. 지금 당신이 살고 있는 곳은 자본주의 사회이자 무한경쟁 사회입니다(기사A, 105번)

신문기사를 왜 이 따위로 쓰는지 모르겠다. 대립구도에 혐오조장. 제목부터 자극적. 사진은 또 ... 대학 때 들은 언론문장 강의에서는 분명 기사글은 객관적 중립적으로 사실

---

5) 댓글의 유형 중 '중립'을 나타낸 글들에는 양비론적, 기계적 중립을 나타낸 것도 다소 있었으며, 이는 비판적 읽기의 전형적 모습이라고 하기 어렵다. 이 연구에서는 논쟁적 주제에서 기계적 중립이 비판적 읽기의 대표적인 모습을 나타낸다는 것을 주장하고자 함이 아니다. 다만, 중립적 관점이 양쪽의 입장을 포섭하고 심층적으로 이해할 때 보다 비판적 사고의 댓글이 많이 나타냄을 강조하기 위함임을 밝혀두고자 한다.

을 전달하려는 노력이 필요하다 했는데, 요즘 기사들은 경쟁에 치여 갈수록 자극적이다. (기사B, 306번)

김치녀(데이트 비용을 부담하지 않거나 사치스러운 여성을 뜻함) 등 여성 혐오가 언급된 횟수는 월평균 8만회에 달했다. 남성 혐오가 일종의 운동처럼 시작된 작년 여름 이후 '한남충(한국 남성은 벌레와 같다는 신조어)' 등 신조어 언급 횟수는 지난해 5월 2건에서 6월 7596건으로 폭발적으로 늘었다. 80000vs7596 쩹도 안 되는 거 같은데여(기사C, 764번)

이 유형의 댓글은 찬성, 반대 등 어느 한 입장을 지지하는 관점보다는 중립적 관점을 나타내는 댓글과 성격이 비슷한 것으로 보인다. 특히, 내용의 신뢰도 및 타당도 문제를 언급하면서 기사문을 직접적으로 비판하는 데 주력하는 경우가 많았다(기사A, 105번; 기사B, 306번; 기사C, 764번). 특히, B 기사는 다른 기사에 비해 정보의 출처가 명확하지 않고 자극적인 어휘가 많이 사용되고 있기 때문에 그 비율이 높게 나타난 것으로 보인다.

2. 댓글 작성자의 관점에 따른 읽기 양상 분석

앞서 살펴본 댓글의 관점을 기준으로 그 유형을 살펴봄으로써 댓글 작성자들의 비판적 읽기 양상을 분석하고자 한다. 앞서 3장에서 논의하였듯 댓글의 유형은 '단순 반응', '텍스트 기반', '사회적 맥락 고려', '인터넷 공간에 대한 인식'으로 범주화할 수 있었다(오은하, 2016 참고). 댓글 작성자의 관점(찬성, 반대, 중립, 비표명)에 따른 댓글 유형은 〈표 5〉, 〈그림 3〉에서 살펴볼 수 있다.

<표 5> 댓글 작성자의 관점에 따른 읽기 양상

범주	단순 반응		텍스트 기반		사회적 맥락 고려		인터넷 공간에 대한 인식	
	빈도(개)	비율(%)	빈도(개)	비율(%)	빈도(개)	비율(%)	빈도(개)	비율(%)
찬성	83	26.9	52	18.3	19	9.4	28	45.9
반대	182	58.9	184	64.8	102	50.2	24	39.3
중립	17	5.5	6	2.1	26	12.8	1	1.6
비표명	11	3.6	32	11.3	49	24.1	7	11.5
기타	16	5.2	10	3.5	7	3.4	1	1.6
계	309	100	284	100	203	100	61	100

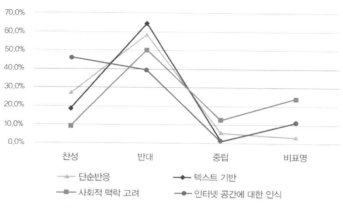

<그림 3> 댓글 작성자의 관점에 따른 읽기 양상

　찬성 댓글에서는 인터넷 공간에 대한 인식의 비율이 45.9%로 가장 높았으며, 그 다음은 단순 반응 26.9%, 텍스트 기반 댓글 18.3%, 사회적 맥락을 고려한 댓글 9.4% 순으로 낮아졌다. 이는 댓글 작성자들이 기사문에 찬성할 때 다른 이의 댓글이나 베스트 댓글을 참조하거나 감정적, 경험적으로 지지하는 경우가 많다는 것을 의미한다. 또한 찬성 댓글에서 인터넷 공간에 대한 인식의 비율이 높았는데, 이는 타인의 댓글 혹은 베스트 댓글을 기사문 내용 확인의 도구로 인식하는 경우가 많은 것과 관련된다(오은하, 2016; 146). 댓글 작성자들이 기사문에 대해 찬성을 할 때, 베스트 댓글이나 직전의 댓글에 영향을 받는 것으로 보이며, 메갈리아, 일간베스트저장소 등과 같은 커뮤니티를 언급하는 경우가 다수 있었다. 반대 댓글에서는 인터넷 공간 인식의 비율이 가장 낮게 나타난 것과 대조적인 현상이다.

　반대 댓글에서는 텍스트를 기반으로 한 비율이 64.8%로 가장 높았으며, 그 다음은 단순 반응 58.9%, 사회적 맥락 고려 50.2%, 인터넷 공간 인식 39.3% 순으로 낮아졌다. 이는 댓글 작성자들이 기사문에 반대할 때 기사문의 내용을 근거로 언급하는 사례가 가장 많음을 의미한다. 기사문에 찬성하는 댓글은 자신의 정서나 경험을 근거로 하는 경우가 많은 것이 비해 반대 댓글은 텍스트 자체에 기반을 두고 작성하는 경우가 많았다. 댓글의 성격 분석 결과, 정서나 경험 기반 댓글은 단순 반응에 그치는 경우가 많고 텍스트 기반 댓글은 텍스트에 대한 사실적·비판적 읽기가 비교적 활발하게 이루어진다는 점을 고려해 볼 때, 댓글 작성자들이 기사문에 찬성할 경우보다 반대할 경우에 텍스트 읽기의 수준이 더 높아진다는 것을 짐작할 수 있다.

　중립 댓글에서는 사회적 맥락을 고려한 댓글이 12.8%로 가장 많이 나타났고, 그 다음으로 단순 반응 5.5%, 텍스트 기반 댓글 2.1%, 인터넷 공간 인식 1.6%로 낮아졌다. 이는 기사문에 대해 중립적 관점을 가진 독자들은 사회제도적 맥락을 고려하여 읽고 표현하는 경향이 강함을 의미한다.

비표명 댓글 역시 사회적 맥락을 고려한 댓글이 24.1%로 가장 높았으며, 그 다음으로 인터넷 공간 인식 11.5%, 텍스트 기반 댓글 11.3%, 단순 반응 3.6% 순으로 나타났다. 이는 기사문을 비판하는 경향이 강한 비표명 댓글 작성자들은 사회제도적 맥락을 고려하여 해석하는 경우가 많다는 것을 의미하며, 중립적 댓글과 유사한 패턴이 나타나는 것으로 볼 수 있다.

찬성, 반대하는 댓글에 비해 중립, 비표명 댓글에서 사회적 맥락을 고려한 비율이 다른 유형에 비해 비교적 높게 나타났다. 중립 댓글은 어느 한 입장을 지지하기보다는 두 입장 모두에 대한 균형적인 관점을 드러낸 댓글이 많았으며, 비표명 댓글 또한 기사문 내용에 대한 비판적 관점을 견지하면서 기사문의 출처, 내용 등을 사회구조적 맥락에 기반하여 해석하는 경우가 다수 있었다. 찬성, 반대 댓글에서는 정서 표출, 경험 회상 등의 단순 반응 댓글이나 내용 확인, 내용의 신뢰성, 타당성을 평가·비판하는 텍스트 기반 댓글이 굉장히 높은 비율을 차지한 것과 대조되는 현상이다.

V. 결론

이 연구는 기사문의 종류에 따라 댓글 작성자의 입장이 어떻게 달라지는지를 알아보기 위해 성별 갈등을 쟁점으로 하는 기사문 3개를 선정하고, 댓글을 기사문에 대한 찬성, 반대, 중립, 비표명으로 나누어 분석하였다. 이때 기사문 A는 여성 옹호 관점, B는 남성 옹호 관점, C는 중립적 관점을 나타내는 것으로 선정하여 댓글의 양상이 기사문의 관점에 따라 달라지는지를 확인하고자 하였다. 또한, 각 관점별로 댓글 작성자의 읽기 양상이 어떠한지를 탐색하기 위해 댓글의 유형을 단순 반응, 텍스트 기반, 사회적 맥락 고려, 인터넷 공간에 대한 인식으로 분류하여 분석하였다. 이 연구의 결과를 종합하면 다음과 같다.

첫째, 기사문의 관점이나 종류에 상관없이 모든 댓글에서 '반대' 입장을 표명하는 댓글이 가장 많았다. 특히, 기사 C에 대한 반대 비율이 61.3%로 가장 많았는데 이는 기사문의 중립적 관점에 반대하면서 남녀 중 한 입장을 옹호하는 댓글이 많다는 것을 의미한다.

둘째, 기사문에 '찬성'하는 댓글은 20% 내외로 나타나 반대하는 댓글보다 2-3배 정도 적은 비율을 차지하였다. 기사문에 찬성하는 댓글은 반대 댓글과 완전히 상반된 관점을 나타내면서 기사문의 내용을 일부 옹호하는 입장, 전적으로 옹호하는 입장 등으로 나타났다.

셋째, 기사문 내용에 대해 자신의 관점을 나타내지 않는 '비표명' 댓글은 기사 A, C의 경우 3%대로 낮게 나타났으나, 기사 B의 경우 27%로 상대적으로 높게 나타났다. B 기사는 다른 기사에 비해 정보의 출처가 명확하지 않고 자극적인 어휘가 많이 사용되고 있기 때문에 그 비율이 높게 나타난 것으로 보인다.

넷째, 찬성 댓글에서는 인터넷 공간에 대한 인식의 비율이 45.9%로 가장 높았으며, 그 다음은 단순 반응 26.9%, 텍스트 기반 댓글 18.3%, 사회적 맥락을 고려한 댓글 9.4% 순으로 낮아졌다. 반대 댓글에서는 텍스트를 기반으로 한 비율이 64.8%로 가장 높았으며, 그 다음은 단순 반응 58.9%, 사회적 맥락 고려 50.2%, 인터넷 공간 인식 39.3% 순으로 낮아졌다. 기사문에 찬성하는 댓글은 자신의 정서나 경험을 근거로 하는 경우가 많은 것이 비해 반대 댓글은 텍스트 자체에 기반을 두고 작성하는 경우가 많다고 볼 수 있다.

다섯째, 중립 댓글에서는 사회적 맥락을 고려한 댓글이 12.8%로 가장 많이 나타났고, 그 다음으로 단순 반응 5.5%, 텍스트 기반 댓글 2.1%, 인터넷 공간 인식 1.6%로 낮아졌다. 비표명 댓글 역시 사회적 맥락을 고려한 댓글이 24.1%로 가장 높았고, 그 다음으로 인터넷 공간 인식 11.5%, 텍스트 기반 댓글 11.3%, 단순 반응 3.6% 순으로 나타났다. 찬성, 반대하는 댓글에 비해 중립, 비표명 댓글에서 사회적 맥락을 고려한 비율이 다른 유형에 비해 비교적 높게 나타났다.

여섯째, 모든 관점의 댓글에서 단순 반응 댓글의 비율이 가장 높거나 두 번째로 높은 비율을 차지하였다. 이는 기존 연구에서도 지속적으로 언급되어 온 댓글의 두드러진 특성으로, 댓글을 감정 토로의 통로로 인식하거나 단순한 욕설이나 비난으로 이어져 윤리적 문제를 야기하기도 한다. 이 연구에서도 단순 반응 유형의 댓글은 기사문에 대한 찬성, 반대, 중립 등의 관점과 상관없이 높게 나타나는 것으로 분석되었다.

이 연구는 댓글 작성자의 개인 정보를 알 수 없다는 점에서 댓글 분석의 한계를 지니고 있으나, 기존의 많은 인터넷 기사문 읽기나 댓글 연구가 주로 악성 댓글과 작성자의 책임과 같은 윤리적인 글쓰기 문제에 초점을 두었다면, 이 연구는 윤리의 문제를 넘어선 비판적 읽기 소통 행위에까지 착목하였다는 점에서 기존 연구와 차별되며 국어교육계에 시사하는 바가 클 것이다.

참고문헌

권순희(2003), 「인터넷 신문의 리플 텍스트에 나타난 수용자의 반응 분석」, 『국어교육』 111, 한국어 교육학회, pp.227-253.

권이은(2011), 「비판적 읽기 범주 설정 및 내용 체계화 연구」, 『독서연구』 26, 한국독서학회, pp.355-380.

김관규(2005), 「인터넷 양방향 공개커뮤니케이션장을 창출한 적극적 발신행위자의 속성에 관한 연구: 오피니언 리더의 속성을 중심으로」, 『한국언론정보학보』 31, 한국언론정보학회, pp.51-84.

김관규(2013), 「인쇄신문과 인터넷신문의 동일 기사 제호 비교분석에 관한 연구」, 『언론과학연구』 13(4), 한국지역언론학회, pp.135-172.

김봉순(1999), 「신문기사에 반영된 필자의 주관성」, 『텍스트언어학』 7, 한국텍스트언어학회, pp.57-88.

김위근(2006), 「웹 뉴스미디어의 미디어적 특성이 이용에 미치는 영향」, 『한국언론학회 학술대회 발표자료집』, 한국언론학회, pp.97-107.

김유미(2014), 「비판적 담화분석을 활용한 읽기 교육 연구」, 『독서연구』 33, 한국독서학회, pp.421-457.

김은미, 선유화(2006), 「댓글에 대한 노출이 뉴스 수용에 미치는 효과」, 『한국언론학보』 50, 한국언론학회, pp.33-64.

김은성(2005), 「비판적 언어인식에 대한 연구」, 『국어교육연구』 15, 서울대학교 국어교육연구소, pp.323-355.

김정아, 채백(2008), 「언론의 정치 성향과 프레임: '이해찬 골프'와 '최연희 성추행' 사건의 보도를 중심으로」, 『한국언론정보학보』 41, 한국언론정보학회, pp.232-267.

김정자(2003), 「전자게시판의 글쓰기에 대한 연구」, 『국어교육연구』 11, 서울대학교 국어교육연구소, pp.103-152.

김현수(2008), 「악성 댓글 문화에 대한 국어교육적 방안」, 『새국어교육』 80, 한국국어교육학회, pp.125-146.

박영목(1996), 『국어이해론: 독서교육의 기저 이론』, 법인문화사.

서혁, 편지윤, 류수경(2015), 「보도자료 기사화를 통해서 본 독서 담론 형성에 대한 비판적 분석」, 『독서연구』 35, 한국독서학회, pp.285-317.

손세모돌(2003), 「인터넷 게시판 글 제목의 욕설/비속어 사용과 익명성의 관계」, 『텍스트언어학』 15, 한국텍스트언어학회, pp.169-198.

신명선(2005), 「텍스트유형 교육에 관한 비판적 고찰: 신문 기사문을 중심으로」, 『국어교육학연구』 24, 국어교육학회, pp.361-384.

안태형(2010), 「인터넷 토론 게시판 댓글의 유형 연구」, 『우리말연구』 26, 우리말학회, pp.311-333.

양명희(2011), 「토론 댓글의 텍스트언어학적 연구: 다음 아고라의 토론 댓글을 중심으로」, 『텍스트

언어학』 30, 한국텍스트언어학회, pp.161-186.

양혜승(2008), 「인터넷 뉴스 댓글의 견해와 품질이 독자들의 이슈에 대한 태도에 미치는 영향」, 『한국언론학보』 52(2), 한국언론학회, pp.254-281.

오수정, 남유원, 오슬기, 심미선, 이기재, 김영주, 김위근, 양정애(2014), 『2014 언론수용자 의식조사』, 한국언론진흥재단.

오수정, 남유원, 박주연, 변종석, 심미선, 양정애(2015), 『2015 언론수용자 의식조사』, 한국언론진흥재단.

옥현진(2012), 「디지털 시대의 읽기 능력」, 『새국어생활』22, 국립국어원, pp.49-62.

이삼형, 김중신, 이성영, 정재찬, 서혁, 심영택, 박수자(2000), 『국어교육학』, 소명출판.

이재기(2014), 「주체, 이데올로기, 그리고 문식성 교육」, 『국어교육학연구』 12, 국어교육학회, pp.317-361.

이재신, 김지은, 류재미, 강재혁(2010), 「기사 프레임과 장르가 댓글 유형에 미치는 영향」, 『한국언론학보』 54, 한국언론학회, pp.116-137.

이호형(2010), 「인터넷 신문 읽기와 댓글 쓰기 교수-학습 방안」, 『우리말교육현장연구』 4, 우리말교육현장학회, pp.129-174.

조국현(2007), 「"댓글"의 텍스트유형학적 연구」, 『텍스트언어학』 23, 한국텍스트언어학회, pp.203-230.

조병영, 김종윤(2015), 「인터넷 환경에서의 읽기 부정확성에 대한 이론적 고찰」, 『국어교육』 148, 한국어교육학회, pp.367-397.

조수선(2007), 「온라인 신문 댓글의 내용분석: 댓글의 유형과 댓글 게시자의 성향」, 『커뮤니케이션연구』 15, 한국커뮤니케이션학회, pp.65-84.

좌보경, 백혜진, 서필교(2014), 「금연정책관련 온라인 뉴스와 댓글 유형의 내용 분석」, 『홍보학연구』 18, 한국PR학회, 2014, pp.13-43.

Cervetti, G., Pardales, M. J., & Damico, J. S.(2001), "A tale of differences: Comparing the traditions, perspectives, and educational goals of critical reading and critical literacy", *Reading Online* 4, pp.80-90.

Fairclough, N.(1992), *Discourse and social change*, Cambridge: Polity Press.

Freebody, P., & Luke, A.(1990), "'Literacies' Programs: Debates and Demands", *Prospect: Australian Journal of TESOL*, 5(7), pp.7-16.

Freire, P., & Macedo, D.(1987), *Literacy: Reading the word and the world,* Begin & Garvey: Westport, CT..

Gitlin, T.(1980), *The Whole World is Watching: Mass media in the making & unmaking of the news left,* University of California Press.

Harris, T. L. & Hodges, R. E.(Eds.)(1995), *The literacy dictionary: The vocabulary of reading and writing*, Newark, Delaware: International Reading Association.

Jäger, S., & Maier, F.(2009), "Theoretical and methodological aspects of Foucauldian critical discourse analysis and dispositive analysis", In R. Wodak & M. Meyer (Eds.), *Methods of critical discourse analysis*, London: Sage, pp.34-61.

Lord, C. G., Ross, L., & Lepper, M. R. (1979). Biased assimilation and attitude polarization: The effects of prior theories on subsequently considered evidence. *Journal of personality and social psychology*, 37(11), p.2098.

Nickerson, R. S.(1998). Confirmation bias: A ubiquitous phenomenon in many guises. *Review of general psychology*, 2(2), p.175.

Snow, C.(2002), *Reading for understanding: Toward an R&D program in reading comprehension*, RAND Corporation.

Tuchman, G.(1978), *Making new*, New York: Free Press.

Turow, J.(1983), "Local television: Producing soft news", *Journal of Communication*, 33(2), pp.111-123.

Wodak, Ruth, Meyer, Michael(2009), *Methods of critical discourse analysis*, London: Thousand Oaks.

하상욱의 'SNS 시' 양상 및 활용 방안

Ⅰ. 서론

1. 연구의 필요성 및 목적

우리나라는 2006년 스마트폰이 도입된 후 2009년 말부터 스마트폰의 사용 인구가 급속도록 증가하면서 스마트폰이 확산되기 시작하였다. 2011년부터는 스마트폰이 대중화되기 시작하면서 트위터와 페이스북으로 대표되는 소셜 네트워크 서비스(SNS)의 이용이 급증하였다. SNS는 그 이름에서 알 수 있듯 '사회 관계망을 구축해주는 온라인 서비스'이다. 이에 많은 사람들은 다른 사람과 의사소통을 하거나 정보를 공유·검색하는 데 SNS를 일상적으로 사용하고 있다. 이러한 SNS를 통한 소통은 기존의 삶의 양식에 많은 변화를 주고 있다. 본고에서는 그 중에서도 SNS를 통한 소통이 기존에 '문학'이라고 불렀던 양식에 어떠한 변화를 주었는지 살펴보고자 한다.

온라인에서의 문학 창작 및 수용 행위는 SNS의 대중화 이전에도 활발하게 이루어지고 있었다. 인터넷을 통해 연재되거나 인터넷을 통해 발표된 소설을 총칭하는 '인터넷 소설'은 10대부터 20대에 해당하는 여성 독자층을 끌어 모으며 연구의 대상이 되기도 했다. 인터넷 소설에 대한 연구는 여러 학자들에 의해 많이 연구되어 왔으며 어느 정도 그 체계가 확립되어 가고 있는 실정이다.

그러나 SNS를 통한 문학 창작 행위 및 수용에 대한 연구는 상대적으로 미비하다. 최근에는 인터넷 카페나 홈페이지를 통한 소설 연재를 넘어서 SNS에서의 문학 창작 행위가 이루어지고 있다. SNS에서의 문학 양상은 SNS라는 매체의 특성과 밀접한 관련이 있다. SNS는 매 순간 수 없이 많은 게시물이 끊임없이 올라오는 특징을 가진다. SNS를 통해서 얻어지는 많은 정보는 이제 '빅데이터'로 불리며 연구 대상이 되고 있다. 즉, SNS에서 만들어지는 데이터는 대량으로 유통되면서 빠른 속도를 지니고 있고 다양한 형태를 보이는 특성을 지녀

빅데이터로서의 가치를 지니고 있다는 논의가 이루어지고 있다. 이러한 특징 때문에 SNS의 이용자들은 SNS에 올라오는 모든 게시물을 살펴볼 겨를이 없다. 순간적으로 올라오는 게시물을 훑어보는 경우가 대다수이다. 이는 SNS에서의 문학 창작 행위에도 영향을 미쳤다. 기존의 인터넷 소설과는 달리 SNS에서는 수용자가 짧게 게시물을 훑는 순간 눈에 들어올 만한 창작물이 필요하게 된 것이다. 따라서 상대적으로 길이가 긴 소설 양식보다는 그 길이가 짧으면서 함축성을 지닌 시 양식이 선호되었다. 소설에 비해 길이가 짧고 상대적으로 간결한 리듬과 구조를 특징으로 하는 시는 SNS에서 소통되기에 적절한 장르라고 할 수 있다. 시는 길이가 짧기 때문에 입력과 출력이 빠르고 간편하다. 정보를 제공하는 자나 제공받는 자나 빠르고 편리하게 정보를 유통시킬 수 있다[1].

SNS를 통한 시 창작과 수용 행위는 다양한 형태로 이루어졌다. 김응교(2012)에서는 '봇'으로 대표되는 트위터러쳐를 다루고 있다. '봇(bot)'은 트위터에서 데이터베이스에 저장된 글을 정해진 시간마다 자동으로 업데이트 하는 기능을 말한다. 이 중 문학 봇은 정해진 시간에 기존 문학 작가들의 작품들의 일부를 자동으로 업데이트 한다. 독자들은 자신이 좋아하는 문학 봇을 팔로워하여 대상 작가의 명 구절을 매일 혹은 가끔 받아보며 대상 작가가 남긴 명구절을 묵상할 수 있다. 한 번 글을 올릴 때 140자 이내로 적어야 하는 단문 서비스인 트위터의 특성상 문학 봇에서는 짧은 시를 많이 다루고 있다. 가령, 고(故) 기형도 시인이 쓴 작품이 올라오는 기형도 봇은 시간마다 기형도가 쓴 대표적인 구절을 올린다. 김응교 (2012)에서는 이것이 단순히 한국에서만의 현상이 아닌 전 세계적인 유행으로, 미국에서는 단테, 셰익스피어, 조앤 롤링 등의 작품을 압축하여 트위터에 올리고 책으로 출간하기까지 한 사례가 있음을 밝히고 있다. 트위터와 리터러쳐의 합성어인 트위터러쳐(Twitterature)를 소개하고 있다.

김응교(2012)에서는 '트와이쿠(twaiku)'를 제시하며 일본의 문학 장르인 '하이쿠' 양식과 트위터가 결합한 형태가 한국에서 새로운 장르로 재탄생했음을 보여준다. 또한 트위터를 통한 소통으로 책을 출간한 이외수 작가를 별도로 다루고 있다. 논문에서는 원작자가 글을 SNS에 올리고, 독자의 리트윗이나 댓글 반응을 보고 글을 수정하는 적극적 소통과정을 통해 책을 내는 과정을 체험한 글쓴이를 '작독가'라고 명명하고 있다. 이외수의 산문집 『절대강자』가 이러한 소통 과정을 통해 출간된 대표적인 작품임을 주장하고 있다.

한편, 서덕민(2014)에서는 최근 이슈가 되고 있는 하상욱의 콘텐츠를 다루고 있다. 하상욱

---

1) 김신정(2013), 「현대시의 매체 수용과 효과」, 『한국근대문학연구』 28, 한국근대문학회.

의 콘텐츠는 '디자인의 단순화 원리'와 '시의 간결성'의 문제, 그리고 'SNS라는 쓰기 환경의 제약' 등의 세 가지 요소를 모두 갖춘 멀티포엠의 전형적 특징을 보여주고 있음을 밝혀 하상욱의 콘텐츠를 형식적 차원에서 분석하고 있다.

위의 연구들은 SNS에서의 시 창작 행위를 그 대상으로 하고 있다. 대부분 SNS에서의 새로운 문학 양식의 전반적인 흐름이나 특성을 포괄적으로 기술하고 있거나 내용, 형식 자체만을 분석하고 있다. 이들의 연구는 SNS에서의 시 창작 및 수용 행위 이면에 담긴 사회 문화적 현상을 구체적으로 파악하고 있지 않아 아쉬운 점이 있다. SNS에서 시를 창작하고 수용하는 행위는 단순히 기존의 종이 매체에서 전자 매체로 공간을 이동한 것 이상의 의미를 지닌다. 따라서 본고에서는 'SNS 시'의 양상을 사회 문화적 차원, 그 중에서도 공감 문화 차원에서 살펴보고자 한다. 이와 더불어 그 커뮤니케이션 방식 역시 공감 문화 차원으로 분석하고자 한다. 그리고 궁극적으로 이를 어떻게 국어 교육 차원에서 활용할 수 있을지 논의할 예정이다.

2. 연구 대상 및 방법

'SNS 시'의 양상 및 수용자 반응을 분석하기 위해 본고에서는 최근 이슈가 되는 하상욱의 작품을 살펴보겠다. 하상욱은 5만 명 이상의 팔로워를 보유하고 있는 SNS 시인이다. 하상욱이 본격적으로 알려지기 시작한 것은 2012년 모바일 게임 '애니팡'을 소재로 한 한 편의 시 때문이다. 일상에 대한 재치 있는 단평이 대중의 공감을 얻음으로써 그는 5만 명의 팔로워와 '시인'이라는 타이틀을 얻었다. 그 인기에 힘입어 그는 SNS 활동을 통해 발표한 작품을 모아 전자책으로 출간하고 무료로 배포했다. 이 책은 10만 명 이상이 다운로드 받았다. 전자책 출간에 그치지 않고 2013년에는 『서울시1·2』를 종이책으로 출간하며 각각 수만 부의 판매고를 올리기도 했다. 전자책으로 공개된 글을 오프라인으로 출간했음에도 불구하고 『서울시1』이 2만 5000부의 판매고를 올리고, 뒤이어 출간된 2집이 5,000부 넘게 판매된 것이다[2]. 소위 침체기를 걷고 있다고 말하는 시집 시장에서 하상욱의 성과는 주목할 만한 것이다. 그가 단순히 SNS에 게재했던 글을 전자책에 이어 종이책으로까지 출간할 수 있었던 것은 대중들이 그의 작품에 열광했기 때문이다. 따라서 본고에서는 그의 작품과 수용 양상을

---

2) 서덕민(2014), 「'멀티포엠'을 활용한 시 창작 교육법 연구 : 〈애니팡 시인〉 하상욱의 콘텐츠를 중심으로」, 『열린정신 인문학연구』 15(1), 원광대학교 인문학연구소.

다루는 것이 SNS에서의 시 창작 행위의 전형이자 대표로 볼 수 있음을 감안해 연구 대상으로 삼았다.

선행 연구에서는 기존에 이미 있던 문학 작품의 핵심 부분을 트위터에 게재하는 '문학 봇'에 초점을 맞춘 경우가 대다수였다. 하상욱의 작품을 중점적으로 다룬 연구는 서덕민 (2014)이 유일하다고 볼 수 있다. 그러나 서덕민(2014)의 경우 하상욱의 시를 멀티포엠이라고 보는 관점에서 시의 형식적 차원을 중점으로 분석하였다. SNS라는 매체의 특성에 따른 시의 형식 변화에 초점을 둔 것이다. 이는 그의 시가 우리 사회의 어떤 맥락에서 대중들에게 호응을 받는지에 대한 설명이 부족해 아쉬움이 남는다. 본고에서는 하상욱의 시를 단순히 시 형식의 내적 흐름으로 보지 않고, 그 이면에 담긴 우리 사회의 담론 및 문화를 분석하려 한다. 어떠한 시가 각광받는 이유는 그 시가 당대 사회의 담론 및 문화와 만나는 부분이 있다고 생각하기 때문이다. 특히, 본고에서는 하상욱의 시가 최근 우리 사회에 주가 되고 있는 공감 문화와 어떠한 관련성을 지니는지 연구하려 한다. 따라서 이 부분은 하상욱의 작품을 전반적으로 살펴봄으로써 어떻게 독자의 공감을 이끌어내는지 볼 예정이다.

단순히 형식 분석에 그치지 않고 본고에서는 하상욱이 독자와 어떻게 커뮤니케이션을 하고 있는지, 그리고 독자들끼리는 어떻게 커뮤니케이션하고 있는지 파악해보려 한다. 이는 실제 하상욱의 페이스북, 트위터에서 보이는 독자들의 댓글 양상을 분석하는 방법을 통해 연구할 예정이다. 이 부분 역시 공감 문화의 차원에서 논해보고자 한다.

종합하자면, 본고에서는 하상욱 작품에 초점을 두고, 그의 시에 '공감 문화가 반영되어 있음'을 가정하고, 그 형식과 커뮤니케이션 양상을 분석하고자 한다. 그 방법에 있어서는 주로 SNS 게시물 분석, 댓글 분석, 기존 문헌 자료의 참고 등의 질적 방법을 사용한다.

II. 'SNS 시'의 등장

1. 장르 설정의 문제

하상욱의 시를 분석하기에 앞서 장르 설정의 문제를 논할 필요가 있다. 그의 작품은 '시인가?'라는 논쟁이 일고 있다. 그의 작품을 비판적으로 보는 측에서는 이는 '시'라고 볼 수 없으며 감각적인 문장들의 모음에 지나지 않음을 지적한다. 심지어 그저 말장난에 불과하다는 혹평을 하는 경우도 있다. 한편, 그 반대편에서는 그의 작품이야 말로 이 시대의 '시'라고 말한다. 그의 작품을 단순히 가벼운 말장난으로 보기에는 그 내용이 사회 고발적, 비판적 성격을 지닌 것이 대부분이기에 '시'로 보아야 한다는 것이다. 그러면서 그의 작품을 비판적으로 보는 측이 단순히 '등단'을 시의 기준으로 본다며 지적하고 있다.

위의 논란에서 핵심이 되는 것은 '무엇을 시로 볼 것인가?'이다. 즉, '시란 무엇인가?'라는 질문에 답해보는 것이 논란의 답이 될 수 있을 것이다. 따라서 시에 관한 원론적인 이야기를 짚고 넘어갈 필요가 있다. 시는 다양한 관점에서 정의될 수 있다. 일반적으로 시는 에브람스(Abrams, M.H.)의 이론에 따라 모방론(반영론), 표현론, 효용론, 구조론 등의 비평적 관점에서 다양하게 정의된다. 모방론(반영론)은 시를 현실과 인생의 모방으로 보는 관점이다. 여기서 시의 가치기준은 작품이 재현하거나 재현해야 하는 대상들의 재현적 진실에 있다. 표현론은 시를 시인의 자기표현으로 보는 관점이다. 따라서 시는 시인의 사상과 감정에 작용하는 상상력의 산물이다. 모방론에서는 대상의 진실성이 가치기준이지만, 표현론에서는 예술가 자신의 진실성이 그 기준이 된다. 효용론은 시가 독자에게 끼친 어떤 '효과'에 초점을 두며 그러한 효과의 성공 여부에 따라 작품의 가치를 판단한다. 동양에서는 시를 인격수양의 수단이나 교화의 수단으로 보는 재도적 문학관이 지배적이었다. 이는 문학 자체의 가치보다 문학의 사회적 가치를 더 중요하게 생각하는 문학관이다. 구조론은 시를 그 자체로 취급하는 것, 곧 시인과 독자, 현실세계와 독립한 것으로 보는 태도이다. 이 같은 태도는 시가 독자적인 자율성을 지니고 있다고 여기는 사고에서 비롯된다. 작품은 본질적 조건, 곧 언어와 리듬, 이미지, 비유, 상징, 어조 등 내적 조건에 의하여 연구되어야 한다고 보는 것이다. 이러한 관점에서 보았을 때, 하상욱의 작품은 일차적으로는 시라고 불릴만한 조건이 충족되었다고 생각한다. 하상욱의 작품은 이 시대의 현실을 모방하고 있으며, 작가인 하상욱의 사상 및 감정이 담겨 있고, 독자에게 분명한 영향을 주고 있을 뿐 아니라 비유, 이미지, 상징 등 여러 운문적 요소를 사용하고 있기 때문이다. 그런데 이러한 조건만으로 하상욱의 작품을 시라고 부르기에는 다소 성급한 결론이라고 볼 수 있다. 따라서 시에 대한 정의를 조금 더 살펴보고자 한다.

오늘날 '시'라고 불리는 것들은 대부분 '서정시'의 범주에 속한다고 할 수 있다. 서정장르는 본질적으로 자아의 내면을 향한 독백체 성격을 가진다. 헤겔의 미학에서 서정시란 개인의 '내면성(Innerlichkeit)'을 핵심요소로 삼고 있는 것이라 했다. 그런가하면 헤겔과는 사뭇 다른 편에 서 있는 에밀 슈타이거는 주체와 대상이 융합된 서정적 정조(Stimmung)라는 개념으로 서정시의 원리를 설명한다. 행위를 모방하는 서사장르나 극장르와는 다르게 서정시는 주체가 자기의 내면 안에서 외적 세계와 대응하며 주관적 목소리를 내는 것이다. 특히, 과거의 일이 현재의 시점에서 시인의 심혼 속에 정서적으로 융합되는 '회감(回感)'을 그 핵심 요소로 삼았다. 정리해보면 서정시는 일인칭의 문학이자 개인적인 주관성을 표현하는 것을 특징으로 삼기에 '일인칭문학', '순간적 감동의 형상화', '회감(回感)' 등의 용어로 정의되며, 형식적으로는 '압축성'을 그 특징으로 갖고 있다고 할 수 있다.

한편, 김현자(2006)에서는 사회와의 관계 속에서 서정시의 특성이 변화하고 있다고 말하며, 서정시가 개인의 주관성에만 한정되어 있지 않고 어느 정도 사회적 보편성을 담보로 하고 있음을 지적한다. 그러면서, 서정시는 '자아도취'가 아니라 궁극적으로 '따뜻한 소통'과 '뜨거운 감동'을 지향하는 방향으로 가야함을 과제로 제시하고 있다.

> 그러나 우리시의 전개과정을 볼 때 서정의 의미는 주관의 영역에만 고정되어 있지 않다. 화자의 문제만을 보더라도 서정시의 주체인 시적 자아는 외부 세계와 끊임없이 교류하는 존재이기에, 시적 순간의 발화가 단지 개인적 주관성에 한정되어 있지 않고 어느 정도의 사회적 보편성을 담보하게 된다. 그러므로 고전적 삼분법에서 말하는 일인칭 화자의 단일하고 고답적인 미감은 실제 현대시에서는 다양하게 굴절되어 나타난다. 따라서 서정의 특성도 변화될 수밖에 없고 그 동인은 사회와의 관계 속에서 파생되게 된다[3].

시에 대한 다양한 관점과 정의를 고려해보았을 때, 시는 시인의 깊은 사유를 전제로 하는 일인칭 문학이며 압축적 표현을 그 특징으로 하고 있다고 정의내릴 수 있다. 다만, 오늘날의 시는 이제 개인의 주관성에만 머무르지 않고, 사회적 보편성을 향해 나아가는 방향을 추구하고 있다고 볼 수 있다. 따라서 본고에서는 이 시대의 시를 이제 개인의 주관성에 한정된 것이 아니라 더 나아가 타인과의 '소통'을 지향하는 것이라고 정의하려 한다.

이러한 측면에서 보았을 때, 하상욱의 작품은 오늘날 추구하고 있는 시의 방향성과 맞다고 볼 수 있다. 그의 작품은 'SNS'라는 매체를 통해 향유되고 있다. SNS는 타인과의 소통을 추구하는 관계 지향적 매체이다. 이러한 매체에 그는 '시'라는 장르를 사용해 소통의 효과를 높이고자 하였다. 다음의 인터뷰에서 그의 생각이 드러난다.

> "SNS가 소통의 도구가 아닌 단순히 자기 감정의 배출구가 되면 안 된다고 생각했어요."[4]

---

3) 김현자(2006), 「한국 현대시에 나타난 '서정'의 본질과 의미」, 『한국시학연구』 16, 한국시학회.
4) http://blog.naver.com/whatup_o?Redirect=Log&logNo=40180690469 (2014.11.29)

그의 작품이 무엇보다 독자와의 소통을 고려하며 지어졌고, 이를 다시 SNS라는 소통 매체를 통해 확산시키고자 했다는 점을 볼 때, 하상욱의 작품은 새로운 장르로서 'SNS 시'라고 정의할 수 있겠다. 그의 작품이 '시'이다 아니다를 논하는 것을 떠나 소통을 추구하는 이 시대의 새로운 장르로 보는 것이 좋을 듯하다. 소통이라는 부분은 후에 서술할 공감 문화와 맞닿는 부분이 있어 그 의미가 있다. 따라서 본고에서는 이후 하상욱의 모든 작품을 'SNS 시'라는 장르로 명명하고자 한다.

2. 공감 문화의 반영

앞 장에서 언급했듯, 본고에서는 하상욱의 'SNS 시'를 공감 문화의 반영이라는 관점에서 논하고자 한다. 공감이란 자신을 다른 사람의 처지에 놓고 생각하며 그 사람의 느낌을 직관적으로 이해하는 능력을 말한다. 이는 다른 사람의 입장에 서서 그 사람의 눈으로 보고, 그 사람의 감정을 느끼는 능력이다. 본고에서는 현대 사회를 '공감'의 능력이 중시되는 사회로 보고 논지를 전개하겠다. 그리고 이에 앞서, 이 시대의 핵심을 공감 문화로 보는 학자들의 주장을 살펴보며 논지를 뒷받침하려 한다.

먼저, 『공감의 시대』를 저술한 제레미 리프킨(Jeremy Rifkin)의 의견을 살펴보면 다음과 같다[5]. 그는 오늘날의 사회, 그리고 미래의 사회는 경쟁의 문명에서 공감의 문명을 향해 가고 있음을 주장한다. 그의 의견에 따르면 공감은 인간의 기본 충동인 애정, 우정, 소속감에 의해 발전이 된다. 공감은 어느 시대, 어느 문화에나 존재해왔으나, 단지 공감을 얼마나 확장하느냐, 제한하느냐의 문제였다. 그런데 가치의 변화에 따라 공감의 차원이 점차 현대로 올수록, 그리고 미래로 갈수록 확장되고 있다. 그 가치의 변화를 크게 생존, 물질, 탈물질·자기표현의 흐름으로 살펴본다.

우선, 생존이 중요한 가치를 지녔던 시대에는 권위적 위계질서와 공동체의 결속을 중시했기 때문에 공감 의식을 확장시키기 어려웠다. 공감의 범위가 부모, 자식, 친척 정도로 매우 협소했다.

시간이 흐르면서 물질적 가치가 중시되는 시대가 왔다. 기술의 발달로 시·공간에 대한 인간의 지배력이 확장하게 되면서 새로운 세계관이 공감의 유대를 넓힐 수 있는 테두리가 되었다. 예를 들어, 종교에서는 신학적 의식을 바탕으로 한 공감의 유대를 펼쳤다. 혈족

---

5) 제레미 리프킨 저, 이경남 역(2010), 『공감의 시대』, 민음사.

관계가 아닌 익명의 타자와도 일체감을 느끼게 해 주어 그 안에서 사람들은 종교가 같다는 이유 하나만으로도 한 식구처럼 공감을 나누었다. 이데올로기적 의식은 공감의 경계를 국가라는 지리적 공동체까지 확장시켰다. 그러나 이 시대에는 아직까지도 국가라는 공동체 범위를 벗어나지는 못하는 상황이라고 볼 수 있다.

　　한편, 오늘날은 탈물질 시대이며, 자기 표현의 가치가 중시되는 시대이다. 경제적 형편이 좋아지면서, 공동체의 안개에서 탈피하기 시작한 시대이다. 개인주의가 일반화되면서 자의식이 발달하고, 자기 표현을 확대할 수 있게 된다. 사람들이 자신을 마음껏 드러내며 공감을 넓혀가는 시대가 온 것이다. 자의식이 발달하면 자기 존재에 대한 안정감을 느끼고 운명을 조절할 수 있다고 느끼게 된다. 그러면서 다른 사람에 대한 두려움은 줄고, 외부 존재를 두려워하지 않게 되어 개방적이게 된다. 실제로 강한 결속력을 가진 작은 집단의 유대감에서 해방되어 보다 느슨한 관계를 가진 사람들과 교제를 확대해가면 훨씬 더 폭넓고 다양한 사람들과 만날 수 있고, 그렇게 되면 사람들에 대한 신뢰감도 높아지고 개방적이 된다. 이러한 상황이 공감을 확대시킬 여건을 마련하게 한 것이다. 50년 전만 해도 대다수 사람들의 의식 속에 동물의 권리라는 개념이 거의 존재하지 않았다. 그런데 오늘날에는 공감의 범위가 동물과 자연에까지 확장되고 있다. 이처럼 제레미 리프킨은 시대가 흐르면서 공감의 범위가 점차 확장되고 있음을 주장하면서 오늘날을 '공감의 시대'라고 확고히 말하고 있다.

　　『새로운 미래가 온다』의 저자이자 미래학자인 다니엘 핑크(Daniel H. Pink) 역시 공감의 시대가 왔음을 주장하고 있다[6]. 그는 "이제 정보화 시대를 지나 하이컨셉·하이터치(컨셉과 감성)의 시대가 왔다"고 말한다. 그의 의견에 따르면 18세기 농경 시대, 19세기 산업화 시대, 20세기 정보화 시대를 지나 21세기에는 하이 컨셉 시대가 도래했다. 농부의 사회에서 공장 근로자의 사회로, 또 지식 근로자의 사회로 발전해왔으며, 이제는 창작자와 타인에게서 감정적 공감대를 이끌어낼 수 있는 사람들의 사회로 발전하고 있다는 것이다.

　　그는 컨셉과 감성의 시대로 오게 된 동인을 크게 세 가지로 요약하고 있다. 첫 번째는 풍요로, 오늘날은 물질적인 풍요가 도래했기 때문에 더 이상 이성적, 논리적, 기능적인 면에 호소하는 것만으로는 충분치 않다. 수백만 명의 사람들에게 물질적 혜택을 제공함으로써 만족, 심지어 과다 만족을 선사했다. 그 결과 차별화 전략으로 아름다움과 인간의 감정에 대한 중요성이 높아지면서 정신적인 의미를 찾게 된 것이다. 두 번째 동인은 기술 발전이다. 일상 업무의 자동화가 이루어지면서 컴퓨터가 대신할 수 없는 능력을 갖는 것이 중요해진

---

6) 다니엘 핑크 저, 김명철 역(2012), 『새로운 미래가 온다』, 한국경제신문사.

것이다. 그리고 그 능력이란 '감성'의 영역으로 볼 수 있다. 세 번째 동인은 세계화이다. 노동력의 세계화가 이루어지면서, 저임금 노동자들의 대거 유입이 선진국 지식 근로자들에게 위협이 되고 있다. 낮은 수준의 임금을 받으며 일하는 해외 근로자에 대항할 차별적인 업무가 필요해졌고 이것이 바로 '감성' 영역이다.

다니엘 핑크는 이러한 컨셉과 감성의 시대가 도래했기 때문에 미래 인재는 이에 발맞출 수 있는 6가지 조건을 갖추어야 함을 강조한다. 디자인, 스토리, 조화, 공감, 유희, 의미 등이 그것이다. 그런데 본고에서 주목한 것은 '공감'이라는 조건이다. 감성의 시대가 오면서 공감 능력을 갖춘 인재의 중요성은 점점 커지고 있다. 20세기 정보화시대에는 빈틈없는 지식 근로자와 효율을 중시하는 기업들이 보상을 받았다. 그렇기 때문에 감정과는 거리를 둔 차가운 이성이 중시됐다. 그런데 21세기 감성이 중시되는 시대에는 공감 능력을 지닌 사람이 보상을 받는다. 차가운 이성을 중시하는 대표적인 직업이었던 의사, 변호사, 엔지니어 등에서도 그 변화가 일어나고 있다. 의사, 변호사는 의학적, 법률적 지식은 물론 환자, 의뢰인과의 인간적 교류를 하며 그들의 마음을 읽는 능력이 무엇보다 중시되고 있다. 엔지니어 또한 단순히 공학 지식을 갖는 것을 넘어, 소비자의 마음을 읽고 관련 기술을 개발하는 것이 중요해지기 시작했다. 이처럼 다니엘 핑크는 앞서 살펴본 제레미 리프킨과 그 설명 과정은 사뭇 다르나, 마찬가지로 공감의 시대가 왔음에 동조하고 있다.

한편, 본고의 초점이 'SNS 시'에 담긴 공감 문화를 분석하는 것에 있는 바, 시의 양식에 담긴 공감 문화의 흐름을 논할 필요가 있다. 공감은 어느 시대, 어느 문화에나 존재했고, 단지 공감을 얼마나 확장하느냐의 문제라고 말했던 제레미 리프킨의 논리에 따라 우리 시가의 흐름을 살펴보면 다음과 같다. 우선, 생존이 중요한 가치로 여겨졌던 시대에는 공동체의 필요에 의한 시가의 창작이 이루어졌다. 아래의 〈구지가〉와 같은 특정한 목적을 가진 고대가요가 그 대표 사례라고 할 수 있다.

구지가(龜旨歌)

龜何龜何　　거북아 거북아
首其現也　　머리를 내어라
若不現也　　내어놓지 않으면
燔灼而喫也　구워 먹으리

〈구지가〉는 관련 설화를 통해 가야 지역에서 왕을 요구하는 제의의 한 과정, 주술적 목적으로 창작되었음을 유추할 수 있다. 이는 집단적 제의 형태로 향유되었고, 이러한 노래의 집단성은 사회 공동체 형성과 긴밀하게 관련되어 있음을 알려준다. 따라서 〈구지가〉는 권위적 위계질서와 공동체의 결속을 중시하던 시기에 공동체 내 공감의식을 유지하기 위한 수단으로서 향유되었다고도 볼 수 있다. 그러나 그 공감의 범위가 혈연관계, 부족이라는 협소한 공동체로 한정되어있다.

생존을 중요시하던 시대를 지나 물질적 가치가 중시되던 시대에 오게 되면서 시의 양식도 변화하게 되었다. 새로운 세계관이 공감의 유대를 넓힐 수 있는 테두리가 되면서 시에서도 이러한 흐름이 반영되고 있는 것이다. 종교, 국가 의식, 이데올로기 등을 바탕으로 혈연관계, 이웃관계를 넘어 익명의 타자와도 공감을 할 수 있는 기회가 마련된 것이다. 개화기의 불교가사, 동학가사 등은 신학적 의식을 바탕으로 공감 의식을 확장시키고자 한 예이다. 일제강점기 민족주의 이념을 담은 저항시는 국가 의식을 바탕으로 외부의 집단(일제)에 대항해 내부의 공감을 확장시킴으로써 결속을 꾀하고자 하였다. 이러한 국가 의식을 담은 저항시로는 이상화의 〈빼앗긴 들에도 봄은 오는가〉, 이육사의 〈광야〉 등이 있다. 1920년대 사회주의 이념이 유입되면서 사회주의 이데올로기를 담은 시가 창작되었다. 아래의 임화의 〈우리 오빠와 화로〉 등과 같은 1920년대 신경향파(KAPF) 시는 이러한 사회주의 이데올로기 의식을 바탕으로 공감 의식을 넓히고자 노력했다.

우리 오빠와 화로 - 임화

사랑하는 우리 오빠 어저께 그만 그렇게 위하시던 오빠의 거북 무늬 질화로가 깨어졌어요.
언제나 오빠가 우리들의 '피오닐' 조그만 기수라 부르는 영남(永南)이가
지구에 해가 비친 하루의 모—든 시간을 담배의 독기 속에다
어린 몸을 잠그고 사온 그 거북 무늬 화로가 깨어졌어요.

그리하여 지금은 화(火)젓가락만이 불쌍한 영남(永男)이하구 저하고처럼
똑 우리 사랑하는 오빠를 잃은 남매와 같이 외롭게 벽에 가 나란히 걸렸어요.

오빠 ……
저는요 저는요 잘 알았어요.
왜 — 그날 오빠가 우리 두 동생을 떠나 그리로 들어가신 그날 밤에
연거푸 말은 궐련[卷煙]을 세 개씩이나 피우시고 계셨는지

저는요 잘 알았어요 오빠.

언제나 철없는 제가 오빠가 공장에서 돌아와서 고단한 저녁을 잡수실 때 오빠 몸에서
신문지 냄새가 난다고 하면
오빠는 파란 얼굴에 피곤한 웃음을 웃으시며
……네 몸에선 누에 똥내가 나지 않니—하시던 세상에 위대하고 용감한 우리 오빠가
왜 그날만
말 한 마디 없이 담배 연기로 방 속을 메워 버리시는 우리 우리 용감한 오빠의 마음을
저는 잘 알았어요.
천정을 향하여 기어올라가던 외줄기 담배 연기 속에서—오빠의 강철 가슴 속에 박힌
위대한 결정과 성스러운 각오를 저는 분명히 보았어요.
그리하여 제가 영남(永男)이의 버선 하나도 채 못 기웠을 동안에
문지방을 때리는 쇳소리 마루를 밟는 거칠은 구두 소리와 함께—가 버리지 않으셨어요.
(후략)

한편, 탈물질·자기표현의 시대가 도래하면서 공동체의 안개에서 탈피한 개인의 시대가
오게 되었다. 자의식이 발달하면서 외부 존재를 두려워하지 않게 되어 개방적이 되고, 공감
의 범위가 더욱 확장되었다. 우리 시의 양식에도 이와 같은 양상이 반영되었다. 다문화
문제를 다루어 이슈가 되고 있는 하종오 시인의 시 역시 이러한 흐름의 하나로 볼 수 있다.
우리 민족, 우리 나라를 넘어 세계에 대한 관심으로 그 공감의 영역이 확장된 것이다. 아래는
이를 잘 보여주는 하종오의 〈동승〉이다.

동승 - 하종오

국철 타고 앉아 가다가
문득 알아들을 수 없는 말이 들려 살피니
아시안 젊은 남녀가 건너편에 앉아 있었다.
늦은 봄날 더운 공휴일 오후
나는 잔무 하러 사무실에 나가는 길이었다.
저이들이 무엇 하려고
국철을 탔는지 궁금해서 쳐다보면
서로 마주 보며 떠들다가 웃다가 귓속말할 뿐
나를 쳐다보지 않았다.

모자 장사가 모자를 팔러 오자
　　천 원 주고 사서 번갈아 머리에 써 보고
　　만년필 장사가 만년필을 팔러 오자
　　천 원 주고 사서 번갈아 손바닥에 써 보는 저이들
　　문득 나는 천박한 호기심이 발동했다는 생각이 들어서
　　황급하게 차창 밖으로 고개 돌렸다.
　　국철은 강가를 달리고 너울거리는 수면 위에는
　　깃털 색깔이 다른 새 여러 마리가 물결을 타고 있었다.
　　나는 아시안 젊은 남녀와 천연하게
　　동승하지 못하고 있어 낯짝 부끄러웠다.
　　국철은 회사와 공장이 많은 노선을 남겨 두고 있었다.
　　저이들도 일자리로 돌아가는 중이지 않을까.

　　그런데 이러한 내용적 차원의 공감 확장뿐 아니라 형식적 차원, 커뮤니케이션 양상 차원에서도 공감을 꾀한 것이 바로 'SNS 시'이다. 특히, 하상욱의 시에서는 이러한 공감 문화가 두드러지게 반영되어 있어 분석 대상으로 삼을 만하다. 관련 내용을 다음 장에서 구체적으로 다루겠다.

Ⅲ. 'SNS 시'의 양상

　　본 장에서는 하상욱의 시의 형식 및 커뮤니케이션 방식에서 살펴볼 수 있는 공감 문화의 양상을 구체적으로 분석하고자 한다.

1. 'SNS 시'의 형식

　　하상욱의 SNS시의 형식은 '공감각적 이미지'로 정리해볼 수 있다. 시각성과 청각성을 동시에 추구하여 대중들의 공감을 이끌어내고자 하고 있다. 이를 구체적인 작품을 통해 살펴보면 다음과 같다.

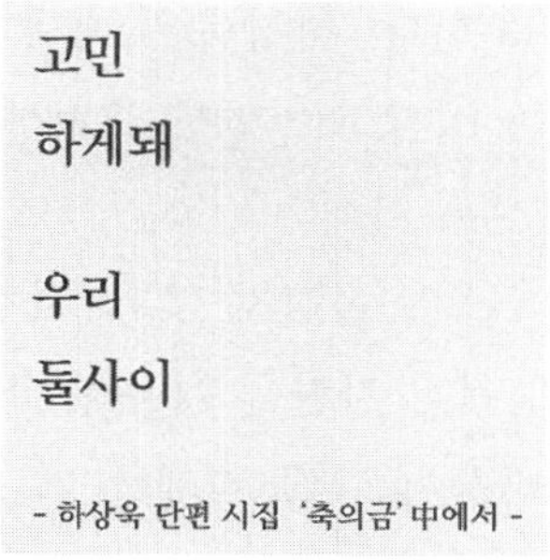

고민
하게돼

우리
둘사이

- 하상욱 단편 시집 '축의금' 中에서 -

<그림 1> '축의금' - 하상욱

위의 〈그림 1〉은 하상욱의 SNS시 중 '축의금'이라는 작품이다. 지인의 결혼식장에서 축의
금을 내보았던 경험이 있는 사람이라면 누구나 공감할 법한 내용을 표현하여 웃음을 자아낸
다. 동시에 인간관계의 거리에 따라 축의금의 액수가 달라진다는 점을 함축하여 물질주의적
인 세상을 꼬집어 쓸쓸함을 자아내기도 한다. 그런데 그 형식을 보면 띄어쓰기를 무시하고
있음이 확인된다. 비단 이 작품뿐 아니라 하상욱의 모든 시는 띄어쓰기가 되어 있지 않다.
이는 시각정보의 강렬성을 위해 통사적인 규칙을 희생한 것으로 보인다. 이에 관한 하상욱의
인터뷰 내용을 참고하면 아래와 같다.

하씨는 "시를 문학보다 일종의 디자인으로 인식한다"는 말도 덧붙였다. "디자인의 첫
번째 원칙은 단순화예요. 어떤 작품에서 한 요소를 더 빼면 타인이 내 의도를 못 알아보
는 시점이 있는데, 그때까지 모든 것을 단순화시키죠. 좋은 디자인은 '더 이상 뺄 게 없는
디자인'인데, 똑같은 개념을 글 쓸 때도 대입시켜요."[7]

하상욱의 원래 직업은 앱이나 웹을 만드는 디자이너라고 한다. 그의 시에는 그가 가진
디자이너로서의 경험과 배경이 반영된 것이다. 그가 띄어쓰기를 무시한 것은 텍스트를 장식
하는 문제와 관련이 있다. 시의 내용을 하나의 '그림'처럼 디자인하여 시각성을 추구하고
있는 모습이 보인다.

한편, 〈그림 1〉을 비롯한 그의 작품에서는 시행을 길게 늘어놓지 않는 것을 볼 수 있다.
이는 스마트폰이라는 매체에서의 가독성을 고려한 것으로 보인다. 'SNS 시'인만큼 페이스북
이나 트위터와 같은 SNS 매체를 통해 작품이 향유된다. 그리고 대중들은 대부분 컴퓨터보다

---

7) 이윤주, 「비주류, 세상을 두드리다: 'SNS 시인' 하상욱」, 한국일보, 2013.01.22.
http://news.naver.com/main/read.nhn?mode=LSD&mid=sec&sid1=148&oid=038&aid=0002344358

는 스마트폰을 활용해 SNS 활동을 한다. 하상욱은 매체 조건까지 고려해 시행을 되도록 간명하게 하려 한 듯하다. 이 또한 시각성을 항상 고려하고 있는 것으로 파악할 수 있다.

시각성을 중시하는 또 다른 양상은 아래의 〈그림 2〉에서도 확인된다. 〈그림 2〉를 보면 하상욱은 SNS에 작품을 올릴 때 '글'로 올리지 않고 '사진'으로 올리고 있음이 확인된다. 보통은 하고자하는 말이 있을 때, 직접 자판을 이용해 글로 올린다. 그런데 그는 글로 쓴 시를 다시 하나의 그림 파일로 바꾸어 그림 자체를 게시하고 있다.

<그림 2> 하상욱의 'SNS 시' 게재 방식

한편, 하상욱의 'SNS 시'는 시각성뿐 아니라 청각성도 동시에 추구하고 있다. 〈그림 1〉과 〈그림 2〉을 보면, 작품의 제목이 말미에 제시되고 있다. 〈하상욱 단편시집 'ㅇㅇㅇ'中에서〉라는, 제목을 대신하고 있는 해설이 본문의 말미에 붙어 있는 것이다. 그의 작품은 글자 수를 극단적으로 제한하고 있는 텍스트이기에 본문만으로는 메시지가 완성되지 않는다. 작가의 의도는 제목을 통해 비로소 완성되는 것이다. 본문만으로는 내용을 짐작하지 못하게 함으로써 독자를 텍스트 해석의 과정으로 자연스럽게 연행한다. 이러한 과정은 텍스트의 실체를 불분명하게 하는 방법으로 구두 매체 시대의 서사 전략으로, 청각성을 지향함을 볼 수 있다. '한국말은 끝까지 들어야 한다'라는 말과 깊은 상관성을 지닌다.

하상욱은 시를 SNS에 올리는 것에 그치지 않고, 이를 음악으로 향유하고자 하였다. 다음의 〈그림 3〉을 보면 하상욱이 〈그림 1〉의 작품을 가사로 하여, 음 위에 얹어 동영상으로 올리고 있다. 시를 음악으로 향유하는 것은 청각성을 추구한 것이다. 그런데 과거 우리

문학을 '고전 시가'라고 했던 점과 연관을 시킬 필요가 있다. 우리는 고전시라고 하지 않고 '가(歌)'라는 말을 함께 붙이곤 한다. 이는 우리 민족이 타인과 시를 공유할 때, 노래를 통해 함께 불렀다는 점을 보여준다. 우리 시조나 민요 등이 노래로 불렸으며, 이를 통해 그 공감의 지평이 확장되었음에 주목할 필요가 있다. 하상욱도 이러한 전략을 사용한 것으로 보인다. 눈으로만 향유될 때보다 귀로 함께 향유될 때 그 공감의 영역이 확장된다.

<그림 3> 동영상으로 게재된 하상욱의 시

위에서 살펴본 바와 같이 하상욱의 시에서 두드러지는 것은 '시각성'과 '청각성'이다. 이러한 공감각적 이미지를 사용한 것은 대중들의 공감을 사기 위한 전략으로 보인다. 여기서 미디어 생태학자인 맥루한(McLuhan)과 옹(Ong)의 의견을 참고할 필요가 있다. 그들은 과거의 구술문화 시대, 문자문화 시대를 지나 이제는 새로운 언어문화 시대인 '전자 문화'가 도래했음을 주장했다. 전자성의 언어로 대변되는 새로운 시대는 구술성과 문자성을 동시에 추구하는 특징을 지닌다고 하였다. 즉, 청각성과 시각성을 동시에 추구하는 공감각적 이미지를 중시하는 것이다. 그래서 이미지가 소통의 중요한 매개로 작용할 것임을 지적했다. 이러한 주장은 위에서 살펴본 하상욱의 전략과 상통하는 맥락이 있다. 전자 문화 시대에 맞춘 흐름이라고 볼 수 있다. 그의 전략은 공감각적 이미지에 익숙한 전자 문화 세대의 공감을 얻기 위한 전략이다. 전자 문화 세대에 인기를 얻고 있는 웹툰을 떠올려보면 더 잘 이해할 수 있다. 요즘 세대가 웹툰을 선호하는 이유는 기존의 만화와 다르게 시각성과 동시에 청각성을 동시에 누릴 수 있다는 점에 있다. 만화를 보면서 그에 맞는 배경음악까지 동시에 들을 수 있어 더욱 생동감 있게 느끼고, 줄거리에 몰입할 수 있는 것이다. 하상욱의 'SNS 시'도 비슷한 전략을 사용하여 대중들의 공감을 얻고자 한다.

하상욱의 'SNS 시'에 드러난 이러한 형식은 앞 장에서 살펴본 미래학자 다니엘 핑크(Daniel H. Pink)의 의견을 토대로 또 다른 차원에서 해석할 수 있다. 'SNS 시'는 기존 시와는 다른 차별화 전략을 제시하고 있다. 근대의 차가운 이성에 의한 문학을 뛰어넘는, 감성적인 부분을 건드리면서 공감을 자아낼 수 있는 방법을 고안한 것이다. 그것이 바로 형식적 측면에서의 차별화이다.

두 번째 동인은 기술 발전이다. 컴퓨터가 대신할 수 없는 영역, 즉 '감성'의 영역을 건드리는 것이다. 사실 현대 사회에서 시집을 사는 사람은 거의 드물었다. 한동안 외면을 받았던 시라는 장르를 건드려 사람들의 감성을 건드렸다. 현대사회의 대중들은 고독하고 외로운 군중이라 불린다. 경쟁주의 사회에서 위만 보고 달렸기에 늘 외롭고 고독한 부분이 존재하여 위안을 얻기 위해 '힐링'이라는 키워드가 유행하기도 했다. 그러면서 '조금 쉬어도 괜찮다', '너만 힘든 게 아니다' 등의 메시지를 가진 자기계발서가 선풍적인 인기를 끌기도 했다. 그러나 이러한 자기계발서도 이제는 '뻔한' 내용이라 하여 그 관심이 수그러든 상황이다. 이러한 상황에서 하상욱은 시의 형식을 효율적으로 이용했다. 장황하게 설명된 자기계발서에 비해 압축성이 두드러지는 시는 핵심적인 메시지를 주면서도, 사람들의 감성을 강렬하게 건드린다.

하상욱의 시는 다니엘 핑크가 말한 미래 인재의 6가지 조건에 부합하는 양상을 보인다. 디자인, 스토리, 조화, 공감, 유희, 의미 등이 그것인데 그의 시에서 모든 요소들이 확인되어 주목할 만하다.

2. 'SNS 시'의 커뮤니케이션 방식

'SNS 시'의 커뮤니케이션 방식은 '공감'을 그 축으로 하고 있다. 커뮤니케이션 양상을 그 방향성에 따라 크게 작가가 독자에게, 독자가 작가에게, 독자가 또 다른 독자에게 어떠한 방식으로 커뮤니케이션을 하는지 나누어 살펴보려 한다.

우선, 작가인 하상욱이 사자와 'SNS 시'를 통해 하는 커뮤니케이션은 크게 두 가지의 특징을 지닌다. 첫째, 독자의 반응에 민감하다. 그는 'SNS 시'를 올릴 때 독자의 댓글에 민감한 모습을 보인다. 독자의 반응에 민감하다는 것은 독자의 공감을 이끌어내려고 하는 것으로 파악된다. 아래의 인터뷰는 그가 독자의 반응을 얼마나 중요시하는지 살펴볼 수 있다.

"쓴 글들을 SNS로 친구들과 나누다 보니, 좋다고 박수 치는 사람도 생겨나고, 그러니까 또 재미있어서 쓰게 되고요. 그러다가 글들을 묶어 시집을 내게 된 겁니다."

"저는 반응이 매우 중요한 것 같아요. 사람들 반응이요. 반응이 없는데 내가 혼자 만족하거나 먼 훗날 내가 죽고 난 뒤에 반응이 좋다거나 하는 건 별로 의미 없는 것 같아요. 즉각적인 게 좋은 거죠. 즉각적으로 오고 가는 것이요……. 요즘의 SNS는 소셜 네트워크인데 소셜이 아니라 셀프가 된 것 같아요. 너무 나를 보여주려고만 하는 거죠. 그런데 그렇게 사용하다 보면 외로워질 수밖에 없는 것 같아요."[8]

둘째, 독자의 공감을 이끌어내기 위해 '시기에 맞는 작품'을 게재하는 방식을 취한다. 예를 들어, 시험 기간이라면 시험에 대한 시를, 주말이라면 주말과 관련된 시 때에 맞게 올리는 것이다. 대중들은 자신이 처한 상황과 비슷하기 때문에 그의 작품에 깊게 공감할 수 있게 된다. 이러한 방식은 과거 인쇄 매체를 통해 출간되는 시를 통해서는 생각해 볼 수 없는 문제였다. 시를 쓰고 그 원고를 다시 출판사 또는 신문사에 보내는 과정에서 이미 많은 시간이 소요되어, 출간할 당시에는 이미 그 상황이 지나간 뒤였을 것이다. 예를 들어, 시험기간이라 시험에 대한 시를 썼다 해도 그것이 인쇄 매체를 통해 나왔을 때는 이미 시험기간이 지난 뒤가 되는 것이다. 반면, 즉각성을 지닌 SNS 매체는 시기에 맞게 빠르게 작품을 올릴 수 있는 것이다. 아래의 〈그림 4〉는 수능 시험이 끝난 직후 그가 올린 작품이다. '니깟 녀석 두 번 다신'이라는 짧은 내용이지만, 수능을 치른 지 얼마 안 된 학생들에게 많은 공감을 이끌어낼 수 있었다. 1년동안 수능만을 위해 공부하고, 하룻동안 시험을 치르고 나온 학생들에게 수능은 '니깟 녀석'이며, '두번 다시는 보고 싶지 않은' 것이다. 한편으로는, 수능이라는 단 한번의 시험으로 인생의 많은 것이 결정되는 이 사회에 대한 비판적 의식도 있어 더욱 공감이 간다.

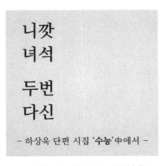

<그림 4> '수능' - 하상욱

---

8) 정민하, 「스마트한 감성 시인, 小쿨한 평범함을 이야기하다」, LG럽젠 매거진, 2013.04.26.
http://www.lovegen.co.kr/career/young1829/20130426_interview/

한편, 〈그림 5〉는 빼빼로 데이인 11월 11일에 하상욱이 올린 작품이다. '(빼빼로 사진 게시글이) 슬슬 올라온다'고 표현해, SNS를 통해 자신이 받은 빼빼로를 자랑하는 사람들은 꼬집고 있다. 빼빼로 데이 당일에 시기에 적합하게 작품을 올려, 이 말을 하고 싶지만 못했던 많은 사람들에게 공감을 얻었다. 〈그림 6〉은 중·고등학생 및 대학생들의 시험기간에 게재한 작품으로 누군가 '시험에 나온다'고 한 것을 그대로 믿었다가 낭패를 본 심정을 표현하고 있어 시험을 치르고 있는 학생들에게 많은 공감을 얻었다. 그런가 하면 〈그림 7〉은 한때 먹거리 고발 프로그램에서 우리가 먹는 음식의 대부분이 비위생적이거나 속임수를 사용한 재료 등을 쓴 것을 고발했을 때 지은 작품이다. 시사적 내용에 대한 자신의 의견을 작품으로 표현하였고, 이것 역시 당시 상황과 부합하여 많은 공감을 이끌어내었다.

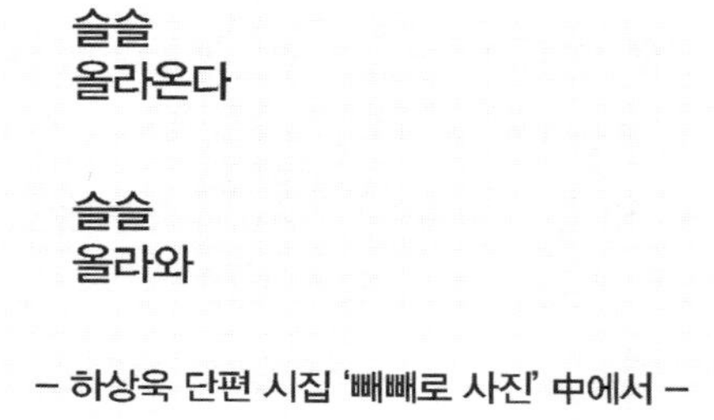

슬슬
올라온다

슬슬
올라와

– 하상욱 단편 시집 '빼빼로 사진' 中에서 –
〈그림 5〉 '빼빼로 사진' - 하상욱

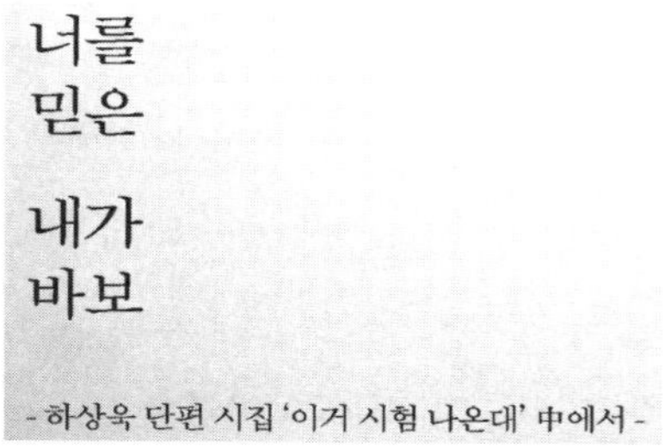

너를
믿은

내가
바보

- 하상욱 단편 시집 '이거 시험 나온대' 中에서 -
〈그림 6〉 '이거 시험에 나온대' - 하상욱

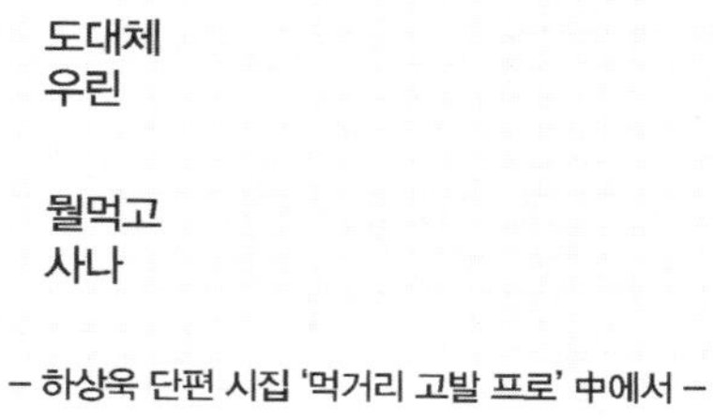

도대체
우린

뭘먹고
사나

– 하상욱 단편 시집 '먹거리 고발 프로' 中에서 –
〈그림 7〉 '먹거리 고발 프로' - 하상욱

위에서 작가인 하상욱이 독자의 공감을 이끌어내기 위해 어떠한 커뮤니케이션 방식을 사용하는지 살펴보았다. 다음으로, 독자는 작가에게 어떻게 커뮤니케이션 하는지 살펴보려 한다. 독자의 반응인 댓글을 통해 확인할 수 있으며, 크게 두 가지 양상을 보인다. 첫째, 대부분은 공감한다는 내용의 댓글을 달거나 '좋아요' 버튼으로 공감을 표시하고 있다. 그러한 양상이 다음의 〈그림 9〉에서 드러난다. 〈그림 9〉는 〈그림 8〉에 대한 독자의 댓글이다.

<그림 8> '정치인' - 하상욱

<그림 9> '좋아요', 공감 댓글을 통한 독자 반응

한편, 또 다른 양상은 '패러디 시'를 창작하는 것으로 드러나 주목할 만하다. 독자들은 댓글에 자신이 지은 패러디 시를 올려 작가의 감정에 동조한다. 아래의 〈그림 10〉은 〈그림 8〉에 대한 패러디 시를 보여준다.

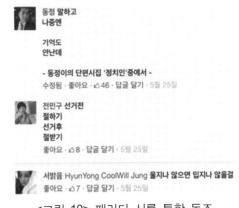

<그림 10> 패러디 시를 통한 동조

위에서 살펴본 바와 같이 작가는 독자의 공감을 이끌어내기 위한 전략을 사용하고, 독자는 그에 대해 공감의 댓글을 다는 모습을 보인다. 독자의 즉각 피드백을 작가가 어느 정도 고려하고 공감의 확대를 위해 노력하고 있는 것이다. 그런데 이러한 커뮤니케이션 양상은 작가와 독자 사이에서만 일어나는 것이 아니라, 독자와 또다른 독자 사이에서도 이루어지고 있다. 주로 다음의 〈그림 11〉처럼 태그 방식을 활용하는 경우가 많다. 태그란 지인에게 해당 게시물을 공유하고 싶을 때 이용하는 것이다. 태그를 하게 되면 상대방의 알림에 그

게시물이 뜨게 되어 함께 같은 내용을 공유할 수 있게 된다. 하상욱의 'SNS 시'에 대한 댓글 중 가장 많은 비율을 차지하는 것이 이 태그였다. 파란색으로 표시 된 이름이 이러한 태그를 나타낸다. 이러한 태그방식은 지인에게 공유함으로써 공감의 확산이 이루어지는 것이다. 독자 간 소통을 통해 감정의 교류가 확대되는 것으로 볼 수 있다. 〈그림 12〉에서는 면접을 보러 가는 친구나 선배를 태그하여 응원하는 글도 확인되어 주목할 만하다.

시작이
밤이다

- 하상욱 단편 시집 '시험 공부'中에서 -

 김민희 김민혜전희진정정은희신윤송고혜림이예은정정민
좋아요 · 👍 7 · 답글 달기 · 6월 14일

 정민영 이수린 천경훈 송소연 박지훈 전원진 김형섭 김태윤 남관우 강주혁 박조은 강예원
낮엔놀고 해지면빡공하는거야!!!!!
좋아요 · 👍 7 · 답글 달기 · 6월 14일

 차성용 김도연 이재희 이선빈 변희애 홍진우 박차연 윤혜정 ㅋㅋㅋㅋㅋㅋㅅ
좋아요 · 👍 5 · 답글 달기 · 6월 14일

 장은총 도지원 박주희 선조경 김한별 양연경 김닌지 김도은 박하양 김아름
좋아요 · 👍 5 · 답글 달기 · 6월 14일

 난킹 **민경** 이소현 길혜리 이영애
좋아요 · 👍 3 · 답글 달기 · 6월 23일

 김지은 김민정남궁진양지영Da Won Oh **캐공감**
좋아요 · 👍 3 · 답글 달기 · 6월 14일

 Jihyeon Jang 정미현 신기쁨 고은해 이규원 ㅋㅋㅋㅋㄱㄱㄱㄱㄱ
좋아요 · 👍 3 · 답글 달기 · 6월 14일

 김다혜 이휘일 김희정 장혜린 오재윤 정혜미**엉엉 미친듯이 공감이다**ㅜㅜㅜㅜㅜㅜㅜ
하고은 문지원
좋아요 · 👍 3 · 답글 달기 · 6월 14일

<그림 11> '시험공부' - 하상욱 시 및 태그 활용 양상

내가
지금

무슨
말을

– 하상욱 단편 시집 '면접' 中에서 –

권주아 이지은 최정연 김수경 윤혜주 **힘내랔ㅋㅋㅋㅋㅋㅋㅋㅋ**
좋아요 · 👍2 · 답글 달기 · 9월 30일

효주 새린너도 **화이팅♡♡♡**
좋아요 · 👍2 · 답글 달기 · 9월 30일

박서영 **ㅋㅋㅋㅋㅋㅋㅋ내가지금ㅋㅋㅋ무슨ㅋㅋㅋ앜ㅋㅋㅋㅋㅋㅋㅋ힘내 면접쟁이들**
박지은 전세정 홍다예 황현지
좋아요 · 👍2 · 답글 달기 · 10월 1일

이아름 강소영 **화이팅이다소영아..💕**
좋아요 · 👍4 · 답글 달기 · 10월 1일

권세령 정태영 이예은 김화영 자현 이유현 최영광 김범준 **ㅋㅋㅋㅋㅋㅋㅋㅋㅋㅋㅋㅋ정
신차리고 잘하자우릴ㅋㅋㅋㅋ**
좋아요 · 👍4 · 답글 달기 · 10월 1일

김채윤 김지혜 이상환 Dasom Kim**사랑하는 선배님들 취업 화이팅!**
좋아요 · 👍1 · 답글 달기 · 10월 11일

강수인 이원경 **보고싶♡따랑해♡**
좋아요 · 👍1 · 답글 달기 · 10월 11일

이원경 강수인 **다됫고 니가최고야👍**
좋아요 · 👍1 · 답글 달기 · 10월 11일

<그림 12> '면접'- 하상욱 및 태그 활용 양상

앞에서 살펴본 커뮤니케이션 방식을 요약하면 다음과 같다. 첫째, 작가가 독자에게 하는 커뮤니케이션 양상으로는 '독자의 반응에 민감한 것'과 '시기에 맞는 작품 게재'가 확인된다. 둘째, 독자가 작가에게 하는 커뮤니케이션은 '좋아요 또는 공감의 내용이 담긴 댓글', '패러디 시의 창작'이 있다. 셋째, 독자가 또다른 독자에게 하는 커뮤니케이션은 '태그 방식 활용'이 있다. 이러한 커뮤니케이션 방식은 모두 '공감'을 그 축으로 한다는 공통점이 있다. 작가는 독자의 공감을 의식하고 얻어내려 하고, 독자는 작가에게 공감하며 그 감정을 작가에게 피드백한다. 독자는 또 다른 독자에게 공감의 감정을 확산시키고 있다.

이러한 'SNS 시'의 커뮤니케이션 양상은 앞 장에서 살펴본 제레미 리프킨(Jeremy Rifkin)의 주장에 근거해 설명할 수 있다. 그는 오늘날과 같은 탈물질·자기표현의 가치가 중시되는 시대에는 공동체의 안개에서 탈피해 자의식이 발달하고, 자기표현의 기회가 확대되었다고 했다. 이러한 모습은 위에서 살펴본 양상에서도 드러난다. 작가인 하상욱은 자신의 생각을 SNS라는 공개적인 장소에 거침없이 표현한다. 독자들도 댓글을 통해 그 작품에 대해 어떻게 생각하는지 자신의 생각을 표출하여 자기 표현을 하는 것을 볼 수 있다.

리프킨은 이렇게 자의식이 발달하면서, 자기 존재에 대한 안정감을 느껴, 다른 사람에 대한 두려움이 줄어들게 되었다고 말한다. 그래서 상대적으로 개방적이 되어 공감을 확대시킬 여건을 마련하게 된 것이다. 위의 하상욱 시는 이러한 관점에서 볼 때, 특정 작가 집단이나 문학 동호회에서 작품을 향유하는 것이 아닌 그 범위를 넓혀 불특정 다수의 대중들을 향해 공감 의식을 확장시키고자 한 것이다. 독자들 또한 또 다른 독자에게 태그를 함으로써 공감 의식을 지속적으로 확장시키고 있다.

한편, 리프킨은 인간의 기본 충동인 애정, 우정, 소속감이 발전해 공감이 된다고 했다. 'SNS 시'의 커뮤니케이션 양상을 통해 이러한 공감의 원천이 확인된다. 하상욱이 시를 쓸 때 독자의 반응에 민감하고, 공감을 얻을 수 있는 작품을 쓰고자 한 것의 기저에는 독자들의 관심 및 애정을 원하는 심리가 담겨 있다. 독자들이 또 다른 독자에게 같은 작품을 공유하면서 공감하기를 바라는 것은 애정, 우정, 소속감을 느끼고 싶기 때문이다. 오늘날과 같이 공동체가 해체된 사회에서는 사람들이 특정 집단에 속하지 않기 때문에 소속감의 욕구가 과거만큼 충족되기 힘들다. 그렇기 때문에 위의 동일한 작품을 자신이 아는 사람과 함께 공유하는 것은 자신이 이 많은 군중 속에서 외톨이가 아님을 확인하는 수단이 되는 것이다. 이처럼 'SNS 시'의 커뮤니케이션 양상은 리프킨이 말한 공감의 시대를 잘 반영하고 있음이 확인된다.

Ⅳ. 국어 교육에의 시사점

새로운 장르로서 'SNS 시'가 공감 문화를 반영하고 있음을 알 수 있었다. 특히, 기존의 시와는 다른 형식과 커뮤니케이션 전략을 사용하여 공감의 토대를 확장하려는 것임을 살펴보았다. 'SNS 시'를 창작하고 수용하는 것은 기본적으로 언어를 활용해 공감의 지평을 확장시키려는 행위이다. 국어 교육은 기본적으로 언어에 대한 교육이며, 이를 바탕으로 인간과 세상에 대한 가치관을 형성하는 것임을 고려할 때 국어 교육에 있어서도 몇 가지 시사점을 제공한다.

우선, 이해 교육 차원에서는 매체 문식성과 관련하여 논의할 수 있다. 미국 매체 문식성 협회(Alliance for a Media Literate American)에서는 매체 문식성을 다음과 같이 정의한다.

> 매체 문식성이란 급증하고 있는 이미지, 언어, 소리를 활용한 광범위한 범위의 메시지에 대해 비판적 사고와 창조적 생산의 권리를 갖도록 하는 것이다. 이는 일반 문식성을 매체 및 전자 메시지에 기술적으로 적용하는 것이다. 또한 의사소통 기술이 변화됨에 따라 매체는 우리 스스로에 대한 이해, 사회에 대한 이해, 그리고 다양한 문화에 대한 이해에 큰 영향을 미친다. 따라서 매체 문식성은 살아가는 데 반드시 갖추어야 할 기능이다. (Center for Media Literacy, 2001)

여기서 매체 문식성의 핵심이 매체에서 전하는 메시지에 대한 '비판적 사고'와 '창조적 생산'의 권리를 갖는 것이며, 이를 통해 자기 자신에 대한 이해, 사회에 대한 이해, 문화에 대한 이해를 할 수 있어 그 필요성이 제기된다.

앞서 살펴본 'SNS 시'도 이러한 차원에서 논의될 수 있다. 'SNS 시'를 활용해 매체에 대한 비판적 인식을 하고, 더 나아가 그것이 창조적 생산까지 갈 수 있도록 다리를 놓아 줄 수 있다. 즉, 'SNS 시'의 형식, 커뮤니케이션 기법 등을 텍스트 차원에서 비판적으로 볼 수 있다. 후에, 학생들이 SNS에 올라오는 공감을 유도하는 글들을 보게 되었을 때, 이를 비판적으로 분석할 수 있는 능력을 가질 수 있을 것이다.

학생들은 텍스트 차원을 넘어서 'SNS 시'에 담긴 문화도 이해할 수 있다. 미래 사회가 더욱 더 공감이 확장된 사회가 될 것임을 고려할 때, 그러한 사회를 살아가게 될 학생들이 필수적으로 알아야 할 부분이라고 할 수 있다. 단순히 문자 그대로의 내용 차원을 넘어, 그 이면에 담긴 메시지를 이해하는 것이다. 예를 들어, 하상욱이 'SNS 시'를 써 궁극적으로 하고자 한 메시지는 '서로 공감하며 소통하자'는 것이다. 그리고 그 메시지에는 우리 사회가 공감 사회이기에 그것이 반영된 것임을 알 수 있다. 이를 통해 학생들은 매체를 통해 전달되는 그 이면의 사회 문화적 메시지를 이해할 수 있게 된다.

한편, 표현 교육 차원에서는 '타인을 고려하는 글쓰기', 즉 '공감적 글쓰기'의 텍스트로서 가치를 지닌다. 앞서 살펴보았듯 이제는 공감의 시대가 도래 했다. 미래에는 이러한 공감의 지평이 더욱 확장될 것으로 예상된다. 국어 교육에서도 학생들에게 타인을 고려하는 '공감적 글쓰기'를 교육할 필요가 있다. 개인적 차원을 넘어 사회적 차원의 표현을 고려해야 한다는 것을 알려주어야 한다. 특히, 공감의 사회에서는 상대방을 고려하지 않는 '자기 만족적, 자기 중심적 글쓰기'보다는 공감적 글쓰기가 중시된다. SNS와 같은 공론화된 장소에서는 더욱 그러하다. 따라서 'SNS 시'를 통해 공감적 글쓰기의 여러 표현 전략 및 태도를 배울 수 있을 것이다. 자신이 쓴 글에 대해 그것을 수용하는 사람들은 어떻게 해석하고 받아들일지 고려하는 것이다.

이렇게 타인을 고려하는 '공감적 글쓰기'를 학습하면서 학생들은 '글'이라는 것이 사회와 소통하는 도구가 될 수 있음을 깨닫게 될 것이다. 사회적 차원에서 언어가 갖는 가치 및 의미를 이해하게 되는 것이다. 그리고 그것이 글쓰는 사람의 사고, 가치관과 무관하지 않음을 알고, 자신의 삶에 대한 성찰적 시선을 던질 수도 있을 것이라 예상된다.

지금까지 공감 문화의 반영으로서 'SNS 시'를 논의하였으며, 이를 구체적으로 하상욱 'SNS 시'의 형식 및 커뮤니케이션 차원에서 살펴보았다. 그리고 그것이 국어 교육 차원에서 어떠한 시사점을 주는지 간단히 논하였다. 본고에서는 'SNS 시'가 개인적 차원을 넘어 사회적 차원을 고려하는 창작, 수용 행위임을 이해하고, 국어 교육에서도 공감 문화의 차원에서 이해·표현 교육이 이루어질 필요가 있음을 밝히고자 했다.

참고문헌

김신정(2013), 「현대시의 매체 수용과 효과」, 한국근대문학연구 28, 한국근대문학회.
김응교(2012), 「SNS의 가상공동체와 트위터러쳐: 이외수 산문집 『절대강자』의 경우」, 국제어문 55, 국제어문학회.
김현자(2006), 「한국 현대시에 나타난 '서정'의 본질과 의미」, 한국시학연구 16, 한국시학회.
서덕민(2014), 「'멀티포엠'을 활용한 시 창작 교육법 연구 : <애니팡 시인> 하상욱의 콘텐츠를 중심으로」, 열린정신 인문학연구 15, 원광대학교 인문학연구소.
Daniel Pink, 김명철 역(2012), 『새로운 미래가 온다』, 한국경제신문.
Jeremy Rifkin, 이경남 역(2010), 『공감의 시대』, 민음사.
Abrams, M. H.(1953), *The Mirror and the Lamp*, New York:Oxford University Press.

참고 자료
http://blog.naver.com/whatup_o?Redirect=Log&logNo=40180690469 (2014.11.29)

이윤주, 「비주류, 세상을 두드리다: 'SNS 시인' 하상욱」, 한국일보, 2013.01.22.
http://news.naver.com/main/read.nhn?mode=LSD&mid=sec&sid1=148&oid=038&aid=0002344358
정민하, 「스마트한 감성 시인, 小쿨한 평범함을 이야기하다」, LG럽젠 매거진, 2013.04.26
http://www.lovegen.co.kr/career/young1829/20130426_interview/

4부

사이버
한중 비교문화

Cyber
Communication
in Korean
Education

17 한중 사이버 커뮤니케이션 매체 카카오톡과 위챗의 비교 분석

Ⅰ. 서론

사이버 커뮤니케이션 매체의 변화는 한국과 중국 모두 공통적인 현상이나 두 나라의 사회, 문화, 언어적 환경이 달라서 사이버 커뮤니케이션 매체의 체제와 사용 양상은 차이가 있다. 한중 교류가 증가하고 있는 현재 사이버 커뮤니케이션을 이해하는 것은 상호 문화를 이해하고 소통을 더 원활하게 하는 데 기여할 것이다.

양국의 유학 프로젝트가 증가함에 따라 한국 내의 중국 유학생이 점점 늘어나고 있다. 양국 학생의 소통의 기회가 증가하면서 사이버 커뮤니케이션은 학생 사이의 필수적인 의사소통 수단이 되고 있다. 특히 젊은 대학생들은 온라인 채팅 수단을 이용하여 한중 상호간 소통을 많이 하고 있다. 이 때, 서로 사용하고 있는 온라인 채팅 수단을 잘 알고 익숙하게 사용하는 것이 중요한데, 서로 다른 SNS 방식의 이해 없이 사용하게 된다면 소통의 부재나 오해가 발생할 수도 있다. 본 연구는 모바일 메신저 상에 나타나는 의사소통을 중심으로 한국의 카카오톡(KakaoTalk)과 중국의 위챗(WeChat)에서의 사용자들의 의사소통 방식을 비교해 보고 SNS 수단의 차이를 고찰하고자 한다.

한국에서 스마트폰으로 널리 이용되고 있는 대표적인 의사소통 APP(앱)이 카카오톡 (KakaoTalk)이며 중국의 경우는 위챗(WeChat)이기 때문에 카카오톡과 위챗을 연구 대상으로 삼았다. QQ도 중국에서 인기 있는 앱이지만 위챗이 더 인기 있는 앱이다. 현대의 통신 문화는 전 세계적으로 유행하기 때문에 카카오톡이나 위챗도 전 세계적으로 인기를 누리고 있다.

카카오톡과 위챗을 비교함으로써 한국과 중국 두 나라의 문화적인 특성을 탐구하는 것은 의미가 있다. 현대 한국과 중국의 모바일 메신저가 사회 문화에 미치는 영향, 현대인의 생활방식과 인간관계에 미치는 영향을 분석하는 것은 상호 문화 이해에도 도움을 줄 것이다.

사이버 의사소통에 있어 한국인은 음성 메시지보다 문자 메시지를 더 많이 사용하고, 중국인은 음성 메시지를 더 많이 사용한다. 본 연구는 이러한 차이점을 분석하여 한국어와 중국어의 유형적 차이를 비교하고 문화 차이를 분석하는 데 목적이 있다.

II. 선행 연구

정보 통신 기술의 발달로 다양한 뉴미디어가 출현하면서 미디어 이용 환경은 크게 변화하였다(임재명, 2014). 특히 모바일의 발전과 스마트폰의 등장은 무선인터넷 이용률의 증가, 다양한 애플리케이션의 개발, 소셜 네트워크 서비스(SNS)의 활성화 등 다방면에서 높은 영향력을 보이고 있다. 방송통신위원회의 자료에 의하면 2012년 11월 기준으로 스마트폰의 가입자가 3천 2백만여 명이었는데, 미래창조과학부 자료에 의하면 2015년 5월 기준으로 스마트폰 한국 가입자가 4천 1백만여 명을 넘어섰다[1]. 이는 한국의 인구 5명 중 4명이 스마트폰을 사용하고 있다는 것을 의미한다. 조사 시점이 스마트폰이 국내에 도입된 지 약 2년 9개월 된 시점과 5년 3개월 된 시점이라는 것을 고려할 때 대중화의 속도가 매우 빠르다고 볼 수 있다. 미국 모바일 시장 분석업체인 Flurry의 자료에 의하면 한국은 미국, 중국, 영국에 이어 4번째로 스마트폰 가입자가 많은 것으로 나타났다(김성태, 2010; 방송통신위원회, 2012; 조성완, 2012). 스마트폰이 대중화되고 확산되면서 모바일 메신저 역시 모바일 시장에서 중요한 키워드로 부상하였다. 모바일 메신저란 '모바일 네트워크를 이용하여 문자 채팅, 사진 및 동영상 공유, 음성 및 영상 통화, 위치 정보를 제공하는 서비스이다(조성완, 2012).

인간집단이 주로 면대면 매체를 통해 결성되지만 모바일 커뮤니케이션을 통해서도 그 결속력이 한층 강화될 수 있음을 분명히 밝히고 있다(이종임, 2014). 그리고 이러한 결속력은 미디어 테크놀로지의 발달로 더욱 강화되어 대학생들의 모바일 인스턴트 메신저 이용과 일상화 경험에 관한 연구가 증가하고 있다. 김은미 외(2012)에서는 스마트 미디어가 대중화되면서 나타나는 일상 행동의 변화를 관찰하였는데, 미디어 이용 시공간의 확장, 상시 정보 검색, 미디어 중독화, 대인관계 및 소통방식의 변화, 뉴스 소비와 공동체에 대한 관심의 증가 등으로 일상생활의 변화를 설명한다. 새로운 미디어의 등장은 이용자의 일상생활의 변화를 가져온다는 것을 알 수 있는 부분이다. 최근 한국에서 높은 이용률을 나타내는 모바일 인스턴트 메신저 '카카오톡' 역시 이용자들의 일상생활의 변화를 가져왔다. 스마트폰의 전화 목록에 해당되는 타인들과 언제든지 연결될 수 있는 가상의 혹은 잠재적 커뮤니티를

---

[1] http://blog.naver.com/PostView.nhn?blogId=newheater&logNo=220406619109

제공한다. 따라서 이용자는 수업시간에도, 회사 근무 중에도, 영화를 보면서도 타인과의 커뮤니케이션이 언제나 가능하게 되었다.

타인과의 커뮤니케이션은 문자 언어와 음성 언어를 통해 이루어진다. 마사 데이비스 외, 이재봉 역(2003)에 의하면 문장의 의미 전달은 문자와 음성 메시지 두 단계를 거쳐서 완성된다고 논의하고 있다. 그 중에 음성 메시지는 대화자의 태도와 느낌으로 대화하는 단계라고 제시한다. 대화자가 억양을 통해 분노, 놀라움, 슬픔 등 감정을 표시할 수 있다. 예를 들면 다음과 같다.

(예1) "너 오늘 늦어?"

(예1)에서 '늦어' 라는 부분을 약간 높이는 억양을 사용하면 놀라움을 표현하는 것이다. 그런데 '너' 부분을 강조하면 분노를 나타내기도 한다. 음성 메시지는 억양, 강세 등에 따라 의미가 달라질 수 있다.

이처럼 문자 메시지가 억양이나 강조에 따라서 문장의 의미가 달라질 수 있음에도, 한국인은 카카오 톡을 이용할 때 문자 메시지를 더 많이 보내는 경향이 있다. 한국어는 표음문자이므로 문자만 전송해도 의미 전달을 잘할 수 있기 때문이다. 이에 반해, 중국인은 위챗을 이용할 때 음성 메시지를 자주 보낸다. 성조가 네 개로 이루어진 중국어는 다양한 억양을 통해서만 감정 전달을 제대로 할 수 있기 때문이다. 또한 중국어는 표의문자로써 발음 하나에 여러 한자가 대응되기에 문자 전송이 음성 전송보다 더 어렵고 시간이 많이 걸린다.

이미진(2003)에 따르면, 사이버 공간에서의 의사소통은 문자언어로 이루어지게 된다. 이용자들은 컴퓨터 자판을 통해 자신의 의사를 글로 전달한다. 일상의 생활에서의 대화언어는 '말'로 이루어지지만, 가상공간에서의 대화언어는 '글'로 이루어지므로 차이가 발생한다.

가상공간에서 소통을 할 때에는 송신자와 수신자가 서로를 보지 못하는 상황에서 의사소통을 하게 되므로 통신 언어에는 상대의 감정과 표정 및 동작이 담기지 않는다. 그러므로 통신 언어에서는 시각적인 표현으로 이러한 점을 보완하려는 현상이 나타나는데 대표적인 것이 바로 이모티콘이다.

한국인은 이모티콘으로 자신의 의사를 다양하게 표현할 수 있다는 점을 활용하여 문자 메시지에 대한 보완으로 이모티콘을 사용하거나 문자 메시지 대신 이모티콘을 사용하기도 한다. 이 점이 중국인과의 차이점이다. 중국 사람도 이모티콘을 사용하지만 위챗을 이용할 때 문자 메시지보다는 음성 메시지를 더 많이 이용한다.

이미진(2003) 에 따르면, 통신 언어[2]는 시각적인 매체에 의해 전달되는 언어이므로 음성이 담기지 않는다. 말을 할 때에는 말의 억양, 빠르기, 성량, 음색 등이 나타나는 반면, 통신언어에는 이러한 음성을 담을 수 없기 때문에 이것을 대신하기 위해서 개인적인 발음 습관이나음운의 변동 현상, 또는 정서나 마음 상태를 그대로 표현하려는 모습이 나타나기도 한다. '조아, 추카'와 같이 소리 나는 대로 표기하거나 음운 탈락이나 축약 등을 통해 애교스러운음성을 표현하려 하는 것도 이 때문이다.

III. 사이버 커뮤니케이션 매체

1. 카카오톡과 위챗의 소개

카카오톡은 전세계 어디서나 아이폰과 안드로이드폰, 블랙베리, 바다폰, 윈도우폰 사용자간 무료로 메시지를 주고받을 수 있는 메신저 프로그램이다. 영어, 프랑스어, 중국어, 태국어등 12가지 언어를 지원한다. 2010년 3월 출범한 모바일 앱으로, 2013년 11월 기준 누적가입자 수가 1억 명에 다다른 것으로 확인된다.

카카오톡은 실제 전화번호로 친구 명단을 관리한다. 메시지 알림 서비스를 통해서 친구들에게 문자를 주고받으며, 화상캠, 음성 채팅 등의 방식으로 소통할 수 있는 애플리케이션이다. 특히 카카오톡은 무료로 전화할 수 있다. 전화할 때 재미있게 변성을 할 수 있는 특색적인기능도 있다. 카카오톡을 사용하여 하루에 문자 보내는 양이 한국 3대 통신 운영사를 통해문자를 보내는 양의 3백 배에 달한다고 한다. 한국 스마트폰 55%의 시장 점유율 중에는95%가 카카오톡 사용자이다.

위챗은 중국의 대표적인 메신저 프로그램이다. 위챗은 중국어로 '웨이신'이라고도 하는데중국어, 영어, 한국어, 인도네시아어, 말레이시아어, 스페인어, 이탈리아어, 일본어, 베트남어 등 15가지 언어를 지원한다. 주 이용자는 중국어 사용자이다. 2011년 1월 출시되었으며2013년 1월 중국인 이용자 수가 3억 명에 이르렀다. 전 세계적으로 위챗의 가입자로는 6억명으로 추산하고 있다(아시아투데이 2014년 03월 28일자). 위챗은 QQ와 똑같은 회사가 만든메신저 프로그램이다. 지금까지 개발된 위챗의 기능은 19종이 된다. 초창기에는 QQ와 함께

---

2) 여기 언급된 통신 언어는 역시 문자 언어를 가리킨다.

패키지로 판매되었다. QQ의 ID로 위챗을 로그인 할 수 있고 QQ ID에 있는 친구들도 위챗으로 가져올 수 있다. 위챗의 가입자 양이 많아진 후에 QQ의 PC접근 방식을 편리하게 고쳤다. 하지만 모바일을 통한 위챗 접근이 더 쉬워지면서 사람들은 QQ보다 위챗을 더 선호하게 되었다. 시대의 조류에 순응하는 것도 급속한 발전의 원인 중에 하나이다.

2. 한중 모바일 메시지 사용 현황

현대 통신 기술이 빠르게 성장함에 따라 사이버 커뮤니케이션의 수단도 다양해지고 있다. 음성 전달 방법을 제외한 사이버 공간에서의 의사소통은 컴퓨터 자판으로 문자를 입력하는 것을 시작으로 발전하였으며, 소형화 기술이 발달하며 선보인 휴대전화가 보급되기 시작하면서 문자 메시지(SMS)가 등장한다. 휴대가 용이하지 못한 컴퓨터로 문자를 입력하여 의사소통하는 방식의 난점을 보완하고 즉각적인 소통과 반응을 할 수 있게 보완된 문자 메시지는 만인의 인기를 끌었다. 현대 모바일 메시지는 문자 메시지, 음성 메시지, 영상 메시지 등 세 가지로 분류할 수 있으며 문자 메시지는 문자와 이모티콘으로 나눌 수 있다.

IT기술이 빠르게 발전하며 스마트폰 시대에 들어서자 커뮤니케이션 방법은 더 확장되었다. 중국의 위챗, 그리고 한국의 카카오톡을 통해 문자 메시지와 더불어 음성 메시지, 그리고 무료 통화와 영상 메시지까지 사용할 수 있게 되었다. 본 연구에서는 영상 메시지를 쓰는 빈도가 낮기 때문에 문자 메시지와 음성 메시지 두 가지 유형만 논의하겠다.

모바일 메시지 중에서 어떤 유형을 더 많이 이용하는지 알아보기 위해 한국인과 중국인 대학생 각 10명씩 20명을 대상으로 조사를 실시하였다. 〈표 1〉은 모바일 메시지 이용에서 어떤 유형을 더 많이 이용하는지에 대한 설문 조사 결과이다.

<표 1> 국적별 모바일 메시지 사용 현황 (단위: 명)

국적 \ 양상	음성	문자
한국	2명	8명
중국	6명	4명

〈표 1〉을 통해 한국인은 주로 문자 메시지로 의사소통을 하며 음성 메시지 보내는 빈도가 낮은 것을 알 수 있다. 중국인은 음성 메시지를 주 채팅 수단으로 이용하고 있으며(60%)

문자 메시지를 이용하는 사람이 더 적은 것(40%)을 알 수 있다.

위와 같이 선호도가 다를 뿐만 아니라 같은 중국인 중에서도 위챗 사용 시 친한 사람끼리는 음성메시지를 주로 사용하지만 친하지 않은 사람이나 사회적 지위가 있어 어려운 사람에게는 문자메시지를 보낸다는 반응을 하였다. 한국에서 수학하고 있는 중국인 유학생의 경우 중국에서는 문자메시지 대비 음성메시지를 60%이상 사용하였으나 한국에 와서 생활하다보니 현재는 음성메시지를 20%밖에 쓰지 않는다고 반응하였다.

음성메시지와 문자메시지 사용 선호도 차이는 언어학적 원인과 문화적 원인에 근거한다.

2.1. 언어학적 원인

음성을 통한 의사소통은 빠르게 의사전달을 구현해 낸다. 중국어는 뜻글자로써 음절 하나에 한자가 여러 개 대응되므로 문자 메시지를 보내려면 시간이 많이 소요된다. 예를 들어, [wo]라는 음을 컴퓨터나 스마트폰에 입력하려면 아래 그림처럼 대응하는 한자가 60여 개가 나온다. 다행히 요즘에는 중국에서 한자 빈도수에 따라 문자가 배열되는 방식을 사용하고 있어 한자를 선택하는 어려움을 줄이고자 노력하고 있다. 반면 음성 메시지는 손쉽기 때문에 경제적이다. 이에 따라, 중국인은 주로 시간을 절약하기 위해 음성 메시지로 의사소통을 하는 것을 확인할 수 있다.

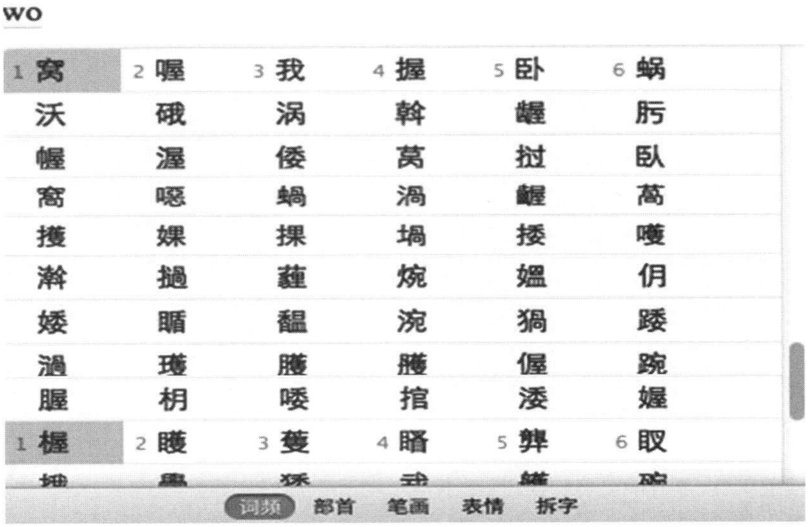

<그림 1> [wo] 대응하는 한자

더불어 음성 메시지가 문자 메시지보다 더 명확하고 간단한 의사소통을 가능하게 한다. 성조 언어인 중국어는 음절마다 각각의 성조를 가지고 있어 똑같은 한자라도 성조에 따라 의미가 달라진다. 이에 중국인은 음성 메시지를 통해 더 명확한 소통을 하고자 한다. 예를 들면, [a]라는 음이 성조에 따라 다음 (예2)와 같이 의미가 구별된다.

(예2) 경　조 [a], 啊 (청유문)
　　　평고조 [ā], 啊 (평서문)
　　　상승조 [á], 啊 (의문문)
　　　하강조 [à], 啊 (감탄문)

하지만 중국사람 역시 문자 메시지를 사용하는 경우가 있는데, 지역별 사투리의 차이가 커서 서로 이해하지 못할 경우에는 문자를 통해 의사소통을 하는 경우가 그 예이다.

성조 대신 한국어에서는 장단(길고 짧음의 길이)이 의미 분화의 기능을 갖는다(오정란, 교지연, 2011). (예3)처럼 장단에 의하여 의미를 구분할 수 있다.

(예3) 밤(夜) ― 밤(栗子)
　　　눈(眼睛) ― 눈(雪)

그러나 현대 한국인은 말을 빠르게 해서 장단음을 구분하여 쓰는 것이 점점 약화되고 있다. 게다가, 한국어는 표음 문자로서 음성 메시지를 보내지 않아도 문자만으로도 전달하고자 하는 의사표현을 할 수 있다. 또한, 중국어 입력과는 달리 한글 입력은 속도가 빠르기 때문에 굳이 음성 메시지를 보낼 필요가 없음을 확인할 수 있다.

2.2. 문화적 원인

한국인에게 음성 메시지를 통한 소통은 어색한 것으로 보인다. 음성 메시지를 보내는 사람은 부담스럽거나 쑥스러움을 느끼며, 받는 사람 또한 음성 메시지를 부담스럽거나 어색하게 느낀다. 이에 한국인들은 평소 사용하지 않는 음성 메시지보다는 전화로 직접 통화하는 것을 더 선호한다. 또한 한국인들은 공공장소에서 조용히 주고받을 수 있는 문자 메시지를 더 선호한다.

중국인들 중에도 음성 메시지를 주로 사용하지 않을 때가 있다. 주로, 친하지 않은 사람과 연락할 때 문자 메시지를 사용하고, 급한 연락을 할 때에 음성 메시지보다는 전화로 소통한다. 중국인은 친한 친구와 연락할 때, 음성 메시지를 보내 소통하는 것이 보다 가까운 관계라고 느낀다. 반면, 한국인은 친한 친구일지라도 음성 메시지를 주고받는 것에 부담감을 느끼는 것을 알 수 있다. 이는 문화적 차이에서 비롯된 것이다.

Ⅳ. 카카오톡과 위챗의 비교 분석

1. 카카오톡과 위챗의 공통점

첫째, 사용자의 연령층, 사용하는 원인과 용도 면에서 공통점이 있다. 카톡과 위챗의 사용자는 주로 15-25대 학생이며 관계 형성 및 무료로 사용한다는 장점이 카카오톡과 위챗의 사용자 수를 증가시키는 데 크게 기여한 것으로 보인다. 모바일 메신저를 사용하는 이유, 위챗을 사용하는 원인 등에 대한 조사 결과를 소개하면 다음과 같다.

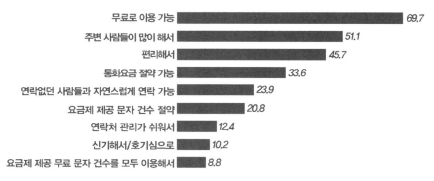

<그림 2> 모바일 메신저를 사용하는 이유(복수응답)

(출처 : 트렌드모니터/단위: %, http://visualize.tistory.com/133)

<표 2> 위챗 기능을 사용하는 빈도(복수 응답)

항목	인원	비율
무료 이용 가능	77	66.38%
음성 메시지	61	52.59%
그룹 채팅	34	29.31%
QQ 메시지 받기	29	25%
흔들기	21	18.1%

항목	인원	비율
병편지	11	9.48%
주변 사람	9	7.76%
QR 코드 스캔	10	8.62%
호기심	14	12.07%
쇼핑하기	12	10.34%
기타	20	17.24%
설문 참여자 수	116	100%

(출처 : http://www.sojump.com/report/3685356.aspx 제9번 문항)

<표 3> 위챗을 사용하는 원인(복수 응답)

항목	인원	비율
채팅하기	89	76.72%
친구의 생활 상태 보기	67	57.76%
통화 요금 절약하기	38	32.76%
친구 맺기	18	15.52%
위챗 상업 활동 참여하기	26	22.41%
기타	14	12.07%
설문 참여자 수	116	100%

(출처 : http://www.sojump.com/report/3685356.aspx 제15번 문항, 2015년 12월 7일 검색)

이상의 결과와 같이 카카오톡과 위챗을 사용하는 원인으로 '무료로 이용 가능하다'라고 답변을 한 사람이 가장 많았다. 주변 사람들의 일상생활 상황을 알 수 있다는 원인과 통화 요금 절약이 가능하다는 원인이 상위권으로 나타났다.

카카오톡과 위챗은 다 무료로 사용하는 메신저이며 각 휴대전화 시스템에서 다 설치할 수 있고 통신사의 제한을 받지 않는다. 1M 데이터로 1,000개의 문자 메시지를 할 수 있고 1000초 음성 메시지를 보낼 수 있다. 소통하는 데 사용하는 비용을 절약할 수 있다. 특히 카톡을 보면 무료 전화 사용 빈도가 높기 때문에 소통 비용을 많이 절약할 수 있다. 카톡과 위챗은 휴대전화를 걸고 있을 때 자동으로 로그인을 하는 상태가 되니까 통신사 메시지처럼 온라인으로 전달할 수 있다. 수입이 없는 학생의 입장에서 말한다면 이렇게 비용을 약간

들이고 친밀하게 소통할 수 있는 매체는 학생의 요구를 맞춰서 높은 인기를 얻는 게 당연하다.

둘째, 기본적인 기능이 비슷하며 일부 기능의 차이가 있다. 둘 다 주류적인 소통 매체이므로 핵심적인 기능이 비슷하다. 문자 메시지, 음성 메시지로 채팅할 수 있다. 그리고 그룹 채팅, 사진 전송 공유, 무료통화 등 기능이 다 있다. 이외에도 이모티콘, 게임 플랫폼, 다른 SNS와 연결하는 부수적인 기능들이 있다. 물론 각 특색적인 기능도 가지고 있다. 예를 들면 카카오톡의 무료 전화, 위챗의 화상 채팅 등이 있다. 이렇게 다양한 방식으로 채팅할 수 있는 것이 카카오톡과 위챗의 사용자가 급속히 증가하는 중요한 원인이 되고 있다.

<표 3> 카카오톡과 위챗의 기능 차이

기능	차이점		
	차이 기능	카카오톡	위챗
핵심 기능	텍스트 채팅	○	○
	보이스 채팅(음성 메시지)	○	○
	화상채팅	×	○
	그룹채팅	○	○
	사진 전송 공유	○	○
	무료 통화	○	○
부수적 기능	이모티콘	○	○
	개인 플랫폼	○	○
	위치 전송	○	○
	다른 SNS 연결성	○	○
	뉴스 읽기	×	○
	데이터 조회	×	○
	미리 알림	×	×
	아이템 스토어	○	×3)
	선물하기	○	×
	테마 변경	○	×

(출처 : 왕아금, 2014)

---

3) '아이템 스토어, 선물하기, 테마 변경'에 대한 서비스가 본 연구를 하던 시점인 2014년 10월에는 서비스되지 않았으나 2015년 12월 현재는 서비스되고 있는 것으로 조사되었다.

2. 카카오톡과 위챗의 차이점

첫째, 친구 맺기 방식이 다르다. 카카오톡은 실제 전화번호로 카카오톡의 친구 명단을 관리한다. 휴대전화 주소록 속에 있는 친구들이 카카오톡을 동시에 사용하면 이 사람들이 자동으로 카카오톡 친구로 나타난다. 전화번호가 없어도 카카오톡 ID를 검색해서 카톡 친구를 맺을 수 있다. 위챗의 친구 추가하는 방식은 카톡과 다르다. 위챗은 QQ와 똑같은 회사가 발행한 메신저이기 때문에 QQ의 ID로 위챗를 로그인 할 수 있고 QQ ID에 있는 친구들도 위챗으로 가져올 수 있다. 이외에도 전화번호로 추가할 수 있고 "QR코드 스캔", "흔들기", "주변 사람"(위치 기반 서비스, Location-based service/ LBS) "병편지" 등 다양한 기능이 있다. "QR코드 스캔"은 QR코드를 스캐닝하는 기능이다. 보통 공식 계정 ID과 채팅 그룹들이 쓰는 방식이었으나 2015년 현재는 개인끼리도 자주 쓰는 방식이 되었으며 친구 맺기에 쉽게 사용되고 있다. "흔들기"는 동시 스마트폰을 흔드는 사람을 찾을 수 있는 기능이다. "병편지"는 유리병에 담아 메시지를 바다에 던지면, 그 메시지를 주운 사람과 대화가 가능한 기능이다.

<그림 3> 위챗 친구 추가 방식

"주변 사람", "병편지", "흔들기" 등의 기능은 위챗 사용자 만족도의 조사에서 불만족이라는 평가를 가장 많이 받았다. 이러한 기능을 개발한 이유는 사용자의 연결성을 높이기 위한 것이라고 생각한다. 카카오톡은 "자동"으로 친구를 추가하는 방식이라면 위챗은 완전히 "수동"으로 하는 방식이다. 위챗의 사용자들이 친구를 많이 사귀고 싶으면 수동으로 친구를

찾아야 된다. 전화와 ID로 추가된 친구는 아는 사람이지만 "주변 사람"을 이용하여 추가된 친구는 아는 사람과 낯선 사람이 섞어져 있는 것이다. "병편지", "흔들기"로 찾은 사람은 낯선 사람이다. 이를 통해 새로운 사교 체계를 세운다. 초창기에는 호기심 때문에 이를 많이 사용하였으나 요즘에는 일반적으로 낯선 사람이랑 소통하는 것이 무섭고 위험성이 있어서 잘 사용하지 않는다. 카카오톡은 실명제에 해당하는 방식으로 친구 맺기를 하고 위챗은 실명제나 익명제에 해당하는 방식으로 친구 맺기를 한다. 위챗의 익명제는 그 위험성 때문에 카카오톡 방식을 참고하여 고칠 필요가 있다는 견해도 있으며, 현대 사회의 익명성을 사용하여 친구를 맺는 방식은 현대인의 심심함과 외로움을 달래 줄 수 있는 좋은 방법이라는 견해도 있다.

둘째, 채팅 방식이 다르다. 카카오톡의 메시지는 97%가 문자 메시지이다. 위챗은 문자 메시지와 음성 메시지를 보내는 빈도가 거의 비슷하다. 이 차이점이 나타나는 것은 중국 문자를 입력하기가 한글보다는 더 복잡하기 때문이다.

예를 들면, "你好(안녕하세요)"를 입력하면, 여러 가지 한자 선택 항목이 나온다. 그 중에 한 번 더 선택해야 한자가 된다. 지금은 새로운 지능 한자 입력 소프트웨어를 개발하여 한자가 나오는 빈도에 따라 순서대로 배열해서 한자가 뜬다. 그 중에서 한자를 선택하니 기존보다 입력이 많이 쉬워졌다. 그래도 한국처럼 한글을 한번씩만 입력하는 것보다는 더 느리고 복잡하다. 온라인 채팅의 장점이 신속성에 있기 때문에 중국인들은 음성 메시지를 더 많이 이용한다.

셋째, 채팅 습관이 다르다. 카카오톡과 위챗의 "친구" 명단에 있는 사람들을 보면 사실은 다 친구가 아니다. 대략적인 통계를 보면 세 종류가 우세하다. 낯선 사람, 동료, 친구 등이다. "친구"가 된 지 얼마 안 되고 서로 개인 정보를 잘 알지 못하는 사람을 "낯선 사람"이라고 한다. 한국 사람은 낯선 사람과 채팅하면 존댓말을 쓰고 예절 바르게 하며 자신의 정보를 누출 하지 않도록 조심스럽게 행동한다. 한국의 카톡 친구는 주로 전화번호로 친구 명단을 관리해서 중국의 위챗보다 낯선 사람이 그렇게 많지 않다. ID로 찾아서 알게 된 친구들도 게임, 게시판 등으로 소통하는 경우가 대부분이다. 낯선 사람과는 "취미", "뉴스"와 같은 공유 화제로 의사소통을 하며 개인적인 은밀한 이야기는 많이 하지 않는 편이다. 이와 반대로 중국 사람들은 낯선 사람한테 오히려 은밀한 이야기를 많이 한다. 예를 들면 "흔들기", "병편지"로 친구된 사이에는 서로 현실 사회에서 멀고 모르는 사이라서 부담 없이 이것저것 다 털어놓는다. 위챗은 익명제를 실행하기 때문에 중국 사람들이 스트레스를 많이 받을 때에는 "흔들기" 기능을 통해서 완전 모르는 사람을 찾고 서로 스트레스를 푼다. 하지만 서로 이름, 고향 등의 정보를 물어보지 않는다. "동료 사이"도 채팅 내용이 다르다. 동료는 같이 일하고 어떤 업무가 있어서 가끔씩 의사소통을 하는데 교분이 두텁다고 하더라도 속내를 말하기 어려운 사이인 경우가 많다. 카톡과 위챗은 상업과 교육적인 활용 상황에 있어서 "동료 사이" 친구가 많다. 만약 어떤 업무 채팅을 하려고 하는 그룹이 있다면 한국 사람들은 업무만 이야기할 것이지만 중국 사람들은 시간이 있으면 가지가지의 화제까지 이야기한다. 중국인에게 있어 위챗을 가장 중요하게 사용하는 원인은 "친구와 계속 소식 전하고 연락하기"라고 볼 수 있다. 그래서 친한 친구와 채팅하는 경우가 매우 많다.

화제 면에서도 한국인이 친구와 채팅할 때 "의식주", "뉴스", "화장품", "운동", "사랑", "경제" 등 다양한 화제를 빈도 있게 다룬다면 중국인은 상대적으로 "운동"에 관심이 없고 "정치", "의식주", "뉴스" 등에 관심을 가지고 있다.

넷째, 문자에 따른 데코레이션 방식이 다르다. 카카오톡에서는 어떤 문자를 넣었을 때 바탕화면이 바뀌는 일이 없으나 위챗에서는 '그립다, 사랑한다'와 같은 내용의 중국 문자를 보내면 별이 쏟아지거나 '우쭈쭈'와 같은 표현을 사용하면 웃는 얼굴이 쏟아지고, '생일 축하'라는 문자를 보내면 케이크가 쏟아지는 시스템이 있다. 'happy new year'라는 문자를 보내면 '복(福)' 글자가 쏟아진다. 이와 관련한 사례 몇 가지를 제시하면 다음과 같다.

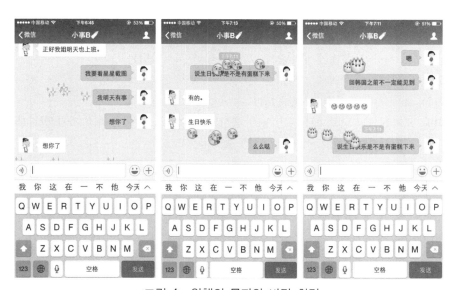

<그림 4> 위챗의 문자와 바탕 화면

Ⅴ. 결론

한중간의 우호적인 교류가 증가하면서 한국에 유학 온 학생도 나날이 늘어나고 있다. 양국 학생의 소통의 기회가 증가하면서 사이버 커뮤니케이션은 학생 사이의 필수적인 의사소통 수단이 되고 있다. 서로 이용하는 온라인 채팅 수단을 익숙하게 운용하는 것이 중요하다.

본 연구는 한중 간 모바일 메시지에 나타난 의사소통 양상에 대하여 대표적인 한국 카카오톡과 중국 위챗을 비교·분석하였다. 한국인은 문자 메시지를 더 많이 보내는 편이고 중국인은 음성 메시지 더 많이 쓴다는 것을 알 수 있었다. 한국어와 중국어의 언어적인 차이점과 한중간 문화 차이에 기인한 것임을 알 수 있었다.

참고 문헌

김준홍(2010), 사이버 커뮤니케이션에서 행위단서로서 범죄피해 경험이 피해 예방행동 의도에 미치는 영향 : 수정된 건강신념모형을 중심으로, 사이버 커뮤니케이션 학보 27(3).

라위의(2013), 중국 모바일 인스턴트 메시징 서비스의 지속사용 의도에 관한 실증연구, 동국대학교 석사학위논문.

마사 데이비스, 패트릭 패닝, 매튜 맥케이 저, 이재봉 역(2003), 메시지: 눈과 귀를 사로잡는 감성메시지, 서울: 보보스.

상홍(2014), 한중 모바일 인스턴트 메신저 사용행태에 대한 연구: 중국인 유학생의 카카오톡과 웨이신 사용자 행태를 중심으로, 충북대학교 석사학위논문.

오정란, 교지연(2011), 외국어로서의 한중 언어문화 교육, 서울: 박이정.

王瀟雨(2013), 微信使用者使用行为及意图探讨, 兰州大学 硕士学位论文.

왕아금(2014), 모바일 인스턴트 메신저 이용자 충성도에 영향을 미치는 요인: 카카오톡 사례를 중심으로, 경희대학교 석사학위논문.

이승정(2014), 모바일 기술 변화에 대한 커뮤니케이션론적 해석 : 맥루한과 포스터의 이론을 중심으로, 이화여자대학교 석사학위논문.

이윤경(2014), 한국과 중국의 모바일 SNS를 활용한 마케팅 특징 비교: 유니클로 브랜드를 중심으로, 한국디자인포럼 42.

이종호(2014), 모바일 메신저 앱의 이용 동기와 품질 요인이 몰입과 사용자의 만족도와 충성도에 미치는 영향, 공주대학교 석사학위논문.

임재명(2014), 모바일 메신저 기업의 자원과 전략에 대한 비교연구 : 카카오톡(Kakao Talk), 라인(Line), 챗온(ChatON), 조인(Joyn)을 중심으로, 고려대학교 석사학위논문.

田钟金(2014), 微信对大学生思想政治教育的挑战以及对策研究, 吉林大学 硕士学位论文.

陈　佩(2014), 微信主流用户的"使用与满足"研究, 华中师范大学 硕士学位论文.

하유나(2014), 모바일 인스턴트 메신저를 활용한 교사-부모 의사소통 현황과 인식, 덕성여자대학교 석사학위논문.

http://www.bloter.net/archives/140516

http://blog.naver.com/PostView.nhn?blogId=intel007&logNo=50189639704

18 한중 사이버상에 나타난 음운 변화 어휘 비교

Ⅰ. 서론

1. 연구 목적 및 필요성

현대 사회에서 인터넷의 보급과 발전에 따라 국가와 국가 간의 거리를 좁혀 사람들의 의사소통 공간도 넓어지고 있고 인터넷 상의 언어는 사람들의 언어생활에도 깊은 영향을 주고 있다. 인터넷의 새로운 의사소통 생활이라는 관점에서 새로운 인터넷 문화에는 새로운 문자 형식과 사이버커뮤니케이션의 언어가 있다. 요즘 인터넷을 사용하다보면 이용하는 글자들이 무슨 뜻인지 모르는 것들이 많이 있다. 외국인에게는 더욱 어렵다.

전 세계에서 한국어를 배우는 학습자 중에는 중국인 학습자들이 많은 비중을 차지하고 있다. 한국어와 중국어는 서로 다른 언어 계통에 속하기 때문에 차이점이 많다. 그러나 중국과 한국이 같은 동아시아권이어서 서로 영향을 주고받아 언어의 공통된 특징도 당연히 있는 것이다. 사이버커뮤니케이션 언어에서도 마찬가지다.

본 논문는 중국인들의 한국어 학습을 돕기 위해 한국 사이버상에 나타난 음운 변화로 형성된 어휘에 대한 이해 능력을 향상시키는 규칙을 찾는 데 있다. 궁극적으로는 중국인에게 한국 인터넷 문화 이해에 대한 도움을 주는 데 있다. 이에 한국 사이버상에 나타난 음운 변화 어휘의 발생 동기를 분석하며, 중국 사이버상에 나타난 음운 변화 어휘의 특징을 대조함으로써 중국인 학습자들에게 모국어와 한국어의 사이버상에 나타난 음운 변화 어휘에 대한 차이점을 이해하게 하여 더욱 효율적으로 한국 사이버상에 나타난 음운 변화 어휘를 파악할 수 있도록 하기 위함이다.

2. 선행 연구

한국어 통신 언어에 대한 연구는 많은 편이다. 그러나 한국어의 사이버상에 나타난 음운 변화 어휘와 중국어의 사이버상에 나타난 음운 변화 어휘를 대조한 연구는 그다지 많지 않다. 한국어 사이버상에 나타난 음운 변화 어휘에 대한 연구와 중국어 사이버상에 나타난 음운 변화 어휘를 비교하여 분석하는 연구는 의의가 있다.

한국어의 사이버상에 나타난 음운 변화 어휘에 대한 연구를 살펴보면 임지룡(1997)은 1990년대 이후에 나타난 신조어를 대상으로 신조어의 창조 원리, 양상, 의미 특성 등을 규명하였다. 신조어는 기존의 형태의 확장, 혼성, 축약, 파생, 대치의 방식으로 생성되며 그 가운데 형태의 확장에 의한 신조어가 가장 생산적임을 밝혔다.

권상한(2001)에서는 '구어적 표현의 욕구', '입력의 편리성', '시각적인 효과'와 '감정적인 표현의 욕구' 등을 제시하고 통신 언어의 유형적 특성을 네 가지로 나누었다. 특히 '구어적 표현의 욕구'를 분석했을 때 다음과 같은 관점이 있었다. "소리 나는 대로 적는 표음주의식 통신표기는 문자언어로 표기하면서도 음성언어처럼 쓰려는 사용자의 의식이 반영된 것이라 할 수 있다." 또한, "컴퓨터 통신에서 빠르고 편하게 입력하기 위한 방법으로 시작되었지만 이제는 그런 의도와 상관없이 귀엽고 재미있기 때문에 청소년 사이에서 널리 퍼지고 있다"는 견해가 있다.

권순희(2001)에서는 사이버상에 통신 대화의 표현 양상을 연구하기 위해 사이버상에 통신 대화의 언어적 특징을 연구하고 분석했다. 통신 대화의 언어적 특징 중 하나는 '발음에 의한 표기상의 변형'이라고 언급했다. 권순희(2001: 149)에서는 '음절 축약어, 발음 그대로 혹은 변형 표기' 등 두어 가지로 나누었다.

정창웅(2004)에서는 '음운의 축약과 생략', '음운의 첨가'와 '음운의 교체' 세 부분으로 나누어 통신 언어 음운사의 실태에 대해 연구 분석했다. '폐음절화 현상', '통신상의 단모음화 현상'을 살펴보았다.

김선미(2006)에서는 인터넷 언어의 발생 동기를 모두 5개로 나누어 제시하였다. 즉, 경제적 동기, 표현적 동기, 오락적 동기, 유대 강화 동기, 심리적 해방 동기 등이다. 진행 속도를 높이려고 하게 되는 원인이 있고, 대화를 좀 더 생생하고 재미있게, 그리고, 친밀감과 현장감을 높일 필요에 의해서 인터넷 언어가 만들어지게 된 이유가 있다고 했다. 또한, 일상생활에서 하나의 억압적 상황으로 받아들여지는 규범의 틀에서 벗어나 가상공간에서나마 자유롭게 표현하고자 하는 심리적 해방을 추구하기 위한 동기가 있다고 했다.

구당평(2012)에서는 인터넷에서 누리꾼들이 사용하는 새말의 유형을 음운론적·형태론적·의미론적으로 형성된 새말로 나누어 사례를 분석하였다. 그 중에서 음운론적으로 형성된 새말의 유형에서는 소리 나는 대로 적기에 따른 새말, 음절 줄이기에 따른 새말, 음절 바꾸기와 음절 더하기에 따른 새말들을 분석하였다.

다음은 중국어의 사이버상에 나타난 음운 변화 어휘에 대한 연구를 살펴보고자 한다.

崔甂席(2008)은 〈中韓網絡聊天語言研究〉에서 인터넷 언어의 생성 원인과 한국어와 중국어 인터넷 언어의 동태(動態)와 정태(靜態) 등의 구성에 대해서 분석하였고 양국 인터넷 언어의 부호 대비도 서술하였다.

송성경(2009)에서는 중국 통신언어의 변이 현상과 특징을 음운, 어휘, 문법 변이로 나누어 기술하였다. 음운적 변이로 숫자, 중국어 등의 해음 현상과 소리 나는 대로 적기, 음절의 중첩, 의성어 사용 형식에 대해서 기술하였다. 어휘적 변이로 축약어, 숫자에 특정한 의미를 부여한 숫자 의미어, 문자와 숫자의 혼용, 다음절의 간략화, 단어 의미 변이에 대해서 살펴보았다. 문법적 변이로는 품사 전환과 도치 구문의 사용, 중국어와 영어의 혼용, 문장기호 겹쳐 쓰기에 대해서 기술하였다.

黎昌友(2009)에서는 사이버상에 나타난 음운 변화 어휘의 특징을 분석하고 '경제적 동기(经济简洁)', '시각적 동기(视觉性强)', '오락적 동기(诙谐幽默)', '세속화 동기(粗俗化)' 등 네 가지로 나누었다. 또한 曹起(2006)에서 많은 예시를 제시하고 사이버상에 나타난 음운 변화 어휘는 '해음어(谐音)'와 '축약(缩略)' 등 두 가지로 분석했다.

성배배(2011)는 인터넷상에서 여러 가지 요인으로 인하여 변이를 일으키는 언어에 초점을 맞췄다. 음운적 특징, 형태적 특징, 의미적 특징 등 여러 측면에서 언어변이 현상을 비교 분석하여 한중 통신언어의 공통점과 차이점을 찾아내고 통신언어의 발생 원인에 대해서 논술하였다.

陈希伦, 刘冬冰(2013)에서는 설문조사를 통해 높은 빈도로 사용하는 중국 사이버상에 나타난 음운 변화 어휘를 고찰하고 제시한다. 그리고 변이 유형은 '한어 병음의 영향(汉语拼音智能输入法的影响)', '방언의 영향(方言的影响)', '음운의 축약(汉语语音缩略)', '영어의 해음어(英语谐音)', '숫자의 해음어(数字谐音)', '중첩 현상(叠音现象)' 등 여섯 가지로 나누었다. 그리고 사이버상에 나타난 음운 변화 어휘의 발생에 대한 심리적인 동기를 세 가지로 나누었다.

여기까지 살펴본 바와 같이 한중 통신언어에 대한 연구는 많지만 한중 사이버상에 나타난 음운 변화 어휘에 대한 비교 연구는 부족한 편임을 알 수 있다.

본 연구는 한국어와 중국어의 사이버상에 나타난 음운 변화 어휘에 대한 선행연구를 참고하여 한국어와 중국어의 사이버상에 나타난 음운 변화 어휘의 발생 동기, 유형 및 특징을 살펴보고자 한다. 그리고 한중 간 사이버상에 나타난 음운 변화 어휘의 특징을 비교·분석하고 제시할 것이다. 이에 대한 중국인 학습자를 위한 효과적으로 한국 사이버상에 나타난 음운 변화 어휘를 공부하고 파악할 수 있는 방법을 찾고자 한다.

II. 한중 간 사이버상에 나타난 음운 변화 어휘의 특징 대조

중국인 한국어 학습자들이 쉽게 이해할 수 있기 위하여 사이버상에 나타난 음운 변화 어휘의 발생 동기를 두 가지로 나누고 유형별로 한중 간 사이버상에 나타난 음운 변화 어휘를 제시하여 비교하고자 한다.

1. 사이버상에 나타난 음운 변화 어휘의 발생 동기

1.1. 경제적 동기

컴퓨터 통신의 시대에 통신 언어가 발생하는 이유로 입력의 편의성과 경제성이 가장 많이 논의되었다. 빠른 시간에 메시지를 전달하기 위해서 음운을 변화하여 표현하는 것이다. 예를 들어 한국에서 '축하' 대신 '추카'라고 표현하며 'ㅊㅋ'라고 줄여서 표현하는 경우도 많다. 중국에서 한어 병음의 영향(汉语拼音智能输入法的影响)을 받아 입력 경제성 때문에 생긴 음운 변화 어휘도 많다. 예를 들어서 '拜拜[bái bái](안녕/잘 가)를 대신하여 '88'이라는 더 빠른 표현을 사용한다. 다음에 유형별로 구체적인 예시를 제시하고 설명하고자 한다.

첫째, 경제성 때문에 음절 축약하는 경우가 있다. 음절 축약은 어휘를 간결하게 표현하기 위해 두 개 이상의 음절을 최소 음절로 줄여 쓰는 것이다. 비슷한 발음의 어휘를 통해 음절 축약을 실현하는 유형이 있다.

> 예) 한국어: 처음 → 첨
> 중국어: 不要[bú yào](…하지 마라…) → 表[biǎo] (시계/표)[1]

둘째, 경제성 때문에 음절을 바꾸는 경우가 있다. 키보드에서 편리하고 빠르게 누를 수 있는 자모로 바꾸는 현상이 있다.

---

[1] 중국어 不要[bú yào](…하지 마라…)는 빠르게 읽으면 表[biǎo] (시계/표)의 발음과 비슷하다.

예) a. 한국어: 그래요 → 구래여

　　　　　　 게시판 → 개시판

　　 b. 중국어: 很[hěn] (너무하다) → 粉[fěn] (핑크 색)

위에 있는 예시처럼 키보드에서 한국어의 모음 중에 'ㅜ'는 'ㅡ'보다 더 편리하고 빠르게 누를 수 있고 'ㅕ'는 'ㅛ'보다 쉽게 누를 수 있다. 또한 '게시판→개시판'의 변이는 'ㅔ'와 'ㅐ'의 발음상 유사성에 원인이 있는 듯하다. 그리고 컴퓨터 글자판에서 'ㅐ' 와 'ㅔ'가 나란히 배열되어 있어 표기에서도 혼란을 줄 수 있다. 일반 언어에서도 'ㅔ'와 'ㅐ'가 표기상 혼란을 일으키는 경우가 있는데 그런 혼란이 컴퓨터 통신언어에도 그대로 적용된 것이다. 마찬가지로 중국어를 입력할 때 한어 병음의 영향을 미치고 키보드에서 'F'는 'H'보다 더 쉽게 누를 수 있다. 그래서 사이버상에 很[hěn](너무하다)는 粉[fěn](핑크 색)으로 바꾸면 허용할 수 있다.

또한, 중국에서 없는데 한국에서 있는 경우가 하나 있다. 한국에서 경제적인 원인에 의한 음운의 교체 현상이 있다. 어느 어휘를 빠르게 입력하기 위해 글쇠를 두 번 누르지 않거나 '시프트(shift) 키'를 한 번 더 누르지 않도록 한국 사이버 상에 음운을 바꾸는 어휘를 볼 수 있다.

<표 1> 컴퓨터 자판에서 모음 타이핑의 횟수 구분

횟수 ＼ 구분	단모음 글쇠	이중모음 글쇠
한 번 누름	ㅏ, ㅓ, ㅗ, ㅜ, ㅡ, ㅣ, ㅔ, ㅐ	ㅑ, ㅕ, ㅛ, ㅠ
두 번 누름	ㅚ, ㅟ	ㅘ, ㅙ, ㅝ, ㅞ, ㅢ
shift+ 한 번 누름	ㅒ, ㅖ	

(출처 : 정창웅, 2004, 29)

정창웅(2004)에서는 위의 〈표 1〉을 제시하고 경제성의 원리에 의한 교체 현상을 논의하고 있다. "통신상에서 자주 나타난 음운 현상 중의 하나는 이중모음의 단모음화이다. 통신상의 단모음화는 국어 문법상의 단모음화와는 그 성격이 약간 다른데, 국어 문법상의 단모음화와 이중모음의 차이는 조음의 위치와 변동 유무에 따라 구분되는 반면 통신상에서의 단모음화는 자판을 두드리는 횟수의 간소화를 의미한다"는 말로 설명하고 있다.

그래서 입력할 때 어휘를 빠르게 입력하기 위해 글쇠를 두 번 누르지 않거나 '시프트(shift) 키'를 한 번 더 누르지 않도록 한국 사이버상에 음운을 바꾸는 현상이 있다.

예) 안돼 → 안대

계세요 → 게세요

뭐하니 → 머하니

셋째, 발음의 경제성 때문에 음절을 생략하는 경우가 있다. 음절 생략은 음절 축약과는 그 성격이 다르다. 음절 축약은 두 개 이상의 음절을 최소 음절로 줄여 쓰는 것이다. 비슷한 발음의 어휘를 통해 음절 축약을 실현하는 유형이다. 음절을 생략하는 현상은 약어처럼 길이가 긴 단어를 이해할 수 있도록 짧은 단어로 생략하는 유형이다. 현대 사회에서 이 현상을 통해 형성된 어휘들이 이미 습관적으로 사용되고 있다.

예) 한국어: 아르바이트 → 알바

뚝배기불고기 → 뚝불

카카오톡 → 카톡

열심히 공부하다 → 열공

중국어: 世界貿易组织[shì jiè mào yì zǔ zhī](세계 무역 기구/WTO)
→ 世贸(shì mào)

流行性感冒[liú xíng xìng gǎn mào](독감) → 流感[liú gǎn]

香港和澳门[xiāng gǎng hé ào mén](홍콩과 마카오) → 港澳[gǎng ào]

奥林匹克运动会[ào lín pǐ kè yùn dòng huì](올림픽) → 奥运会(ào yùn huì)

北京大学[běi jīng dà xué](북경대학) → 北大[běi dà]

넷째, 경제적 동기 때문에 소리 나는 대로 입력하는 경우가 있다. 한국어에서 단어를 소리 나는 대로 적는 현상은 중국어 해음(谐音) 현상과 같다. 이런 현상은 인터넷에서나 일상생활의 언어 사용에서 자주 나타난다. 한국어 인터넷 언어에서 누리꾼들이 받침을 무시하고 소리 나는 대로 적는 것과 중국어에서 표준어 대신에 같은 발음의 다른 어휘를 사용하는 것은 약간의 차이는 있지만 큰 틀에서 보면 비슷한 현상이다.

예) 한국어: 천사 → 1004

축하 → 추카

좋아 → 조아

맞아 → 마자

중국어: 去吧去吧[qù ba qù ba] (가라가라) → 7878[qī bā qī bā]

干啥[gàn shá](무엇을 하는가?) → 嘎哈(gà há)

喜欢[xǐ huān](좋아하다) → 稀罕(xī han)

한눈에 볼 수 있도록 한중 간 경제적 동기로 인해 발생하는 사이버상에 나타난 음운 변화 어휘에 대해 정리하면 다음과 같다.

<표 2> 한중 간 경제적 동기에 인해 발생하는 사이버상에 나타난 음운 변화 어휘 비교

O: 이런 현상이 있다, X: 이런 현상이 없다

유형		언어	한국어 O/X	예시	중국어 O/X	예시
경제적 동기	음절 축약		O	처음 → 첨	O	不要[bú yào](...하지마라...) → 表[biǎo] (시계/표)
	음절 바꾸기	일반	O	그래요 → 구래여 게시판 → 개시판	O	很[hěn] (너무하다) → 粉[fěn] (핑크 색)
		단모음화	O	안돼 → 안대 계세 → 게세요	X	
	음절 생략		O	아르바이트 → 알바 카카오톡 → 카톡	O	北京大学[běi jīng dà xué](북경대학) → 北大[běi dài]
	소리 나는 대로 적기		O	천사 → 1004 축하 → 추카	O	去吧去吧[qù ba qù ba] (가라가라) → 7878[qī bā qī bā]

1.2. 심리적 동기

위에 보이는 것처럼 입력을 편하게 하려는 욕구와는 달리 심리적인 표현을 위해 오히려 음절을 첨가함으로써 더 복잡하게 입력해야 하는 어휘도 있다.

심리적인 표현을 위해 사이버상에 사용하는 음운 변화 어휘가 많다. 다른 사람의 눈길을 끌 수 있기 위해서나 다른 사람과 친해지고 싶거나 심지어는 심리적 해방을 하기 위해서 결국 사이버상에 다양한 음운 변화 어휘를 형성한다.

첫째, 대표적으로 형성하는 유형은 음절 첨가 현상이다. 예를 들어서 한국어 중에 어말에 'ㅇ'을 첨가하는 형태가 있다. 귀엽고 친근한 느낌이 있다. 정창웅(2004)에서 어말어미에 'ㅁ, ㅇ'을 첨가하는 형태는 귀엽고 여성스러우며 친근한 느낌을 불러일으킬 때 사용된다고 한다. 또한 울림소리를 첨가하여 말의 운율적 느낌도 갖게 한다고 한다. 이와는 반대로 "'ㅂ'이나 'ㅅ'은 발음을 짧고 단호하게 하여, 의미를 강조하거나, 상대에게 강한 인상을 주려는 의도로 쓰인다."는 말도 제시한다.

중국에서도 이런 원인을 위하여 사이버상에 음절 첨가하여 형성하는 어휘가 많다. 예를 들어서 귀여운 느낌을 갖게 하는 말이 '肿么[zhǒng me](피부가 부어오름)'으로 '怎么[zěn me](어떻게)'를 대신해 표현하는 경우가 있다. 최근에는 귀여운 느낌을 표현하기 위한 음운 중첩으로 형성된 어휘들이 나타난다.

예) 人家[rén jiā] (나) → 人家家[rén jiā jiā]
　　相公[xiàng gōng] (서방님) → 相公公[xiàng gōng gōng]
　　吃饭[chī fàn] (밥을 먹는다.) → 吃饭饭[chī fàn fàn]

둘째, 심리적인 감정을 잘 표현하기 위해 음절 바꾸거나 음절 바꾸며 중첩으로 형성하는 어휘도 있다. 대부분은 귀여운 느낌이 있고 친근하고 싶어서 사용한다.

예) 한국어: 친구 → 칭구
　　　　　 이걸로 주세요 → 요걸로 주세요
　　중국어: 好漂亮[hǎo piào liang] (예쁘네요.) → 好漂漂[hǎo piào piào]
　　　　　 东西[dōng xi] (물건) → 东东[dōng dōng]
　　　　　 我[wǒ] (나) → 窝[wǒ]
　　　　　 人家[rén jiā](나) → 伦家[lún jiā]

셋째, 심리적 동기 때문에 소리 나는 대로 입력하는 경우도 있다. 위에서 경제적 동기 때문에 소리 나는 대로 입력하는 경우를 설명할 때, 중국어 중에 喜欢[xǐ huān](좋아하다)는 稀罕(xǐ han)으로 표현하는 현상을 제시하였다. 여기도 이 예시를 사용할 수 있다. 왜냐하면 稀罕(xǐ han)은 귀여운 느낌을 표현하기 위해 사용하는 어휘이다.

넷째, 한국어 중에 심리적인 감정을 잘 표현하기 위해 음절 축약으로 형성하는 어휘가 있다. 예를 들어 '자기야는 '자갸'로 축약하면 귀여운 느낌을 표현하기 위한 방법이다. 중국어 에서도 이런 동기 때문에 음절 축약으로 형성된 어휘가 많이 있다.

예) 중국어: 没有[méi yǒu](없다) → 木有[mú yǒu]

그러면 한중 간 심리적 동기에 인해 발생하는 사이버상에 나타난 음운 변화 어휘에 대해 정리하여 유형별로 분석한 내용을 제시하면 다음과 같다.

<표 3> 한중 간 경제적 동기에 인해 발생하는 사이버상에 나타난 음운 변화 어휘 비교

O: 이런 현상이 있다, X: 이런 현상이 없다

유형 언어		한국어 O/X	예시	중국어 O/X	예시
심리적 동기	음절 첨가	O	고맙다 → 고맙당	O	吃饭[chī fàn](밥을 먹는다.) → 吃饭饭[chī fàn fàn]
	음절 바꾸기 — 일반	O	친구 → 칭구 이걸로 주세요 → 요걸로 주세요	O	我[wǒ](나) → 窝[wǒ]
	음절 바꾸기 — 음절 바꾸며 중첩	X		O	东西[dōng xi](물건) → 东东[dōng dōng]
	소리 나는 대로 적기	O	멋져멋져 → 머쩌머쩌	O	喜欢[xǐ huān](좋아하다) → 稀罕[xǐ han]
	음절 축약	O	자기야 → 자갸	O	没有[méi yǒu](없다) → 木有[mú yǒu]

2. 한국 사이버상에 나타난 음운 변화 어휘의 형성 원리

제1절에서 분석한 결과에 따라 중국인 한국어 학습자를 위한 한국 사이버상에 나타난 음운 변화 어휘의 형성 원리를 제시하면 다음과 같다.

첫째, 음절 생략 현상의 형성 원리를 들 수 있다. 사실 일상 언어에서도 생략형은 활발하게 쓰이고 있다. 자음과 모음 중 어느 하나를 탈락시키거나, 모음 충돌 회피 현상의 경우처럼 모음을 탈락시키는 경우가 있다. 특히 모음 '一'는 약해서 쉽게 탈락하며 폐음절로 변화시키는 현상이 많다. 예를 들어 위에 제시한 표처럼 '아르바이트'가 '알바'로 생략하는 현상을 비롯해 폐음절화 현상이 나타난다. 또한 중국어의 음절 생략 현상과 비슷하여 한국어의 음절 생략 현상은 의미를 표현할 수 있는 대표적인 글자를 선택하여 상대적으로 불필요한 글자를 탈락하고 생략된 약어도 많다. 예를 들어 '이화여자대학교'는 '이대'로 바꿀 수 있다.

둘째, 음절 첨가 현상의 형성 원리를 들 수 있다. 음절 첨가는 주로 용언의 어말어미에 나타난다. 어미의 형태 변화가 사용자의 의도를 반영하려고 해서 음절 첨가 현상을 나타낸다. 위에서 제시된 선행연구처럼 어말어미에 'ㅁ, ㅇ'을 첨가하면 귀엽고 친근한 느낌을 나타낸다. 이와 반대로 'ㅂ'이나 'ㅅ'은 상대에게 강한 인상을 주려는 의도로 쓰인다. 최근에는 이러한 형상을 비롯하여 확대되어 'ㄴ, ㄷ, ㅋ, ㅎ' 등을 어미 끝에 붙이기도 한다.

예)[2] ㄴ: 미안해 → 미안핸
　　 ㄷ: 제가요 → 제가욘
　　　　 받아라 → 받아란
　　 ㅋ: 주세요 → 주세욕
　　 ㅎ: 안녕하세요 → 안냥하세횽

셋째, 음절 축약 현상의 형성 원리를 들 수 있다. 음절 축약 현상의 형성 원리는 음절 생략 현상의 형성 원리와 비슷하다. 음절 사이의 모음을 탈락하여 뒤 음절의 남은 자음이 앞 음절에 붙어 축약된 경우가 있다. 예를 들어 '너무'는 '넘'으로 바꿀 수 있고, '재미'는 '잼'으로 바꾸는 현상이 나타난다. 또한 모음 사이에 음가가 없는 'ㅇ'이 나타나면 항상 'ㅇ'을 탈락하며 단모음이 이중모음으로 변화하는 경우도 있다. 예를 들어 '자기야'는 '자갸'로 변할 수 있다.

넷째, 음절 바꾸기 현상의 형성 원리를 들 수 있다. 키보드에서 한국어 글쇠의 누르는 편리성에 따라 'ㅡ'는 'ㅜ'로 바꿀 수 있고 'ㅛ'는 'ㅕ'로 바꾸는 경우도 있다. 그래서 위에 있는 〈표 1〉처럼 이중모음의 단모음화 형상이 나타난다. 모음 타이핑의 횟수에 따라 shift+한 번 누름이나 두 번 누름의 모음은 한 번만 누르면 되는 모음으로 바꾼다. 또한 'ㅔ'와 'ㅐ'의 발음상 유사성에 원인이 있거나 컴퓨터 글자판에서 'ㅐ'와 'ㅔ'가 나란히 배열되어 있어 표기에서도 혼란을 줄 수 있다.

다섯째, 소리 나는 대로 적기 현상의 형성 원리를 들 수 있다. 대부분은 자판의 타수를 줄이기 위하여 직접적으로 발음 나는 대로 적은 경우에 속한다. 이에 따라 음운 변화 상에서 앞 음절의 받침을 뒤 음절의 모음에 이어서 발음 변동의 결과로 적는 경우가 있다. 예를 들어 '싫어'는 '시러'로 바꿀 수 있다. 현실 발음에 따라 그대로 표기하는 경우도 있다. 예를 들어 '네가'는 '니가'로 바꿔 '짜증나'는 '짜쯩나'로 바꿔 적는 경우가 있다. 또한 애교 있는 표현을 위해 자음을 된소리로 바꿔 적은 경우도 있다. 예를 들어 '내 것'은 '내 꼬'로 바꿔 쓸 수 있고 '열심히'는 '열씨미'로 바꿔 쓸 수 있다.

---

2) 출처 : 정창웅(2004), 「통신 언어의 전이 양상과 지도방안 연구」, 한국교원대학교 석사학위논문.

Ⅲ. 사이버상에 표현의 이해를 위한 교육 방안 연구

본고는 중국인을 위한 한국 사이버상에 나타난 음운 변화로 형성된 어휘에 대한 이해 능력을 향상시키는 규칙을 찾는 데 있다. 그 결과 중국인에게 한국 인터넷 문화 이해에 대한 도움을 주는 데 있다. 앞 장에서 한국 사이버상에 나타난 음운 변화 어휘의 발생 동기와 형성 원리를 분석하며, 중국 사이버상에 나타난 음운 변화 어휘의 특징과 대조함으로써 중국인 학습자들에게 모국어와 한국어의 사이버상에 나타난 음운 변화 어휘에 대한 차이점을 이해하게 하여 더욱 효율적으로 한국 사이버상에 나타난 음운 변화 어휘를 공부하고 파악할 수 있도록 연구했다. 이 장에서는 사이버상 표현의 이해를 위한 교육 방안을 제시하고자 한다.

1. 사이버상에 나타난 음운 변화 어휘 교육의 방향

사이버상에 나타난 음운 변화 어휘가 의사소통의 편이성과 경제성을 위하여 만들어진 것이다. 음운 변화 현상이 있기 때문에 외국인으로서 사전을 찾더라도 이해하지 못한 경우가 많다. 위에 제시된 사이버상에 나타난 음운 변화 어휘의 발생 동기와 형성 원리에 근거하고 맞춤법 규범의 파괴 현상이 있는데 한국어 학습자가 스스로 음운 변화 어휘의 뜻을 추측할 수 있기 위해 연구하려고 한다. 그래서 본고에서 사이버상에 표현의 이해를 위해 학습자가 자기 힘으로 사이버상에 나타난 음운 변화 어휘를 추측할 수 있는 방법을 찾는 방향으로 교육 방안을 연구하고자 한다.

2. 사이버상에 나타난 음운 변화 어휘의 교육 내용 및 원리 - 음운 연상 환원법[3]

외국인 한국어 학습자가 규범화한 체계에서 한국어를 학습하기 때문에 규범에 맞지 않는 표현이 나타나면 이해할 수 없는 경우가 있다. 그래서 본고에서 음운 변화 어휘가 원래의 어휘로 환원하는 방법을 이용하고 사이버상에 음운 변화 어휘를 보면 이미 습득한 어휘 중에서 비슷한 어휘를 찾아보고 언어 환경에 따라 음운 변화 어휘의 원형을 찾을 수 있는 방법에 대한 교육하고자 한다. 필자는 이 방법을 '음운 연상 환원법'이라고 명명하겠다. 이전

---

3) 사이버상 음운 변화 어휘를 만나면 보통적인 어휘로 연상하며 이미 습득한 어휘 중에서 발음이 비슷한 어휘를 찾아보고 언어 환경에 따라 음운 변화 어휘의 원형을 찾을 수 있는 방법을 의미한다.

의 연구들이 모두 어휘의 변이에 대해 연구했는데 이와 반대로 본고에서는 변화된 어휘들이 어떻게 원래의 어휘로 환원되는지 살펴보고 한국어 학습자들을 위해 한국 사이버상에 나타난 음운 변화 어휘를 효율적으로 이해할 수 있도록 하고자 한다.

2장에서 제시된 음운 변화 현상 다섯 가지에 대한 예시를 들고 설명하고자 한다.

첫째, 음절 생략 현상에서 '이대'처럼 약어가 많다. 중국어의 음절 생략 현상과 비슷하여 한국어의 음절 생략 현상도 의미를 표현할 수 있는 대표적인 글자를 선택하여 다른 불필요한 글자를 탈락하고 생략한다. 그래서 '음절 연상 환원법'을 통해 외국인 한국어 학습자들이 음절 생략된 어휘를 보면 자주 쓰는 긴 어휘들을 생각해보고 의미와 발음이 비슷한 어휘를 얻을 수 있다.

둘째, 음절 첨가 현상에서 주로 용언의 어말어미에 'ㅁ, ㅇ, ㅂ, ㅅ' 등이 나타난다. 그래서 '음절 연상 환원법' 통해 직접적으로 어미에 붙이는 자음을 탈락하면 보통적인 말로 바꿔 이해하면 된다.

셋째, 음절 축약 현상은 제2장에서 제시한 형성 원리와 반대로 생각해야 된다. '음절 연상 환원법'을 통해 음절 사이의 탈락하는 모음을 습득하는 어휘로 연상하여 환원하거나 모음 사이에 음가가 없는 'ㅇ'을 첨가하며 변화된 어휘에 있는 이중모음을 단모음으로 연상하여 환원하면 된다. 예를 들어 외국인 한국어 학습자들이 '이 영화 잼있다'는 말을 볼 때, 언어 환경에 따라 이 말 중에 있는 '잼'이라는 어휘는 과일로 만드는 식품이 아니란 것을 알 수 있다. 그래서 음절 축약을 통해 형성한 어휘를 추측할 수 있다. 잃어버린 모음을 찾기 위해 '음절 연상 환원법'을 이용하고 자주 쓰는 어휘 중에 '재미'라는 어휘가 여기에 있는 언어 환경과 맞아서 '잼'을 '재미'로 환원하면 위에 있는 말을 이해할 수 있다.

넷째, 음절 바꾸기 현상에서 음절 축약 현상과 반대로 변화된 어휘는 단모음이 이중모음으로 환원하고 이해해야 된다. 제2장에서 제시된 형성 원리와 반대로 'ㅜ'는 'ㅡ'로 바꾸거나 'ㅕ'는 'ㅛ'로 바꾸면 된다. 'ㅐ'와 'ㅔ'의 혼용 현상에서 이해하지 못하는 어휘를 만나면 자주 쓰는 것으로 바꿔 이해하면 된다. 예를 들어 외국인 한국어 학습자들이 '개시판'이라는 어휘를 보면 '음절 연상 환원법'을 이용하면 'ㅐ'와 'ㅔ'의 혼용 현상을 추측할 수 있고 '게시판'으로 환원할 수 있다.

다섯째, 소리 나는 대로 적는 어휘들은 '음절 연상 환원법'을 통해 제일 쉽게 환원할 수 있는 것이다. 필자는 외국인으로서 소리 나는 대로 적는 어휘를 만나면 어휘의 맞춤법에 맞지 않더라도 읽으면서 언어 환경에 따라 쉽게 이해할 수 있다고 생각한다. 왜냐하면 외국인이나 원어민들이 모두 자판의 타수를 줄이기 위하여 발음에 따라 그대로 표기하는 경우가 있기 때문이다.

3. 사이버상에 나타난 음운 변화 어휘의 교육 방안

국어 교육 영역에서 교육·학습 방안이 여러 가지가 있지만, 본 논문에서는 사이버상에 나타난 음운 변화 어휘를 지도하기 위해 교육 방안으로 중국인 한국어 학습자들의 바람직한 실용성이 있는 '음운 연상 환원법'을 위주로 문제 해결 교육 모형과 교육 방안을 살펴보고자 한다.

먼저 학습자에게 사이버상에 나타난 어휘 중에 모르는 것을 경험한 적이 있는지 없는지 점검하게 한다. 중국인 한국어 학습자들이 사이버커뮤니케이션의 실태 및 문제점을 파악한 후 교육·학습 목표를 확인하고 교육·학습 방법과 계획을 확인하게 한다. 그리고 중국인 한국어 학습자들에게 한중 사이버상에 나타난 음운 변화 어휘의 특징을 비교하면서 분석하고 제시하게 한다. 학습자들이 사이버상에 나타난 음운 변화 어휘의 발생 동기와 형성 원리에 대해 정확하게 인식하게 한다. 학습자가 쉽게 이해하도록 교사가 유형별로 예시를 들고 설명해야 한다. 또한 교사가 학습자에게 '음절 연상 환원법'을 살펴보게 한다. 예시를 통해 학습자들이 '음절 연상 환원법'을 쉽게 파악할 수 있도록 교수한다. 마지막에는 교사가 교육·학습의 과정과 결과에 대해 정리하고 평가한다. 사이버상에 나타난 음운 변화 어휘에 대한 교육 방안을 간략하게 표로 제시하면 다음과 같다.

<표 4> 사이버상에 나타난 음운 변화 어휘에 대한 교육 방안

과정	주요 활동
문제 제기	• 사이버상에 나타난 어휘에 대한 토론
목표 확인	• 교육·학습 방법 확인 • 교육·학습 계획 확인
문제 해결하기	• 한중 사이버상에 나타난 음운 변화 어휘의 특징을 비교 • 사이버상에 나타난 음운 변화 어휘의 발생 동기와 형성 원리 분석 • '음절 연상 환원법' • 연습
피드백	• 정리 및 평가

IV. 결론

본고는 중국인 한국어 학습자를 위한 한국 사이버상에 나타난 음운 변화로 형성된 어휘에 대한 이해 능력을 향상시킬 수 있는 교육 방안을 고찰하였다. 본고의 구성은 크게 세 부분으로 나눠 논의하였다.

1장에서는 사이버상에 나타난 음운 변화 어휘에 대한 연구 배경 및 연구 내용을 제시하였고 연구의 필요성과 목적을 강조하였다. 그리고 기존의 연구를 검토하였으며 연구 방법을 소개하였다.

2장에서는 선행연구를 바탕으로 한중 사이버상에서 이용하는 언어를 고찰·분석하고 비교하였다. 또한 사이버상에 나타난 음운 변화 어휘의 발생 동기와 형성 원리를 유형별로 예시를 제시하였다.

경제적 동기에 의해 형성된 음운 변화 어휘가 음절 축약, 음절 바꾸기, 음절 생략, 소리 나는 대로 적기 등 유형별로 네 가지로 나타났다. 심리적 동기에 의해 형성된 음운 변화 어휘가 음절 첨가, 음절 바꾸기, 소리 나는 대로 적기, 음절 축약 등 유형별로 네 가지가 나타났다. 중국인 학습자가 한국어 사이버상에 나타난 음운 변화 어휘를 학습할 때 모국어와 상통하는 부분을 쉽게 이해하고 잘 기억할 수 있도록 한국어와 중국어의 예시를 비교하면서 제시하였다.

3장에서는 2장에서 살펴본 한중 간 사이버상에 나타난 음운 변화 어휘의 특징에 대해 연구한 결과를 이용하고 사이버상에 표현의 이해를 위한 교육 방안을 고찰하였다. 먼저 사이버상에 나타난 음운 변화 어휘 교육의 방향을 제시하였다. 다음으로 음운 변화 어휘가 원래의 어휘로 환원할 수 있는 '음운 연상 환원법'을 제시하고 설명하였다. 마지막에는 중국인 한국어 학습자들의 바람직한 실용성이 있는 사이버상에 나타난 음운 변화 어휘에 대한 교육 방안을 제시하였다. 문제 제기, 목표 확인, 문제 해결하기, 피드백 등 과정으로 나누었고 주요 활동도 일일이 대응시켜 작성하였다. 중국인 한국어 학습자들이 한국 사이버상에 나타난 음운 변화 어휘를 이해할 수 있고 파악하는 데 본 연구가 기여하기를 기대한다.

참고문헌

구당평(2012), 한국어와 중국어의 인터넷 새말 연구, 대구대학교 석사학위논문, pp.9-18.

권상한(2001), 청소년 통신언어의 문화적 의미 연구, 서강대학교 석사학위논문.

권순희(2001), 컴퓨터 통신 대화의 언어적 특성 고찰, 국어교육 105, 한국국어교육연구회, pp.143-169.

김선미(2006), 프랑스어와 한국어의 사이버 언어 비교 연구, 불어불문학연구 제67집 pp.387-415.

서　총(2011), 한·중 신조어의 형태론적·어휘론적 대비 연구, 충남대학교 석사학위논문.

성배배(2011), 한·중 인터넷 통신언어의 비교에 대한 연구, 경상대학교 석사학위논문.

송성경(2009), 중국 인터넷 통신 언어 연구, 부산대학교 석사학위논문.

시정곤(2006), 사이버 언어의 조어법 연구, 한국어학 통권 제31호, pp.215-243.

정창웅(2004), 통신 언어의 전이 양상과 지도방안 연구, 한국교원대학교 석사학위논문.

최재수(2007), 중국어와 한국어의 인터넷 언어 비교연구, 中國學研究, Vol.41.

曹　起(2006), 网络流行语的语音变异类型分析, 辽宁工学院学报, 第8卷 第3期, pp.30-33.

陈希伦·刘冬冰(2013), 网络词汇语音变异的认知心理初探, 现代语文(语言研究版), pp.117-118.

崔秘席(2008), 「中韩网络聊天语言比较研究」, 汉语言文字学, 博士学位论文.

黎昌友(2009), 网络语音变异词语的特点及构成理据, 社科纵横(SOCIAL SCIENCES REVIEW), 总第24卷 第6期, pp.150-151.